历史学堂

权力
信仰
与
幻想

美国在中东
1776年至今

[以] 迈克尔 · B. 奥伦 ———— 著

张艳蕊 ———— 译

上海译文出版社

Michael B. Oren
Power, Faith, and Fantasy: America in the Middle East 1776 to the Present

图字：09－2018－1258 号

图书在版编目（CIP）数据

权力、信仰与幻想：美国在中东：1776 年至今/（以）迈克尔·B. 奥伦（Michael B. Oren）著；张艳蕊译. --上海：上海译文出版社，2025. 1. --（历史学堂）. -- ISBN 978－7－5327－9412－6

Ⅰ. D871. 20；D815. 4

中国国家版本馆 CIP 数据核字第 2024K4E072 号

权力、信仰与幻想：美国在中东（1776 年至今）
［以］迈克尔·B. 奥伦 著　张艳蕊　译
责任编辑/钟　瑾　装帧设计/柴昊洲

上海译文出版社有限公司出版、发行
网址：www. yiwen. com. cn
201101　上海市闵行区号景路 159 弄 B 座
上海颛辉印刷厂有限公司印刷

开本 890×1240　1/32　印张 24. 75　插页 18　字数 690，000
2025 年 1 月第 1 版　2025 年 1 月第 1 次印刷
印数：0，001—6，000 册

ISBN 978－7－5327－9412－6
定价：118. 00 元

约翰·利雅德，“对于世界来说是个新人物”，是美国独立后第一位探索中东的美国公民

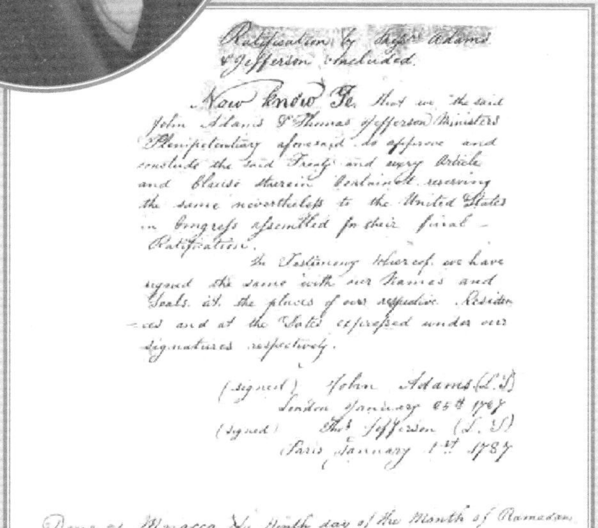

Ratification by Messrs Adams & Jefferson concluded.

Now Know Ye that we the said John Adams & Thomas Jefferson Ministers Plenipotentiary aforesaid do approve and conclude the said Treaty and every Article and Clause therein contained, reserving the same nevertheless to the United States in Congress assembled for their final Ratification.

In Testimony whereof we have signed the same with our Names and Seals at the places of our respective Residences and at the Dates expressed under our signatures respectively.

(signed) John Adams (L.S.)
London January 25th 1787
(signed) Ths Jefferson (L.S.)
Paris January 1st 1787

Done at Morocco the ninth day of the Month of Ramadan in the Year One thousand two hundred.

Ths Barclay

美国的第二个国际条约，由托马斯·杰斐逊和约翰·亚当斯签署，带有摩洛哥的帝国印章，伊斯兰教日期为“1200 年，斋月”

约翰·兰姆，马商和骡商，美国第一位中东特使。他履行了自己不幸的使命，后来，阿尔及尔的一名美国俘虏写道：“我不希望在巴巴里再见到兰姆船长，除非要买马和骡子。”

诗人兼外交官大卫·汉弗莱斯，曾于1795年在中东为释放美国人质进行谈判，他写下了这样的诗句：“在你的海浪中到处游荡的流浪者已经占领了我们的船只，并使我们自由人沦为奴隶”。

乔尔·巴洛，美国派往巴巴里海盗处的特使。阿尔及尔总督恐吓他：“我要用铁链把你拴起来，向你们宣战。”

乔治·桑迪斯，弗吉尼亚殖民地财务主管，中东资深雇佣兵。他在谈到该地区时写道：“我认为，没有任何事物能带来如此多的承诺，却又如此具有欺骗性。”

乔尔·罗伯茨·波因塞特，1806 年在波斯探险时推测中东石油将来可能会被作为燃料使用，并发现了一种花（以他的名字命名）

威廉·班布里奇，这位厄运缠身的船长被迫向阿尔及利亚人运送贡品，自己的战舰亡于的黎波里海盗之手

美国最古老的战争纪念碑，位于美国海军学院安纳波利斯校园内。纪念在1805年抗击巴巴里海盗的战役中献出生命的水手，以及跟这些水手一起的一些中东人

“无论我的国家是对是错”——这是斯蒂芬·迪凯特的名言，他是美国最年轻的海军上校，也是1815年中东战争中的英雄

1805 年，战斗中的迪凯特——他正在将强盗赶出被其占领的“费城号”

Another Early Nineteenth Century Print Showing Decatur Leading His Men to Drive the Pirates Off the Captured "Philadelphia"

犹太复国主义的早期倡导者，第一位前往中东的美国犹太人——末底改·曼努埃尔·诺亚

大卫·“辛巴达”·波特像，绘于巴巴里战争之后和被任命为美国第一位驻奥斯曼帝国大使之前。“穆斯林的额手礼真让人讨厌，”他在与苏丹会面后厉声说，“为什么体面的敬礼就不能令这个魔鬼满意呢？”

华盛顿社会名流和奋兴派传教士哈丽特·利弗莫尔，1837 年她试图在巴勒斯坦建立一个美国殖民地。约翰·昆西·亚当斯称她为他“平生所见最有口才的演讲者”

塞勒斯·哈姆林，有实业头脑的缅因州传教士，1842 年移居中东，建立了该地区第一所现代大学

伊莱·史密斯，语言学家、“美式阿拉伯语”的发明者，他建议美国军舰经常访问中东。他说：“应该让他们知道我们的实力。”

沃德·克雷森，古怪的耶路撒冷领事。在1850年代，抛弃了“隔靴搔痒的基督教”选择了“正统的犹太教”，成为一名犹太教徒

1853年，诗人兼冒险家贝亚德·泰勒从中东旅行归来，穿着阿拉伯服装周游美国，向美国人宣讲伊斯兰教

乔治·珀金斯·马什，美国“自然保护主义之父”，1857年创建美国骆驼军团，为的是以“不无益处的恐怖手段打击”“科曼奇人和落基山贝都因人”

亚利桑那州的石英岩纪念碑，纪念美国骆驼军团及其著名的阿拉伯向导嗨·乔利（哈吉·阿里）

“虔诚的基督徒和探险爱好者”、美国海军上校威廉·弗朗西斯·林奇，他于 1847 年成为第一位穿越约旦河从加利利海到死海段的西方人

伊斯梅尔帕夏，雇用美国内战老兵使军队现代化的埃及总督。他对他们说：“真主保佑，当这一切实现之时，我将授予你们最高的荣誉。”

撒迪厄斯·莫特，雇佣兵、淘金人，也是中东军队的美国招募者

绰号“老暴风雪”的威廉·维因·洛林，一名历经75场战役的老兵，1869年至1875年期间担任埃及陆军的监察长

查尔斯·波默罗伊·斯通，“美国的德雷福斯”、内战中“不幸的战士”，他曾担任埃及的参谋长和建造自由女神像的高级工程师

爱虚张声势的詹姆斯·莫里斯·摩根，杰斐逊·戴维斯的前保镖，1870年前后在埃及作战

查尔斯·夏耶-朗，1874年，他疲惫不堪但卓有成效地完成了对尼罗河的探险。“整个尼罗河流域都在埃及的保护之下，”他宣称，“我这趟的主要目标已经完成了。”

在苏丹作战的士兵和探险家埃拉斯特斯·斯帕罗·普迪

作家查尔斯·达德利·华纳，内战后成千上万游览中东的美国人之一。“他们通常乘大篷车而来，”一名观察者打趣道，“像沙丁鱼一样挤进旅馆，像羊一样被带往全国各地。”

美国游客们正从一座古埃及神庙凿下纪念品，“把那些珍贵的碎片从注定要变成废墟的地方拯救出来”

“美国就是得到政治拯救的巴勒斯坦。”美国国务卿和中东游客威廉·亨利·西沃德写道

“一场华丽夺目的盛会。”尤利西斯和朱莉娅·格兰特夫妇 1878 年访问埃及时说

非裔美国人、在中东祈祷和平的传教士爱德华·威尔莫特·布莱登

卢·华莱士，内战英雄、杰西·詹姆斯的搜捕者、《宾虚》的作者，也是1881年美国驻奥斯曼帝国大使

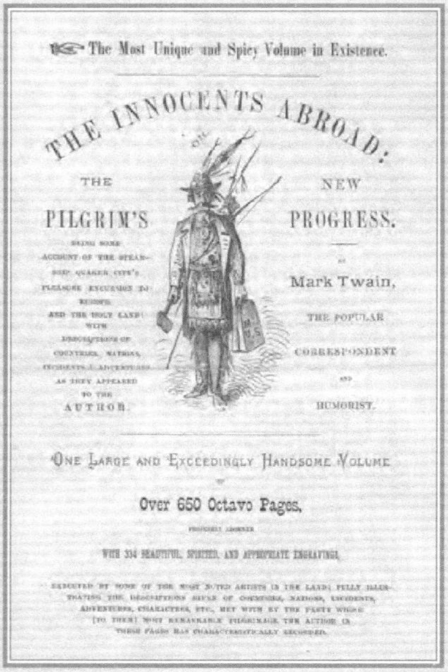

马克·吐温的中东游记的一则广告，该游记卖了50多万册——吐温调侃说，“跟《圣经》不相上下”

美国驻亚历山大领事埃尔伯特·伊莱·法曼，“克里奥佩特拉之针”的牵线人，也是英国政府征服埃及的坚定反对者

“埃及为亚洲带来光明”，这是最初的自由女神像，弗雷德里克·奥古斯特·巴托尔迪打算为苏伊士运河的入口增色，专门设计了这座雕像

“醒来，以色列，醒来！”——这是艾玛·拉撒路的诗句。她是一位诗人，也是美国犹太复国主义先驱

1890年前往阿拉伯的美国传教士、沙特—美国关系之父塞缪尔·马利纳斯·兹韦默

“我们都傻掉了！”1893年芝加哥的哥伦布世界博览会上的中东展品

战场天使、美国红十字会创始人克拉拉·巴顿，1896 年时致力于拯救土耳其的亚美尼亚人

阿尔弗雷·塞耶·马汉，杰出的海军历史学家，也是“中东”一词的创造者

西奥多·罗斯福，因一句“大量……偏执的穆斯林”激怒了许多中东人，于1910年访问埃及

“这些屠杀，我们的人民永远不会忘记”——亨利·摩根索，1914年至1915年亚美尼亚种族灭绝期间的美国驻土耳其大使

路易斯·登比茨·布兰代斯，第一位担任最高法院法官的犹太人，他写道：“对美国的忠诚和对犹太人的忠诚之间没有矛盾之处。”

纪伯伦·哈利勒·纪伯伦，诗人、《先知》的作者，阿拉伯民族主义支持者

阿梅恩·里哈尼，阿拉伯主义的美国代言人，决心“把东方的宁静带到西方”

阿拉伯主义的美国捍卫者、反犹太复国主义领袖查尔斯·克莱恩

翻开历史新篇章的时刻。威尔逊（右）和贝尔福在 1919 年巴黎和会上，现代中东诞生

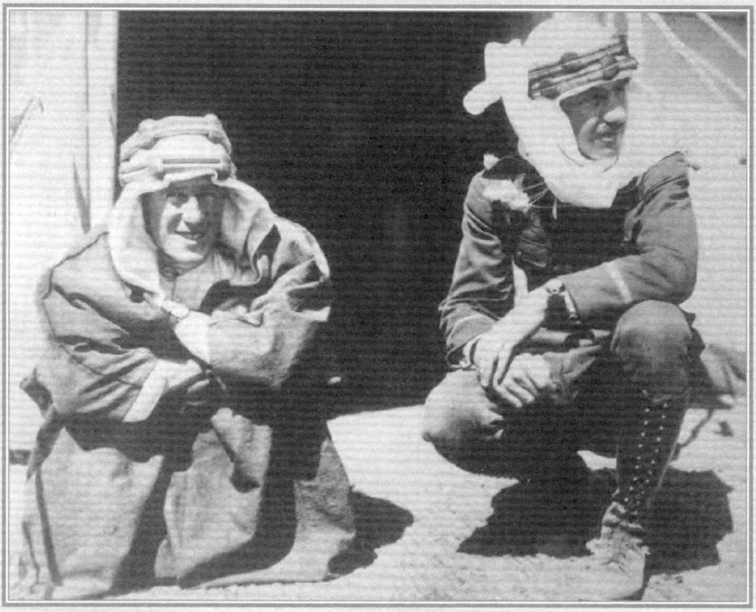

制造中东神话的 T.E. 劳伦斯（左）和洛厄尔 · 托马斯

“他的每一句话……都显示了他的智慧、活力、决心以及内在拥有的强大力量。”——阿卜杜勒·阿齐兹·伊本·沙特，沙特阿拉伯的奠基者以及该王国与美国复杂联盟的创始人

当时身为低年级副会长的果尔达·梅厄，在密尔沃基州立师范学校的年鉴《回声》（*The Echo*）上写道：“我并不是逃离（美国的）压迫……我是要投奔为我同胞创立的独立事业。”

“阿拉伯—犹太关系本应成为我们犹太复国主义思想的核心”——哈达萨创始人亨里埃塔·索尔德

犹大·莱布·马格内斯（中间戴帽者），美国犹太复国主义领导人和巴勒斯坦阿拉伯—犹太双民族国家的倡导者

身着犹太军团制服、短暂旅居纽约的犹太复国主义领袖大卫·本-古里安，他说：“我们的事业重心在美国。”

衣冠楚楚的国务院元老洛伊·亨德森，狂热的冷血斗士，犹太国家的反对者

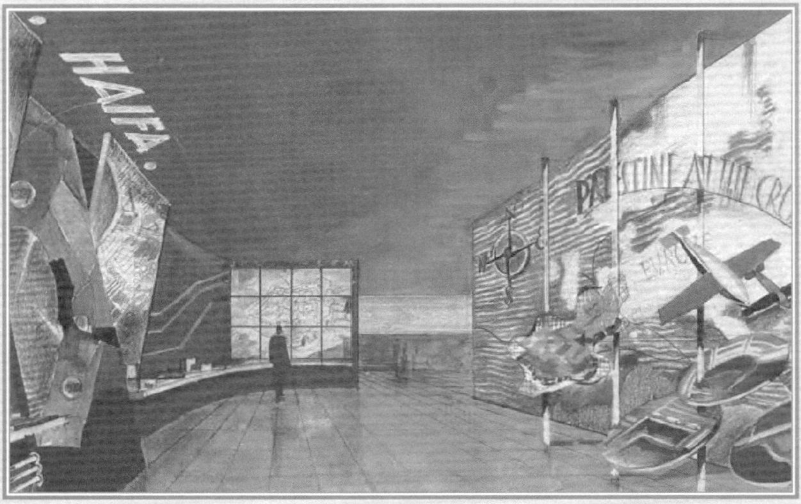

1939 年纽约世界博览会上的巴勒斯坦馆。游客们享受着诸如炸肉排之类“美味的巴勒斯坦菜肴”，向他们致意的是“巴勒斯坦最美丽的女孩”——哈加纳的一名成员

“一种奇怪的声音朝金字塔而去”——二战期间在埃及执勤的美国军队

1945 年 2 月，伊本 · 沙特国王和富兰克林 · 德拉诺 · 罗斯福登上“昆西号”军舰。“与伊本 · 沙特交谈 5 分钟，我对（中东）的了解多过我们书信来往 30 多次的所得。”

热爱自由的中东民族主义者或反美的共产主义盟友？伊朗的穆罕默德 · 摩萨台登上《时代》封面

1974 年穿梭外交中的果尔达·梅厄和亨利·基辛格。“哦，国务卿先生！”她大叫，“我不知道你竟然也亲吻女孩！”

签署《戴维营协议》的埃及总统安瓦尔·萨达特、美国总统吉米·卡特和以色列总理梅纳赫姆·贝京（从左到右）。卡特声称，该协议“现在几乎等同《圣经》”

中东幻想吸引了早期的好莱坞：在 1926 年轰动一时的电影《酋长之子》中，鲁道夫 · 瓦伦蒂诺饰演一名放浪不羁的流浪牧民，维尔玛 · 班基饰演西部少女

1979 年 11 月：已在德黑兰关押 444 天的美国人质。“我们会给美国中情局一个教训，叫他们不要对我们国家指手画脚，”伊朗人高呼，“我们将教会你们认识上帝。”

1983 年 12 月，贝鲁特的海军陆战队总部遭爆炸袭击，造成 241 名美国人丧生，并使美国陷入大规模的恐怖袭击

1991 年，海湾战争中驻科威特的美国大兵

为寻求建立新的世界秩序，乔治·布什的国务卿詹姆斯·贝克在1991年的马德里和会上

“您好，您好，和平。做和平的缔造者吧！”从左到右是以色列总理拉宾、美国总统克林顿和巴解组织主席阿拉法特，于1993年9月签署了巴勒斯坦自治的《原则宣言》（克林顿的两个“您好”是分别用希伯来语和阿拉伯语说的。——译者）

2000年10月，美国军舰“科尔号”遭到攻击。“我们已处于战争状态。”中情局得出结论，但政府依然在被动态度

9 · 11 : 幻想破灭日（图为本书作者的儿子从布鲁克林高地拍的照片）

美国海军陆战队第一侦察营敢死连二排，摄于第二次海湾战争期间的伊拉克。纳撒尼尔·菲克中尉站在倒数第二排

献给我的同事和朋友约斯·克来因·哈勒威

是他，使这本书成为可能

献给我的妻子莎莉

因为她

让一切成为可能

目 录

年表

1776年—1800年

1776年　由于宣布独立，美国失去了英国海军的保护，只能独自面对巴巴里海盗的威胁

1777年　摩洛哥承认美国独立

1784年　波士顿双桅船“贝特西号”被摩洛哥海盗劫持

1785年　约翰·兰姆执行美国对中东的首次外交访问

1785年　托马斯·杰斐逊与约翰·亚当斯会见的黎波里特使

1787年　部分是为了正面应对北非诸国，代表们齐聚费城起草宪法

1788年　第一位探索中东的美国人——约翰·利雅德——到达埃及

1794年　国会投票决定建立一支海军，“以保护美国商业免受阿尔及利亚海盗的袭击”

1801年—1900年

1801年　的黎波里对美国宣战

1803年　的黎波里劫获了美国“费城号”，俘虏了船上的307名

船员

1804 年　美国军队在的黎波里港口烧毁“费城号”

1805 年　威廉·伊顿与美国海军陆战队及雇佣军袭击了北非海岸的达尔纳。杰斐逊与的黎波里签署了单独的和平协议

1815 年　詹姆斯·麦迪逊派出一支美军舰队，迫使阿尔及尔、的黎波里和突尼斯停止袭击美国船只

1819 年　第一批前往中东的美国传教士——列维·帕森斯与普林尼·菲斯克——从波士顿出发

1821 年　希腊独立战争爆发，迫使美国不得不在自身的民主理想与在奥斯曼帝国的经济利益之间艰难抉择

1823 年　普林尼·菲斯克在中东建立第一所美国学校

1830 年　安德鲁·杰克逊总统签署美国与奥斯曼帝国之间的条约

1831 年　美国第一任驻中东大使大卫·波特到达伊斯坦布尔

1832 年　华盛顿·欧文出版阿拉伯故事集《阿尔罕布拉》(*Alhambra*)。美国与马斯喀特（今阿曼）签署一项商业条约

1835 年　美国旅行家约翰·劳埃德·斯蒂芬斯在亚历山大港登陆

1837 年　爱德华·罗宾逊建立圣经考古学

1837 年　美国福音派传教士哈丽特·利弗莫尔前往巴勒斯坦

1840 年　“苏丹夫人号”成为第一艘停靠在美国的中东船只

1840 年　塞勒斯·哈姆林在伊斯坦布尔郊外开办了一所学校，为后来的罗伯特学院（Robert College）奠定了基础

1844 年　美国领事、环境修复主义者沃德·克雷森启航前往巴勒斯坦。

1848 年　威廉·弗朗西斯·林奇成为第一位沿约旦河从加利利海航行到死海的探险家。

1851 年　克洛林达·迈纳到达巴勒斯坦，目标是建一所农业学

校，为犹太人提供建国所需的技能

1856 年　赫尔曼·梅尔维尔游历中东

1858 年　华盛顿派外交官埃德温·德·莱昂前往雅法，要求为在迪克森殖民地遭到阿拉伯人袭击的受害者主持正义。前奴隶大卫·F. 多尔发表了自己的中东游记

1862 年　丹尼尔·布利斯正式提议开设阿拉伯世界第一所现代大学——叙利亚新教学院——后更名为贝鲁特美国大学

1863 年　林肯总统抗议埃及在墨西哥的军事存在

1865 年　刺杀林肯的凶手同谋约翰·苏拉特在埃及被捕

1866 年　乔治·亚当斯招募 156 名美国人在巴勒斯坦组建殖民地

1867 年　马克·吐温游历中东，并出版游记《傻子出国记》（*The Innocents Abroad*）表达了自己对中东的印象

1868 年　埃及领导人伊斯梅尔招募美国内战老兵以助其军队实现现代化，同时加强美埃关系

1872 年　威廉·特库姆塞·谢尔曼将军与拉尔夫·沃尔多·爱默生游历中东

1878 年　前总统尤利西斯·S. 格兰特游历中东

1880 年　纽约中央公园竖立起一座古埃及方尖碑，即俗称的“克里奥帕特拉之针”

1881 年　斯帕福德家族的追随者在耶路撒冷建立美国殖民地

1882 年　英国轰炸埃及亚历山大后，美国海军陆战队在这座城市登陆。诗人艾玛·拉撒路开创美国犹太复国主义

1883 年　塞缪尔·本杰明率美国代表团首次正式访问波斯

1888 年　黎巴嫩诗人、政治活动家爱敏·雷哈尼抵达美国

1890 年　史上第一位穿越阿拉伯半岛的传教士——塞缪尔·兹

韦默——启程前往中东

1891 年　威廉·布莱克斯通向美国总统本杰明·哈里森提交备忘录，呼吁美国支持犹太人在巴勒斯坦地区建国

1893 年　数百万美国人在芝加哥的世界哥伦比亚博览会上分享了对中东的幻想

1896 年　克拉拉·巴顿前往土耳其，以援助土耳其暴行的受害者亚美尼亚人

1897 年　第一届犹太复国主义大会在瑞士巴塞尔举行，有 4 位美国人参加

1900 年—1945 年

1901 年　美国传教士艾伦·斯通在保加利亚被试图资助反土耳其起义的当地基督徒绑架

1902 年　美国海军理论家阿尔弗雷德·马汉创造了"中东"一词

1904 年　美国侨民、商人伊翁·珀迪卡里斯被摩洛哥酋长赖苏利绑架

1906 年　西奥多·罗斯福在阿尔赫西拉斯会议①上，协助解决德法两国因在北非的权利而起的冲突

1909 年　美国国务院近东事务局（NEA）成立

1909 年　美国传教士霍华德·巴斯克维尔在领导伊朗农民起义时被杀

1910 年　西奥多·罗斯福游历中东

① 1906—1907 年在摩洛哥的阿尔赫西拉斯举行的由英、法、德、西班牙联合召集的一次会议，旨在协商有关德国对摩洛哥的要求。罗斯福总统为推行其在国际事务中扩大美国利益的外交政策，也派了代表出席。——译者

1912 年　亨里埃塔·索尔德建立女性犹太复国主义组织“哈达萨”

1915 年　美国驻土耳其大使亨利·摩根索努力援助亚美尼亚种族灭绝的受害者。美国巡洋舰带巴勒斯坦的犹太人和贝鲁特的传教士撤离

1917 年　路易斯·布兰代斯帮忙劝说伍德罗·威尔逊支持《贝尔福宣言》，英国政府在该宣言中承诺支持犹太人在巴勒斯坦建国。爱敏·雷哈尼敦促美籍阿拉伯人志愿参军

1918 年　伍德罗·威尔逊总统答应帮助中东各国实现自决

1919 年　巴黎和会召开。伍德罗·威尔逊总统使中东独立的努力变成徒劳

1921 年　鲁道夫·瓦伦蒂诺在好莱坞的第一部中东片——《阿拉伯的酋长》（*The sheikh of Araby*）——中担任主演。果尔达·梅厄离开威斯康星去巴勒斯坦。

1923 年　哈利勒·纪伯伦的《先知》（*The Prophet*）出版。

1924 年　美国和欧洲的石油公司组建了伊拉克石油公司（IPC）。记者洛厄尔·托马斯出版《与劳伦斯在阿拉伯》（*With Lawrence in Arabia*）。美国承认英国对巴勒斯坦的委任统治权

1928 年　划定伊拉克石油公司（IPC）在中东勘探区域的《红线协定》签订

1931 年　查尔斯·克莱恩与伊本·沙特会面，为未来的美沙合作奠定基础

1932 年　美国工程师卡尔·特威切尔勘测了阿拉伯半岛的水、矿藏和石油资源

1933 年　沙特阿拉伯批准美国各石油公司进行勘探

1938 年　环保主义者沃尔特·洛德米尔克为巴勒斯坦犹太社区设计灌溉系统

1938年　美国工程师在沙特阿拉伯的达曼打出石油

1939年　美国犹太复国主义者抗议英国发表限制犹太人移民到巴勒斯坦的白皮书

1942年　美国军队发起“火炬行动”入侵北非。犹太复国主义代表聚在纽约的比特摩尔酒店，宣布要在巴勒斯坦建立一个独立的犹太国家

1943年　美国联手英国迫使法国默认黎巴嫩的独立。詹姆斯·麦考利·兰迪斯成为中东供应中心的主任。罗斯福的中东私人特使帕特里克·J. 赫尔利建议美国支持本土民族主义

1945年　富兰克林·德拉诺·罗斯福在大苦湖与伊本·沙特会面，巩固了美国与沙特的伙伴关系。新一任的杜鲁门政府迫使法国从叙利亚撤军，并阻止了苏联控制利比亚的企图

1946年至今

1946年　美国通过联合国施压，成功迫使苏联撤出伊朗

1947年　杜鲁门总统宣称要保护希腊和土耳其免遭苏联侵略。美国与另外32个国家一起，投票支持《联合国181号决议》，在巴勒斯坦土地上建立分治的阿拉伯国家和犹太国家

1948年　以色列成立仅11分钟后获得了美国事实上的承认

1952年　美国中央情报局帮助“自由军官运动”夺取了埃及政权，其中一名军官是贾马尔·阿卜杜勒·纳赛尔上校

1953年　一场由美国中央情报局发动的政变将伊朗民族主义领导人摩萨台赶下台

1955年　由美国支持的反共联盟“巴格达条约组织”创建

1956年　苏伊士运河危机事件发生。美国与苏联一起迫使英、法和以色列从埃及领土撤军并支持纳赛尔对苏伊士运河的国有化

1957 年　艾森豪威尔总统发表了自己的主张替中东反共辩护

1958 年　美国军队在黎巴嫩登陆以支持卡米尔·夏蒙的亲西方政府

1961 年　肯尼迪总统开始与埃及总统纳赛尔通信

1962 年　肯尼迪政府批准向以色列出售霍克防空导弹。电影《阿拉伯的劳伦斯》广受赞誉

1967 年　美国支持以色列在六日战争中战胜阿拉伯联军以及占领西岸、加沙、耶路撒冷、戈兰高地和西奈半岛。约翰逊政府倡议在《联合国 242 号决议》以土地换和平方案的基础上启动阿以和平进程

1969 年　国务卿威廉·罗杰斯宣布他的基于《联合国 242 号决议》的阿以和平计划。

1970 年　巴解组织（PLO）试图在被称为“黑色九月”事件的残酷内部冲突中夺取约旦的权力

1973 年　在埃及与叙利亚对以色列发动突然袭击后，美国对以色列进行大规模空运。沙特阿拉伯因为美国支持以色列而率先对美实施石油禁运

1974 年　亨利·基辛格通过其著名的“穿梭外交”使驻扎在西奈半岛的埃及人与以色列军队脱离接触

1979 年　埃及与以色列经过吉米·卡特总统的斡旋达成和平协议。52 名美国人——大多为美国大使馆雇员——被德黑兰的伊斯兰革命卫队劫为人质

1980 年　营救在伊朗的美国人质的行动失败。卡特总统向国会承诺他将捍卫美国在波斯湾的利益

1981 年　美国喷气机在锡德拉湾击落了两架利比亚战斗机。里根政府谴责以色列袭击伊拉克的奥西拉克核反应堆

1983 年　一场由真主党下令实施的自杀式炸弹袭击导致在黎巴

嫩内战中维持和平的 241 名美国海军陆战队员丧生

1984 年　美国从黎巴嫩撤军。次年，美国中央情报局驻贝鲁特站站长威廉·巴克利遭绑架并被折磨致死

1986 年　为报复美国军人在一家柏林夜总会遭到的恐怖袭击，里根总统轰炸了利比亚

1986 年　“伊朗门”丑闻曝光，暴露了里根政府与伊朗革命政府之间的非法武器交易

1987 年　巴勒斯坦大起义（intifada）在加沙与约旦河西岸爆发

1987 年　美国海军为防止伊朗袭击，开始为科威特油轮护航

1990 年　伊拉克入侵科威特

1991 年　以美国为首的联军将伊拉克军队逐出科威特，但未将萨达姆·侯赛因赶下台。战争结束后，美国在马德里召开和平会议，试图实现阿-以问题的全面解决

1993 年　以-巴在挪威秘密谈判形成的《奥斯陆协定》在白宫南草坪签署

1996 年　19 名美军士兵在沙特阿拉伯的霍巴塔恐怖袭击中丧生

1998 年　克林顿总统居中调停使巴勒斯坦与以色列在怀伊河种植园达成一项临时协议。基地组织袭击了非洲，作为回应，美国轰炸了其推测出的苏丹境内恐怖分子目标

2000 年　一名人肉炸弹炸死了停泊在也门海岸附近的美国“科尔号”上 17 名船员

2001 年　基地组织袭击了纽约、弗吉尼亚和宾夕法尼亚，造成近 3000 名平民丧生

2002 年　美国对阿富汗的塔利班政权宣战，决定将其推翻

2003 年　美国入侵伊拉克

新版序言

美国国务院位于一座1960年代早期建筑的7楼，重新装修成了18世纪后期的装饰风格。除了那个年代的家具陈设，这一楼层还专门挂上了美国诸位国务卿的肖像。沿着这条赫赫有名的走廊，我大步上前接受了一份文件，这份文件证明我能胜任驻美国大使——一个"非凡的全权代表的"职位。

我所代表的国家是以色列。以色列位于中东的中心地带，官方语言是阿拉伯语与希伯来语，大多数居民是该地区的长久居民，迄今仍是个被一圈穆斯林国家包围的犹太国家，既充满争议，又魅力无穷。危机几乎无时无刻不在，对以色列的攻击更是家常便饭，所以它得捍卫自己的权利甚至生存。"你将要从事的工作非常艰巨。"本杰明·内塔尼亚胡总理提醒我，国防部长和外交部长也这么对我说。但是，我没有一丝犹豫。我接受了任命，因为这是我毕生的梦想。

我在美国长大，为自己的美国身份而自豪，但在我的成长岁月里，大屠杀的阴影与两千年来第一个犹太国家的光芒一直萦绕着我。当我意识到我所处的时代兼有历史责任和历史性机遇时，我决心将来要回以色列生活。十几岁的时候，我修草坪、铲雪，为的是攒下足够的钱去以色列，在某个基布兹[①]做义工。后来，我参加了在华盛顿特区举行的一个犹太青年大会，见到了以色列驻美国大使。他走进大厅时，学生们纷纷站上椅子鼓掌。这位神情内敛、仪态高贵的大使名叫伊扎克·拉宾，就在那一刻，我告诉自己："我要成为一个这样的人。"

事实证明，实现这一愿景的过程曲折而漫长。为了拿到奖学金又同时兼顾社会服务，我以外交事务为重点研究了中东的现代史。我特别感兴趣的是以色列和美国之间的关系，再说得宽泛一点，是中东与西方关系的演变。这项研究让我对当代问题的看法更为深入，也更有能力将前因后果联系起来，这让我此后在以色列的政府部门和军事部门任职时受益匪浅。反过来，当我回到学术生活时，职业经历让我更加体会到决策的重要性和复杂性，警示我切忌轻率地下结论。

写完阿拉伯-以色列早年的争端之后，我开始实施自己最雄心勃勃的计划：撰写一部首次全面梳理美国卷入中东事务的历史著述。早在研究生时期，当我得知美国介入中东事务已有两个世纪之久而非从二战后才开始时，我就意识到需要一本这样的书。随后，2001 年 9 月 11 日那场灾难从天而降。美国人突然发现需要在中东问题上做出生死抉择，却缺乏做决定所需的历史背景。而这，正是我这本《权力、信仰与幻想》所要提供的。

对历史学家来说，最心满意足的成就是看到自己的作品融入了全国辩论之中，被学生、记者、政策制定者广泛阅读并内化为自己的认识。我也不能免俗，我发现自己在与美以两国领导人交流时也受到了本书的启发。随后，在 2009 年春，以色列政府召我去担任以色列驻美大使，我终于实现了自己的毕生梦想。

尽管当我走在国务院走廊时，腋下并没有夹着这本书，但眼前所见皆书中所载。这边墙上挂的是伊莱休·卢特的画像，我记得他在

① 即集体农庄。——译者

1904年担任战争部长时使美国在中东的人质成功获释，两年后还帮忙阻止了欧洲对摩洛哥的战争。卢特旁边是威廉·麦克斯维尔·埃瓦茨的画像，他是美国传教士在中东工作的赞助人，1880年作为国务卿为纽约中央公园的埃及方尖碑揭幕。林肯总统的国务卿威廉·H.西沃德也在其列，他是在中东地区建立美国大学的推动者，也是中东首次棒球比赛的开球手（opening pitcher）。此外，还有在一战后与伍德罗·威尔逊总统一起重绘了中东版图的罗伯特·兰辛[①]，以及警告哈里·杜鲁门总统若其承认以色列就不在1948年的选举中投他票的乔治·马歇尔。离约翰·福斯特·杜勒斯不远处，挂着迪安·腊斯克[②]的画像，前者作为国务卿在1956年的苏伊士运河危机中拯救了年轻的埃及领导人贾马尔·阿卜杜勒·纳赛尔，后者则在1967年的六日战争中见证了这位埃及领导人的溃败。当然，还有为寻求阿以和平而开创了“穿梭外交”的亨利·基辛格，以及即便美国在伊拉克作战时也仍在谋求和平的康多莉扎·赖斯。我在去拿任命文件的途中从所有画像前一一经过。悖谬的是，我经过的最后一幅画像上面竟是美国第一任国务卿约翰·杰伊[③]，他任期内正是美国最漫长的海外——也就是中东——冲突的开端。

排列在墙上的这些人物可以说都是证人，他们见证了200多年来美国在中东的野心以及无数的倡议、对峙、协商、失误和突破——有些充满了理想主义，有些是受自我利益的驱使，但大多都倾注了美好希望。在这里，目之所及都是美国与中东关系的历史故事，而这段关系至今仍对美国及其盟友至关重要。当我意识到画像中的每个人物在处理该地区事务时所肩负的重任，而现在我也可能要身负同样的重任

① 美国政治家和外交家，1915—1920年任国务卿。——译者
② 1961—1969年任美国国务卿。——译者
③ 美国缔造者之一，外交家，1789—1795年为最高法院第一任首席法官。——译者

时，荣幸与惶恐之感在我心中油然而生。然而，到中东的几代美国人既发动了战争也寻求过和平，既卷入其中也抽身而去，既表现出摇摆不定的容忍也以极少衰退的精力努力将自己的原则引入该地区，这些认知让我感到安慰。了解过去会有助于我更好地前行。

在获得国务院的批准几周后，我踏出了成为大使的最后一步。一辆飘扬着美国和以色列国旗的公务车将我载到了白宫。我是来向总统呈递国书的——这一仪式可谓历史悠久。内阁会议室是艾森豪威尔总统、尼克松总统、卡特总统先后揭晓他们的中东防御理论的地方，获准进入这里的我在美国留给该地区长达200年遗产的留言簿上写下了自己的名字。在被警卫护送进罗斯福厅之前，我想起“国父们曾考虑过将摩西和《出埃及记》刻上共和国的大印”。而现在，西奥多·罗斯福的画像就庄严地挂在这间大厅壁炉的正上方，罗斯福曾像一个突发奇想的孩子一样沿尼罗河北上，很久之后又引发了中东的第一次反美抗议活动。随后，我手拿国书走进了总统办公室。

我在任期间，正值美国卷入中东事务的关键时刻。美国被卷入该地区的两场复杂的战争中，仍与恐怖主义威胁作斗争并全力争取实现阿以和平，尽管它此时因为伊朗拥有核武器而噩梦缠身。中东石油是一个普遍存在的问题，美国与更广阔的穆斯林世界的关系也是如此。持续的经济衰退引发了对美国在全球范围内尤其是在中东地区投入与产出是否合理的质疑。以色列与美国长久以来的关系也处于动荡不安的状态，有些方面的关系在深化，有些方面的却在紧张加剧。面临的挑战是多方面的。

正视这些挑战，分析它们对以色列和美国双方的影响，是我作为大使的主要职责，因为美国在中东所做的一切都会影响到以色列。例如，评价巴拉克·奥巴马总统向穆斯林世界伸出友谊之手以及他上任之初访问埃及和土耳其的影响，令我想到富兰克林·罗斯福和约翰·

肯尼迪所做的类似努力及其引发的反应。审视总统在整个中东地区升级对基地组织的军事行动的决定，让我回想起托马斯·杰斐逊和詹姆斯·麦迪逊当时面对中东掠夺者袭击美国人的情况时的决策。向许多中东国家供应美国武器装备这一事实，让我联系起安德鲁·杰克逊进行此类销售的先例并忆及这些交易所引发的风险。谈到亲以色列的基督教团体，我耳边似乎回荡起了约翰·亚当斯、林肯和威尔逊的事迹，信仰激励他们支持在圣地建立犹太国家的信念。美国大学在中东的分支机构的开设，让我想起150多年前贝鲁特美国大学以及伊斯坦布尔附近的罗伯特学院的开学典礼。而奥巴马总统宣布将致力于阿以和平的全面实现并为此目的专门指定一名特使，让我得以回溯那些为同一崇高目标付出努力的前任总统和特使，进而比较其中哪些人取得了进展并分析其原因。

美国在未来很多年间都将与中东携手并进，了解过去无论对于理解现在还是预测未来，都是至关重要的。我原想通过写这本书帮助美国人了解自己国家与一个对其福祉和安全至关重要的地区的关系；现在，作为大使的我，也希望这本书能对以色列人和其他中东人民有用。手握权力、被信仰所激励以及受幻想诱惑的美国人，将继续在中东占据主导地位，承担起进行社会变革和提供光辉愿景的职责。

华盛顿特区

2010年12月

序言

荣耀之路

划着一条自己亲手挖空一棵巨大的白松而制成的独木舟，约翰·利雅德（John Ledyard）沿康涅狄格河顺流而下。他是个胸膛厚实的青年，划船时，他那黄褐色的头发披在脑后，鹰钩鼻子向前倾着。他随着小舟落在了因春季解冻而涨起的水面上，两岸是一座座冰雪点缀的山峦，此地距离长岛海峡[①]约数百英里。然而，在他到达最终目的地——那块充斥着迷宫般的废墟和历经太阳炙烤的沙漠的土地——之前，还需要经过漫漫长途。约翰·利雅德将成为独立的美利坚共和国探索中东、记录中东印象、将中东以可理解的面目呈现在美国人面前的第一位公民，尽管他本人当时（1773 年）不大可能晓得这一事实。

利雅德那年春天关心的并不是去中东，而是要逃离专横跋扈的达特茅斯校长埃利亚扎·惠洛克[②]牧师的严厉管教。惠洛克坚信，利雅德这位来自新罕布什尔州、曾在易洛魁人中生活过的青年会成为一名优秀的传教士，而且逼他去上大学。但是，23 岁的利雅德对探险远比对神学感兴趣。他渴望冒险，正如他在写给他那孀居母亲的信中所说的那样，他想成为“有史以来最伟大的旅行者……偏离主流、不合常规、行动迅速、不担负责任、求知欲强并且……从容如彗星一般”。他在达特茅斯只待了一个学期，随后就从康涅狄格州下水，划着独木舟向着海洋与全世界踏上了征程。[③]

利雅德在一艘开往西印度群岛的商船上当了一名平平常常的水手，开始了他前途未卜的旅程。然而，18 世纪晚期的商船上老鼠成灾，生活枯燥乏味，于是，当船向东驶向地中海时，利雅德再次决定逃离。随后，他于 1776 年 7 月在直布罗陀下了商船，加入了英国海军。而就在当月，大不列颠发动了对反叛的美洲殖民地——现在已聚合为美利坚合众国——的战争，而利雅德极有可能要跟自己的父老乡亲作战。不过，利雅德并没有被派到炮艇上，而是被派去了“决心号”战列舰，也就是英国最著名的船长詹姆斯・库克④的旗舰上。

作为大溪地和夏威夷群岛的发现者，库克正在开始其第三次环球航行，要穿越太平洋到俄勒冈和阿拉斯加海岸，以探索一条横跨大陆的水路，即传奇的西北航道。利雅德为这次探险留下了一份日记，细致生动地描述了他们遇到的那些绘着纹身的南太平洋群岛岛民，以及 1779 年 2 月 14 日伏击并杀害了库克船长的夏威夷战士。但这一事件的恐怖色彩，丝毫不能使北美海岸上森林茂密的俄勒冈领地⑤的壮丽

---

① Long Island Sound，美国康涅狄格州与长岛之间的大西洋湾。——译者

② 1733 年毕业于耶鲁学院，后攻神学。1735—1770 年任康涅狄格莱巴嫩第二教区公理会牧师，曾创办学校，对印第安人及白人实行免费教育，后因经费支绌而无法维系。——译者

③ Jared Sparks, *The Life of John Ledyard, the American Traveller* (Cambridge: Hillard and Brown, 1828), pp. 1 - 70. Helen Augur, *Passage to Glory: John Ledyard's American* (Garden City, N. Y.: Doubleday, 1946), pp. 142, 157 - 58, 173. Henry Beston, *The Book of Gallant Vagabonds* (New York: George H. Doran, 1925), p. 23. Laurie Lawlor, *Magnificent Voyage: An American Adventurer on Captain James Cook's Final Expedition* (New York: Holiday House, 2002), p. 203 ("the greatest traveler"). See also Clanance Ashton Wood, "Southhold's John Ledyard" and "John Ledyard and the Traveler," longislandgenealogy. com/Ledyard/one. htm.

④ 英国皇家海军军官、航海家、探险家和制图师，曾经三度奉命出海前往太平洋，带领船员成为首批登陆澳洲东岸和夏威夷群岛的欧洲人，也创下欧洲船只环绕新西兰航行的首航纪录。——译者

⑤ Oregon Territory，指的是 1846 年之前英国和美国之间有领土争议的北美洲西部地区，包括今日加拿大不列颠哥伦比亚省南部地区，以及全部的美国俄勒冈州、华盛顿州、爱达荷州、蒙大拿州、怀俄明州的一部分。1848 年至 1859 年间，美国在上述地区的北纬 49 度以南建立的联邦领地也称俄勒冈领地。——译者

景观失色。利雅德渴望着有朝一日能够返回这个地方，通过动物毛皮大发一笔。为了实现这一梦想，他于 1782 年下船离开长岛海岸线回到了自己的家乡。

虽然那时美国差不多已获得独立，但大陆军①仍处于战争状态，而利雅德本来可能还要继续服役。但他个性太强，不能重新登记入伍。他看到自己“在生活的两个极端……之间辗转腾挪”，既凄惨又幸福，“这一生活不属于任何星球或者说不适合任何地方”。利雅德出版了他写的库克探险日记，这是在美国印刷的第一本游记，成了 18 世纪的畅销书。33 岁时，利雅德见过的世界——和北美大陆——可能比世上任何人都要多。然而，他仍对俄勒冈念念不忘，当然还有他做毛皮生意的梦想。由于没有在美国找到愿意跟他一道发这个财的人，利雅德再次离开家乡，于 1785 年启航前往法国。

利雅德身上体现了当时的法国人所崇拜的美国边疆精神，因此，他们为他引见了巴黎当时地位最为显赫的人物。他还跟美国首位驻法国代表本杰明·富兰克林、鼓动独立的革命家汤姆·潘恩以及大陆军海军英雄约翰·保罗·琼斯交上了朋友。然而，让他感觉最温暖、对他影响最大的是与一位贵族的交往，后者与他这位曾经的边疆小民和普通水手似乎并没有什么共同之处。

“在巴黎期间，我认识了约翰·利雅德……他是一位有天赋、懂点科学、勇敢无畏又有进取心的人。”接替本杰明·富兰克林担任美国驻法大使的托马斯·杰斐逊这样写道。杰斐逊长得又瘦又高、皮肤白皙，与常年生活在海上身材壮硕、饱经风霜的利雅德恰成鲜明对比，但这两个男人一见如故。杰斐逊认为利雅德是个“真实的人”，拥有“无与伦比的胆识”和“自由自在、不受羁绊的个性”。利雅德

① Continental Army，美国独立战争中英属北美殖民地的军事力量，1775 年 6 月 14 日根据大陆议会的决议建立。——译者

则礼尚往来，称杰斐逊为“我的父亲、兄长和挚友”。①

杰斐逊被利雅德对俄勒冈领地的描述所吸引，对于在该地区和美国东海岸之间寻找水路的想法也颇感兴趣。他劝说利雅德借道俄罗斯和白令海峡去俄勒冈州，进而找到这条传说中的西北航道。杰斐逊甚至向俄国女皇叶卡捷琳娜呼吁，允许利雅德毫发无损地穿过其领土。叶卡捷琳娜将这一计划斥为“荒诞不经”，但她的怀疑并没有让利雅德畏缩不前。1787 年冬，利雅德出发了，他从斯德哥尔摩走到圣彼得堡，随后乘独木舟和雪橇跨越 3500 英里冻土前往东西伯利亚。但就在那里，叶卡捷琳娜的密探抓住了他，随后将其逐出俄罗斯。

这段苦难经历让利雅德明显地苍老了，但内心却没有任何改变。他说：“美国人的心可比美国人的脸经久耐磨。”他与杰斐逊仍保持着密切联系，他在自己的信中还提出了一个在当时来说极富开创性的理论，即美洲原住民是来自亚洲的史前移民的后代，而且，所有人——不分种族——都源于同一个祖先。同时，他也从未放弃探索未知领域的雄心壮志。为了寻找新的赞助人，利雅德搬到了伦敦。在那里，他受到了颇负盛名的非洲协会及该协会那位爱招摇卖弄的秘书亨利·贝弗伊的关注。贝弗伊对利雅德的“男子气概、宽阔胸膛、坦诚的表情以及雄心勃勃的眼神”印象深刻，提议利雅德不妨沿着尼罗河从开罗

① John Ledyard, *A Journal of Captain Cook's Last Voyage to the Pacific Ocean* (Harford: Nathaniel Patten, 1783), pp. 33 ("dancing through life"), 72, 85, 157. Kenneth Munford, *John Ledyard: An American Marco Polo* (Portland: Binfords and Mort, 1939), p. 300. Beston, *Book of Gallant Vagabonds*, p. 43. James Zug, *American Traveler* (New York: Basic, 2005), p. 152. Lawlor, *Magnificent Voyage*, pp. 5, 59, 143, 197 - 98. S. G. Mantel, *Explore with a Dream, John Ledyard* (New York: Julian Messnet, 1969), pp. 121 - 23. Thomas Jefferson, *Autobiography* (New York: Capricorn, 1959), p. 80. Lawlor, *Magnificent Voyage*, p. 199 ("my brother"). See also Stephen D. Watrous, ed, *John Ledyard's Journey through Russia and Siberia, 1787 - 1788: The Journal and Selected Letters* (Madison: Univ. of Wisconsin Press, 1966), and the website *Mutual Perceptions — Travel Accounts,* memory. loc. gov/intld/mtfhtml/mfpercep/perceptledyard. html.

到东苏丹的森纳尔，对尼罗河进行深入考察，这条路之前从未有西方人走过。利雅德自告奋勇立刻启程，但贝弗伊解释说必须对这次探险进行精心准备，所以至少得几个月后他才能去埃及。

利雅德为此做了身心两方面的准备。身体上的准备是徒步旅行了20英里，心理上的则是对各种中东地图——其中大部分都是推测出来的——进行了仔细研究。他与美国驻英国代理部长威廉·斯蒂芬斯·史密斯取得了联系，并通过后者表示同意“用自己的才华与勤奋立即报效自己的国家”，以美利坚合众国的名义实施其探险计划。最后，在1788年6月30日，为远行做好准备的利雅德离开伦敦前往马赛。“我将从这里出发……穿过地中海……到开罗，”他在给母亲的最后一张便条上这样简单写道，“远方尚属未知，我的发现之旅即将开启。你将会知道旅程在何处终止以及如何终止，如果我还活着的话。”他给杰斐逊写信感谢其友谊和信任，并表示对此深感荣幸。“我……觉得群山与大海都不会阻挠我踏上这条荣耀之路，”利雅德如此预言道，“我的心正在熊熊燃烧。”

约翰·利雅德就这样踏上了前往中东的旅程，此前，这片神奇的土地鲜有西方人踏足，更不用说深入其中了。除了艰辛和敌意，他还期望在那里找到什么呢？会有什么历史、神学和文化方面的相似之处能将这些遥远的、异族的土地与美国当时已经建构成形的民主制度联系在一起呢？地球上这两块看起来毫无相似之处的地域——美国和中东——能够熔铸出怎样一种共同的未来？

这些问题在1780年代提出恰逢其时，而从那时开始，美国人也在不断地以此发问。虽然利雅德是探索中东的第一位美国人——他的埃及之旅将在接下来的章节中叙述——但是，在两个多世纪的历程中，他不过是到该地区旅行和服务、研究和著述、怂恿和作战的数百万男女中的一员而已。这种相互作用无疑会给中东带来难以磨灭的变化，同时也将改变美国——有时是巩固，有时是分裂。

无论是就他自身还是对于他的美国同胞而言，无论是当时还是现在，利雅德的中东之旅都当之无愧是一条“荣耀之路”。“瞧着吧，”当船起锚前往埃及时这位冒险家大声道，“我为世界提供了一个新角色，为历史传记提供了一个新主题。”① 其实，他大可以补充一句，他还为美国对中东事务非同寻常的介入开了个头。

① Henry Beaufoy, "Some Accounts of Mr. Ledyard's Method of Traveling," *Ladies' Magazine*, July 1792 ("manliness of his person"). Zug, *American Traveler*, p. 216 ("An American face"). Larzer Ziff, *Return Passages: Great American Travel Writing, 1780 - 1910* (New Haven: Yale Univ. Press, 2000), p. 36. Sparks, *Life of John Ledyard*, pp. 290, 293 ("My path will be"), p. 303. Augur, *Passage to Glory*, p. 268 ("Behold, I afford a new character"). Zug, *American Traveler*, pp. 173 ("I ... do not think"), 220.

引言　返回关键节点

今天，鲜有美国人知道约翰·利雅德这个名字，更不用说了解他在美国与中东关系中所作的贡献了。然而，自 1991 年海湾战争以来，尤其是自 9·11 事件以来，熟悉中东的美国人已大为增加。15 年前，有多少人知道“圣战”这个词的意思呢？有多少人了解“基地组织”“伊斯兰教”“瓦哈比派”这些词究竟意味着什么？有多少人分得清阿拉伯人和伊朗人、复兴党人和伊斯兰教徒、逊尼派穆斯林和什叶派穆斯林呢？的确，今天的美国人对于诸如费卢杰、杰宁这样的中东城市往往要比对自己国内中西部的城市更为熟悉。

美国人对中东的日益熟悉，反映出如今该地区对于美国人生活的重要影响。美国对中东事务的参与是广泛的、深入的，甚至可以说是实质性的存在。民族与宗教冲突、持续的恐怖主义威胁以及对可靠能源的寻求充斥着各类媒体，并主导着国家的各项议程。中东既是数百万美国人宗教灵感的来源，也是美国人的恐惧之源。显然，一度让军队疲于奔命的亚洲绿军服新近让位于阿拉伯的黄棕色军服，阿拉伯语已取代俄语成为情报部门最重视的语言。对于美国的国家安全以及对全体美国人福祉而言，中东的影响比南美、非洲和欧洲的影响更看得见摸得着，比朝鲜乃至中国的影响更加紧迫。

然而，尽管中东至关重要，美国人仍然很大程度上对自己国家在该地区多维度的丰富历史一无所知。大多数人似乎认为美国人活跃在中东舞台上始于二战后不久，也就是阿以冲突爆发或者说沙特石油开采之时。如果有人宣称美国与一个如此偏远的地区——纽约距离最近的中东城市即摩洛哥的西迪伊夫尼约3500英里——之间的关系，可能影响了《宪法》的起草和美国海军的创立，很多人都会对此表示怀疑。如果说美国人与中东人不仅在石油市场和战场相遇，也在艺术、教育和慈善领域相见，大多数人也会大为吃惊。事实上，美国人不仅在中东地区建造了第一批现代大学，而且美国的星条旗以及自由女神像都源于美国在中东的经历。

对美国参与中东事务的历史知识缺少了解，至少部分原因在于对该问题尚无任何全面详尽的研究之作。英国人若对自己国家有史以来在中东的活动感兴趣，可以直接参阅伊丽莎白·梦露的《英国在中东》（*Britain's Moment in the Middle East*）以及威廉·罗杰·路易斯的几本专著，而美国人却只能在一大堆令人望而生畏的出版物中艰难寻找。研究"巴巴里战争"——美国与中东的首次冲突——和美国对一战后中东解决方案的政策的著作有几十本，但对于美国对中东的军事干预或美国在中东非殖民化进程中的作用，尚无任何研究之作。研究美国对以巴争端的政策的文献可以列出好几页来，但对于美国自1776年以来在中东的人文教育传统或美国和中东的经济一体化，目前在研究上是一片空白。

不过，有几位学者已经在尝试从更广的领域研究美国在中东的历史。在1967年发表的《东方的开拓者》（*Pioneers East*）一文中，大卫·芬尼绘声绘色地描述了18世纪晚期和19世纪以来美国人在中东工作、游历和传教的事。两年后，詹姆斯·A. 菲尔德在芬尼颇受欢迎的概览式文献基础上增加了学术深度，出版了《美国和地中海世界：1776—1882》（*America and the Mediterranean World*，*1776—*

1882）一书。约翰·德诺沃紧随其后，出版了一部百科全书式的著作：《美国在中东的利益与政策：1900—1939》（*American Interests and Policies in the Middle East*，*1900—1939*）。德诺沃之后，约瑟夫·L.格拉比尔创作了他具有突破性意义的著作《新教外交与近东：传教士对美国政策的影响：1810—1927》（*Protestant Diplomacy and the Near East*：*Missionary Influence on American Policy*，*1810—1927*）。这些影响深远的研究中，最后一部是托马斯·布莱森的《美国与中东的外交关系：1784—1975》（*American Diplomatic Relations with the Middle East*，*1784—1975*），它于30年前出版。从那时起，历史学家们就专注于二战之后的岁月，关注的焦点是美国与中东关系在政治与战略上的维度。乔治·伦乔夫斯基的《美国总统与中东》（*American Presidents and the Middle East*）、斯蒂芬·L.斯皮格尔的《另一种阿以冲突》（*The Other Arab-Israeli Conflict*）以及威廉·B.昆特的《和平进程》（*Peace Process*）是这类作品中的代表作。还有一本重要著作是罗伯特·D.卡普兰写的《阿拉伯主义者》（*The Arabists*），这本书时间跨度较大，但主要考察的是国务院对美国中东政策的影响。

不过，这份书单上还是缺少对美国百年以来全面参与中东的军事、经济和文化等各方面事务的全面考察之作。也没有任何研究试图说明这段历史中反复出现的一些主题，或提供一个方法论框架来分析这段历史。迄今为止，还没有一部专著——一部普通读者和学者雅俗共赏的著作——对美国卷入中东的历史提供某种学术性的又令人信服的解释。这本书力求填补这一空白。

撰写这样一部著作会面临许多挑战，首先需要回答这样一个问题："中东指的是哪儿?"虽然"中东"一词当下已被普遍接受，但其实对其边界并未达成任何共识。许多学者把摩洛哥、突尼斯和阿尔及利亚都归为中东国家，而另一些学者则把整个北非地区视为一个独立的实体。一些大学的中东研究部门将阿富汗和巴基斯坦排除在其研究范围之外，但另一些项目则把高加索和西南亚地区涵盖在内。对于这个词指涉的区域的分歧进一步加大了对其历史的研究难度。对于18世纪时中东是否包含奥斯曼帝国的保加利亚和希腊，抑或这些省份属于一个离散的、笼统的近东，历史学家们看法各异。有些历史学家干脆认为，在1902年“中东”这个词首次使用之前，根本就不存在这样一个地区。

本书对这些问题的解决方式是将“中东”与美国人（事实上是大多数西方人）一度认同的“东方”视为同义词。至少在20世纪之前，“东方”包括从安纳托利亚和西色雷斯到北非与埃及，从阿拉伯半岛到波斯湾的广大区域。奥斯曼帝国在欧洲和中亚的领土也被包含在这一分类中，尽管它们在获得独立后变得不那么“东方”了。在美国人的头脑中，这些地区被某种共同的文明以及服饰、建筑、艺术和政府结构的相似性联系在一起。即使是现在，大部分美国人还是将利比亚人、伊朗人以及巴勒斯坦人、突尼斯人、黎巴嫩人一道置于他们称为“中东”的地缘政治框架内。

划定了中东的界限，接下来就得廓出研究架构了。这样一来就出现了一个根本性问题：应该对美国在中东的所有历史时期给予同样的关注，还是只需考虑那些很少被研究到的时期？除了全面概览，本书还能为之前研究过的问题——诸如艾森豪威尔在1956年苏伊士运河危机时的政策或尼克松在1973年阿以战争中的立场之类的——有何贡献？一个要依靠外交文件解密才能重建前两个世纪美国与中东关系的文本，在这些文件尚未向公众开放的情况下，如何来证明这一互动的最后30年里的事？

这些问题的答案全都反映在书的架构中。因此，本书的前六部分详细介绍了美国从18世纪末到20世纪中叶与中东的关系。最后一部分则概述了发生在过去 60 年里即从冷战到伊拉克战争期间的历史事件。整本书的重点将放在确定美国参与中东事务的中心主题，以及追踪那些贯穿文本并与之紧密结合、起修饰作用的主题上。

在这些主题中，最具体可感、随处可见的主题是权力。权力指的是美国通过军事、外交和经济等各种手段寻求在中东的利益。权力，可以用来描述麦迪逊总统于 1815 年派军舰去攻打阿尔及尔的决定，也可以解释林肯为何会在 1863 年为了阻止埃及介入墨西哥的事而做出种种努力。但是，美国也动用权力在中东保护其居住在那里的人民、捍卫陷入险境中的少数族群的利益。当美国军舰“独立号”于 1844 年在黎巴嫩营救生命垂危的美国传教士时，或者当“田纳西号”在第一次世界大战期间从巴勒斯坦撤离犹太难民时，权力并不仅仅是为了谋求政治或经济利益，更重要的是对美国信仰的支撑。

信仰是第二个主题，指的是宗教在建构美国对中东的态度和政策方面的影响。虽说天主教徒和犹太人在决定美国与该地区的关系方面发挥了积极作用，尤其是在第二次世界大战之后更是如此，但新教教徒的影响力从传统上讲更具主导作用。早在 1819 年，第一批新教传教士就从波士顿出发前往中东，目标是将巴勒斯坦重建为犹太国家，并拯救那些东正教基督徒、马龙派教徒①和德鲁兹人②的灵魂。但是，信仰对美国来说兼有世俗、公民方面的作用，以推动美国人对外输出他们的爱国主义和民主观念。虽然传教士未能重建犹太国家，也未能使异教徒皈依，但他们在土耳其和阿拉伯世界成功地建立了第一批现代大学。通过向自己的学生灌输民族认同感和自豪感，这些

① 基督教中一个产生得比较早的教派。——译者

② 很多人认为他们是阿拉伯人的一支。主要分布在西叙利亚豪朗山区。他们没有自己独立的国家，主要生活在黎巴嫩、叙利亚、以色列、约旦等国，此外还有约 10 万人生活在以色列北部的加利利地区和被以色列占领的戈兰高地一带。——译者

机构在中东释放出一股股强大的新势力，不可逆转地改变了该地区的政策。

第三个主题是幻想。关于中东的想象一直让美国人着迷不已，由方尖碑、金字塔、绿洲、骆驼、沙丘等组成的色彩斑斓的画面让人们如醉如痴。对中东地区的浪漫想法源于《圣经》——这是在美国被最广泛阅读的书籍——中对沙漠的超凡脱俗的描述。另一本广受欢迎的书是一部中世纪波斯故事集——《一千零一夜》，书中进一步赋予了中东某种性幻想的光环。在这些极具诱惑的形象的引诱下，19 世纪时有大量美国人前往中东，以生动的笔触描绘了该地区的自然景象。后来，当胶片和录音取代书籍成为延续神话的主要手段，中东这一母题又开始在好莱坞和音乐界风靡一时。这种狂欢式想象不仅影响了公众对该地区的看法，也影响了政府的政策。我们会看到，这种对中东的幻想是如何在波尔克总统赞助一艘海军远征约旦河的决定中发挥作用的，又是如何促成了 1856 年的一项国会法案——从埃及进口单峰骆驼以创建一支美国骆驼军团。

这些主题并非为美国与中东关系中所独有，欧洲人在其中东政策中也融入了权力、信仰和幻想的元素。然而，这些模式在美国 200 多年以来的中东介入史中的持续存在以及这些模式之间的动态作用，对美国而言则是独一无二的。

本书通过探求及重构美国与中东的关系史，旨在促进对美国历史中关键部分更为深入细致的理解。它也将为分析当前美国在该地区所发挥的作用提供某种历史语境。美国在伊拉克、伊朗以及以巴冲突中的政策，已成为当前美国国内和国外激烈纷争的焦点所在。本书的目标不是向争议中的任何一方发出倡议，也不是想推进某个具体的行动方针，而是寻求一种对两个世界——我生于斯长于斯、怀有同等尊重与自豪的美国与中东——共同遗产的认可与欣赏。

第一部分

早期美国与中东的“邂逅”

第一章

一个致命且令人难堪的威胁

1776年，突然之间，美国人只能指望他们自己了。在此之前，因为拥有史上最强大的海军的保护，来自新大陆的商人们可以乘坐诸如横帆双桅船、纵帆双桅船、单桅帆船等各类船只无忧无虑、自信满满地徜徉在大洋之上。然而，随着独立革命的爆发，这种安全保护一夜之间消失了。而且，曾经是美国商业发展保护神的英国海军舰队，现在还成了最致命的敌人。由于没有自己的海军保护，美国商船从起锚的那一刻起就面临着各种袭击，在漫无边际的大海上几乎处于完全无依无靠的状态。

海上力量的缺乏不仅危及美国船员的生命，而且关系到整个国家的生死存亡。由于其居民集中居住在东海岸沿线，拥有天然良港和充足的造船业优质木材原料，18世纪的美国很大程度上是一个海洋国家，远洋贸易是其经济支柱。对远洋贸易的打击会重创羽翼未丰的美国，其薄弱的独立自主性也会随之分崩离析。由于其大陆军正在与装备更精良、训练更充足的英军作战，这些前殖民地更加依赖于自己的海上生命线。其中一个殖民地一直向南延伸到西印度群岛，而另一个同样重要的殖民地则横跨大西洋一直向东延伸到多个碧波盈盈的地中海港口。

从直布罗陀巨岩① 到黎凡特和安纳托利亚海岸的地中海盆地②，

是世界上最后几块没有被欧洲统治的地区之一。在这里，富有进取精神的美国人仍然可以自由地追逐财富。虽然从北美到地中海的旅途远远谈不上轻松惬意，需要坐着逼仄、寒冷、肮脏的小船在海上航行六周，但与客观存在的巨额利润相比，这种煎熬也就不算什么了。当地商人欣喜万分地用酸豆、葡萄干、无花果以及其他东方土产美食来换取木材、烟草、糖等来自新大陆的商品。一桩与出口新英格兰清教徒后裔酿造的朗姆酒——“波士顿特产”——相关的生意异常兴隆，殖民者用朗姆酒换取成桶的土耳其鸦片，然后再把鸦片转运到中国广州或运回家乡作药用。据估计，到 1770 年代，殖民地每年五分之一的出口商品是运往地中海沿岸的，当地港口大约可以容纳 100 艘美国商船。一位英国商人抱怨道：“无论你去哪儿，哪怕是一个小得不能再小的港口……总能看到某个美国佬……在使尽浑身解数跟当地人讨价还价。”③

在独立革命之前，来自中东的威胁是美国地中海贸易的唯一威胁。自命为伊斯兰圣战勇士的说阿拉伯语的海盗一直将西方船只视为劫掠对象，动辄扣押货物，把船员当奴隶使唤。这些被早期美国人称

---

① 也称磐石山，是位于地中海西南端直布罗陀港城附近的一处悬崖。——译者

② 指地中海周围的陆地区域，属地中海式气候，有颇具特色的地中海型森林、林地和灌木。——译者

③ Evan Thomas, *John Paul Jones: Sailor, Hero, Father of the American Navy* (New York: Simon & Schuster, 2003), pp. 30 - 34. James A. Field Jr., *America and the Mediterranean World, 1776 -1882* (Princeton: Princeton Univ. Press, 1969), pp. 30 - 31. A.L. Tibawi, *American Interests in Syria, 1800 -1901* (Oxford: Clarendon Press, 1966), pp. 1 - 2. Michael L. S. Kitzen, *Tripoli and the United States at War: A History of America's Relations with the Barbary States, 1785 - 1805* (Jefferson: McFarland, 1962), p. 10. Thomas A. Bryson, *American Diplomatic Relations with the Middle East, 1784 -1975* (Metuchen, N.J.: Scarecrow, 1977), pp. 1 - 2. David H. Finnie, *Pioneers East: The Early American Experience in the Middle East* (Cambridge: Harvard Univ. Press, 1967), pp. 244 - 45 ("Go where you will"). A. Uner Turgay, "Ottoman-American Trade during the Nineteenth Century," *Journal of Ottoman Studies* 3, no. 1(1982): 193 - 94.

为 corsairs 的海盗，来自摩洛哥独立王国以及奥斯曼帝国治下半自治的的黎波里、突尼斯、阿尔及尔等地，这些地方被中东人以阿拉伯语统称为“西方”（al-Maghrib）。而西方人则用另一个名字称呼这一地区，一个不仅让人联想到它在柏柏尔人的地盘，更让人联想到其残暴之名的名字——巴巴里诸国①。

在整个 16 和 17 世纪，巴巴里简直成了欧洲的噩梦。海盗俘虏的大部分人都被卖到了苦不堪言的矿山或大船上做苦力，米格尔·德·塞万提斯就是被俘者之一，这位西班牙著名作家的第一部剧作就源于这段悲惨遭遇。以肤色白皙、面容姣好著称的西方女性，在女奴市场上能卖个好价钱。逃跑？几无可能。一位据称是被阿尔及尔人抓走的名叫玛利亚·马丁太太的英国公民，听说被剥光衣服示众后又被铁链锁着在黑漆漆的地牢里关了两年多，只因她拒绝给人当情妇。出于绝望，有些俘虏只好皈依了伊斯兰教（“成了土耳其人”），充当主人的顾问和医生；有些干脆变节加入了海盗队伍。不过，大部分俘虏只能眼巴巴地盼着家人把他们赎回去，可赎金高得离谱，很少有家庭能凑齐。②

虽然北非海盗攻击的首要目标是欧洲人，但来自新大陆的船只有时候也会成为牺牲品。有文献记载的最早的袭击发生在 1625 年，当

---

① 除埃及外的北非伊斯兰国家的总称。——译者

② Richard B. Parker, *Uncle Sam in Barbary: A Diplomatic History* (Gainesville: Univ. Press of Florida, 2004), pp. 5 - 6, 17 - 20. Robert Davis, *Christian Slaves, Muslim Masters* (New York: Palgrave Macmillan, 2003), pp. 4 - 5, 23, 36, 41 - 42, 74. Sir Godfrey Fisher, *Barbary Legend: War, Trade and Policy in North Africa, 1415 -1830* (Oxford: Oxford Univ. Press, 1957), pp. 290 - 91. Max Boot, *The Savage Wars of Peace: Small Wars and the Rise of American Power* (New York: Basic, 2002), pp. 6 - 8. Maria Martin, *History of the Captivity and Sufferings of Maria Martin* (Philadelphia: Jacob Meyer, 1811), p. 37. 人们对马丁叙述的真实性提出了质疑，尽管她对北非囚禁苦难的描述与许多其他前囚犯的描述一致。参见：James R. Lewis, “Savages of the Seas: Barbary Captivity Tales and Images of Muslims in the Early Republic,” *Journal of American Culture* 13, no. 2 (Summer 1990): 68。

时，摩洛哥海盗劫获了一艘从北美殖民地来的商船。20年后，马萨诸塞剑桥的船员虽说击退了阿尔及利亚人的一次袭击，但是仅1678年一年间，阿尔及尔就掳走了1艘马萨诸塞商船和13艘弗吉尼亚商船。1680年，从阿尔及尔赎回的390名俘虏中，有11人是纽约和新英格兰的居民。“我们的船已经被……海盗劫走了五六艘，”马萨诸塞总督西蒙·布拉德斯特里特在报告中这样写道，“被俘的船员大多处境恶劣。”约书亚·吉就是其中之一，这位波士顿商人在被俘后的整整7年里内心“苦不堪言，身体也受尽了折磨”——被迫做苦役、感染了瘟疫，还不时遭到殴打，获释后抑制不住“喜悦的泪水……赞美上帝……万能的上帝啊”。①

尽管美国商船受到了大英帝国规模不断扩张、装备越来越先进的海军的保护，但海盗对新大陆商船的攻击在18世纪仍然持上升态势。海盗们乘坐的只是单桅船、三桅帆船或者二桅小帆船，且每艘船只有不超过20门大炮和几十名武装人员，而一艘皇家海军军舰则配备了850名船员、100条枪，这样的力量对比让海盗在伏击受皇家海军保护的商船时不得不权衡再三。但对于英国人来说，北非充其量只是一只牛虻，连一颗舷炮都不值得放，更别说打一仗了。因此，伦敦对巴巴里诸国采取的政策不是抵抗，而是给他们“岁贡”，换言之就是每年缴纳保护费。收到英国贿赂的海盗不再攻击英国船只，转而盯上了那些来自葡萄牙、丹麦和西班牙等军力较弱的国家的商船。

1776年，《独立宣言》发表，英国对美国商船的保护随之戛然而

① Joseph Wheelan, *Jefferson's War: America's First War on Terror, 1801－1805* (New York: Carroll & Graf, 2003), p.36. Parker, *Uncle Sam in Barbary*, pp.33－34 ("We had already lost five"). Charles A. Goodwin, *Narrative of Joshua Gee of Boston, Mass., While He Was Captive in Algeria of the Barbary Pirates, 1680－1687* (Hartford: Wadsworth Atheneum, 1943), pp.1－29. Simon Smith, "Piracy in Early British America," *History Today* 46 (May 1996).

止。顷刻之间，美国商人不仅成了北非海盗的靶子，更要命的是，还成了曾经身为保护神的英国舰队的攻击对象。虽然有像约翰·保罗·琼斯这样英勇无畏的船长和法国军队的支援，但东拼西凑的大陆海军未能有效地应对这些挑战，反而在1783年战争胜利时失去了大部分美国战船，这些战船要么沉入了海底，要么被敌军缴获后卖了。刚刚获得独立的这个国家几乎连自己的海岸线都无法保卫，更别说保护海外贸易了。“目前我们根本没有条件跟任何一个国家开战，尤其是那个［阿尔及尔］，否则只会遭到其重击。”参加大陆会议的新罕布什尔代表皮尔斯·朗有理有据地叹道。由9艘大型战船和50艘炮舰组成的阿尔及尔舰队实力比美国舰队强太多了。反对美国独立的那位臭名昭著的英帝国谢菲尔德勋爵断言：“美国人无法保护自己（不受巴巴里攻击）；他们没法妄称自己有海军。”

美国没法还击

谢菲尔德有理由幸灾乐祸。一个强大的中央政府才可能打造一支海军，而此时的美国并不具备这样一个政府。此时的美国只是由《联邦条例》松散地联结而成，甚至无法在全国范围内征税，更不用说建立一支全国性的军事力量了。事实上，其中条款还专门排除了在和平时期建起一支海军的可能性。虽然联邦在理论上允许任何“受海盗滋扰”的州配备军舰用于自卫，但在现实中没有哪个州有能力单独创建一支足以击退巴巴里人的武装力量。而且，构成合众国的13个州每个都享有“统治、自由和独立”的权利，必须在取得其中9个州一致赞同的条件下，美国才能对北非开战。

结成统一阵线就要丧失自己州的特权，对此很多美国人并不情愿，而且对国际事务的普遍反感更强化了这种情绪。“对任何国家的信任都不能超越其自身利益所系。”乔治·华盛顿如此警告，没有哪个国家比欧洲各国更不值得信任了。对国际纠葛的恐惧导致许多美国人反对建立海军，因为这支军队可能会跟欧洲舰队发生纠纷，更糟的是，这支军队还可能转而把枪口对准这个国家刚刚诞生的民主机构。刚刚在与一个欧洲国家（英国）的海军的对抗中侥幸生还，很多美国人对任何海上力量——哪怕是自己的——都有些战战兢兢。这里也包含了财政方面的考虑：军舰的造价太高，而正被战争债务压得苦不堪言的美国财政似乎也没有能力再承受这样一个负担。①

没有炮舰，也没有足够的力量建造炮舰，这迫使美国不得不克服对欧洲国家的反感，求助于革命时期的同盟——法国。根据 1778 年签订的《法美友好通商条约》，法国将“利用其最好的办事机构……获得……保护美国船只、公民和货物免遭巴巴里诸国……的掠夺、暴力骚扰与袭击”。但是，当美国要求法国履行该承诺时，得到的回答却是否定的。法国领导人热衷于促进本国的地中海贸易，担心美国在土伦、尼斯和马赛等南部港口会对其构成竞争。想到“在地中海让他们［美国人］畅通无阻，对我们来说毫无好处”，于是巴黎无视了美国的这一请求。

---

① *Letters of Delegates to Congress, 1774 - 1789*, ed. Paul Smith (Washington, D.C.: Library of Congress, 1995): Pierse Long to John Langdon, Aug. 6, 1786, p. 433. Alexander DeConde, *A History of American Foreign Policy* (New York: Scribner, 1971), pp. 21, 41 ("The Americans cannot protect"). *The Revolutionary War Diplomatic Correspondences of the United States*. ed. Francis Wharton (Washington, D.C.: GPO, 1889): Salva to Franklin, April 1, 1783, p. 357. Bradford Perkins, *The Cambridge History of American Foreign Relations*, vol. 1, *The Creation of a Republican Empire, 1776 - 1865* (Cambridge: Cambridge Univ. Press, 1993), pp. 33 ("No nation can be trusted"), 46, 69. Robert J. Allison, *The Crescent Obscured: The United States and the Muslim World, 1776 - 1815* (New York: Oxford Univ. Press, 1995), p. 3.

被法国抛弃的美国轻而易举地成了海盗的猎物。据报道，1783年9月，一艘美国护航船在与英国和平谈判后返程途中遭到了阿尔及利亚三桅帆船的骚扰。“如果没有阿尔及尔海盗船，英格兰也会不嫌麻烦地打造一个。”本杰明·富兰克林讥讽道，暗指大家普遍认为英国正在秘密资助海盗一事。事实上，北非对美国商船的袭击根本无需大英帝国或任何其他欧洲国家的鼓励，美国现在是既无防卫能力，也无朋友施以援手，而且还穷得付不起保护费。①

北非海盗袭击美国商船时的肆无忌惮，在1784年10月“贝特西号”（Betsey）遇袭事件中表现得淋漓尽致。当时，“贝特西号”这艘300吨的双桅船正从波士顿驶向特内里费岛，在离北非海岸100英里的地方遭遇了一艘身份不明的大船。在双排桨的帮助下，这艘船灵活迅速地包抄过来，船舷上的大炮齐齐对准了笨重的“贝特西号”。随后，正像一位美国船员后来回忆起的那样，“嘴里叼着军刀、腰上别着子弹上膛的手枪”、戴着穆斯林头巾、身穿马裤的光膀子海盗们一窝蜂地冲上了商船的甲板。“他们示意我们所有人都往前走，”另一位目击者叙述道，“用好几种语言恐吓我们，要我们相信，要是不服从他们的命令，就把我们全都杀掉。”船员们被铁链拴起来当作货物运到了摩洛哥奴隶市场，在此之前他们所有的值钱物品都被搜走了，大

① E. Dupuy, *Américains et Barbaresques* (Paris: R. Roger et F. Chernoviz, 1910), p. 8 ("to use its best offices"). *The Writings of Benjamin Franklin*, vol. 10, ed. Albert Smyth (New York: Haskell House, 1970): Franklin to Robert Livingston, July 7, 1783, p. 71 ("If there were no Algiers"). See also *The Papers of George Mason, 1725 - 1792*, ed. Robert Rutland (Chapel Hill: Univ. of North Carolina Press, 1970): George Mason to Hunter, Allison and Company, Aug. 8, 1783, pp. 788 - 89. Louis B. Wright and Julia H. Macleod, *The First Americans in North Africa: William Eaton's Struggle for a Vigorous Policy against the Barbary Pirates, 1799 - 1805* (New York: Greenwood, 1945), p. 15. Seton Dearden, *A Nest of Corsairs* (London: But-ler and Tanner, 1976), p. 151. Parker, *Uncle Sam in Barbary,* pp. 218 - 19 ("there is no advantage").

多数人连衣服也被剥掉了。[1]

"贝特西号"被劫3个月后，又有两艘美国船只——"多芬号"(Dauphin)和"玛利亚号"遭劫，这次下手的是阿尔及尔。21名美国船员被戴上脚镣，在人群哄笑声中被排成一队赶到总督哈桑的院子里，据说这个人向俘虏脸上吐口水，骂骂咧咧道："现在你们可落到我手里了，你们这些基督狗！你们得吃石头了。"一位名叫詹姆斯·利安德·凯斯卡特的17岁船员回忆起自己被扔进一个地牢，"一片漆黑中……奴隶们睡在四层的最底下……很多人几乎全身赤条条的，寒冬腊月，每个人除了一条破破烂烂的旧毛毯外什么都没有了"。据卡斯卡特说，他们每天的口粮只有一块15盎司的面包。哪怕最微弱的一点反抗都会受到打脚底板、砍掉脑袋或身上钉铁钉等残酷惩罚。

"因为这些海盗而诅咒乃至加倍诅咒阿尔及利亚人，我担心这肯定对我们商业活动造成了冲击。"《独立宣言》的签名人之一、弗吉尼亚爱国者理查德·亨利·李愤怒地说。外交部长约翰·杰伊提醒道，巴巴里人这种"令人震惊的恶行"不仅将美国的贸易置于险境，而且也将美国的软肋暴露给了那些"嫉妒"美国的欧洲国家。报刊上那些关于海盗船在大西洋袭击美国船只的毫无根据的报道，强化了这种恐慌。"阿尔及利亚人六人一群、八人一伙在海上游弋，而且还把自己的活动范围扩展到了西部群岛。"一向镇定自若的约翰·保罗·琼斯

---

① Paul Baepler, ed., *White Slaves, African Masters: An Anthology of American Barbary Captivity Narratives* (Chicago: Univ. of Chicago Press, 1999), pp. 77 - 80. Stephen Clissold, *The Barbary Slaves* (London: Paul Elek, 1977), p. 3 ("They made signs"). A. B. C. Whipple, *To the Shores of Tripoli: The Birth of the U. S. Navy and Marines* (New York: Morrow, 1991), p. 26. H. G. Barnby, *The Prisoners of Algiers: An Account of the Forgotten American-Algerian War, 1785 - 1797* (New York: Oxford Univ. Press, 1966), pp. 2 - 3. Gardner W. Allen, *Our Navy and the Barbary Corsairs* (Boston: Houghton Mifflin, 1905), pp. 8 - 9 ("sabers grasped"). Donald Barr Chidsey, *The Wars in Barbary: Arab Piracy and the Birth of the United States Navy* (New York: Crown, 1971), p. 7.

变得烦躁不安。然而，尽管受到这样的攻击——真实的与想象的交织在一起——但合众国尚未深入思考如何报复海盗。除了以充当北非间谍的虚假指控驱逐了 3 名弗吉尼亚犹太人之外，美国的表现一直很被动。

美国刚取得独立就遭遇了第一次危急的外部威胁——源于中东。对“贝特西号”、“多芬号”和“玛利亚号”等船只的劫持，只不过是美国此后在这一地区遭到的诸多劫掠和绑架事件的开始。然而，巴巴里危机更催生出了对美国的国家性质、身份认同以及生存能力等根本问题的质疑。这个国家要想生存，是尽力主动出击将这些危机各个击破，还是使出有效的防卫措施？是效仿欧洲去贿赂海盗，还是干脆开创革命性的先例与海盗对抗？虽然这些问题的答案在今天看来可能是显而易见的，但在 18 世纪后期来说远没有那么明确。“想让合众国像一个统一的国家那样行事，可不是件容易事，”谢菲尔德勋爵嘲讽道，“美国没法还击。”①

① *The Letters of Richard Henry Lee*, ed. James Ballagh (New York: Macmillan, 1914), vol. 2: Lee to Thomas Shippen, Oct. 14, 1785, p. 392 (“Curse and doubly curse”); Lee to Samuel Adams, Oct. 17, 1785, p. 396. John Jay Papers: 1968, 13031, Jay to William Bingham, Feb. 12, 1785; Jay to Bowen, May 24, 1786. *Naval Documents Related to the United States Wars with the Barbary Powers*, ed. Dudley Knox, 6 vols. (Washington, D.C.: GPO, 1939), vol. 1: O'Brien, Coffin, and Stevens to Thomas Jefferson, June 8, 1786, p. 2. David McCullough, *John Adams* (New York: Simon & Schuster, 2001), p. 352. Barnby, *Prisoners of Algiers*, pp. 3-9, 25-26. Allison, *Crescent Obscured*, pp. xiv-xv. Allen, *Our Navy*, pp. 13, 25, 21-22 (“perfectly dark”). Whipple, *To the Shores of Tripoli*, pp. 25-26, 69. *A Journal of the Captivity and Sufferings of John Foss* (Newburyport: Angier March, 1798), pp. 17 (“Now I have got you”), 20, 24, 33. DeConde, *History of American Foreign Policy*, p. 41 (“It will not be”). Lawrence A. Peskin, “The Lessons of Independence: How the Algerian Crisis Shaped Early American Identity,” *Diplomatic History* 28, no. 3 (June 2004): 299-300 (“The Algerians are cruising”). Walter A. McDougall, *Promised Land, Crusader State: The American Encounter with the World since 1776* (New York: Mariner Books, 1997), p. 37.

示弱还是彰显独立？

还来不及证明谢菲尔德言语虚妄，美国人就先得在国家宪法与国家本质这些问题上进行旷日持久而且往往令人痛苦的争论。在参与争论的诸多直言不讳者之中，有一位是弗吉尼亚前总督、《独立宣言》的主要筹划者托马斯·杰斐逊。作为一名外省地主，杰斐逊从来没去过巴黎以东的地方，也没有踏足过战场，但他坚定地认为自己了解中东，并坚信需要以武力与之相抗。

他的国家反对欧洲政治但渴望海外贸易，向往民族团结但又希望保留州特权，承认人权却否认黑人与美洲原住民也享有人权，而杰斐逊跟他的国家一样，也是个矛盾统一体。他一时衣冠楚楚，一时又言行粗野；有时喋喋不休，有时又缄口不言；他宣称自己是人民中的普通一员，却又躲在他华丽的蒙蒂塞洛庄园中离群索居。他将诸如暮气沉沉与追求平等、共和思想与享乐主义、和平主义与对法国大革命的狂热推崇等对立面集于一身，这些特质令每一位为其撰写传记的作家感到困扰。历史学家约瑟夫·埃利斯承认，杰斐逊身上“结合了最伟大的深刻与最伟大的肤浅”，以及“渊博的学识与惊人的天真、一眼洞穿他人的睿智与令人生畏的自欺欺人”。

杰斐逊很少在什么问题上比他对待巴巴里海盗的态度更矛盾了。他本人拥有北非奴隶，对其中一位叫莎莉·海明斯的女奴，他几乎肯定用后者满足过自己的性欲。但他无法容忍北非人成为白人的主子、把白人女性当成性奴任意侵犯。他看过《古兰经》和别的书对中东的描述，甚至还想自学阿拉伯语，同时又认为无论是中东这个地区还是其主要宗教都跟自己的世界格格不入、毫不相关。

然而，在关键的一点上，杰斐逊倒是坚定不移的。他坚信，生性骄傲又节俭成性的美国人宁愿“筹集船只和人员与海盗战斗也不愿去贿赂他们”。这种特有“脾性”自然地转化成了“挺直身板和独立自主的态度”，杰斐逊寄希望于它们能成为美国外交政策的特征，这是一种与回报本质上不相容的姿态。通过对巴巴里诸国采取威慑而不是安抚，美国将保住财力并向潜在的敌对势力发出明确的信息。“这会让我们在欧洲获得尊重，”杰斐逊认为，“而尊重是利益的保障。”①

1784年秋，杰斐逊作为美国“大臣”出使法国（“大使”这个头衔对闹革命的美国来说是君主制的），也成为美国驻欧洲各国的代表。他首先建议美国与西班牙、葡萄牙、那不勒斯、丹麦、瑞典和法国合作共同对抗巴巴里诸国。联手后的海军要永久性地驻扎在北非沿岸，以迫使那里的居民由做海盗转行为一种安宁的营生——务农，这是杰斐逊建议的。不过，杰斐逊并不确定欧洲对美国新贵的这一倡议有何反应，就求助于一位曾为美国独立革命出过力的法国贵族——拉法耶特侯爵②。拉法耶特随即将这一计划广而告之，但得到的回应大多是

① *The Writings of Thomas Jefferson*, ed. Paul Ford (New York: Putnam, 1970): Jefferson to James Monroe, Nov. 11, 1783, pp. 10-11 (“We ought to begin”). Allen, *Our Navy*, p. 37 (“It will procure us”). 亦可参见：Thomas Jefferson Papers: Gerard W. Gawalt, “America and the Barbary Pirates: An International Battle Against an Unconventional Foe,” on memory. loc. gov/ammem/mtjhtml/mtjprece. html (“temper of my countrymen”). DeConde, *History of American Foreign Policy*, p. 83 (“sink us under them” and “erect and independent attitude”). Joseph J. Ellis, *American Sphinx. The Character of Thomas Jefferson* (New York: Vintage, 1998), p. 26 (“combined great depth”), and *Founding Brothers: The Revolutionary Generation* (New York: Vintage, 2002), pp. 233-42. William M. Fowler, *Jack Tars and Commodores: The American Navy, 1783-1815* (Boston: Houghton Mifflin, 1984), p. 5. 我知道围绕杰斐逊与莎利·海明斯关系的争议；遗传学家已经确定托马斯·杰斐逊几乎肯定是海明斯的儿子埃斯顿的父亲。

② 拉法耶特出身贵族，自幼深受启蒙思想的影响。1777年志愿参加美国独立战争，被授予大陆军少将军衔，任总司令乔治·华盛顿的副官。1780年代表法国参战，在约克镇战役中决定性地击败英军。拉法耶特两次被授予“美国荣誉公民”称号。他还参加了法国大革命。——译者

否定的。几个欧洲王国在对这一计划表现出兴趣的同时，却拒绝向联盟提供船只，而且继续向巴巴里诸国缴纳保护费。法国则直接回绝了联盟的这种想法。①

在杰斐逊看来，美国对他的提议的反应甚至更让人失望。国会坚决不同意拨给 200 万美元，按杰斐逊的估计建造一支拥有 150 条枪的舰队非得要这个数目。不仅如此，国会反过来还拨了 7 万美元用于寻求国务卿杰伊所谓的“对偏袒和腐败盛行的宫廷的……影响”。杰斐逊感到很气馁。事实证明，美国人那种“荣誉感和……对钱财的贪婪”——他本以为可以阻止美国人像欧洲人那样屈服于巴巴里——并不能挑起对抗巴巴里的重任。要劝服自己的同胞团结成一个国家来保卫自己，显然还需要再多受巴巴里几次劫掠。“各州必须吃点苦头，”他沉思道，“也许必须从某些州的遭遇里得到点教训。”在此期间，杰斐逊只能反感地看着继续向阿尔及尔上贡。②

美国国会选中了康涅狄格州商人约翰·兰姆（John Lamb）去进行这项微妙的交易，兰姆虽说没有任何外交经验，但曾经在地中海地区做过生意，呃，买卖骡子。“这个人的举止与做事方式都让人觉得不容乐观”，杰斐逊有些担忧，随后又自我安慰说，兰姆毕竟是个

① *The Emerging Nation: A Documentary History of the Foreign Relations of the United States under the Articles of Confederation, 1780 - 1789*, vol. 2, ed. Mary Giunta (Washington, D.C.: National Historical Publications and Records Commission, 1996): Thomas Jefferson to James Monroe, Feb. 6, 1785, p. 543. *The Papers of George Washington*, ed. W. W. Abbit (Charlottesville: Univ. Press of Virginia, 1995): Lafayette to Washington, Jan. 13, 1787, p. 514. *Lafayette in the Age of the American Revolution*, vol. 5, ed. Stanley Idzerda and Robert Crout (Ithaca: Cornell Univ. Press, 1983): Lafayette to Adams, Jefferson, and Franklin, April 8, 1785, p. 315.

② *Writings of Thomas Jefferson*, ed. Ford: Jefferson to James Monroe, Nov. 11, 1783, pp. 10 - 11 ("The states must see"). *The Writings of Thomas Jefferson*, ed. Andrew A. Lipscomb (Washington, D.C.: Thomas Jefferson Memorial Association, 1905): Jefferson to John Page, Aug. 20, 1785, p. 91 ("Honour as well as"). John Jay Papers: Jay to Jefferson, Adams, and Franklin, March 11, 1785 ("the Influence of ... Courts"). Whipple, *To the Shores of Tripoli*, p. 23.

“明智的人”，“拥有某些在讨价还价方面的天赋”。然而，1786 年 2 月，刚刚到达阿尔及尔，兰姆的无能就迅速地显现了出来。法国领事让-巴蒂斯特·德·柯西表面支持美国，实则暗地里给哈桑总督通风报信，受此人误导，兰姆连一名美国人质都没能救成。反而收到了一张清单，上面是一堆额外的赎金要求，其中包括一幅华盛顿将军的画像，哈桑总督宣称自己是他的崇拜者。被囚禁的“多芬号”船长理查德·奥布莱恩是这项败绩的见证人，他表达了自己的愿望：“我希望除了购买马匹牲口之外，再也不要在巴巴里看到兰姆上尉了。”①

美国在中东问题上的第一次外交倡议以失败告终，但在阿尔及尔的这次惨败并没能阻止美国寻求与其他巴巴里国家缔结协议。事实上，兰姆在总督面前丢人现眼时，另一位美国人正在努力尝试与的黎波里——现代利比亚的主要城市——谈判。当的黎波里帕夏②的个人代表——一位名叫“阿卜杜勒·拉赫曼·阿亚尔”的贵族——提出要在自己位于伦敦的寓所招待美国驻英大臣约翰·亚当斯时，他的机会来了。亚当斯对是否接受邀请有些犹豫，担心双方的交谈只会围绕保护费问题展开。但是，考虑到美国的地中海贸易面临的威胁日益增加，亚当斯明白自己当前需要至少与一个北非国家实现和平。

以亚当斯挑剔的眼光来看，“阿卜杜勒·拉赫曼·阿亚尔”第一眼看上去就不是同类，长得凶神恶煞，整个人像是“瘟疫和战争”③ 的“不祥”化身。不过，不佳的第一印象很快就因为这位异国使者以烟斗和一小杯煮好的浓咖啡待客而得到了改观。在意大利、西

① *Writings of Thomas Jefferson*, ed. Lipscomb: Jefferson to William Carmichael, Nov. 4, 1785, p. 194 (“His manners and appearance”). Barnby, *Prisoners of Algiers*, p. 75 (“I hope never to see”). Parker, *Uncle Sam in Barbary*, pp. 37 – 38, 217 – 19. Ray Irwin, *The Diplomatic Relations of the United States with the Barbary Powers, 1776 – 1816* (New York: Russell & Russell, 1970), pp. 49 – 50.

② 即总督，帕夏是奥斯曼帝国头衔。——译者

③ 基督教《圣经》中有所谓四骑士：战争、饥馑、瘟疫、死亡。——译者

班牙和法国乱成一团的情况下，他询问亚当斯美国这一新国家情形如何，亚当斯高兴且细致入微地介绍了自己国家的政府组织形式与风土人情。“阿卜杜勒·拉赫曼”评价说“太好了”，但紧接着，出乎亚当斯意料的是，他直接把美国定义为的黎波里的敌人。巴巴里诸国是“地中海的最高统治者”，这位的黎波里人说，“任何国家未经与巴巴里缔结和平协议都不能在这片海洋上通行。”而这一和平协定的价格是3万基尼，外加付给他个人3000基尼的酬金。安抚突尼斯差不多也需要这么多钱，据“阿卜杜勒·拉赫曼”估算，摩洛哥和阿尔及尔则需要两倍于此的数目。总数加起来将近100万美元，大概是美国年度预算的十分之一。①

“订约的那些繁文缛节读起来……每一点都不合国会的尊严，”目瞪口呆的亚当斯这样报告，“那些东西写给……纽约剧院倒更合适些。”这位以好大喜功而恶名在外的大臣，被“阿卜杜勒·拉赫曼”——一个强大却很原始的王国的代表——对文明进步的美国做出的粗野无礼之举气得火冒三丈。他哀叹“基督教世界在穆罕默德的标准面前把自己所有的水手都变成了懦夫”这一事实，也对向那些“毫无人性的暴君”支付金钱的前景感到悲伤，那些暴君并不在意受其支配的人生命，在他们看来“那跟苹果树上成群结队的毛毛虫没什么不同”。亚当斯与杰斐逊一样，也坚信只有与海盗对抗才是保住美国荣誉的最好办法，只是他对战争的经济实用性还有疑问。考虑到美国航运的损失，保险费率的上升以及巨额的美国债务，亚当斯得出的结论是，送上“一份20万英镑的礼物”比“每年（在生意上）冒损失

① *Emerging Nation*, vol. 1: John Adams to John Jay, Feb. 17, 1786, p. 96. The John Jay Papers: 4605, Jay to Congress, Aug. 2, 1787. Walter Livingston Wright, “American Relations with Turkey to 1831” (Ph. D. diss., Princeton Univ., 1928), pp. 1 - 2 (“pestilence and war”). Allison, *Crescent Obscured*, pp. 8, 14 - 16. McCullough, *John Adams*, pp. 352 - 53. Allen, *Our Navy*, pp. 36 - 37.

100万美元的风险”更稳妥。亚当斯咬牙切齿地说，“我们根本不应该跟海盗开战，除非我们下定决心跟它们（巴巴里诸国）永无休止地打下去”，但真要跟海盗打的话，他又担心“太过艰难，我们的人民受不住。”①

民粹主义者杰斐逊，自认为比冷静超然的亚当斯更了解美国人的“脾气”，而且确信只要有机会、有方法，美国人民一定会与北非作战。然而，作为一名政治家，杰斐逊无法不考虑以外交途径解决海盗问题的可能性，只要这种机会出现。于是，1786年3月，杰斐逊到伦敦与亚当斯一起做了最后一次尝试，尽力阻止“一场可怕的世界大战”，并与的黎波里达成了一项协定。

在阿卜杜勒·拉赫曼面前，两位美国人重申了美国对世界各国的善意，包括的黎波里。他们说，美国人民太想避免流血事件，为此，在合理的条件下，他们愿意与的黎波里订立长期友好条约。阿卜杜勒·拉赫曼表现出听得很专注的样子，但轮到他说话时，他只是重复了他最初提出的百万美元要求。随后，他提出了一个美国人未来会再熟悉不过的信条，但在当时，这一信条把这两位开国元勋惊得目瞪口呆：

> 《古兰经》……写道：凡不承认他们［穆斯林］权威的国家民族尽皆罪人，对能找到的任何罪人宣战、把所有俘虏都变成奴隶是他们的权利与义务所在，每一位战死的伊斯兰教教徒都一定会升入天堂。

---

① Wright, "American Relations with Turkey," pp. 4–5 ("the Dignity of Congress"). *The Adams-Jefferson Letters: The Complete Correspondence between Thomas Jefferson and Abigail and John Adams*, ed. Lester J. Cappon (Chapel Hill: Univ. of North Carolina Press, 1959): Adams to Jefferson, July 13, 1786, p. 139. *Emerging Nation*, vol. 1: Letter from John Adams to John Jay, June 27, 1786, p. 207; vol. 2: John Adams to John Jay, Dec. 15, 1784, p. 513 ("unfeeling tyrants"). McCullough, *John Adams*, p. 366 ("We ought not to fight").

亚当斯听够了这一套。北非人完全听凭贪婪的驱使，他断定，与之谈判只能“挑起这些野蛮人的胃口”，只会给美国带来耻辱。但是，由于对美国的战斗意愿拿不准，亚当斯还是相信贿赂是美国的唯一选择。杰斐逊得出了相似的结论，认为想安抚的黎波里人“哪怕派个天使过来……也无能为力”，他反对用金钱方式进一步劝诱他们。而且杰斐逊坚信美国人会拿起武器维护自己的荣誉和财富，与巴巴里之间的和平只有“通过战争方式”才能获得。①

然而，尚处于独立战争余波中的国会仍希望避免战争，于是在1786年6月指令杰斐逊和亚当斯、富兰克林一起与摩洛哥进行和平谈判。摩洛哥王国的统治者西迪·穆罕默德·宾·阿卜杜拉宣称自己是第一个承认美国独立的君主，也是第一个与这一年轻的共和国寻求缔结正式条约的穆斯林领导人。然而，国会却耍弄了这位皇帝，还想法子得罪他。出于报复，摩洛哥人开始劫掠美国船只，1784年10月对“贝特西号”的打劫就是个开端。这件事确实引起了美国人的关注，那么现在“只能靠示弱和递上橄榄枝来保护自己了”。杰斐逊、亚当斯和富兰克林一起前去平息该皇帝的怒火。他们奉上了2万美元的“礼物”，作为交换，要求在达成《和平、友谊和水下目标信号条约》（Treaty of Peace，Friendship and Ship-Signals）的同时保证释放“贝特西号”。美国外交史上延续时间最长的合约就这样开始了，这同时也是第一份标有阿拉伯语题词和伊斯兰日期（“伊斯兰教历1200年

---

① *Emerging Nation*, vol. 3: Jefferson and Adams to John Jay, March 28, 1786, pp. 135 - 36 ("It was . . . written"). *Adams-Jefferson Letters*: Adams to Jefferson, June 6, 1786, p. 133. *Writings of Thomas Jefferson*, ed. Ford: Thomas Jefferson to James Monroe, Aug. 11, 1786, pp. 264 - 65 ("an angel sent on this business"). *Writings of Benjamin Franklin*: Franklin to William Carmichael, March 22, 1785, pp. 301 - 2. McCullough, *John Adams*, p. 354. Wright, "American Relations with Turkey," pp. 7 - 10. Allen, *Our Navy*, pp. 30 - 31. Allison, *Crescent Obscured*, p. 12 ("a universal and horrible War").

斋月”）的合约。根据这一条约建于摩洛哥港口城市丹吉尔的美国领事馆成为美国最古老的使馆，也是美国在海外唯一的国家地标。①

尽管自己就是谈判官之一，杰斐逊仍然担心只要美国不具备确保条约落实的必要的“国库和国家力量”，与摩洛哥缔结的这一条约就毫无意义。因此，他提议暂停与北非的一切谈判，直到美国采取“措施……能切实改变联邦政府当前无能为力的状态”。在此期间，其他巴巴里国家迅速行动起来，纷纷效仿起了摩洛哥获得美国让步的办法。于是，“贝特西号”刚获释就又被扣押了，这一次是被突尼斯，船名也被正式改为“马什达号”（Mashuda）。

这些侮辱不仅让杰斐逊大为震惊，也深深触动了一位美国当时最德高望重的人——乔治·华盛顿。这位曾在1776年为祖国独立而奋不顾身的英雄，看到西方人竟然“向这些匪徒称臣纳贡，而这些钱花上一半或许就能让这帮人从地球上彻底消失”，觉得这简直是“奇耻大辱”。跟杰斐逊一样，他相信美国人民宁愿与巴巴里开战也不愿与之媾和，但现在急缺作战的军舰。“天哪，除非我们有一支海军能将这些敌人改造成人类，否则只能把他们碾成粉末。”他跟自己的前战友拉斐特推心置腹地说。

但现实如故，美国仍然没有海军，甚至连支持建立一支海军的宪

---

① *Revolutionary War Diplomatic Correspondences of the United States*: Franklin to Congress, May 26, 1779, pp. 192 - 93. *Diary and Autobiography of John Adams*, vol. 3, *Diary 1782 - 1804* (Cambridge: Harvard Univ. Press, Belknap Press, 1961), entries for March 19 and March 20, 1785, pp. 174 - 75. John Jay Papers: 3891, Jay to Congress, March 22, 1786. *Emerging Nation*, vol. 1: John Adams to John Jay, Feb. 16, 1786 ("Innocence and the Olive Branch"), p. 95. Jerome B. Weiner, "Foundations of U. S. Relations with Morocco and the Barbary States," *Hespris-Tamuda* [Morocco] 20 - 21 (1982 - 83), pp. 165 - 82. Field, *America and the Mediterranean World*, pp. 32 - 33, 40. Allen, *Our Navy*, pp. 27 - 30. Wright, "American Relations with Turkey," pp. 8 - 9. 该条约的文本转载于 J. C. Hurewitz, ed., *The Middle East and North Africa in World Politics: A Documentary Record*, vol. 1, *European Expansion, 1535 - 1914*, 2d ed. (New Haven: Yale Univ. Press, 1975), pp. 103 - 5。

法条款也没有。“没有一个统领全国的政府，我们很快会成为地球上所有国家的猎物。”马萨诸塞州刊物《哨兵》的编辑本杰明·拉塞尔[①]在给约翰·亚当斯的信中这样写道。“我们遭受了什么……你根本无法想象。”奥布莱恩船长写道，他与“多芬号”和“玛利亚号”上的21名船员在阿尔及利亚监狱度过的那两年可谓是九死一生。一种愤怒与羞耻之感迅速在全国蔓延。华盛顿将军的战时助手、经验丰富的外交家和诗人大卫·汉弗莱斯用以下诗句一针见血地描述了这种情绪：

> 看我们的喜乐如何被黑暗的前景打断！
> 是谁狂妄地将我们的贸易阻隔？
> 上帝啊！看那强盗如何在我们的海疆里任意出没，
> 抢占我们的船只，还把我们自由的人民掳为奴隶！[②]

在船员被囚、商船遭劫的阴影下，1787年5月，美国13个州中有12个派代表齐聚费城。目的是考虑用更集中的全国性宪章来取代联邦条款——以纠正美国在巴巴里面前低三下四的缺憾。作为这

① 记者，生于马萨诸塞州波士顿。1784年在马萨诸塞创办杂志《哨兵与共和派》，后更名为《哨兵》。——译者

② *The Writings of Thomas Jefferson*: Jefferson to Humphreys, Aug. 14, 1786, p. 400 (“public treasury”). *The Writings of George Washington from the Original Manuscript Sources, 1745 -1799*, vol. 38, ed. John Fitzpatrick (Washington, D. C.: GPO, 1938): Washington to Lafayette, March 25, 1787, p. 185 (“the highest disgrace”); Washington to Lafayette, Aug. 15, 1786, p. 521 (“Would to Heaven”). Whipple, *To the Shores of Tripoli*, p. 21. Boot, *Savage Wars of Peace*, p. 10. U. S. Naval History: *The Reestablishment of the Navy, 1787 - 1801*, on http://www.history.navy.mil/biblio/bibli04/bibli04a.htm. *The Documentary History of the Ratification of the Constitution*, ed. John Kaminksi and Gaspare Saladino (Madison: State Historical Society of Wisconsin, 2001): Russell to Adams, p. 47 (“Without a national system”). Parker, *Uncle Sam in Barbary*, p. 44 (“Our sufferings”). Field, *America and the Mediterranean World*, p. 33 (“See what dark prospect”).

次制宪会议的名誉主席，华盛顿敦促代表们在能够“将联邦的智慧和力量更集中、更好地应用”之前，暂缓任何关于“严惩阿尔及利亚”的讨论。鉴于他是独立战争中最受推崇的英雄，他的要求是不能有丝毫怠慢的，于是所有与会者都尽量避免提到巴巴里。但作为一个贸易国家的公民，为保护贸易而创建一支必要的海军是他们无法完全回避的问题。身材矮小的弗吉尼亚贵族詹姆斯·麦迪逊被广泛认为是此次最活跃的与会者，他向很多与会者重申了他对一支强大的常备海军的恐惧，但他也认识到美国现下急需海军力量。“软弱就会受欺，”他断言，“避免危险的最好办法就是拥有抵挡危险的能力。”①

中东与美国联邦的关系问题尽管在制宪会议期间被轻描淡写，但在州一级关于是否批准拟议《宪法》的激烈辩论中占据了显著地位。托马斯·撒切尔牧师提醒马萨诸塞州与会代表，“我们的船员……在阿尔及尔”受到的奴役“足以让我们中间最将信将疑的人相信我们需要一个总揽此事的政府”。纳撒尼尔·萨金特表示，那种认为美国还可以在起不了效的《联邦条例》下继续存在，并且能在“公海上保护自己不受海盗骚扰、不成为其他重罪的受害者”的论调是“荒谬可笑的”。支持以《宪法》作为保护美国贸易的框架的人全国各地都有，而不仅仅是在靠海的新英格兰。来自北加利福尼亚的休·威廉姆森是一位杰出的医师和天文学家，他问道：“有什么东西可以阻止阿尔及

① *Documentary History of the Ratification of the Constitution*: Speech by James Madison before the Virginia Constitutional Convention, June 12, 1788, p. 1206. *Writings of George Washington*: Washington to Lafayette, Aug. 15, 1787, p. 260. *Letters of Delegates to Congress*: Virginia Delegates to Edmund Randolph, Nov. 3, 1787, p. 539. James Madison, *Notes of Debates in the Federal Convention of 1787* (Athens: Ohio Univ. Press, 1966), p. 549. Perkins, *Cambridge History of American Foreign Relations*, p. 69. See also Julia H. Macleod, "Jefferson and the Navy: A Defense," *Huntington Library Quarterly* 8 (Feb. 1945): 154.

利亚海盗登陆我们的海岸、掳走我们的人民为奴吗?”肯塔基的律师乔治·尼古拉斯问:“阿尔及利亚海盗不会抢我们的船吗?只要不给自己带来任何不便,他们不会……掠夺我们的船只、破坏我们的商业吗?”这些问题的唯一答案——威廉姆森和尼古拉斯两人都断言——就是联合起来。[①]

然而,这种强有力的推理并不能消除那些始终担心中央权力扩张的人的担忧,很多辩论变得漫长而激烈。为坚决捍卫《宪法》,麦迪逊与纽约人约翰·杰伊、亚历山大·汉密尔顿共同撰写了一系列文章,这些文章后来结为《联邦党人文集》。文章也强调了商船与军舰之间的必要联系。“如果我们想成为商人……那就必须努力建立自己的海军,越快越好。”拥有商业头脑的现实主义者汉密尔顿如此主张(《联邦党人文集》第24篇),他还警告说(前著第11篇),若没有一支“联邦海军……数量可观的……美国商人和航海家的天才将被扼杀和埋没”。尤其是提到北非方面的威胁时,麦迪逊断言(前著第41篇),只有联合起来才能保护这个国家的“海上力量”免遭“海盗和野蛮人的贪婪掠夺”。杰伊在私人信件中提出了更滋事好斗的措施。这位大臣认为“我们在海外越是遭受不公,我们在国内就越要团结起来、联合一致”,事实上,他对海盗的袭击持欢迎态度,因为这将迫使各州集结在一起对抗“阿尔及利亚海盗船队以及突尼斯和的黎波里

---

① *Documentary History of the Ratification of the Constitution*, pp. 47, 160, 567 (“preposterous”), 1126 (“May not the Algerines”), 1417 (“our sailors ... in Algiers”). *The Debate on the Constitution*, ed. Bernard Bailyn (Washington, D.C.: Library of America, 1993): Hugh Williamson's Speech, Nov. 8, 1787, p. 233. *The Republic of Letters: The Correspondence between Thomas Jefferson and James Madison, 1776 – 1826*, ed. James Morton Smith (New York: Norton, 1995): Jefferson to Madison, May 8, 1784, p. 314; Madison to Jefferson, Oct. 8, 1788, p. 555; Jefferson to Madison, Jan. 12, 1789, p. 583.

的海盗……带来的……祸患”。[①]

彼得·马可设想了一个更异想天开（也更让人记不起来）的计划，试图将中东组织起来捍卫《宪法》。他被人亲切地唤作“诗人彼得”，出生于圣克罗伊、受教于牛津大学的他曾以费城的头号吟游诗人和宣传员闻名。1787 年，在是否批准《宪法》的大辩论开始时，他出版了《宾夕法尼亚的阿尔及利亚间谍》（*The Algerine Spy in Pennsylvania*），这是一部带有讽刺性的宣传联邦主义之作。书中，一位名叫穆罕默德的阿尔及利亚密探被派到美国从事侦察工作，马可借这位间谍之口赞美了美国致力维护的政治和经济自由，但也嘲讽了美国的民族凝聚力之匮乏。“被各行其是和派系林立彻底毁了”的各州，“可能会被敌人不费吹灰之力地掠夺，青年男女将被大肆掳去为奴”。为了加速对美国的掠夺，马可让他笔下的穆罕默德建议占领罗得岛——唯一一个抵制制宪会议的州——全境，并将其变为阿尔及利亚人的行动基地。

诸如《联邦党人文集》和《宾夕法尼亚的阿尔及利亚间谍》之类的出版物使得局势逐渐向联邦党人倾斜。《宪法》于 1989 年 3 月 4 日正式通过，它授予国会宣战及“建立并维护一支海军力量”的权力。来自中东的威胁在创建一个真正的“合众国”的过程中发挥了切实的作用，这个合众国将是个对内能保卫边境、对外能保护其重要经济利益的统一国家。“从间接意义上看，野蛮的阿尔及尔人算是《宪法》

① Alexander Hamilton, John Jay, and James Madison, *The Federalist Papers* (Cutchogue, N. Y. : Buccaneer Books, 1992), pp. 49 – 50 (“federal navy . . . of respectable”), 207 – 8 (“maritime strength” and “the rapacious demands”). John Jay Papers: 4572, Jay to Congress, May 29, 1786; 10876, Jay to Lafayette, Oct. 28, 1786; 4605, Jay to Congress, Aug. 2, 1787. Thomas A. Bailey, *A Diplomatic History of the American People* (Englewood Cliffs, N. J. : Prentice-Hall, 1980), p. 65 (“The more we are ill-treated”). 亦可参见：George Pellew, *American Statesmen: John Jay* (Cambridge, Mass. : Riverside Press, 1890), p. 239。

的奠基人。”研究美国外交政策的历史学家托马斯·贝利这样写道。然而，美国人能否将刚刚凝聚在一起的联邦力量用于开战，仍然是个问题。[①] 民众中还有反对的声音，他们反对创建大型海军的想法，也不愿意介入对外冲突。许多人几乎是在任何情况下都不愿意拿起武器反抗的，面对巴巴里诸国，他们更倾向于“示弱和递上橄榄枝”，而不是表现出“挺直腰杆的独立姿态”。

无能与愤怒

托马斯·杰斐逊在他位于纽约百老汇的小小办公室里踱来踱去，他还在与不愿动用武力的各种力量角力。1789 年底离开巴黎后，他接受了国务卿一职，这一职位除了每年给他 3500 美元的薪水、5 位助手外，还给了他解决巴巴里危机的重任。职位的升迁并未改变杰斐逊对巴巴里海盗的态度——他口口声声称他们“海狗”，说他们的国家是“强盗骗子窝”。杰斐逊在这方面是位典型的美国人，将该区域视为专制政权的大本营、野蛮落后的代表，与自己国家的民主、文明正好是鲜明的对比。在他看来，这群穆斯林圣战士胆敢把无辜的美国船员掳去为奴，与其成袋地付给他们来之不易的黄金，还不如让他们

① Mary Chrysostom Diebels, *Peter Markoe (1752 - 1792): A Philadelphia Writer* (Washington, D. C.: Catholic Univ. of America Press, 1944), pp. 1 - 3, 16, 50 - 61. Peter Markoe, *The Algerine Spy in Pennsylvania; or, Letters Written by a Native of Algiers on the Affairs of the United States in America, from the Close of the Year 1783 to the Meeting of the Convention* (Philadelphia: Prichard and Hall, 1787), pp. 25 - 30, 78 - 79, 104 - 5 (“totally ruined” and “plundered without”), 113 - 14. Bailey, *Diplomatic History of the American People*, p. 65. See also Lotfi Ben Rejeb, “Observing the Birth of a Nation: The Oriental Spy/Observer Genre and Nation Making in Early American Literature,” in Abbas Amanat and Magnus T. Bernhardsson, eds., *The United States and the Middle East: Cultural Encounters* (New Haven: Yale Center for International and Area Studies, 2002), pp. 253 - 89.

挨几梭子霰弹，那才是他们应得的。但是，由于很多美国人仍然对使用武力持反对态度，杰斐逊别无选择，只能继续与北非谈判，以促成人质的最终获释。

法国教团成员马图林僧侣（Mathurin monks）致力于赎回基督徒奴隶，通过他们的斡旋，杰斐逊向阿尔及尔支付的赎金得以大幅降低，只是需要加上些辛苦钱（douceurs）或“赏钱”。不过，那边的总督拒绝了这些表态，而且，由于法国的革命当局对马图林僧侣施压，杰斐逊连这个中间人也失去了。几个月就这样过去了，其间，杰斐逊收到了被囚美国人的信件，信中字字血泪，很多人因感染瘟疫而奄奄一息。长期“为俘虏的处境愁肠百结”的国务卿，感到美国政策陷入了僵局之中——《宪法》规定了对抗巴巴里的措施，却仍然不愿意派上用场——“徘徊在愤怒与无能之间”。

最后，在1790年12月，沮丧的杰斐逊建议美国准备开战。“这批同胞的自由与我们国家地中海贸易的自由息息相关，”他向国会解释道，“而这两方面的不幸都来自同一根源，采取措施解决其中一方面……就牵涉到对另一方面的解决。”杰斐逊坚决拥护国会在决定对外政策方面的发言权，将行政部门在该领域的专属特权比作“阿尔及利亚”帕夏，但现在他对自己这一立场感到遗憾。参议院再次否决了杰斐逊对开战的呼吁，反而批准了一笔高达14万美元的史无前例的巨款用于支付赎金和保护费。送交这笔贿款的任务落在了国务卿身上。[①]

① *Naval Documents Related to the United States Wars*, vol. 1: Jefferson to the Senate and the House of Representatives, Dec. 30, 1790, p. 22; Edward Church to Thomas Jefferson, Oct. 12, 1793, p. 45. *Writings of Thomas Jefferson*, ed. Lipscomb: Jefferson to the Board of Treasury, May 16, 1788, p. 11 (“sea-dogs”); Jefferson to John Jay, Aug. 11, 1788, p. 121 (“that pettifogging nest”). Ellis, *American Sphinx*, p. 162 (“Algerine”). Allison, *Crescent Obscured*, pp. 9 – 10 (“suspended between indignation”).

杰斐逊勉为其难地接受了任务，但选择了一位他确信绝不会用钱从巴巴里那里购买和平的人作为自己的特使。这个人就是率先举起独立战争大旗的美国军官约翰·保罗·琼斯，这位船长博得了技艺高超也可以说机智善辩的声名。为了表彰琼斯在美国独立战争期间的英勇事迹，杰斐逊帮他在俄罗斯海军谋得一个职位。琼斯再接再厉，在对奥斯曼土耳其人的战斗中又获得了重大胜利，而他对中东统治者的厌恶也日益加深。他一直认为，美国人民只有通过与海盗作战才能成为“值得拥有自由的伟大民族”。杰斐逊的计划是派琼斯到中东去，只给他2.5万美元，这个数目几乎肯定会被总督拒绝。这样一来，遭了冷眼的国会就会批准一笔充足的款项，用于创建一支专职的地中海海军舰队。“只需要半打双桅船，约翰·保罗·琼斯就能彻底毁了他们[这些海盗]的生意，”国务卿盘算道，“把他们一个个打得鸡零狗碎、溃不成军。”但当杰斐逊让人把自己的这番指示带到琼斯落脚的巴黎旅馆时，却发现晚了一步。这位45岁的船长已经染上一种怪病去世了。①

下一位被杰斐逊选作信使的是托马斯·巴克利，是个跟摩洛哥谈判的老手，但他刚赶到里斯本也病逝了。派出的第三位特使是大卫·汉弗莱斯，就是那位哀叹“看那强盗如何在我们的海疆里任意出没……把我们自由的人民掳为奴隶”的战士般的诗人。汉弗莱斯一到直布罗陀，就听说阿尔及尔刚刚伏击了11艘美国船只，还扣押了119名船员。阿尔及尔还在伏击其他船只，在此情况下恳求他们还

① *Writings of Thomas Jefferson*, ed. Lipscomb: Jefferson to John Paul Jones, June 1, 1792, p. 355; Jefferson to Thomas Barclay, June 11, 1792, p. 367. Charles Stuart Kennedy, *The American Consul: A History of the United States Consular Service, 1776－1914* (New York: Greenwood, 1990), p. 29 (“as a great People”). *Writings of Thomas Jefferson*, ed. Paul Ford: Jefferson to James Monroe, Nov. 11, 1783, pp. 10－11 (“John Paul Jones”).

“多芬号”和“玛利亚号”自由似乎没多大意义，于是汉弗莱斯打道回府了。

在宣布独立后的整整15年时间里，美国始终面临着巴巴里海盗的致命威胁。有些美国商人不得已只好伪造巴巴里诸国发给那些缴了保护费的国家的“通行证”，以免自己的船只遭受袭击。另一些商人则被迫以高得离谱的价格雇用丹麦或西班牙的炮艇护送他们通过地中海。形势如此严峻，以至于财政部长亚历山大·汉密尔顿拿不定主意，“鉴于我们与阿尔及利亚的当前局势，找一艘外国船”把约翰·杰伊送往英国“是否可取”。①

不过，公众在巴巴里问题上的看法正在发生改变。美国人越来越厌恶时时遭劫的威胁、航运保险费的飞涨，最重要的是，越来越难以忍受这种卑躬屈膝的处境。乔治·华盛顿这时正担任总统，他誓言要竭尽所能促成在阿尔及尔的那些“不幸俘虏的释放”。他也注意到了近期的欧战——革命的法国对英国和其他保守国家之间的战争——以及正在逼近美国海岸的外国炮艇。“如果我们要免遭凌辱，我们就必须有击退凌辱的能力。”1793年12月华盛顿对国会如此说道。国会同意总统的看法，最后对创建海军的计划展开了讨论。②

有些代表仍然认为战舰的建造成本太高，而且一旦造好，就会对和平和自由构成太大威胁，他们对这一动议表示反对。佐治亚州的亚

---

① *Writings of Thomas Jefferson*, ed. Lipscomb: Jefferson to Thomas Barclay, June 11, 1792, p.367. John Jay Papers: 5052, Temple to Jay, June 7, 1786. *The Papers of Alexander Hamilton*, ed. Harold Syrett, 27 vols. (New York: Columbia Univ. Press, 1961 - 87): Hamilton to William Seton, April 22, 1794, vol.16, p.312. *The Life and Correspondence of Rufus King*, ed. Charles King (New York: Putnam, 1894): John Alsop to Rufus King, Dec.15, 1793, p.505. Irwin, *Diplomatic Relations of the United States*, p.80.

② *Writings of George Washington,* vol.33: Washington to Jonathan Trumbull, Aug.20, 1793, p.125; President's Sixth Annual Address to Congress, Dec.13, 1793, p.166 ("If we desire").

伯拉罕·鲍德温争辩说："我们只要交保护费就可以从阿尔及利亚人那里买到安全保障。"弗吉尼亚州的约翰·尼古拉斯则坦承"我们在海上不是阿尔及利亚人的对手"。新泽西州的亚伯拉罕·克拉克以需要聘请"海军部长和大批办公室人员"为由，警告说："联合起来的欧洲列强会将美国舰队作为发动战争的好借口。"为了将美国的风险和花费最小化，克拉克建议把葡萄牙拉进对抗海盗的阵营。

然而，这些"怯懦的措施"让马里兰州的约翰·史密斯颇为反感，而且也不符合"共和国早年间所信奉的格言"。来自马里兰州的另一位代表威廉·范斯·穆雷回忆起了北非海盗"自独立战争末期就开始对美国开战"，除了与之斗争到底，美国已经无路可走。马萨诸塞州的费希尔·埃姆斯是无限制贸易的坚定拥护者，他的话尤其让人不安："我们的商业已到了生死关头，如果没有武器装备，我们也许很快就会看到阿尔及利亚人登上美国海岸。"

除了财政与战略方面的考虑，有关海军的争论也涉及宪法层面，对于是否要建立一个强大的中央政府，支持者与反对者之间分歧较大。杰斐逊的态度在此发生了惊人的逆转，他让自己对联邦力量的恐惧凌驾于他长期以来秉持的以军事力量对抗巴巴里的愿望之上，对造船计划投出了反对票。他的同僚兼崇拜者詹姆斯·麦迪逊甚至对这个国家有没有足够的木料用来造船提出了质疑。而另一方面，一直以来对美国人民对抗海盗的意愿报怀疑态度的联邦党人领袖约翰·亚当斯却自相矛盾地支持了这一计划。最终，这一问题的决定性因素既非经济原因也非政治原因，而是来自心理层面。无论其对于联邦主义的态度是支持还是反对，大多数国会议员都再也受不了向巴巴里卑躬屈膝的耻辱了。该立法以 50 票对 39 票的差距勉强获得通过，并规定只有在与阿尔及尔达成和平的条件下才会停止建造军舰。

1794 年 3 月 27 日，华盛顿签署了一项法案，授权将一笔

688888.82 美元的款项用于建造 6 艘“足以保护美国对外贸易对抗阿尔及利亚海盗船队”的护卫舰。虽然每艘舰船最多装备 44 门大炮——还不到在这条航线上来往的欧洲船装备数量的一半——但这些船只轻盈而坚固，非常适合与海盗作战。美国海军就这样诞生了，它的诞生虽充满争议却无比光荣，因为其目的不是为了称霸这片大海，而是为了解放它。①

然而，事实证明，这支海军的问世速度慢得不可思议。建造护卫舰的项目陷入了各州之间的合同纠纷，无法继续，且费用很快超出了预算。面对法国的收取保护费的要求，那些抱怨“在防御上花了数百万美元，却一分钱也不肯拿去上贡”的美国领导人，似乎仍然愿意考虑向北非支付某种形式的保护费。与此同时，俘虏们的信件到达了美国国内并开始见诸报端。“杰伊号”双桅船的主人塞缪尔·考尔德在信中说自己是被铁链锁着拖到阿尔及尔的，赤身裸体，饥肠辘辘。他哭诉道：“像眼下这样苟延残喘，还不如死掉算了，死了倒是完全解脱了！”另一位名叫威廉·彭罗斯的船长则在信中质问：“看在上帝的分上，我们的同胞能为我们做点什么吗？”他警告说，他的那些濒临死亡的船员将成为烙在“美国精神上的耻辱”。

深感歉疚的美国政府再次被迫多方求告，以筹措赎金——荷兰人本来答应借一笔款子，后来又反悔了——同时，眼巴巴地盼着教堂和各种所谓的慈善机构联合起来募集资金。最终，在 1795 年夏天，大

---

① *Annals of the Congress of the United States: Third Congress* (Washington, D.C.: Gales and Seaton, 1849), pp.433, 434 ("Bribery alone," "a Secretary of [the] Navy," and "we are no match"), 436 ("Our commerce is"), 439 ("at war with"), 447 - 48 ("pusillanimous measures"). Craig L. Symonds, *Navalists and Antinavalists: The Naval Policy Debate in the United States, 1785 - 1827* (Newark: Univ. of Delaware Press, 1980), pp.27 - 37. See also *The Papers of Josiah Bartlett*, ed. Frank Mevers (Hanover: Univ. Press of New England, 1979): Paine Wingate to Josiah Bartlett, Feb. 24, 1794, p.403.

卫·汉弗莱斯奉命再次出发，打算“用一笔赎金安抚总督，使其消停下来”，并与阿尔及尔展开和平谈判。

汉弗莱斯长相英俊，有着优雅的鼻子、漂亮的弯眉、俏皮的嘴唇，似乎与他担任过美国外交大臣的葡萄牙宫廷的奢华很是相配。但汉弗莱斯很快发现，他在西方世界的外交经验与中东的外交实践完全是两码事。哈桑总督长相粗野、举止粗俗，而且喜怒无常。“要是我跟谁都和平相处，那我该对我的海盗兄弟怎么交代呢?”他幽默地对这位美国客人说，“他们肯定会割掉我的脑袋。”不过，对死亡的恐惧并没有阻止哈桑狮子大开口，他要求美国为这些人质支付 200 万美元的巨额赎金。他还要求美国必须送给他两艘护卫舰，每艘配备 36 门炮。看起来，进一步谈判根本毫无指望。①

尽管汉弗莱斯外表精致优雅，但在讨价还价上精神十足。他竭尽全力压低哈桑的价码，最终于 1795 年 9 月 5 日让哈桑在《友好亲善条约》（Treaty of Amity and Friendship）上签了自己的名字。不过，这项协议远称不上是美国的胜利。按照条款，美国仍需向阿尔及尔提供一艘护卫舰，外加一堆各式各样的辛苦钱——“25 箱 4 种不同品质的茶叶……6 公担（即 600 公斤）精制的糖块……还要些精致的折叠小刀。一些小顶针、剪刀套……几条绣着奇异的玫瑰的披肩……”——价值超过 65 万美元。

而且，哈桑拒绝在收到赎金之前释放俘虏。于是，为了筹到这笔

① *Papers of Alexander Hamilton*: John Quincy Adams to Hamilton, Dec. 5, 1795, vol. 17, pp. 420 – 21; Edmund Randolph to Hamilton, William Bradford, and Henry Knox, vol. 16, pp. 498 – 99. *Naval Documents Related to the United States Wars*, vol. 1: Samuel Calder to David Pearce, Dec. 4, 1793, p. 57; George Washington to Congress, Feb. 8, 1795, p. 93; Joel Barlow to Jefferson, March 18, 1796, pp. 140 – 41. Allison, *Crescent Obscured*, pp. 31, 141 (“stigma on the American”). Frances Diane Robotti and James Vescovi, *The USS Essex and the Birth of the American Navy* (Holbrook, Mass.: Adams Media Corp., 1999), p. 12. Field, *America and the Mediterranean World*, p. 7. Allen, *Our Navy*, p. 51 (“If I were to make peace”).

钱款，美国政府求助于乔尔·巴洛。他是汉弗莱斯的朋友，也是一名诗人，一直住在巴黎。巴洛利用自己在欧洲的各种关系，快速穿梭在大陆国家之间筹措资金，但最终也没能筹到让总督满意所需的数目。当他两手空空地回到阿尔及尔时，哈桑指着宽鼻浓眉的巴洛怒斥道："你是个骗子，你的政府也是骗子！我要把你用铁链锁起来……向你们宣战。"直到最后一刻，巴洛才终于找到一位愿意借这笔钱给美国的阿尔及尔犹太商人，以及一艘船撤离人质。

"我们的人民总体上表现出了一定的耐心和礼貌得体，这种情况总比奴隶们的待遇好一些。"1797 年 2 月，在将死里逃生的 88 名美国公民送到费城后，巴洛发表了以上谈话。全城的大部分人都冲到码头去欢迎这些重获自由的船员，用鲜花、蛋糕以及各种各样的酒迎接他们。"没有一个基督教国家为像我们这样处境的人做过这样的事！"满怀感激之情的约翰·福斯感叹道，"美国为世界各国的政府提供了一个人性的榜样。"哈桑总督也很高兴，自告奋勇地要居中调解帮助美国分别与突尼斯、的黎波里达成类似条约。

这两个政权事实上正为达成协议敞开大门，同时也迅速步阿尔及尔后尘，先攻击美国船只，随后以所处的优势与美国人谈判。的黎波里的穆拉·德拉（这位苏格兰变节者之前叫彼得·莱斯利）立即迫不及待地打劫了 3 艘美国船；与此同时，突尼斯海盗则洗劫了一艘名为"伊丽莎号"的波士顿双桅船。由于没有护卫舰，美国对这些侵略无法给予强有力的回击；只能再一次把巴洛派到北非进行又一轮谈判。巴洛最终与突尼斯、的黎波里以 16 万美元的总额敲定了条约。

彼时，美国政府正在将其年收入的 20％送给巴巴里海盗，付款形式是黄金和各种稀有宝石，或者更不可思议的，以大炮、火药、炮舰这类海盗劫掠必备的武器支付。支付数目如此之大，以至于欧洲人开始抱怨美国在过度纵容海盗，使得赎金直线上涨。"巴巴里海盗的这一套要把赎金抬高到什么程度?”对这一切深感厌恶的巴洛向杰斐逊抱怨,“这什么时候才是个头?”这位外交官预言,这两个地区再次提出保护费要求并重新攻击美国只是个时间问题。但是,国会并没有听进巴洛的警告,反而宣布与北非的和平已经实现,并决定削减建造军舰的预算。①

但在立法机构之外,许多美国人对他们的国家在严厉地口头警告海盗的同时又用贿赂纵容海盗的政策感到沮丧。不断高涨的批评声浪在艺术方面的反映尤其显著。在1797年,一位热爱小说创作、受人尊敬的新英格兰法官罗亚尔·泰勒出版了一部名为《阿尔及利亚俘虏》(*The Algerine Captives*)的小说,这本虚构的日记是一位名叫厄普代克·安德希尔的随船外科医生所写。安德希尔被海盗俘虏后受到奴役,不得不忍受“饥饿、疾病、劳苦、侮辱、鞭笞、刀伤以及其他各种残酷的折磨”。然而,这些都没能阻止他严词指责那些与“海盗团伙缔结丧权辱国条约”,以及为海盗提供的武器以致海盗变本加厉令美国更为屈辱的人。泰勒以一条与《联邦党人文集》不相上下的忠告结束了他的故事,提醒美国人“必须联合我们整个联邦的力量来实现我们与其他国家之间应有的相互尊重”,“我们的首要目标就是彼此之间联合起来。”

---

① 美国送给突尼斯的礼物,参见:Irwin, *Diplomatic Relations of the United States*, pp. 100 - 1。Republic of Letters: Madison to Jefferson, Feb. 21, 1796, pp. 921 - 22; Jefferson to Madison, April 17, 1796, pp. 931 - 32. *Naval Documents Related to the United States Wars*, vol. 1: Barlow to Jefferson, March 18, 1796, pp. 140 - 41; O'Brien to Jefferson, Jan. 12, 1797, pp. 192 - 93 (“25 chests of tea”); Barlow to Jefferson, Aug. 18, 1797, p. 208 (“To what height”); Barlow to Jefferson, Aug. 24, 1797, p. 209 (“You are a liar”). Kennedy, *American Consul*, pp. 30 - 32. Allen, *Our Navy*, pp. 23 - 24, 53 - 54 (“Our people have conducted”), 56 - 57. Barnby, *Prisoner of Algiers*, pp. 304, 318. Foss, *Journal of the Captivity*, p. 123 (“No nation of Christendom”). Milton Cantor, “Joel Barlow's Mission to Algiers,” *Historian* 25 (1963). See also Library of Congress Country Studies, “Algeria, Relations with the United States,” memory. loc. gov/cgi-bin/query/r?frd/cstdy: @field(DOCID+dz0025)。

其他作家也跟泰勒一样，无法理解美国为什么在已经有了宪法授权且据说正着手建立一支海军的情况下，仍然屈服于北非的命令。“什么，乖乖地举手投降，把自己变成奴隶，在一帮恶棍和肮脏邪恶的异教徒无赖面前卑躬屈膝?”苏珊娜·罗森抗议道，她是美国最杰出的女剧作家，也是《做阿尔及尔的奴隶，还是为自由而战》(*Slaves in Algiers*; *or The Struggle for Freedom*) 的作者。一位曾经参加过邦克山之战、被阿尔及尔俘虏过的无名诗人也提出了类似的问题，并给出了一个答案：

哥伦比亚是否仍然不屑
拥有一个饱经风霜的爱国者和
一个自由出生的孩子? ……
然后驾着洗雪前耻的船头驶向巴巴里海岸，
释放你的孩子们，让非洲低眉俯首。[①]

泰勒、罗森以及这位无名诗人大概都会大失所望。对于美国人民是否已做好充分准备对抗巴巴里海盗，约翰·亚当斯总统仍疑虑重重，他不但继续支付保护费，甚至还分别为这些地区指定了常驻代表。仿佛是为了强调美国的从属地位似的，获释的俘虏理查德·奥布莱恩成为驻阿尔及尔的领事，詹姆斯·凯斯卡特则被派到了的黎波里。相比之下，突尼斯的情况有所不同，去那里的不是曾经的俘虏，

① Royall Tyler, The Algerine Captive; or, The Life and Adventures of Doctor Updike Underhill, Six Years a Prisoner among the Algerines (Hartford: Peter B. Gleason, 1816), pp. 196, 239. Anonymous, The American in Algiers; or, The Patriot of Seventy-six in Captivity (New York: J. Buel, 1797), p. 16 ("Does Columbia"). Susanna Rowson, Slaves in Algiers; or, The Struggle for Freedom (Philadelphia: Wrigley and Berriman, 1794), p. 48 ("What, give it up").

而是一位政府雇员，这个人在此之前从未到过中东，也没有对海盗发表过任何看法。这位名叫威廉·伊顿的大大咧咧、直率鲁莽的年轻人，却注定要成为巴巴里最狂热的敌人。

领事们于1799年3月履职，此时正值美国国会委托建造的6艘护卫舰中的头三艘最终下水后不久。这三艘分别名为“合众国号”、“宪法号”和“星座号”（Constellation）的军舰共配备了124门大炮，并由新组建的海军陆战队的分遣队壮势，代表着一支规模虽小却很精干的海上力量的诞生。这支年轻的海军借着在加勒比海与法国进行的一场不宣而战的“准战争”——拿破仑的炮艇试图于此地阻断美国与英国的中立贸易——宣告了自己的价值。怀着近海战争获胜所带来的信心，美国准备应对更为复杂的远海挑战。

然而，尽管有了这种自信，美国仍然不确定是否要对北非使用自己新近获得的军事力量。“这些野蛮人说他们经常听说美国的护卫舰，但从来没见过，”凯斯卡特在他从的黎波里发出的第一批信件的一封中这样写道，“他们得出的结论是，要么我们根本没有军舰，要么我们宁愿牺牲大笔的钱也不愿把它们派到地中海去。”美国人民是要效仿欧洲继续上贡、继续忍辱负重，还是像大卫·汉弗莱斯所希望的那样，成为“率先动手铲除这一海盗体系的人”呢？①

美国在中东的介入迄今一直集中在权力问题上，包括经济方面和军事方面。但并非所有美国人都是因为商业或战略原因被吸引到该地区的。有些人是被该地区的浪漫景象、对冒险的渴望以及对开拓新边疆的向往所诱惑而去的。在这类美国人中，第一位代表是约翰·利雅

① James Leander Cathcart, *Tripoli* (LaPorte, Ind.: Herald Print, 1901): Cathcart to Pickering, Aug. 16, 1799, p. 67. *Naval Documents Related to the United States Wars*, vol. 1: Barlow to Jefferson, Aug. 24, 1797, p. 209. Kennedy, *American Consul*, pp. 2-3.

德，就是开场白中介绍的那位世界旅行者与积习难改的冒险家。在1788年的5个月时间里，利雅德生动地描述了他在埃及——阿拉伯世界的中心地带——的经历。他的话将向很多美国人灌输有关中东的诸般鲜明而令人讶异的形象，其中包括他的密友、即将成为美国总统的托马斯·杰斐逊。此前，他跟他的大部分同胞一样，将中东地区视为仇视异教徒的海盗的堡垒以及充满异国奇观的神奇土地。中东对于杰斐逊及其同时代人来说，不仅是权力的领地，而且是一个神话的剧场——这一点更为诱人。

第二章

充满敌意和空灵的东方

“中东”一词是由一位美国海军上将在1902年创造的。此前，美国人（和欧洲人）谈及该地区时只是简单地称之为“东部”，或者更普遍地说成是“东方”。这个词含含糊糊指的是在摩洛哥与埃及之间延伸的陆地，它像弯刀一样穿过阿拉伯半岛和黎凡特，最后在土耳其逐渐变细。但这一名称从来就不单纯是地理上的，事实上，卡萨布兰卡远在马德里、马赛和罗马这些地区的西面。更确切地说，“东方”一词描述的是一个由独特的文明统一的区域，以其独一无二的政府组织模式、社会结构、建筑和服饰为代表。这块土地上的居民，在西方人的认知里有着各种可以互换的名字——阿拉伯人、黎凡特人、阿尔及利亚人、摩尔人和土耳其人——他们被认为对外国人怀有敌意，操着各种令美国人感到刺耳的语言。然而，相比于其政治、艺术或者语言魅力，东方这一区域更具特色的地方在于其宗教——伊斯兰教。信仰该宗教的人通常被称作穆塞尔曼（Musselmen），他们被18世纪的美国人视为终极他者，一个形形色色但无定形的群体，是曾经辉煌一时但早已腐朽衰退的文明的后裔，原始、肮脏而残忍。

许诺与欺骗的对象

这些烙印在第一批探索新世界的欧洲人脑海中的关于东方的敌意印象传到了新世界。“作为……穆罕默德教派的敌人”，克里斯托弗·哥伦布于1492年开始探索通往圣地的新航线——他甚至为此带上了一名阿拉伯语口译员，因此“我在这项事业上所取得的一切收益都应该用于征服耶路撒冷”。一个多世纪之后，迅速成为弗吉尼亚殖民地财务主管的乔治·桑迪斯游历中东，发现了一个嗜血成性的地区，“我想世界上没有任何事物能做出如此多的许诺……［然而又］如此欺骗人们的期望。”弗吉尼亚州州长约翰·史密斯的盾牌上刻着土耳其人头像，那是他当雇佣兵与土耳其人作战时割下的头颅。伴随着平等观念的萌芽，西方比东方优越的观念也与朝圣者们一起在普利茅斯登陆。据说殖民地附近的一块岩石上镌刻着这样的铭文：“东方国家没落，其辉煌已终结；另一个帝国正在太阳落下处升起。”

尽管早期的美国以自己在宗教方面的宽容为傲，但这种宽容很少惠及伊斯兰教，甚至认为它根本算不上一种宗教。诸如科顿·马瑟、乔纳森·爱德华兹之类著名的殖民地神学家，经常谴责伊斯兰教是一种虚假的、道德败坏的信仰。按照哈佛大学校长塞缪尔·兰登的说法，穆罕默德就是个伪先知，甚至可以说是“撒旦的使者”。对《古兰经》带有倾向性的翻译更强化了这种对伊斯兰教的偏见。亚历山大·罗斯1649年出版的“新英文版”《古兰经》，旨在揭露书中的“各种自相矛盾、亵渎神明和荒诞无稽的寓言”，以便让基督徒“彻头彻尾地看清自己的敌人……从而更彻底地……打败他们”。与此相似，律师乔治·塞尔斯1734年出版的那个版本（托马斯·杰斐逊的图书馆有这本），旨在让新教徒能够“成功地攻击《古兰经》”，并希望

“对他们来说……推翻这种宗教是天命所归”。汉弗莱·普里多在1697年写的一本殖民地时代最受欢迎的关于穆罕默德的书，通过其书名《欺诈的真实本性显露无遗》（*The True Nature of the Imposture Fully Displayed*）明白无误地宣布了这本书的目的。[①]

殖民地的美国人所暴露出的对于中东的认识中事实和谬误掺杂的情况，反映在发表于新世界的第一部短篇小说中，这是一部名为《庞波神父的麦加朝圣之旅》（*Father Bombo's Pilgrimage to Mecca*）的闹剧。1770年，菲利普·弗雷诺和休·亨利·布拉肯里奇共同撰写了这部小说，他俩是詹姆斯·麦迪逊在普林斯顿大学的同班同学，也是与其同样追随杰斐逊主义辉格党的人。故事描述了先知穆罕默德如何在一位剽窃成性的名叫庞波的学生面前出现，如何命令他“改变他的信仰、当众宣告自己是穆罕默德的信徒，成为一位狂热的穆塞尔曼”。于是，庞波身着“土耳其装束”，尽职尽责地开始了为期六周的旅途，前往存放先知身体的麦加清真寺。在那里，朝圣者洗净手脚，

① Abbas, Hamdani, “Columbus and the Recovery of Jerusalem,” *Journal of the American Oriental Society* 99, no. 1 (1979) pp. 43 (“As ... enemies), 44 (“all the gain”). Robert Irwin, *For Lust of Knowing: The Orientalists and their Enemies* (London: Penguin, 2007), pp. 60 - 62, 87 - 88, 100. George Sandys, *Description of the Ottoman Empire* (Amsterdam: Theatrum Orbis Terrarum, 1973), p. 36. Philip L. Barbour, *The Three Worlds of Captain John Smith* (Boston: Houghton Mifflin, 1964), pp. 45 - 49. Timothy Worthington Marr, “Imagining Ishmael: Studies of Islamic Orientalism from the Puritans to Melville,” (Ph. D. diss., Yale Univ., 1997), pp. 1 - 2, 30 - 33, 70 (“an emissary of Satan”), 87 - 89. Douglas Little, *American Orientalism: The United States and the Middle East since* 1945 (Chapel Hill: Univ. of North Carolina Press, 2002), pp. 12 - 13, 73 - 74. Allison, *Crescent Obscured*, pp. xiv - xviii, 45 - 46, 61 - 64. Josiah Strong, “Anglo-Saxon Predominance (1891),” http://xroads.virginia.edu/~ DRBR/strong.html (“The Eastern nations sink”). *Translating the Untranslatable: A Survey of English Translations of the Quran*, http://www.quranicstudies.com/article32.html. A. J. Arberry, *The Koran Interpreted* (New York: Macmillan, 1955), pp. 7 (“so viewing thine enemies”), 8 (“contradictions, blasphemies”), 10 (“attack the Koran”). Humphrey Prideaux, *The True Nature of Imposture Fully Displayed in the Life of Mahomet* (Fairhaven, Vt.: James Lyon, 1798), p. 108.

脱去了身上余下的衣物。“我一丝不挂地匍匐在光秃秃的人行道上，面向东方，乞求先知宽恕我的罪过。”从故事中可以看出，布拉肯里奇和弗雷诺显然对伊斯兰教仪式有所了解，但他们又误以为穆罕默德是一个像耶稣一样的人物，虽然被埋葬在神圣的坟墓中，偶尔还会在忏悔者面前现身，对个人进行救赎。故事中，穆罕默德确实回应了庞波的祈祷，宽恕了他的罪过，这样他才能最终返回家乡新泽西州。

对中东的负面描述也经由欧洲外交官和旅行者的回忆录传到了美国，到18世纪末，这类回忆录已经出版了100多部。大部分是法语的，但有几本是英语读者可以阅读的，其中包括詹姆斯·布鲁斯的《探索尼罗河源头之旅》（*Travels to Discover the Source of the Nile*）。这些书将中东描绘成一个异域，既浪漫又充满威胁。该地区的女人通常被描绘成好色淫荡之人，男人则被描绘得自由放浪而高贵。16世纪的地理学家列奥·阿非利加努斯[①]是一位皈依天主教的穆斯林，他将该地区的居民描述为“野蛮的”掠夺者，对他们的俘虏会“挖出双眼、砍掉手脚”。牛津大学的理查德·诺尔斯在其所著的《土耳其人通史》（*General History of the Turks*，1603）中说，奥斯曼人是“当今世上的恐怖分子”。法国航海家萨沃里和沃尔尼对中东的描述较为公允，古典作家希罗多德、修昔底德及荷马也是一样。然而，除了从返乡商人或讲阿拉伯语的奴隶那里收集到的只言片语外，利雅德时代的美国人几乎再无其他途径获得有关中东的信息，而他们所拥有的那

① 原名阿尔·法西，约1494年出生在西班牙格拉纳达的穆斯林，后移居摩洛哥。曾游历过南部撒哈拉的几个非洲王国以及埃及和君士坦丁堡等地，还可能到过阿拉伯半岛。1520年，阿尔·法西皈依了基督教，并更名为约翰内斯·列奥（Johannes Leo）。在教皇列奥十世的鼓励下，他写了一本《非洲纪行》（*Description of Africa*）。从此他以“非洲的列奥”的名字为人所知。——译者

一点点知识又是极不可靠和有偏见的。①

这种几乎完全不了解中东的真实情况而留下的一个真空，很容易就被各种有关该地区的不实之词所占据，这些谣言不仅包括中东对一切西方国家的敌意，还包括该地区数不胜数的奇迹。来自各种途径尤其是殖民地美国人书架上的中东地区形象，成为带来视觉以及其他感官享受的源泉。《圣经》可以说是早期美国人妇孺皆知、视为真理的文本，它是各种中东幻想的主要来源。《旧约》和《新约》中展示了各种异彩纷呈的景象：高耸的塔楼和庙宇、空中花园、郁郁葱葱的绿洲以及宏伟浩瀚的沙漠。无论是在单调无聊的宾夕法尼亚州会议室，还是为狂风所破的边疆小屋，若是听到描绘着这些景观的段落，即便是最拘谨刻板的教区居民也会勾起对中东的无限遐想。很多人都梦想着有朝一日能够亲临其境，一睹这些奇迹。

排在《圣经》之后，早期美国人最广泛阅读的书之一就是《一千零一夜》。这本书也是各种中东幻想的沃土，只是其中大部分与基督教《圣经》中的记载大不相符。《一千零一夜》这部中世纪波斯的浪漫故事集，第一个英文版本出现于1708年，甫一问世便风靡大英帝国，在美洲殖民地更是大受欢迎。原因不难猜测。这本书通过阿里巴

① Henry Hugh Brackenridge and Philip Freneau, *Father Bombo's Pilgrimage to Mecca, 1770*, ed. Michael Davitt Bell (Princeton: Princeton Univ. Library, 1975), pp. 7 ("to change thy religion"), 92 ("I prostrated myself"). Ros Ballaster, *Fabulous Orients: Fictions of the East in England, 1662 - 1785* (Oxford: Oxford Univ. Press, 2005), pp. 8, 33, 54 - 56, 72, 77. Alain Grosrichard, *The Sultan's Court: European Fantasies of the East* (London: Verso, 1998), p. 79. Mohammed Sharafuddin, *Islam and Romantic Orientalism: Literary Encounters with the Orient* (London: I. B. Tauris, 1994), pp. xxv - xxvi, 64, 107. Ben Rejeb, "Observing the Birth of a Nation," pp. 256 - 57. Claude Étienne Savary, *Letters on Egypt, Containing a Parallel between the Manners of Its Ancient and Modern Inhabitants* (London: G. G. J. and J. Robinson, 1787). Irwin, *For Lust of Knowing*, p. 109 ("the present terror"). Constantin-François Volney, *Voyage en Syrie et en Egypte, pendant les années 1783, 1784, et 1785* (Paris: Desenne et Volland, 1787).

巴、辛巴达和阿拉丁的冒险之举以及山鲁佐德为保命而讲故事的悲惨境遇，将美国人从艰辛无趣的生活中带到了一个充满宝藏、尖塔环绕地毯以及轻纱蒙面的异国美女的诱人世界。通过这本书引言中的节选部分，人们可能只会想到一本正经的新英格兰神职人员或仪态庄严的南方正人君子所产生的感官上的晕眩：

> 苏丹王宫的一扇秘密大门突然打开，20个女人鱼贯而出，其中一个是苏丹王妃……当着10个黑仆的面，为了更自由自在，[她们] 摘下了面纱脱掉了长袍……每个人都叫走了自己的情妇。没过多久就脱掉华丽衣饰的苏丹王妃拍了拍手……一个黑人应声而出……急忙跑到她跟前。这对含情脉脉的伴侣一直缠绵到午夜，在一个大池子里共浴后……他们穿上了衣服，重回宫殿。①

《圣经》中的异域奇迹与肉体诱惑交融在一起，赋予中东一个梦幻般的光环。但是，这样一个空灵的东方形象是否足以吸引西方人造访该地区，并让他们甘冒奇险去认识这里并不那么辉煌璀璨的真实面目？答案对于美国人来说比对欧洲人更简单：中东代表了一种变动不居的机会。正如一位外国人所说，作为一个因其个人主义与活力

---

① Daniel Beaumont, *Slave of Desire: Sex, Love, and Death in 1,001 Nights* (Madison, N.J.: Fairleigh Dickinson Univ. Press, 2002), p.42. Husain Haddawy, trans., *The Arabian Nights* (New York: Norton, 1990), pp. xv - xvii. *Novelists Magazine* 18 (Containing *The Arabian Nights Entertainment*) (London: Harrison, 1785). Adele L. Younis, "The Arabs Who Followed Columbus," *Arab World* 12, no.3 (March 1966). Excerpt from *The Arabian Night Entertainment: Consisting of One Thousand and One Stories, the First American Edition, Freely Transcribed from the Original Translation by Galland* (Baltimore: H. & P. Rice and J. Rice, 1794). Susan Nance, "Crossing Over: A Cultural History of American Engagement with the Muslim World, 1830 - 1940" (Ph.D. diss., Univ. of California, Berkeley, 2003), p.25. See also the *Arabian Nights Resource Center*, http://www.crock11.freeserve.co.uk/arabian.htm.

闻名于世的国家的公民，美国人总是处于不安状态——就连他们的椅子都装有滚轴——他们渴望充满变数的生活。成千上万的拓荒者从欧洲大陆涌来，寻求无拘无束的空间。然而，对于其中某些人来说，即使是广阔的北美大陆也仍然难以满足他们漫游的愿望。他们的眼光不仅投向俄亥俄河以西和密西西比河远处的荒野，也投向相反的方向——东方。对他们而言，东方不只是一个万花筒般的幻境，更是一块未知的领域，深入其中去发现、去开掘的时机已经成熟。对于约翰·利雅德这样有浪漫情怀、渴望远游的人来说，中东才是终极边疆。①

康涅狄格州的美国佬在埃及

1788 年 7 月的第一周，利雅德的船停靠在了埃及的亚历山大港，他终于跨入了一个新边疆。迎面而来的是一个拥挤不堪、尘土飞扬、被 6000 居民堵得水泄不通的所在，到处都陷入停滞和混乱，辉煌壮丽的古代文化在这个城市已不见踪迹，与他脑海中的中东神话也没有丝毫相似之处。“整个亚历山大港的情况比我亲眼看到的景象更加悲惨。”他在写给杰斐逊的一封信中以这样痛苦的句子开头。满目凄凉，各种苦难数不胜数：“贫穷、劫掠、谋杀、骚乱、盲目的偏执、残酷

① Alexis de Tocqueville, *Democracy in America*, ed. J. P. Mayer, trans. George Lawrence (New York: Harper & Row, 1969), p. 536. Edward McNall Burns, *The American Idea of Mission: Concepts of National Purpose and Destiny* (New Brunswick: Rutgers Univ. Press, 1957), p. 125. Daniel Boorstin, *The Americans: The National Experience* (New York: Random House, 1965), pp. 219, 264. William H. Goetzmann, *New Lands, New Men: America and the Second Great Age of Discovery* (New York: Viking, 1986), pp. 1, 5, 14. Frederick Jackson Turner, *The Frontier in American History* (1920; reprint, New York: Henry Holt, 1947), pp. 2, 30, 37, 38.

的迫害、瘟疫!”

利雅德所遭遇到的破败景象是奥斯曼帝国的征兆，埃及在18世纪末仍属于该帝国。通常被西方人称为土耳其或“高门”（指大维齐尔宫殿的大门）的这个帝国，兴起于14世纪，并稳步扩张，最后统治了中东以及东欧和中亚的大片狭长地区。凶悍的奥斯曼军队一次又一次对基督教欧洲发动攻击，以1683年围攻维也纳为终结。然而，这次进攻事后证明是该帝国的巅峰阶段，从那以后，帝国的命运开始衰落。到了1780年代，奥斯曼帝国在西方看起来似乎已经不像过去那样可怕——它曾是萦绕西方人心头的魔影。曾几何时，一想到“成群的摩尔人”和“可怕的土耳其人”在他们的门口就瑟瑟发抖的威尼斯人，现在则穿着“土耳其人”的时尚服装，为莫扎特歌剧《后宫诱逃》（*The Abduction from the Seralio*）中的绑架情节兴奋不已——这是部喜剧，讲述了一名西班牙女子是如何被救出奥斯曼帝国后宫的故事。

在少数地区，帝国的衰落比在阿拉伯语省份更为明显。这些地区曾经是富庶开明的国度，在科学和数学领域也一度领先全球，到了18世纪末，已沦为半封建的一潭死水。大部分居民的生活水平自中世纪以来几乎毫无变化。没有印刷机，没有时钟，也没有任何现代学术机构。道路稀少，再加上没有强有力的中央政府，旅行者极易遭到袭击。很少有欧洲人敢闯入这个荒凉之地，大部分人将自己的活动空间限制在港口城市，在那里他们可以龟缩在领事保护之下。而当地人没有这样的资源。随着奥斯曼帝国霸权的削弱，农民们面临着总督兴之所至的欺压和各种土匪团伙的祸害。

埃及的境况尤其暗淡。大约有三四百万当地民众生活在朝不保夕的状态，常年遭受着饥荒和疾病的折磨。这个国家的奥斯曼帝国总督们非但没有缓解这种悲惨境况，反而与当地的马穆鲁克[①]王朝进行了残酷的权力斗争，摧毁了农村，践踏了不幸的农民。1788年，莫扎特即将创作出另一部以想象中的中东为背景的歌剧《魔笛》，在美国将一个金字塔图案镌刻在其国玺的背面后不久，真正的埃及——文明的摇篮——却陷入了前所未有的低谷。[②]

利雅德在亚历山大港遇到的就是这样一个糟糕透顶的埃及。然而，他不愿相信这座城市的衰败于整个国家而言是地方特有的，为了找到神秘的中东，他启程前往开罗。这一趟需要在尼罗河上航行5天，他曾经很是期待这段经历，但结果也让他大失所望。“这就是那条波澜壮阔、有河中之河之称的浩瀚的尼罗河，世界奇迹之一吗?”据他估计，这条河也就比康涅狄格河大那么一点点。

抵达开罗后，利雅德向罗塞蒂先生呈上了自己的皇家介绍信，这位威尼斯领事代表着英国在该市的利益。利雅德了解到，正如西方人将所有中东人都称为东方人一样，中东穆斯林将欧洲人和美国人一律视为“法兰克人”，这是十字军东征时期遗留下来的一个贬义词。领事告诫利雅德，为了保障自身的安全，应该保持低调，旅行时要身着当地服装。建议一个基督徒掩饰自己的身份以取悦穆斯林，这在利雅德看来是“非常非常丢脸、可耻和令人沮丧的”。他向杰斐逊抱怨“这让欧洲之子丢脸，即便要受这种傲慢的气也本该是从一群无知的

① 阿拉伯语为“所有物”之意；阿拉伯帝国时用以称奴隶，专指非黑人奴隶，最初出现于阿拉伯帝国阿拔斯王朝时期的“突厥古拉姆”制度，逐渐形成了一个独特的军事贵族集团。——译者

② Sparks, *Life of John Ledyard*, p. 305 (“Alexandria at large”). P. J. Vatikiotis, *The History of Egypt: From Muhammad Ali to Sadat* (Baltimore: Johns Hopkins Univ. Press, 1980), pp. 30 - 38. Samir Khalaf, *Persistence and Change in 19th Century Lebanon* (Beirut: American Univ. of Beirut, 1979), pp. 16 - 31. Bernard Lewis, *The Emergence of Modern Turkey* (London: Oxford Univ. Press, 1968), pp. 21 - 39, and *The Crisis of Islam: Holy War and Unholy Terror* (New York: Modern Library, 2003), pp. 64 - 65.

狂热分子那里”，但他最终还是接受了领事的建议。他用自己的马裤和三角帽换了一条长裤和一块穆斯林头巾，从而成功地花了 3 个月时间，无忧无虑地去探索了一番尼罗河。

在这些短途旅行中，利雅德证实了自己对埃及风景而言是一位细心的观察者。他了解了金字塔的高度、城市扩张的程度，还推测了大篷车商队的长度。他哀叹百姓的肮脏不堪，认为这种环境“远不如他所见过的任何野蛮人的生活”。利雅德的好奇心也诱使他闯入了马穆鲁克人和奥斯曼军队正举棋不定、陷入胶着的战场。被战场的僵局弄得惶然失措的马穆鲁克指挥官，竟要求利雅德来指挥他的军队。“在埃及内战中被授予这样一个职位，”这位美国人指出，“一个康涅狄格人在自己国家能得到的最多也不过如此吧。”

埃及分崩离析的程度让利雅德深感悲痛。他将埃及的困境归咎于俄罗斯，因为俄罗斯用战争削弱了土耳其——这种抱怨也许源于他对叶卡捷琳娜大帝挥之不去的苦涩记忆。然而，他也严厉指责“伊斯兰教徒”是“一帮迷信的、好战的流浪汉”，而伊斯兰教“比其他所有事物造成的灾祸都多”。但另一方面，他又非常佩服穆斯林将虔信与商业结合起来的能力，以及他们“对自由的不可动摇的执着”。这种不受政府或边界的限制、骑在骆驼背上在沙漠中游荡的游牧者形象——类似于殖民时代的边疆开拓者以及后来的西部牛仔形象——将成为美国在书写中东的时候反复出现的主题，而且将对美国在该地区的政策产生持久影响。

不过，除了这种热爱自由的游牧者神话之外，利雅德在中东几乎没找到一丁点浪漫，当然也没有《一千零一夜》里的蛛丝马迹。“没有什么比关于这个国家的诗歌体、散文体的传说描述更滑稽可笑的了。”他向杰斐逊抱怨道。他将那些散发着光泽的树与萦绕枝头的“尘土、炎热而令人晕厥的风、虫子、蚊子、蜘蛛、苍蝇、麻风病、发烧以及几乎到处都有的瞎子”进行了对比。与杰斐逊一样，利雅德将中东社会视为美国的镜像——当代表美国精神的右手举起时，对方举起的是代表黑暗与仇恨的左手。“甜美的只有写在纸上的埃及歌曲。”他总结道。

与此同时，利雅德准备开始溯流而上进入非洲的另一段旅程。他向马穆鲁克指挥官伊斯梅尔·贝咨询相关事宜，后者警告他有的劫匪能够变身为凶猛的野兽，并建议他轻装上阵，别带任何贵重物品。随后，他加入了一个前往南方一千里之外的森纳尔的商队。在1788年11月15日的最后一封信里，利雅德劝杰斐逊永远不要来埃及，对萨瓦里、修昔底德以及荷马所有关于东方的动人描述都不要信以为真，最好“付之一炬”。他几乎毫不掩饰地用一种显得轻描淡写的语气承认：“我在这里过得很不愉快。”接下来，利雅德用他标志性的夸张语句向自己最忠实也最杰出的美国朋友道别：“我一个人去……别忘了我。我永远不会忘记你。确实，在我生命的最后时刻想到你，对我来说是一种安慰。愿你快乐。”①

事实上，这的确是最后的告别。由于出发时间推迟，利雅德心烦意乱，神经紧张，导致一种现代人所说的“坏脾气歇斯底里”发作。为了治病，他吞下了大量酸性液体，并服用了“最烈的酒石催吐剂”。结果他开始吐血，随后只能任由“开罗最为人称道的医生摆布”。仅仅24小时后，这位不久前还向母亲保证自己“健康得不能再健康”并“把世界踩在脚下，对恐惧和危险统统嗤之以鼻”的男人就撒手人寰了。

---

① Augur, *Passage to Glory*, pp. 265, 276 (“The Mahometans [are] a superstitious”), 277–80. Zug, *American Traveler*, p. 222 (“infinitely below”). Sparks, *Life of John Ledyard*, pp. 306, 307 (“This was about” and “nothing merits more”), 309, 310 (“very, very humiliating”), 314–15. Finnie, *Pioneers East*, pp. 139–40 (“dust, hot”). See also Robert D. Kaplan, *The Arabists: The Romance of an American Elite* (New York: Free Press, 1993), pp. 16–17.

约翰·利雅德被埋在了尼罗河沿岸的沙丘中，坟上没有显著标识，其位置现在已不可知了。他身后留下了一部未出版的手稿——“致女性的颂词”，其中赞美女性是“善良、文明、乐于助人、高尚、温柔的生命”，但几乎没有其他个人物品留下。[①]然而，他开创的这一先例却是影响巨大的。这是美国公民第一次到达中东，并一丝不苟地报道中东，而当时他的同胞对中东的了解几乎完全来自《圣经》和神话。

这一先例的影响在1792年时已经很明显了，当时亨利·贝弗伊（Henry Beaufoy）在费城的一本大的月刊《女士杂志》（*Ladies' Magazine*）上讲述了利雅德的功绩。这篇名为《阿拉伯之夜》的文章引入了一系列谈论中东主题的多愁善感的故事，就像关于东方女性的花絮，“虽然她们通常温柔胆小，但一旦整个人被爱情占据，她们就会变得大胆而难以控制”。但文中也有对埃及人、切尔克斯人和德鲁兹人风俗的令人大长知识的研究，对中东城市的描述也印证了约翰·利雅德的印象。“对所有这些事物毫不熟悉的人会被它们的多样性弄得眼花缭乱，”一位不具名的旅行者写道，“他脑子里的业已形成的观念都会消失，只剩下瞠目结舌、惊奇不已。”

随着旧世纪的逝去、新世纪的开启，其他美国人以利雅德为榜样，开始向中东进发。在这些旅行者中，有一位名为乔尔·罗伯茨·波因塞特的查尔斯顿人，他是未来的战争部长，也是至今仍以其名字命名的一种花朵[②]的发现者。1806年，作为波斯汗王的客人，波因塞

---

① Finnie, *Pioneers East*, p. 140 (“a bilious complaint”). Wood, “John Ledyard the Traveler,” (“full and perfect health”). 关于利雅德的死亡日期存在重大分歧。奥古认为是1789年3月4日，伍德博士认为是1月17日。官方传记作家斯帕克斯推测是1788年11月下旬。根据利雅德给杰斐逊的最后一封信，我知道斯帕克斯的日期是对的，尽管无法确定。

② 即圣诞花，原产墨西哥，也叫“一品红”，英美等国称其为“波因塞特”，他是美国驻墨西哥第一任大使，把花带回家乡南卡罗来纳州，从此这种花在美国落户。——译者

特受到的款待是一群“英姿飒爽”的舞女，她们穿着“红色长裤……蒙着面纱”；主人还向他展示了一个盛着石油的池子，它被称为“永不熄灭的火”，他推测这种东西未来某一天可能会成为燃料。12年后，“研读过东方故事”的波士顿人乔治·巴雷尔被一些诸如“倾听摩尔人的长笛和某个美丽的切尔克斯人的迷人嗓音”之类的想法弄得“神魂颠倒”，随后踏上了前往安纳托利亚的旅程。结果发现，那长笛听起来就像“演奏得很糟糕的风笛”，而美丽的切尔克斯人只有在奴隶市场才能找到。尽管如此，巴雷尔依然促请所有美国人抛开“令人不快的偏见”，也追随他的脚步开启东方之旅。

这样的描述——即使是在神秘面纱被揭破的情况下——也维持住了美国对中东的幻想，吸引着越来越多的男男女女踏上叙利亚、巴勒斯坦和美索不达米亚的土地。与此同时，那些留在家中的人将继续在脑海中维持对这片土地的幻梦。仅在19世纪的前四分之一时间里，就有大约30本关于埃及的游记在美国出版。至少有4个美国城市被命名为开罗，3个城市被命名为巴格达和麦地那。此外，还有两个麦加，一个阿勒颇，一个阿尔及尔。在利雅德冒险之旅的启迪下，中东地区对于许多美国人——从包括托马斯·杰斐逊在内的决策者到普通冒险家——来说，仍是浓厚兴趣所在。

杰斐逊一直以为利雅德会从埃及返回，然后继续他为寻找西北航道而徒步穿越美国的计划。1789年3月，当他在巴黎的一家报纸上看到他这位好朋友的死讯时，这一期望破灭了。他焦急地写信给后来移居伦敦的汤姆·潘恩，要求潘恩向非洲协会确认这些报道的真伪。“利雅德是最受非洲协会欢迎的人，”潘恩安慰他道，“他们……都对他表示了深切的哀悼。”利雅德在伦敦的主要赞助人之一——约瑟夫·班克斯爵士，高度赞扬了这位已故探险家作为作家和开明思想家的天赋。“这个人，”班克斯说，“在各方面都出类拔萃。”①

在探险家刘易斯和克拉克的帮助下，杰斐逊未来终将实现他绘制北美航线图的梦想。不过，就目前而言，相比探索本土内陆，他更关注的是如何制定海外政策。在这位未来的美国总统所面临的各类问题中，美国与中东的关系是最紧迫也是最复杂的问题之一。当然，在这一点上，利雅德的发现无疑是极具价值的。这些成果使杰斐逊得以通过一位美国人的眼睛——敏锐、自豪且有辨别能力的——看待这一地区，并进一步打消了他挥之不去的一切浪漫念头。作为总统，杰斐逊将以一种取幻想之精华的方式处理中东问题，并且只看实力。

---

① "An Egyptian Anecdote," *Ladies' Magazine*, April 1793 ("although generally tender"); "An Account of Egypt and Alexandria," Feb. 1793 ("absorbed in surprise"). Augur, *Passage to Glory*, p. 282 ("That Man"). J. Fred Rippy, *Joel R. Poinsett: Versatile American* (Durham: Duke Univ. Press, 1935), pp. 27 - 29. Finnie, *Pioneers East*, p. 14 ("long red pantaloons"). George Barrell, *Letters from Asia: Written by a Gentleman of Boston, to His Friend in That Place* (New York: A. T. Goodrich, 1819), p. 35 ("having perused"). Bruce G. Tigger, "Egyptology, Ancient Egypt, and the American Imagination," in Nancy Thomas, ed., *The American Discovery of Ancient Egypt* (New York: Abrams, 1995), pp. 21 - 22. Thomas Jefferson, *The Writings of Thomas Jefferson*, vol. 7 (Washington, D. C.: Thomas Jefferson Memorial Association of the United States, 1903), p. 78. Ziff, *Return Passages*, p. 53 ("Ledyard was a great favourite").

第三章
美国身份的熔炉

作为一名正直的普林斯顿医生之子，威廉·班布里奇 15 岁时上船做了水手，不到 20 岁就当上了船长。他是妻子深爱的丈夫，也是 4 个孩子深爱的父亲，还深受下属和船员们的敬重。要不是因为班布里奇时运不济，他本来可能会成为一个大人物。比如，在与法国的那次准战争期间，他与两艘敌方护卫舰遭遇，结果还没来得及开火就被迫交出了己方的纵帆船“反击号”（Retaliation）的指挥权。

1800 年 9 月，班布里奇奉命率领一艘名为“乔治·华盛顿号”的护卫舰前往中东，这时厄运再次降临。3 年多来，美国一直将国家预算的一大部分以保护费的形式献给了巴巴里诸国。为了安抚当地统治者并让他们发财，美国船只时常在北非港口卸货，包括木材、香料、海军军需品和枪支。此次“乔治·华盛顿号”的货舱里装载着价值约 50 万美元的贡品，全是运往阿尔及尔的。

对于班布里奇来说，行贿已是耻辱，更何况“乔治·华盛顿号”是有史以来进入地中海的第一艘美国海军舰船，这一事实简直是雪上加霜。而且，由于自己代表着国家的尊严，班布里奇希望得到尊重。但事实正相反，他受到了蔑视。“你向我交保护费，那你就是我的奴隶！”哈桑总督训斥道。虽然阿尔及尔在很大程度上独立于奥斯曼帝国，但仍需向土耳其苏丹上贡，于是，哈桑当即命令班布里奇将战利品运往伊斯坦布尔。当班布里奇船长拒绝时，这位总督提醒他，“乔治·华盛顿号”停泊的位置正好在城门大炮的下方，并处于“新月号”（Crescent）的射程之内，后者是一艘配备 32 门大炮的护卫舰，是亚当斯总统送给阿尔及尔的。“为维护和平……为避免船只、军官和船员被俘虏和扣押……为防止美国公民被劫掠和奴役”，班布里奇只好从命。

“乔治·华盛顿号”上很快就被塞进了 150 只羊、25 头牛、5 匹马，以及羚羊、老虎、狮子各 4 只，还有各式各样的鸵鸟和鹦鹉。除了这个动物园之外，船上另有价值 100 万美元的黄金、珠宝和货物，阿尔及利亚大使及家人，以及大约 100 名非洲奴隶。尚不满 30 岁的班布里奇是个骄傲的人，他身材魁梧、面容饱满，留着时髦的蓬巴杜发型，他对这种强加的负担极为不满。对他来说，比臭气熏天和船舱不适更让他觉得有失尊严的是看到美国国旗被扯掉，换上阿尔及尔的三角旗。“这样令人痛心的丧权辱国……让我不禁思忖独立的美利坚合众国这几个词究竟有何意义，”他嘟囔道，并发誓再也不往阿尔及尔送保护费，“除非授权从我们的炮口送过去。”

前往伊斯坦布尔的三周旅程“要多难受有多难受”，班布里奇写道。他的船员们看着穆斯林一边祈祷一边拼命在颠簸摇晃的船上稳住身体，看着匍匐在地的朝拜者从甲板一侧滑到另一侧时还竭力保持朝向麦加的方向，不禁都笑了起来，感到莫名地松了口气。但是，当船驶出爱琴海，进入戒备森严的达达尼尔海峡时，笑声戛然而止。由于没有通过炮台的“许可证”（帝国的行政公文），班布里奇机智地下令鸣放八响礼炮，等待炮台做出回应，随后在滚滚浓烟和混乱中全速驶过了马尔马拉海域。前方就是帝国的首都伊斯坦布尔，或者叫君士坦丁堡（西方人一直坚持这样称呼）。就这样，班布里奇成为第一位看到奥斯曼帝国权力中心的美国军人。①

所有人都说，眼前的景象蔚为壮观：一幅由宣礼塔、棱堡和圆形屋顶组成的灿烂夺目的画面。然而，在这种威严雄伟的表象之下，是一个被数十年来的腐败、施政不力所侵蚀的基础设施。最近，年轻的苏丹塞利姆三世做出了一系列努力，以遏制帝国的衰落，他发起了一些意义深远的改革，并试图实现军队现代化。他要求官员们学习法语，并聘请了一些欧洲专家做顾问，一位名为拿破仑·波拿巴的炮兵军官就是其中之一。作为对塞利姆的关注的回报，拿破仑于1798年7月入侵埃及，并向叙利亚海岸挺进——这是自十字军东征以来欧洲对该地区规模最大的渗透。随着俄国人、奥地利人和英国人从四面八方侵入帝国，欧洲商人利用土耳其政府授予他们的域外特权——“领事裁判权”（capitulations）——谋利，所以伊斯坦布尔并不是特别欢迎西方人。

然而，班布里奇是奥斯曼帝国尊重的一个西方国家的公民——这个岛国，在他们看来成功地摆脱了欧洲的统治，且从来没有觊觎过他们的土地。他们只见过一次星条旗，那是1793年的巴士底日，在一艘来访的法国纵帆船桅杆上升起的，但那次的一瞥留下了长久的印象。如今，当苏丹看着驶过塞拉格利奥角的“乔治·华盛顿号”也悬挂着同样的旗帜时，据说他将旗上的星星比作土耳其国徽上的“天

① Thomas Harris, *The Life and Services of Commodore William Bainbridge, United States Navy* (Philadelphia: Carey Lea and Blanchard, 1837), pp. 37, 45 ("You pay me tribute"). Robotti and Vescovi, *USS Essex*, pp. 70 – 72. Finnie, *Pioneers East*, pp. 48 – 50. Whipple, *To the Shores of Tripoli*, p. 56. Allen, *Our Navy*, pp. 75, 80 – 81. Wright, "American Relations with Turkey," pp. 31 ("To save the peace"), 32 – 33 ("mortifying degradations"), 35 – 36. Richard Zacks, *The Pirate Coast: Thomas Jefferson, the First Marines, and the Secret Mission of 1805* (New York: Hyperion, 2005), pp. 13 – 15, 24.

体”，并推断土耳其与美国这两个国家冥冥中自有关联。①

因此，班布里奇在伊斯坦布尔受到了热情的甚至可以说是兄弟般的款待。他被允许进入卡普丹帕夏——奥斯曼帝国海军司令和苏丹的姐夫——的庭院，在那里他讲述了自己的祖国，以飨宾主。这番讲述给卡普丹留下了深刻印象，于是写信给美国任命的首位驻土耳其政府公使威廉·劳顿·史密斯，描述了自己是多么高兴能接待“班布里奇船长和乔治·华盛顿号”，并希望今后还能接到类似的访问。他豪爽地赠送了班布里奇大量礼物，还应船长的要求撤销了对允许美国人通过的达达尼尔海峡指挥官的死刑判决。“乔治·华盛顿号”在皇家般的欢送仪式中驶出海峡，踏上了返航之旅。

然而，在伊斯坦布尔受到的热情款待，并不能减轻班布里奇在阿尔及尔所感受到的侮辱。甚至在回到美国并荣获一枚英雄勋章后，他的怒火仍然没有平息。班布里奇愤怒地表示，假如美国人知道海盗是如何“软弱”“娘娘腔”，他们肯定会选择开战。“我相信大众不会一直向这样一个可鄙的异教徒种族称臣纳贡。”②

---

① Lord Kinross, *The Ottoman Centuries: The Rise and Fall of the Turkish Empire* (New York: Morrow Quill, 1977), pp. 429 - 36. Stanford Shaw, *History of the Ottoman Empire and Modern Turkey*, vol. 1, *Empire of the Gazis: The Rise and Decline of the Ottoman Empire, 1280 - 1808* (Cambridge: Cambridge Univ. Press, 1976), pp. 260 - 74. Henry A. S. Dearborn, *The Life of William Bainbridge, Esq., of the United States Navy* (Princeton: Princeton Univ. Press, 1931), p. 20. Barnby, *Prisoner of Algiers*, pp. 37, 84. Henry S. Osborn, *Palestine, Past and Present* (Philadelphia: James Challen and Son, 1859), p. 505. Field, *America and the Mediterranean World*, pp. 114 - 15. Lewis, *Crisis of Islam*, p. 66 ("heavenly bodies"). Turgay, "Ottoman-American Trade," p. 205.

② Glenn Tucker, *Dawn like Thunder: The Barbary Wars and the Birth of the U. S. Navy* (New York: Bobbs-Merrill, 1963), pp. 15 - 18. Wright, "American Relations with Turkey," pp. 31 - 32 ("Had we 10 or 12"), 34 ("Did the United States know"), 37 - 41, 42 ("Capitaines Vilon"). Allen, *Our Navy*, pp. 85 - 86. Field, *America and the Mediterranean World*, pp. 115 - 16. Bainbridge letter to Stodder, in Robotti and Vescovi, *USS Essex*, p. 76. Harris, *Life and Services of Commodore William Bainbridge*, p. 60.

凯旋与苦难

这一次，班布里奇不再是孤军奋战。按照国务卿詹姆斯·麦迪逊的说法，哈桑总督的厚颜无耻“深深伤害了”美国人民以及他们的新总统托马斯·杰斐逊的“感情”。

在杰斐逊处理中东问题的15年里，他对巴巴里诸国的态度本质上是没有什么变化的。他非常坚定地说：“这些人的要求是永无餍足的，他们的承诺也没有任何保障。”他一直认为，相较于贿赂，武力是对海盗“更经济也更体面”的回应，并宣称自己与“所有那些小恩小惠、称臣纳贡和自轻自贱”的做法势不两立。杰斐逊发誓，作为总统，他再不接受勒索。相反，他决定“派遣美国护卫舰队到北非海岸”，并“送去阿尔及尔人想要的火药与炮弹”。

然而，杰斐逊一向是个矛盾体，他上任时高度赞扬了美国在国际事务中的独来独往，并重申他反对军事上的纠缠。他着手使海军的一些船只退役，并减少了舰队军官的人数。更突出的是，杰斐逊一直希望组建一个对抗巴巴里诸国的国际联盟，希望与欧洲大国“轮流”收拾地中海的海盗。

不过，欧洲人对杰斐逊提议的联盟从一开始就很反感，而且一直没放下。与此同时，总统所说的北非的“傲慢无礼”在变本加厉。的黎波里抢劫了两艘美国双桅船——“凯瑟琳号”和“富兰克林号”——而且要求保护费再加10万美元。突尼斯则索要更多武器——40门大炮和1万支毛瑟枪，外加一艘装配36门大炮的护卫舰。美国驻的黎波里领事詹姆斯·凯斯卡特总结了形势，断言“拿钱与的黎波里换和平就等于争着抢着跟突尼斯开战”。现在，美国的选择很简单：要么彻底放弃在地中海的存在，要么单方面做好战争准备。①

杰斐逊选择了战斗，但这样做就得面对一个令人生畏的法律障碍。美国《宪法》某种程度上就是为了对付巴巴里的威胁而制定的，它将宣战权赋予了国会而非总统。由于不确定国会是否会宣战，杰斐逊决定绕开立法机构，下令进行一次跟全面战争还有一点距离的警务行动。因此，海军奉命执行与北非的现有条约，而且要“通过击沉、焚烧或摧毁海盗的船只”来“惩罚”海盗的任何侵略行为。

通过绕开国会并亲自授权在中东地区采取军事行动，杰斐逊为未来的美国总统开创了一个先例。但是，在这件事上，他的这一策略被证明是多此一举。当杰斐逊正下决心采取行动时，美国与的黎波里之间的紧张局势突然爆发了。“你方拖延（付钱）只会损害你的利益。”的黎波里的优素福·卡拉曼利帕夏如此警告美国领事凯斯卡特。1801年5月14日，卡拉曼利的军队长驱直入美国领事馆，并砍倒了美国国旗的旗杆，这是的黎波里宣示敌意的传统方式。这是美国自获得独立以来首次被人正式宣战。②

没等的黎波里进一步挑衅，美国就迅速派了一支海军中队前往中

---

① *Republic of Letters:* Jefferson to Madison, Aug. 28, 1801, pp. 1193 - 94 (“enemy to all these” and “send the powder”). Thomas Jefferson Papers: Jefferson to Wilson Cary Nicholas, June 11, 1801 (“There is no end”). *The Writings of Albert Gallatin*, ed. Henry Adams, vol. 1 (New York: Antiquarian Press, 1960): Gallatin to Jefferson, Dec. 1802, pp. 104 - 5. Kenneth J. Hagan, *This People's Navy: The Making of American Sea Power* (New York: Free Press, 1991), p. 55 (“deeply affected”). *Naval Documents Related to the United States Wars*, vol. 1: Cathcart to Dale, Sept. 17, 1801, Cathcart to Madison, April 18, 1802, p. 127 (“to buy peace”).

② Field, *America and the Mediterranean World*, p. 49 (“sinking, burning”). Herbert E. Klingelhofer, “Abolish the Navy!” *Manuscripts* 33, no. 4 (Fall 1981): 279 - 83. Macleod, “Jefferson and the Navy,” p. 170. Allen, *Our Navy*, pp. 89 - 90 (“a delay on your part”), 94, 112 - 13. Wright, “American Relations with Turkey,” pp. 31 - 36. Dumas Malone, *Jefferson the President: First Term, 1801 - 1805* (Boston: Little, Brown, 1970), p. 98.

东。“埃塞克斯号”（Essex）、“总统号”（President）、“费城号”这三艘护卫舰与一艘名为“企业号”的单桅帆船一起抵达直布罗陀，在那里他们用“马什达号”——过去叫“贝特西号”的苦命船——堵住了港口。随后，他们穿过地中海封锁了的黎波里港口，向城里发射了几颗炮弹，以“消遣”卡拉曼利。在此期间，“企业号”偶然发现了载有 14 门大炮的敌船“的黎波里号”。“企业号”采用了一种在当时的海战中被认为可以接受的诡计，即升起了一面英国国旗并开到了近距离范围。然后，突然升起星条旗，炮手们对着“的黎波里号”甲板就是一通狂轰，把船帆和索具打了个七零八落。一队士兵在中尉大卫・波特的率领下登上海盗船，将海盗的枪支和货物统统扔进大海，并摘走了海盗指挥官雷斯・穆罕默德・苏斯的剑。获得允许后，“的黎波里号”跌跌爬爬地开回了老家，苏斯回去后遭到当众鞭打、辱骂。他手下的 80 名船员中 30 人受伤、30 人被杀，而美国人无一伤亡。[①]

美国在中东的第一次军事行动取得了绝对的胜利，但这种成功却被证明是令人抓狂的昙花一现。率领舰队和吃水浅的船只而来的的黎波里船长们，轻而易举地越过了封锁。就连“马什达号”也被设法绕开了。该中队的海军准将理查德・戴尔是位经验丰富的战士，在独立战争中曾两次被俘、三次负伤，还曾在约翰・保罗・琼斯麾下航行，现在却被搞得狼狈不堪。戴尔诅咒“整个阿尔及利亚人、突尼斯人和的黎波里人的部族”，认为如果不能在地中海维持至少 4 艘护卫舰的永久性军事力量，就无法保护美国的国际贸易。否则，美国除了再次

---

① “企业号”由安德鲁・斯德莱特中尉指挥，参见：*Naval Documents Related to the United States Wars*, vol. 1: National Intelligencer, Nov. 18, 1801, p. 539. Allen, *Our Navy*, pp. 89 – 91, 92 – 93, 97 – 101. Robotti and Vescovi, *USS Essex*, pp. 78 – 79, 91 – 93. *Naval Documents Related to the United States Wars*, vol. 1: Dale to Cathcart, Aug. 25, 1801, p. 560 (“amuse”). Whipple, *To the Shores of Tripoli*, p. 79. Field, *America and the Mediterranean World*, p. 49. Boot, *Savage Wars of Peace*, pp. 13 – 14。

诉诸贿赂外将别无选择。

“我们要花钱买和平吗?”喜怒无常的杰斐逊脸色铁青，对他的内阁大加斥责。他意识到，如果没有一支更大的舰队，胜利只是奢望。但这样一来就需要宣战，宣战需要通过国会，而这正是身为总统的杰斐逊原本打算绕开的。然而，令人惊讶的是，国会现在表现得百依百顺。“我完全相信，我们从事商业活动的同胞与留在自己农场里劳作的人享有同等的受保护权。”来自弗吉尼亚的代表约翰·斯特拉顿解释说。1802 年 2 月 6 日，国会通过了一项“保护美国贸易和海员免受的黎波里海盗袭击的法案”，这实际上已等同于宣战。[①]

这支海军中队现在已扩大到 5 艘护卫舰和 1 艘纵帆船，并有一支海军陆战队分遣队支援，该中队获准“尽最大努力把敌方船只留在港口”，并“制服、扣押和捕获”任何企图逃跑的船只。然而，就像对的黎波里的第一次远征一样，这次任务也注定以失败收场。

5 月 25 日夜间就显露出了失败的迹象，当时有 11 艘满载小麦的小帆船在的黎波里海岸搁浅了。波特中尉率领的一支登船小队设法点燃了一半的船只，并驱散了其溃不成军的船员。“我必须承认那是个很好玩的游戏。”诗人朗费罗的叔叔、当时的海军军官候补生的亨利·沃兹沃斯·朗费罗回忆道。但是的黎波里人设法重新集结起来，

① *Naval Documents Related to the United States Wars*, vol. 1: Dale to the Acting Secretary of the Navy, July 30, 1801, p. 535 (“the whole tribe”). *Circular Letters of Congressmen to Their Constituents, 1789 - 1829*, ed. Noble Cunningham (Chapel Hill: Univ. of North Carolina Press, 1978), vol. 1: Letter from John Stratton, April 22, 1802, p. 281. Whipple, *To the Shores of Tripoli*, p. 96 (“Shall we buy”). 要更全面地讨论杰斐逊对北非政策的宪法层面，参见：Robert F. Turner, “The War on Terrorism and the Modern Relevance of the Congressional Power to ‘Declare War,’” *Harvard Journal of Law & Public Policy* 25 (2002)。See also Gordon Silverstein, *Imbalance of Powers: Constitutional Interpretation and the Making of American Foreign Policy* (Oxford: Oxford Univ. Press, 1997), and David N. Mayer, “By the Chains of the Constitution: Separation of Powers Theory and Jefferson's Conception of the Presidency,” *Perspectives on Political Science* 26(1997)。

并放了一场大火，导致波特双腿大腿受伤，15 名水手丧生。美国在中东遭受了第一次军事伤亡，但所获却乏善可陈。的黎波里船只继续跟护卫舰捉迷藏，或者一看到军舰就往陆地疾驰，躲到城堡枪炮的射程之内。美军指挥官理查德·莫里斯大部分时间都在妻儿的陪伴下与英国军官在直布罗陀共进晚餐，这加剧了美军官兵的灰心丧气。莫里斯没有召集他的军队进行协同作战，而是挥舞着一面白旗，带着献给帕夏的 5000 美元“诱金”踏上了的黎波里海岸。

被凯斯卡特描述为“一个毫无廉耻心、唯利是图的可怜虫”的优素福·卡拉曼利是个冷血的统治者，他是靠着杀掉一个兄弟、流放另一个兄弟才夺取大权的。他不会被小恩小惠收买，也不会被轻易吓倒。他通知莫里斯：“我可不怕打仗，我干的就是这个。”这位帕夏早已得出结论，美国人跟欧洲人没什么不同，他们“口若悬河，却光说不练，最终只能恭恭敬敬按我的条件求和。”因此，他向美国索要 20 万美元的礼物，外加 2 万美元的年金。莫里斯被这些要求惊得目瞪口呆，又担心卡拉曼利会扣住他勒索赎金，于是匆匆逃回到自己的船上。随后，海军以“怠惰和行为散漫”之罪对他进行军事审判，并剥夺了他的军职。①

杰斐逊曾发誓“在每一片大海上依靠……我们自己的力量和勇气，确保我们的贸易安全”，但直到 1803 年，这类誓言都是空话。的黎波里对美国的蔑视让突尼斯和阿尔及尔受到了鼓舞，它们也提高了

---

① *Republic of Letters*: Madison to Jefferson, March 17, 1802, p. 1265; Jefferson to Madison, March 22, 1802, p. 1267; Madison to Jefferson, July 22, 1802, p. 1231. Allen, *Our Navy*, pp. 89 - 93, 109 - 10, 130 - 31. Thomas Jefferson Papers: Jefferson to Albert Gallatin, March 28, 1803. *Naval Documents Related to the United States Wars*, vol. 2: Murray to Captain Richard Morris, Aug. 20, 1802, p. 242; Excerpt from the Journal of Henry Wadsworth, Feb. 26, 1803, p. 437 (“Twas good sport”); vol. 3: Captain Murray to Congressman Joseph Nicholson, Nov. 5, 1803, p. 201. Cathcart, *Tripoli*, p. 111 (“venal wretch”). Whipple, *To the Shores of Tripoli*, pp. 88, 90, 99. Boot, *Savage Wars of Peace,* pp. 14 - 15 (“best exertions”).

对进贡的要求，而摩洛哥也突然对美国宣战。“我们要对抗巴巴里诸国保障自己的安全，就必须依靠武力而不是条约，依靠战舰而不是保护费和赎金。”美国驻英国大使鲁弗斯·金这样告诫政府。杰斐逊当然赞同这种说法，但美国此时由于他从法国购买路易斯安那州而债台高筑，在地中海地区甚至连两艘护卫舰都难以维持，更不用说发动全面进攻了。

总统其实有一个明显的有利条件：一位新晋海军准将。来自缅因州的42岁海军军官爱德华·普雷布尔厉行严格的纪律，对规章和卫生非常执着。独立战争期间，英国运囚船上的许多疾病都拿普雷布尔没办法，他的外表还是那么具有掠夺性，一头火红的头发，长着鹰钩鼻，他还是那么渴望与海盗遭遇，一较高下。“摩尔人是一群诡计多端、狡猾奸诈、背信弃义的恶棍”，他咆哮着，发誓要“痛打……他们野蛮的头领”帕夏，“打到对我们俯首帖耳”。①

在普雷布尔的率领下航行的是威廉·班布里奇，这位不幸的“乔治·华盛顿号”船长从阿尔及尔之耻中恢复过来后，开始指挥美国海军首屈一指的护卫舰——配置36门大炮的“费城号”。1803年8月，班布里奇驶入地中海后不久，就占领了一艘名为“莫克巴号”(Mirkoba)的摩洛哥军舰，仔细检查后发现它其实是被俘的美国双桅大船“西莉亚号”(Celia)，船员们就被铁链锁在甲板下。“我真希望我们俘获“莫克巴号”能对美国产生好的影响。”船长在报告中说，他尤其强调了对摩洛哥囚犯的“宽大”和“人道”，以“使他们对美

① *The Republic of Letters*: Madison to Jefferson, July 22, 1802, p. 1231; Jefferson to Madison, Aug. 17, 1802, p. 1264; Jefferson to Madison, March 19, 1803, p. 1266. *Life and Correspondence of Rufus King*: King to Madison, July 19, 1802, p. 149 ("Our security"). Whipple, *To the Shores of Tripoli*, pp. 65 ("rest the safety"), 113. *Naval Documents Related to the United States Wars*, vol. 3: Preble to the Secretary of the Navy, Sept. 22, 1803, p. 70 ("The Moors"); Preble to Cathcart, March 18, 1804, p. 501. Robotti and Vescovi, *USS Essex*, pp. 112 - 13 ("his savage highness").

国人的性格留下良好印象”。

与此同时，普雷布尔将船停靠在丹吉尔[①]，要求面见皇帝。“你是怕被抓起来吗?”看到普雷布尔走上前来既不鞠躬也不取下佩剑，苏莱曼问道。“不是，”这位美国人回答，“假如你敢那么干，我的舰队……会把你的炮台、城堡和城市夷为平地。”摩洛哥立刻同意延长1786年的条约，而且是无条件地。

普雷布尔的远征开始时很幸运，但是和之前的行动一样，也以失败告终。10月31日下午，当“费城号”在靠近海岸的地方追逐一艘的黎波里三桅船时，触礁搁浅了。费了九牛二虎之力想要让船脱险——砍掉前桅、把设备抛到船外——甚至想把船凿沉，结果都徒劳无功。班布里奇的炮被别在无用的角度，而敌人的9艘炮艇正在逼近，他只能投降。他和307名船员都被剥去了制服，丢在前美国领事馆外瑟瑟发抖，胜利者则挥舞着缆绳，把“费城号”撬离搁浅地，成功地拖进其港口。卡拉曼利得意洋洋地宣布，这艘船将被编入的黎波里海军，并改名为“真主的礼物”。

班布里奇在给海军部长的信中写道：“我怀着深深的遗憾通知您，我们的‘费城号’护卫舰失事了。”这是美国自独立战争以来最严重的军事灾难。班布里奇再度忆起了自己第一次中东之行的耻辱，回想起“向任何敌人示好是多么屈辱，而且是向一个未开化的敌人……是何等奇耻大辱”。对普雷布尔，他采取了一种更直截了当的态度。在一张用酸橙汁写的字迹不可见的密信中，班布里奇恳求他的指挥官别让的黎波里拿到战利品，立刻毁掉“费城号”。[②]

---

① 摩洛哥港口城市。——译者

② *Naval Documents Related to the United States Wars*, vol. 3: Bainbridge to James Simpson, Aug. 29, 1803 (“I sincerely hope”); John Ridgeley to Susan Decatur, Nov. 10, 1826, p. 425. Robotti and Vescovi, *USS Essex*, p. 100. Whipple, *To the Shores of Tripoli*, pp. 114, 121. Allen, *Our Navy*, pp. 147 – 48 (“It is with deep regret”), （转下页）

关于这一点，普雷布尔几乎不需要说服。“愿上帝保佑那些军官和船员……全都下定决心，宁死也不当奴隶。”他准备了一个大胆的计划，在这个计划中，美国人将驾着一艘新近捕获的的黎波里双桅船驶入港口，悄悄登上“费城号”，把它付之一炬。至于派谁来指挥这次行动，普雷布尔将眼光转向一位美国海军英雄之子，这位被同僚称赞“性情英勇侠义、举止彬彬有礼、风度翩翩”的年轻中尉，名叫斯蒂芬·德凯特。

德凯特长着修长精致的鼻子和性感的嘴巴，一双如母鹿般的眼睛上是长长的睫毛，看上去更像是位诗人而不是个胆大妄为的莽汉。然而，自少年时代起他就有好勇斗狠的名声——据说他敢在三角帆的桁木上荡秋千，为保护母亲跟流氓打架。那年早些时候，在马耳他岛上的一次决斗中他杀死了一名英国军官，于是不得不逃离该岛。眼下，25岁的德凯特在美国海军军舰“埃塞克斯号”上服役，在船上他接到了普雷布尔让他领导这次任务的命令。“现在我们马上要开拔，这次出征可能会以我们的突然死亡、永远为奴收场，也可能以我们获得不朽的荣耀告终。”德凯特在招募敢死队员时说。闻言全体船员都向前跨了一步。

1804年2月16日晚9点30分，顶着一弯新月，德凯特等人出发了。67名敢死队员跟他一起坐上了现在改名为“无畏号”（Intrepid）的小帆船，他们都装扮成了马耳他水手的样子。前方是“费城号”上的双管炮和的黎波里所有的炮台，总共有150多个炮口。

（接上页）152 – 53, 164 – 65. Zacks, *Pirate Coast*, p. 48 (“Gift of Allah”). Harris, *Life and Services of Commodore William Bainbridge*, pp. 81, 92. Mohamed El Mansour, “The Anachronism of Maritime Jihad: The U. S. -Moroccan Conflict of 1802 – 1803,” in Jerome Bookin-Weiner and Mohamed El Mansour, eds., *The Atlantic Connection: 200 Years of Moroccan-American Relations, 1786 – 1986* (Rabat: Edino Press, 1990).

在一位会讲阿拉伯语的舵手的帮助下，“无畏号”设法冲入港口，迅速接近“费城号”船身。随后，德凯特低声发出了登船命令。敢死队员们迅速占领了这艘船，杀掉了船上的20名守卫，还放了把火。“美国人!”的黎波里哨兵大叫，但是太晚了，大火已经点燃了“费城号”上的大炮，火光照亮了城市。20分钟后，德凯特和他的队员们呆呆地看着“费城号”护卫舰被大火吞噬。“火焰……冲上了船上的索具和桅杆，形成了巨大的火柱。”一位船员这样描述当时的场景，“船上的大炮爆炸时，让人感觉是在释放它蕴藏的某种指引的精神。”①

这次行动在整个欧洲赢得一片欢呼。英国的纳尔逊勋爵称之为“这个时代最为英勇大胆的行动”，教皇庇护七世称美国海军“为基督教事业所做的贡献，比基督教世界最强大的国家多年来所做的都要多”。但是，尽管德凯特如此勇敢无畏，普雷布尔仍然不得不承担起赎回班布里奇及其船员的重任。这个曾经誓言宁愿“在地中海了此一生”也不会“为进贡或求和花一分钱”的男人，现在向帕夏提出了一笔高达10万美元的赎金。但是，卡拉曼利对这一提议嗤之以鼻，要求对方为俘虏付150多万美元。

被羞辱、激怒的普雷布尔重新发动进攻，轰炸并突袭了的黎波里的港口。在一次惨烈的行动中，德凯特和他的15名兄弟手持“刺刀、长矛、军刀和战斧”，冒着“枪林弹雨”冲向敌人的船只。虽然胳膊上中了矛，他还是成功地杀死了一名海盗船长，并躲开了一名试图砍掉他脑袋的海盗的袭击。不过，他那同为海军军官的弟弟就没有这么

① *Naval Documents Related to the United States Wars*, vol. 3: Preble to the Secretary of the Navy, Dec. 10, 1803, pp. 256 - 57 ("Would to God"). James Tertius De Kay, *A Rage for Glory: The Life of Commodore Stephen Decatur* (New York: Free Press, 2004), pp. 38 ("We are now about"), 56. Allen, *Our Navy*, pp. 157, 160 - 73 ("The flames ... ascending"). Robotti and Vescovi, *USS Essex*, p. 102. Whipple, *To the Shores of Tripoli*, pp. 121, 123, 136. Field, *America and the Mediterranean World*, p. 60.

幸运了，头部中弹身亡。到这一天结束时，美国人宣布共有47名的黎波里人死亡、56人被俘。“有些土耳其人死得像条汉子，但更多的是像娘们儿一样死去。”德凯特不由洋洋得意，但普雷布尔泼了他一头冷水。得知德凯特“只”俘获了3条炮艇，这位海军准将大声训斥道：“才3条，先生！其余的在哪儿？”

普雷布尔当然有充分的理由发怒，因为在遭遇了6个月和数千枚炮弹的袭击之后，的黎波里基本上安然无恙。“费城号”上被俘的外科大夫乔纳森·考德雷医生发现：“这样的行动对的黎波里人与其说是恐吓，不如说是激励。”与此同时，美国俘虏每天只能吃“8盎司面包和一点劣质油”，而且经常挨打，还被拖到沙漠里做苦力。8月7日，随着普雷布尔被解除指挥权，改变俘虏困境的希望越发渺茫。“我们的海军力量太过有限，以至于我不能放开手脚彻底制服不可一世的的黎波里暴君，也无法荣耀加身，我只能对此深感遗憾。”他抱怨道。但在离开之前，普雷布尔决心做最后一搏，不顾一切地夺取胜利。①

这会儿的“无畏号”装载了1.5万磅炸药以及成包的霰弹和炮弹。德凯特儿时的朋友——海军上尉理查德·萨默斯——与沃兹沃斯和约瑟夫·伊斯雷尔这两位海军中尉以及10名船员自告奋勇带领这

① MML: William Eaton, *Interesting Detail of the Operations of the American Fleet in the Mediterranean, Communicated in a Letter from W. E. Esq. to His Friend in the County of Hampshire* (Springfield, Mass.: Bliss & Brewer, 1804), p. 7 ("bayonet, spear"). De Kay, *Rage for Glory*, p. 67 ("Some of the Turks"). Allen, *Our Navy*, pp. 181-85, 192-94, 214, 217. *Niles' Weekly Register*, March 7, 1812, p. 12 ("done more for the cause"). Robotti and Vescovi, *USS Essex*, pp. 78-79, 91-93. Whipple, *To the Shores of Tripoli*, pp. 142, 156. Harris, *Life and Services of Commodore William Bainbridge*, p. 116. Field, *America and the Mediterranean World*, p. 60 ("The most bold"). *Naval Documents Related to the United States Wars*, vol. 3: Preble to the Secretary of the Navy, Feb. 19, 1804, p. 439 ("spend [his] life"); John Hall to William Burrows, Dec. 7, 1803, p. 254 ("eight oz. of bread); vol. 4: Preble to the Secretary of the Navy, Sept. 18, 1804, p. 301 ("I cannot but regret"). Jonathan Cowdery, *American Captives in Tripoli* (Boston: Belcher & Armstrong, 1806), pp. 13, 17 ("Such attempts served").

艘船驶入港口。他们计划点燃导火线后，跳进一艘划艇，赶在“无畏号”爆炸并进而摧毁帕夏的舰队之前逃离。

该海军中队看着“无畏号”一点点消失在9月3日这个雾气蒙蒙、没有月亮的夜晚，两个小时之后，一声“响亮而可怕”的爆炸划破了地平线。一位名叫罗伯特·T.斯宾塞的海军军官候补生目击了这一切，他描述说，炮弹在空中燃烧时“就像许多行星同时闪亮”，随之“一股巨大的火焰……蹿上天空”。“无畏号”爆炸了，爆炸没有完成预定目标且原因不明，参与行动的人都被炸死了。第二天早上，在美国海军的炮击中受伤的班布里奇一瘸一拐地被带到海滩上去看一堆烧焦的、损毁严重的尸体。他乞求让尸体入土为安，但遭到总督拒绝，后者坚持要留着喂狗。

“没有拿钱跟敌人讲和，你已经做得很好了。”马耳他的英国总督亚历山大·鲍尔爵士在给普雷布尔的信中这样写道。但这话并没有让这位海军准将感到安慰。与胜利失之交臂以及那些仍然被囚禁在的黎波里的人，始终让他耿耿于怀。然而，对于美国公众来说，普雷布尔是位英雄。1805年1月，他回到华盛顿特区，庆祝活动几乎使当天举行的杰斐逊连任总统的就职典礼相形见绌。德凯特也受到了热情招待，身佩金剑的他得到了提升，成为最年轻的海军上尉。①

然而，这些赞誉掩盖不了这样一个事实，即美国已在中东地区发动战争，但迄今还未能取得胜利。而美国也没有失败的理由，因为海军当下拥有的军舰已足以击败所有的海盗舰队。麦迪逊一口咬定：

---

① *Naval Documents Related to the United States Wars*, vol. 4: Diary of Surgeon Jonathan Cowdery, entry for Aug. 10, 1804, pp. 64 - 65. Thomas A. Bryson, *Tars, Turks, and Tankers: The Role of the United States Navy in the Middle East, 1800 -1979* (London: Scarecrow, 1980), p. 14. Allen, *Our Navy*, pp. 176 - 77, 203 - 9, 217 - 18. Boot, *Savage Wars of Peace*, p. 22 ("like so many planets"). Robotti and Vescovi, *USS Essex*, p. 123. Whipple, *To the Shores of Tripoli*, pp. 149, 172, 221 ("You have done well").

"很长一段时间以来，与的黎波里达成和平都在我们的实力范围内，而且几乎是依我们的条件而定。"但有些重要的内阁成员仍对采取军事手段犹豫不决。瑞士出生的财政部长艾伯特·加勒廷认为，贿赂这些海盗，美国只会"跟那么多像我们一样强大、有同样利害关系的国家一样……面上无光"，而省下的90万美元足以维持一个海军中队在地中海的开支。公众舆论对于诉诸武力也存在分歧，不确定发动战争和花钱买和平哪个成本更高。

无论在政府内部还是美国民众中都缺乏对军事行动的支持，这让托马斯·杰斐逊备感压力。进入第二个任期后，总统将中东地区的危机列为美国外交关系的最高优先事项。他写道，"费城号"的失利"是本届政府所遭受的最严重的损失"，是一个"国家污点"，很可能在全世界面前暴露美国的弱点。尤其令杰斐逊感到不快的是美国驻欧洲外交官的种种努力，他们请求法国、俄罗斯甚至奥斯曼帝国提供帮助，以赎回俘虏。杰斐逊担心，这些代表"在每个国家乞求施舍"的行为可能会使美国"正当的复仇愿望"不复存在，并且"名誉扫地"。为绝祸患，总统必须让美国军舰"给……阿尔及利亚的城镇来一记响亮的耳光"，但他的这一想法仍然缺乏普遍支持。[①]

不过，在一位美国人看来，公众对使用武力缺乏热情是无关紧要的。作为驻突尼斯领事，威廉·伊顿早就认识到，向海盗进贡只会招致对美国的蔑视，还会养大他们的胃口。经验告诉他，在中东地区只

① *Writings of Albert Gallatin*: Gallatin to Jefferson, Aug. 16, 1802, pp. 88 – 89; Gallatin to Jefferson Jan. 18, 1803, 116. *Republic of Letters*: Jefferson to Madison, April 27, 1804, pp. 1324 – 25 ("the most serious one," "begging alms," and "beat ... [the Algerians'] town"). Thomas Jefferson Papers, Princeton Univ.: Jefferson to Robert Smith, April 27, 1804. Allen, *Our Navy*, p. 197. *Naval Documents Related to the United States Wars*, vol. 1: Cathcart to Dale, Sept. 17, 1801, p. 572; Cathcart to Madison, April 18, 1802, p. 127. Nathan Schachner, *Thomas Jefferson: A Biography* (New York: Thomas Yoseloff, 1951), pp. 685 – 86.

有实力是受人尊重的，为了获得和平，除了使用武力，美国别无选择。

“非洲的列奥”的现代化身

虽说肖像上的伊顿被精雕细刻得形象近乎完美，但他的一位同时代人形容他是“大型牛头犬——外表和性格都是如此”。这种好斗特征在伊顿16岁时已初露峥嵘，当时他逃出了父亲在康涅狄格州的农场加入了大陆军。后来，他进入达特茅斯学院学习拉丁语和希腊语，对凯撒和亚历山大大帝的各次战役记忆深刻。求学时期，他还练就了一门飞刀绝技，80英尺之内百发百中，而且他一直梦想着重返战场。“今后没有人会像我这样爱你，”他对他正在追求的一位寡妇坦承，“但我更喜欢战神的领地，而不是爱神的凉亭。”后来，伊顿重新入伍，在“疯子”安东尼·韦恩将军手下担任上尉，在俄亥俄州与印第安人作战。

尽管伊顿自认为“不太温顺、谨慎恭敬……也不轻信于人”，实质上他是个自负的人，很难听命行事。从兵团退伍后，他在佛蒙特州立法机关找到了一份文员的工作，如果不是因为与约翰·亚当斯政府的国务卿蒂莫西·皮克林是世交，他很可能就此消沉下去。1799年，皮克林选中伊顿担任美国驻突尼斯首任领事，这一任命似乎很适合他。①

---

① William Eaton Papers (WEP) (San Marino, Calif.: Huntington Library). Negociations of the United States with the Kingdom of Tunis: William Eaton [no recipient], Feb. 21, 1799, p. 37 ("No man will"); roll 1: Eaton to Pynchon, Oct. 12, 1799 ("a man not overly"). Whipple, *To the Shores of Tripoli*, pp. 177 – 78 ("a great bulldog"). Kitzen, *Tripoli and the United States at War*, pp. 25 – 26. Wright and Macleod, *First Americans in North Africa*, p. 19.

同之前的约翰·利雅德一样，伊顿起初对中东地区也满怀浪漫的幻想。他发誓要坚持自己对宽容的“普世神”（Universal God）的信仰，打消“伊斯兰教徒和基督徒是天敌的观念”。他收到的指令是帮助突尼斯人放弃海盗营生，转而从事更和平的职业，如农业。然而他带给北非的礼物——其中有两艘美国造的军舰——却传达了相反的信息，即当海盗还是有利可图的。突尼斯总督接受了这些贿赂后旋即翻脸，威胁要与美国重启战端。伊顿不得不用价值6000美元的贵重布料、金表以及镶满宝石的手杖去哄他。而这位总督回报他的却是一张羞辱性的800美元账单，是为欢迎这位新领事的到来而鸣放礼炮的火药开销。

“在这里忍耐一年，可比一辈子的享受还漫长。”伊顿在1800年牢骚满腹道，“难道这还不算是地狱?”这一段短暂的时间足以让领事原来的幻想化为泡影，让他深恶痛绝。他对突尼斯的不满似乎已经数不胜数——“死水蒸腾出的恶臭，猫狗尸体散发的腐臭……太阳直射下的刺眼光线……比烟草和朗姆酒加在一起还要灼热……残暴的土耳其人，奸诈的犹太人，背信弃义的意大利人……懒散的骆驼、暴躁的骡子和野蛮的阿拉伯人。”尽管伊顿付出了巨大努力去了解当地文化，掌握了4种方言，在该地区广泛游历，还是在中东找不到任何可以弥补的东西——中东就是一个“抢劫和鸡奸盛行之地”，他总结道，这里的人“不知道荣誉和诚实为何物”。

然而，比身体上的不适更令人痛心的是，伊顿亲眼看着美国政府将自己老老实实赚来的财富拱手送给北非的暴君们。得知班布里奇船长被阿尔及尔羞辱后，他不禁哀叹：“祖国的天才啊，你怎么会沦落到这步田地!”1801年5月的黎波里向美国的宣战，而美国海军一次又一次没能保护美国的贸易，再次激起了伊顿的羞耻之感。难道就没有美国人因为海盗对他们的侮辱而“神经抽搐、血脉偾张、心绪澎湃?”他问道，“难道我们已沦落到……拿我们国家的脸面去换取巴巴里海盗的宽仁?”

对自己提出的问题，伊顿给出了胆大妄为的答案。派 1000 名美国海军士兵侵入突尼斯，推翻总督，同时令巴巴里的其他统治者心生恐惧。不过，国务卿麦迪逊拒绝了这个计划，反而又拨给伊顿 2 万美金去安抚突尼斯总督。“政府不妨把贵格会会馆派到这片海域来漂着，就当它是护卫舰。”这位领事抱怨道，并建议索性把美国的标志也换了，把秃鹰爪子里抓的箭直接换成“一把小提琴的弓或一支雪茄”得了。伊顿无法理解，总统和国会为什么就是意识不到向海盗进贡和不使用武力只会助长海盗的气焰，并进一步陷美国船只于危险境地!“跟这些人只有一种话好讲，”伊顿写道，“那就是恐怖。”①

1801 年 9 月，就在伊顿对美国政府的软弱无能几乎绝望时，他见到了的黎波里帕夏那位被流放的兄弟哈米德·卡拉曼利。伊顿对哈米德的高贵与勇气印象深刻，于是建议美国政府帮助哈米德夺回他的合法王位，让他成为美国的忠实盟友。伊顿解释道，只有让的黎波里的政权换人，美国人才能“用钢铁而不是金子换回国家的荣誉”。但一向循规蹈矩——通常总是沉默寡言——的麦迪逊再次对这个想法犹豫不决。他回复道，虽然伊顿领事可以随心所欲地发挥“自己的热情和……”为哈米德“盘算”，但美国不会介入他国的内部冲突。

---

① WEP, Negociations of the United States with the Kingdom of Tunis: Remarks &c made at Algiers: Feb. 13, 1799, p. 28 (“Universal God”); William Eaton to “Honorable Secretary of the United States,” April, 1799, 117 (“land of rapine,” “Genius of my country!” and “There is but one”); Eaton to General Smith, Aug. 19, 1802 (“Are we then”); Continued Communications from Tunis in Barbary: Eaton to Cathcart, Aug. 8, 1802, p. 237 (“[The] Government may as well”). Zacks, *Pirate Coast*, p. 31 (“a *fiddle* bow”). Wright and Macleod, *First Americans in North Africa*, pp. 20–21, 49–50. Field, *America and the Mediterranean World*, pp. 41–42. Allen, *Our Navy*, pp. 68–69. Allison, *Crescent Obscured*, pp. 168, 177.

伊顿气得面色铁青。政府似乎决意“买玫瑰油来把海盗卡拉曼利的胡子抹得香喷喷的”，也不愿“用枪炮来惩罚他的挑衅”。他警告说，10年后，海盗将袭击美国海岸的城镇，强奸他们的女人，绑架年轻男子。伊顿讥讽道，没准到那时华盛顿的官老爷们得开始穿奴隶的衣服呢。

后世的美国人会把伊顿视为英雄、开拓者、特立独行之人，而忘了他的厌世，忘了他在无情地批评他的领事同僚时是怎样的暴躁，也忘了他是个偏执的人。他诬蔑财政部长加勒廷是个“懦弱的犹太佬”，说杰斐逊是一只在巴巴里人的鞭打下畏缩的“西班牙猎犬”。① 心怀恶意的伊顿在金融交易方面也故意纵容——这一嗜好让他的上司以及突尼斯东道主日渐不满。这些图谋最终让突尼斯总督找到了将其驱逐出境的借口。1803年4月，伊顿返回美国。

伊顿并没有放弃以哈米德·卡拉曼利取代优素福·卡拉曼利的计划，他一抵达华盛顿就开始游说国会支持。他向立法者们保证，的黎波里的人民——“那些无害的、被太阳晒成褐色的容易轻信他人的孩子”——会团结起来支持这个冒牌君主的事业。就在这时，传来了“费城号”被的黎波里劫持、全体船员被俘的消息。这一灾难性的消息让伊顿陷入痛苦之中。如果说此前美国在中东的处境算是丢脸的话，那么现在看来是完全没有希望了。

伊顿的活动终于在1804年5月有了回报，他被任命为美国驻巴巴里诸国的代表。他第一时间就上船前往埃及，那里是流亡者哈米德躲避其兄弟的最后庇护所。“上天注定你要经历磨难。”伊顿写信安慰

① WEP, Negociations of the United States with the Kingdom of Tunis: Eaton to William Smith, Nov. 13, 1800 (“a cowardly Jew”); Eaton to General Smith, Aug. 19, 1802; Madison to Eaton, Aug. 22, 1802 (“zeal . . . and calculations”); William Eaton Journal, Sept. 4, 1804, p. 59 (“A whipt Spaniel!”). Whipple, *To the Shores of Tripoli*, pp. 54, 94 - 95, 183. Eaton to William Smith, May 24, 1801 (“buy[ing] oil of rose”).

他道，“我们相信上天也已注定你的诸种磨难现在要到头了。”①

然而，伊顿的麻烦还没开始呢。在普雷斯利·内维尔·奥班农中尉和他的一支海军陆战队小分队的陪同下，伊顿沿着尼罗河而上，一路上历经急流险滩、贝都因人的袭击以及奥斯曼帝国腐败官僚的洗劫。他在距离开罗大概150英里的一个叫做阿拉伯塔的地方找到了孤独无依、四面楚歌的哈米德。1805年3月8日，伊顿在该地集结了自己的军队。

他的这支军队是彻头彻尾的杂牌军，由9名美国人、90名的黎波里人、63名欧洲雇佣兵和250名贝都因人组成。武器极度匮乏。“看来我将不得不用阿拉伯人仇恨的烈焰……来代替野战炮、毛瑟枪、弹药筒和燧石了。”伊顿把这支军队召集在一起，向他们解释说，无论信仰如何，所有人在美国都被认为是平等的，并且只要他们诚实就会受到重视。他还发给大伙儿大量的黄金——“现金，”他咕哝道，“是阿拉伯人的唯一神。”——并承诺要竭尽全力让哈米德掌权。哈米德也投桃报李，承诺自己一旦成为帕夏，会与美国保持和平关系并释放关押在的黎波里的所有美国囚犯。随后，伊顿自命为将军，穿上自己设计的一套白色军装，开始着手完成自古以来没有一位指挥官想过的任务：行军500英里穿越阳光直射的西部沙漠。

他写道，这次艰苦的跋涉“要穿越灼热的沙漠和岩石覆盖的群山……穿过一片人烟罕至的荒芜之地”，确实让人痛苦。12天后，由于

① Eaton, *Interesting Detail of the Operations*, p.29 (“sun-brown children”). See also R. C. Anderson, *Naval Wars in the Levant, 1559 - 1853* (Princeton: Princeton Univ. Press, 1952), p.405. WEP, Continued Communications from Tunis in Barbary: Eaton to the Department of State, Sept. 5, 1801; Eaton to Samuel Lyman, Oct. 12, 1801; Eaton to Mr. James Uphorn, Aug. 11, 1802; Eaton to Hamet Dec. 14, 1804 (“God ordained”). *Republic of Letters*: Jefferson to Madison, Aug. 28, 1801, p.1193. Robotti and Vescovi, *USS Essex*, p.88. Allen, *Our Navy*, pp.57 - 66, 110 - 12, 187, 217.

缺水，这支队伍每人每天只能吃半份生米。然而，残酷的地形、日益减少的粮食还只是伊顿遭遇的最小障碍。更要命的是，他的军队中穆斯林和基督教徒之间爆发的殴斗，而贝都因人每天都在要求提高报酬，动辄威胁要逃走或反叛。“他们既没有爱国心，也不关心真理和荣誉感。”伊顿抱怨道，“没有获利希望的地方休想让他们驻足。”事实上，哈米德也是个讨厌的人，他牢骚满腹，没完没了地诉说自己对优素福的恐惧以及对美国缺乏信心。当哈米德跟贝都因人一起突袭补给车时局势紧张到了极点，结果被伊顿和海军陆战队组成的火线将其击退。

克服这些危机后，差点被晒焦的伊顿和他的部队跌跌撞撞地到达了托布鲁克以西约 30 英里处的邦巴湾（Bay of Bomba），一艘美国军舰本应带着补给在那里等候。然而，海湾空空如也。日子一天天过去，当 400 人的死亡似乎已成定局时，一艘大船奇迹般地出现在地平线上，美国军舰“阿格斯号”（Argus）终于载着食物和水抵达了。补充给养后，伊顿带着这支队伍继续向西进军达尔纳，达尔纳是该地区第二大港口，也是向的黎波里发起最后冲锋的理想地点。4 月 25 日，伊顿飞奔到达尔纳的城门口，要求这座城市投降。“不要让宗教之别引诱我们送无辜之人去流血。”伊顿向总督喊道，他向总督保证自己的唯一目标是让一个合法的君主登上王位。总督的答复言简意赅：“要么你死，要么我亡。”

伊顿不能再逗留了，他发现卡拉曼利的大队人马正从的黎波里赶往达尔纳。当“阿格斯号”与“大黄蜂号”“鹦鹉螺号”驶入射程并开始轰炸达尔纳的防御工事时，伊顿拔出剑来，发出正面进攻的信号。两名海军陆战队士兵被杀，伊顿手腕中枪，但袭击者设法攻破了城墙，对这座城市发起了攻击。战斗演变成了肉搏战，但 4 个小时后，星条旗飘扬在了达尔纳上空。不过，战斗还远未结束。优素福的 3000 名士兵出现，并立即开始反击。伊顿方以 60 名士兵的牺牲粉碎了敌人的行动。尽管如此，这位自封的将军仍坚信他的士兵有能力挺过围困，继续向的黎波里进军。接下来，到了5月底，美国军舰“星座号”在近海出现，海军准将塞缪尔·巴伦带来了一个令人震惊的消息。美国政府在与优素福达成有利协议后，撤回了对哈米德复位计划的支持。①

虽然这一点从未向伊顿透露，但杰斐逊一直以来都很怀疑通过武力改变的黎波里领导人的可行性。为了寻求外交上的途径，总统求助于乔治·华盛顿的前助手、42岁的托比亚斯·李尔（Tobias Lear），当时他正担任圣多明各的领事。李尔一脸闷闷不乐、公事公办的冷酷表情，他可不是那种能激励雇佣军穿越沙漠攻打敌人堡垒的人，他更喜欢谈判。他轻蔑地将伊顿归为自负的浪漫主义者，嘲笑哈米德是一个道德上的懦夫，根本没有能力签署任何条约，更别说遵守条约了。相反，李尔坚持只与优素福打交道，提出用100名的黎波里战俘交换“费城号”被囚船员，并向的黎波里支付6万美元的“差价”。

正受到达尔纳的敌军大部队威胁的优素福，迫不及待地接受了这笔交易。他甚至同意让哈米德返回的黎波里，如果伊顿及其手下能撤退的话。随着这一决定的最终确定，1805年6月4日，美国军舰“宪法号”驶入的黎波里港。它绕着烧焦的“费城号”残骸巡游，并受到21响礼炮的欢迎。在码头上集合的是班布里奇和他的296名船员（另有6人死亡、5人皈依伊斯兰教），他们在熬过了19个月的囚禁后重获自由。

有关这一协议的消息传遍了北非各地，阿尔及尔不再要求额外的

---

① Zacks, *Pirate Coast*, pp. 184 “(Cash ... is the only”), 188. WEP, William Eaton Journal, March 20, 1805, p. 20 (“o'er burning sands”); William Eaton Journal, March 30, 1805, p. 25 (“They have no sense”); Negociations of the United States with the Kingdom of Tunis: Eaton to the Governor of Derne, April 26, 1805 (“Let no difference”). Allen, *Our Navy*, pp. 229 – 32, 235 – 39, 243 – 44. Finnie, *Pioneers East*, p. 258. Field, *America and the Mediterranean World*, pp. 53 – 54.

进贡。突尼斯则派了一位叫西迪·索里曼·梅里曼利的使者前往华盛顿，使者在华盛顿受到热情款待，不仅受邀参加了各种舞会，还应杰斐逊之邀赴白宫晚宴——为尊重穆斯林斋月，晚宴于天黑后举行。梅里曼利率领的代表团花了一大笔钱在葡萄酒以及一名“格鲁吉亚美女和一名希腊美女”身上，3名代表团成员拒绝返乡，但最终还是成功地续订了突尼斯与美国之间的条约。回到的黎波里后，美国木匠用大船上的桅杆为美国领事馆做了一根新旗杆。李尔对自己的外交成果很是高兴，他预计美国与巴巴里诸国缔结的和平会“非同寻常的光荣”，会令整个欧洲大为钦佩。①

相较于李尔的兴高采烈，伊顿则是垂头丧气。想想看，他穿越了世界上最严酷的沙漠之一，与力量远胜于己的敌人展开了激战，穿着同一套军服度过了90天，结果呢，却被告知撤退。他咬牙切齿道：“与其看到几个可鄙的土耳其人战胜一群脸色苍白的美国人，不如让‘宪法号’上满是鲜血与尸体。”他警告巴伦准将，杰斐逊的决定已无可挽回地损害了美国的威慑力，海盗们现在会再次发起更猛烈的攻击。但准将收到的命令是放弃达尔纳。乘着夜色，伊顿与他队伍中的基督教徒悄悄来到海滩，坐上美国船只撤离。而那些贝都因人，伊顿记得，“有的尖叫，有的诅咒”，毁掉了营地里剩余的一切。②

---

① *Republic of Letters*: Madison to Jefferson, July 25, 1806, p. 1427; Madison to Jefferson, July 28, 1806, p. 1429; Madison to Jefferson, Sept. 4, 1806, p. 1438; Jefferson to Madison, Sept. 16, 1806, p. 1439. Robotti and Vescovi, *USS Essex*, p. 116. Field, *America and the Mediterranean World*, p. 55 (“Georgia, a Greek”). Whipple, *To the Shores of Tripoli*, p. 253 (“so unusually honorable”).

② *Naval Documents Related to the United States Wars*, vol. 2: Madison to Lear, July 14, 1805, p. 485. WEP, Negociations of the United States with the Kingdom of Tunis: Eaton to the Secretary of State, May 7, 1800; Eaton to Mr. Appleton, Feb. 18, 1800 (“covered with blood”); William Eaton to Com. Rodgers, on board the U. S. frigate Constellation, off Derne: June 13, 1805 (“uttering shrieks”). Zacks, *Pirate Coast*, p. 175. Whipple, *To the Shores of Tripoli*, pp. 235 – 37, 239, 244, 253. Harris, *Life and Services of Commodore William Bainbridge*, p. 123.

伊顿将杰斐逊与李尔的行为视为背信弃义，对此他永远无法原谅。“荣誉畏缩不前，人性流血哀泣。”他对国会里的一位朋友抱怨道，并指责政府怂恿“弑父、杀兄、叛国、背信弃义……以及有计划的海上劫掠”。尽管他脾气暴躁一肚子恶气，很多代表还是视他为英雄，是16世纪的中东地理学家“非洲的列奥”的现代化身。“你已获得不朽的荣誉，并为自己的国家在东方建立了崇高声望。”普雷布尔准将这样称赞他。然而，对于推翻一位合法君主、破坏原本有利可图的和平的打算，即使是伊顿最坚定的支持者也感到不安。①

类似的现实主义意识似乎也激励了杰斐逊。他已经实现了自己长期以来所追求的目标，即创建一支能够将美国意志加诸巴巴里诸国的军事力量；但与此同时，他也知道在中东地区使用武力可能充满道德妥协。卡拉曼利的的确确被打败了，但最终他也得到了他想要的。美国轻松打败了一位中东统治者，获得了贸易自由和民族自豪感，但它仍未根除进贡的习惯性做法。

在1805年12月向国会发表的年度讲话中，杰斐逊明确了美国这次胜利的局限性。这位曾经解雇了数十名海军军官并反对建造护卫舰的总统从未对悖论感到茫然，现在提议前所未有地扩大国家的海上防御力量。他宣布，要加强海港防卫，航道也要定期巡逻。还要发起一项大计划，招募新船长并开始建造配备74门炮的大船——这是美国第一批战列舰。

杰斐逊公布了这一计划，随后透露“我们的一队同胞……如何在我们的前领事伊顿的英勇指挥下……”，创造了与的黎波里达成协议

① WEP, Hamet Bashaw Caramali to Eaton, June 29, 1805; Eaton to the President of the United States, Feb. 12, 1808 (“Honor recoils”). *Republic of Letters*: Jefferson to Madison, Aug. 2, 1806, pp. 1431 - 32. Allen, *Our Navy*, pp. 252 - 53, 256 (“You have acquired”).

所必需的“印象”。结果，美国俘虏获得了解放，商人们也摆脱了危险。杰斐逊总结说，尽管美国仍需在地中海保持警惕，但巴巴里的统治者“目前似乎普遍倾向于尊重我们的和平与友谊”。[1]

杰斐逊的讲话无疑获得了雷鸣般的喝彩。然而，很多国会议员或许会对总统使用的诸如“似乎”“目前”这样的限定词感到不安，部分议员可能会注意到总统讲话中并没有与北非保持永久和平或者停止支付保护费的任何保证。少数人甚至可能预测，经过扩充和加强后的美国海军总有一天将不得不与巴巴里重启战端。

火药和炮弹

1807年6月22日，配有36门大炮的护卫舰“切萨皮克号”驶离弗吉尼亚的诺福克港，准备加入美国在地中海的海军中队。刚驶出美国领海，这艘船就遇到了名为“美洲豹号”的英国军舰，这艘双层船上配有50门大炮。英国因与拿破仑交战急缺船员，便要求搜查美国船只寻找所谓的英国逃兵，并强征他们加入皇家海军。“美洲豹号”逼近了，但美国军舰的指挥官詹姆斯·巴伦——塞缪尔·巴伦的弟弟——坚守阵地。这场战斗结果是令人尴尬地一边倒。由于没有足够的导火索点燃大炮，美国人在投降之前只来得及向“美洲豹号”的七个侧翼之一开了一炮。

北非大捷才没过多久“切萨皮克号”就失利了，这对海军和国家的自豪感造成了沉重打击。巴伦被包括大卫·波特和斯蒂芬·德凯特在内的军事法庭判为玩忽职守。更可耻的是，为了加强美国海岸的防

① Whipple, *To the Shores of Tripoli*, p. 221. Thomas Jefferson Papers: Jefferson's Report to Congress, Dec. 3, 1805.

御力量，海军被迫缩减了在地中海的中队规模。尽管最近在吹嘘自己战胜了巴巴里，但杰斐逊现在悄悄建议向阿尔及尔额外支付款项，“以便在其他地区局势不明的情况下确保那里的和平”。

不出所料，阿尔及尔迫不及待地对美国趁火打劫。1809 年 2 月，阿尔及尔海盗洗劫了来自费城的双桅横帆船“萨利号”，俘虏了 15 名船员。“他们向我们开了几炮，然后就拿着剑冲上我们的船见人就砍，”来自新泽西州的船员托马斯·尼克尔森回忆道，“他们把我们往死里打，把我们弄残，还……把我们关了 48 小时，一口吃的都不给。”美国人再一次被随意殴打、被拉去游街，然后送去拍卖。那些试图逃跑的人都受到了惯常的惩罚，对其惨状，尼克尔森痛心地描述道：

> 他们剥光了这些受难者的衣服，把带铁尖的木棍从尾椎骨处刺入，然后往上捅到脊椎骨附近，避开要害部位，直到它从两肩之间露出来。就这样，木棍被举向空中，可怜的受难者暴露在其他奴隶的眼前，疼得打滚……痛不欲生。

美国对这些暴行的反应能力被 1812 年 6 月与英国爆发的战争大大削弱了。3 个月之后，阿尔及利亚海盗又劫持了塞勒姆来的“埃德温号”双桅船和上面的 11 名船员。“我的政策和看法是让我的美国奴隶数量多起来，而不是减少，”总督哈迪·阿里帕夏说，“没有 100 万美元休想我放了他们。”阿尔及利亚的屡次劫掠很快被的黎波里和突尼斯效仿，它们也恢复了对美国商船的袭击，并宣布效忠英国皇室。

尽管配备了大约 50 艘军舰，但美国现在面对的是由 800 艘军舰组成的皇家海军（其中四分之一是战列舰），连一艘护卫舰都匀不出来给地中海。“如果我们与英国能够消除分歧，得以派一支海军部队进入这片海域……阿尔及尔将被打得满地找牙。”托比亚斯·李尔预言道。[①] 英国自然不会结束战争以迁就美国，詹姆斯·麦迪逊总统再次发现，除了贿赂海盗，别无选择。

然而，美国人现在普遍对进贡的做法极为反感，为了执行这一令人讨厌的任务，政府选择了一位特殊人物——末底改·曼努埃尔·诺亚。诺亚在27岁时已成为一名出色的记者、剧作家和政治家，并与斯蒂芬·德凯特、乔尔·巴洛这样的公众人物建立了友谊。作为一名葡萄牙犹太人的后裔，诺亚也是犹太人权利和身份的捍卫者。基于以上原因，他似乎成了调解巴巴里事件的唯一合格人选。犹太人，甚至那些有欧洲背景的犹太人，被广泛认为是基督教西方和伊斯兰中东之间的天然中间人。事实上，还有一位美国犹太人——大卫·弗兰克斯上校曾经在1786年与摩洛哥的谈判中作为乔治·华盛顿的个人代表。麦迪逊总统以此为先例，任命诺亚为美国驻突尼斯领事，并授权他以每人3000美元的价格赎回俘虏。领事解释道，这笔钱是被俘人员家人捐赠的，与联邦政府毫不相干。

诺亚于1813年5月出发前往中东——巧了，乘的是军舰“乔尔-巴洛号”——并立即联系上了阿尔及利亚总督。他为6名美国俘虏争得了自由，但代价高达25910美元。麦迪逊对这笔费用感到震惊，生怕公众知道此事，于是找借口将这位领事召回华盛顿。“也许可以用土耳其人对领事的宗教信仰怀有偏见作为赎金高昂的好理由，”总统小心地说，“毕竟他是犹太人，这一点人尽皆知。”虽然突尼斯没人有

---

① *Republic of Letters*: Jefferson to Madison, Sept. 1, 1807, p. 1494 (“to secure peace”). Perkins, *Cambridge History of American Foreign Relations*, pp. 145 - 46. Robotti and Vescovi, *USS Essex*, pp. 145 - 46. Hurewitz, *Middle East and North Africa*, p. 202. Field, *America and the Mediterranean World*, p. 57. Allen, *Our Navy*, pp. 277 (“Should our differences”), 279 (“My policy”). *An Affecting Narrative of the Captivity and Suffering of Thomas Nicholson Who Has Been Six Years a Prisoner among the Algerines* (Boston: N. Coverly, 1818), pp. 5 - 6, 11.

过这样的表示，但诺亚还是被迫打道回府了。①

麦迪逊帮忙建立了任命美国犹太人担任中东外交职务的传统，但他最初的自由主义信念被持续支付赎金的做法所玷污。只要美国仍然无力抵抗海盗的要求并对他们的掠夺行为做出有力的反应，类似的失误就还会发生。然而，当与英国的敌对行动继续时，美国无法集结自己的力量。

1812 年的战争不仅威胁到美国的安全——英国人在美国的首都纵火——而且威胁到了它来之不易的统一，因为反战的新英格兰人正酝酿分裂国家。尽管如此，通过安德鲁·杰克逊等地面指挥官坚韧不拔的努力，灾难得以避免，而他后来在美国与中东的关系中发挥了关键作用。海军的表现尤其出色。运用与巴巴里海盗作战所获得的经验，美国船员勇敢地面对英国的海军巨舰，击沉并俘获了几艘敌舰。然而，在 1814 年圣诞夜签署《根特条约》宣告战争结束之前，与阿尔及尔的关系一直悬而未决。美国公众舆论强烈要求对海盗予以报复，至于何时以及如何报复则由总统决定。

詹姆斯·麦迪逊并没有轻易做决定。时年 64 岁的他，干瘪而虚弱，头脑冷静，性格腼腆，经常与内阁意见相左。现在，公众施压要求对巴巴里进行报复，而他本身并不情愿在刚刚恢复和平后就迅速发

① Jonathan D. Sarna, *Jacksonian Jew: The Two Worlds of Mordecai Noah* (New York: Holmes & Meier, 1981), pp. 13 - 27, 28 ("It might be well"), 29 - 33. Isaac Goldberg, *Major Noah: American-Jewish Frontier* (Philadelphia: Jewish Publication Society of America, 1936), pp. 76 - 80, 117 - 26. See also Mordecai Manuel Noah, *Correspondence and Documents Relative to the Attempt to Negotiate for the Release of the American Captives at Algiers Including Remarks on Our Relations with that Regency* (Washington, D. C.: n. p., 1816). "Judaic Treasures of the Library of Congress: Mordecai Manuel Noah," http://www. us-israel. org/jsource/loc/noah. html. 关于大卫·弗兰克斯，参见：Frederick C. Leiner, *The End of Barbary Terror: American's 1815 War against the Pirates of North Africa* (Oxford: Oxford Univ. Press, 2006), p. 30。

动另一场战争，总统在二者之间犹豫不决。将近3个月后，他才去国会要求正式宣战，并立刻获准。远征军指挥官斯蒂芬·德凯特接到命令，威胁要让北非统治者“大祸临头”，并实现“公正持久的和平”。

5月15日，德凯特从纽约启程，此行他率领的这支强大的海军中队由10艘军舰组成，包括最近刚从英国缴获的配置44门大炮的“斗士号”(Guerriere)。一个月后，在西班牙海岸附近，“斗士号”与阿尔及尔的一艘有46门大炮的旗舰遭遇，杀死了该船船长里斯·哈米达及其30名船员。接着，德凯特的船队又追击另一艘敌船“埃斯特迪奥号”(Estedio)，致其搁浅。总共俘获500名囚犯，为此7位美国人被哑火的大炮炸死。

6月28日清晨，阿尔及尔新总督奥马尔帕夏一觉醒来，看到10艘美国军舰在他的海港自由进出。惊慌失措的总督向英国人求救，提及英国人是如何向他保证“6个月之内美国人就会被赶出这片海域”，并指出眼前“他们正用你们的船跟我们打仗!”但局势已然扭转。英国不再与美国交战，阿尔及尔独木难支，无法抵御美国舰队。总督别无选择，只能接见德凯特以及新上任的美国领事威廉·谢勒。谢勒出生于古巴，毕业于普林斯顿大学，是一位精明而不讲情面的谈判者，他对北非人的看法与伊顿不谋而合。“几乎无需任何指引的伊斯兰主义，……似乎与野蛮人的观念特别契合，”他写道，并惊讶于如此“一无是处的力量竟然能长期由着它骚扰商业领域并勒索赎金”。

谢勒和德凯特向阿尔及尔总督展示了他们所谓的“自由和开明”的术语，“由己方的大炮口授”。阿尔及尔不仅会停止收受美国的保护费，还将支付1万美元的赔款，并无条件释放自己的美国俘虏。“如果你坚持收火药作为保护费，”德凯特如此警告这位阿尔及利亚统治者，“那么你们得连炮弹也一道收了。”奥马尔向麦迪逊求助，花言巧语地称他为“美国的皇帝……我们高贵的朋友……基督教君主中的中流砥柱，王子中最荣耀的……幸福的、伟大的、和蔼可亲的朋友”。但他的这番溢美之词白费了。“美国的既定政策是……和平比战争好，战争比纳贡好，”总统回答说，“美国虽然不希望与任何国家开战，但也不愿拿钱跟任何国家换和平。”当战列舰“独立号”于7月停泊在阿尔及尔外海时，麦迪逊的强硬得到了进一步证明。这艘军舰由威廉·班布里奇指挥，将作为地中海中队——美国第一支永久海外部队——的主力留在北非地区。[①]

此时，德凯特已出发前往突尼斯和的黎波里，要求赔偿被扣押的船只并释放所有剩余人质。返回美国时，这支舰队带着29艘敌船的旗帜和7名的黎波里俘虏，旗帜会被缝成一块毯子送给第一夫人多莉·麦迪逊，俘虏会作为“真正的进口土耳其人”在纽约几家剧院展览。美国和北非之间30多年的斗争就这样结束了。巴巴里海盗共劫持了35艘美国船只和700名水手，一度威胁到美国的生存，玷污了美国的尊严，最终被击溃。

然而，有个问题仍是得问：这场仗打得是否有理？纯粹从财政角度来看，答案很明确：没有。1802年至1805年间，仅跟的黎波里作战的代价就高达300万美元，远远超过那些年美国向巴巴里四国支付

① Allen, *Our Navy*, pp. 283 - 84, 286 - 87, 289 (“swept from the seas” and “dictated from the mouths”). Field, *America and the Mediterranean World*, p. 58 (“liberal and enlightened”). Boot, *Savage Wars of Peace*, pp. 27 - 28 (“powder as tribute”). Leiner, *End of Barbary Terror*, pp. 46 - 47, 68 - 69 (“serious disasters”). William Shaler, *Sketches of Algiers* (Boston: Cummings, Hillard, 1826), pp. 38 (“worthless a power”), 101 (“Islamism”), 126 - 27, 167 - 68. 关于麦迪逊与总督的通信，参见：Hurewitz, *Middle East and North Africa*, pp. 206 - 7。关于詹姆斯·麦迪逊的个性与外交政策观点，参见：J. C. A. Stagg, *Mr. Madison's War: Politics, Diplomacy, and Warfare in the Early American Republic, 1783 - 1830* (Princeton: Princeton Univ. Press, 1983), p. 506。Drew R. McCloy, *The Last of the Fathers: James Madison and the Republican Legacy* (Cambridge: Cambridge Univ. Press, 1989), pp. 18, 22, 26. Robert A. Rutland, *The Presidency of James Madison* (Lawrence: Univ. Press of Kansas, 1990), pp. 2, 18 - 20, 25 - 26。

的保护费总额。约翰·亚当斯的估计是正确的，他当时认为与海盗作战比贿赂海盗的代价更高。然而，从战略上讲，美国的收益远远超过其支出。通过实现杰斐逊在中东树立“挺直腰杆、独立自主”（erect and independent attitude）的态度的理想，美国使自己免受勒索，并赢得了国际社会的尊重。“美国人如今在世界上是个最骄傲的名字，”读者众多的《奈尔斯周刊文摘》（*Niles' Weekly Register*）鼓吹道，“如果与阿尔及尔的这场战争没有给它在欧洲委员会中带来额外的影响力，就算我们大错特错。”这种夸口绝非空话。在美国远征一年后，一支英-荷联合舰队以德凯特为榜样，将阿尔及尔打到溃败投降。正如当时一位英国人气愤所言：“美国憎恨、惩罚的国家，我们英国反而要包容，是可忍孰不可忍！”

巴巴里战争改变了欧洲人对美国的看法，但更确定的是，这场胜利也改变了美国人对自己的看法。战争使他们重新焕发了强烈的民族自豪感和身份认同。国旗、秃鹰和山姆大叔的肖像之类的爱国标志大量涌现，《奈尔斯周刊文摘》盛赞“自由赋予其捍卫者的力量，这使得在反对暴政时自由事业所向披靡”。一度由于苏珊娜·罗森在《做阿尔及尔的奴隶》中表现出的美国人的无能而垂头丧气的读者，现在为詹姆斯·埃里森在《围困的黎波里》（*The Siege of Tripoli*）中对美国人英勇无畏的赞美热血沸腾。他们对诗人约瑟夫·汉森的文字感到高兴，后者在《穆塞尔曼的折服》（*The Musselmen Humbled*）表达了自己的狂喜之情：

> 敌人的突然造访，
> 令可怜的帕夏大为烦恼……
> 他们离他的城堡不足百尺之遥；
> 还恶作剧地向它致意；

火药和炮弹，毫不犹豫地落下，
因为他们深知，那是伟大的帕夏应得的。①

巴巴里战争以美国的胜利告终，但美国一些主要作战者却没能以胜利收场。斯蒂芬·德凯特回国时再次受到了英雄般的礼遇，同时又因造出了“无论我的国家是对是错”（“my country right or wrong”）这句话而声名狼藉。5年后，这位准将在与“切萨皮克号”前船长詹姆斯·巴伦的决斗中被杀，后者一直对德凯特对他的军事审判怀恨在心。尽管他的遗体后来被葬在安纳波利斯的美国海军学院，但一开始是被埋在费城的，就在谈判代表乔尔·巴洛墓旁。巴洛于1811年被任命为美国驻法国代表，他陪同拿破仑入侵俄罗斯，此举是场灾难，他死于波兰。威廉·班布里奇的结局比较平淡无奇，他指挥建造了波士顿和费城的海军造船厂，随后老死。他从未克服地中海的厄运对他的困扰，耿耿于怀道：“我被剥夺了与巴巴里作战或谈判的机会”。1816年10月，托比亚斯·李尔因其在与的黎波里的条约中扮演的角色而被公众揪着不放，甚至多年过后依然如此，最终他在华盛顿自杀。

伊顿也从未从自己的北非创伤中恢复过来。虽然这段经历使他对美国这个“上帝之灯蒙允照亮心灵”的地方生出了欣赏，但他的内心

① *Niles' Weekly Register*, April 15, 1815 (“The name of an American”); Oct. 15, 1815 (“energy which liberty”). Marshall Smelser, *The Democratic Republic* (New York: Harper & Row, 1968), p. 60. Boot, *Savage Wars of Peace*, p. 28. Allison, *Crescent Obscured*, pp. 33, 201–6. Allen, *Our Navy*, p. 295 (“It was not to be”). Irving Brant, *James Madison*, vol. 6 (New York: Bobbs-Merrill, 1961), p. 398. Dennis Caplan, “John Adams, Thomas Jefferson, and the Barbary Pirates: An Illustration of Relevant Costs for Decision Making,” *Issues in Accounting Education* 18, no. 3 (2003). James Ellison, *The American Captive; or, The Siege of Tripoli: A Drama in Five Acts* (Boston: Joshua Belcher, 1812). Joseph Hanson, *The Musselmen Humbled; or, A Heroic Poem in Celebration of the Bravery Displayed by the American Tars, in the Contest with Tripoli* (New York: Southwick and Hardcastle, 1806).

仍然痛苦。由于怀恨在心，他在1806年参与了阿伦·伯尔[1]征服路易斯安那领地的叛国阴谋，但后来又成了指证伯尔的州方证人。马萨诸塞州的立法机构忽略了这一不光彩的事实，为了“永久纪念英雄事迹”而授予伊顿1万英亩的农田。他就在那里懒散地过着隐居生活，每日以酒浇愁。1810年，他向一位老战友透露：“我被困住了，死神已经逼近我的地盘，而且在划定……我的埋骨之处。”第二年，他去世了。

在蒙蒂塞洛的山顶庄园里，年迈的托马斯·杰斐逊密切关注着德凯特在北非的胜利和巴巴里海盗覆灭的消息。杰斐逊恢复了与老朋友兼死敌约翰·亚当斯的联系，写下了他对美国海军——他称之为美国的“木墙”——的骄傲之情，以及对“保持巴巴里诸国秩序”的承诺。尽管美国海军的建设曾遭到强烈反对，海军在中东的早期行动也有过诸多挫折，但它现在已成为世界级的战斗部队。事实上，在杰斐逊和亚当斯于1826年7月4日，也就是美国的50岁生日那一天几乎同时离世之时，地中海中队一直在巡逻。

美国巴巴里战争的遗产将在美国持续存在——在俄亥俄州的普雷布尔县、纽约州的伊顿、艾奥瓦州的的黎波里以及以斯蒂芬·德凯特的名字命名的20个城市。美国海军陆战队仍然高唱“向的黎波里海岸前进”（尽管事实上他们只抵达了达尔纳），并挥舞着弯月形的剑（让人想起哈米德送给奥班农中尉的那把）。美国最古老的战争纪念碑坐落于安纳波利斯，由国会法案授权建造，以此纪念对北非的胜利。另一个纪念物是“费城号”上的钟，人们在海上找到并于1871年运

① 美国副总统。与詹姆斯·威尔金森将军图谋在自俄亥俄河流域至墨西哥的广大西部地区建立一个帝国，1806年因人告密而被捕，以叛国罪被起诉，但法院宣布其无罪。后因民愤在欧洲避居多年，1812年回国，1833年77岁时与纽约一富有寡妇结婚，于1836年去世。——译者

回美国。然而，这场战争最突出的象征或许是最不为人知的。那就是美国人在球赛和其他公开场合起立高唱的国歌，它的曲调源自一首古老的英国饮酒小调，歌词是在 1805 年专为班布里奇和德凯特而写的，最初歌词中有“包着头巾的人”向“勇士的额头”和“我们国家的星条旗鞠躬垂首”。直到 1812 年战争中的麦克亨利堡战役结束后，才由其作者弗朗西斯·斯科特·基修改了歌词。①

建国半个世纪后，美国仍然自力更生，但此时它已完全有能力保护其贸易。摆脱了海盗的袭扰，美国的商业蓬勃发展。1820 年代，美国船只造访地中海港口的数量增加了 4 倍。美国此时每年向该地区供应约 1200 万加仑朗姆酒，并购买土耳其的大部分鸦片作物。一位在安纳托利亚登陆的美国传教士哀叹道：“对美国基督徒来说，这是何等的谴责！在它的商人的期盼中，为他们的毒药寻找市场！”然而，大多数美国人并没有表现出这种不安，反而陶醉于他们刚获得的力量。1823 年 12 月 2 日，门罗总统在国会发表讲话，禁止欧洲进一步干预新大陆的任何地方。若是早年间，在巴巴里战争和美国在中东炫耀武力之前，这番胆大妄言肯定有虚张声势之嫌。②

然而，外交领域的这些卓越成就并不能掩盖持续困扰美国国内的

① Jefferson to Adams, May 27, 1813, in *Adams-Jefferson Letters*, p. 325. See also *Adams-Jefferson Letters*: John Adams to Thomas Jefferson, June 11, 1813, pp. 328 – 29. WEP, Eaton to General Bradley, Jan. 15, 1810 ("I am closely besieged"). William Harlan Hale, "'General' Eaton and His Improbable Legion," *American Heritage* 11, no. 2 (Feb. 1960): 106. Whipple, *To the Shores of Tripoli*, p. 280. Allison, *Crescent Obscured*, pp. 205 – 6. Field, *America and the Mediterranean World*, p. 336. Allen, *Our Navy*, pp. 265 – 66.

② *Naval Documents Related to the United States Wars*, vol. 3: Statement by Mordecai Noah, Nov. 8, 1826, p. 232. John Martin Baker, *A View of the Commerce of the Mediterranean* (Washington, D.C.: Davis and Force, 1819), p. 67. Tibawi, *American Interests in Syria*, p. 2. Finnie, *Pioneers East*, pp. 32 – 33 ("What a reproof"), 119, 258. Smelser, *Democratic Republic*, p. 313.

矛盾。虽然该国人口在独立后的前 50 年增长了 5 倍多，达到了 1100 万，但其中近五分之一仍然是奴隶。如果说巴巴里战争促使美国人团结起来面对国外和国内的挑战，那么非裔美国人的奴隶制问题将使国内的分裂日益加剧，越来越无法挽回。然而，即便是这场最具分裂性的冲突，也会受到巴巴里传奇和美国俘虏在北非经历的影响。

在后独立时期，很少有什么事件比中东战争对美国更具变革性的影响。来自该地区的可怕威胁促使前殖民地联合起来，集中资源，创建海军部队，并将其部署到远离美国海岸的地方。通过选择打击海盗而非纵容，以及不再对欧洲亦步亦趋，美国已经确立了自己的民族特征。美国的公民再也不用忍受 1800 年威廉·班布里奇遭遇的“令人屈辱的堕落”，也不必再像班布里奇那样想到“独立的美国”一词时迟疑再三。经过这场持续了 30 年的冲突，美国人已经认清了他们自己。

美国人展示了他们新获得的势头，他们探险的足迹遍及整个中东，从北非到阿拉伯半岛、安纳托利亚，再到富饶的新月地区①。对于越来越多的美国人来说，他们的目标不再是追逐利润或寻求安全，甚至也不再是验证神话。相反，他们的目的是为该地区带来救赎和启蒙，以美国的形象重塑该地区。这些年轻男女避开浪漫不谈，否定“火药和炮弹”的政策，只想通过《圣经》和教科书，凭借信仰在教室和诊所灌输他们的理想。

① 西亚伊拉克两河流域连接叙利亚一带地中海东岸的一片弧形地区，为上古文明发源地之一。——译者

第四章
照亮和解放这个世界

人们挤坐在教堂长椅上，透过波士顿老南教堂带的竖窗端详前方。1819 年 10 月 31 日是人们期待良久的日子，他们深信这一天将开启一个新时代，也许还是一个新世界。他们的窃窃私语逐渐汇成一片嗡嗡声，可能预示着某位威严的神学家即将到来。然而，当门打开，沿着过道大步走来的并不是哪位牧师，也不是教堂执事，而是两位谦逊的布道者，他们都只有 25 岁。当二者中个头矮小、戴眼镜、宽鼻梁的那位走上讲坛时，人群安静了下来。这个年轻人叫列维·帕森斯，他布道的主题不是福音，也不是复活，而是犹太人。

"教我们得救之道的是犹太人。"帕森斯开言道。他声称，犹太人忠实地保存了《圣经》，为捍卫"我们的"宗教而工作、受苦和牺牲。"我们的上帝就是他们的上帝，我们的天堂也是他们的天堂。"帕森斯说，最关键的是，他们给了人类救世主。"是的，弟兄们，现在在上帝的宝座前为你们代祷的……是犹太人!"他总结说，为了表达对犹太人慷慨大方的感激之情，基督徒必须努力恢复犹太人在其祖先和《圣经》中家园的主权。

帕森斯阐释了在 18 个世纪的漫长岁月里犹太人是如何在政治边缘、无家可归和自由被剥夺的状态中艰难生存的。但现在是纠正这种不公的时候了。他说："必须承认，每一位犹太人的心中仍然存着一个无法压制的愿望，那就是想要在这片被赐予其先祖的土地上居住；这个愿望，哪怕是皈依基督教也无法根除。"这片土地就是巴勒斯坦，曾经辉煌一时，但现在既不是一个独立的国家，甚至也不是一个特殊的省份，而是一片人烟稀少的土耳其死水，等待着它合法的主人夺回它。他们会收复自己土地的，帕森斯大胆预测道。如果奥斯曼帝国失去了对巴勒斯坦的占领，"想要阻止他们（犹太人）立刻返回家乡，除非天降奇迹。"

当然，帕森斯并非在鼓吹征服——即便是在获得了巴巴里战争的胜利后，美国也没有资格跟奥斯曼帝国叫板——而是倡导和平劝说。基督教传教士将前往中东，前往耶路撒冷的"圣墙"，并在那里大行公义，以引导犹太人返回家乡"接引他"——耶稣。帕森斯断言，在巴勒斯坦出现的弥赛亚犹太人政体将满足第二次降临的必要条件。由此，不仅犹太人、穆斯林，甚至被误导的东方基督徒都会沐浴在圣光之中。人类和平和精神团结的千禧年时代将开启，奥斯曼帝国——实际上所有的帝国——将臣服于基督的王国。"所有的眼睛都会注视着耶路撒冷。"

会众坦诚地、聚精会神地听取了这些布道词，并以越来越热烈的情绪等待下一个人起身布道。这个人名叫普林尼·菲斯克，比帕森斯个子高一些、相貌中看些，却没那么健谈。他也谈到了为有助于实现救赎，无论怎样千难万险都要在圣地创造奇迹。他高声道："现在，看哪，我往耶路撒冷去，心甚迫切。"教区居民立时感动得泪流满面。

以21世纪的眼光来看，菲斯克、帕森斯以及那些赞美他们的人可能在信仰方面颇为激进，并且在美国社会中处于边缘地位。对于今天的许多美国人来说，认为只有他们才能拯救犹太人、穆斯林和其他中东人的说法即便算不上傲慢，也无疑是幼稚的。毕竟，为什么古代文明的后裔和历史上一些最受尊崇的传统的继承人要接受这些异族新贵的信仰，后者不过是一个不到300年历史的新教教派和一个成立还不到50年的国家的使者?

然而，这些美国人绝不是边缘人。卫理公会、长老会和公理会的教义在美国已超越阶级、教育和性别等所有障碍，获得了众多追随者。在传教士和他们的支持者中，有农民和商人、医生和工匠，以及受教育程度最低的人和美国最好的大学的毕业生，既有男人也有女人。他们深受美国个人主义、公民美德和爱国主义理想的熏陶，将自己视为革命传统的直接继承者。45年前，就是在同一座老南教堂里，自由之子们聚集在一起，然后身着美洲原住民的服装出门，将英国茶叶倒进了波士顿港。

菲斯克和帕森斯提出的这场十字军东征的热情，不仅吸引了长期定居的美国人，也吸引了更多新近来到的移民。这种兴奋之情也不局限于波士顿，甚至也没有囿于所谓的新英格兰圣经地带。这两位年轻的传教士为自己的旅程来了一次全国性的巡回募捐，他们将受到整个南部及阿勒格尼以西边境小教堂的会众的欢迎。“看来，宣教精神开始支配美国教会的财富和影响力了。”帕森斯兴奋地说。

所有这些社区的共同点是坚信美国有一个神圣使命，那就是充当“国家之光”并为实现全球和平而奋斗。“他们决心将人类提升到一种更好、更高的生活水平，”历史学家奥利弗·埃尔斯布里在谈到菲斯克、帕森斯以及成千上万注定要追随他们的青年男女时写道，“他们试图将最好的美国提供给异教徒世界。”这些传教士具有独特的品质，他们既朴实又显得高人一等，既傲慢自大又显得不为所动，同时又完全出于好心。他们的傲慢本质上都是善意的。

教区居民们离开了老南教堂，听着保罗·里维尔铸造的钟的鸣响，思绪飘到了新英格兰之外的地方。他们想到的是奥斯曼帝国的一个遥远角落，以及那里即将发生的大事。与此同时，列维·帕森斯和普林尼·菲斯克前往华盛顿特区，国务卿约翰·昆西·亚当斯为他们提供了品行良正的证明信。就这样，两位年轻的布道者准备成为第一批前往中东的美国传教士，他们相信，“强大的交易”已经塑造了“所有时代和所有国家在时间和永恒中”的命运。①

约翰·利雅德曾前往埃及探险，威廉·伊顿和斯蒂芬·德凯特等人曾保卫他们的国家免受北非海盗的侵害。然而，对于菲斯克和帕森斯来说，去中东的唯一目的就是传播他们的信仰。那么，他们和他们的广大同胞是如何相信，通过向以穆斯林为主的中东地区输出福音新教，整个世界就可以得救的呢？为何他们如此相信新生不久的美国的年轻公民能够使该地区古老而可敬的民族皈依从而拯救人类呢？

“要多像有多像”

这些问题的答案两百年前就有了，它们就根植在美国的建国理念之中。

1620 年，未来的普利茅斯殖民地总督威廉·布拉德福德在走出

① Levi Parsons, *The Dereliction and Restoration of the Jews: A Sermon, Preached in Park-Street Church Boston, Sabbath, Oct. 31, 1819, Just before the Departure of the Palestine Mission* (Boston: Samuel T. Armstrong, 1819). Levi Parson, *The Memoir of Rev. Levi Parsons*, comp. Daniel Oliver Morton (New York: Arno Press, 1977), p. 219 (“The spirit of the missions”). Alvan Bond, *Memoir of the Rev. Pliny Fisk* (New York: Arno Press, 1977), pp. 63, 96 - 97 (“And now, behold”). Marty E. Martin, *Pilgrims in Their Own Land: 500 Years of Religion in America* (Boston: Little, Brown, 1984), pp. 146 - 47. Clifton Jackson Phillips, *Protestant America and the Pagan World: The First Half Century of the American Board of Commissioners for Foreign Missions, 1810 - 1860* (Cambridge: Harvard Univ. Press, 1969), p. 135. Finnie, *Pioneers East*, pp. 150 - 51. Tibawi, *American Interests in Syria*, pp. 13 - 16. Kaplan, *Arabists*, p. 21. Instructions to Fisk and Pliny, in Field, *America and the Mediterranean World*, p. 93.

“五月花号”时宣布：“来吧，让我们在锡安宣示上帝之言。”布拉德福德引用的是耶利米的话，只不过他口中的“锡安”不是迦南那块应许之地，而是它的新化身——美洲。它的居民不是古老的以色列人，而是跟布拉德福德一起抵达美洲的101名乘客——他的清教徒同伴。

布拉德福德的话不仅反映了对新大陆的发现，也反映了对《旧约》的重新发现。自宗教改革开始，英格兰人民就得以接触到天主教会长期以来一直淡化处理的宗教典籍，如《摩西五经》《士师记》《先知书》和《列王纪》。这种接触产生了本质性的影响。从亚伯拉罕的故事到《但以理书》，英国很快将《圣经》中的故事挪为自己的民族史诗，将诗人马修·阿诺德所说的“我们英国人的天才和历史”与“希伯来人的天才和历史”结合了起来。《圣经》中的短语丰富了英语，《圣经》中关于社会自由和社会正义的概念帮助强化了英国的议会制政府。许多英国人——无论是神职人员还是门外汉——变得谙熟希伯来语，并用《旧约》中的杰西和萨拉、塞缪尔和丽贝卡等名字为自己的孩子取名。

这些清教徒是英国改革派中最宁折不弯的，想要拥抱《旧约》的冲动在他们中间尤其强烈。为了寻找一个不被等级和政治玷污的原始宗教，寻找与他们同样遭受迫害的群体，清教徒想到了犹太人及其古老的信仰。他们相信上帝曾直接训示自己的选民，遵守与他们所订的约，并将他们从奴役中拯救出来。清教徒们得出结论，他们是这一契约的继承人，是从受奴役到自由第二次“出埃及”的新以色列人，注定拥有一块应许之地。在这种选民意识的驱使下，朝圣者们从英格兰来到荷兰，又从那里前往普利茅斯岩——这是他们获得救赎的垫脚石。

借由在自己身上印上犹太人的身份，清教徒们将旧迦南地图叠加在他们现在落脚的新迦南地图上。“圣典无论在哪个国家都不会比在这更广为人知、更受推崇。”清教徒19世纪的后裔、“圣经考古学之父”爱德华·罗宾逊说，“西奈、耶路撒冷、伯利恒和应许之地等称谓，与［美国人］最早的记忆和最神圣的感情联系在一起。”美国人更为熟悉的是“圣地的地理位置”而不是他们刚抵达的陌生环境，他们将给北美1000多个大大小小的城镇取《圣经》里的地名，如塞勒姆、希洛和锡安。希伯来语成为许多新大陆大学的必修课，比如詹姆斯·麦迪逊主修语言的普林斯顿大学，而耶鲁大学、达特茅斯学院与哥伦比亚大学的校徽上都有希伯来语标志。甚至连美洲原住民——其血统被很多殖民者追溯到“失踪的以色列十支派”——也被印在《圣经》的重印本上。塞缪尔·威克曼牧师在1685年对哈特福德的一个会众说：“耶路撒冷过去是，新英格兰现在是，他们，你们……都是与上帝立约之人。”本杰明·富兰克林的外祖父彼得·福格勒将这一观点表述得更为通俗：“在新英格兰，他们就像犹太人一样，要多像有多像。”①

到了18世纪中叶，殖民地美国在自己的神圣选举的确定性，帮助点燃了奋兴主义信仰的伟大觉醒。浸信会、卫理公会和长老会等新教会相继建立，普林斯顿大学、达特茅斯学院等新型大学成立，以协助传播其教义。旧的加尔文主义的宿命论观念被抛弃，取而代之的是

---

① Barbara W. Tuchman, *Bible and Sword: England and Palestine from the Bronze Age to Balfour* (New York: Ballantine, 1956), pp. 80 (“the genius and history”), 81, 124–25. Edward Robinson, *Biblical Researches in Palestine, Mount Sinai and Arabia Petraea*, vol. 1 (Boston: Crocker and Brewster, 1841), p. 46. Yona Malachy, *American Fundamentalism and Israel: The Relation of Fundamentalist Churches to Zionism and the State of Israel* (Jerusalem: Graph Press, 1978). Everett Emerson, *Puritanism in America, 1620–1750* (Boston: Twayne, 1977), pp. 71–72, 90–92. Cecelia Tichi, “The Puritan Historians and Their New Jerusalem,” *Early American Literature* 6 (1971). John Davis, *The Landscape of Belief: Encountering the Holy Land in Nineteenth-Century American Art and Culture* (Princeton: Princeton Univ. Press, 1996), p. 14 (“Jerusalem was”). Shalom Goldman, ed., *Hebrew and the Bible in America: The First Two Centuries*. (Hanover: Brandeis Univ. Press and Dartmouth College, 1993), pp. xv–xxii, 105, and *God's Sacred Tongue: Hebrew and the American Imagination* (Chapel Hill: Univ. of North Carolina Press, 2004), p. 29 (“[In] New England”).

一种更为本土化的信心，即美国人相信个人有能力通过积极的奉献行动进行自我拯救。然而，基督徒不仅要寻求自己的救赎，还要通过引导他人获得精神上的重生来救赎他人。许多美国人确信自己有能力完成这项任务，他们期待着新千禧年的到来，正如神学家乔纳森·爱德华兹所预言的那样，这是一个“每个民族都将成为自由之人”的黄金时代，“整个地球将如同一个共同体，在基督那里融为一体（one body in Christ）。”这一事件将被新教美国（其缔造者设想的）宣布，并引述《马太福音》（5：14－16）里的话，称其为“世界之光”，无与伦比的“山上的城”。

殖民者将自己设想为新以色列人，这一形象在独立战争中变得意味深长。这样一来，爱国作家们将英王乔治三世塑造成法老，将大西洋当成红海，将乔治·华盛顿比作摩西，把约翰·亚当斯比作带领其人民走向自由的约书亚。对于青年时期就学会了希伯来语的圣公会教徒亚历山大·汉密尔顿来说，美国的命运与犹太人的命运并无不同，后者的历史“完全脱离了人类事务的正常进程”，“是某种伟大天意的运作结果”。耶鲁大学校长埃兹拉·斯泰尔斯指出，在西奈山居住的以色列人有300万，恰好等于美国独立时的人口数。哈佛大学的塞缪尔·兰登提议：“我们可以用美国联邦的13个州代替以色列的十二支派。”于是，富兰克林和杰斐逊提出在美国国玺上印上这些支派穿越荒野到达迦南的画面。①

---

① Burns, *The American Idea of Mission*, pp. 5, 11, 18, 31, 261. Obenzinger, *American Palestine*, pp. 12, 28－29. Willard Sterne Randall, *Alexander Hamilton: A Life* (New York: Perennial, 2003), p. 18. Ron Chernow, *Alexander Hamilton* (New York: Penguin, 2004), p. 18 (“entirely out of the ordinary”). Davis, *The Landscape of Belief*, p. 15 (“instead of the twelve”). Conrad Cherry, ed., *God's New Israel: Religious Interpretations of American Destiny* (Chapel Hill: Univ. of North Carolina Press, 1998), pp. 40 (“City on the Hill”), 62－71, 82－85. Jon Meacham, *American Gospel: God, the Founding Fathers, and the Making of a Nation* (New York: Random House, 2006), pp. 79－84.

然而，美国的宗教热情并没有阻止年轻的共和国将其教会与国家分离。例如，在1796年与的黎波里签订的条约中，美国宣称它“从任何意义上讲都不是建立在基督教基础上的”，并且“从未出于宗教观点的原因……对任何伊斯兰教国家……发动战争”——这一主张得到了参议院的一致认可。但信仰继续渗透到美国人生活的方方面面，政府部门也不例外。国会议员、内阁成员甚至历届总统都经常会在北美之内和海外鼓吹传教活动。

从边境自由的推动下，再加上不受国家教会的束缚，新教在美国继续孕育出各种原始教派，继续为其创新性和精神力量提供新的场所。到18世纪末，这股宗教热潮汇聚在“第二次觉醒”（Second Awakening）中，后者强调对基督教基本原理的回归以及对救赎即将到来的信念。“我们现在已跨入了那个立即为千禧年做准备的时期。”康涅狄格州的一位牧师在1815年这样宣布，在他的描述中，这个时期一切战争都会停止，每个社区都会有自己的教堂，每个家庭都会有自己的每日奉献。尤其强调的是向犹太人宣讲福音，将旧的以色列和新的以色列结合起来。一些传教组织——如在犹太人中促进基督教的女性协会——蓬勃发展，对大规模皈依的期望也高涨起来。盛传的一个预言是“上帝的会堂很快会在人间搭建”。在新英格兰和纽约的城镇和乡村，年轻人准备为将这一愿景变为现实而奉献终生。

“第二次觉醒”呼吁美国人不仅要为自己的灵性狂喜，还要为民族自豪感大加欢庆。“基督徒……应该将爱国主义提升到更高层次，”普林尼·菲斯克说，“还有什么比献身于基督的炽热的火焰和燃烧的政治热情更合适的呢?”这种对国家的热爱和对上帝的奉献之间的共生关系，让亚历克西·德·托克维尔大为震动，他认为这正是美国最非凡的品质之一。这位法国人在1835年写道，基督教“在美国”比在世界上任何其他地方“对人类灵魂的影响都大”；只有在美国，宗教才与“民主本能”和“个人独立精神”紧密联系在一起。

受这种宗教虔诚与爱国主义融为一体的激励，许多美国人准备通过传授福音和在政治上宣扬自由，从精神上拯救世界。追求这一使命的强烈愿望将继续成为美国外交关系中的一个永恒主题，为其摆脱外国纠缠提供一种强大的制衡力量，也为其争辩不休的领导人提供一个集结点。尽管开国元勋们在一些灵性议题上存在分歧，但他们对美国世俗的公民信仰的承诺几乎是一致的。对杰斐逊这位自然神论者来说，美国是“一个对人类如此宝贵的对象”，它使“所有国家聚在一起，实现幸福的自由交流”。而对于亚当斯这位一神论者而言，美国是一个“一个伟大的……上帝的设计，为了照亮无知者和解放……地球”。①

美国要从世俗和宗教两个层面实施其改善全球的愿景，1808 年在马萨诸塞州的威廉斯学院得到了体现。在一场突如其来的夏季雷暴中，5 名学生选择了干草堆这样一个他们能想象到的最容易遭受电击的避难所，以此测试他们对上帝的信心。“虽然你我都很渺小，”学生领袖塞缪尔·J. 米尔斯说，“但在我们的影响力扩展到这个被毁坏的世界的最偏远角落之前，我们不能满足于现状。”事后 5 个人都活了下来，他们浑身湿透，胸中却都燃起了到国外传播福音的渴望。“干草堆事件”后来被神化了，并传到了哈佛大学、布朗大学、联合大学等，尤其是米德尔伯里神学院和安多弗神学院，两者正是列维·帕森斯和普林尼·菲斯克后来的求学之地。很快，学生们就向家乡教会请

---

① Tibawi, *American Interests in Syria*, p. 10. Bond, *Memoir of the Rev. Pliny Fisk*, p. 111 (“The Christian ... ought”). Tocqueville, *Democracy in America*, pp. 418 – 19. Phillips, *Protestant America*, p. 8 (“We have now entered”), 12 (“the tabernacle of God”). Perkins, *Cambridge History of American Foreign Relations*, p. 4 (“an object so valuable”). Cherry, *God's New Israel*, p. 65 (“a great ... design”). See also Brooke Allen, “Our Godless Constitution,” *Nation*, Feb. 3, 2005.

愿，要求赞助海外传教活动，并催促教会长老们采取行动。

长老们反应迅速。他们在1810年成立了美国公理会海外传道部[①]，它由来自不同教派的神职人员、实业家、医生、商人和律师组成，试图在整个非新教世界建立多个传教中心或“站点”。其创始人之一塞缪尔·霍普金斯牧师认为：“只有延伸基督之爱才能使人类更加接近那个消灭贫穷、不公和压迫的千禧年。”

这些恶将先在美国西南部被消灭，然后是非洲、印度和中国。但在所有这些福音行动的领域里，没有一个比中东更能激起美国公理会差会的兴奋之情。这是一个尚未被任何欧洲大国占领的地区，又正处于文明的十字路口——而且，那块最神圣的土地就位于这个地区。听着预示1812年战争结束的米德尔伯里学院的钟声，列维·帕森斯声称他听到了“东方世界的呻吟，这些呻吟声飘到了天堂寻求解脱”。“锡安，”他欢呼道，“将会繁荣昌盛！”[②]

对于朝圣者领袖威廉·布拉德福德来说，如果“锡安”指的是美国这块新的应许之地，那么对于两个世纪后的列维·帕森斯而言，这个词则指的是古老而原始的以色列土地，即现在的巴勒斯坦。传教士们认为，虽然皈依可能发生在世界其他地方，但只有在巴勒斯坦，才会产生立竿见影的千年影响。只有在那里，新教徒与其精神祖先犹太人团聚的渴望，才会与他们对弥赛亚重现的渴望汇合在一起。

---

① American Board of Commissioners for Foreign Missions，又称美国公理会差会，简称美部会，是第一个美国基督教海外传教机构。以下简称美国公理会差会。——译者

② Kenneth Latourette, *Missions and the American Mind* (Indianapolis: National Foundation Press, 1949), pp. 28 (“Though you and I”), 31 - 34. Phillips, *Protestant America*, p. 20. Walter Russell Mead, *Special Providence: American Foreign Policy and How It Changed the World* (New York: Routledge, 2002), pp. 151 - 52. Kaplan, *Arabists*, p. 19 (“Only the extension”). Rao H. Lindsay, *Nineteenth Century American Schools in the Levant: A Study of Purposes* (Ann Arbor: Univ. of Michigan School of Education, 1965), pp. 61 - 63, 67. Finnie, *Pioneers East*, pp. 50 (“the groans” and “Zion will now”), 114 - 15.

许多美国新教教徒对犹太人表现出的痴迷，并非源于他们与犹太人的广泛接触——当时大约有4000名犹太人生活在美国，约占总人口的0.04%——也不是源于跟某个犹太人交朋友的愿望。事实上，一些早期的福音派著作中的评论在今天听来肯定是反犹的，比如它们坚持要所有犹太人最终必须受洗。然而，无论他们将犹太人视为同胞的感受如何，都不同于福音传道者将犹太人视为信仰上的表亲和未来救赎的代理人的那种感情。通过加快速度实现上帝将犹太人送返家园的承诺，基督徒可以重建耶稣时代犹太人主权存在的环境，从而为耶稣的再现创造条件。这就是"复原主义"① 的概念，其影响极大。基督教神学曾将犹太人丧失主权描述为对他们拒绝基督第一次降临的惩罚，但是福音传道者现在将犹太国家的重建视为基督第二次降世的先决条件。

"复原主义"既不是全新的概念，也不是美国新教所独有的。在亨利·芬奇爵士1621年的专著《世界的伟大复兴，或犹太人的呼唤》中，以及约翰·弥尔顿的诗歌和约翰·洛克的哲学中，都可以看到这一思想的体现。在前往新大陆的途中，清教徒带着这一概念抵达荷兰，在那里他们请求荷兰政府"将以色列的儿女送往……那块许诺给他们祖先的……作为永久遗产的土地"。马萨诸塞湾的首席牧师约翰·科顿和哈佛大学的首任校长英克里斯·马瑟等殖民地美国神学家，呼吁摧毁奥斯曼帝国，为犹太人的回归扫清道路。到"第二次觉醒"时，恢复犹太人在圣地统治的梦想正迅速成为宗教信条。耶鲁大学的埃兹拉·斯泰尔斯预测，"十二支派回归圣地"将激发出足以

① restorationism，又译万民得救说，认为基督教必须回归到被指为早期使徒教会（apostolic early church）的源流上。试图通过使用原始教会作为规范来重建早期基督教，以纠正当前教会的明显不足，亦可被称为"实践《新约》中的教会"。"复原主义"思想还包括应验《圣经》预言：在基督第二次降临之前，犹太人回归应许之地。——译者

“改变整个世界”的灵性能量。另一位来自纽黑文的教士大卫·奥斯汀笃信这一预言，将毕生积蓄用于建造码头、客栈和仓库，为犹太人的离开做准备。来自马萨诸塞州长老会的阿萨·麦克法兰在 1808 年“干草堆事件”发生时宣称：“当奥斯曼帝国倾覆时……犹太人将开始回归巴勒斯坦……基督将掌握自己的力量和统治权。”①

必须指出的是，复原主义者的这种狂热并没有考虑到当时生活在巴勒斯坦的成千上万阿拉伯人的实际存在，更不用说其政治或宗教愿望了。相比关注笼统而言的人口，美国人更愿意关注那些似乎预示着巴勒斯坦的解放的中东大事，比如拿破仑入侵埃及、巴巴里海盗的落败。据《奈尔斯周刊文摘》1816 年某期的推测，一旦“软弱和低能”的奥斯曼人被驱逐，犹太人将迅速使沙漠“像玫瑰一样绽放”，耶路撒冷将再次“在美丽、辉煌和财富方面与世界其他城市一较高下”。大陆会议主席、美国圣经协会的创始人埃利亚斯·布迪诺特预言，“上帝的强大力量”很快会将流亡的犹太人召唤到一起，将他们送返“他们深爱的……巴勒斯坦土地”。约翰·亚当斯更为狂热，甚至设想“10 万以色列人……像法国军队那样纪律严明”地向巴勒斯坦进军并将其征服。“我真的希望犹太人能够再次在朱迪亚成为一个独立的国家。”这位前总统 1819 年在给美国驻突尼斯前领事莫德凯·诺亚的信中这样写道。同年，普林尼·菲斯克和列维·帕森斯登上了“莎利·

① Israel Finestein, “Early and Middle 19th-Century British Opinion on the Restoration of the Jews: Contrasts with America,” in Moshe Davis, ed., *With Eyes toward Zion*, vol. 2: *Themes and Sources in the Archives of the United States, Great Britain, Turkey and Israel* (New York: Praeger, 1986), pp. 74 – 77, 79 – 80. Obenzinger, *American Palestine*, pp. 34, 37. Martin, *Pilgrims in Their Own Land*, pp. 181 – 82. Tuchman, *Bible and Sword*, p. 121 (“transport Izraell's sons”). Lester I. Vogel, *To See a Promised Land: Americans and the Holy Land in the Nineteenth Century* (University Park: Pennsylvania State Univ. Press, 1993), pp. 125 – 26. Cherry, *God's New Israel*, p. 91 (“the return of the twelve”). Marr, “Imagining Ishmael,” pp. 32 – 33, 35 (“When that empire falls”), 37 – 40, 61.

安号”双桅横帆船，最终踏上了东方之旅。①

勿以善小而不为

循着美国商人很久以来一向在地中海走的路线，这两位年轻的布道者从新英格兰航行六周时间到达了土耳其爱琴海海岸的士麦那（今伊兹密尔）。人们很难想象他们在进入这个据说是荷马出生地的中东古城时，所感受到的冲击与疏离之感。相较于被他们抛在身后的整洁有序的波士顿，号称“黎凡特之珠”的士麦那到处是杂乱无章的蜿蜒小巷，充斥着各种怪味和嘈杂刺耳的音乐，一片混乱。一位美国当代旅行者注意到，“这个国家和美国之间似乎没有足够的相似性，令人认为它们可以属于同一个世界。”尽管如此，这两位客人的到来还是受到了几乎占该市人口一半的士麦那的希腊基督徒的亲切欢迎。在接下来的两个月里，他们开始适应当地环境，学习当地的方言和习俗。美国公理会差会的秘书塞缪尔·伍斯特告诫他们：“不要鲁莽行事，不要粗心大意、随心所欲，不要无谓树敌。”遵照这些嘱咐，菲斯克和帕森斯花 48 美元买了些“东方服饰”，又花 6.5 美元去上阿拉伯语课。

从 1820 年 3 月起，这两个人开始了徒步 300 英里穿越小亚细亚

① *Niles' Weekly Register* Nov. 9, 1816, p. 168. Naomi Shepherd, *The Zealous Intruders: The Western Rediscovery of Palestine* (London: Collins, 1987), p. 39. Tibawi, *American Interests in Syria*, pp. 5 – 8. Field, *America and the Mediterranean World*, 281. Elias Boudinot, *A Star in the West; or, A Humble Attempt to Discover the Long Lost Ten Tribes of Israel, Preparatory to Their Return to Their Beloved City, Jerusalem* (Trenton, N. J: Fenton, Hutchinson, and Dunham, 1816), p. 43. Michael Schuldiner and Daniel J. Kleinfeld, *The Selected Writings of Mordecai Noah* (London: Greenwood, 1999), p. 127 ("a hundred thousand").

之旅，他们参观了圣保罗所游览的7个城市中的每一个，并出于“宣教”目的对该地区进行了勘察。虽然很少有犹太人在该地区定居，但那里人口稠密，有东方基督徒、希腊东正教徒和亚美尼亚人——新教教徒认为这些人在精神上被误导了，特别适合重生。该地区也有穆斯林，美国人认为他们是虚假甚至邪恶信仰的信徒，正亟待拯救。“我们能做何善事?”伍斯特在给菲斯克和帕森斯的信中用大写字母写道，“用何种方式?”这些问题不仅涉及犹太人，也涉及穆斯林和基督教徒，不仅涉及巴勒斯坦，也涉及“埃及、叙利亚和波斯”。

然而，巴勒斯坦这一“大交易的现场”仍是他们的首要目标，也是他们第一个永久传教点的首选之地。帕森斯选择先行一步。“能够预见锡安的灵性福祉是一种无法言喻的特权，”他写道，“凭借摩西的精神，我可以带领以色列大军抵达精神上的迦南。”他不打算轻装前进，而是准备随身携带5000份宗教小册子，包括9种语言的《圣经》版本。帕森斯从他的一名英国传教士朋友那里获得了一些波洛尼厄斯[①]式建议：“为人处事像文人墨客那般……早上锻炼身体，先少吃水果，要穿得暖和，戴穆斯林头巾。”他们还建议他只在复活节和逾越节朝圣期间旅行，那时外国人在巴勒斯坦不那么显眼。[②]

尽管巴勒斯坦那时并不是一个明确的国家，甚至都不是一个官方指定的省份，但它是奥斯曼帝国特别关注的对象，原因无他，在于它是主要宗教的交汇点。当局对耶路撒冷表现得特别敏感，在那里，获

① 也译为波洛涅斯，是莎士比亚悲剧《哈姆雷特》中的人物，为人世故圆滑。——译者

② 美国有20座城市以《圣经·新约》中两次提到的士麦那命名（见《启示录》1：10—11和2：8）。Papers of the American Board of Commissioners for Foreign Missions (PABCFM), 5/515/0039, Mission to the Jews, vol. 3: Journal of Eli Smith, Jan. 23, 1827 (“There seems to be”). Tibawi, *American Interests in Syria*, pp. 13 - 14 (“Do nothing rashly”), 17, 23. Parsons, *Memoir*, pp. 222 (“With the spirit”), 240 (“The permission to”). Finnie, *Pioneers East*, p. 151 (“wear a turban”)。

得认可的宗教团体享有广泛的自治，但不允许外国人居住。无论是总督还是宗教团体的领袖，都不大愿意友善地看待一个来自已脱离基督教的教派的外来者，而这个教派的脱离试图打破存在已久的平衡。帕森斯想起了自己的目标——用伍斯特的话来说，就是“让世界回归上帝，回归美德，回归幸福”——还是在1820年12月大步走出了士麦那，3个月后，他拖着冻僵的肢体、酸痛的双脚走进了圣城。

帕森斯宣称自己是有史以来第一个来到“圣墙”（consecrated walls）跟前的美国传教士。相比西方旅行者经常发现人口稀少且贫困的该国其他地区（甚至中东其他地区），帕森斯被耶路撒冷迷住了。登上橄榄山，俯视着西边的老城区和东南边的死海，他认定“世界上没有任何地方比这里的景色更美，或者与神圣和崇高的事件的联系比这里更紧密”。帕森斯受到了各老牌教会，尤其是“拉丁”教会的热烈欢迎，却没能成功地向任何一名犹太人传福音，要知道城里大约有一万名犹太人呢。更令人沮丧的是，帕森斯得知伊斯兰法律禁止建造新教堂，而且规定改变信仰的穆斯林一律斩首。当时，有希望皈依基督教的人唯有希腊人和亚美尼亚人，他们被传教士称为“名义上的基督徒”，是那个“长期腐败、堕落的基督教”的信徒。帕森斯希望，那些当地宗教团体能为新教教徒提供与犹太人和穆斯林的天然联系，并通过他们对基督的奉献激励他们。“这里的确是世界的中心，”他在耶路撒冷待了大约80天后向菲斯克报告称，“这个传教点决不能放弃。大门已经打开。”

1821年春，帕森斯与他的同伴重聚，但此时士麦那的局势恶化起来。希腊——自15世纪以来一直是奥斯曼帝国属地的地方——爆发起义，并迅速蔓延到安纳托利亚的希腊社区。为发泄长期以来积聚的仇恨，土耳其士兵横扫了该地区，肆意烧杀抢掠。这两位传教士被迫逃到来访的美国军舰“合众国号”上避难——这一事件是美国在中东的权力代理人拯救美国信仰代表的众多例子中的第一个。尽管现在安全了，帕森斯却不幸得了痢疾。不过，他仍然保持乐观，坚信“目前的骚乱将……使万国归于基督”。然而在那之前，这些美国人决定离开安纳托利亚，撤退到相对安全的亚历山大港。

帕森斯差点连这段旅途都挺不过去，不得不颤抖着被人从船上抬下来。1822年的整个冬天，菲斯克一直守在这位同伴的床边，照顾他，为他的康复祈祷。但他的努力最终打了水漂。帕森斯经常提到自己对殉难的渴望，这一愿望在2月变成了现实。他去世的消息震惊了美国公理会差会。一位年轻的布道者——本身也是位有抱负的传教士——写下了这段墓志铭：

帕森斯，你的灵魂，受六翼天使的歌声吸引
张开不倦的翅膀，向上飞翔
而今，谁能似他这般为犹大的民族奔忙？
谁能似他这般去动摇那穆罕默德的宝座？①

不过，传教运动不会灰心丧气，普林尼·菲斯克也没有心灰意冷。他乘船去了马耳他，在那里收到公理会差会发来的一台印刷机，并与帕森斯的接替者会合。此人是乔纳斯·金牧师，是阿默斯特学院

① PABCFM, 5/515/0039, Mission to the Jews, vol. 3: Journal of Eli Smith, Dec. 12, 1826 (estimation of Jerusalem's Jewish population). Rev. Harvey Newcomb, *Cyclopedia of Missions* (New York: Scribner, 1854), p. 734. Parsons, *Memoir*, pp. 263, 363 ("no place in the world"), 385 ("The door is already"), 390 ("the present commotions"). Moshe Davis and Yehoshua Ben-Arieh, *With Eyes toward Zion*, vol. 5, *Jerusalem in the Mind of the Western World, 1800 - 1848* (New York: Praeger, 1997), pp. 95 - 96, 144. Finnie, *Pioneers East*, pp. 24, 151 - 52. Joseph L. Grabill, *Protestant Diplomacy and the Near East: Missionary Influence on American Policy, 1810 - 1927* (Minneapolis: Univ. of Minnesota Press, 1969), p. 7 ("Thy spirit, Parsons").

的东方语言教授，身材魁梧、说话唠叨，已志愿为教会服务了3年。他们两人先后会见了英国人约瑟夫·沃尔夫，一位犹太拉比的儿子，在改宗天主教后成了一名英国圣公会教徒并娶了牛津伯爵之女为妻。"思想上不能泄气"，差会又下了新指示，要求传教士们坚持"在黑暗和道德死亡的区域传播光明和生命"。菲斯克、金和沃尔夫随后启程前往埃及，打算继续向巴勒斯坦推进。

在沿着尼罗河上游到达底比斯①的旅途中，传教士们分发了900本《圣经》和3700份宗教小册子，并与他们遇到的各种宗教人物——拉比、教长、牧师等——进行"辩论"。他们见到了流亡的黎巴嫩君主巴希尔二世，他从伊斯兰教皈依了马龙派基督教，得知这些客人是美国人，他非常高兴。"他向我们致以问候，"菲斯克写道，"表情很丰富地吹捧了一通我们的国家，让我们大为自豪。"给传教士们留下深刻印象的还有一位德鲁兹王子，他邀请他们参观他在黎巴嫩的城堡。美国人接受了这个提议，雇了一名向导和13头骆驼带他们穿越西奈沙漠，一路上边唱边聊，沿着地中海海岸来到巴勒斯坦，那里对他们的接待显然是冷淡的。乔纳斯回忆道："阿拉伯人像急流一般扑向我们……他们挥舞着剑、枪和沉甸甸的棍棒……发出可怕的叫喊，就像北美野蛮人战斗时的呐喊。"菲斯克头部受了伤，不过不太严重。这支队伍侥幸逃生，但他们没有掉头转向内陆，走危险的大路前往耶路撒冷，而是继续沿着海岸线前行，最终到达了贝鲁特。②

这座城市有8000人口，其白色的房屋和教堂在海湾之上依山而

① 上埃及地区一古城，古埃及帝国首都。——译者

② Tibawi, *American Interests in Syria*, p.22 ("Suffer not your minds"). *The Missionary Herald: Reports from Ottoman Syria, 1819–1870*, vol.1, ed. Kamal Salibi and Yusuf Khoury (Amman: Royal Institute for Inter-Faith Studies, 1995): Journal of Jonas King, May 10, 1825, p.405 ("the Arabs poured down"). Isaac Bird, *Bible Work in Bible Lands* (Philadelphia: Presbyterian Board of Publication, 1872), p.15. Finnie, *Pioneers East*, pp.154–55 ("He gave us").

建，比耶路撒冷和士麦那有秩序些，也更安全些。虽然毗邻圣地，但它几乎没有巴勒斯坦那样的政治动荡，而且位于海边，便于逃生。此外，英国外交官已经在贝鲁特站稳脚跟，并渴望将自己的保护范围扩大到与他们有共同宗教和文化却没有他们那样的帝国主义目标的人。对这些传教士来说，最吸引他们的是整个叙利亚的黎巴嫩山地区的大量东方基督徒和德鲁兹派信徒，还有一个小型的犹太社区，那里是潜在改宗者的宝库。

当金返回美国、沃尔夫继续漫游时，菲斯克在贝鲁特安顿下来。他已经走遍了该地区的大部分地方，能说流利的阿拉伯语和希腊语，还把自己旅行的详细情况提供给了《传教士先驱报》。现在，他终于决定要对塞缪尔·伍斯特的两个问题“能做何善事”“用何种方式”做出回答了。如果传教士无法使中东人民改变信仰，他至少可以教育他们的子女。菲斯克相信，通过以美国的方式教他们读写，他可以让年轻人敞开心扉，认识到他们有可能通过基督得救。菲斯克的学校是许多注定要改变中东的美国机构中的第一个，它于1823年开学。

这一年也见证了新援军——刚从耶鲁大学毕业的艾萨克·伯德和达特茅斯学院的威廉·古德尔——从美国到来。两人都有妻子随同，这反映出公理会差会认识到了女性在传教事业中的潜在作用。伯德和古德尔协助菲斯克管理学校，并和他一起在从大马士革到安条克和阿勒颇的很多中东城市宣教。

传教士们表现出的纯粹活力和乐观精神成为在波士顿举行庆祝活动的理由。美国公理会差会吹嘘自己成功地向“德鲁兹派、马龙派、叙利亚人和希腊人”宣讲了福音，并已在“世界上最有趣的地区”巴勒斯坦建立了传教点。“真理和正义的标准已然树立起来，”差会成员们夸耀道，“而且绝不会被取消。”著名传记作家、美国参议院牧师塞雷诺·德怀特则设想，终有一日，“满载书籍的传教士们将踏入伊斯兰教最黑暗的隐居处”，那时“救赎的消息”将在“埃及、阿拉伯和波斯”被大声宣布。

事实上，这种自我祝贺毫无根据。尽管传教士们不懈努力，但他们也只是设法使少数东方基督徒皈依了基督教，而且其中大部分人一贫如洗，别无选择，只能接受教会的雇佣或施舍。在黎巴嫩，马龙派反对美国人的活动，这是一个传统上与法国有关系的天主教教派，开办了自己的学堂式学校。“教妇女阅读上帝之言绝非权宜之计！”一位马龙派教士断言，“她们现在什么都不怎么懂就已经够坏了，再教她们读书写字，就根本没法跟她们在一起生活了！”大主教威胁要将任何参加新教活动的马龙派教徒逐出教会，并销毁包括《圣经》在内的所有传教刊物。

在其他中东地区，障碍也同样巨大。刚从耶鲁大学毕业的埃尔内森·格里德利在1825年抵达士麦那后承认：“传教士们对于当地人的改宗毫无信心。就连假装在听福音的人都不到十个。”伊莱·史密斯是一位才华横溢的语言学家（此人很快就会引发阿拉伯字母的复兴），在为美国公理会差会在该地区巡回服务时，描绘了一幅更为惨淡的景象。史密斯哀叹这片“笼罩着黑暗和死亡阴影的土地……充斥着无知、冷漠和邪恶”，讲述了发生在埃及的一件事，当事人是刚刚皈依基督教的一个穆斯林男子和他的妻子：

> 她被带到地方法官面前，被判沉入尼罗河溺死……她不停地大喊“我至死都是基督徒”，但这只会激怒行刑者，加速她的死亡。与此同时，岸上生起了一堆火，用来烧死她的丈夫，但最终……他通过改宗伊斯兰教救了自己一命，他可以做得好像自己从来就不是一个穆斯林，但他的妻子就没有这样的机会了。

同样的命运也几乎降临到了耶路撒冷的普林尼·菲斯克头上。他在1825年因散发宗教小册子而被捕，被戴上镣铐并饱受折磨，直到英国领事发出个人呼吁后，他才被释放。菲斯克很想知道，面对如此厄运，基督自身能得胜吗？①

此时，菲斯克已然筋疲力尽、疾病缠身、意志消沉。他学校里的学生——大多数是犹太人——把他们的《新约》课本卖了换纸，而他为数不多的皈依者之一——阿萨德·希迪亚克因叛教而被捕，正在监狱里等死。在受到穆斯林和马龙派教徒骚扰的同时，菲斯克也感到公理会差会在迫害他，他指责差会修改了他的报告，淡化了希腊主教的友善以及他在试图改变犹太人信仰时遇到的困难。1825年10月，在因病回国休假前，他最后一次前往拿撒勒，但途中被阿拉伯土匪拦截和殴打。菲斯克被送回贝鲁特，接受水蛭和芥末膏的治疗，最后在痛苦中死去。②

"也许有朝一日有人在改写《希伯来书》时……会用上《圣经》世界里著名事工的名字……"一位不知名的牧师说，"其中首推普林尼·菲斯克和列维·帕森斯。"尽管有顽固的学生和马龙派高级教士的抵制，菲斯克建的学校还是生存了下来，而且有所发展。到1820年代末，在黎巴嫩共开办了9所学校，招收了600名学生，其中超过六分之一是女生。贝鲁特传教点向差会保证，"我们的前景前所未有

---

① PABCFM, 5/515/0039, Mission to the Jews, vol. 3: Journal of Eli Smith, March 1, 1827 ("She was brought"); May 13, 1824; April 18, 1825 ("It is by no means"), Gridley to Anderson, Nov. 16, 1826 ("Scarcely ten"). Newcomb, *Cyclopedia of Missions*, p. 735 ("Druses, Maronites"). Burns, *American Idea of Mission*, p. 261. Shepherd, *Zealous Intruders*, p. 40. Field, *America and the Mediterranean World*, pp. 94 - 95, 103, 129 ("missionaries loaded with books"). Julius Richter, *History of Protestant Missions in the Near East* (New York: AMS Press, 1970), p. 187. Tibawi, *American Interests in Syria*, pp. 28 - 29, 42. Grabill, *Protestant Diplomacy*, p. 8.

② Tibawi, *American Interests in Syria*, pp. 25 - 26, 32 - 35, 37 - 39. Field, *America and the Mediterranean World*, pp. 98 - 99, 103. Finnie, Pioneers East, pp. 152, 171, 191 - 92.

的光明”，而且“一扇宽阔而卓有成效的大门似乎的确正在向我们敞开”。在这种信心的支持下，差会又向黎巴嫩山派了更多的传教士，并进而扩展到整个地区。塞缪尔·伍斯特曾告诫菲斯克和帕森斯“勿以善小而不为”。[①] 他们的成就看似微不足道，却为将美国的宗教信仰和公民信仰引入中东开辟了道路。

接下来的几十年将是美国和中东的关键时期。随着奥斯曼帝国不可逆转地衰弱、地方领导人试图争取独立、各大国也想分割出专属欧洲人控制的区域，中东陷入了几乎无休止的动荡和流血之中。与此同时，美国移民将向西推进到加州和俄勒冈州，并向南推进到佛罗里达州和得克萨斯州。联邦将新划定的地方统统纳入版图，但有些地方蓄奴，有些地方都是自由人，这样一来又引发了一个老问题：这些地方能否继续留在一个共同政体内，这些州能否无限期地维持一个共同政体。

美国的扩张和中东的动荡，将使二者之间产生一种新的相互关联的关系。由于技术革新，交通方式有了革命性的变革，数量空前的美国人得以前往中东，深入其中一些最难以进入的地区。当地民众对这些到访者普遍表示欢迎，并在商业、教育和战略等多个方面与他们进行了接触。

在这种动态关系的离心作用下，美国与中东互动中曾经截然不同的权力、信仰和幻想主题将不可避免地交融在一起。像约翰·利雅德那样一心一意的探险家、威廉·伊顿那样的掌权者以及普林尼·菲斯

① George H. Scherer, *Mediterranean Missions, 1808 - 1870* (Beirut: Bible Lands Union for Christian Education, n. d.), p. 7. Adnan Abu-Ghazaleh, *American Missions in Syria: A Study in Missionary Contributions to Arab Nationalism in 19th Century Syria* (Brattleboro, Vt.: Amana Books, 1990), pp. 20 - 21. Kaplan, *Arabists*, p. 21 (“Christian workers”). Tibawi, *American Interests in Syria*, pp. 18 (“day of small things”), 35 - 37, 38 (“a wide and effectual”), 42.

克那样的传道人，将会被商人-福音传道者、传教士-水手和政治家-探险家这样的混合体取代。美国的政策制定者将首次被迫在两者之间做出抉择：是要美国在中东的商业和战略利益的进一步发展，还是要追求他们的伦理和精神理想。

第二部分

南北战争前的美国与中东

第五章

汇合与冲突

1821 年 6 月，在苏丹的烈日下，一名埃及军官停下来从尼罗河里取水喝。他已经旅行了 9 个月，遭遇了足以船毁人亡的急流、敌对的部落和酷热的天气，九死一生。他和他的部队乘着满载大炮、弹药和补给品的驳船，在海上摇摇晃晃地前进。他们的任务是制服频频破坏埃及在非洲内陆贸易的强盗，扩大埃及统治者穆罕默德·阿里的影响力。这位埃及军官自称叫穆罕默德·艾芬迪，在熟人的眼中，他“面色苍白、长相清秀”——这种肤色在中东地区很少见——却带着“土耳其人严肃而冷静的表情”。他跪了下来，双手捧起水举到布满硬壳的嘴唇旁，不过在啜饮之前，他说出了一句祝福语，或者只是在后来写道：“祝伟大而自由的美利坚共和国繁荣昌盛。”

穆罕默德·艾芬迪出生于 34 年前，也就是制宪会议召开的时候，出生地是马萨诸塞州剑桥市，教名是乔治·白求恩·英格里希。他是哈佛大学 1807 届的学生，先学的是法律，后来转向神学和希伯来语。像列维·帕森斯、普林尼·菲斯克以及当时许多研习《摩西五经》的神学院学生一样，英格里希对犹太人产生了深深的敬意，并渴望纠正基督徒对他们所做的“地狱般的恶行和恶魔般的非人道之举”。不过，他不仅仅是在寻求赎罪，与《旧约》的接触使他开始对福音书在历史和神学上的真实性产生怀疑。这种怀疑也促使他仔细阅读了《古兰经》的1688年意大利译本。他的结论是，“默罕默德教是当今世界上人数最多的宗教派别”，他们对《圣经》预言有着更高的要求，也更好地履行了禁止偶像崇拜的摩西禁令——“在基督教世界四分之三的地方普遍崇拜天使和死人”。毫不奇怪，这些异端邪说引发了哈佛的先验论者威廉·埃勒里·钱宁和后来的参议员、国务卿爱德华·埃弗雷特的反驳。然而，这并没有让英格里希止步，他离开了剑桥市，去全世界寻找新的刺激和实质的来源。

他去了“西部”，这个词当时指的是俄亥俄州，先是尝试了新闻工作，后来定居在沃巴什河岸成了一名清教和谐派教徒。然而，由于厌倦了乌托邦主义，英格里希于1817年前往华盛顿，拜访了家族的老朋友、新任国务卿约翰·昆西·亚当斯。亚当斯为英格里希在海军地中海中队谋了个职位，后者被任命为海军陆战队中尉。但在船上服役也让他感到无聊——当时巴巴里战争已经结束——于是在到达埃及后，他辞去了军职。

中东似乎为这位叛逆的年轻人提供了他生活中所缺乏的一切——异国情调、冒险精神，以及他在学生时代激发出的宗教信仰。乔治·英格里希没有回到平凡的马萨诸塞州，而是留在了埃及，皈依伊斯兰教，改名为穆罕默德。①

---

① Pierre Crabites, *Americans in the Egyptian Army* (London: Routledge, 1938), p. 25 ("pale, delicate-looking"). Finnie, *Pioneers East*, pp. 144 – 45, 146 – 47 ("to the prosperity"). Wright, "American Relations with Turkey," pp. 95 – 96. George Bethune English, *A Narrative of the Expedition to Dongola and Sennaar under the Command of His Excellence Ismael Pasha Undertaken by Order of His Highness Mehemmed Ali Pasha Viceroy of Egypt* (Boston: Wells and Lilly, 1823), p. 114 ("the land of the free"). George Bethune English, *The Grounds of Christianity Examined by Comparing the New Testament with the Old* (Boston: A. M., 1813), p. 113. George Bethune English, *A Letter to the Reverend Mr. Cary Containing Remarks upon His Review of the Grounds of Christianity Examined by Comparing the New Testament with the Old by the Author of That Work* (Boston: Printed for the Author, 1813), pp. 76 （转下页）

从哈佛到森纳尔

英格里希的思想开放到异端的地步，他几乎不算是他那个时代美国人的典型。然而，在对中东的迷恋中，他表现出了与约翰·利雅德、列维·帕森斯和威廉·伊顿等各色人物相同的特征。受《圣经》启发，为东方神话着迷，也被权力的派头所打动，英格里希代表了他的国家在中东参与的各种主题的融合——一种越来越常见的混合体。

到了1820年，英格里希的阿拉伯语和土耳其语都已非常流利，并准备将他的才能用于服务埃及政权。通过英国领事的斡旋，他得以面见穆罕默德·阿里之子伊斯梅尔帕夏。英格里希的各种经历给伊斯梅尔留下了深刻印象，但后者最感兴趣的是他短暂的军旅生涯。当时的埃及正致力于实现军队现代化，并为此迫切希望招募欧洲顾问。尽管英格里希曾在美国海军服役，且从未升到中尉之上的军衔，但他在与伊斯梅尔会面后获得了将军头衔，奉命指挥埃及炮兵部队。

如果说增强埃及的进攻能力是伊斯梅尔的目标，那么有浪漫主义倾向的英格里希似乎不太可能实现他的这一目标。这位美国人并没有努力使其军队现代化，而是试图复兴埃及最古老的武器之一——一种车轮上装有对付步兵的刀片的战车。实验彻底失败了，在他开始下一个实验之前，英格里希收到了对苏丹叛军采取行动的命令。伊斯梅尔及其先头部队在陆路前进之时，英格里希则和大部分部队走水路沿尼罗河溯游而上。从1821年9月开始，英格里希和他的

(接上页)("worship of angels"), 118 ("infernal wickedness"). George Bethune English, *Letter Respectfully Addressed to the Reverend Mr. Channing Relative to His Two Sermons on Infidelity* (Boston: Printed for the Author, 1813), pp.9,30.

6000 名士兵——包括土耳其人、贝都因人、北非人——在瓦迪哈勒法瀑布登上驳船，前往大多数埃及人不熟悉、西方人完全不知道的地区。

经过了 100 英里的滚滚旋涡和急流瀑布，这段旅程其实极为痛苦。“一侧船舷距离汹涌的白色泡沫不到 1 码，”英格里希回忆道，“我们的舵手扯下头巾，双手合十，向天绝望地高呼：‘我们迷路了！’其余的船夫都在大声向上帝呼救。”这位探险家在这场严酷的考验中幸存下来，却患上了严重的“红眼病”，并因此失明了好几天。尽管如此，他还是设法恢复了过来，并跟着一艘驳船，在白尼罗河的源头巴哈阿比亚德（Bahar al-Abiad）上了岸。

与 15 年前的威廉·伊顿一样，英格里希带领过一支大探险队穿越了中东的一片荒无人烟之地；也像约翰·利雅德一样，英格里希对沿途所见所闻都留下了生动的描述，从摇摇欲坠的村庄到荒凉的不毛之地。他注意到了奴隶的困境、土匪的嚣张，还有刚刚受过割礼的 20 岁部落男子的明显不适。尤其令他着迷的是河岸两旁的废墟“现在淹没在敬拜者扬起的尘土中”，他经常在夜间从护送他的车队的眼皮底下溜出去探索一番。“尼罗河之旅可以视为人类道德史的一个缩影，”他以经验证实道，“我们几乎在每个阶段都会遇到它迷信和暴政的历史遗迹。”

从巴哈阿比亚德出发，英格里希率领自己的部队穿过一片刚被伊斯梅尔的骑兵蹂躏过的乡村，从被烧毁的村庄和散落着尸体的荒野经过。他憎恶埃及士兵的烧杀掠夺，称他们为“倒霉的通奸者”。他惊骇地看着其中 40 人“用沉重的木槌、6 到 8 英寸见方的尖头木棒反复击打一些造反分子的屁股，像赶牲口一样驱赶他们”。在森纳尔，等待英格里希的是更为可憎的景象。30 多年前，利雅德试图到这座城市却没能如愿。在英格里希想象中，那地方有熙熙攘攘、异彩纷呈的商队，但他实地看到的是400间脏兮兮的草棚，住的是“可恶”的人，吃猫和啮齿动物，而那里的女人，他声称是他“这辈子见过的最丑的女人”。

英格里希当时饿得半死、衣衫褴褛，几乎不成人形。然而，这次远征被认为是成功的，埃及将其宗主权扩大到了苏丹。返回亚历山大港休养的英格里希，跟传教士约瑟夫·沃尔夫慢慢熟了起来。沃尔夫是位改宗的英国犹太人，试图劝说英格里希重新皈依基督教。英格里希还遇到了普林尼·菲斯克，后者还在为列维·帕森斯的去世而悲痛。菲斯克也为拯救英格里希这位桀骜不驯的将军付出了自己的努力，结果发现自己亦陷入了困境。“对真理的顽固敌意是你灵魂的主要问题。”菲斯克斥责英格里希道，“我认为你的情况是我所知道的最可悲也最危险的个例之一。”

尽管英格里希无意恢复自己以前的信仰，却的的确确惦记着自己的故乡。1822年底，他离开了埃及，登上了返回美国的船只。他出版了一本关于苏丹远征的回忆录，这本书让他自己——和中东——备受关注。“几艘美国蒸汽船……很快会使尼罗河像我们的哈得孙河、帕托马克河或密西西比河一样通航。”年迈的约翰·亚当斯在读完这本书后说道。[①] 前总统的儿子约翰·昆西也对这本书印象深刻，并在国务院愉快地接待了英格里希。国务卿还邀请他的这位老朋友再次来为政府工作。派给英格里希的任务是运用他的非凡技能确保美国和奥斯曼帝国之间首个条约的签订。

---

① English, *Narrative of the Expedition to Dongola and Sennaar*, pp. 18 - 20, 32 (“We are lost!”), 49, 59 (“luckless fornicators”), 61 - 62 (“monuments of his”). See also Finnie, *Pioneers East*, p. 147. Wright, “American Relations with Turkey,” p. 96 (“Obstinate hostility to the truth”). *Adams-Jefferson Letters*: Adams to Jefferson, March 10, 1823, p. 591.

厚礼与厚颜

自18世纪末以来，世界上现存最古老的帝国与最年轻的共和国之间的关系一直处在模棱两可的状态。亚当斯总统认为土耳其宫廷对美国的贸易至关重要，是“欧洲的政治舞台”，1798年，他任命南卡罗来纳州众议员威廉·劳顿·史密斯为美国驻奥斯曼帝国首任公使。然而，史密斯拒绝了这一任命，因此该职位一直虚悬。杰斐逊也认为，“权宜之计”是美国“与奥斯曼帝国相提并论”，至少也得跟普鲁士不相上下，但他从未跟进过该计划。美国将打败巴巴里海盗，使其与中东的贸易翻两番，并向中东派遣数百名传教士——但所有这一切都与该地区的超级大国没有官方关系。

华盛顿与土耳其宫廷之间没有订立条约，很大程度上要归因于美国的反伊斯兰情绪，但这也反映出欧洲的反美政策。由于担心自己在中东地区的经济优势受到挑战，英国和法国想方设法阻挠苏丹与总统之间的任何谈判。“对于土耳其宫廷来说，与［美国］签订贸易条约没有任何好处，因为这样的条约会触怒大英帝国。”这是1820年12月为苏丹马哈茂德二世准备的一份奥斯曼帝国官方报告上的结论。报告的作者还指出，在最近与奥斯曼帝国的阿尔及尔、突尼斯和的黎波里的冲突中，美国人表现出了好战性。在中东经营的美国商人因此被收过高额关税，还经常被奥斯曼帝国的密探和警察任意逮捕。“我们的同胞，没有驻奥斯曼帝国的大使的保护，仍然任由当地人摆布。”波士顿的乔治·巴雷尔在1818年访问伊斯坦布尔后回忆道。然而，有位美国人想保护自己同胞的利益，他叫大卫·奥弗雷，以前是费城人。

虽然没有奥弗雷的肖像留存下来，但人们或许可以想象一下他穿着传统贵格会教徒所钟爱的样式简单的黑色马甲，表情严肃又积极上进的样子。奥弗雷是另一种混合体，他之所以被吸引到中东，不仅因为他的宗教信仰，也因为他对利润的热爱。不过，1811 年在士麦那建立了一家贸易公司后，他很快发现自己的生意因大量关税而举步维艰。奥弗雷厌恶为他所谓的"对假想危险的虚假保护"付费，他跟奥斯曼帝国的官员套交情，一起喝了几十杯咖啡、抽了无数管水烟之后，才终于有机会进了帝国海军司令卡普丹帕夏的宫廷。1815 年，奥弗雷就是在此支付了 2000 美元的"小费"，为美国人获得了与欧洲人同样的治外法权。不过，在这位卡普丹因叛国罪被处决之后，他不得不在第二年重复这一过程的大部分内容，但到那时，奥弗雷已经学会了他认为是中东外交规则的东西，即"厚礼与厚颜"的结合。

奥弗雷发达起来，最终手上掌握了停靠在士麦那的三分之二美国商船的生意，比如储存货物、维修船体。他甚至每年收 60 美元替商船监禁它们不守规矩的船员。然而，他不能签发护照，甚至不能保护美国的财产。奥弗雷千方百计地在他出生的国家和他所选择的居住地之间建立真正的外交关系，但他的努力仍遭到欧洲人的反对。①

在这方面取得突破的希望看起来很渺茫，直到 1819 年到来，这一年，达成美国-奥斯曼条约的想法在约翰·昆西·亚当斯灵活的头脑中固定了下来。被历史学家约翰·加迪斯称为"19 世纪最有影响力的美国大战略家"的亚当斯，似乎从他那宽阔高耸的前额到他那坚

---

① *Adams-Jefferson Letters*: Adams to Jefferson, June 6, 1785, p. 133. Republic of Letters: Jefferson to Madison, April 15, 1804, p. 1309. Kennedy, *American Consul*, pp. 94 – 95. Barrell, *Letters from Asia*, pp. 13 – 14. Field, *America and the Mediterranean World*, p. 118 ("bribery and brass"). Josiah Brewer, *A Residence at Constantinople in the Year* 1827, *with Notes to the Present Time* (New Haven: Durie and Peck, 1830), p. 71. Bryson, *American Diplomatic Relations*, pp. 17 – 18. Wright, "American Relations with Turkey," pp. 58 – 63. Finnie, *Pioneers East*, pp. 26 – 29, 30 ("Imaginary Protection"). Ades Nimet Kurat, "Archival Documents concerning Relations between Turkey and the United States of America," *Journal of Historical Research* [Turkish] 5(1964): 290 ("There is no benefit").

定的嘴巴以及带着探究之情的拱形眉毛，都散发着智慧。青年时代的亚当斯曾代表自己的国家走进欧洲一些最显赫的宫廷，现在，这位52岁的美国国务卿明白美国与伊斯坦布尔关系正式化的价值所在。这样的条约将为身为新英格兰人的亚当斯所推崇的中东贸易提供保护，并为身为忠实基督徒的他深为同情的传教士提供额外的安全保障。

亚当斯不动声色地推进着自己的计划，选择了一位值得信赖但狡猾的纽约律师——卢瑟·布拉迪什——作为代理人。与奥弗雷一样，布拉迪什也是一名成功的商人，对自己的信仰也很狂热——后来他成为美国圣经协会的主席。布拉迪什乔装成一名普通的观光客，登上了美国军舰“星火号”（Spark），计划前往伊斯坦布尔。但在达达尼尔海峡，船被拦住，不准进入马尔马拉海。布拉迪什不得不在士麦那下船，从陆路前往奥斯曼帝国首都。

身材发福且不善言辞的布拉迪什，并不适合在中东开展不登大雅之堂的外交。对于需要继续贿赂奥斯曼帝国外交部长哈莱·艾芬迪，同时还要避开欧洲的干预，他大为愤慨。然而，奥斯曼帝国似乎有意达成一笔交易，尤其是如果交易中包括美国武器和军舰等礼物的话。一份呈给苏丹的备忘录声称：“尽管美国以前只是个小共和国，但如今它几乎与大不列颠一样强大。其大炮铸造厂、弹药库、火药厂和武器库的状况都不错。”根据这些要求，布拉迪什估计该条约将耗费近5万美元——其中7000美元用于“使哈莱维持当前的看法不变”——如果条约缔结，很可能会让美英当前的紧张关系雪上加霜。[①] 亚当斯可

① John Lewis Gaddis, *Surprise, Security, and the American Experience* (Cambridge: Harvard Univ. Press, 2004), p. 15. Mary W. M. Hargreaves, *The Presidency of John Quincy Adams* (Lawrence: Univ. Press of Kansas, 1985), pp. 29 - 30, 38. Field, *America and the Mediterranean World*, pp. 119 - 20 ("preserve him"). Finnie, *Pioneers East*, pp. 51 - 52. Wright, "American Relations with Turkey," pp. 28, 78 - 81, 89. Kurat, "Archival Documents," pp. 292 ("Though once only"), 308 - 9 ("Their cannon foundries").

能觉得这个价格高得离谱——没有发现这方面的记录——但无论如何，美国—奥斯曼帝国之间协议的整个问题很快就变得毫无意义了。先是哈莱遇刺，然后，从1821年开始，奥斯曼帝国不得不全神贯注对付希腊的反叛，无暇他顾。

19世纪的西方人将希腊视为位于近东尖端的南欧国家。然而，从政治上讲，作为奥斯曼帝国不可或缺的一部分，希腊对整个中东地区的局势都有影响，其爆发的独立战争很快证明了这一点。希腊人和土耳其人之间的战争也在士麦那爆发了，列维·帕森斯和普林尼·菲斯克差点在那里丧命。对美国来说，这场危机成了未来不断进退两难的根源，使其与该地区的关系陷入了自巴巴里战争以来前所未有的困境。与北非的战争迫使美国人被迫在贿赂海盗和对其动武之间做出选择，而希腊的独立战争提出了一个更为根本性的问题。美国是应该优先考虑其在中东的经济利益，还是应该坚持其民主理想而将经济考量置之脑后？

美国对希腊起义的反应，很大程度上是“亲希腊精神”（Philhellenism）或“热爱希腊的一切”的产物，那是一种在政治上和智慧上推崇古希腊文明的倾向。像拜伦勋爵和当时其他有教养的欧洲人一样，受过教育的美国人也对古典文学了如指掌。他们以希腊历史和神话中英雄的名字给自己的孩子起名，以希腊城市雅典、斯巴达、特洛伊等名字来命名他们的城镇。从艺术和建筑，到文学与政府，美国生活的方方面面几乎都可以看到希腊主题。托马斯·杰斐逊在一封写给他年长的朋友约翰·亚当斯的信中表示，他渴望“看到荷马和狄摩西尼①的语言从一个自由而富有创见的民族的嘴里纯正地流淌出来”。

① 古希腊最伟大的政治家、演说家和雄辩家，希腊联军统帅。——译者

很多美国人都有一个同样的梦想，将希腊像《圣经》中的以色列一样视为自己的文化发源地，将希腊对自由的追求与美国最近对暴政的反抗视为一致之举。

希腊的起义不仅打动了美国人浪漫的一面，也唤起了美国人的宗教信仰。大部分美国民众认为这场冲突是伊斯兰教与基督教的一次对决，把希腊人视为近代十字军战士。甚至像《北美评论》这样名义上的世俗出版物也宣称："凡苏丹的武装取胜之处，乡村教堂要么被夷为平地，要么被可憎的穆罕默德主义所污染。"一群纽约妇女以实际行动强调了这一点，她们在布鲁克林高地竖起了一个巨大的十字架，上面刻着"希腊人的事业神圣不可侵犯"，从曼哈顿一眼就可以看到的。约翰·亚当斯在给杰斐逊的回信中承认："我昔日的想象正在点燃一种对希腊人之事业的传教热情。"

当希腊临时政府要求"宾夕法尼亚州、华盛顿州的民众和富兰克林的同胞们"帮忙"清除在希腊境内400年且污染了希腊土地的野蛮人"时，它无疑是知道美国人对希腊的热爱和对伊斯兰教的反感的。这一呼吁引发了无与伦比的热烈反应。哈佛大学的爱德华·埃弗雷特宣称："这样的呼吁……必定让……美国人认识到自己的国家在世界政治复兴中所扮演的伟大而光荣的角色。"威廉·亨利·哈里森这位边疆将军及未来的美国总统，呼吁为希腊发起一场全国性动员。"人性、政策、宗教——都需要动员，"他宣布，"星条旗必须在爱琴海飘扬。"

成千上万美国人随后响应了这一号召。耶鲁大学和哥伦比亚大学的学生为希腊独立举行了示威游行，奥尔巴尼、里士满和萨凡纳的市民则举行了"希腊舞会"。为了纪念一名希腊将领，密歇根的一个镇子改名为伊普西兰蒂。全国各地的社区都召集起来，筹措资金为希腊的孤儿提供住所，为挨饿的希腊公民提供食物。康涅狄格州的牧师托马斯·罗宾斯在日记上写道："今天在这里为希腊人的利益举行了一次会议，筹到了一整座房子和60美元捐款。”美国人共筹集到差不多10万美元（约合现在的200万美元），并资助建造了一艘希腊旗舰——配备64门大炮的“哈得孙号”护卫舰。

对有些美国人来说，仅仅做慈善是不够的，他们愿意把自己的生计甚至生命都献给希腊。塞缪尔·格里得列·豪是位废奴主义者、医生和残疾人教育方面的先驱，也是《共和国战歌》[①] 的作者茱莉娅·沃德·豪的丈夫，他自愿为希腊提供医疗服务。豪在回忆录中生动地描述了希腊男子是如何“像动物一样在街上”被随意屠戮，牧师是如何被处决，女人和年轻男孩儿是如何被强行带走“以满足富人的兽欲”，以此激励其他人像他一样帮助希腊。豪的追随者中有个叫乔治·贾维斯的纽约人，在希腊陆军任中将；还有个来自巴尔的摩的詹姆斯·威廉姆斯，曾与斯蒂芬·德凯特在阿尔及尔并肩作战，现在为希腊与土耳其海军作战。[②]

民众对希腊起义的支持意味着国会不能再对这个问题视而不见。肯塔基州国会议员亨利·克莱坚称，美国应考虑承认独立的希腊国。“我想到的是现代希腊而非古代希腊，是活着的希腊而不是死去的希腊……一个为生存、为人类共同的生存权而战的希腊。”马萨诸塞州代表丹尼尔·韦伯斯特慷慨激昂地说，他还呼吁不仅提供外交援助，也要为英勇奋斗的希腊人提供军事援助。然而，并不是所有美国人都

① *Battle Hymn of the Republic*，美国爱国歌曲，南北战争期间十分流行。——译者

② Bryson, *American Diplomatic Relations*, p. 10 (“fellow-citizens of Penn”). Myrtle Cline, *American Attitude toward the Greek War of Independence, 1821 – 1828* (Atlanta: Higgins-McArthur, 1930), pp. 29 (“Sacred to the cause”), 63 (“My old imagination”), 98 (“Humanity, policy”). Edward Mead Earle, “Early American Policy Concerning Ottoman Minorities,” *Political Science Quarterly* 42 (March 1927): 45 (“purge Greece”), 46 (“how spontaneously”), 47, 55 – 56. Field, *America and the Mediterranean World*, p. 121 (“see the language”). Little, *American Orientalism*, p. 12 (“Wherever the arms”). Thomas Robbins, *Diaries, 1796 – 1854* (Boston: Thomas Todd, 1886): vol. 2, entry for April 11, 1829, p. 90. Samuel Gridely Howe, *An Historical Sketch of the Greek Revolution* (New York: n. p., 1828), pp. 36 – 38.

赞同这些提议。韦伯斯特的许多新英格兰选民回忆起他们在巴巴里战争期间遭遇的困难，反对任何有可能刺激土耳其干涉利润丰厚的地中海贸易或在奥斯曼帝国的传教工作的政策。

怎么才能将商人与传教士在中东的利益，与大多数美国民众表现出的亲希腊倾向调和在一起呢？这就是当前约翰·昆西·亚当斯面临的窘境。这位国务卿一方面认识到了与土耳其宫廷保持友好关系的巨大物质利益和精神利益，另一方面又认为伊斯兰教是一种“狂热和欺诈”的宗教，它建立在“穆斯林对异教徒天生的仇恨”和“用刀剑征服他人”的基础上。他渴望成为第一份美国—奥斯曼条约的缔造者，但他同时也同意一些美国人的看法，即希腊战争是基督教世界和“充斥暴力与欲望的穆斯林教义”千年斗争的最新阶段。

在制定希腊政策时，亚当斯还有另一条原则需要考虑。他担心，通过干预欧洲大陆支持希腊，美国可能会有损于自己反对欧洲进一步征服西半球的立场，正如门罗主义①所宣称的那样。亚当斯对此非常担心，以至于当詹姆斯·门罗总统宣布自己打算承诺为叛乱提供军事援助时，亚当斯努力劝阻。他认为，欧洲人肯定会利用这一声明来恢复他们在南美的殖民统治，进而主导加勒比贸易。他的论点最终动摇了门罗总统的决定。门罗告诉国会，虽然美国“珍视这种……支持希腊自由与幸福的情感”，但它不准备干涉欧洲内部事务。②

---

① 可以概括为：美国外交政策，表明会采取行动维护其在南北美洲的利益。——译者

② Samuel Woodruff, *Journal of a Tour to Malta, Greece, Asia Minor, Carthage, Algiers, Port Mahon, and Spain* (Hartford: Cooke, 1831), p. 11. Bryson, *American Diplomatic Relations*, pp. 11 - 12 ("cherish[ed] sentiments"), 13 - 15. John Quincy Adams, *The American Annual Register, 1827 - 1829* (New York: Blunt, 1830), pp. 269 ("fanatic and fraudulent," "Ismael," and "doctrine [of] violence"), 274 ("the subjugation of others"), 299 ("the natural hatred"), 303. Samuel Flagg Bemis, *John Quincy Adams and the Foundations of American Foreign Policy* (New York: Knopf, 1956), p. 388. See also *American Philhellenes and the War for Independence*, http://www.ahepafamily.org/d5/Grk%20Inde-mar02.htm.

美国决定不向希腊提供援助，这大大提升了它在伊斯坦布尔的形象。与此同时，欧洲人对叛军的支持导致他们在土耳其宫廷的影响力减弱。对亚当斯来说，现在正是重新寻求缔结美国-奥斯曼条约并再度让乔治·白求恩·英格里希的才华派上用场的理想时机。

伊斯兰首都的美国穆斯林

亚当斯在聘英格里希为美国驻奥斯曼帝国的秘密特使后，对他下达指示："事情进展如何，取得哪些成绩，你要以私人信件通知我。只要你方便并且时机安全，就要经常把你了解到的美国会感兴趣的信息告知我，不管是商业方面的还是政治方面的。"英格里希的第一项任务是与新卡普丹——胡斯雷夫·迈哈默德帕夏——接触，如果不是和苏丹本人一起的话。

英格里希写道，1823年11月5日，他作为一名"从遥远的国家来到伊斯兰之都的美国穆斯林"，身着当地服饰进入伊斯坦布尔，并在该城最古老的街区租了个房间。随后，他开始小心翼翼地建立自己的人脉——先结识了苏丹的图书管理员，然后是级别更高的事务总管。每一条人脉都让他离自己的目标更近一步，但代价是他自己成了目标。"我的处境充满了危险与不安，"他向亚当斯坦言，"我经常听到有人指责我是伪装的希腊间谍，我的仆人在我出门时从不跟着我……以免被瞄准我的子弹殃及。"

1月4日，英格里希终于获准去见胡斯雷夫，后者此时正全神贯注于希腊的军事形势，并且"一门心思想着怎么保住自己的脑袋和地位"。他也忧心欧洲对其国家领土的索求，以及对中东市场的计划。因此，英格里希向他保证，美国对奥斯曼帝国的领土绝无觊觎之心，要的只是开放互利的贸易。此外，美国是个尊重包括伊斯兰教在内的所有宗教的国家，在美国“一位穆斯林公民……会享有与基督教公民完全一样的权利”。对这番陈词印象深刻的卡普丹同意讨论起草条约，但为了避免欧洲人的阴谋破坏，讨论只能在船上秘密进行。英格里希明白，这也保证了卡普丹独吞所有贿赂，不必让他人分一杯羹。他向亚当斯保证：“到目前为止，我处理得很好。”

然而亚当斯并不放心。英格里希对搞阴谋活动的嗜好以及对贿赂的随意使用，令拘谨刻板的国务卿深感不安，并导致他不信任这位代理人有作为国际条约谈判代表的能力。因此，他将英格里希降职为地中海中队指挥官约翰·罗杰斯的译员。亚当斯指示罗杰斯继续与卡普丹的会面，与奥斯曼人达成类似于英国和法国所享有的条件，并注意自己的言行举止，确保不会被解读为支持或反对希腊人。准将还可以向胡斯雷夫承诺，“他的斡旋将在交易中得到恰如其分的评估”。①

罗杰斯是一名在巴巴里战争中获得勋章的老兵，为人循规蹈矩，他被指派去清除舰队中的酗酒和决斗现象，而不是与奥斯曼帝国的领导人进行敏感的会谈。罗杰斯缺乏外交手腕，再加上胡斯雷夫专注于希腊，推迟了对两国条约的进一步讨论。直到 1826 年 7 月 5 日——英格里希到达伊斯坦布尔两年半后——这位准将才终于与卡普丹会面，地点在忒涅多斯岛②与莱斯沃斯岛③之间。美国海军舰队中的“北卡罗来纳号”和“宪法号”的水手，身穿白色的摩尔人服装登上了奥斯曼人的旗舰，为船员们合唱了一曲《哥伦比亚万岁》。双方互换了礼物——罗杰斯得到的是丝绸和水烟，胡斯雷夫得到的是镶着宝石的戒

---

① Hargreaves, *Presidency of John Quincy Adams*, 86. Wright, “American Relations with Turkey,” pp. 96–97 (“You will inform me” and “American Mussulman”), 109–10 (“much engaged” and “his good offices”).

② 爱琴海中一个富庶的小岛，与特洛伊城隔海相望。——译者

③ 爱琴海东部的一个希腊岛屿，与土耳其陆地靠得很近。——译者

指、手枪和鼻烟壶。借助英格里希的翻译，双方同意罗杰斯前往士麦那，在那里等待条约获批的消息。随后，卡普丹解缆离开，而且一边以枪致敬，一边扬起苏丹的个人旗帜，这是西方人从未获得的礼遇。

罗杰斯的确去了士麦那，在那里成为奥弗雷的座上宾，参加了各种社交聚会，并招待了一些低阶官员。他等了一年多，但始终没有收到土耳其宫廷的答复。与此同时，亚当斯当上了总统，更有能力推动条约的缔结了。然而，如果这位众所周知的“老牌雄辩家”是个威风的政治家，那么他作为国家元首的表现就没有那么出色了。亚当斯政府非但没有安抚土耳其人，反而一再发表支持希腊独立的声明，引发了各种关于美国在秘密武装叛军的谣言。苏丹抱怨道：“看到这些法兰克人[①]是怎么从不信守诺言的了吧。更明智的做法是尊重大不列颠的立场，用政治拖延美国人。”亚当斯通过在这场“最不平等的冲突”中表达对“受苦受难的希腊人”的同情，并祝愿他们获得“人性和自由的胜利”，进一步疏远了土耳其人。

亚当斯不但成功地激怒了奥斯曼帝国，还激怒了乔治·英格里希，后者批评了他的轻率，并指责他毁掉了能达成条约的任何残存希望。对一位多年来未能与伊斯坦布尔达成任何哪怕是有限的协议而感到沮丧的总统进行抨击，现在显然是个错误的时机。总统对英格里希的看法几乎没有被大卫·奥弗雷改善，奥弗雷把英格里希说成是一个暗中与苏丹结盟的反复无常的叛徒。这些中伤起效了。亚当斯指责英格里希“行为不端……令人极为痛心”，还有“近乎疯狂的怪癖”，决定断绝与他的这位私人特使和老朋友的一切联系。他写道：“我现在再也无法给其任何支持了。”英格里希乘船回到美国，试图在白宫为自己辩护，但没有成功。这位失去工作的前神学院学生、前海军陆战

① 5世纪时入侵西罗马帝国的日耳曼民族的一支，统治着现为法国和德国的地区，建立了中世纪初西欧最大的基督教王国。——译者

队中尉和穆斯林将军于1828年9月20日去世，没有死在伊斯兰的首都，而是死在了他的祖国美国的首都。①

奇迹之年：1830年

英格里希去世之时，恰逢中东政局似乎在不可阻挡地下滑，土耳其与美国签订条约的可能性进一步降低。利用奥斯曼帝国在希腊的纠葛，帝国的所有省份都在跃跃欲试开始要求自治。与此同时，各大国担心希腊脱离奥斯曼帝国的统治将导致奥斯曼帝国的彻底解体，并引发一场争夺其领土的欧洲大战。因此，它们希望维持希腊的现状。但土耳其宫廷痛恨外人对其内政的干涉，于是派出了一支奥斯曼帝国和埃及的联合舰队开赴希腊南部。法国、英国以及俄国的炮艇拦截了该舰队，并于1828年10月20日在纳瓦里诺湾（今皮洛斯）附近击沉了苏丹舰队四分之三的船只。

土耳其人在纳瓦里诺的惨败鼓舞了希腊人寻求独立的勇气，并开启了对奥斯曼帝国土地的争夺，而这是列强们原本希望避免的。随后，俄国人在1829年征服了保加利亚边境的大片地区，法国则于一年后在阿尔及尔部署了2.4万名士兵，开始了对这个国家长达130年的占领。所谓的“东方问题”——如何处理瓦解的奥斯曼帝国？——注定要在下个世纪的大部分时间里困扰欧洲，引发一场战争（克里米

① Bemis, *John Quincy Adams*, p.468. Hargreaves, *Presidency of John Quincy Adams*, pp.85–86, 121. Finnie, *Pioneers East*, pp.53–56. Wright, “American Relations with Turkey,” pp. 109–10, 148 (“misconduct”). John Quincy Adams, *Chronology, Documents and Bibliographical Aids* (New York: Oceana Publications, 1970), p.84 (“suffering Greeks”). Kurat, “Archival Documents,” p. 293 (“See how these Franks”).

亚战争），并促成另一场战争（第一次世界大战）爆发。

一个讲阿拉伯语的中东摆脱奥斯曼统治的概念也由此诞生。穆罕默德·阿里曾是一名阿尔巴尼亚雇佣兵并在本世纪早些时候被派往埃及帮助该国从拿破仑手中解放出来，此刻他对自己战舰的损失以及奥斯曼帝国拒绝为他与希腊人作战支付酬劳而大为光火。此时，穆罕默德·阿里除了名字之外跟伊斯坦布尔毫无关系，在法国人的慷慨支持下，他准备率兵进军安纳托利亚，建立自己的帝国。①

欧洲列强及其当地盟友对整个奥斯曼帝国省份的瓜分，似乎不利于奥斯曼帝国领导人与另一个西方国家——美国——的领导人达成任何协议。而且，美国人还为欧洲在纳瓦里诺的胜利而欢欣鼓舞，威斯康星州的一个小镇甚至以这场战役的名字来命名。然而，奥斯曼帝国迫切需要一个与欧洲抗衡的外交力量，军舰也急需补给，因而愿意对这些轻慢视而不见。据报道，奥斯曼外交部长对一位英国商人说："不管你们怎么对待我们，美国人都将是我们的好朋友。而且一艘美国船……抵得上你们国家两艘同样大小的船。"当欧洲领事因害怕遭到报复而逃离伊斯坦布尔时，美国人却在首都受到了热烈欢迎，并被告知苏丹对条约重新产生了兴趣。然而，美国国内的反土耳其情绪一直阻碍人们对这一提议予以积极回应，直到 1830 年，这一年一位新人入主白宫。

本是一个身无分文的孤儿和娃娃兵的安德鲁·杰克逊，最终将自己打造成了一名杰出的律师、参议员和 1812 年战争的英雄，他和他

① 有关穆罕默德·阿里的统治和政策的通史，参见：Henry H. Dodwell, *The Founder of Modern Egypt: A Study of Muhammad 'Ali* (1931; reprint, New York: AMS Press, 1977), and Afaf Lutfi al-Sayyid Marsot, *Egypt in the Reign of Muhammad Ali* (Cambridge: Cambridge Univ. Press, 1984). See also Shimon Shamir, "Egyptian Rule (1832 - 1840) and the Beginning of the Modern Period in the History of Palestine," in Gabriel Baer and Amnon Cohen, eds., *Egypt and Palestine: A Millennium of Association (868 - 1948)* (New York: St. Martin's, 1984), pp. 214 - 31。

那些出身特权阶层的前任几乎毫无相似之处。他不像亚当斯那样恪守外交礼节，在处理外交事务时与其说是“老牌雄辩家”，不如说是“老山胡桃”①。杰克逊想跟奥斯曼帝国做生意，不愿意让任何障碍阻挡他，甚至连民众对希腊的同情也不行。作为其政府的首批外交决策之一，杰克逊宣布他决心“不遗余力地为我们的国旗［在奥斯曼帝国土地上］争取到与欧洲列强们享有的同样的特权”，并寻求与土耳其宫廷签订正式条约。

杰克逊在谈判代表的人选上恰如其分地选择了大卫·奥弗雷，陪同他的是美国海军准将詹姆斯·比德尔和纽约商人查尔斯·林德。1830年2月，三人在伊斯坦布尔开始了谨慎的商讨，却遭到了英国人一贯的阻挠。尽管如此，这几个美国人还是坚持了下来，终于在5月7日与奥斯曼帝国签订了美国有史以来第一份航海和商业条约。该条约授予美国治外法权以及在黑海进行贸易的许可。杰克逊在向国会提交条约时，赞扬了“苏丹……最友善的款待”以及“他表现出的那种有助于促进两国之间交往的……开明个性”。美国则承诺以折扣价向奥斯曼帝国海军提供各种炮艇，包括“双甲板舰、护卫舰、轻型巡洋舰和双桅船”。②

---

① Old Hickory，是田纳西人、美国第七任总统安德鲁·杰克逊（1767—1845）的绰号，因作风强硬而知名。——译者

② 参议院批准了该条约，但反对提供军舰。杰克逊选择无视参议院的反对，继续向土耳其出售武器。Robert V. Remini, *Andrew Jackson and the Course of American Freedom, 1822－1832,* vol. 2 (New York: Harper & Row, 1981), p. 289 (“to leave no proper” and “the most friendly”). Kurat, “Archival Documents,” pp. 293－94. John M. Belohlavek, *Let the Eagle Soar!: The Foreign Policy of Andrew Jackson* (Lincoln: Univ. of Nebraska Press, 1985), pp. 130－38. Donald B. Cole, *The Presidency of Andrew Jackson* (Lawrence: Univ. Press of Kansas, 1993), p. 128. Field, *America and the Mediterranean World*, pp. 145－46 (“Americans will be”). Lester D. Langley, “Jacksonian America and the Ottoman Empire,” *The Muslim World* (Hartford: Duncan Black Macdonald Center, Hartford Seminary Foundation, 1978), pp. 46－49. Tungay, “Ottoman-American Trade,” pp. 208－11. 美国-奥斯曼条约的文本参见：Hurewitz, *Middle East and North Africa*, pp. 246－47。

因此，1830年理应作为南北战争前的美国与中东关系的一个转折点而被铭记。这一年，美国在奥斯曼帝国土地上获得了与欧洲同等的法律地位和商业地位；这一年，时任美国总统开创了向该地区出售武器装备的先例。一个被描述为“完全在美国控制和监管下”的海军造船厂在伊斯坦布尔很快投入运营，生产出了11艘战列舰、12艘护卫舰以及世界上最大的战舰——934吨的“马哈茂德号”（Mahmud）。美国官员获准在这些船上担任顾问，而寻求“提高航海技术和海军战术”的土耳其军校学员则在美国船只上接受指导。除了重新装备奥斯曼帝国海军之外，美国还为其地面部队配备了哈珀斯费里步枪①、柯尔特左轮手枪和美式大炮。

然而，武器销售不过是1830年开始的快速繁荣起来的美国与中东贸易的一部分。在新条约的保护下，商人们带着美国工业的各式最新产品横穿帝国，从假牙到一种其发明者发誓“可以在没有火药的情况下射出子弹”的机器。据一位驻安纳托利亚的传教士说，美国制造的“椅子和桌子、书籍和书柜、美式钟表和玻璃窗”只是美国用来交换椰枣、无花果和地毯的一些产品。美国的纺织品在这整个地区特别值钱。一位到达大马士革的美国游客报告说，他看到前往小亚细亚的大篷车上满载着一捆捆美国棉花；另一名游客则注意到安纳托利亚的棉花包上印有“马萨诸塞州，洛厄尔，特雷蒙特米尔”字样。在波斯湾地区，人们常用“merkani”一词指代布料，在土耳其则用“americano”②一词。③

---

① Harpers Ferry rifles，美国国家军械库制造的第一款枪，也是一款燧发火枪，很重且容易失火。——译者

② 该词有“美国佬”之意。——译者

③ 感谢苏丹买他的枪，塞缪尔·柯尔特送给对方一把镀金左轮手枪，上面刻有乔治·华盛顿和国玺的图案。今天价值500万美元的这把枪在纽约的大都会博物馆展出。Wright, “American Relations with Turkey,” p. 138. Diplomatic Instructions of the Department of State, 1801–1906. Turkey. April 2, 1823–July 9, 1859. Microfilm 77, roll 162: John Forsyth to David Porter, May 16, 1837 (“improvement in seamanship”). Finnie, *Pioneers East*, pp. 16, 163–65, 175. Field, *America and the Medite-* （转下页）

在奥斯曼帝国全境站稳脚跟后，美国商人开始将冒险的足迹扩展到其疆域之外。在阿拉伯半岛顶端的也门，他们买走了咖啡作物年产量的一半；在马斯喀特（今阿曼），他们买了阿拉伯树胶、犀牛角和象牙。1832 年，新罕布什尔州一位名叫埃德蒙·罗伯茨的企业家带着一批质量上乘的武器、地图和铸造精良的美国硬币登上了“孔雀号”美国军舰，启程前往摩卡[①]和马斯喀特。他走进了苏丹赛义德·萨义德的要塞，后者最近与瓦哈比派教徒打仗受了伤，正在休养。罗伯茨写道：“墙上的污垢和斑点是许许多多受害者的血液和脑浆。”萨义德与美国签署了自己国家与西方国家之间的第一项贸易协议，并向华盛顿动物园捐赠了一对狮子。他还派了一个叫纳曼的人作为他的私人使者去纽约，此人参观了各种纪念碑、俱乐部和新近建成的长岛铁路，一路上都有好奇的人群尾随其后。1833 年，一名英国外交官参观了萨义德的那座要塞，发现墙壁上不再血迹斑斑，更令人不安的是，墙上挂满了描绘美国在 1812 年战争中获胜的画作。[②]

（接上页）*rranean World*, pp. 168－69 (“balls without gun-powder”), 189 (“chairs and tables”), 191, 229. Sarah Rogers Haight, *Letters from the Old World by a Lady of New York* (New York: Harper, 1840), p. 193. Nathaniel Parker Willis, *Summer Cruise in the Mediterranean on an American Frigate* (New York: Scribner, 1853), p. 277. Brewer, *Residence at Constantinople*, p. 72. See also Thomas A. Bryson, *An American Consular Officer in the Middle East in the Jacksonian Era: A Biography of William Brown Hodgson, 1801－1871* (Atlanta: Resurgens, 1979), p. 42。

① Mocha，也门一港口名。——译者

② Edmund Roberts, *Embassy to the Eastern Courts of Cochin-China, Siam, and Muscat, in the U. S. Sloop-of-War Peacock, during the Years 1832－3－4* (New York: Harper, 1837) (courtesy of the New Hampshire Historical Society and the Tuck Library), pp. 343－45 (“the scene of”), 361 (“A strict lover”), 362－64. *New England Merchants in Africa: A History through Documents, 1802－1865*, ed. Nor-man Bennett and George Brooks (Boston: Boston Univ. Press, 1965): Edmund Roberts to Louis Mclane, May 14, 1834, pp. 156－57. Michael A. Palmer, *Guardians of the Gulf: A History of America's Expanding Role in the Persian Gulf, 1833－1992* (New York: Free Press, 1992), pp. 3－4. 在送给苏丹萨义德的硬币中，有一枚极其罕见的 1804 年银币，现在被称为“沃特斯-柴尔德标本”（Watters-Childs specimen），最近一次以 440 万美元的价格售出，参见：http://www.geocities.com/CollegePark/Union/8191/（转下页）

美国的贸易在日益动荡的中东不断扩大，意味着美国海军的作用在增强。杰克逊列举地中海中队继续对北非产生的“有益影响”，认为该地区的美国领事“不能太吝啬他们对该地区的暗示”。为了强调这一点，1832 年，美国军舰“康科德号”（Concord）被派往亚历山大港，其指挥官马修·C. 佩里——注定要使日本向西方开放的人——成为首位访问埃及的美国准将。第二年，由参加巴巴里战争的老兵丹尼尔·帕特森率领的“特拉华号”美国军舰先后造访了开罗、雅法和贝鲁特。一位在黎巴嫩的美国传教士在信中描述了至少 4 万名“基督徒、穆斯林和德鲁兹派教徒……及农民、牧师、教长和埃米尔”参观这艘船，并受到船上穿着整洁制服的船员热情接待的场景。一位阿拉伯贵族对这一奇观印象深刻，他一改他先前认为的美国人是“野蛮和未开化的民族”的看法，转而宣称他们“在各方面都比其他国家优秀……对我们这些陌生人非常礼貌、友好”。在许多中东观察家眼中，美国很快就会挑战英国在该地区长期享有的海上霸权。穆罕默德·阿里之子易卜拉欣帕夏甚至宣称，英国在地中海的舰队是第二好的舰队——“仅次于美国舰队”。①

商业活动和海军活动的增加，反过来要求美国加强在中东的外交存在，但在应对这一需求时，美国仍然表现迟缓。美国在该地区的领事馆寥寥无几，工作人员大多是收入微薄、能力牵强的外国人，其中

（接上页）mcsh/Omanncss. html 和 http：//www. coinfacts. com/silver _ dollars/1804 _ dollars/1804 _ Draped _ Bust _ Silver _ Dollar. htm。

① Finnie, *Pioneers East*, pp. 258 (“salutary effect”), 261 (“savage and uncivilized”). *Missionary Herald*, vol. 2: Letter from Eli Smith, Sept. 17, 1834, p. 431 (“multitude of Arab Christians”). John Israel and Henry Lundt, *Journal of a Cruize in the U. S. Ship Delaware 74 in the Mediterranean in the Years 1833 & 34* (1835; reprint, New York: Arno Press, 1977). George Jones, *Excursions to Cairo, Jerusalem, Damascus, and Balbec from the United States Ship Delaware, during Her Recent Cruise: With an Attempt to Discriminate between Truth and Error in Regard to the Sacred Places of the Holy City* (New York: Van Nostrand and Dwight, 1836). See also “An Audience with Sultan Abdul Mejud,” by An American, *Knickerbocker* 19 (June 1842).

一些甚至连英语都不会说。而美国土生土长的领事往往被证明更加无能。在丹吉尔，领事詹姆斯·莱布是个臭名昭著的醉汉，每晚都会沉浸在昔日的荣耀中，向想象中的美国战舰招手；而突尼斯领事约翰·霍华德·佩恩，原是过气的演员，唯一的成就是创作了著名的小曲《甜蜜的家》（*Home Sweet Home*）。“我们的整个领事制度是大错特错、声名狼藉的，极大地损害了我们国家的形象，”一个1830年代访问该地区的纽约人抱怨道，“……美国国旗飘扬在希腊人、意大利人、阿拉伯人和所有混血儿的屋顶上。”然而，达达尼尔海峡上空没有一面国旗飘扬，因为那里的领事太穷了，买不起。①

对于一个在中东的利益日益扩大的国家来说，这种人数少、人员素质又乏善可陈的代表显然是不够的。为纠正以上问题，杰克逊政府迅速采取行动。1831年，政府任命了一位极为不凡——也极为烦人——的人担任美国驻伊斯坦布尔的第一位代办。

魔鬼与大卫·波特

大卫·波特被朋友们称为辛巴达②，此前，他经历过一段颇为传奇的职业生涯，如果算上偶尔闹出的恶名的话。作为独立战争中的一名海军上尉之子，大卫·波特曾于1801年率领登船队占领了“的黎

① Frank E. Manuel, *The Realities of American-Palestine Relations* (1949; Westport, Conn.: Greenwood, 1975), pp. 9 - 10. Kennedy, *American Consul*, pp. 86 - 89, 97 - 98. Tibawi, *American Interests in Syria*, p. 88. Finnie, *Pioneers East*, pp. 250 - 53 ("Our whole consular"). Luella J. Hall, *The United States and Morocco, 1776 - 1956* (Metuchen, N.J.: Scarecrow, 1971), pp. 90 - 91. Ruth Kark, "Annual Reports of the United States Consuls in the Holy Land as a Source for the Study of 19th Century Eretz Israel," in Davis, *With Eyes toward Zion*, vol. 2, pp. 131 - 32.

②《天方夜谭》中的巴格达富商，也是水手，曾7次冒险航海。——译者

波里号”，之后在一次大胆的海岸突袭中负伤，并与“费城号”的船员一同被俘。随后，在1812年战争中，他成为第一个夺取英国军舰的美国船长，也是第一个绕合恩角航行的美国船长。但波特性格中也有轻率冲动的一面。他在一场酒吧斗殴中杀死了一名男子，担任了斯蒂芬·德凯特那场致命决斗的见证人，还袭击过波多黎各的一座要塞，理由只是对方没有向他敬礼。大卫·波特脾气乖戾、个性顽固，他离开了他在宾夕法尼亚州切斯特的妻子，跟妹妹一起住在马尔马拉海岸，每天给国务院发一堆乱七八糟、编号错误的电报，弄得人不胜其烦。他身材矮小、皮肤黝黑，一副饱经风霜的样子，长着一双专横而又敏锐的眼睛，对来访者不友好，对中东也不宽容。“穆斯林的额手礼真让人讨厌!”他在一次跟苏丹马哈茂德二世假惺惺的会面寒暄后厉声说道，“为什么体面的敬礼就不能令这个魔鬼满意呢?”

波特在气质上与安德鲁·杰克逊相似，也像总统一样决心加强美国与奥斯曼帝国的关系。他从向东道主介绍美国工业的奇迹中获得了特别的满足感。他料想：“世界上没有哪个地方像美利坚合众国这样以独创性和能工巧匠而著称了。”为证明这种天赋，波特提议赠送苏丹一艘天鹅形状的蒸汽船，“头和脖子固定在船头，翅膀固定在轮子的护翼上，尾巴固定在船尾”，但国务院拒绝了这个想法，选了寻常的镶嵌宝石的鼻烟壶。不过，波特确实给苏丹后宫的孩子们带去了波士顿制造的小木马，为他的军队准备了美国军帽。第一种纪念品受到了热烈的欢迎，第二种就有些逊色了。①

---

① USNA, Dispatches from U.S. Ministers to Turkey, 1818 - 1906 (Microfilm M46): David Porter to Nicholas Navoni, Sept. 23, 1831. W.M. Churchill to the Secretary of State, Aug. 10, 1833. *The Papers of Daniel Webster*, ser. 3, *Diplomatic Papers*, vol. 1 (Hanover: Univ. Press of New England, 1983), pp. 23 - 24. David Long, *Nothing Too Daring: A Biography of Commodore David Porter, 1780 - 1843* (Annapolis: U.S. Naval Institute, 1970), pp. 17 - 21. Tibawi, *American Interests in Syria*, pp. 3, 90. Archibald Douglas Turnbull, *Commodore David Porter, 1780 - 1843* (New （转下页）

在一座俯瞰博斯普鲁斯海峡的漂亮别墅里，波特开始着手彻底改革美国在中东的外交面貌。只要可能，美国公民现在就会被任命为领事馆工作人员，其表现也会受到定期监督。这位前船长还帮助监督海军造船厂，为其提供最好的新英格兰木匠和橡树的运送，并确保其产品超过美国海军的严格标准。被这一切打动的马哈茂德二世将波特从负责人提升为大使——美国在中东的第一位大使。“似乎这里的任何外交人员都想不出什么别的能媲美美国影响力的东西，”他这样写道，又谦虚地补充说，“即使我有梅特涅或塔列朗那样的才能……我在土耳其人心中的地位估计也不会更高。”①

波特非常愿意利用这种威望，即使是在批评奥斯曼帝国的政策时。当一些叙利亚犹太人因虚假的谋杀指控——所谓的 1840 年大马士革血祭诽谤案——被逮捕并遭受酷刑时，波特以官方姿态谴责了这种“野蛮”且“残忍的暴行”。他提醒土耳其宫廷，美国“对伊斯兰教徒、犹太人和基督徒并不区别对待”，并希望“保护那些受迫害的种族，他们的亲属中有一些是我们公民中最可贵、最爱国的人”。波特建立了一种将美国的保护范围扩大到中东犹太人的传统，这种传统一直延续到 20 世纪。这次的干预成功了。屈服于英国和法国的抗议，奥斯曼帝国努力压制诽谤并确保囚犯获释。②

（接上页） York: Century, 1929), pp. 250 - 51. Field, *America and the Mediterranean World*, pp. 151, 168 (“There is no part”), 174. Finnie, *Pioneers East*, pp. 83 - 85 (“the head and neck”), 88 (“Salaams are”), 91, 94.

① Field, *America and the Mediterranean World*, pp. 165 - 67, 170, 174. Finnie, *Pioneers East*, pp. 68, 71 - 73, 94 - 95 (“Had I the talent”), 259. Kennedy, *American Consul*, pp. 92 - 95. Tibawi, *American Interests in Syria*, p. 3. Cary Corwin Conn, “John Porter Brown, Father of Turkish-American Relations: An Ohioan at the Sublime Porte, 1832 - 1872” (Ph. D. diss., Ohio State Univ., 1973), pp. 48 - 49.

② 然而，对两名被折磨致死的叙利亚犹太人来说，赦免来得太晚了。参见：Jonathan Frankel, *The Damascus Affair: “Ritual Murder,” Politics, and the Jews in 1840* (Cambridge: Cambridge Univ. Press, 1997)。Sarna, *Jacksonian Jew*, pp. 123 - 25. Tibawi, *American Interests in Syria*, pp. 3, 90. Malachy, *American Funda-* （转下页）

然而，波特最烦恼的难题不是中东的犹太人，而是他的基督徒同胞。由于在叙利亚和黎巴嫩山的美国传教士试图让阿拉伯基督徒皈依新教，这激起了当地的教士尤其是马龙派主教的愤怒。1841 年，他请求土耳其宫廷将福音派教徒逐出帝国，而土耳其宫廷为发布驱逐令，转而求助美国大使。

波特虽然算不上一个虔诚的教徒，但他还是对传教士和他们在教育方面的开拓性工作表示了赞赏之情。他相信："一个识文断字的民族，不会花太长时间才理解自己真正的利益所在……也不会耽搁太久才采取行动。"但是，波特的主要责任是维护美国—奥斯曼条约，而不是弘扬美国的理想。不过，他的努力却由于这些传教士以及他们对奥斯曼帝国当局的蔑视而日益受挫。"别做任何……可能冒犯……穆斯林的事"，他这样斥责他们，强调两国之间的条约并不保护那些"鼓动……居民改变其宗教仪式和宗教信仰的"美国人。波特警告说，如果传教士坚持劝奥斯曼帝国臣民改宗，他们只能"自担风险，自负其责"。

在谴责传教士并对奥斯曼帝国的关切表现出敏感时，波特只是在执行杰克逊派的指示，正是这些指示使美国能够在中东地区把自己树立成一个友好的、在经济上重要的大国。然而，对这位大使来说，不幸的是，新一届政府已经上台，其国务卿非常专横。丹尼尔·韦伯斯特是一位经验丰富的亲希腊精神者，也是坚定批评土耳其的人，他对他所认为的奥斯曼帝国的不宽容几乎毫无耐心。尽管后来有位作家嘲笑韦伯斯特是个不信神的人，把自己的灵魂卖给了政治，但实际上，韦伯斯特是一位正直的公理会信徒，也是美国公理会差会的荣誉成

（接上页）*mentalism and Israel*, pp. 23 – 25. Diplomatic Instructions of the Department of State, 1801 – 1906. Turkey. April 2, 1823 – July 9, 1859. Microfilm 77, roll 162: John Forsyth to David Porter, Aug. 17, 1840 ("atrocious cruelties")。

员。在差会看来，是波特而非韦伯斯特拒绝保护传教士，还与魔鬼为伍。差会成员们保证，这些美国人一直作为“贝鲁特的老实居民”太太平平地生活着，既没有让马龙派教徒改宗，也没有违反奥斯曼帝国的法律。韦伯斯特被说服了，在1842年2月2日的一份措辞尖刻的电报中，对波特的不作为予以申斥，并命令他“不得错过任何机会……向传教士提供一切适当的帮助”。[①]

这顿训责让波特深感愤慨，但时间不长；这个63岁的汉子于1842年去世。然而，他的遗产将存在于许多注定要在中东扮演重要角色的家庭成员——波特们、希普们、法拉格特[②]们还有布朗们——中，也存在于他为美国与该地区的关系建立的典范中。除了出售武器以及将美国技术介绍给中东统治者外，波特还巩固了美国与欧洲同是区域强国的形象，但与欧洲不同的是，美国在该地区没有领土野心。很大程度上多亏了大卫·波特，自从像乔治·英格里希这样的秘密代理人被迫隐姓埋名穿过伊斯坦布尔的街道、秘密进行谈判以来，美国在中东的外交取得了不可估量的进展。然而，尽管波特成功地与奥斯曼帝国建立了友谊，但他最终未能与在该地区最活跃的同胞保持友好关系。就南北战争之前的美国与中东的关系来说，相较于政治家、军人和商人，美国传教士的影响更为深远。

---

① *Papers of Daniel Webster*, pp.273 - 74 (“Avoid doing anything”), 277 - 78 (“Frank residents of Beyrout”), 280. Stephen Vincent Benet, *The Devil and Daniel Webster and Other Writings* (New York: Penguin, 2000). Irving H. Bartlett, *Daniel* Webster (New York: Norton, 1978), pp. 24, 44, 73, 85. Robert Seeger, *And Tyler Too: A Biography of John and Julia Gardiner Tyler* (New York: McGraw-Hill, 1963), pp. 104,109. Field, *America and the Mediterranean World*, pp. 287 - 89, 350 - 51 (“A reading nation”). Finnie, *Pioneers East*, pp. 94 - 95, 126 - 27 (“at their own risk”). Franklin Steiner, *The Religious Beliefs of Our Presidents: From Washington to F. D. R.* (New York: Prometheus, 1995), pp. 95 - 97.

② 美国海军上将，后来有以他名字命名的驱逐舰。——译者

第六章

中东的宿命

美国传教士在挑战波特时表现出的厚颜无耻，证明了这样一个事实，那就是美国的教会领袖与美国的决策者之间正在形成联盟。1820年代初，派往中东的第一批使者——列维·帕森斯和普林尼·菲斯克——没能说动异教徒皈依，最终落寞地死去，从那以后，传教运动取得了显著的发展。就连菲斯克的接班人艾萨克·伯德、威廉·古德尔和伊莱·史密斯在叙利亚修建校舍方面的微薄成就，也无法解释传教士在仅仅10年后所拥有的左右美国对中东政策的能力。一小群跋涉数千英里进入荒凉地区的男女团体，成功地改变了他们的国家与整个地区的关系并深刻改变了该地区本身，这是个了不起的故事。同时，也是一个充满艰辛和鲜血的传奇。

传教点的十字架与太阳

到1827年，传教士通过他们建的学校在叙利亚有了立足点，但向巴勒斯坦传福音的最终目标仍然难以实现。不过，也是在那一年，美国公理会差会和“波士顿女性促进犹太人信基督教协会”[①]决定在耶路撒冷启动另一项使命，为此挑选了伯克希尔的 30 岁牧师约西亚·布鲁尔作为先锋。根据布鲁尔的一位教授的说法，布鲁尔“以温和、谦虚、明智和信仰坚定著称”，他在圣城建立了一个永久传教点并把犹太人聚集到了一起，由此在帕森斯和菲斯克的失败之地取得了成功。“如果预见到……女儿们将来会将福音传回耶路撒冷，我们的朝圣者母亲们定会欢欣鼓舞……！”布鲁尔在离开马萨诸塞州时宣称，他自信有能力将耶路撒冷城墙上的“血红色的新月旗帜换成……代表和平的……白色旗帜”。

然而，布鲁尔发现，和平是巴勒斯坦最不可能出现的事。他抵达该地区，正是 1827 年那场预示奥斯曼帝国解体的纳瓦里诺湾惨败发生后不久。当时，绝大多数巴勒斯坦穆斯林仍然自认为奥斯曼帝国的忠实臣民，并仍将所有西方人——不管是美国人还是欧洲人——统统视为威胁伊斯兰国家的“法兰克人”。布鲁尔试图提醒当地人，美国海军甚至没有出现在纳瓦里诺湾，而且美国实际上非常尊重奥斯曼帝国的主权，但事实证明他的努力是徒劳的。更缺乏说服力的是他在分发《新约》时对伊斯兰文化发表的善意声明。布鲁尔被加利利人的两个村庄驱逐，一身虱子且疾病缠身、体弱不堪，最终提前结束了自己的使命。随后，他一瘸一拐狼狈地回到了波士顿。[②]

尽管如此，美国公理会差会仍抱有希望，相信最终一定能在耶路撒冷建立某种形式的传教点。该会的长老们指出，自 1831 年以来，圣地的境况有所改善，而就在那一年，穆罕默德·阿里对奥斯曼帝国拒绝赔偿他在纳瓦里诺的损失而暴怒不已，派埃及军队占领了叙利亚和巴勒斯坦。处于现代化进程中的埃及人给予该地区的非穆斯林民众

① the Boston Female Society for Promoting Christianity among Jews。——译者

② Brewer, *Residence at Constantinople*, pp. 25, 65, 361, 370. Finnie, *Pioneers East*, 36-37 (“Our *Pilgrim mothers*”).

前所未有的权利。差会急于利用局势的这种新变化，于是授权启动了一个新的巴勒斯坦使团。被选中领导这一使团的是威廉·汤姆森和伊丽莎·汤姆森，这对年轻夫妇相识于新泽西州的普林斯顿大学，当时威廉正在那里学习《圣经》，而伊丽莎在教书。两人于 1833 年结婚，并立即报名成为福音传道志愿者。

然而，并不是所有巴勒斯坦居民都欢迎穆罕默德·阿里的改革。埃及给当地基督徒和犹太人的平等权利并对外国人表现出的开放态度，让大部分穆斯林深感不满。对占领者的愤怒升级，然后，再加上试图向穆斯林农民征税、征召他们到埃及军队服役，终于掀起了一场暴动。1834 年，就在汤姆森一家到达耶路撒冷时，巴勒斯坦的流血冲突达到了顶峰。

伊丽莎那时候正怀有 9 个月身孕，无法逃出这座城市。威廉·汤姆森觉得自己别无选择，只能抛下妻子去雅法求助。各种关于暴行的传言甚嚣尘上，令他心烦意乱，“自从我离开后，没有收到汤姆森夫人的片纸只字”。事实上，伊丽莎当时已将自己关在屋里，被“大炮的轰鸣声、倒塌的墙壁、邻居的尖叫、仆人的恐惧和对屠杀的不断想象”吓坏了。尽管有这样的痛苦经历，她还是成功生下了一名男婴，取名托马斯。男孩的父亲于 7 月 22 日随埃及援军返回，结果发现耶路撒冷已是一片废墟，妻子也病入膏肓。两个星期后她就去世了。

“国家成了废墟，民众成了齑粉，”他在提及巴勒斯坦时意志消沉地写道，“约旦在美国根本不可能因为约旦河这个名字而有尊严。”不过，他的这番挑剔并不能吓退其他传教士在耶路撒冷工作的热情。伊丽莎去世后不久，乔治·惠汀和贝特西·蒂尔登就来到了这里，但两人都无法忍受贫困。在经验丰富的传教士艾萨克·伯德看来，《圣经》中神秘的巴勒斯坦已露出“魔鬼之地”的面目，“不再是受祝福的，而是受诅咒的”。到 1834 年年底，美国差会最终被迫承认没能引导圣地的“任何一个灵魂”“找到罪恶感并皈依上帝”，遂决心放弃对巴勒斯坦的所有进一步探险。此后，传教士开始将注意力转向中东其他地方，特别是黎巴嫩山地区。①

伯德家和古德尔家继续在贝鲁特及其周边扩建学校并新建学校，但在埃及1831年入侵后，贝鲁特的局势开始恶化。亲埃及的马龙派教徒和仍忠诚于土耳其宫廷的德鲁兹人之间爆发了战斗，双方的激烈交火使得美国人不敢出门，甚至不敢坐在敞开的窗边。马龙派教徒还趁着这场混乱诅咒新教、抵制福音派学校。威廉·古德尔抗议道：“土耳其人……表现出比基督徒更优秀的品质，不做不光彩的事这种想法似乎很少真正进入基督徒的内心。”精神上孤立无援又遭遇人身威胁，传教士得出的结论是他们无法再在黎巴嫩坚持下去了。从伯德一家乘奥地利纵帆船撤离开始，整个团队都逃走了。

叙利亚和巴勒斯坦的局势已变得让美国人无法忍受，就连士麦那——很大程度上算是一个基督教城市以及传教士前往中东的门户——气氛也变得越来越恶劣。1826年，业余登山运动员埃尔内森·格里德利首次尝试在士麦那建立一个传教据点，但因为这位年轻的传教士在登山时得了肺炎去世了，建立据点的设想也随之落空。格里德利的继任者是丹尼尔·坦普尔，在一位传记作家的笔下，他是个“阴郁、严肃、道貌岸然”的人，一个死硬的家伙，从贫困的乡村一路打拼到手拿达特茅斯学院和安多弗学院的奖学金。但他在新英格兰

---

① Newcomb, *Cyclopedia of Missions*, p. 737. Finnie, *Pioneers East*, pp. 50 - 51, 57, 171 - 72 ("I have not heard" and "roar of cannon"), 172 - 87. *Missionary Herald*, vol. 2: Journal of Mr. Thomson, April 16, 1834, p. 373 ("The Jordan"); Journal of Mr. Thomson [written in Nablus], April 23, 1834, p. 378 ("the wreck"); Whiting to Dodge, Nov. 17, 1834, p. 441. Davis, *Landscape of Belief*, p. 45. Newcomb, *Cyclopedia of Missions*, p. 737 ("not a single soul"). Yehoshua Ben-Arieh, *Painting the Holy Land in the 19th Century* (Jerusalem: Yad Izhak Ben-Zvi, 1997), p. 210. Tibawi, *American Interests in Syria*, pp. 100 - 1. Bird, *Bible Work in Bible Lands*, p. 87 ("a land of devils"). See also Shamir, "Egyptian Rule," pp. 214 - 31.

的生活经历丝毫无助于他在中东的客居生活，他的妻子和他4个孩子中的2个很快被肺结核夺去了生命。这位饱受苦难的传教士只好带着他幸存的2个儿子返回了美国。他写道："一想到孩子们要在那样一块极度堕落和不敬神的土地上接受教育，就让人无比痛心。"

尽管如此，坦普尔还是成功克服了对中东的反感，于1833年再次坐船前往士麦那，这一次他带上了新娶的妻子和一台印刷机。他的《圣经》和教科书很快就在一所接收信基督教的女童的学校里用于学习，该校由约书亚·布鲁尔①——就是5年前从巴勒斯坦撤退的那位——创办，如今由纽黑文的女传教士协会赞助。布鲁尔问道："如果剑不能为……基督教布道者在伊斯兰教的土地上打开一扇门，难道我们就不能寄希望于文明的逐渐进步来实现吗?"到了1838年，答案似乎已更清楚了，那时已经有200多名女孩在这所学校就读。②

不过，传教士在士麦那的成功仍是非同寻常，连最基本的安全保障都没有，这使得奥斯曼帝国其他地方的传福音工作无法进行。于是，美国公理会差会将视线转向帝国边界以外，比如波斯西北部的乌尔米亚湖地区，以及据传居住在那里的景教（亚述人）基督徒社区。进入这一遥远领域的任务落在了刚毕业于安多弗学院的哈里森·格雷·奥蒂斯·德怀特和经验丰富的黎巴嫩传教士伊莱·史密斯身上。二人于1830年5月在士麦那会合，他们裹着穆斯林头巾、身穿长袍，准备成为"第一批踏足亚美尼亚土地的美国人"。

然而，他们面前是一条像穿越美国边境一样的艰辛小路。在向东前往埃尔祖鲁姆的途中，二人在一个没有水源的乡间跋涉了三周，没

---

① 从下文来看应与前文中的约西亚·布鲁尔（Josiah Brewer）是同一人。——译者

② Tibawi, *American Interests in Syria*, pp. 40 - 43 ("The Turks ... exhibit"). Board report in Newcomb, *Cyclopedia of Missions*, p. 737. Finnie, *Pioneers East*, pp. 35 - 38, 39 ("gloomy, austere"), 42 ("The thought of their"), 124, 193 - 94. Brewer, *Residence at Constantinople*, pp. 383 - 84.

有见到一个村庄。身材瘦小而学究气十足的史密斯抱怨说，他不得不睡在马厩里，身旁是“各种各样的泥土、害虫和垃圾”，醒来时眼睛黏黏糊糊，还发烧了。由于在第比利斯[①]城外感染了霍乱，史密斯很快走不了路了，只能被德怀特扣在一辆驴车上。不过在3月，这两个美国人终于达成心愿，跌跌撞撞地进入了乌尔米亚地区。

与动荡的贝鲁特和耶路撒冷相比，这座城市起初看起来像伊甸园一般。在思想相对开放的恺加王朝统治下，波斯此时正处于内部稳定、不受俄罗斯和大不列颠这样的列强入侵的时期。在乌尔米亚，两位传教士发现当地政府并不干涉他们的传教活动，而景教以《圣经》为基础的神学与他们自己的没什么不同。“我想立刻在他们中间定居下来……比我遇到过的任何人都更想。”史密斯愉快地报告。

安顿下来后，两位美国人建起了一座校舍，40名学生很快就在那里学起了数学、英语写作和赞美诗。新的传教士陆续到达，使该据点的人员更充实——贾斯汀和夏洛特·珀金斯夫妇1832年到达，3年后阿萨赫和朱迪斯·格兰特到达。28岁的阿萨赫是纽约州尤蒂卡人，据说他皮肤黝黑、中等身材、精力充沛，而且“眼睛明亮、面容和善、为人热情，富有进取心”。他还是一名乡村医生，开创了一种崇高的传教士传统——为中东民众提供免费医疗。在初到乌尔米亚的第一年，格兰特就医治了1万名患者。回忆起这段经历，他大言不惭道：“病人、瘸子、瞎子都找过来，成百上千，我的名声很快就传遍了十里八乡。”

格兰特的忍耐力使他不仅能照顾病人，还能探索南至库尔德美索不达米亚的荒原，勇敢地面对土匪，征服恶劣的地形，寻找更多的景教教徒。1840年10月他回到了美国，向差会的人保证乌尔米亚传教

① Tiflis，格鲁吉亚共和国首都。——译者

站正在蓬勃发展，应当将传教工作扩展到今天称为伊拉克的广大地区。差会的人同意了他的建议，并立即派科尔比·C.米切尔和亚伯·辛德斯代尔连同他们的妻子一起去摩苏尔。①

美国福音派传教士在中东首次获得了无条件的胜利，随后却连遭多起灾难。先是米切尔夫妇被一场沙尘暴弄瞎了双眼，精神错乱，最后死于伤寒。辛德斯代尔夫妇尽管设法抵达了摩苏尔，但那时已身心俱衰，无法开展工作了。伊丽莎白·德怀特、其儿子约翰以及珀金斯家的5个孩子也相继病死。身患癫痫的夏洛特·珀金斯返回了美国。伊莱·史密斯的妻子萨拉·史密斯在塞浦路斯附近死于海难，他的第二位妻子玛丽·沃德·查平则死于痢疾。

"健康受损、寿命缩短是宣教工作必然面对的牺牲之一。"伊莱·史密斯承认，不仅乌尔米亚地区是这样，整个中东地区都是如此。为生育所累的女人尤其难以抵抗疾病，"我有时担心生病是对我的惩罚，因为我的工作进展甚微，"玛丽·范·伦内普写道，她在1843年离开康涅狄格州哈特福德前往安纳托利亚的荒原，"我尽力祈祷……我甘愿领受一切苦难。"传教士们还会受到土匪和义务警员的袭击，奥斯曼人只为他们提供微不足道的保护。"一个男人的脑袋在土耳其还不如一个男人的帽子在美国安全。"威廉·古德尔打趣说。不过，疾病仍然是最厉害的杀手，使得美国传教士在中东的死亡率超过了美国西部边疆的定居者。在1821年到1846年间离开美国前往中东的传教士中，有三分之一死在了任上，其中大部分都是刚到任不久。"你离开家乡海岸的那一刻即将到来，日后你很可能再也见不到它们了。"有

① Horatio Southgate, *Narrative of a Tour through Armenia, Kurdistan, Persia, and Mesopotamia* (London: Appleton, 1840), pp. 300 – 1 ("the first Americans"). Kaplan, *Arabists*, pp. 22 – 23 ("every species"), 24 – 25. Tibawi, *American Interests in Syria*, p. 79. Finnie, *Pioneers East*, pp. 208 – 9 ("I felt a stronger desire"), 216 – 17 ("The sick, the lame"), 196 – 97, 205 – 7, 214 – 15 ("his eye bright").

人这样告知即将出发的神学院学生。玛丽·范·伦内普抵达中东后，不到一年就去世了。

在中东灼热的阳光下，那些一开始熠熠闪光的传教点最终除了死亡和痛苦之外什么也没有带来——更确切地说，留下的只是苦路十四处[①]。就连阿萨赫·格兰特也未能幸免。在很短的时间内，这位医生失去了他的妻子和三个孩子中的两个。尽管如此，他还是设法保住了自己的信仰，并在摩苏尔附近建立了传教区，但这也被毁掉了。1843年春末，库尔德人和土耳其人袭击了那里的景教教徒，杀害了800人，并驱逐了数千人。有人指控是传教士鼓励社区脱离穆斯林统治寻求独立才引发了大屠杀，格兰特对此予以否认。他宣称："让我们深感安慰的是，在某种程度上我们在唤醒人们的兴趣和祈祷方面发挥了重要作用。"他努力以此安慰景教教徒，或许也是安慰他自己。

那么，面对所有这些磨难和失败，传教士是如何在美国拥有那样巨大的影响力，并在很大程度上决定了美国的海外政策的呢？是什么使这些美国人能够从痛苦的挫折中恢复过来，重整旗鼓，重建被摧毁的一切？"你们美国人总认为你们可以做到任何事……金钱可以买到，武力可以办到。但是你们无法征服全能的上帝。"一名阿拉伯导游如此奚落一位新来的传教士。[②] 这位传教士自然认同上帝不可征服，但他相信决心和财富仍然可以创造奇迹，尤其是在中东。

---

① Stations of the Cross，天主教为缅怀耶稣受难而设置的崇拜路线。沿途设有反映耶稣受难全过程的14处景点，每一处都立有十字架，有的还按顺序配有相关图画及塑像。——译者

② Finnie, *Pioneers East*, 118 - 19, 205 - 9 ("Enfeebled health"), 238 - 39 ("Let us have"). Louisa Hawes, *Memoir of Mrs. M. E. Van Lennep, by Her Mother* (Hartford: Belknap and Hamersley, 1849), p. 325 ("I sometimes fear"). Tibawi, *American Interests in Syria*, p. 73 ("The hour is near"). Hawes, *Memoir of Mrs. M. E. Van Lemep*, p. 325. *Missionary Herald*, vol. 2: Letter from Eli Smith, June 21, 1827, p. 247; Memoir of William Goodell, 1825, p. 431 ("a man's hat"). *The Reminiscences of Daniel Bliss* (New York: Revell, 1920), p. 106 ("You Americans think").

复兴

传教士的转机始于1840年，当时欧洲列强担心奥斯曼帝国四分五裂，于是迫使埃及军队撤出了叙利亚和巴勒斯坦。这样一来，该地区恢复了相对稳定，但少数民族在穆罕默德·阿里治下获得的权利并没有被削减。相反，为了感谢欧洲人助其收回土地，苏丹阿卜杜勒·迈吉德承诺将“不在意宗教派别，尊重每个臣民的自由、财产及荣誉”。现在外国侨民获准在巴勒斯坦永久定居，帝国境内的新教教徒终于被承认为合法公民了。在传教士看来，这一切都无异于上帝的杰作。有一名传教士惊呼道：“就在几年前，这里……还存在偏执顽固、无情迫害……现在却有了实实在在的宽容！”

放宽限制立时影响了在叙利亚和黎巴嫩山的传教活动。伯德和古德尔两家人得以在贝鲁特重新立足，并迎来了由威廉·艾迪和亨利·杰瑟普率领的新一代福音传道者。从乌尔米亚重返黎巴嫩的伊莱·史密斯开始把《圣经》翻译成阿拉伯语版，并开发出第一种阿拉伯语活字——“美式阿拉伯语”。不到10年，史密斯的出版社每年以14种当地语言出版了大约5万册书，其中包括《奶牛场老板的女儿》《天路历程》和该地区第一批小学初级读物。史密斯遭遇的唯一挫折是他试图将本地音乐引入新教礼拜仪式。他沮丧地承认：“我们不仅发现阿拉伯人的歌声对我们来说不是音乐，而且我们的音乐家发现……他们的曲调……根本无法模仿。”①

① Robert T. Handy, *The Holy Land in American Protestant Life, 1800 - 1948* (New York: Arno Press, 1981), 85 - 86 (“Whereas, but”). Tibawi, *American* （转下页）

传教士新取得的成就是中东局势改善的结果，也是美国重塑自身的激进变革的结果。1840 年代见证了“天定命运论”意识形态的兴起，这是老清教徒对上帝赐予他们“新的应许之地”的权利的一种更宏大、更激进的说法，美国人现在信奉这一理念，以证明他们征服整个北美大陆是正当的。在“天定命运论”的旗帜下，美国 1700 万人口无情地散布在现有的 26 个州，进入密西西比河以西和格兰德河以北的广大地区，将美洲原住民社区（拓荒者约翰·C.弗里蒙特毫不客气地称之为“阿拉伯美国人”）连根拔起，并驱逐了沿途的墨西哥人。但这一概念还有一种世界性的教育意义。纽约记者约翰·奥沙利文创造了“天定命运”一词，按照他的说法，它还让美国“在地球上建立人类的道德尊严与救赎”，在海外传播其宗教和世俗原则。

“天定命运论”的全球性、启发性与传教士的使命感极为契合，并在前景最黯淡之时为传教活动重新注入了活力。“美国的命运不可避免地与世界的命运息息相关，”摩苏尔使团团长德怀特·马什宣称，“美国的安全只能在救赎全人类后实现。”福音传教士被祖国的盎然生机所鼓舞，也为其表现出的科学探究精神所激励。这就是拥有突破性技术创新的美国，也是拥有查尔斯·固特异的硫化橡胶和昌西·杰罗姆走时精确的黄铜钟表的美国。美国传教士推介到中东地区的诸多新奇产品中，有相机、缝纫机以及由美国公理会差会成员塞缪尔·摩尔斯之子发明的一种革命性通讯设备。“我确实很乐于让这些本地人大吃一惊，”威廉·古德尔承认，“这似乎让他们向着千禧年迈进了一步。”

（接上页）*Interests in Syria*, pp. 56, 82 - 83, 121 - 22, 170 - 76. Finnie, *Pioneers East*, pp. 109 (“liberty, property”), 200 - 1 (“Not only do”). Stephen Penrose, *That They May Have Life: The Story of the American University of Beirut, 1866 - 1941* (Princeton: Princeton Univ. Press, 1941), p. 6.

然而，美国在整个“天定命运论”时期所展现的武力形象，比其技术层面的成绩更让传教士们兴奋不已。书生气的伊莱·史密斯断言，中东人民“应该明白我们是一个强大的国家。要教会他们这一点，除了让他们切身感受，别无他法”。就像美国边境上的传教士在遭遇印第安人袭击威胁时会召唤美国骑兵救援那样，史密斯和他的福音传教士同伴为了保护自己不被愤怒的穆斯林统治者伤害，往往会呼吁联邦政府、外交人员甚至军舰来保护。接替大卫·波特成为美国驻伊斯坦布尔大使的达巴尼·卡尔于1842年上任，他宣称会“竭尽所能”保护这些传教士，如有必要，“他会召集在地中海的整个美国海军中队前往贝鲁特”。卡尔是托马斯·杰斐逊的侄孙，他以事实证明了自己所言非虚。一年后，美国军舰“独立号”高调访问了埃及和叙利亚港口，受命“对使团的安全与繁荣进行深入探查……并向他们提供他们可能需要的一切援助”。

无论是在北美还是在中东，神授使命和国家授权的汇合都是“天定命运论”时代的象征。尽管如此，与通常构成美国西部未来要塞、城镇和城市核心的使团相比，美国福音派传教士在中东建立的传教点从未服务于标明领土主张。他们也没有像在夏威夷的美国传教士那样，与巨大的商业利益联系在一起。由于不涉及帝国主义和经济方面的考虑，中东地区的传教士不仅有别于美国境内的同行，也不同于经常兼任政府官员的欧洲传教士。“我相信他们［美国人］的唯一动机就是宗教，”一位驻贝鲁特的法国大使在仔细调研后得出结论，“我根本没察觉出任何不可告人的政治动机。”

在中东的美国传教士将美国的“天定命运”视为征服领土的蓝图，而不是作为俘获灵魂和思想的保证。他们继续贬低伊斯兰教是一种欺诈性的倒退的信仰，还把所有形式的东方基督教都斥为腐朽和过时的。他们对待该地区人民和文化的态度依然傲慢，但他们的傲慢因仁慈而有所缓和。面对一群愤怒的黎巴嫩人，威廉·古德尔竟能一脸真诚地宣布："我们是来救你们的……使人从无知、堕落和死亡的状态中解脱出来，并竭尽我们所能积德行善。"

数百万美国人现在都在支持这种救赎行动。自巴巴里战争结束后开始的传教运动，起初只是一种温和的草根活动，在南北战争前的40年里发展为一种全国性的热情。对这些使团的支持不仅来自全国各地的教会，也来自主流媒体、国会甚至白宫。农民和工厂工人、只有一间校舍的大学的毕业生以及美国顶尖大学的校友们，无论是南方人还是北方人，都受到了"天定命运论"愿景的启发，争先恐后地报名去海外传福音。这一事业从不缺志愿者。也许，最能衡量"天定命运论"对传教事业影响的是美国公理会差会的年度预算，该预算已经从菲斯克和帕森斯时代的区区1万美元，飙升至本世纪中叶的25万美元。①

在中东工作的传教士的条件改善，以及福音派传道者的热忱的重振，在塞勒斯·哈姆林事件中得到了充分体现。哈姆林1811年出生于缅因州，很小的时候就成了孤儿，不得不以干农活为生。但他苦读成才，最终获得了鲍登学院的奖学金，成为诗人亨利·沃兹沃斯·朗费罗的得意门生，并以全班第一名的成绩毕业。哈姆林长相极为英

① *Missionary Herald*, vol. 2: Letter from Mr. Marsh, Feb. 25, 1851, p. 299. Field, *America and the Mediterranean World*, pp. 210 ("ought to know"), 250, 351 ("I do love"). Finnie, *Pioneers East*, p. 129 ("full extent" and "I am persuaded"). Phillips, *Protestant America*, p. 259. William Goodell, *Forty Years in the Turkish Empire* (New York: Robert Carter, 1883), p. 174 ("We have come"). 欲了解传教士对伊斯兰教和穆罕默德的看法，参见：Thomas Laurie, *The Ely Volume; or, The Contributions of Our Foreign Missions to Science and Human Well-Being* (Boston: American Board of Commissioners for Foreign Missions, 1881), pp. 320 - 22, and the anonymous *Life of Mohammad* (Bombay: American Mission Press, 1851)。欧洲传教士的半外交官角色，在以下著作中有所讨论：Derek Hopwood, *The Russian Presence in Syria and Palestine, 1843 - 1914: Church and Politics in the Near East* (Oxford: Clarendon Press, 1969), p. 59。

俊，却留着怪异的大胡子，他是“天定命运论”时代的化身，有人描述他“极为任性”、“爱发牢骚”，还很“专制”。哈姆林放弃了大学讲坛，准备从事传教工作，后来又决心将传福音与工业时代的天赋结合起来。在哈姆林看来，制造业远不止是个生产过程，还是净化灵魂的途径。1840 年抵达伊斯坦布尔后，他就开始向当地年轻人传授数学和语法方面的基础知识，并将这些年轻人引入工作的圣礼中。

他来到伊斯坦布尔的时候，适逢苏丹以一种新的开放态度对待西方。因此，哈姆林获准在距伊斯坦布尔仅 5 英里的贝贝克建造自己的学校。到 1842 年，该校已招收了约 40 名学生，他们每天有一半的时间在教室里学习，另一半时间用来制作富兰克林炉灶、波士顿式捕鼠器和经营一家面粉厂。这一创新课程设置的唯一阻力来自亚美尼亚族长和穆斯林村民，前者的族人为学校提供了大部分学生，后者则经常用石头砸学校，哈姆林埋怨学校被弄得“千疮百孔”。尽管如此，哈姆林还是想方设法修复了学校，并安抚了族长。志得意满的哈姆林告诉差会，奥斯曼帝国的教育给人留下了“深刻的印象”，激发出了“一种普遍的探究精神”。他断言：“过去那个铁板一块的东方已经开始松动了。”但他没有意识到这一转变会产生何等深远的影响。哈姆林也没有想到，他那所不起眼的学校某一天会发展成土耳其第一所现代大学。①

美国传教士从 1830 年代几乎全军覆没的状况中完全恢复了过来，并且在南北战争即将开始前蓬勃发展起来。成百上千的穆斯林、

---

① Cyrus Hamlin, *My Life and Times* (Boston: Pilgrim Press, 1893), pp. 30, 62. Cyrus Hamlin, *Among the Turks* (New York: Robert Carter, 1878), pp. 57 (“a decided impression”), 62 (“rather leaky”). Finnie, *Pioneers East*, pp. 99 - 108, 109 (“indomitably self-willed”). Field, *America and the Mediterranean World*, p. 297 (“querulous” and “despotic”), 347 - 48.

基督徒和犹太人在遍及奥斯曼帝国的各传教机构中学习，阅读美国宗教机构出版的教科书，吸收美国的思想。“这个国家是［世界上］最伟大的文明国家之一，”埃及教育先驱谢赫里法·拉菲·塔塔维说，“其民众……将自己从英国人的控制下解放了出来，靠自己获得了自由和独立……允许人们在所有信仰和宗教团体中进行礼拜。”应苏丹阿卜杜勒·迈吉德的请求，传教士们还为奥斯曼帝国的军校学员建了一座美式学校。凭借学到的语言技能，这些年轻军官能够阅读最新的美国陆军手册以及杰斐逊、汉密尔顿、潘恩等人更具煽动性的作品。

除了传教和教育中东民众，传教士还启迪了他们的同胞。通过无数的信件、文章和报告，福音派传教士为美国人提供了形形色色的中东生活图景，这些图像较之《圣经》或《一千零一夜》中选出的任何画面都要更为详细，也更少粉饰。传教士们的通信是耶鲁大学的爱德华·索尔兹伯里和美国东方学会（American Oriental Society）的主要资料来源，索尔兹伯里于1841年成为美国第一位阿拉伯语教授，美国东方学会次年建立，主要致力于研究古代和当代中东文化。索尔兹伯里则加入传教士行列，在叙利亚与奥斯曼帝国治下其他领土推动进步教育。“西方国家——包括我们自己的国家在内——都受益于东方才形成了多样的文化，”这位学者证实，“现在是还这笔债的时候了。”

尽管取得了惊人的成就，但传教士在中东仍然面对诸多风险，而且还要应对日常的挫折。贝鲁特的威廉·艾迪抱怨说：“这里没有铁路，重东西都靠驼队运送，想法来得也慢。”然而，对传教士来说，最大的阻力并非来自中东，而是来自他们自己的美国差会。差会许多长老认为，对教科书和医学的关注遮蔽了宣教活动的初衷——救赎。哈佛大学前校长约翰·桑顿·柯克兰博士在1842年访问叙利亚后得出了这样的结论："如果基督教能够以最简单易懂的方式呈现给人们，而不需要用学校的技术手段，它可能会得到更发自内心的更广泛的接受。"传教士答复说，他们提供的这些服务使他们赢得了当地人的信任，同时也为当地人创造了一种有利于将来皈依基督教的物质和精神氛围。柯克兰的妻子伊丽莎白——我们即将认识的她是作为一位前往中东的开拓者——不同意她丈夫以及差会的看法，站到了传教士一边。"这群可贵的人已经把注意力转向建造学校，以此为引入基督教做准备，"她断言，"一般来说，美国传教士是最受尊敬的。"①

这个问题既不会由美国公理会差会来解决，也不会由传教士来解决，而是由中东人民通过他们对现代教育和医疗保健日益增长的需求来解决。即便他们没有对传教士发出的宗教信息做出回应，也将继续对其慈善事业怀有感激之情，并普遍接受传教士的存在。这种开放性的态度，使得越来越多的美国人遵从内心的冲动，纷纷来到中东。其中有两种混合型人才，一种是传教士兼科学家，一种是传教士兼士兵，他们来到中东，这里是寻求神性与知识的美国人最崇敬的地方。

---

① Vogel, *To See a Promised Land*, pp. 118 - 19. Latourette, *Missions and the American Mind*, p. 33. Grabill, *Protestant Diplomacy*, p. 4. Lindsay, *Nineteenth Century American Schools*, p. 66. Phillips, *Protestant America*, p. 316. Tibawi, *American Interests in Syria*, pp. 97 - 98. Mead, *Special Providence*, pp. 143, 146 - 48, 150 - 51. Lewis, *Crisis of Islam*, p. 67 ("This country is"). PABCFM: Eddy to the American Board, Sept. 7, 1867 ("There are no rail"). Benjamin Foster, "Yale and the Study of Near Eastern Languages in America, 1770 - 1930," in Amanat and Bernhardsson, eds., *United States and the Middle East*, pp. 18 ("The countries of the West"), 19. Bruce Kuklick, *Puritans in Babylon: The Ancient Near East and American Intellectual Life, 1880 - 1930* (Princeton: Princeton Univ. Press, 1996), pp. 5, 20 - 22. John Thornton Kirkland, "Letter on the Holy Land," *Christian Examiner and General Review* 23, no. 2(1842): 261. Elizabeth Cabot Kirkland, *Letters* (Cambridge: Massachusetts Historical Society, 1905), p. 503 ("These worthy people").

神圣天堂历险记

一位骑手在驼峰上高高地伸直身体，眯起眼睛看着尘土飞扬的强光。他叫爱德华·罗宾逊，并不是传统的冒险家——既不同于胸脯宽阔的约翰·利雅德，也不同于令人敬畏的乔治·英格里希——时年46岁的他脸色苍白、身材臃肿、眼睛近视，是纽约联合神学院的圣经学教授。然而，就像有关沙漠的诸多画面一样，罗宾逊的弱者形象也有点海市蜃楼的味道。事实上，他能在炽热的阳光下连续骑行8个小时，一路上用指南针和《圣经》导航。在过去的一个月里，他毫无怨言地穿越了荒凉的西奈山，惊叹于群山的“雄奇壮丽”，并不断提醒自己脚下踩着的正是摩西和以色列人走过的锯齿状山峰。1838年3月，罗宾逊终于要走出荒漠，踏入一块“浪漫而激动人心的”土地了。透过灰蒙蒙的眼镜片，他看到了亚喀巴湾的青金石①水域，看到了远处犹太的旷野（Wilderness of Judea）。“虽然我不是多愁善感的人，”他坦承，“但我还是忍不住潸然泪下。”

在南北战争前的几十年里，美国人涌向圣地的队伍不断壮大，罗宾逊正是其中一员。为了解决交通问题，美国向巴勒斯坦的六大城市派驻了领事人员，成为在该地区派驻代表最多的西方国家。然而，这些使馆很快因为涌入的传教士、游客、殖民者和研究人员而不堪重负，这些人都是被巴勒斯坦对外国人的容忍度提高的消息以及对此地奇观的热情描述吸引过来的。

往轻了说，这些说法中有很多是夸大其词。传教士威廉·汤姆森在信中提到巴勒斯坦时比较收敛，后来他离开这个国家去了贝鲁特，继续写他的《土地与书》（*The Land and the Book*），这是一部

① 一种极为古老的玉石，也是东西方文化交流的见证之一。——译者

田园诗般的风光狂想曲。他声称，《圣经》中描述的风景不再荒凉严酷，而是一座天堂，那里“高高的山峦覆盖着白雪”、“宽阔的平原上鲜花盛开”、“湖泊、河流和小溪都异彩纷呈”。这本书在美国卖出了30个版本，并进一步延续了萦绕着巴勒斯坦的梦幻光环。不过，这种神秘感很快就会消失，因为抵达目的地的美国人往往会遭遇灰暗的现实。“世界上没有任何别的国家……人们写出了那么多东西，真正了解的却很少。”美国驻雅法的领事评论道，他指出，对巴勒斯坦的“狂热期待”常常会使他的同胞陷入一种朝圣后的抑郁。①

然而，爱德华·罗宾逊却是个例外。虽然他是一个狂热的公理会教徒，但从未让宗教信仰影响自己的科学判断。当他还是康涅狄格州某农场的一个小孩的时候，就梦想有一天能造访巴勒斯坦的圣地；成年后，他决心要清除那些遗址周围“大量过去流传下来的、外来的以及性质可疑的东西”。清教徒在他们的新应许之地——美国——之上叠加了一张古以色列的地图，现在他们的后代罗宾逊想要归还该地图，并恢复其历史真实性。

罗宾逊与讲阿拉伯语的传教士伊莱·史密斯一起向北行进，穿过今天称为西岸的地区。“发展停滞和道德上一片漆黑”的乡村及其居民“不可靠”的本性，都让他备感沮丧。但这些肮脏的城镇在罗宾逊看来又有似曾相识之感，“仿佛曾经的梦想变成了现实”。1838年4

① Robinson, *Biblical Researches in Palestine*, vol. 1, pp. 23 - 25, 75, 133 (“strangeness and overpowering” and “Although not given”). William Thomson, *The Land and the Book; or, Biblical Illustrations Drawn from the Manners and Customs, the Scenes and Scenery, of the Holy Land*, vol. 1 (New York: Harper, 1886), p. 6. Manuel, *Realities*, pp. 6 - 12. Ruth Kark, *American Consuls in the Holy Land, 1832 - 1914* (Jerusalem: Magnes Press, Hebrew Univ., 1994), pp. 84, 95, 127 (“There is no other”). Obenzinger, *American Palestine*, p. xvii. Vivian D. Lipman, “American-Holy Land Material in British Archives, 1820 - 1930,” in Davis, *With Eyes toward Zion*, vol. 2, p. 28.

月 4 日，也就是复活节那天，他和史密斯终于“像古代希伯来人在逾越节时那样”踏进了耶路撒冷，这更强化了他的梦幻之感。8 名传教士及其家人为向他们致意办了个派对，这可以说是该市有史以来规模最大的新教教徒聚会了。

不过，罗宾逊没有磨蹭，第二天黎明就带上一根 100 英尺长的卷尺去测量耶路撒冷的城墙。他以《圣经》和其他经典著述为指导，辨出了西罗亚池[①]的位置，尽管他眼睛近视、身躯庞大，但还是成功地爬了 1750 英尺，穿过一条由岩石凿成的狭窄隧道，来到了老城内的圣母喷泉。他还找到了一座大桥的遗迹，该桥曾是通往希律王庙的必经之路，现在被称为罗宾逊拱门。随后他又冒险到乡间去寻找《圣经》中的各处遗址，确信它们现在的阿拉伯语名字与其原有的希伯来文名字非常相似。由此，在阿拉伯人的艾尔萨姆阿（al-Samu'a）村里，罗宾逊找到了《圣经》中以实提摩（Eshtemoa）的遗迹。他发现阿拉伯语的艾尔吉什（al-Jish）就是古代的古什-哈拉乌（Gush Halav），艾尔吉布（al-Jib）则是吉本（Gibbon）——《圣经》中记载的约书亚命令太阳静止不动的地方。被一位传教士称为“世界上最伟大的卷尺大师”的罗宾逊，找回了一段传奇的过去，并将其植根于眼前的现实。

爱德华·罗宾逊将于 1852 年第二次前往巴勒斯坦，在此之前出版了两本巨著，成为第一位获得伦敦的皇家地理学会金质奖章的美国人。他创立了一个全新的研究领域，即圣经考古学，这门“美国科学”不仅专业学者可以研究，神职人员乃至一般人也可以入手。它还吸引了其他美国人来到巴勒斯坦，像罗宾逊那样，将自己的信仰与一

① the Seloam Pool，是耶路撒冷大卫城遗址的一个水池，位于耶路撒冷老城城墙外东南。池水源自基训泉（后称圣母泉），由两个高架渠输送。在《圣经》的《旧约》与《新约》中都有特殊意义。——译者

种抑制不住的探索欲望结合在一起。[①]

威廉·弗朗西斯·林奇就是这样一位漫游者，他是海军指挥官，也是“虔诚的基督徒和冒险爱好者”，已深入探索过南美和远东地区。他和罗宾逊同龄，都是46岁，但他眼光敏锐、身材匀称，是典型的坚定的弗吉尼亚人。1847年5月，对墨西哥战争中的无所作为感到厌烦的林奇请求前往巴勒斯坦。他打算成为第一个穿越整条约旦河——从加利利海到死海——的西方人，以“促进科学事业，提升海军服务的品质”。然而，除了学术价值和激励意义之外，林奇还希望自己的探险之旅能够加强美国与圣地的联系，进而加速对全世界的救赎。

带着自己精挑细选的5名军官和9名海员——“都是年轻、健壮、严谨自律、土生土长的美国人”——林奇离开纽约前往伊斯坦布尔。他出现在阿卜杜勒·迈吉德的宫廷里，起初因为拒绝卸下佩剑而引起了轩然大波，继而通过送给苏丹一本印有美洲印第安人的画册——美国总统詹姆斯·波尔克的礼物——而重获苏丹的青睐。作为回报，林奇得到了一份“诏令”[②]，保护“他免受阿拉伯人的攻击”。然而，这位海军指挥官并不指望这个，到达贝鲁特后，他就雇了一位名叫亨利·詹姆斯·安德森的传教士医生。林奇认为：“万一受了枪伤，外科手术是必不可少的。”这些美国人还雇了几名贝都因人当保镖，并购买了一批卡宾枪、柯尔特手枪、刺刀、鲍伊刀和一把可以射

---

① Robinson, *Biblical Researches in Palestine*, vol. 1, pp. 23–25, 75, 132, 162 (“stagnation and moral darkness”), 176, 262–63, 266–68, 350, 374 (“vast mass of tradition”). Edward Robinson, *Later Biblical Researches in Palestine and Adjacent Regions: A journal of travels in the year* 1852 (London: John Murray, 1856), p. 73. Shepherd, *Zealous Intruders*, pp. 80–83. Handy, *Holy Land*, pp. 2–19. Neal Asher Silberman, Digging for God and Country: Archeology and the Secret Struggle for the Holy Land, 1799–1917 (New York: Knopf, 1982), pp. 40–47. Davis, *Landscape of Belief*, p. 36 (“American science”).

② firman，指土耳其皇帝颁发的诏书、许可证等。——译者

出霰弹的大口径枪。

这些武器连同科学仪器以及露营装备一起被装载到驮畜身上。两艘镀锌铁壳船被置于在炮车上，再绑在骆驼背上。这支奇特的队伍从沿海城市阿卡（Acre）出发，跋涉30英里，穿越了一片令人沮丧的杳无人烟的不毛之地。尽管如此，他们还是异口同声地唱着《哥伦比亚万岁》（*Hail Columbia*）、《扬基曲》（*Yankee Doodle*）和《星条旗永不落》（*The Star-Spangled Banner*），偶尔灌几口烈酒，以此保持昂扬的精神。“我们美国小伙子不会退缩，”一名叫爱德华·蒙塔古的水手写道，“我们既不怕流浪的阿拉伯人，也不怕致命的疾病……既不怕炙热的太阳，也不怕令人窒息的西洛可风[①]。”按照蒙塔古的说法，这些人特别服膺这支队伍的指挥官，认为他是“世界上最优秀、最有人性、最体贴、最慷慨的人之一”，是一位英雄，一个“具有坚定的勇往直前精神的地道美国人”。

从高高飘扬在队伍上方的星条旗到眼前加利利海的景色，林奇似乎也被自己看到的一切所鼓舞。想到自己正走在耶稣曾经踩过的同一片海岸，触手可及的是耶稣曾经踏浪而过的水域，他就兴奋得不知所措。让他兴奋的还有提比里亚[②]的古老犹太社区对他和他的船员表现出的热情好客。一位名叫查姆·韦斯曼的富商邀请这些美国人住在自己家里，并以盛宴款待了他们。一周后，即1848年4月10日，林奇带着自己的手下告别了韦斯曼，让他们的铁壳船下了水。

“从海岸上看，那一定是一种奇特的景象，”林奇回忆道，“当我们沿着平静无波的加利利海的绿色海岸行进时，船员们身着战时装备

① 从非洲吹到欧洲南部的热风。——译者

② Tiberias，位于以色列北部加利利海边的下加利利，是以色列的一个古城。它由大希律王的儿子、加利利行省的分封王安提帕·希律于Rakkat的废墟上所建，并成为加利利行省的省会。这个名字源自当时罗马帝国的君主提庇留。——译者

划桨，雪白的篷子张开，旗帜在空中飘扬，时间就这样悄悄过去了。”这两艘名为“范妮·梅森号”和“范妮·斯金纳号”（以海军部长和高级准将的女儿的名字命名）的金属船，是专为抵御约旦河的急流和险滩设计的。他们还买了一艘装有大口径枪的木船，绰号“山姆大叔”。事实上，河水的确湍急，一队队全副武装的当地人就聚在岸边等着。性情有些夸张的林奇回忆起了他和他的船员如何“漂泊在一个未知而荒凉的荒野中”，那里“有好战的阿拉伯蛮族部落……让人本能地想去摸卡宾枪，或紧握……自己的剑柄”。

然而，作为科学家的林奇也煞费苦心地记录了这条河的深度和温度，描述了周遭恶劣的环境。像罗宾逊一样，他也想方设法寻找《圣经》中提到的各种事件发生的确切地点——比如以色列人进入迦南之地或雅各与天使搏斗之地——尽管远远谈不上精确。林奇想象着，在他的四周是一片“充满神圣联想”的土地，并且“因救世主的足迹而神圣、被救世主的鲜血滋养、被救世主的坟墓圣化”。

6 天过去了，水手们才接近杰里科，虽然疲惫，却很兴奋。林奇认为，自十字军东征以来，这里从没有基督徒涉足，贝都因人很可能会发动袭击。他从美国西部的印第安战士那里学到了一种策略，然后据此把手下的士兵和船只拉进了一个防御圈。不过，事实证明这种策略毫无必要。闯进来的唯有几十位基督教朝圣者，其中包括两名美国人——他们脱掉衣服，蹦蹦跳跳地冲进了约旦河。

随后，这支队伍走完了剩下的 20 英里，终于到达了目的地——波澜不惊的含油的死海。蒙塔古写道，人们可以“非常轻松地漂浮在水面上，可以在漂浮的时候拔鸡毛或看报”。林奇却没有那么开心，荒凉的沙漠、新鲜淡水的匮乏让他心头沉重。“上帝的诅咒肯定降临在了这片不圣洁的海洋上!”在艾因盖迪（Ein Gedi）——林奇“为了纪念世界上迄今为止最伟大的人”而称之为乔治·华盛顿——春意盎然之时，他的心情才得以舒缓。

在接下来的三个星期里，林奇在死海水域进行了各种实验，他推测这水可能有药用价值，还探索了库姆兰①和马萨达②的遗迹。他徒步去了卡拉克（在今天的约旦），那里的基督教团体成员是曾经豪情万丈的十字军战士的后裔，当时正受到穆斯林多数派的欺凌与压迫。虽然忙得不可开交，林奇还是抽出时间来细细品味浪漫的沙漠之夜，欣赏着"柽柳丛中的帐篷，阿拉伯营火，远处漆黑的群山，天幕中的繁星点点，还有停在岸边的船只"。他还通过美国驻耶路撒冷领事转来的信件，了解了国内的最新情况。其中一封急件称，约翰·昆西·亚当斯——20多年前试图向美国人开放中东——已经去世了。"死亡的想法与周围的气氛、风景融为一体，"林奇哀叹道："我们降下半旗，整个营地一片肃穆。"

5月10日，林奇在一只停在死海的木筏上升起了这面旗帜，并令人拆散了铁船。然后，他和他的手下一路向北前往耶路撒冷、拿撒勒和凯撒利亚。他对这几个地方以及其他著名景点的印象与许多美国朝圣者相似，既有审美上的厌恶，也有精神上的愉悦。与此同时，这趟长途跋涉着实令人吃不消，到达大马士革时，林奇所有的手下都高烧到神志不清。一名叫J. B. 戴尔的海军上尉在伊莱·史密斯位于贝鲁特的家中去世，威廉·汤姆森安葬了他。③

---

① Qumran，巴勒斯坦地名，在死海西北岸。——译者

② Masada，死海西边一座古堡的名字，建于800英尺的高山上，在今以色列东南部。——译者

③ William F. Lynch, *Narrative of the United States' Expedition to the River Jordan and the Dead Sea* (Philadelphia: Blanchard and Lea, 1853), pp. v ("teeming with sacred"), 18 ("hallowed by"), 76, 79 ("protection against"), 115 ("gun-shot wounds"), 119, 152 ("It must have been"), 230 ("wanderers in an unknown"), 259 - 60, 261, 284 ("The curse of God"), 293 ("in honour of), 287 ("the tents among"), 321 ("The thought of death"), 407. Edward P. Montague, *Narrative of the Late Expedition to the Dead Sea* (Philadelphia: Carey and Hart, 1849), pp. 116, 121 - 22 ("We Yankee boys"), 149, 218 - 19 ("float with perfect ease").

林奇回到纽约，受到了意料之外的接待，个中滋味苦乐参半。曾经抨击波尔克总统派美国军队攻打墨西哥的批评者，现在痛斥他将纳税人的700美元浪费到又一次不必要的远征上。尽管如此，林奇的旅行回忆录仍然很畅销。这是一本奇特的书，其描述有时惟妙惟肖，有时中规中矩，但语气始终如一。作者以无情的笔触刻画了阿拉伯人的形象，声称“主导一切的激情……是对黄金的贪欲，为了得到黄金，他不介意是从手无寸铁的陌生人那里攫取，还是从毫无戒心的朋友那里偷窃”，但他同样热衷于兜售巴勒斯坦的经济潜力。林奇提出了几条开发圣地的建议，包括一项在约旦河谷建立种植园安置非裔美国人的计划。他大胆地指出，这些项目能否成功的关键是安全。他写道：“50名装备精良、意志坚定的法兰克人……就可以彻底改变整个国家。”

林奇在书的结尾慷慨激昂地呼吁犹太人重返巴勒斯坦。犹太人“注定是阿拉伯文明的第一批推动者”，也是振兴整个地区的途径。远征队的外科医生安德森进一步阐述了林奇的建议，并在美国地理与统计学会（American Geographical and Statistical Society）的支持下，散发了一份请愿书，敦促美国大力促进犹太人在巴勒斯坦殖民。这份请愿书宣称：“在所谓的叙利亚阿拉伯，犹太人的影响会……极其有效地为东方和世界的商业带来一种崭新的动力。”①

① Lynch, *Narrative of the United States' Expedition*, pp. 360 (“Fifty well-armed”), 415 (“destined to be”). American Geographical and Statistical Society, *Report and Memorial on Syrian Exploration* (New York: New York Univ., 1857), p. 7. Andrew C. A. Jampoler, *Sailors in the Holy Land: The* 1848 *American Expedition to the Dead Sea and the Search for Sodom and Gomorrah* (Annapolis: Naval Institute Press, 2005), pp. 60, 142. See also Robert Edward Rook, “Blueprints and Prophets: Americans and Water Resource Planning for the Jordan River Valley, 1860 - 1970” (Ph. D. diss., Kansas State Univ., 1996), pp. 22 - 23.

巴勒斯坦时间充裕

关于美国应该积极帮助犹太人重返巴勒斯坦的提议既没有什么新意，在南北战争前夕也并不显得特别激进。一度盛行于殖民地美国的福音派教会中的复原主义思想已经深深渗透入主流中。较为成熟的圣公会教徒和一神论者继续回避这一概念，而卫理公会教徒、公理会教徒和长老会教徒却接受了它。很多美国人认为犹太人已踏上了返家之旅，传教士们向他们保证，那是一个人口稀少的地区，可以容纳数百万人——用当代英国复原主义者沙夫茨伯里勋爵的口号来说，“这是一块为没有土地者准备的无人之地”。1838 年 6 月，康涅狄格州牧师托马斯·罗宾斯在日记中写道：“犹太人中似乎出现不寻常的举动，他们的目光投向了巴勒斯坦。”一名叫萨拉·海特的长岛妇女 1830 年代到过中东，她确信犹太人在巴勒斯坦的聚居已迫在眉睫。“上帝自己的子民将再次被带到……重建自己的神庙并在其中敬拜。”海特预言道，以此宣告“外邦人有充裕的时间”。

在纽约大学希伯来语教授乔治·布什牧师 1844 年写了一篇文章——《视觉谷；以色列的枯骨复生》① 中，复原主义思想得到了全面的阐述。布什曾写过穆罕默德的传记，他将穆罕默德描述为“伪先知”，但同时认为穆罕默德是个“品格出众的人”，他呼吁通过在巴勒斯坦重建犹太人的国家，“提升”其“在世界各国中的光荣地位”。这种对犹太人家园的恢复将造福全人类，在人类和上帝之间形成“沟通的纽带”。“它将成为黑暗中的一道光，”布什预言，“以璀璨的光芒照亮众多种族和众多语言传承的真理。”然而，这本书并非没有批评者。自视甚高的《普林斯顿评论》抨击了“多年来在基督教世界中日益流

① *The Valley of Vision; the Dry Bones of Israel*。——译者

行的对犹太人字面上的复兴的信仰”。然而，越来越多的美国公众仍然与乔治·布什——后来两位同名总统的祖先——一样，继续抱持建立犹太国家的梦想。

对布什和大多数美国复原主义者来说，基督徒在重建犹太政体中的作用仅限于祈祷，至多不过是提供某些诱使犹太人返回巴勒斯坦所需的“肉体诱因”。① 不过，该学说的一些拥护者却希望在重新安置犹太人的行动中发挥更积极的作用。他们会亲自前往圣地并在那里定居，为犹太人的回归做好准备。

在美国建立时间最晚、最具争议的教派之一摩门教，为这种行动主义提供了一个范例。这一运动的创始人约瑟夫·史密斯是位坚定的复原主义者，1841 年 10 月，他派自己的私人使徒奥森·海德前往耶路撒冷朝圣。海德爬上橄榄山，筑起一座祭坛，祈求上帝“将王国归还以色列——将耶路撒冷作为首都，让其人民继续作为一个独立的民族和政府存在”。摩门教徒后来将这段祈祷词融入了他们的礼拜仪式，并在海德设立祭坛的地方建了一所杨百翰大学分校。

沃德·克雷森是一名比海德还要热心的活动家，他一直留在巴勒斯坦，并将自己的一生奉献给了遣返犹太人的事业。身为 6 个孩子的父亲，克雷森来自费城，曾经是摩门教徒，在此之前是贵格会教徒和震颤派教徒②。1844 年，46 岁的克雷森开始接受复原主义思想。同

---

① Robbins, *Diaries, 1796 – 1854*, vol. 2, p. 573. Haight, *Letters from the Old World*, p. 110. George Bush, *The Life of Mohammed: Founder of the Religion of Islam, and of the Empire of the Saracens* (New York: Harper & Brothers, 1837), pp. 49 (“pseudo-prophet”), 160 – 61 (“man of superior”); *The Valley of Vision* (New York: Saxton and Miles, 1844), pp. 17 (“elevating”), 39 (“carnal inducements”), 41 (“It will blaze”), 56 (“link of communication”). Shalom Goldman, “Professor George Bush: American Hebraist and Proto-Zionist,” *American Jewish Archives* 43, no. 1 (1991): 58 – 69. “Bush on Ezekiel’s Vision,” *Princeton Review* 16, no. 3 (1844): 384. Elaine B. Prince, “The Patrilineal Descent of Vice-President Bush,” *NEXUS: The Bimonthly Newsletter of the New England Genealogical Society* 3 (1986): 124 – 25.

② Shaker，美国教派，教徒禁欲独身，聚居一处，崇尚俭朴生活。——译者

年，克雷森遇见了曾在突尼斯担任领事的末底改·诺亚，诺亚此时已开始致力于一场在巴勒斯坦恢复犹太人主权的运动。诺亚曾试图招募美国犹太人加入该项目，却没成功，后来他开始向基督徒推广这一项目。他问："还有什么地方能比美国这个自由的摇篮更能让我们信心百倍地为以色列的儿童争取独立呢?"这一问题引起了克雷森的共鸣，他开始相信上帝创造美国就是为了帮助犹太人，而美国之鹰会实现以赛亚的理想，"用翅膀护佑这片土地"。他斩钉截铁地宣称："惟有来到以色列，外邦人才能得救。"

克雷森立即写信给国务卿约翰·C.卡尔霍恩，请求任命他为美国驻耶路撒冷领事。此时恰逢美国国务院在寻找能被传教士接受的外交官，在接到对克雷森的"才能和品行"的担保后，卡尔霍恩批准了这一任命。克雷森留着黑胡子，眼神锐利，鼻孔像喇叭一样向外敞着——一副充满激情的先知形象，他于1844年6月22日启航，随身携带了一面美国国旗和一只计划在抵达时放飞的鸽子。"我离开了我年轻的妻子和6个可爱的孩子……一个很棒的农场和舒适的生活。"他回忆道，"但上帝宝贵的应许……之光，关于犹太人的回归……如此伟大……让我再也无法在家中安坐。"

抵达巴勒斯坦后，克雷森在耶路撒冷安顿下来，他做了一枚"领事印章"，并将美国的保护范围扩大到城中的犹太人，这些犹太人中有很多是贫困的知识分子，依赖海外慈善机构为生。与此同时，卡尔霍恩从费城的相关渠道得知，克雷森"意志非常薄弱"，而且"有很多完全不正常的想法"，于是取消了对他领事一职的任命。然而，克雷森选择无视，坚持不懈地帮助犹太人。在与来访的英国讽刺作家、《名利场》的作者威廉·梅克皮斯·萨克雷会面时，他详细说明了自己的国家将如何——与欧洲大国合作——很快出手干预，为犹太人建立一个独立的国家。萨克雷写道，克雷森此人"除了从预言中得到的一点知识之外，对叙利亚一无所知”，“我怀疑有任何政府接受或任命过这么古怪的大使。”①

克雷森继续以他对犹太国家的愿景以及他怪异的近乎恍惚的行为给每位来访者留下深刻印象。但克雷森并不是当时唯一一位在巴勒斯坦定居的美国复原主义者，也不是其中最奇特的。与他同样异于常人的至少还有小说家、歌手、诗人和奋兴派传教士哈丽特·利弗莫尔。

利弗莫尔是新罕布什尔州一位国会议员的女儿，早年间是个无法无天的假小子，后来长成了一个优雅的、黑眼睛的年轻姑娘，在1812年战争后的短短几年里，她抛弃了一大波追求者。反过来，她自己也被一名军医拒绝了，于是，为了追求更高层次的爱情，她彻底放弃了罗曼蒂克的男女之爱。“我厌倦了这个世界，对尘世的幸福已完全失望，我暗下决心……要成为一名教徒。”为了追求信仰，她先是投身公理会，继而是长老会和贵格会，但对它们都厌倦了，最终转向浸礼会，并建立了自己的教派——“朝圣的陌生人”（the Pilgrim Stranger）。利弗莫尔相信自己是神学天才，是印第安人的使徒，认为印第安人是那些失踪的以色列十支派的后裔。这些说法和其他非正统观念在她的小说《支持女性在敬拜上帝的会上作证的圣经证据》② 中得到了体现，这部小说由几位有影响力的华盛顿人资助，其中包括约

① Truman G. Madsen, “The Holy Land and the Mormon Restoration,” in Davis, *With Eyes toward Zion,* vol. 2, pp. 28 - 29. Obenzinger, *American Palestine*, pp. xvii, 116, 121, 126 - 27, 160 (“very weak minded”). Warder Cresson, *The Key of David* (Philadelphia: Self-published, 1852), p. 15 (“There is no salvation”). Frank Fox, “Quaker, Shaker, Rabbi: Warder Cresson: The Story of a Philadelphia Mystic,” *Pennsylvania Magazine of History and Biography* 95(1971):147 (“I left the wife”), 157 - 63. Vogel, *To See a Promised Land*, p. 170 (“capacity & probity”). Sarna, *Jacksonian Jew*, pp. 153 - 55. *Selected Writings of Mordecai Noah*, pp. 125 - 26. William Makepeace Thackeray, *From Cornhill to Grand Cairo* (London: George Routledge, 1888), pp. 225 - 26, 242 (“has no knowledge”).

② *Scriptural Evidence in Favor of Female Testimony in Meetings for the Worship of God*.——译者

翰·泰勒参议员和多莉·麦迪逊[①]。1827年，当利弗莫尔在国会两院发表演讲时，她的教派正处于发展巅峰。“她是我见过的口才最好的传教士，”对演讲颇有鉴赏力的约翰·昆西·亚当斯说，“任何语言都无法如实表达她话语中的悲悯。”

不过，利弗莫尔生命中的转折10年后才出现，这时，她被犹太人在巴勒斯坦重新安居的报道吸引到了中东。她随身带着一封国务院关于她“道德高尚、信仰虔诚”的证明，在伊斯坦布尔拜访了大卫·波特，然后登上一艘蒸汽船前往贝鲁特。在城南的西顿山区，她顺道拜访了50岁的英国隐士赫斯特·斯坦霍普夫人[②]，曾是她叔叔、英国首相威廉·皮特的秘书。斯坦霍普搬到中东，原本也是怀着希望要鼓励犹太人重新定居巴勒斯坦的，后来感觉成功无望，就设法弄到了一座十字军城堡，将自己打造成“黎巴嫩的修女”（the Nun of Lebanon）。利弗莫尔与赫斯特夫人这两位女性都曾是辉煌一时的美女，又同为复原主义信徒，她们本应团结在一起，但事实上她们俩在诸如谁才是真正的选民、谁将在上帝重返耶路撒冷时陪伴左右等问题上吵得不可开交。

利弗莫尔离开西顿前往圣城，在锡安山顶租了个简陋的住所。从那里，她打算监督一个为犹太人的回归而开辟的教育殖民地的建设。利弗莫尔赞同杰斐逊的观点，认为每个国家都需要农业基地，基督徒负有让犹太人重新熟悉农业的神圣义务。利弗莫尔希望自己能亲眼看到殖民地的建成，然后退休，过上祈祷和冥想的生活，“迎接自己的命运，即……殉道”。

---

① 美国第四任总统詹姆斯·麦迪逊的夫人，极受公众欢迎。——译者

② Lady Hester Stanhope，英国社会名流，探险家，旅行家。她还是西德尼·史密斯的表妹，首相威廉·皮特的侄女兼家务总管和办公秘书，是位才貌双全的女子。——译者

然而，事实证明，为这个殖民地提供资金比利弗莫尔预想的要困难得多，她的办法很快就用完了。为了“吃饱饭，还清债务，回到锡安山去”，她想方设法兜售她的布道书，最后甚至沦落到在耶路撒冷街头行乞。然而，就连这样的努力也落空了。饥肠辘辘的利弗莫尔只好离开巴勒斯坦，心碎地回到美国。1868 年，她在费城的一家济贫院里去世——在某种意义上，她的确是一位殉道者。①

不过，复原主义思想仍然很活跃，将城市中居民——大多是贫穷的犹太人——改造为巴勒斯坦农民的愿景亦是如此。当哈丽特·利弗莫尔在耶路撒冷饱受煎熬的时候，另一位美国传教士也来到了这座城市，他精力充沛，渴望开始建立殖民地的工作。他就是詹姆斯·特纳·巴克利，身材高大，相貌堂堂，但又“极其谦逊”，有点像文艺复兴时期的全才——既是医生，又是发明家和建筑师。他还拥有令人叹为观止的书法技艺，据说，他能将一整篇《主祷文》写得小到可以“完整地刻在一枚 5 美分的硬币上”。然而，巴克利的最大成就是在 1831 年买下了杰斐逊的蒙蒂塞洛庄园，这座古老庄园当时已年久失修。巴克利试图通过生产丝绸来重振种植园，但是这项尝试以失败告终，他只好转向宗教。他先是成为一名长老会教徒，随后又参加了坎佩尔特斯（Cambellites）运动，这是一个致力于恢复基督在地球上的统治的千禧年运动。为此，1850 年，巴克利前往巴勒斯坦。

---

① Catherine A. Brekus, “Harriet Livermore, the Pilgrim Stranger: Female Preaching and Biblical Feminism in Early Nineteenth-Century America,” *Journal of the Early Republic* 65 (Sept. 1996): 389 - 404. Elizabeth F. Hoxie, “Harriet Livermore: Vixen and Devotee,” *New England Quarterly* 18 (March 1945): 41 (“Sick of the world”), 43 (“She is the most”). Diplomatic Instructions of the Department of State, 1801 - 1906. Turkey. April 2, 1823 - July 9, 1859. Microfilm 77, roll 162: Louis Lane to David Porter, April 28, 1834 (“high character”). Finnie, *Pioneers East*, pp. 182 - 83 (“meet my lot”). 赫斯特·斯坦霍普夫人的肖像可见于：Charles Lewis Meryon and Hester Lucy Stanhope, *The Travels of Lady Hester Stanhope* (London: H. Colburn, 1846)。Michael Bruce, *The Nun of Lebanon* (London: Collins, 1951). “The Memoirs of Lady Stanhope,” *Living Age* 6, no. 69 (Sept. 6, 1845)。

像利弗莫尔一样，巴克利也试图为犹太人接受农业再教育寻找一个解决方案，但很快也遇到了类似的资金短缺问题。失望之下，他回到建筑行业，得到了一份修缮岩顶清真寺（Dome of the Rock）的工作。巴克利还写了一本畅销书《王的城》（*The City of the Great King*），这本书跟此前威廉·汤姆森的书一样，用令人眼花缭乱的语言描绘了耶路撒冷，并且像乔治·布什的书一样颂扬了复原主义的理念。他断言："上帝并未彻底抛弃他从前承认的子民，所以我们也不该将他们抛弃。"相反，基督徒必须拥抱犹太人，跟他们说："我们会和你们同去，因为我们听说主与你们同在。"①

这样的劝诫有助于转移大众的注意力，使人们不再盯着复原主义者的失败——他们未能在巴勒斯坦建立永久立足点，也未能帮助犹太人回到家乡。其他福音派传道人试图在利弗莫尔和巴克利一败涂地的地方取得成功并继续推进在圣地的殖民工作。在这些人中，最倔强任性、最有特色的是克洛林达·迈纳。迈纳是费城一位富商的妻子，一直是圣公会教徒，人到中年却成为一名基督再临派教徒，并开始为末日降临做准备。她说："许多基督徒都表示他们非常同情犹太人，他们正在等待……那'设定的时间'眷顾锡安。"据迈纳估计，那"设定的时间"已日益迫近。1851年，她离开丈夫，乘船前往巴勒斯坦："我的灵魂每一小时都坚信上帝在召唤我去！"

在雅法登陆后不久，迈纳就遇到了约翰·米书兰，一位皈依了基督教的英国犹太人，他与迈纳一样希望引导犹太人"为爱而积极劳动"。然而，就像此前的诸种尝试一样，他们的工作也受到了资金短

① John T. Brown, ed., *Churches of Christ* (Louisville: John P. Morton, 1904), pp. 440-41 ("criminally modest" and "they could all"). James Turner Barclay, *The City of the Great King; or, Jerusalem As It Was, As It Is, and As It Is to Be* (Philadelphia: James Challen, 1857), pp. 608-10. Handy, *Holy Land*, p. 84 ("God hath not"). Vogel, *To See a Promised Land*, p. 107.

缺的困扰。随后，迈纳求助于她在美国的朋友们，后者派来了7名志愿者和价值256美元的帐篷、工具、种子和药品。他们在伯利恒附近的阿尔塔斯买了一块耕地，并在圣地为犹太人建立了农业劳动者学校。更多的支援来自盎格鲁-犹太慈善家摩西·蒙蒂菲奥里男爵，他对任何有助于犹太人对巴勒斯坦殖民化的尝试都表示欢迎。迈纳在自己畅销的回忆录《米书兰！或来自耶路撒冷的讯息》中预言道："上帝眷顾锡安的时候到了，他将再次出手拯救以色列。"她的这一预言似乎注定会实现。①

然而，阿尔塔斯这帮人不到两年就解散了。这场决裂首先是由于犹太人拒绝对农业表现出哪怕是一丁点的兴趣，但更致命的是米书兰和迈纳之间不断恶化的嫌隙。尽管如此，这位"现代大比大②"——人们有时这样称呼迈纳——仍然很乐观。她从阿尔塔斯搬到了雅法郊外的一个小农场，给它取名为希望山。凭借蒙蒂菲奥里送给她的一片橘园，在约翰和弗雷德里克·格罗斯泰因贝克这两位德国传教士的帮助下，迈纳得以勉强度日。"如果我们在美国的任何希伯来朋友愿意帮忙，我们会……将每一笔开支都清清楚楚地向他们列出账目。"她向美国的犹太人报纸《西方》(*Occident*)呼吁："莫要痛失良机，否则受难者就会死去！"然而，他们几乎没有收到任何捐款。农场倒闭了，迈纳最终也破产了。她于1855年去世，享年49岁。

---

① Clorinda Minor, *Meshullam!; or, Tidings from Jerusalem: From the Journal of a Believer Recently Returned from the Holy Land* (Philadelphia: Self-published, 1851), pp.52 ("His time to favor"), 91, 114 ("Many Christians profess"). Catherine A. Brekus, *Strangers and Pilgrims: Female Preaching in America, 1740 - 1845* (Chapel Hill: Univ. of North Carolina Press, 1998), p.53 ("The conviction of my soul"). Henry L. Feingold, *Zion in America: The Jewish Experience from Colonial Times to the Present* (New York: Twayne, 1974), p.199. Barbara Krieger, *Divine Expectations: An American Woman in 19th Century Palestine* (Athens: Ohio Univ. Press, 1999), pp.38 - 39, 50, 113 - 16. Lipman, "American-Holy Land Material," pp.29 - 32.

② Tabitha，《新约》人物，是住在约帕城的一位耶稣的女信徒，因病而死。——译者

尽管如此，有些福音派传道者还是坚持了下来。迈纳死后，希望山被特立独行、自封为领事的沃德·克雷森买下，后者想将希望山建成一个“美国农场的样板”，以此教犹太人如何种植菠萝、香蕉和柠檬。附近还有来自马萨诸塞州格罗顿的沃尔特·迪克森为犹太人建立的另一个殖民地。迪克森雇了格罗斯泰因贝克兄弟俩，两人则分别娶了迪克森的女儿阿尔米拉和玛丽为妻。由于不断受到当地贝都因人的袭扰，迪克森所谓的“美国农业使团”只好向美国海军求助，后者为使团提供了几把霍尔卡宾枪和一些弹夹。劫掠者暂时被击退了，定居点得以幸存。[①]

从 1819 年的列维·帕森斯和普林尼·菲斯克开始，40 年来，美国人一直在努力将他们神的和世俗的信仰原则带到中东，并在中东一些偏远省份以及巴勒斯坦的中心地带产生了影响力。在这一艰苦卓绝的历程中，他们绝不是孤军奋战。来自法国、英国、俄罗斯和普鲁士的传教士也深入到中东各地，修建学校和诊所，甚至建立殖民地。来自黎巴嫩的福音派传道者威廉·艾迪抱怨说：“欧洲正在赶超美国，以争取在这个国家进行教学和布道的各种权利。”然而，没有哪个国家能在地理范围、专业广度、人力和财力投入等方面与美国在中东的代表团匹敌。

传教士们的奉献精神，仍然反映了 19 世纪早期的美国人自诩为

---

① Field, *America and the Mediterranean World*, p. 280 (“the Modern Tabitha”). 大比大（希腊语中叫多卡丝）是雅法的一位正直妇女，根据《新约》（《使徒行传》9：36—43），她死后被使徒彼得复活。Yaron Perry, “John Steinbeck’s Roots in Nineteenth-Century Palestine,” *Steinbeck Studies* 15, no. 1 (Spring 2002): 51 - 52 (“our Hebrew friends”), 55. Abraham Karp, “The Zionism of Warder Cresson,” in Isadore Meyer, ed., *Early Zionism in America* (Philadelphia: American Jewish Historical Society, 1958), pp. 9 - 14. Warder Cresson Biography, http://www.us-israel.org/jsource/biography/Cresson.html. Vogel, *To See a Promised Land*, p. 132. Field, *America and the Mediterranean World*, p. 281。

天命的执行者、工业时代成果的承载者和世界的民主赞助者所扮演的角色。传教士的狂热也表明了美国人对新疆域、新体验和新运动仍有着无法抑制的需求。法国政治思想家亚历克西·德·托克维尔观察到了1830年代的这些强烈愿望，对美国人"永不停息的激情"做了评述。他认为，他们似乎在被一股"无所不在且……过剩的力量"所推动，是即使"在富足之中"也会有的一种"奇怪的不安分"。① 然而，这种躁动并非为福音传道者所特有的。内战前，许多美国人——包括家庭主妇和专业人士、艺术家和商人甚至还有一名非裔美国奴隶——冒险来到中东，他们是受自己的宗教信仰驱使，或者更令人信服地说，是受自己的梦想驱使。

---

① PABCFM, 5/546/16.8.1, Syrian Mission, vol.7: Eddy to the American Board, Sept. 7, 1867 ("Europe is striving"). Tocqueville, *Democracy in America*, vol. 1, pp. 269 ("all-pervading"), 318 ("unquiet passions"); vol. 2, p. 622 ("strange unrest" and "in the midst").

第七章

美国人眼中的中东

“我几乎忍不住想象自己正置身于穆罕默德的天堂。”诗人、传记作家、讲故事大师华盛顿·欧文感叹道。他说这话时是1829年，当时，他已经是美国最著名的作家，是《睡谷传奇》（*The Legend of Sleepy Hollow*）的作者，瑞普·凡·温克尔和伊卡博德·克雷恩这两个人物就是在他笔下诞生的。但他同时也是一名律师，作为军官参加过1812年战争，与大卫·波特和丹尼尔·韦伯斯特①是朋友，最近被派往美国驻马德里大使馆任外交官。从那里出发，欧文得以游览了曾经辉煌一时的中世纪穆斯林王朝的首都格拉纳达②和雄伟壮丽的阿尔罕布拉宫③。这段经历让他如醉如痴，不知身处何方，感觉自己仿佛迷失在某种东方梦境，“生活在天方夜谭之中”。

长期以来，欧文一直对中东地区很是着迷。荒凉的沙漠城堡和热气腾腾的后宫形象吸引着他性格中忧郁而浪漫的一面；但对于这位纽约塔里敦来的长着一头鬈发和一张娃娃脸的单身汉来说，这一地区也是一个智慧的宝库。1807年，欧文在看过巴巴里战争中的北非战俘后，创造出了穆斯塔法·鲁巴·达布·克里·汗这一人物，他是个被扣押的的黎波里双桅帆船的船长，在纽约被囚期间，他对美国社会发表了一些尖锐的看法。“一位著名的苦行僧（或者说医生——这是此人在这里的称呼）曾乐观地向我保证，这些人中至少五分之一的人有灵魂！”他在美国妇女问题上的看法，启发了欧文小说中巴肖的“奴隶监工”阿塞姆。“我是真的见过一个非常漂亮的女人，她胆子够大，竟然打她丈夫的耳光……看到这些可怜的异教徒的悲惨处境，我的胡子都气得发抖。”以“萨尔马贡迪”为题的一系列穆斯塔法的书信，不仅抨击了举止放肆的女性，还有腐败的律师、谄媚的将军、“满口黑话”的政客，甚至还抨击了杰斐逊总统，说他“这个人极度自负，膨胀起来堪比一个巨大的风囊”。

1824年，当欧文将《一千零一夜》中的一个故事改编成戏剧《阿布·哈桑》时，中东再次成为幽默的出口。“像你这样强大的君主可能有几百个情妇，”主人公告诉他的同伴哈里发哈伦·拉希德，“但我现在有半打就满足了！哦，天性，天性，你是多么容易满足啊！”

但是在1829年，欧文发现格拉纳达的废墟没有什么可笑之处，勾起的只有遐想与敬畏。这次游览后不久，他开始撰写一部名为《格拉纳达的征服》的历史书，书中充满了“罗曼蒂克的冒险、在风景如画的山间短途旅行以及对建在悬崖上的城堡的大胆攻击……闭门造车是绝对写不出来的。”接下来是《阿尔罕布拉》，这将是他最珍爱的作品之一。这是一本阿拉伯故事集，充满了邪恶的魔法师、挥着弯刀的骑士和永远等待被救的公主，在此，作家试图将“赤裸裸的现实”与“想象的……幻象”融合在一起。④

---

① 美国两任国务卿（1841—1843，1850—1852）、律师。——译者

② 西班牙南部，位于安达卢西亚自治区，临赫尼尔河。公元前5世纪为伊比利亚人居民点。——译者

③ 在今西班牙格拉纳达，为中世纪摩尔人所造。——译者

④ Stanley T. Williams, ed., *Journal of Washington Irving, 1828 and Miscellaneous Notes on Moorish Legend and History* (New York: American Book Co.,1937), （转下页）

《阿尔罕布拉》出版于1832年，它延续了美国人对中东怀有的神奇幻想。但对于某些人来说，仅仅阅读关于中东地区的书籍是不够的，他们决心要亲眼去看看这片传说中的土地。华盛顿·欧文也计划了一次中东之旅，打算从西班牙南部航行到摩洛哥，但外交职责将他带到了别的地方。其他人不会像他那样无休止地被改变目的地。他们要证明亨利·大卫·梭罗的名言——“向东只能靠武力，向西则可自由来去”——是错的，于是开始探索“东方”。

娱乐、战斗，还是嬉戏?

前路几乎畅通无阻。没有北非海盗的骚扰，还有一支永久驻留的海军中队巡逻，地中海已不再是美国旅行者的阻碍。相反，对于那股数量稳步增加的渴望探索中东的人流来说，这片海洋现在成了一条便捷通道。到1820年代，士麦那商人大卫·奥弗雷已经开始抱怨，他

(接上页) pp. 21 – 34. William H. Hedges, *The Old and New World Romanticism of Washington Irving* (New York: Greenwood, 1986), pp. 20, 89 – 120. Philip Almond, “Western Images of Islam, 1700 – 1900,” *Australian Journal of Politics and History* 49, no. 3(2003). Fuad Shaban, *Islam and Arabs in Early American Thought: Roots of Orientalism in America* (Durham, N. C.: Acorn Press, 1991), p. 32. Malini Johar Schueller, *U. S. Orientalisms: Race, Nation, and Gender in Literature, 1790 – 1890* (Ann Arbor: Univ. of Michigan Press, 1998), pp. 68 – 70. Ahmed Mohamed Metwalli, “The Lure of the Levant: The American Literary Experience in Egypt and the Holy Land, 1800 – 1865,” (Ph. D. diss., State Univ. of New York at Albany, 1971), p. 64 (“living in the *Arabian*”). Washington Irving and James Paulding, *Salmagundi* (Chicago: Belford, Clarke, 1807), pp. 34 (“positively assured”), 86 (“superlative ventosity”), 131 (“slangwhangging”). George S. Hellman, *Washington Irving, Esquire: Ambassador at Large from the New World to the Old* (New York: Knopf, 1925), pp. 155 (“A mighty potentate”), 207 (“a kind of Oriental”). Washington Irving, *The Conquest of Granada* (New York: Putnam, 1850), p. xx (“romantic adventures”). Washington Irving, *Alhambra* (Boston: Ginn, 1902), p. 90 (“naked realities”).

家门口时不时会出现一些贫困潦倒的美国学生，急需住所和食物。该地区的其他美国人则报告说，他们遇到了在该地区生活了一段时间的同胞。在这些人中，有一位住在伊斯坦布尔的纽约人皈依了伊斯兰教，成了伊玛目；还有一位新英格兰猎人在尼罗河上游弋，猎杀鳄鱼和猫。1819年，一艘美国商船的船长在摩卡说，他碰到过一位在苏丹军队服役将近20年的费城人。1820年代，到开罗的西方游客有时会遇到一位来自俄亥俄州穷乡僻壤的导游，人们叫他内比·达乌德——阿拉伯语意为“先知大卫”。

当美国人在19世纪初开始前往中东时，中东地区价值连城的文物也找到了去往美国的路。波士顿市在1823年收到了该市第一具木乃伊，这份礼物来自一位在士麦那经商的美国商人；巴尔的摩则从曼迪斯·科恩上校那里获取了689件埃及文物，该上校是一个显赫的犹太家族的后裔，曾探索过上尼罗河。波士顿商人约翰·洛厄尔在1832年设法将一批艺术品从埃及送回老家，后来他在波斯湾的一场沉船事故中丧生。由当地商人收藏和捐赠的古代中东艺术品展览，也出现在马萨诸塞州的塞勒姆和南卡罗来纳州的查尔斯顿。这些藏品激发了人们对古埃及的各种面貌尤其是金字塔、狮身人面像和方尖碑的兴趣。值得注意的是，华盛顿纪念碑于1833年开始动工，其大理石是由奥斯曼苏丹捐赠的。①

随着美国对遥远的埃及古老历史的迷恋日益增长，对当代中东的好奇也在不断加深。想要突然造访该地区的，不仅有流浪者和无家可

① Barrell, *Letters from Asia*, p.10. Wright, “American Relations with Turkey,” p.155. Finnie, *Pioneers East*, pp.4, 12 - 13, 160 - 65. Field, *America and the Mediterranean World*, p.298. Joseph J. Malone, “America and the Arabian Peninsula: The First Two Hundred Years,” *Middle East Journal* 30, no.3 (Summer 1976): 407. Isaac M. Fein, *The Making of an American Jewish Community: The History of Baltimore Jewry from 1773 to 1920* (Philadelphia: Jewish Publication Society, 1971), pp.24 - 25. Tigger, “Egyptology, Ancient Egypt,” pp.21 - 22.

归者，朝圣者、科学家和传教士，还有专业人士以及社会上其他受尊敬的人。对他们来说，中东不再只是一个战场，一片有《圣经》中场景的土地抑或一个市场；它还是一块自由不羁的土地，任何敢于冒险的美国人，只要有适当的装备和资金，就可以尽兴一游。

前往中东的美国游客的数量，在整个1830年代一直呈稳步上升态势。根据美国-奥斯曼条约的条款，这些美国人享有领事的保护，不会再被任意逮捕。由于蒸汽技术的出现，前往该地区的交通也便利了起来。从1838年开始，一个精力充沛的波士顿人可以乘火车去纽约，在那里乘船前往伊斯坦布尔或亚历山大。就这样，美国人以一种约翰·利雅德会觉得不可思议的随意，一种普林尼·菲斯克会羡慕的速度，进入了中东。

然而，这段航程仍然需要强大的体力和耐心来忍受各种不适。它的平均航程长达21天——中途会在伦敦、马赛和马耳他停留——收了全票的钱只供应咸肉和硬面包。“没有铺位、没有床、没有桌子、没有日用品、也没有饭菜。”纽约州参议员、未来的国务卿威廉·亨利·西沃德在去往巴勒斯坦的途中抱怨道，“船舱里到处是……蚂蚁、蟑螂以及各种寄生虫。”上岸之后，游客们还可能会被隔离两周，情况通常比在海上还要糟糕。即便有这么多不便，但要想乘船一游，乘客需要支付大约190美元的票价，相当于1840年时一位美国参议员一个月的工资，或者一位南方体力劳动者一年的工资。[①]尽管如此，

① Papers of William H. Seward: “Governor Seward’s Journey from Egypt to Palestine,” *New York Daily Tribune*, Dec. 24, 1859, p. 5 (“There are no berths”). Metwalli, “Lure of the Levant,” p. 100. 有关去中东的旅费价格参见：Warder Cresson, *King Solomon’s Two Women and the Living and Dead Child or Messiah* (Philadelphia: Self-published, 1852), pp. 343 – 44。John Lloyd Stephens, *Incidents of Travel in Egypt, Arabia Petraea, and the Holy Land* (New York: Harper, 1855), pp. 4, 17 – 18. James Ewing Cooley, *The American in Egypt, with Rambles through Arabia Petra and the Holy Land during the Years 1839 – 1840* (New York: Appleton, 1842), pp. 16, 329. 1840年的工资情况参见：“Senate Salaries since 1789,” www.senate.gov/ （转下页）

前往地中海的船只却几乎总是被想要在假期寻求异国冒险的美国人预订一空。

其中一位旅人是约翰·劳埃德·斯蒂芬斯，是个30岁的纽约婆罗门，毕业于哥伦比亚大学，是坦慕尼协会①的会员。看过《一千零一夜》后，他决定要亲眼去看看“那曾经让先知绽开笑脸的辉煌与富足”，便于1835年12月登上了一艘开往埃及的汽船。1830年后的30年里，平均每年有60名美国人在亚历山大的美国领事馆登记，斯蒂芬斯就是个中典型。他们大多来自美国北方，但也有一些人——比如密西西比州出生的书商詹姆斯·库利——来自南方。美国女性在这一时期内也游览过中东：其中两位——长岛的萨拉·罗杰斯·海特以及马萨诸塞州一位美国参议员之女伊丽莎白·卡伯特·柯克兰——写下了她们扣人心弦的经历。然而，旅行者中最特殊的一位是大卫·F.多尔，他是个来自路易斯安那州的非裔美国奴隶，1854年跟随其主人游历了中东。多尔后来逃到了俄亥俄州，出版了自己的游记《一个环游世界的有色人》（*A Colored Man round the World*），他把这本书献给他的“奴隶母亲”及“他祖先的废墟”。

尽管美国游客们的背景各不相同，但他们对中东却有着非常相似的印象。他们习惯了秩序井然、基本千篇一律的美国城市，而中东地区迷宫般的街道布局以及文化不同的当地居民让他们摸不着方向——根本找不到东方。比如詹姆斯·库利1842年对开罗的描述——“狭窄、阴郁……尘土飞扬，像监狱一样，而且很古怪”——与斯蒂芬斯的描述几乎毫无二致。当斯蒂芬斯惊叹于“挥舞着闪亮的军刀的英姿

（接上页）artandhistory/history/common/briefing/senate _ salaries. htm 和“Documenting the American South,” http://docsouth. unc. edu/nc/helper/helper. html。

① 1789年5月12日建立，最初是美国一个全国性的爱国慈善团体，专门用于维护民主机构，尤其反对联邦党的上流社会理论。19世纪曾卷入过操控选举丑闻，备受争议，1934年垮台。——译者

飒爽的土耳其人、狡猾的希腊人、严肃的亚美尼亚人、被鄙视的犹太人以及他们穿着丝绸长袍、裹着头巾”时，库利则目瞪口呆地看着“阿拉伯人、亚美尼亚人、科普特人、埃及人、希腊人、犹太人、叙利亚人和土耳其人……穿着他们的民族服装……他们身着这些又脏又俗气的衣衫看起来依然兴高采烈”。1839 年，萨拉·海特刚进入伊斯坦布尔，就被同样的失范和冲击所震撼。“我只看到一堆不规则的建筑被毫无章法地堆砌在那里，毫无品味。”

像他们对中东城市的最初印象一样，美国人对中东社会的批判同样无情。大多数人来到这个地区时本身就带着对伊斯兰教的偏见，来到这里后很快发现其偏见得到了证实。对斯蒂芬斯来说，伊斯兰教是一种“伪宗教”，信奉者净是些“偏执的穆斯林”和“傲慢自大、自欺欺人的狂热分子”；对库利来说，伊斯兰教则是一种被“疯子、白痴和骗子”拥护的充斥着“无知和迷信”的信条。海特谴责“伊斯兰教会……摧毁……一切由其主宰的城市”。甚至连一开始因伊斯兰教接受黑人而对其表示赞赏的大卫·多尔，最终也开始害怕穆斯林会成为狂热分子和“砍掉基督徒脑袋的刽子手”。①

美国人总是认为，残忍是伊斯兰教所特有的，在整个中东文化中长期存在。作为对这种指控的支持，斯蒂芬斯联想到了他造访开罗一家法院的经历，当时一位嘴里嚼着瓜子的总督不动声色地下令鞭打他的一位臣民。“当我听到鞭子在空中呼啸……和第一声刺耳的尖叫时，我就再也受不了了。”斯蒂芬斯回忆道，并补充说，那位总督自始至

① David F. Dorr, *A Colored Man round the World by a Quadroon* (N. p: Printed for the author, 1858), pp. 38 ("head-choppers"), 186. Cooley, *American in Egypt*, pp. 15 ("narrow, gloomy streets"), 16 ("Arabs, Armenians"), 262 ("ignorance and superstition"), 313 ("lunatics, idiots"). Stephens, *Incidents of Travel*, pp. 18 ("splendor and opulence" and "the dashing Turk"), 103 ("bigoted Musselmans"), 104, 120 ("false religion" and "haughty and deluded"). Haight, *Letters from the Old World*, pp. 30 ("I only saw"), 269 ("Mohammedanism").

终都面带微笑。美国人对于他们所认为的虐待中东妇女的行为尤其感到苦恼。库利声称，阿拉伯妇女就像“笼子里的鸟儿一样被关着，就像洞里的野兽那样被喂食”，他还记起曾看到过一名妇女在一群人的围观下被其丈夫捆绑和殴打。然而，美国人发现，在中东地区受到残酷对待的不只有女性。伊丽莎白·卡伯特·柯克兰在 1842 年游历摩洛哥时，被犹太人受到的大规模压迫惊得瞠目结舌。“一位富有的犹太商人在跨过摩尔人的门槛前必须脱掉拖鞋，”她写道，“而穆斯林会在犹太人穿过他们的马路时将其赶开，就像我们撵狗一样。”后来，在开罗，她看到“一个男人被平摊在我们面前的地上，脑袋被割下来置于两腿之间”。据她了解，受害者是因参与政治而获罪。

中东政治是美国人着迷的另一个话题，也是一个反感的焦点。游客们深信美国的民主代表着人类治理的最高形式，他们对该地区的专制统治者既憎恶又鄙视。斯蒂芬斯谴责在东方的制度中，“生命脆弱得如同悬在一根发丝上，当你离开一个当权者后，很有可能再不能与之相见”，多尔则为苏丹感到遗憾，说苏丹“活着时是君王，却会像傻瓜一样死去”。瓦伦丁·莫特是纽约最杰出的外科医生之一，他在 1843 年遇到了一名中东贵族，对其粗俗深感震惊。在提到穆罕默德·阿里的一个孙子、埃及某王子时，莫特这样写道：“这位殿下的身上，脂肪显然比大脑里的东西多。”与莫特一样，编辑兼海军牧师沃尔特·科尔顿也是一位想在中东生活中寻找积极因素的自由主义者，然而当他听说苏丹只需一挥手就能让 1000 个平民人头落地时，他感到了不寒而栗。“伊斯兰主义，”他在 1836 年总结道，“是真理和自由的坟墓。”

这些旅行者一致认为，中东地区深受各种罪恶之害，但只要抛弃伊斯兰教、拥抱西方文化，就可以拨乱反正、雨过天晴。“那种将穆斯林从专制的枷锁中解放出来的努力，也将其置于自己宗教的废墟上。”科尔顿大胆预言，“权杖和新月，祭坛和宝座，将一起沉没。”库利也期待着终有一日穆斯林会接受“一种更为开明、始终如一的信仰”，从而进入“文明国家”的大家庭。海特走得更远，她呼吁开展一场打倒伊斯兰教、摧毁奥斯曼帝国的国际“政治运动”。她富有先见之明地预见到，英国有一天可能会占领埃及和小亚细亚的部分地区，而法国将占领叙利亚和北非。但首先，伊斯兰教必须——用海特古怪的口头语来说——“变得无足轻重”，然后销声匿迹。

从21世纪的视野来看，那些批评中东腐败、残酷和偏执的美国人无疑是些伪君子。他们自己的国家有近六分之一的人口受奴役，而且在“天定命运”的旗帜下强行将大批原住民部落连根拔起。绞刑在19世纪的美国仍被视为公共娱乐，以纽约坦慕尼协会为代表的政治腐败盛行。然而，在这些美国旅行者的回忆录中几乎没有流露出任何反省意识，也没有显示出任何将自己国家的缺点与他们认为属于中东地区的缺点进行比较的意愿。相反，他们的作品表达出一种对遥远家乡的一切近乎虔诚的热爱。“在国外的美国人中有一种民族主义情感，这种感情我觉得不属于任何其他民族。”爱德华·乔伊·莫里斯断言。他是未来的国会议员和驻土耳其大使，1841年将星条旗插上了一座埃及金字塔的塔顶。艺术家威廉·H.巴特利特于1841年到开罗寻找那座“拥有萨拉丁和阿拉伯之夜”的城市，结果却大失所望，发现“堕落、衰败的埃及已然屈服于压迫和……一种虚假的宗教”，相较之下，“美国这块意味着光明、自由、进取和基督教信仰的土地每天都在崛起!”

旅行者们坚持认为，作为自由和美德之典范的美国有很多东西可以教给中东。用萨拉·海特的话说，他们期待着有一天传教士、工程师、教育家和政治家能够“穿透笼罩在这片异教土地上的黑暗”，并按照美国的理念重塑这一地区。[①] 游客们无视美国国内缺乏平等和正义的现实状况，通过中东这面破裂、污损的镜子凝视自己的国家，看到的是完美无瑕的形象。

美国人看待中东的眼光几乎一模一样，参观中东的路线也几乎完全一致。他们要么通过亚历山大要么通过伊斯坦布尔进入该地区，随后几乎无一例外地会前往开罗去游览金字塔，并登船沿尼罗河航行。考虑到旅途中世事难料，他们往往会雇用全副武装的警卫和译员——萨拉·海特曾雇了 16 个人。出于安全考虑，美国人还被建议穿上本土服装，就斯蒂芬斯而言，这套穿着包括"黄色的拖鞋、蓝色的腰带、剑和一对大号土耳其手枪"。在不用驱赶乞丐和苍蝇的时候，旅行者们会把注意力集中于河岸边的废墟上——那里既是令人敬畏的感伤之源，也是免费纪念品的来源。莫特以科学需要为名，从一个古老的方尖碑上凿下了一块。斯蒂芬斯则从一座神庙的墙上凿下一只鹰的浮雕，说："这是把那块珍贵的碎片从注定要变成废墟的地方拯救出来。"美国人还喜欢射杀豺、鳄鱼和鸟类等野生动物。但最亢奋的活动——至少对男性来说——是色眯眯地盯着中东女性看。

19 世纪西方对中东的浪漫主义看法，认为中东是由浴室、后宫和妻妾构成的酒池肉林，与此相一致，南北战争前的美国男人在漫游

---

① Cooley, *American in Egypt*, pp. 259 ("civilized nations"). Stephens, *Incidents of Travel*, pp. 174 - 75 ("When I heard"), 345 ("life hangs"). Haight, *Letters from the Old World*, pp. 45 ("penetrate the darkness"), 269 ("political crusade"), 270 ("kick the beam"). Walter Colton, *Visit to Constantinople and Athens*, vol. 2 (New York: Leavitt, Lord, 1836), pp. 105, 176 - 77 ("The same effort"), 181 ("Islamism"). Finnie, *Pioneers East*, pp. 155 ("There is a feeling"), 161. Valentine Mott, *Travels in Europe and the East* (New York: Harper, 1842), p. 269 ("His royal highness"). William H. Bartlett, *The Nile Boat; or, Glimpses of the Land of Egypt*. (London: Arthur Hall, Virtue, 1850), pp. 46 ("city of Saladin"), 135 ("Egypt, fallen"). Kirkland, *Letters*, pp. 480 - 81 ("a rich Jew"), 490 ("a man lying").

这一地区时一直处于一种不知疲倦的性致勃勃状态。游客们只能看到女人的脸而很少看到其裸露的四肢，习惯了这一点后，他们开始痴迷于这些中东女性的视线，这些女人虽然通常戴着面纱，却似乎对遮盖身体漠不关心。多尔说他曾与一位蒙面少女对视（“我愿意给她5英镑来揭开她的面纱”），并试图用25美元再买一个。在他的书中，有些章节详细描述了后宫女子如何由太监伺候着洗浴，以及肚皮舞的技艺。“这样的叮当作响和扭动……身体的颤动简直只能想象。”瓦伦丁·莫特脑海中总是萦绕着女人们染了蔻丹的红指甲和长长的睫毛，涂着黑色眼影的眼睛；而斯蒂芬斯则喜欢盯着她们的嘴唇浮想联翩，想象着这些嘴唇夜晚会如何向疲惫的游牧者致意。然而，论起好色，很少有哪位旅行者能比得上过才华横溢的诗人兼埃德加·爱伦·坡出版人的纳撒尼尔·帕克·威利斯。威利斯于1852年穿越中东，试图“偷看赶骆驼人的妻子或女儿，却没能如愿”。最终，他还是成功地瞥了一眼一位犹太女孩——“那是个14岁的优雅的小东西，外形似希腊神话中的丘比特”——还有一位阿拉伯女奴，“温暖的黑眼睛……抬起沉甸甸的昏昏欲睡的眼皮，从意外打开的门向外张望。”威利斯对这两次经历意犹未尽：“唉，我的生命中从未见过如此美丽的东西。”①

美国旅行者通常会从埃及和尼罗河出发，向东前往黎巴嫩和叙利亚。由于这段路上有叛乱部落和拦路抢劫的强盗，为了安全，旅行者也会随身携带大批武器，包括手枪、卡宾枪以及军刀。歌德作品《浮

① Stephens, *Incidents of Travel*, pp. 146（“yellow slippers”），84－85（“that precious fragment”），216. Mott, *Travels in Europe and the East*, p. 327. Dorr, *Colored Man round the World*, pp. 123（“I would have given”），177（“jingling and a screwing”）. Willis, *Summer Cruise*, pp. 254（“the camel-driver's wife”），268（“a graceful creature”），285. 19世纪西方的中东性幻想，参见：Edward Said, *Orientalism*（New York: Vintage, 1979），pp. 119, 181－90。

士德》的英文版译者贝亚德·泰勒在1853年前往贝鲁特的途中写道："我们的武器时刻准备着，从不让行李须臾离开我们的视线。"伊丽莎白·卡伯特·柯克兰回忆道："我穿着我的法兰克裙子，裹着头巾，垂下来的棉布遮住了我的大半张脸。"而她的丈夫、哈佛大学前校长约翰·桑顿·柯克兰则"带着手枪"四处走动。尽管危险重重，但阿勒颇和大马士革质朴的黄褐色村庄以及中世纪的魔力，使美国人得以寻回些许他们在开罗和亚历山大已然失去的浪漫想象。比如，泰勒把自己想象成一个与萨拉丁作战的十字军战士。他沉思道，就连草和树"都听到了中世纪的号角声和欧洲人盔甲的……铿锵作响。"

叙利亚之旅的高潮每每都是前往赫斯特·斯坦霍普夫人的城堡朝圣，她就是1837年接待过哈丽特·利弗莫尔的那位"黎巴嫩的修女"。拜访斯坦霍普的传统似乎是15年前由一位名叫乔治·B.拉珀利耶的纽约人创立的，这位50岁的"相貌普通、习惯稳定"的男人曾经在斯坦霍普的陪伴下度过了几个小时。拉珀利耶愉快地吃饱喝足后，带着一件大马士革丝绸样品离开了城堡，斯坦霍普希望他能在美国为这些丝绸打开市场。不幸的是，待到斯蒂芬斯和海特到达这里时，斯坦霍普已经不再接待来访者了。"她的朋友们已离她而去，她的财富也被……狡猾的阿拉伯人耗尽了，他们还……嘲笑她的……宗教信条。"海特解释说。美国传教士威廉·汤姆森是斯坦霍普还愿意见的寥寥几人之一，他于1839年发现了她干瘪的尸体，并将其草草安葬。

在尼罗河上航行、攀登金字塔或者欣赏努比亚美女——对美国人来说，这些经历都比不上中东之旅的巅峰——巴勒斯坦。离圣地越近，旅行者们就越兴奋，这一点从他们对《圣经》的频繁引用可以看出。对库利来说，看到埃及耍蛇人，让他想起了《传道书》中的句子（"未行法术以先，蛇若咬人，后行法术也是无益"）；与农民一起进餐让他想起了《马太福音》（“同我蘸手在盘子里的，就是他要卖我”）。“这是个……梦吗?”站在红海海岸时斯蒂芬斯禁不住发问，“这就是上帝的选民……当初停下来看海水分开之地吗?”登上西奈山，他又想到：“这是见证了人类和造物主之间那场伟大对话的地方。”美国人进入圣地的那一刻，《圣经》中的场景与眼前的风景就融为了一体。这就是他们从小就听到、读到的那些城市，他们祖国的很多城镇都得名于它们。“我所有的历史记忆……都变得鲜活起来，”海特惊呼，“我在每张脸上都仿佛看到了一位族长，在每位……酋长的脸上都仿佛看见了一位使徒。”

然而，就像此前关于埃及或者黎巴嫩的幻想那样，巴勒斯坦的幻想很快也破灭了。一进拿撒勒和提比里亚、雅法和伯利恒，美国人就垂头丧气地发现眼前并不是理想中的《圣经》场景，而是充斥着蓟、废墟和沙尘的闭塞之地。“［圣地］现在的境况何等凄惨!”还是那位萨拉·海特，此时却发出了这样的哀叹。她尤其震惊于当地的人口稀少与极端贫困——即使以中东的标准来看也是如此。“这块土地已沦为一片……怒号的荒野。”多尔认定，杰里科“不值一提”，是一片“布满碎砖和石块”的乏味荒原。最令人失望的是伯利恒和耶路撒冷，斯蒂芬斯咆哮道，这两个地方的神圣所在已被宣礼塔占据，充斥着各种“杂色的大理石和……花哨的装饰品”。多尔在耶路撒冷待了两周多，离开时“希望永远不再回来”。

从中东旅行归来的美国人都毫无例外地没了一切遐想或幻念。多尔一度将中东想象为自己祖先的家园，最后却发现与那块土地毫无渊源，那里只有成群结队的狗、要蛇人和赶骆驼人，对西方的一切都嗤之以鼻。“没有任何迹象表明该国家及其人民在向前发展，”失望的瓦伦丁·莫特抱怨说，“这里没有任何智力或道德提升的迹象。”在所有人中，幻想破灭得最彻底的是约翰·劳埃德·斯蒂芬斯。他到中东是为了寻找"灿烂东方的辉煌景观"，但找了一个月之后，曾经眼神清澈、看起来像个大男孩的斯蒂芬斯已经变成了一个愤愤不平、吹毛求疵的暴脾气。他在中东发现了一大堆令人难以忍受的本土恶习，厌恶女性、暴饮暴食、懒惰、不礼貌和毫无卫生观念只是其中一部分。"我从未在沙漠的流浪者中看到过任何特点……能够让我……对文明的价值看得轻一点。"①

尽管美国旅行者们的书中描绘的画面暗淡而可怕，但这些书却在美国大受欢迎。后来因探索尤卡坦半岛的玛雅神庙而出名的约翰·劳埃德·斯蒂芬斯，在1837年出版了《在埃及、阿拉伯半岛和圣地的旅行历险》，两年内竟然售出了2.1万本。评论家还称赞科尔顿的《君士坦丁堡和雅典之旅》"富有……东方生活与东方礼仪的各种信息"，说库利的《美国人在埃及及漫游阿拉伯半岛和圣地》"构思相当独特，娱乐性……强"。而海特那本"珍贵的书"如此"生动、逼真"，以至于一位评论家想象自己正在和"这位天才女作家"一起在"那些非常有趣的地区"旅行。贝亚德·泰勒在自己的书大获成功后，进行了一次巡回演讲，赚得盆满钵满，演讲时他将自己打扮成阿拉伯人，跟美国听众大谈伊斯兰教。大卫·多尔也获得了些许声誉，《克利夫兰老实人报》评价他的作品"生动形象、极为有趣"。

---

① Bayard Taylor, *The Lands of the Saracen; or, Pictures of Palestine, Asia Minor, Sicily, and Spain* (New York: Putnam, 1855), pp. 55 ("We kept our arms"), 56 ("heard the trumpets"). Finnie, *Pioneers East*, 181 - 83 ("plain man of steady habits"), 187. Field, *America and the Mediterranean World*, pp. 195 - 96. Stephens, *Incidents of Travel*, pp. 163 ("Can it be"), 188 ("witness of that great"), 318 ("I never saw"). Haight, *Letters from the Old World*, vol. 2, pp. 10 ("her friends have"), 130 ("How deplorable"). Cooley, *American in Egypt*, pp. 45 ("Surely the serpent"), 60 ("He that dippeth"). Dorr, *Colored Man round the World*, p. 187 ("not worth"). Mott, *Travels in Europe and the East*, p. 330 ("Nothing denotes"). Kirkland, *Letters*, p. 491 ("I wore my").

旅行者的这些证词非但没有打破美国对中东的幻想，反而更加美化了它们。对这个地区描述得越肮脏，似乎对美国人的吸引力就越大。美国作家们继续执着于各种中东主题。埃德加·爱伦·坡曾称赞斯蒂芬斯的书“自由……坦率，而且……毫无矫揉造作”，受《一千零一夜》的启发，他写了一首题为《阿尔阿拉夫》的诗，然后又创作了《怪异故事集》①。华盛顿·欧文也转而写作伊斯兰主题的书。1850年，他出版了一部两卷本的著作——《穆罕默德和他的继任者》，尽管这本书对先知不无批评，但还是赞美了“他的热情和富有远见的精神”以及他“卓越而崇高”的“光辉道路”。

这些作品，无论是文学作品，还是趣闻轶事，都让更多的美国人如潮水般涌向中东。到该世纪中期，美国人每年造访埃及的总数仅次于英国，而造访叙利亚的人数则位列第一。“我领着1000位美国绅士穿过了叙利亚。”一位叫优素福的阿拉伯译员夸口说，他在1853年护送过著名的肯塔基作家、艺术家和拓荒者约翰·罗斯·布朗。“是的，先生……我喜欢这些美国人！……喜欢他们的一切，无论是找乐、战斗还是嬉戏。”②

不过，优素福的话并不适用于描述一位备受困扰、渴望和平、心

① *Tales of the Grotesque and the Arabesque*，又译《述异集》等。——译者

② Davis, *Landscape of Belief*, pp. 33, 42. 库利的书评可见于：*United States Democratic Review* 11, no. 50 (Aug. 1842): 219 (“a novelty quite unique”)。Samuel Austin Allibone, *A Critical Dictionary of English Literature, and British and American Authors* (Philadelphia: Lippincott, 1871), pp. 415 (“replete with information”), 754 (“precious volumes”). *Cleveland Plain Dealer* archive, Sept. 20, 1858, p. 3 (“graphic and racy”). “A Kentuckian in the East,” *Harper's New Monthly Magazine*, 6, no. 36, May 1853, p. 741. *The Works of the Late Edgar Allan Poe*, vol. 4 (New York: Arthur Gordon Pym, 1856), pp. 371 - 89. Washington Irving, *Mahomet and His Successors* (Chicago: Belford, Clarke, 1973), p. 200. J. Ross Browne, *Yusef; or, The Journey of the Frangi: A Crusade in the West* (New York: Harper, 1853), p. 177 (“Yes, sir”)。

情抑郁的美国旅行者，此人也是一位最别出心裁的作家。他是一名破产的纽约商人之子，自学成才，曾当过船舱侍者和捕鲸人，在美国海军服过役，在马萨诸塞州西部一个农场安顿下来之前还曾在南海食人族中生活过。1856 年 12 月，赫尔曼·梅尔维尔只带了一把牙刷和简单的换洗衣物就乘船去往中东。

叫我以实玛利

时年 37 岁的梅尔维尔由于其新书《白鲸》只卖出了 3000 本而心灰意冷，此时正急于重新唤起读者的热情。中东的形象——许多是由《一千零一夜》想象出来的——长期以来一直吸引着他，斯蒂芬·德凯特和大卫·波特都在他的小说中出现过。将梅尔维尔的《雷德本》中的主角赶到“偏远而野蛮的国家”的那位身形巨大而令人难忘的“阿拉伯旅行者”，可能是以约翰·劳埃德·斯蒂芬斯为原型的，而约翰·利雅德这位“伟大的新英格兰旅行家”则在《白鲸》中提到过。现在，曾要求读者“叫我以实玛利”——《圣经》中称此人为阿拉伯人祖先——的梅尔维尔决心要亲自去看一看“石头般的阿拉伯”，目的是为中东版的《泰比》寻找灵感，这是他最受欢迎的历险故事。“我（现在）脑海中尽是这趟光荣的中东之旅！”他兴奋地在日记中写道，“想想看！——那可是耶路撒冷和金字塔啊。”

像 20 年前的萨拉·海特一样，梅尔维尔也是由伊斯坦布尔进入中东的，并且刚踏上这片土地就大受打击。“想象一下如下场景：所有民族的破衣烂衫、各种颜色雨点般地落在密密麻麻的暴民身上，他们拼命争抢着成捆成包的破布，做着各种手势，用各种语言争吵着。”与斯蒂芬斯和库利一样，梅尔维尔看到那些无名的蜿蜒曲折的街道就不寒而栗，那里弥漫着“可怕、肮脏而悲惨的空气”，街道两边堆砌着“看上去破败不堪、摇摇欲坠的各色房屋”，让人不禁想象“每根房梁上都挂着一个自杀的人”。这个城市的种族混杂与性致勃勃也让他感到惊讶，不禁想象“每一扇窗户后都有（犹太人、希腊人、亚美尼亚人的）面孔向外张望”，“从破旧的棚屋向外窥视的可爱女孩，就像长在破裂的花盆中的百合与玫瑰”。和他之前的许多美国游客一样，梅尔维尔现在也目瞪口呆地发现，数百万中东人“众口一词”，拒绝接受西方文明的精髓——“我们的大部分道德与全部宗教”。

按照标准行程，梅尔维尔启程前往埃及。在亚历山大，他驻足欣赏了庞培柱，他觉得那根柱子“就像一根已被吸吮过很久的巨大糖棒”，随后去了开罗（“那简直是死神举办的盛大假面舞会”）与金字塔。在那里，在那些巨大的历史遗迹脚下，他陷入了一种神秘的恍惚状态：

> 塔顶下方水汽氤氲。风筝在四周飞翔，在塔顶盘旋。各个角度看起来都像断崖……阿拉伯向导身上的白色披风随风飘舞，看起来似乎正被天使带上天堂……一种敬畏和恐惧袭上了我的心头。对阿拉伯人的恐惧……想到耶和华诞生于此地……还有某些巨大的、难以名状的、无法理解的、可怕的东西。这是雅各躺过的阶梯……和造物一起被创造出来的赫赫神力。

这类遐想对梅尔维尔来说并不少见，也并非多余。他渴望超凡的体验以及精神和形而上学的启迪时刻，这些时刻能让他超脱于这种虚伪的生活，使他瞥见真理。在埃及达到这些高度后，他满心期望他的下一个目的地巴勒斯坦就算不能超越，也能达到这些高度。①

“没有哪个国家能比巴勒斯坦更快地驱散浪漫的期望。”到达雅法后不久，梅尔维尔就认识到了这一点。他加入了一支由30名阿拉伯骑兵组成的车队，这帮人一路上兴奋地用左轮手枪对着每处水坑和仙人掌射击，在饱受昆虫的叮咬、阳光的炙烤后，他登上了犹太山。“这块土地的荒芜是神致命拥抱的结果吗?”他问自己，随后自己答道，“不幸的是天堂的宠儿。”这一地区的景色非但没有使梅尔维尔精神振奋，反而使他陷入一种不祥的幻觉：“白色的霉菌弥漫了每一寸土地——白化的——麻风病——结了痂的诅咒——陈年奶酪——白森森的岩石——吱嘎作响、咬啮、咕哝……你看见的如同解剖图——这地方相比普通区域，好似骨架与活生生的肤色红润的人。”

骑在马上时，梅尔维尔的脸色越来越黑，他的沮丧使他第一眼看到耶路撒冷提不起兴致。他写道，耶路撒冷“就像一个冷漠的老人用冰冷的灰色眼睛注视着你”。没有任何东西让他着迷，无论是奥马尔清真寺还是圣墓教堂，对他来说，闻起来都“像一座死屋”。他讥讽导游，这些人上一秒还在指出基督讲话的台阶，下一秒就开始介绍供应最好咖啡的餐馆。梅尔维尔是清教徒的后代，清教徒认为美国人是“特殊的选民——我们这个时代的以色列人”，但他对自己遇到的犹太

① John Freeman, *Herman Melville* (New York: Macmillan, 1926), pp. 32 - 34, 63 - 65. Robert L. Gale, *A Herman Melville Encyclopedia* (Westport, Conn.: Greenwood, 1995), pp. 106 - 7, 127, 143, 400. Herman Melville, *Redburn* (New York: Literary Classics of the United States, 1983), p. 10. Herman Melville, *Moby Dick* (New York: Hendrick's House, 1952), p. 30. Obenzinger, *American Palestine*, p. 63. Herman Melville, *Journals*, ed. Howard C. Horsford and Lynn Horth (Chicago: Northwestern Univ. Press, 1989), pp. 56 ("Imagine an immense"), 58, 61 ("horrible grimy"), 62 - 63 ("Out of every"), 65 ("these millions"), 72 - 73 ("like a huge stick"), 75 - 76 ("Vapors below summits"). Herman Melville, *White-Jacket; or, The World in a Man-of-War* (Oxford: Oxford Univ. Press, 1990), p. 153. Metwalli, "Lure of the Levant," p. 353. Dorothee Metlitsky Finkelstein, *Melville's Orienda* (New Haven and London: Yale Univ. Press, 1961), pp. 3, 165 - 67, 189, 192.

人却没什么好感。他形容他们“在耶路撒冷毫无生气的古代遗迹的空旷中徘徊”，就像“苍蝇在骷髅中栖居”。

复原主义这一概念在梅尔维尔看来尤其可憎，他称之为“荒谬的犹太人的狂热”。他拒绝相信巴勒斯坦这样一个沙漠地区能够作为一个国家存续下去，犹太人会被改造成农民。他也不太相信传教士有能力将东正教阿拉伯人——更不用说穆斯林——转变成美国式的新教徒。“想将东方人改造为基督徒，还不如把砖头变成婚礼上的蛋糕！”他大笑。

梅尔维尔对犹太人和传教士的态度并没有使他获得他在巴勒斯坦遇到的第一位美国人——沃德·克雷森——的喜爱。这位前领事成了农场主，开始了一段身心两方面的修炼。他逐渐相信，通过在巴勒斯坦建立一个犹太国家，美国仍然可以避免因奴隶制问题而解体。他写道：“上帝选择了锡安……作为整个世界的中心……没有这种凝聚力，就不可能有团结与和谐……”与此同时，克雷森对《新约》的“研究”以及他与犹太人的广泛接触，使他开始质疑自己的信仰，认同来找他施洗的人的信仰。克雷森抛弃了他所说的“隔靴搔痒的基督教”①，选择了“正统的犹太教”②，成为一名犹太教徒，接受了割礼，并取了一个希伯来语名字——迈克尔·波阿斯·伊斯雷尔。

而与此同时，克雷森的“美国农场的样板”正在走向失败，为了争取捐款，他回到了自己的家乡费城。然而，他的妻子不是以爱而是以一场民事诉讼来迎接他，旨在获取他留在美国的资产，并以他的改宗作为其精神失常的证据。这次审判成了一次公共事件，有百余人被

① the sawdust of Christianity，直译为“基督教的锯末”。在基督教的某些节日里，有用染色的锯末铺成“锯末地毯”模拟耶稣受难场景的传统，有些教堂附近的路也会用锯末铺就，比喻获得救赎或康复之路。——译者

② the genuine article of good old cheese itself，直译为“正统的好奶酪”，指遵循《圣经》中描述的某些标准制作的因而更符合教法的犹太奶酪。——译者

传唤作证，其中包括末底改·诺亚。费城的《大众纪事报》（*Public Ledger*）宣称，被告赢了，“一锤定音”，“一个人的‘宗教观点’永远不能作为对其心智是否健全的测试”。随后，克雷森——伊斯雷尔——乘船返回巴勒斯坦，娶了一位犹太妇女，并搬到了耶路撒冷。1857年1月，他在那里遇见了赫尔曼·梅尔维尔。

这次相遇，对双方来说，也许都是平淡无奇的。梅尔维尔只是简洁地写到“克雷森”这位“变成了犹太人的美国人”跟他费城的妻子离了婚，娶了一位耶路撒冷的“犹太女人”。除此之外，他的日记就没有别的话了。对这位像亚哈①一样在一次痴迷的追求中失去了一切的男人，梅尔维尔最终只用了一个词来描述。这个词就是“悲哀”。②

然而，梅尔维尔与具有复原主义思想的美国人之间的交往并未止步于克雷森。接下来，他参观了美国农业使团，这是一个由沃尔特·迪克森、格罗斯泰因贝克兄弟以及几个美国家庭共同维持的殖民团体。在这些人中，最先接待他的是来自罗得岛的桑德斯夫妇——查尔斯和玛莎。这对45岁左右的夫妻，在重新找回自己的信仰并坐船来到巴勒斯坦之前，在加利福尼亚淘过金，只是空手而回。梅尔维尔所描述的桑德斯先生，是“一位肘部……受伤的机械师”，已被中东的

---

① Ahab，以色列王，前869—前850年在位。纵容其妻腓尼基公主耶洗别拜祭假神，触怒了上帝。与叙利亚王交战中箭身亡后，尸体被运回撒玛利亚安葬。当战车被拖到池边擦洗时，有狗来舔车上的血，又有妓女在那儿洗澡，这些都证实了上帝的预言。在西方文学中，亚哈成了与上帝作对而招致灾祸的象征。——译者

② Warder Cresson, *Jerusalem: The Center and Joy of the Universe* (Philadelphia: Self-published, 1844), p. 23 (“God hath chosen”). Frank Fox, “Quaker, Shaker, Rabbi,” pp. 174, 182. Obenzinger, *American Palestine*, pp. 127, 133 (“sawdust of Christianity”), 134-35. 沃德·克莱森的生平，参见：http://www.us-israel.org/jsource/biography/Cresson.html (“settling forever”)。Melville, *White-Jacket*, p. 153 (“peculiar chosen people”). Melville, *Journal*, pp. 83 (“It is against the will” and “Whitish mildew”), 85 (“An American turned Jew”), 87 (“confused and half-ruinous”), 90 (“No country” and “the color”), 91 (“Is the desolation” and “In the emptiness”), 94 (“preposterous Jew mania”)。

酷热折磨得病病歪歪，“他天生体弱，疾病让其更加孱弱，但很有价值”。他的女儿看上去也病了，梅尔维尔认为，而且很想家。跟他们父女不同，桑德斯夫人正跟一位邻近的酋长学习阿拉伯语，还充当了穷人的“医生”。这位勇敢的女性在读一本“讲女英雄的书”，梅尔维尔认为这本书正是“她抱负的象征”。这两位定居者都表露出对犹太人的怨恨之情，他们声称，这些犹太人“会来到眼前，假装受到感动，诸如此类，得到衣物，然后——消失不见了”。查尔斯·桑德斯甚至已对教一个犹太人务农感到绝望，更不用说让任何人改宗了。而玛莎依然乐观。“她在等待主的到来，”梅尔维尔引用她的话说，“主的工作必要完成。”

梅尔维尔从桑德斯家信步走到了沃尔特·迪克森家，“这是位彻头彻尾的美国人，大约60岁，留着长长的东方式胡须，穿着蓝色的美国外套和震颤派教徒的马甲。”迪克森那位古板的妻子萨拉也在家。梅尔维尔在日记中插入了他跟这对夫妇的一段对话记录，还附上了尖刻的旁白：

> 梅尔维尔：“迪克森先生，你是在这里永久定居了吗？”
>
> 迪克森先生：“永久定居在锡安的土地上，先生。”以一种执拗的语气强调。
>
> 迪克森太太（好像害怕她的丈夫染上某种嗜好，并为此感到痛苦）：“这边的路走起来有点泥泞，是吧？”
>
> 梅尔维尔对迪克森先生：“有犹太人跟你们一起干活吗？”
>
> 迪克森先生：“没有。雇不起他们。自个儿干，跟我儿子一起。再说了，犹太人很懒，不喜欢干活。”
>
> 梅尔维尔：“你不认为这是把他们改造成农民的障碍吗？”
>
> 迪克森先生：“是这样。外邦基督徒必须把他们教得好一点。

事实上，时机已经成熟。外邦基督徒必须铺好路。”

对迪克森农场的参观是作者在巴勒斯坦十九日游的最后一站，着实是一段影响深远却令人筋疲力尽的经历。梅尔维尔曾希望在中东这个诱人的地区重燃自己的灵感，重振自己日渐衰落的事业，但事实证明，中东是块令人极度失望的土地。“整个事情半是忧郁，半是滑稽，”他长叹道，“就像世界上其他地方一样。”

20年后，梅尔维尔中东之行的影响才在他的史诗巨著《克拉瑞尔》（*Clarel*）中显现出来。这部作品长达1.8万多行，用一种读者和评论家都认为晦涩难懂的密集的四音步诗句写成，讲述了美国神学院学生克拉瑞尔前往巴勒斯坦朝圣的故事。在圣地，在这块传教士和商人“以基督和贸易的名义/玷污了的世界上最后的林间空地”，年轻人遇到了一系列充满虔诚和情感挑战的人物。其中最引人注目的是内森，一位有着清教徒血统的“奇怪的反常规者”，他和沃德·克雷森一样，已经转为信仰犹太教。克拉瑞尔在努力使内森回归基督教时，爱上了这位叛教者的女儿露丝。内森与克拉瑞尔的二元对立，以及对这首诗中许多犹太人——非洲和印度犹太人、西化犹太人、流浪的犹太人——的矛盾处理，象征着梅尔维尔本人精神上的角力。然而，随着内森被阿拉伯强盗杀害，露丝随后伤心地死去，这场冲突并没有得到解决。

尽管内森和露丝的死明显是文学上的虚构，但这也是基于中东的现实。梅尔维尔离开一年后，1858年1月11日，一伙5名阿拉伯人进入迪克森农场，宣称要找一头丢失的奶牛。农场里的美国人出来帮忙，不料立刻遭到袭击。弗雷德里克·格罗斯泰因贝克跑回屋里拿步枪，但腹股沟中弹。“哦！愿天父宽恕我所有的罪，助我承受这种可怕的痛苦！”他躺在地板上对自己的妻子玛丽喊道，最后流血而死。

紧紧抓住一个破床架的玛丽被拖到院子里，被残忍地轮奸。萨拉·迪克森也被侵犯，她的丈夫被砍伤并昏死过去。只有他们最小的女儿卡罗琳因躲在角落里装死而逃过一劫。玛丽回忆道："我们至少在黑暗中一动不动地坐了半个小时。"①

迪克森殖民团再未从这次袭击中恢复过来。幸存者逃去了美国，其中包括约翰·格罗斯泰因贝克，这位先生后来将自己的名字缩短并改得美国化一点。他的孙子约翰将会继续写小说，其中包括《伊甸园之东》和《愤怒的葡萄》，都具有悲剧性和《圣经》里的意象。

大海与大漠中的船

在19世纪早些时候，对中东地区安分守己的美国家庭的公然袭击可能无人理会，但到了1850年代末，在该地区定居的美国人再也不会遭到有恃无恐的抢劫了。自从乔治·白求恩·英格里希在尼罗河上为了宣扬自己的爱国主义情操而不得不改变自己的名字和宗教信仰以来，美国人在该地区的地位发生了重大变化。美国国务院对发生在迪克森农场的袭击事件提出强烈抗议，并要求惩罚肇事者。但奥斯曼

① Melville, *Journal*, pp. 81 ("exponent of her aspirations"), 92 ("broken-down machinist"), 93 ("H. M. : Have you settled"). Herman Melville, *Clarel: A Poem and Pilgrimage to the Holy Land* (Chicago: Northwestern Univ. Press, 1991), p. 413 ("in the name of Christ"). Finkelstein, *Melville's Orienda*, pp. 60 - 61, 90. Obenzinger, *American Palestine*, pp. 68 - 89. Walter Herbert, "The Force of Prejudice: Melville's Attack on Missions in *Typee*," *Border States* 1 (1973). Perry, "John Steinbeck's Roots," pp. 52 - 55, 60 - 61 USNA, RG 59, Dispatches from the U. S. Consuls. Alexandria, Egypt, vol. 2: Gorham to Brown, Jan. 17, 1858: Testimony of Mary Steinbeck, Jan. 18, 1858 ("Oh! Father" and "We sat half"); Testimony of Caroline Dickson, Jan. 18, 1858. Vogel, *To See a Promised Land*, p. 133. Robert DeMott, "Steinbeck's Other Family: New Light on East of Eden?" *Steinbeck Newsletter* 7, no. 1 (Winter 1994).

帝国当局在这个问题上表现得不以为然。盛怒之下，华盛顿指示美国驻亚历山大领事埃德温·德·莱昂立即前往雅法向总督提出抗议。

德·莱昂并不是一个普通的领事。作为一名前文学评论家和南卡罗来纳州的通讯记者，他在与埃及官员的交往中恩威并施，赢得了他们的信任。德·莱昂还是位犹太人，是一个德高望重的西班牙裔犹太家族的成员，他获得这一职位要归功于国务院当时已经确立的一个观念，即犹太人是基督教美国和穆斯林中东之间的一种天然联系。1853年，德·莱昂被美国军舰“圣路易斯号”送在了亚历山大港，很快就赢得了穆罕默德·阿里的继任者阿巴斯·希尔米和赛义德的信任。在克里米亚发生了一系列针对俄罗斯东正教社区的大屠杀后，德·莱昂为逃离埃及的基督徒提供了庇护，由此证明这些联系是有用的。

受命为迪克森农场袭击的受害者伸张正义的德·莱昂，决定要求奥斯曼帝国方面采取“迅速、严厉和有效的”行动，“否则，美国人的生命和财产将永远不会……在叙利亚平安无虞……美国人这三个字也不会得到尊重”。1858 年 3 月 5 日抵达雅法后，他立即要求会见总督，很快受到其接见，但他拒绝接受这位总督的热情款待。

“你这样对待我们，我们两国是在打仗吗?”受到冷落的官员问道。

德·莱昂直截了当地回答：“我们认为，杀人和侵犯女性的行为一旦受到总督的允许和包庇，那就等同于宣战。是你们挑起的，不是我们。”如果总督拒绝逮捕行凶者，领事接着说，美国将派一艘军舰来“从几英里外开炮，直到把雅法炸得片甲不留”。

总督立刻让步，逮捕了一个强大的贝都因部落的几名成员，搜出了迪克森的财产。德·莱昂的要求得到了满足，但他突然陷入了巨大的麻烦。数百名携带武器而来要求复仇的囚犯亲属包围了这座城市的城墙。摆在领事面前的是个两难选择，要么放人，要么坐以待毙。但他两个都没有选。

德·莱昂深知“阿拉伯人的性格，明白任何胆怯的表现都可能危及他任务的成功”，于是召集了他的副领事、译员和几名亲兵——总共8个人——并给他们分发了马匹和手枪。然后，他带领着这支部队出了城，径直穿过了“狼一样注视着”他们的贝都因人。“这一大无畏的举行动吓住了他们。”德·莱昂后来这样夸口，并补充说，从那天起，阿拉伯人就称他为“疯子”，“在东方，这个称呼带有一种神圣性和豁免权”。然而，德·莱昂指出，总督就没那么高兴了。一位穆斯林官员被一名犹太人逼着“去惩罚‘真信徒’，……只是为了让‘基督狗’满意”。

嫌疑人随后受审并被判犯有谋杀罪，但德·莱昂拒不认为迪克森事件就此画上了句号。他断言：“这是东方种族的天性，就像老虎的天性一样，一旦舔过基督徒的鲜血就会渴望更多。”他相信，除非美国采取毫不含糊的武力行动，否则这一地区的美国公民将会遭到进一步的袭击。为了保护“巴勒斯坦地区的基督徒和犹太人无遮无挡的脑袋”，德·莱昂建议政府向中东派出“我们国家实力的象征”——一艘战舰。①

美国政府听取了德·莱昂的建议，1859年10月，美国军舰“马其顿号”出现在叙利亚海岸附近。这艘军舰的指挥官乌利亚·利维是一位军中楷模，以宣称“我宁愿在美国海军当乘务员，也不愿在世界

---

① USNA, RG 59, Dispatches from U. S. Consuls. Jerusalem, Palestine: De Leon to Bell, Jan. 27, 1858 (“prompt, stern”); De Leon to Cass, Feb. 22, 1858 (“unprotected heads”); De Leon to Cass, March 6, 1858 (“We regard the murder”); Gorham to Brown, Oct. 12, 1859; De Leon to Cass, July 28, 1860 (“It is the nature”). Edwin De Leon, *Thirty Years of My Life on Three Continents* (London: Ward and Downey, 1890), pp. 259 (“Are our countries”), 262 (“the Arab character”), 263 (“The audacity”). Feingold, *Zion in America*, p. 89. USNA, RG 84, *Records of Foreign Service Posts. Cairo, Egypt:* The State Department to Edwin de Leon, April 16, 1858. Papers of William H. Seward, Reel 58: Trabulsi to Seward, Sept. [n. d.], 1859.

上任何其他海军当船长”以及宣布海军中由来已久的鞭刑行为为非法而闻名。利维的生意也很兴隆，使他得以从耶路撒冷传教士詹姆斯·特纳·巴克利手中买下了蒙蒂塞洛庄园，并恢复了它作为杰斐逊总统故居的魅力。然而，最特别的是，利维是第一位获得准将军衔的美国犹太人。①

这样一来，德·莱昂和利维这两名美国犹太人开始着手保护中东地区的美国基督徒——这无疑是一个自相矛盾的局面，但这反映了美国现在可以在该地区表现出的自信。更重要的是，这一插曲表明了美国外交和军事力量的工具能够在多大程度上为其在中东的宗教服务，表明了它们之间最终的融合。

然而，这一混合物中仍然缺少的是神话成分，不过，这一点也很快会由另一个非凡的美国人补充进来。出生于佛蒙特州、在达特茅斯学院接受过教育的乔治·珀金斯·马什曾当过牧羊人、磨坊主、造桥师和采石工，后来继承了一笔财富并投身于艺术。1840 年，他还抽出时间竞选上了国会议员，与年迈的国会议员约翰·昆西·亚当斯建立了亲密的友谊。10 年后，马什离开华盛顿，接管了美国驻伊斯坦布尔大使馆。土耳其人在他心目中是“一个粗鲁的民族”，而中东则是“一个悲惨之地，充斥着犯下了强奸、谋杀、抢劫和宗教仇杀等各种罪行的恶棍”。尽管如此，他还是成了一名卓有成效的大使，推动了将美国制造的军舰出售给土耳其的计划，并组织了奥斯曼帝国海军对美国

---

① Harold W. Felton, *Uriah Phillips Levy* (New York: Dodd, Mead, 1978), p. 34. Samuel Sobel, *Intrepid Soldier* (Philadelphia: Cresset, 1980), pp. 17, 15 (“I would rather serve”), 21. Sanford V. Sternlicht, *Uriah Phillips Levy: The Blue Star Commodore* (Norfolk: Norfolk Jewish Community Council, 1961), p. 41. Donovan Fitzpatrick and Saul Saphire, *Navy Maverick: Uriah Phillips Levy* (Garden City, N. Y.: Doubleday, 1963). Marc Leeson, *Saving Monticello: The Levy Family's Epic Quest to Rescue the House That Jefferson Built* (New York: Free Press, 2001). Field, *America and the Mediterranean World*, pp. 292 - 93. Palmer, *Guardians of the Gulf*, pp. 6 - 8.

的首次出访。然而，除了行使权力外，作为卫理公会牧师之子的马什也致力于实现自己的宗教冲动，为此他一有机会就造访了巴勒斯坦。

此行对马什来说可以是脱胎换骨之旅，尤其是因为他差一点在拿撒勒附近被疾病夺去性命。养病期间，他回想起圣地的惨状，忧心于其山林长期被滥砍滥伐，以及因几个世纪以来的无节制耕作、过度放牧和无人在意而造成的水土流失。马什认为，如果美国公民对自己的环境肆意开发，而领导人却无动于衷的话，美国也会资源枯竭。在巴勒斯坦，马什构想出了一种后来被纳入其主要著作《人与自然》的理念，呼吁政府保护野生动物和珍贵资源。同样，出于保护美国免受中东那般的生态破坏的强烈愿望，马什率先发起了美国的自然保护主义运动，并创立了一家国家自然研究所——史密森尼学会。

自然保护主义是马什在中东的宗教经历的产物，但这一地区也激起了他的土里土气的想象。在骑马前往耶路撒冷的途中，他迷上了被梅尔维尔比喻为“戴着硬领结的牧师”以及“鸵鸟和蚱蜢杂交”的动物——骆驼。与梅尔维尔不同，马什将骆驼比作“沙漠之舟”，他相信，如果将骆驼引进美国，这种动物可以在干旱的美国西南部茁壮成长，可以用来运送邮件以及前哨站之间的补给。最有用的是，骆驼骑兵可以制服“科曼奇人[①]……和其他落基山贝都因人”，并“以不无益处的恐怖手段打击……我们边境上的野蛮部落”。[②] 马什相信，这

---

① 北美印第安人的一支，分布在美国俄克拉何马州。——译者

② Douglas H. Strong, *Dreamers and Defenders: American Conservationists* (Lincoln: Univ. of Nebraska Press, 1988), pp. 29 - 30. *Life and Letters of George Perkins Marsh* (New York: Scribner, 1888), p. 7. Jane Curtis, Will Curtis, and Frank Lieberman, *The World of George Perkins Marsh* (Woodstock: Countryman Press, 1982), pp. 65, 90, 102. David Lowenthal, *George Perkins Marsh: Versatile Vermonter* (New York: Columbia Univ. Press, 1958), pp. 120 (“wretched place”), 121 - 22, 126, 134 - 36, 178 (“the Comanches” and “strike with a salutary”). Rook, “Blue-prints and Prophets,” pp. 34 - 35, 39 - 40. Melville, *Journals*, pp. 69 - 70. *Ninth Annual Report of the Smithsonian Institution* (Washington, D. C.: Beverley Tucker, 1855), pp. 100 (“Ship of the desert”), 120.

种始于骆驼的幻想，最终将促成美国实力的投射。

1855 年 1 月，马什在史密森尼博物馆展示了他对骆驼军团的构想，并立即让战争部长杰斐逊·戴维斯成为其拥趸。他言之凿凿地说："拿破仑在埃及时也曾用……这种动物来征服阿拉伯人，阿拉伯人的习性和乡村与我国西部平原上策马飞驰的印第安人非常相似。"其结果是，以国会给的 3 万美元预算创立了美国骆驼公司（the American Camel Company）。这笔钱被委托给已故大使大卫·波特的三名亲属——爱德华·F. 比尔、格温·哈里斯·希普和大卫·迪克森·波特中尉——他们在埃及得到了埃德温·德·里昂的帮助。从中东各港口一共买到了 79 峰骆驼，这些骆驼由美国军舰"补给号"（Supply）负责运送，就是当年将威廉·林奇送到巴勒斯坦的那艘。"美国人将来不仅能跟阿拉伯人一样驾驭骆驼，还会比他们更好。"负责这批货物的亨利·韦恩少校夸口道，"而且美国人做起来会更有人性、更睿智。"虽然韦恩大言不惭，但还是有 5 名阿拉伯"赶骆驼人"登上了这艘船，其中一位叫哈吉·阿里，美国人给他取了个绰号叫"嗨·乔利"。

1856 年 5 月 14 日，在波涛汹涌的大海上颠簸数周之后，这些骆驼终于到达了它们的目的地——得克萨斯州的印第安诺拉。它们受到的欢迎也同样惊心动魄，因为一看到这些奇形怪状的野兽，当地的骡子、马和牛惊得四散奔逃。美国人了解到，虽说骆驼可以节约用水，但它们脾气暴躁、易于胀气、口臭，而且容易使骑行者晕吐。加尔维斯顿的居民干脆直接禁止这种动物进入他们的城市，违者罚款 50 美元。尽管如此，这支队伍还是完成了它的处女之旅，在倾盆大雨和沙尘暴的交替登场中从圣安东尼奥长途跋涉到了亚利桑那州的迪法恩斯堡。"这些骆驼代表什么？"一路陪同这支队伍的骑兵梅·斯泰西问道，然后自问自答，"代表美国人性格中的'进取精神'，连大自然都会被它的活力和毅力征服。”

对此，杰斐逊·戴维斯热情洋溢。“这些测试完全实现了人们对它们［骆驼］在运输军事物资方面的作用的预期。”美国政府决定再买1000峰骆驼，其中之一将由波特中尉呈送给国会。然而，上述计划并未实现；骑单峰骆驼的旅行很快被铁马取代。幸存下来的骆驼要么被卖到了矿山和马戏团，要么被留在西南部的沙漠中任其自生自灭。最后一峰骆驼，名叫托普西，1934年死于洛杉矶动物园。“嗨·乔利”后来成为一名淘金者和美国骑兵部队的侦察员，未来将有一座金字塔形状的纪念碑铭记他，亚利桑那州的一条公路也至今仍以他的名字命名。不过，美国与骆驼的短暂恋情很快就会被遗忘，被中东和美国之间愈演愈烈的风暴所遮蔽。①

1860年，由于欧洲人长期的煽风点火，叙利亚持续已久的种族紧张局势终于在全国范围内爆发。德鲁兹战士屠杀了大约1.2万名马龙派教徒、希腊东正教教徒和希腊天主教基督徒。“鲜血没过了脚踝，流过排水沟，从排水口涌出，汩汩地流淌到街道上。”美国传教士亨利·杰瑟普在描述一次屠杀时这样写道，“没有一具尸体入土为安。”这场史无前例的大规模暴行压垮了福音派传道者，他们突然间需要承担起养活大约1.5万名“惊恐万分、饥肠辘辘、无处栖身”的难民的重任。美国人又一次陷入中东的战乱，对此他们几乎没有任何了解，也没有收到任何警告。由于担心自己的生命安全，传教士们最终撤退

① Younis, “Arabs Who Followed Columbus,” p. 14. Felicity Allen, *Jefferson Davis: Unconquerable Heart* (Columbia: Univ. of Missouri Press, 1999), p. 210. Odie B. Faulk, *The U. S. Camel Corps* (New York: Oxford Univ. Press, 1976), pp. 30, 49, 102 (“What are these”), 185 – 86 (“Napoleon, when”). *The Papers of Jefferson Davis*, ed. Lynda Crist and Mary Dix, vol. 6 (Baton Rouge: Louisiana State Univ. Press, 1989), pp. 26 – 27, 87 (“These tests fully realize”), 385, 387. Ben Macintyre, *The Man Who Would Be King: The First American in Afghanistan* (New York: Farrar, Straus and Giroux, 2004), pp. 269 – 72. See also *U. S. Camel Corps Remembered in Quartzite Arizona*, http://www.outwestnewspaper.com/camels.html.

到贝鲁特，在那里他们自己也成了慈善救助的对象。

中东这场内乱的严重程度，无论多么令人震惊，与正在分裂美国的巨大裂痕都是相形见绌。美国历史上的这段战前时期正急速走向一个灾难性的终点。同样重要的一点是，这是美国与中东关系的关键40年，是一个发生根本性变化且影响深远的时代。

在中东地区后殖民时代的遗产——巴巴里战争、早期冒险的成就以及传教活动的出现——的基础上，美国人带着自信、好奇和热情参与了中东事务。美国外交官不再是祈求者，而是以雄厚的实力越来越友好地与中东统治者接触。与此同时，旅行者和探险者乐此不疲地穿越这一地区，并通过他们的作品向成千上万的同胞介绍中东的各色文化。美国艺术家的推波助澜也进一步激发了大众对该地区的迷恋，艺术家们渴望在《一千零一夜》之外自由地从中东主题中汲取灵感。与此同时，美国福音传道者也从悲惨的挫折中重整旗鼓，着手为发展教育奠定基础，这种教育网络将有助于向当地民众灌输共和主义和爱国主义思想。

美国人对中东不再只是进行攻击或被动做出反应，而是首次在战略、商业、文化和科学等多个层面与中东进行互动。尽管双方的关系并不总是相互尊重的或心平气和，但两地人民正在进行非常多样化且经常富有成果的接触。他们已经开始相互了解，哪怕是时断时续的。

在美国和中东地区的关系有所加强的同时，美国参与该地区事务的主要议题——权力、幻想和信仰——也交织在一起，虽不时冲突，但最终还是不可逆转地融合在了一起。然而，在美国国内，民众却正走向分裂。杰斐逊·戴维斯不久会被选为刚脱离联邦的南方邦联的总统。威廉·弗朗西斯·林奇成为南方邦联海军的一名船长，他会发现自己与效忠于联邦的大卫·迪克森·波特和乌利亚·利维成了敌人。埃德温·德·莱昂将为南方各州上战场，而约翰·斯坦贝克则会为北方拿起武器。大卫·多尔会在佐治亚州争取解放的战争中身负重伤。[1]

这个由依照宪法加入联邦的州组成的国家，某种程度上由美国的中东经历所产生，如今正在悲惨地解体。即将到来的内战将在诸多方面深刻地改变共和国，但它也将对从摩洛哥到叙利亚再到安纳托利亚的人民产生持久的影响。该地区将建成第一批西式大学，并引入最新技术助推传统社会走向现代化。美国国内的冲突也将在苏伊士运河的建设中发挥关键作用，这将在一个多世纪内影响该地区的政治。当身着蓝色军服和灰色军服的军人[2]为他们国家的未来而战时，美国士兵、教士和旅行者一起改变了中东。

---

① Khalaf, *Persistence and Change*, pp. 89 – 93. PABCFM: W. W. Eddy to Board, June 5, 1860. Henry Jessup, *Fifty-three Years in Syria*, vol. 1 (New York: Revell, 1910), pp. 175 ("terror-stricken, hungry"), 187 – 88 ("the blood at length"). *Reminiscences of Daniel Bliss*, pp. 142, 146, 152. Melvin Urofsky, *The Levy Family and Monticello* (Monticello: Thomas Jefferson Foundation, 2001), p. 83. Perry, "John Steinbeck's Roots," p. 70. Malini Johar Schueller, ed., *David F. Dorr: A Colored Man round the World* (Ann Arbor: Univ. of Michigan Press, 1999), p. xi.

② 蓝军服、灰军服分别是美国南北战争中的北部联邦军与南部邦联军的军服。——译者

第三部分

内战与重建

第八章

裂变

奴隶制这个在独立战争和南北战争之间日益分裂美国人民的问题，与中东并没有显著的联系。这是美国自己的祸患，美国人——而不是埃及人或摩洛哥人——必须正视它、消灭它。然而，从共和国建立之初起，中东就在奴隶制的反对者和拥护者之间的冲突中占据了一个突出且往往至关重要的位置。1790 年 3 月的《联邦公报》(Federal Gazette) 刊登了一篇题为《论奴隶贸易》的文章，阐述了中东的这种中心地位。这篇文章被认为是阿尔及利亚王子希迪·迈赫迈特·易卜拉欣之作，这位王子拥有大量奴隶，并希望捍卫自己保有奴隶的权利。至于说他的奴隶是美国白人而不是非洲黑人，这纯属偶然。

"如果我们停止对基督徒的巡回劫掠……不再将他们的人当作奴隶使唤——那么……谁来耕种我们的土地?"希迪·迈赫迈特问道。这其实是个反问句，因为答案显而易见：如果没有美国俘虏，阿尔及利亚人就得自己做苦工了。但王子也表达了对奴隶福祉的关注，担心多年的囚禁是否使他们丧失了独立生活的能力。他认为，奴隶们一旦获得自由，肯定会成为社会负担，被不人道的工作条件加身，受到大自然无常的折磨。与其"将美国奴隶们从光明送入黑暗"，希迪·迈赫迈特更想知道让他们"沐浴在伊斯兰世界的阳光下"并享受阿尔及利亚的照顾会不会更好。"既然如此，我们就不要再听这种令人厌恶的［解放］主张了，"他总结道，"一旦采纳，它定会造成普遍的不满，以及……普遍的混乱。"

这篇文章在年轻的美国引起了相当大的争议，尤其是因为它的作者实际上是虚构的。希迪·迈赫迈特·易卜拉欣这个人，其实是上了年纪但依然思维敏捷的本杰明·富兰克林创造出来的。为美国奴役黑人辩护的观点声称黑奴无法适应自由或无法在失去白人慷慨庇护的情况下生存，富兰克林引用同样的观点来为阿尔及尔对白人的奴役辩护，试图以此揭露美国奴隶主的虚伪。他的戏仿恰逢国会就奴隶贸易的合法性展开一场激烈辩论之时，这场辩论将国家特权与天赋人权——《宪法》与《独立宣言》对立起来。然而，事实证明，反对奴隶制和支持奴隶制的代表之间的鸿沟是难以弥合的，国会只能维持现状。富兰克林的最后一项发明——他在三周之后去世——未能达到其目的。在接下来的 70 年里，对奴隶制的看法将日益两极分化，并最终导致美国民众分裂。①

奇特且相似的制度

富兰克林并不是第一个将美国的奴隶制与中东的奴役现象相提并论的美国人。几年前，即 1776 年，塞缪尔·霍普金斯牧师就在自己位于罗得岛州纽波特的教堂谴责了拥有奴隶的会众的不忠。他严词斥责他们道："如果我们国家成千上万的儿童在阿尔及尔或者土耳其领

① *Writings of Benjamin Franklin*, vol. 10: Historicus to the Editor of the *Federal Gazette*, March 23, 1790, pp. 87 - 91. Ellis, *Founding Brothers*, pp. 81 - 119.

土的任何一块地方为奴……为了使他们获得自由……我们会考虑节省任何人力和成本吗?”作为美国公理会差会未来的创始人，霍普金斯大声质问，为何为北非基督徒囚犯担忧的这些美国人却对美国奴隶的困境视若无睹、漠不关心。“原因显而易见，”他说，“因为他们是黑人。”

随着美国获得独立以及巴巴里海盗开始掳掠美国人，将美国和中东这两个奴隶制世界进行比较的做法变得越来越普遍。和此前的霍普金斯牧师一样，约翰·杰伊也谴责其美国同胞同情被阿尔及尔俘虏的水手，却对自己在国内的奴隶仆人漠不关心。“只因为阿尔及尔的美国奴隶是白人，”他解释说，“而纽约的非洲奴隶是黑人。”1786 年 9 月，一位自称为“人道主义者”的《新泽西公报》记者注意到，“黑奴的主人无疑会对阿尔及利亚人的奴隶制思想感到不寒而栗，并将阿尔及利亚人视为野蛮的暴君，但他们自己岂不比穆罕默德的信徒更野蛮?”第二年，玛莎·杰斐逊告知她那位拥有奴隶的父亲（也是美国驻巴黎大臣）一个消息：一艘险些被阿尔及利亚海盗劫持的弗吉尼亚单桅帆船最终只能返回一个允许奴隶制的国家。“上帝啊，难道还不够吗?”她痛苦地说，“看到我们的同胞……我们的许多同胞被如此残忍地对待，……我心痛极了。”诸如“宾夕法尼亚废奴协会”之类的早期反奴隶制组织，敦促“制宪会议”将沦陷于阿尔及尔的美国人的困境视为“我们对可怜的非洲人的残忍与不公”所招致的上帝的惩罚。一位匿名作家在 1789 年写了篇随笔，问他的读者，美国人奴役非洲人与非洲人奴役美国人，究竟何者更糟?他认为答案很简单：“半斤八两，不相上下。”

美国奴隶制与中东奴隶制之间的相似性成为深受早期美国作家青睐的主题。曾在其 1797 年的小说《阿尔及利亚俘虏》中批评美国对巴巴里的消极态度的新英格兰法学家罗亚尔·泰勒，也抨击了美国在奴隶制问题上的虚伪。在被海盗劫持之前，泰勒的流浪汉小说中的英雄厄普代克·安德希尔在一艘奴隶运输船上当外科医生，这艘船被讽刺性地命名为“同情号”（Sympathy），船上的非洲人被“当作牛马一般”对待，经常挨饿、被殴打和强奸。后来，在成为海盗的奴隶之后，安德希尔发誓，一旦获释，他将“奔向……南方各州……跪求他们……停止剥夺他们同类的自由……这是为他们的……宪法……所宣称的身为人不可剥夺的天赋人权”。1797 年还出版了《阿尔及尔的美国人》，这是一首据称由来自阿尔及利亚监狱的“76 名爱国者”创作的匿名诗。诗中描述了被拖到街上、被侮辱、被殴打、被扔到总督脚下的恐怖经历，诗人将自己的苦难比作美国黑人的苦难：

假若神圣之道包含
自然法则、天赋人权，
尔等从哪里获准
将我们非洲人绑作奴隶？
既然人人生而自由，
为何非洲之子继续为奴？①

① Lotfi Ben Rejeb, “America's Captive Freemen in North Africa: The Comparative Method in Abolitionist Persuasion” *Slavery and Abolition* 9 (1988): 60 - 61 (“If many thousands”). Arthur Zilversmit, *The First Emancipation: The Abolition of Slavery in the North* (Chicago: Univ. of Chicago Press, 1967), p. 171 (“doubtless shudder”). Marr, “Imagining Ishmael,” p. 142 (“The American slaves”) and (“the injustice and cruelty”). *The Family Letters of Thomas Jefferson*, ed. Edwin Bettis and James Bear Jr. (Columbia: Univ. of Missouri Press, 1966): Martha Jefferson to Thomas Jefferson, May 5, 1787, p. 39. *Documentary History of the Ratification of the Constitution*: Anonymous letter, Feb. 6, 1789, p. 872 (“six of one”). Tyler, *Algerine Captive*, pp. 98 (“like so many head”), 111 (“fly to”). Anonymous, *American in Algiers*, p. 24.

那些在中东亲身经历过奴隶制的美国人，甚至对二者进行了更可怕的比较。詹姆斯·史蒂文斯是一名1796年从阿尔及尔获释的海员，他谴责了“美国恶劣的［奴隶制］做法”，并质问：“这帮巴巴里人只是将我们的做法反过来加诸……我们的公民，我们有何脸面去谴责他们呢?”威廉·伊顿毫不留情地谴责北非对美国人的奴役，他在抨击自己国家的这一制度时也同样无情。“巴巴里是地狱，”1799年他在突尼斯宣称，但是，“唉，宾夕法尼亚州以南的整个美国也是如此；因为那里也有压迫、奴役和苦难!”

这些证词中，最具影响力的是詹姆斯·莱利的话，这位38岁的船长来自康涅狄格州，是位坚定的长老会信徒，也是1812年战争中的民兵志愿者。1815年，作为“贸易号”（Commerce）的船长的莱利在西班牙撒哈拉海岸附近遭遇海难，被阿拉伯人俘虏，并被驱赶着穿越沙漠。他最终到达了港口城市摩加多尔，英国领事在那里将其赎回，但此时这位美国人已被鞭打、折磨得形销骨立，体重只有90磅。返回华盛顿特区之后，莱利见到了门罗总统，总统鼓励他将自己的故事公之于众。于是，莱利写下了《非洲的苦难》（*Sufferings in Africa*），这本书在全美引发了轰动效应，在接下来的40年间售出近100万册。最后一章尤其发人深省，作者惊恐地回忆起自己在新奥尔良看到过的发卖黑奴的场景，敦促美国人砍掉“被诅咒的奴隶制之树”、“砸碎压迫之杖”。在这本书最狂热的崇拜者中，有一位年轻的藏书家，他宁愿读书也不愿在他父亲的印第安纳农场工作。后来，成为总统的亚伯拉罕·林肯将《非洲的苦难》与《圣经》、《天路历程》一起列为对他的生活和思想影响最大的书籍。

林肯并不是唯一一个从亲眼见证中东奴隶制的美国人的作品中得出废奴主义结论的人。最直言不讳反对奴隶制者中，包括贺拉斯·曼、查尔斯·威尔斯·布朗和西奥多·帕克，他们以中东奴隶制的野蛮行径为例，要求释放美国黑奴。有人甚至坚信，相比美国奴隶，北非奴隶受到的待遇还更仁慈些。1847 年，哈佛大学法学教授（后来成为马萨诸塞州参议员的）查尔斯·萨姆纳在他的论战文章《巴巴里诸国的白人奴隶制》（*White Slavery in the Barbary States*）中，将“美国的巴巴里”与北非的巴巴里进行了令人不快的比较，指责美国南方“对正义和人道的诉求”表现得更为“麻木不仁”。①

事实证明，中东奴隶制的持续存在和残酷性尤其令在该地区传教的美国传教士深恶痛绝，他们中的大多数人都是坚定不移的废奴主义者。对于列维·帕森斯和普林尼·菲斯克来说，1823 年，一艘满载黑奴的船驶往开罗的“那个场景无法不激发出我们心中最痛苦的情绪”。20 年后，在锡安山顶，哈丽特·利弗莫尔预言美国对奴隶制的放任将会招致“巨大的国家灾难”。

然而，非裔美国人所做的对比更令人心酸，他们没有将自己在美国的遭遇与美国人在阿尔及尔的遭遇相比，而是比作古希伯来人在埃及。由此，圣地在他们心目中成为自由的象征——为了阐明两者间的这一联系，他们所属的教会往往以锡安和《圣经》中的其他遗址命名并以他们的音乐来庆祝。当时最杰出的非裔美国领导人弗雷德里克·道格拉斯回忆道：“一个敏锐的观察者可能在我们反复吟唱的‘哦，迦南，甜蜜的迦南……’中察觉到其中蕴含的不仅是一种升入天堂的

---

① James Stevens, *An Historical and Geographical Account of Algiers* (Philadelphia: Hogan and McElroy, 1797), p. 235 (“the execrable practice”). WEP, Negociations of the United States with the Kingdom of Tunis, roll 2: “Remarks &c Made at Algiers,” Feb. 24, 1799, p. 38 (“Barbary is hell”). James Riley, *Sufferings in Africa: Captain Riley's Narrative* (New York: Potter, 1965), pp. 445 (“the cursed tree”) 446 – 47 (“shiver in pieces”). Allison, *Crescent Obscured*, pp. 221 – 25. Gerald McMurty, “Influences of Riley's Narrative upon Abraham Lincoln,” *Indiana Magazine of History* 30, no. 2 (June 1934): 136 – 38. Marr, “Imagining Ishmael,” pp. 151 – 53. Charles Sumner, *White Slavery in the Barbary States* (Boston: J. P. Jewett, 1853), pp. 11, 12 – 13.

希望。我们的意思是到北方去，北方就是我们的迦南。”[1]

令人不解的是，最不愿意将这两种奴隶制联系在一起的是去过中东的美国人。从1788年的约翰·利雅德开始，去中东的美国游客都会参观当地的奴隶市场。他们惊恐地写下他们耳闻目睹的景象，但从未将其与美国的类似场景联系起来。在开罗，瓦伦丁·莫特医生大为震惊地看着一场白人女性拍卖会，“被认为是人类最完美的种族的男性会梦寐以求的那种女人”，他表示这是一个“令人心碎的奇观”，但绝口不提在他的家乡美国拍卖黑人女性的事。纳撒尼尔·帕克·威利斯同情那些他在伊斯坦布尔遇到的东欧奴隶，他们的“腿上拴着铁链锁在一起……一个个垂头丧气、冻得发抖”，但从来不曾提到穿过美国南方城市的被铁链锁着串成一队行进的人。约翰·劳埃德·斯蒂芬斯在今天沙特阿拉伯的吉达遇到一队奴隶，“对人类近乎低等动物的生存方式感到震惊”，却从未谴责自己的数百万同胞的非人之举。

在记录下自己穿越穆斯林土地的旅程的许多美国游客中，似乎只有两人明确地指出了中东奴隶制与自己家乡的“特殊制度”之间的联系。这两人都来自美国南方，但是他们的看法有助于说明分歧很快会撕裂整个国家。詹姆斯·库利将中东奴隶的状况与其家乡密西西比州黑人的状况进行了对比，声称他家乡的黑人“吃得饱、快乐且文明”。自称为“有色人种”的大卫·多尔则提出了一个截然相反的观点，他毫无保留地认同他在中东看到的黑人与白人奴隶。多尔回忆起自己当奴隶的那么多年以及美国那数百万尚未解放的人，敢于问出他的许多美国同胞只是在暗自琢磨的问题：“唉，我们什么时候才会成为‘世

---

[1] *Missionary Herald:* Journal of Pliny Fisk, Mary 8, 1823, p. 156. Shaban, *Islam and Arabs in Early American Thought*. Albert J. Raboteau, “Black Americans,” in Davis, *With Eyes toward Zion*, vol. 2, pp. 312 - 14. Stephen Olin, *Travels in Egypt, Arabia Petra and the Holy Land* (New York: Harper, 1844), p. 318 (“great national calamities”). Handy, *Holy Land,* p. xiii (“A keen observer”).

界上最自由的政府’啊?”①

北方、南方和中东

多尔的这一问题，是在由1861年4月21日南方邦联②炮击萨姆特堡开始的多次血腥战斗之后，才得到答案的。从那天起直到4年后南方投降，美国人民被自己国内的这场大灾难所吞噬，对中东事务一直缺乏热情、无暇他顾。除了几支美国北方部队所穿的来自法国—阿尔及利亚军团的轻步兵制服——包括土耳其毡帽③、马裤和腰带——之外，几乎再没有其他任何事物能让美国人想起战前与该地区的关系。北方联邦和南方邦联的领导人最关注的是确保该地区统治者对自己这方事业的支持，如果做不到这一点，至少确保他们在美国冲突中保持中立。

国务卿威廉·亨利·西沃德担心“习惯于尊重强权而蔑视弱者”的中东各国政府会利用美国的分裂获利。事实上，美国驻土耳其大使、亚拉巴马州的詹姆斯·威廉姆斯的确曾试图说明土耳其宫廷回避北方联邦、承认南方邦联。

尽管亚伯拉罕·林肯在一个被称为“阿拉丁的穆斯林宫殿”的宴会厅里庆祝了自己的就职典礼，但他并没有沉溺于对中东的幻想。他迅速用宾夕法尼亚人爱德华·乔伊·莫里斯取代了威廉姆斯，并向苏

① Ziff, *Return Passages*, p. 50. Mott, *Travels in Europe and the East,* pp. 390 – 91. Willis, *Summer Cruise*, pp. 282 – 83. Stephens, *Incidents of Travel*, p. 62. Cooley, *American in Egypt*, p. 349. Dorr, *Colored Man round the World*, p. 141.

② 1861至1865年美国南方11个蓄奴州结成同盟，旨在保住奴隶制并在美国全境扩展。南方邦联由于南方在南北战争中失败而消亡。

③ fezze，一些伊斯兰国家男人戴的平顶、有缨无檐的红圆帽。——译者

丹保证，他希望“继续培养美国政府和奥斯曼帝国政府之间一直存在的友好关系”。苏丹阿卜杜勒·阿齐兹长期与帝国境内的分裂主义活动进行斗争，因此他几乎不需要任何劝说就向林肯确认了自己对北方的“友好同情”，他还希望南北双方的分歧“能够以保持整个美国联邦完整的方式得到迅速解决”。这位苏丹还以非常规步骤延长了1830年与美国签订的条约，并禁止南方邦联的武装民船在奥斯曼帝国水域活动。①

在整个南北战争期间，以相互尊重为特征的美国—中东关系总体上是稳定的，它与战争期间美国人自己对彼此表现的野蛮形成了强烈对比。然而，两个相对暧昧不明却具有启发性的事件表明美国在该地区有了被视为弱者的危险。

第一个事件发生于1862年2月，是在亨利·迈尔斯与托马斯·T.汤斯敦前往摩纳哥的旅程中。迈尔斯来自佐治亚州，是南方邦联巡洋舰“萨姆特号”的军需官，该舰在驶入直布罗陀港口前成功扣押了18艘联邦船只。为了寻找补给，迈尔斯和曾在西班牙担任美国外交官的亚拉巴马人汤斯敦一起登上了一艘前往加的斯的法国邮轮，但中途停下来在丹吉尔观光。然而，当他们出现在该市的事为美国领事詹姆斯·德隆所知时，中东的诱惑对这二人来说似乎代价有些高昂。

---

① *FRUS*, 1861: Brown to Aali Pacha, June 26, 1861, pp. 391 - 92 ("continue to cultivate"); Brown to Seward, July 17, 1861, p. 391 ("friendly sympathies"); Thayer to Seward, June 29, 1861; 1862: Message of the President to the Two Houses of Congress, Dec. 5, 1862, p. 5. Seward to Morris, April 1, 1862, p. 783 ("accustomed as they are"); 1863, vol. 2: Thayer to Seward, Nov. 5, 1862, p. 1101. Phillip Shaw Paludan, *The Presidency of Abraham Lincoln* (Lawrence: Univ. Press of Kansas, 1994), pp. 89 - 91, 218 - 19. Benjamin P. Thomas, *Abraham Lincoln: A Biography* (New York: Random House, 1968), pp. 281 - 83, 360. Wright, *United States Policy toward Egypt*, pp. 60 - 61. 关于替换詹姆斯·威廉姆斯一事，参见：*Senate Executive Journal*, March 18, 1861, p. 310。

来自俄亥俄州的前法官德隆现年 50 岁，是位行事莽撞的狂热的爱国者。1861 年 11 月，刚到达破旧的领事馆大楼，他就立即要求国务院给他寄一面带有“34 颗星”的美国国旗，还有华盛顿、林肯以及所有内阁部长的金边框肖像画。做出这些安排后，德隆接下来要求摩洛哥政府拒绝承认“所谓的南方邦联”，并禁止分裂主义者的武装民船在摩洛哥港口停泊。2 月 20 日，即在收到这方面保证 5 天后，德隆获悉“叛乱分子”已在丹吉尔登陆。

“美国公民可以在国内谈论和策划叛国以及叛乱，”这位领事立下誓言，“但若我有权阻止，凡我所在之地他们就不能这么做。”德隆在向“摩尔当局”发出呼吁后，逮捕了迈尔斯和汤斯敦，并将他们用铁链锁在了领事馆最高层。他们多次试图逃跑，比如用自己的手表贿赂摩洛哥卫兵，企图用藏在迈尔斯裤腿里的刀子锯断锁链，但都没有成功。与此同时，德隆请求美国海军协助他将这两名囚犯从丹吉尔转走。“我希望在这个海湾有一名联邦军人。”他写道，并感觉到自己的行为可能会引起争议。

德隆知道 4 个月前发生的一件事，当时联邦军舰“圣哈辛托号”(San Jacinto) 扣押了英国商船“特伦特号”(Trent)，并在船上抓到了两名南方邦联的外交官。这两人的被捕引发了一场国际危机，伦敦以此指控美国侵犯了英国的中立性。林肯政府担心英国政府可能会以承认邦联来进行报复，因此做出了让步。结果，囚犯被释放，“圣哈辛托号”的船长被革职。德隆担心自己会有类似的下场，因为他这次也是把邦联官员囚禁在表面上中立的地方。

事实上，法国立即遣责了对这种所谓的对其中立性的蔑视行为，声称迈尔斯和汤斯敦是在法国当局的保护下到达丹吉尔的。与此同时，“萨姆特号”的船长拉斐尔·塞姆斯指责“寡廉鲜耻的领事”利用摩洛哥“政治上的无知”，迫使国王穆罕默德四世关闭了丹吉尔港。

作为抗议，德隆提醒这位摩洛哥统治者不要忘记其作为巴巴里海盗的历史，并问他美国人和摩洛哥人之间“70 年不间断的友谊”是否会因为［邦联］武装民船而毁于一旦。

然而，事件继续发酵，德隆的处境在持续恶化。2 月 27 日，300 名外国人（大部分是法国人）包围了美国领事馆，要求释放囚犯，这让德隆变得绝望。但是这个好斗的俄亥俄州人拒绝屈服。“我听说过野蛮国家有野蛮的暴民，但现在我第一次听说在一个半野蛮国家几乎所有的基督徒人口都化身为暴民去干预一名基督徒领事的行动。”若非美国军舰“伊诺号”（Ino）及时出现，接下来可能就会发生暴力事件。30 名美国海军士兵端着安上刺刀的枪冲上岸——这是自巴巴里战争以来首次在北非登陆——并设法从暴民中间穿了过去。随后，德隆发出最后通牒：要么穆罕默德四世重开港口，让俘虏撤离，要么美国关闭领事馆。在安抚法国人和疏远美国人之间，皇帝选择站在华盛顿一边。随后，不到一个小时，在摩洛哥军队的护卫下和“至少 3000 名观众”的注视下，德隆和海军陆战队带领迈尔斯和汤斯敦登上了“伊诺号”的跳板。

兴高采烈的德隆告诉他领馆的同僚们：“即便我深爱的祖国正在爆发暂时的内战，我们仍然有北方联邦和一部宪法，我们将以上帝的名义维护它……一代代地传承，还有一面……不应被非洲海岸的欧洲暴民侮辱的旗帜。”然而，他得意得为时过早了。由于担心北方联邦与法国的关系产生裂痕，林肯再次妥协，将汤斯敦和迈尔斯从波士顿的监狱释放了。而德隆，正像此前的“圣哈辛托号”船长一样，也被撤换掉了。这位愤愤不平的前领事认为林肯的宽大会适得其反，并导致中东领导人对美国的实力产生怀疑。

事实上，德隆被解职并没有预示着美国在摩洛哥或中东其他地方的地位会下降。相反，北方联邦对南方邦联武装民船的强烈抵制只会抬高华盛顿在整个中东地区的地位。这一点从一件事上得到了证明，即 1865 年，美国受邀与 9 个欧洲国家一起在丹吉尔建一座灯塔。尽管以各大国的标准来看，这一公约微不足道，但对美国来说却是一个里程碑——因为这是它有史以来的第一个多国协定。①

不过，内战确实给美国与一个中东国家之间的关系带来了压力，这个国家就是埃及。争议的焦点远在该地区之外，甚至与宾夕法尼亚州和弗吉尼亚州的战场也相隔甚远。埃及与美国相持不下的地点是在一个听起来不太可能的地方——墨西哥。

自 1823 年门罗宣言发表以来，美国一直试图阻止欧洲对西半球的进一步干涉。然而，40 年以后，由于军队陷入了一场自相残杀的战争，美国已无力执行这项政策。趁着这种胶着状态，法国皇帝拿破仑三世密谋建立一个新的世界帝国——该帝国将从墨西哥开始。1863 年 1 月，他向韦拉克鲁斯（Vera Cruz）派出了 3 万名士兵，命令他们占领墨西哥城。与他们一起出发的还有一支由 500 名埃及人组成的军队，由埃及统治者赛义德帕夏自愿提供，这位帕夏是法国的狂热盟友。军队中的士兵大多是苏丹黑人，法国人认为这些人已经适应了墨

① USNA, RG 59, Dispatches from U.S. Consuls. Tangier, Morocco, vol.8: De Long to Seward; Feb.15,1862 (“so called Southern Confederacy”); De Long to Seward; Feb. 20, 1862 (“American Citizens”); De Long to Commander of the Sloop of War “Tuscarosa,” Feb.20, 1862 (“I want the presence”); De Long to Bargash, Feb. 26, 1862; De Long to Seward, Feb. 27, 1862 (“at least three thousand”); De Long to the French, Italian, Swedish, Spanish, and Portuguese Consuls in Tangier, March 1, 1862 (“If temporary civil war”); De Long to Seward, March 6, 1862 (“I have heard”); De Long to Seward, March 20, 1862 (“Moorish authorities”). *FRUS*, 1862: Bargash to De Long, Feb. 25, 1862, pp. 863 - 64. *Official Records of the Union and Confederate Navies in the War of the Rebellion*, ser. 1, vol. 1 (Washington, D.C.: GPO, 1894), pp. 310 - 20, 358 - 60, 392, 668, 676 - 79. Raphael Simmes, *Memoirs of a Service Afloat* (Baltimore: Baltimore Publishing Co., 1887), pp. 334 - 35, 336 (“political ignorance”), 337 - 40. Jay Monaghan, *Diplomat in Carpet Slippers: Abraham Lincoln Deals with Foreign Affairs* (Indianapolis: Bobbs-Merrill, 1945), pp. 215 - 17. 关于丹吉尔的灯塔公约，参见：Peter Larsen, *Theodore Roosevelt and the Moroccan Crisis, 1904 - 1906* (Princeton: Princeton Univ. Press, 1984), p. iv。

西哥的高温，并对黄热病具有抵抗力。

林肯政府对拿破仑的侵略行为极为恼火，并对埃及深感失望。华盛顿与开罗之间的关系，即使从未特别紧密过，也一直是友好的。在美国内战之初，埃及政府还曾经同意应美国国务院的要求驱逐效忠于南方的美国副领事罗伯特·威尔金森。美国国务院也投桃报李，赞扬了埃及在帮助"联邦捍卫者的孤儿寡母"方面所做的"慷慨贡献"，并称赞几名自愿为北方而战的埃及年轻人勇气可嘉。然而，这种友好关系现在因埃及军队出现在靠近美国边境的地方而濒于破裂，埃及的这种做法也违反了其长期以来坚持的原则。①

法国人继续向前推进，征服了墨西哥大部分地区，并任命奥地利大公马克西米安为当地的君主。而埃及小分队自始至终表现得可圈可点，他们或是在港口巡逻，或是守卫火车车厢。颇具讽刺性的是，他们中大约有 100 人死于黄热病，其中包括指挥官贾巴尔·阿拉·穆罕默德上校。

美国政府对此仍然无力干预，至少在 1865 年的阿波马托克斯投降②和联邦军队取得胜利之前是如此。只有到那时，国务院才通过其驻亚历山大领事查尔斯·黑尔对赛义德发出了明确的信息。"帕夏应某个大国的要求在墨西哥所做的事，美国也会应其他友好国家的要求在埃及如法炮制。"黑尔如此警告赛义德，并提醒后者，美国现在拥有 10 万名黑人士兵，他们就像那些在墨西哥如鱼得水的苏丹士兵一样，非常适合到中东地区来服役。这些士兵会轻而易举地在埃及登

① *FRUS*, 1861: Thayer to Seward, July 20, 1861, p. 424; 1863, vol. 2: Thayer to Seward, Nov. 5, 1862, p. 1101; 1864, vol. 4: Thayer to Seward, Jan. 23, 1864, p. 405; Hale to Seward, Oct. 22, 1864, p. 408 ("generous contribution"); 1864, vol. 1: Message of the President to the Two Houses of Congress, Washington, Dec. 6, 1864, p. 4.

② 1865 年 4 月 9 日，李将军率南方军队在弗吉尼亚州的阿波马托克斯向格兰特将军所率的北方军队投降。投降之处现辟为国家历史公园。——译者

陆，黑尔说，“如果支持墨西哥帝国的邪恶干涉原则，比如帕夏出借自己的军队，就会随时遭到我们的报复。”

赛义德被这番威胁吓倒了，他退缩了，没有向墨西哥派出增援部队。法国人最终被共和党叛军击败，叛军处决了倒霉的马克西米安。幸存的埃及人——唯一被部署在美洲的说阿拉伯语的穆斯林士兵——则乘船返回了家乡。①

内战已经结束了，而美国也可以作为一个没有四分五裂的国家重新与中东地区开展交往。这场战争提醒美国人，若被该地区的统治者视为软弱无能就会带来危险，并且至少有必要在该地区投射一种权力的表象。现在，随着经济的迅速工业化以及拥有 100 万人的武装力量，美国可以塑造一个毫不含糊的经济实力与军事实力都很强大的形象。中东各国政府都没有错失这种转变，许多政府在购买美国内战剩余的武器，并将美国视为欧洲帝国主义的潜在制衡力量。

随着美国大国地位的日渐确立，美国人得以恢复其在战前对圣地的朝圣和对中东神话的追求。林肯也渴望成为其中一员。1865 年 4 月 14 日晚，林肯总统陪第一夫人去福特剧院看戏，他们的儿子塔德则去看另一出名叫《阿拉丁》的戏，其间总统谈到自己有朝一日要去游览耶路撒冷的梦想。稍后，他们在包厢里落座，林肯再次俯身对妻子低语道：“我多想去看看耶路撒冷啊！”

---

① *Studies in the National Military Victories of Egypt* [Arabic]. Cairo: Ministry of Information, 1984, pp. 153 - 63. *FRUS*, 1865, vol. 3: Hale to Seward, Aug. 26, 1865, p. 329 (“What the Pacha”). Wright, *United States Policy toward Egypt*, pp. 63 - 65. Bryson, *American Diplomatic Relations*, pp. 25 - 26. Field, *America and the Mediterranean World*, p. 385. Arnold Blumberg, “William Seward and Egyptian Intervention in Mexico,” *Smithsonian Journal of History* 1 (Winter 1966 - 67): 31 - 34, 44 - 45. Howard Kerner, “Turko-American Diplomatic Relations, 1860 - 1880” (Ph. D. diss., Georgetown Univ., 1948), pp. 62 - 65.

林肯在戏剧表演进行过程中遭到枪击，没能亲自体验一把中东，但一名涉嫌刺杀阴谋的南方同情者却逃到中东寻求庇护。一名南方邦联前信使和间谍小哈里森・苏拉特与刺杀林肯的凶手约翰・威尔克斯・布斯以及其他同谋者有牵连。当联邦军队迅速将元凶抓获或击毙时，21 岁的苏拉特却逃跑了——他先是逃到了加拿大，后来又逃到了英国和意大利，最后逃到了埃及。预先收到苏拉特将抵达亚历山大港的情报后，领事查尔斯・黑尔盯紧了下船的乘客，直到发现一名“看起来像美国人”的乘客，并立刻将其逮捕。1865 年 12 月 21 日，苏拉特被铁链锁着登上了“斯瓦塔拉号”美国军舰，送回华盛顿。尽管对苏拉特的审判最终不了了之——苏拉特于 1916 年以自由之身去世——美国还是高度赞扬了埃及政府“周到友好的态度”，并向其赠送了一幅已故总统的画像。①

虽然 21 世纪的读者可能会感到奇怪，但美国内战传奇的最后一章发生在中东事实上是恰当的。这场先是让美国支离破碎，然后又将其融为一体的大灾难，亦将成为中东许多地区经济剧变的催化剂，推动卫生和教育领域取得革命性进步，使其前所未有地与西方接触。然而，中东很少有地区受到战争的影响会比埃及受到的更深远、更无法逆转，埃及是一个在战前美国人基本上一无所知的国家，但在重建时期，它将成为美国关注的焦点。

---

① Allen C. Guelzo, *Abraham Lincoln: Redeemer President* (Grand Rapids, Mich.: Eerdmans, 1999), p. 434 (“How I should like”). USNA, RG 84, *Records of Foreign Service Posts. Cairo, Egypt*, vol. 78: Seward to Hale, Dec. 4, 1866; Seward to Hale, Jan. 23, 1867 (“considerate and friendly”). Osborn Oldroyd, *The Assassi-nation of Abraham Lincoln* (1901; reprint, Union, N. J.: Lawbook Exchange, 2001), pp. 65, 232 - 35, 239, 266. Edward Steers, *Blood on the Moon: The Assassination of Abraham Lincoln* (Lexington: Univ. Press of Kentucky, 2001), pp. 231 - 32.

第九章
尼罗河上的南军和北军

内战对埃及产生的长期影响可以浓缩为一个词——棉花。埃及以生产亚麻和其他精细织物而久负盛名，“棉花”一词源自阿拉伯语qutn，它在1820年引进了一种新的朱梅尔棉植株品种[①]。这种新型埃及棉属于高级长绒棉，在欧洲逐渐成为纺织品制造商的最爱。该作物的销售量成倍增长，使穆罕默德·阿里赚得盆满钵满，他便打起了垄断市场的主意。一位西方游客注意到：“尼罗河流域几乎每一英亩土地都用来种植棉花，田野上到处是白色的棉苞，每一个埃及农夫都在做着棉花梦。”威廉·B.霍奇森是美国国务院一长串阿拉伯主义者中的第一位，他于1834年访问了埃及，并将其与“美国的南方种植园”进行对比，声称当地土地肥沃，但负责耕种的农民生活艰难。尽管如此，霍奇森向他的上级保证，“弊政可能不会影响埃及农产品的质量，而质量是美国唯一的兴趣所在。”

1837年，随着埃及从美国进口了自己的第一台轧棉机，其棉花产量进一步提高。这种新机器给穆罕默德·阿里留下了非常深刻的印象，以至于他在1846年聘请了南卡罗来纳州种植园主詹姆斯·B.戴维斯博士前来将美国的棉花种植方法应用于此。戴维斯与“4名擅长农活的黑人”一起到达了埃及，他迫切希望能够立刻开始工作，却被埃及臭名昭著的官僚机构搞得灰心丧气。两年后，在一次工作事故中失去了一只眼睛的戴维斯回到了他在哥伦比亚的家乡，除了埃及统治者送给他的 9 只安哥拉山羊之外，他没有任何可以拿出来展示的成果。②

埃及当时依赖的仍是古老的农业方法，在棉花生产方面根本无法与美国南方各州匹敌，南方各州的种植规模广因而价格更低，且一直在满足大多数欧洲国家的需求。然而，随着美国内战的爆发，这种不平衡状况发生了根本性的变化。北方联邦的封锁、南方各州为迫使英国和法国支持南方邦联而自行实施的棉花禁运，以及战争的破坏——所有这些因素叠加在一起，使得欧洲的纺织厂失去了原材料来源。棉花的价格涨了 4 倍，埃及人种植棉花的土地面积也随之增长了 4 倍。美国的联邦领导人为之欢欣鼓舞。“埃及棉花的增长……对我们国家来说意义重大，”国务卿西沃德说，“当造反的种棉花州发现埃及……正在向全世界供应棉花时，如果他们还看不到自己的繁荣和所有的希望是如何消逝的，他们就会对自己的福祉视而不见。”华盛顿甚至派出一名代理人前往开罗，以敦促埃及人种植更多的棉花。因此，当无数包棉花在南方邦联的码头上腐烂时，埃及的出口额却从 1861 年的 700 万美元飙升到 4 年后的 7700 万美元，增长了 11 倍。

---

① Jumel，是海岛棉的一个类型，得名于法国工程师 M. 朱梅尔，他于 1820 年前后从埃及开罗的庭院中采集的一株海岛棉，经培育逐渐形成的一年生海岛棉，适于降雨量少的灌溉棉区栽培。埃及、苏联、中国新疆种植的一些长绒棉均属埃及棉。——译者

② Zachary Karabell, *Parting the Desert: The Creation of the Suez Canal* (New York: Knopf, 2003), p. 184 (“Practically every”). David Christy, *King Cotton* (Cincinnati: Moore, Wilstach, Keys, 1855), pp. 68 - 79. Field, *America and the Mediterranean World*, pp. 193 - 94 (“a Southern plantation”), 248 - 49. 给戴维斯的这些羊成了得克萨斯州和俄勒冈州珍贵的安哥拉牧群的祖先；参见：*Texas Department of Agriculture*, http://www.agr.state.tx.us/education/teach/mkt_fibernet.htm, and *The First Farmers of Oregon*, http://www.gesswhoto.com/centennial-farmers.html。

这笔横财大部分落到了穆罕默德·阿里的孙子伊斯梅尔的腰包里。1863 年，伊斯梅尔的叔叔赛义德去世，伊斯梅尔掌权，在此之前，32 岁的伊斯梅尔已利用最新的农业技术使自己成为埃及最大的私人土地所有者之一。受教于圣西尔军校[①]的伊斯梅尔精明睿智、沉默寡言、雄心勃勃，他决心利用他本人——和埃及的——不断膨胀的财富使自己的国家欧洲化。伊斯梅尔用雄伟的宫殿和宽阔的大道装饰他的城市，还创建了一个西式的代表协商会议，并用灌溉渠、铁轨和电报线等在空旷的沙漠上留下人类的活动痕迹。他像林肯一样有魄力，废除了强迫近五分之一的农民开凿苏伊士运河的劳役制度，又为了确保埃及的统一而向奥斯曼帝国购买了一个世袭头衔——赫迪夫[②]。这些成就本身并不是伊斯梅尔的目的，而是他实现埃及独立——而不仅仅是自治——这一最终目标的途径。为此，伊斯梅尔需要一支军队。

因此，赫迪夫决定为他的这支部队购买最先进的武器和装备，还要找一批西方顾问来训练他们。[③] 埃及统治者传统上是雇用法国和英国军官担任军事教官，但伊斯梅尔已经开始怀疑欧洲国家正密谋将他的国家并入他们的帝国。相比之下，美国最近因为获得了与

---

① 法国最重要的军校，早年建在凡尔赛宫附近的圣西尔并因此而得名。曾与英国桑赫斯特皇家军事学院、美国西点军校以及俄罗斯伏龙芝军事学院并称世界“四大军校”。——译者

② 即埃及总督。1867 年奥斯曼帝国苏丹授予埃及世袭总督的头衔，沿用至 1914 年，是年英国宣布埃及为其保护国。——译者

③ E. R. J. Owen, *Cotton and the Egyptian Economy, 1820 -1914* (London: Oxford Univ. Press, 1969), pp. 89, 105. Edward M. Earle, “Egyptian Cotton and the American Civil War,” *Political Science Quarterly* 41, no. 4 (Dec. 1926): 520 - 36. USNA, RG 84, *Records of Foreign Service Posts. Cairo, Egypt*, vol. 78: William Seward to William Thayer, Dec. 16, 1862 (“The ... increase of cotton”). *FRUS*, 1861: Thayer to Seward, July 20, 1861, p. 423; 1863, vol. 2: Seward to Morris, Dec. 13, 1862, pp. 1090 - 91. Vatikiotis, *History of Egypt*, pp. 73 - 77, 125 - 28. Karabell, *Parting the Desert*, pp. 183 - 84. Wright, *United States Policy toward Egypt*, pp. 66 - 70.

欧洲国家同等的军事实力而名声在外，但它从未对埃及领土表现出兴趣。

愉快却漫不经心的过往

与叙利亚和巴勒斯坦这两个传教活动的中心不同，埃及从来都不是美国人关注的焦点。尽管美国在亚历山大港和开罗设有领事馆，美国造船厂为埃及海军提供船只，但两国之间的贸易来往仍然微不足道。而尼罗河地区的传教活动也受到限制，在 1861 年之前，连一所学校或诊所也没有建成。与此同时，美国政府对埃及事务兴趣不大，甚至对苏伊士运河的开掘也兴致缺缺。1857 年，当运河创始人费迪南·德·雷赛普斯邀请美国参与该项目时，他预言这条运河会“将孟买到新奥尔良、波士顿和纽约之间的海上距离缩短 2000 里格①”，但布坎南总统几乎懒得回应。开罗与华盛顿之间的接触仅限于偶尔地交换礼物，比如布坎南总统曾“高兴地收到”狮身人面像的微型复制品，他称其为“奇怪的纪念品”。

尽管美国与埃及的关系一向友好，但埃及军队出现在墨西哥却让两者之间的关系骤然遇冷。然而，无论埃及与法国的合作给华盛顿带来了多大的烦恼，都远远超过了埃及在南方实行棉花禁运时所做的贡献。曾以入侵埃及领土来威胁其政府的领事查尔斯·黑尔，对埃及通过棉花销售致富持欢迎态度。“埃及统治者一直对我们很友好，”他写道，“他们赞赏我们的立场，尊重我们的权利。”1864 年 12 月，在韦拉克鲁斯登陆一年后，林肯对国会说：“我们与埃及的关系……完全

① 里格是长度名，是古老的测量单位，相当于 3 英里或 3 海里。——译者

令人满意。”①

但是，对伊斯梅尔来说，仅仅与美国保持这种“令人满意”的关系是不够的。在密切注视美国内战的同时，赫迪夫对美国武器的效力和北方的工业实力大为惊异。他注意到美国已迅速从分裂中恢复过来，并重新树立了自身在国际上的地位。伊斯梅尔相信，美国人注定要在世界事务中发挥主导作用，并可以帮助埃及获得独立。美国的军事顾问们不仅会使埃及军队现代化，还将在埃及和这个影响力日益扩大的大国之间架起一座人员交流的桥梁。50 年前，伊斯梅尔的王叔雇了探险家乔治·白求恩·英格里希为他的炮兵队伍改头换面，而现在这位赫迪夫试图从数千英里外的一个与埃及没有合作历史的地方招募多名这样的军官。为了助自己完成这项艰巨的任务，伊斯梅尔求助于一位极不寻常的美国人。

这个人简直像从冒险小说中走出来似的——他身材魁梧、留着大胡子、潇洒不羁、挥金如土。1868 年遇到伊斯梅尔时，撒迪厄斯·莫特已在意大利和墨西哥军队中担任过军官，在加州开采过黄金，远航到过远东，并在路易斯安那州指挥过联邦骑兵。他是瓦伦丁·莫特之子，这位来自纽约的外科医生曾在 1840 年代造访过埃及和中东，此后与奥斯曼当局一直保持着密切的关系。撒迪厄斯追随父亲的脚步来到伊斯坦布尔，娶了一位富有的奥斯曼地主之女为妻，学会了一口

① Charles Dudley Warner, *Mummies and Moslems* (Toronto: Belford Brothers, 1876), p. 380. Wright, *United States Policy toward Egypt*, pp. 86 - 87 (“shorten by 2, 000 leagues”), 219. USNA, RG 84, *Records of Foreign Service Posts. Cairo, Egypt*: W. L. Marcy to Edwin de Leon, June 17, 1854 (“cheerfully received”). *FRUS*, 1861: Thayer to Seward, July 20, 1861, p. 424; 1862, vol. 2: Thayer to Seward, Nov. 5, 1862, p. 1101; 1864, vol. 4: Thayer to Seward, Jan. 23, 1864, p. 405; 1864, vol. 1: Message of the President to the Two Houses of Congress, Washington, Dec. 6, 1864, p. 4 (“Our relations with Egypt”); 1865, vol. 3: Hale to Seward, Dec. 22, 1864, p. 315.

流利的土耳其语，并在奥斯曼宫廷确立了自己的一席之地。就是在那里的一次皇家招待会上，莫特遇到了伊斯梅尔，并设法给后者留下了深刻的印象。赫迪夫当场就给了他一个将军职衔和一份招募前美国军官加入埃及军队的工作。

莫特接受了这一职位，回到美国后，他把伊斯梅尔的请求转达给了几位前南方邦联将领即博雷加德、约翰斯顿和皮克特，以及大卫·波特的侄子——北方联邦准将菲茨-约翰·波特。这些人谁都没有对在埃及服役或协助招募合格的退伍军人表示出兴趣。不过，波特倒是将莫特引荐给了虬髯怒张的指挥官、如今的美国陆军总司令——威廉·特库姆塞·谢尔曼。虽然谢尔曼无情地镇压了南方邦联，但他对埃及脱离土耳其宫廷的努力却是同情的。而且，他当时正急于为许多复员的但经验丰富的军官安排工作，这些军官都参加过内战，既有与他同一战壕的战友，也有与他兵戎相见的敌人。

其中一位名叫“老暴风雪”威廉·维因·洛林的老兵，将成为这批顾问的负责人。只剩下一条胳膊的洛林，是位与科曼奇人、墨西哥人和摩门教徒战斗过的幸存者，当过律师，是位以刚正不阿著称的佛罗里达州政治家，还是一名拓荒者，曾率领一个团的士兵奔驰 2500 英里到俄勒冈却无一人出事。洛林个头不高、体格结实、肤色黝黑，曾在维克斯堡抵抗过北方佬的进攻，号令他的部队“小子们，像暴风雪一样收拾他们吧！”后来胸部中弹受伤。对于中东，洛林也并不陌生，他曾在迪法恩斯堡与军队的骆驼兵团共事，然后在炮轰萨姆特堡前不久游历了奥斯曼帝国。而现在，他正对在纽约当投资顾问的工作感到厌倦，于是欣然接受了谢尔曼的邀请。

查尔斯·波默罗伊·斯通也是如此，他是一名魅力非凡、才华横溢的西点军校毕业生和语言学家，后来被历史嘲笑为“不幸的战士”

和“美国的德雷福斯”①。斯通早年间为北方部队做志愿服务时，曾受命指挥华盛顿的防御工作，但很快受到指控，要求其为北方军在巴尔斯布拉夫战役的失利负责，并在未经审判的情况下被监禁了6个月。尽管身心受创——他的妻子在他被监禁期间去世——但他还是设法重返部队，结果却成了北方军进一步受挫的替罪羊。斯通最终找到了一份工作，负责管理弗吉尼亚州的一座煤矿，1869年谢尔曼在那里找到了他，当时他正痛苦不堪、渴望改变自己的境遇。

洛林将成为美国军事顾问团的监察长，斯通则成为参谋长。最初加入他们的有18名军官，其中包括诗人、艺术家和维克斯堡南方邦联防务系统的设计者塞缪尔·洛克特上校，来自北弗吉尼亚州陆军的雷利·E.科尔斯顿准将，以及曾在非洲附近解放了一船奴隶随后又勇敢地驶向南方的威廉·布里格斯·哈尔上尉。与这些前邦联分子一起的，还有林肯总统的私交马丁大法官，暴发户范德比尔特家族的范德比尔特·艾伦上校，以及参加过从希洛之战到亚特兰大战役的每一场重要战役的密歇根人尤金·费希特上尉。② 虽然这些老兵几年前还是敌人，但此时他们上了同一艘船，开始同舟共济。在海上饱受晕船之苦后，他们于1869年8月在亚历山大港上了岸。就这样，这些在内战中道不相同的老兵作为美国人在中东重新走到了一起。

---

① 德雷福斯是法国军官，犹太人之子，早年就读于巴黎综合工科学校。1882年进入军界。1894年调国防部工作，被指控向德国武官出卖军事秘密。同年12月22日被判终身监禁。在一批有势力的政治家和学术界人士掀起一场要求释放他的群众运动之后，1899年由军事法庭复审，罪名不变，但改为10年监禁。1904年再重审，两年后最高法院推翻其全部罪名，并被授予荣誉军团勋章，晋升少校。一战时被征召，任中校，指挥一个弹药纵队。之后默默无闻。——译者

② Pierre Crabitès, *Americans in the Egyptian Army* (London: Routledge, 1938), pp. 14, 39. Charles Chaillé-Long, *My Life in Four Continents*, vol. 1 (London: Hutchinson, 1912), pp. 17, 38, 231. William B. Hesseltine and Hazel C. Wolf, *The Blue and the Gray on the Nile* (Chicago: Univ. of Chicago Press, 1961), pp. 4 ("a soldier of misfortune"), 5–11, 18–19, 29–41, 43–44. Field, *America and the Mediterranean World*, pp. 395–96.

伟大的教化者

这批美国人抵达埃及的时候，正逢埃及的不祥时刻。美国内战引发的经济繁荣，随着和平的降临戛然而止。埃及棉的价格暴跌。多年的富足为埃及留下了令人叹为观止的建筑遗产，例如开罗歌剧院，那是作为1871年威尔第歌剧《阿依达》首次演出的地方，还有附近的伊斯梅利亚郊区，那里拥有复杂的运河和桥梁系统，赫勒万还有欧式水疗中心。其中最壮观的是长达100英里的苏伊士运河，它于1869年正式通航，为欧洲皇室举行了为期三天的盛大舞会和宴会——这是赫迪夫举办的众多人声鼎沸、耗资巨大的庆祝活动之一。然而，在如此辉煌的同时，伊斯梅尔也给他的人民留下了令人咋舌的1亿美元债务。如今，由于棉花不再是可以接受的抵押品，欧洲大国正要求在埃及的财政上拥有更大的话语权。①

然而，对于从亚历山大港转战开罗享受为期两天的城市之旅的美国人来说，这些无力偿债的情况并不明显。除了金字塔外，他们还参观了1804年穆罕默德·阿里招待巴伦准将和地中海舰队的那座大厅。不过，这座标志性建筑却不及水泄不通、臭气熏天的街道和牢骚满腹的当地省督更令这些军人印象深刻，这位省督抱怨说，来这里的美国人太多了，有些人恐怕不得不打道回府。詹姆斯·莫里斯·摩根是个24岁的街头混混，他曾把邦联的大印交给英国，后来还担任过杰斐逊·戴维斯的私人护卫，他对于省督的回应是与之决斗。斯通欣慰地回忆说："那几乎是我有幸目睹过的最无懈可击的虚张声势。"结果是省督让了步，领着美国客人们去了东方酒店。在那里，一名意大利裁

① John Marlowe, *Spoiling the Egyptians* (New York: St. Martin's, 1975), pp. 104 – 17. Wright, *United States Policy toward Egypt*, p. 70.

缝给军官们穿上了一身黑衣——据摩根所说，“那简直跟长老会牧师的外套一模一样”。

军官们从酒店出发，坐车经过尼罗河，穿过棕榈树遮天蔽日的林荫大道，进入了另一个由柱廊、豪华地毯和枝形吊灯构成的世界——盖兹雷宫。“富丽堂皇、奢华的东方与品位优雅、文明的西方，在此汇聚一堂。”查尔斯·艾弗森·格雷夫斯中校深吸一口气叹道，“各种和谐事物完美地结合在一起，共同构建了这座自伊甸园以来最精致、最完美的居所。”宽肩膀的格雷夫斯是安纳波利斯大学的毕业生，想当初，是因为在佐治亚的农场经营失败，为了养活妻子和 5 个孩子，他才接受了在埃及的这份工作。这些美国人总算获准进入内廷，他们努力模仿礼宾官的举动，如何鞠躬、如何恳求，最后见到了赫迪夫。这次会见令人有虎头蛇尾之感。身材又矮又胖的伊斯梅尔讲话时习惯闭上一只眼睛，这种举止，再配上他那黑黝黝的肤色，让人觉得莫名的阴险。然而，他用法语讲的话经陆军中校查尔斯·夏耶-朗翻译后，却深深打动了这些美国人。伊斯梅尔回顾了军官们最近参加的战争以及美国的重归完整，赞扬了他们在帮助建立独立的埃及时的“审慎、奉献和热忱”，“真主保佑！当这一切实现之时，”他宣布，“我将授予你们最高的荣誉。”①

然而，这样的荣誉是必须争取的，于是，美国人开始着手工作。斯通在俯瞰开罗的宏伟城堡的侧翼建立了自己的总部，这里一度被留作穆罕默德·阿里的后宫。就在此处，斯通创建了埃及军事史上的第一个总参谋部，收集了 4000 本书和数量更多的地图，并购置了

---

① James Morris Morgan, *Recollections of a Rebel Reefer* (Boston: Houghton Mifflin, 1917), pp. 268 - 69 (“That was about”), 270 (“An exact reproduction”). Chaillé-Long, *My Life*, pp. 20 - 22, 30 - 33. Crabitès, *Americans in the Egyptian Army*, pp. 41 - 42, 44. Hesseltine and Wolf, *Blue and the Gray*, pp. 65 - 66 (“discretion, devotion”), 72 - 73, 93 - 94 (“The East with its”), 98 - 100, 150 - 51.

一台用来印刷训练手册的印刷机。在借鉴英美两国模式的基础上，他起草了埃及军队的第一份行为准则。与此同时，洛林对埃及的防御系统进行了全面调研。结果令人沮丧。军队拥有的大炮寥寥无几，大部分还都是淘汰的，而且几乎没有弹药。岸上的炮台正在塌掉，炮台之间所有的通讯方式，无论是通过铁路还是线路的，都已毁坏殆尽。然而，最可悲的是军队本身，洛林将其描述为“中世纪军队”——它由4万名衣衫褴褛、毫无组织纪律的农民组成，训练他们的军官同样没有受过良好训练，用的还是拿破仑战争以来老掉牙的战术。

要改善这种局面，任务是非常艰巨的。于是，斯通和洛林将任务一分为二。洛林这位独臂将军承担了保卫该国海岸的责任。在工程师和当过南方邦联炮舰指挥官的贝弗利·肯农上校的帮助下，洛林沿着从亚历山大港到罗塞塔的战略海岸线设计了一系列隐蔽的堡垒，并以大口径、精确纵射的火炮进行掩护。斯通则自告奋勇地担负起了全面改造军队的责任。协助他的是亚历山大·雷诺兹和他的儿子弗兰克，亚历山大是参加了奇卡莫加之战和亚特兰大战役的准将，弗兰克以第二名的成绩从西点军校毕业（倒数第一是乔治·阿姆斯特朗·卡斯特），这对来自费城的父子在内战中选择效忠于南方。另一名叛军指挥官亨利·西布利是单极锥形帐篷的发明者，曾是尤利西斯·格兰特的旅伴，他负责训练埃及炮兵。斯通及其手下将军队分成团和师，分别配备军需官和军需部，并建立了生产武器的工厂。

美国人为埃及打造了建立一支现代军队的基础，使埃及未来可以凭借它来维护国家的独立。然而，正如伊斯梅尔意识到的那样，建公园和建立法机构并不能确保埃及的主权；美国人也明白，仅靠制服和战术并不能打造一支团结一致的军队。还需要激励人心的想法，比如对国家的爱、对公民社会的承诺。埃及士兵在学习这些外来概念时可能会遇到困难，但如果没有阅读书籍或报纸的能力——90%的士兵和三分之一的军官都缺乏这项技能——这项任务或许就不可能完成。为了弥补这一不足，顾问们在阿巴西耶建了一所阿拉伯语学校，为大约1500名现役和非现役军官提供培训。许多军官入学时还带来了自己的儿子，请求让孩子们也接受教育。斯通支持“军人有让其儿子接受教育的权利”，同意了军官们的请求。于是，近3000名衣着整洁的埃及儿童很快就在由参加过怀尔德尼斯和葛底斯堡战役的勇士们创办的文法学校里开始了学习生活。“这支军队是伟大的教化者，”洛克吹嘘道，“斯通将军和洛林将军是那里的老师。”不到3年，将近四分之三的士兵学会了识文断字。

如此一来，美国实力在中东的代表就成了美国公民信仰的传播者。当然，幻想也诱惑着他们。军官们身着崭新的蓝色上衣，戴着金色肩章，系着金色腰带，穿着朱红色裤子，戴着塔布什帽①，“我看起来像一道闪电，所以理应听到雷声。”② 摩根得意洋洋地说。军官们接二连三地受到盛情款待，受邀参加了各种盛大的晚宴、聚会，还观赏了歌剧。为伊斯梅尔的孩子们举办的国际聚会持续了一周之久。对西点军校毕业、曾在艾奥瓦州第20步兵团服役的威廉·麦肯泰尔·戴伊上校来说，这种奇观编织成的“幻想曲”简直令人难以招架。女士们撑着五彩缤纷的阳伞，大使们穿着缎带装饰的背心，男男女女们在缎面亭子里啜饮着冰冻果子露，这些“眼花缭乱的奇观”让他神魂颠倒。“想象力已到了极限，一切都像幻象一般在脑海里翩翩起舞。”③

---

① 又叫土耳其帽，是一种帽顶有缨子的男式小红帽。——译者

② 意思是自己像个大人物，讲话也会很有分量。——译者

③ William Wessels, *Born to Be a Soldier: The Military Career of William Wing Loring* (Fort Worth: Texas Christian Univ. Press, 1971), p. 78 - 79. Hesseltine and （转下页）

然而，这一形象所散发的光芒很快就消散了。就像早些时候来到此地的美国旅行者一样，一开始惊喜，最终感到沮丧——这些军官最终厌倦了中东的现实。洛林开始蔑视伊斯兰教，他指责这种宗教“源自刀剑”，“反对启蒙”，说它“摧毁了思想和行动的所有独立性”。他抱怨说，年轻的穆斯林接受的是“与导致他们的祖先烧杀掳掠……同样的野蛮教育”，并希望能够出现“一些阿拉伯的路德”，终结对仇恨的灌输。相比之下，格雷夫斯中校则钦佩穆斯林对耶稣的崇敬——“在这方面，他们比犹太人或一神论者做得都好”——但他对穆斯林对妇女的压制表示遗憾。他预言说：“陛下为教化他的人民所做的一切努力都是徒劳的，除非他废除这片土地上所有的后宫和太监！”曾经对东方的雄奇壮丽惊叹不已的威廉·戴伊，很快对使埃及现代化的任务感到绝望，认为相较于美国人那“富有想象力的灵魂……展开翅膀……像精灵一样探索未来”，埃及人却“只会与残酷和蒙昧的过去纠缠在一起”。戴伊曾与印第安苏族人作战，后来转而对他们敬佩有加，但他认为埃及人对“撒谎、行贿、敲诈、受贿、伪造、盗窃和腐败……以及谋杀”的偏好毫无值得称道之处。

这种厌恶之情只会强化美国人在文化方面的狭隘自负，他们不愿学习阿拉伯语，也不愿住在非欧洲社区。而这种缺乏理解是相互的。当艾哈迈德·乌拉比因每天早晨祈祷而不是清洗自己的来复枪受到詹姆斯·摩根的指责时，这位注定要在埃及历史上扮演关键角色的军官

(接上页) Wolf, *Blue and the Gray*, pp. 19 - 20, 51 ("The limits"), 66 - 72, 87 ("the express right" and "The army here"). Field, *America and the Mediterranean World*, pp. 392 - 93, 397. Wright, *United States Policy toward Egypt*, p. 81. Chaillé-Long, *My Life*, p. 35. Morgan, *Recollections of a Rebel Reefer*, pp. 271 ("I looked so much"), 287. See also Olive Risley Seward, ed., *William H. Seward's Travels around the World* (New York: Appleton, 1873), pp. 545 - 46, 620. Ralph Kirshner, *The Class of 1861: Custer, Ames, and Their Classmates after West Point* (Carbondale: Southern Illinois Univ. Press, 1999), pp. 6, 167. *Personal Memoirs of U. S. Grant*, vol. 1 (New York: C. L. Webster, 1885), p. 181.

反唇相讥，谴责了摩根的“基督教偏见”。随后，摩根与赫迪夫19岁的女儿法蒂玛公开调情，激起了当地公愤。当开罗警察局长命令摩根给他倒杯水时，这位最后一任南方邦联财政部长的女婿做出的回应是愤怒地将水泼到了这名埃及人的脸上。

然而，这些障碍并没有妨碍军官们执行自己的任务。到1873年，埃及已经拥有了一支19世纪末西方军队应有的全部附属设施，包括参谋和海军学院、潜艇和水雷指挥部，以及一个传达命令的系统。“这支军队，无论官兵，都达到了我们国家的水平。”塞缪尔·洛克特宣称。[①] 军官们的表现如此出色，着实令人印象深刻，以至于撒迪厄斯·莫特再次被派往美国试图招募新人。

不幸的是，这座新的军事大厦却建立在一个正在溃败的经济基础之上，此时的埃及债务已变得深不可测。由于既不能指望棉花，也不能指望苏伊士运河的收入来缓解他的破产，伊斯梅尔抓住了最后一个潜在的收入来源：征服。在苏丹南部，即今天的乌干达、埃塞俄比亚和中非共和国，蕴藏着无法估量的黄金、橡胶和象牙。这些土地中有许多是穆罕默德·阿里声称其拥有的，但名义上仍处于埃及统治之下——几乎都没被绘到地图上，更不用说臣服了。建立埃及对这些争议地区的控制，并避开法国和英国对这些地区的设计，是一项需要非凡勇气、毅力和技巧的任务——在伊斯梅尔看来，这些正是美国人的特质。

---

① Morgan, *Recollections of a Rebel Reefer*, pp. 277 – 81, 291 (“Christian prejudices”). William Loring, *A Confederate Soldier in Egypt* (New York: Dodd, Mead, 1884), p. 69 (“the same barbarous”), 135 (“born of the sword”). Hesseltine and Wolf, *Blue and the Gray*, pp. 60 (“they are better”), 61 – 62, 64 – 65 (“Christian intolerance”), 89 (“The army, both officers”), 106, 116 – 17, 125 – 26. William Dye, *Moslem Egypt and Christian Abyssinia* (New York: Negro Universities Press, 1969), pp. 38 – 39, 45 – 46 (“imaginative soul”), 102.

黑暗的心

两支远征队启程了。一队深入苏丹进行侦察探测，沿着与50多年前乔治·英格里希从瓦迪哈勒法出发沿尼罗河瀑布而行大致相同的路线行进。领导这次远征的雷利·科尔斯顿是美国顾问中最有经验和最受尊敬的人之一，他曾是地质学教授，还作为南方邦联的准将担任过要职。科尔斯顿计划逆流而上400英里，然后转向西南前往苏丹腹地的奥贝德。在那里，他将与从红海切入内陆的另一支队伍会合，该队由一位蓄着八字胡的纽约人带领，这人的名字很特别，叫作埃拉斯特斯·斯帕罗[①]·普迪。

两支探险队于1874年11月离开埃及，艰苦跋涉了3个月，穿过了酷热的达尔富尔和科尔多凡两个省，途经了一个个人口稠密的贫困村庄，在科尔斯顿的笔下，那里“有长相奇怪而可怕的人种”，还有非法的奴隶市场。每天有多达8名埃及士兵死于疲劳与疾病，驮畜死得数量要多得多。最后，连科尔斯顿自己也患上了一种极为严重的膀胱疾病，导致下半身瘫痪。但他拒绝撤出，继续收集地质和植物标本，并提交报告。“尽管我重病缠身……这种病似乎是致命的。”他告诉斯通，“但我还是希望尽到我的职责，直至最后一刻。”科尔斯顿把指挥权移交给了年轻的新英格兰人亨利·G.普劳特少校，然后把自己绑在马背上，往开罗方向而去。

与此同时，普迪成功地到达了苏伊士湾的贝勒奈西，之后向西往阿斯旺进发，他认为那里将来或许可以建一座大坝。相对于说话轻声细语的科尔斯顿，普迪很健谈、爱吹牛，他可以继续利用自己在科罗拉多州和下加利福尼亚州部分地区勘测所积累的丰富经验，还可以依

① 意为麻雀。——译者

靠他令人敬畏的助手亚历山大·麦康姆·梅森，梅森是位弗吉尼亚贵族，曾在智利、古巴和南中国海做雇佣军，是少数精通阿拉伯语的美国人之一。普迪和梅森成功地与普劳特会合，勘测了数百平方英里此前从未被测绘的领土，测量了降雨量，并探查了建造铁路的可行路线。然而，由于当地部落的限制，该地区的经济潜力并不乐观。“这些部落可能会激起慈善家和传教士的强烈兴趣，”探险队在最终报告中推测道，“但是作为埃及政府的臣民……他们对国家的财富、实力或者荣耀……永远毫无助益！”[①]

第一次探险的令人失望的结果，却强化了第二次探险，即更为雄心勃勃地深入非洲的重要性。然而，作为这次远征的负责人，伊斯梅尔选择了一名英国人——“中国人”查尔斯·戈登中校[②]——担任埃及所谓的赤道省省督。戈登是工程师、福音传道者，也是中国太平天国起义的镇压者（这也是其绰号的由来），戈登此时 50 岁，面色红润、长着一张娃娃脸，他性格复杂，既有强烈的同情心，发起怒来也很可怕。虽然戈登表面上被指控阻碍奴隶贸易和强制开罗对象牙进行垄断，但实际上他的目的是在英国或法国提出任何主张之前，建立埃及对尼罗河源头的控制。为了消除人们的嫌疑，不让大家觉得他在这两个国家中偏向任何一方，戈登选择了一支来自各国的军官队伍，并挑选了 32 岁的马里兰人查尔斯·夏耶-朗作为他的副手。

戈登给自己的助手 24 小时做准备，随后就在 1874 年 2 月 21 日

---

① Frederick J. Cox, “The American Naval Mission in Egypt,” *Journal of Modern History* 26, no. 2 (June 1954). Hesseltine and Wolf, *Blue and the Gray*, pp. 123 - 27, 130 - 34, 144 - 46, 147 (“In the philanthropist”), 220. Crabitès, *Americans in the Egyptian Army*, pp. 74 (“Although I am prostrate”), 77, 81.

② 1859 年，戈登被提升为上尉，次年自愿加入英军赴中国作战。他是 1860 年 10 月占领北京的英军一员，并亲自指挥焚烧了颐和园。1862 年 5 月，他又被派去上海帮忙镇压太平天国起义军。——译者

出发，前往毗邻尼罗河的商业城市柏柏尔——一路上乘坐了火车和蒸汽船，还行军近300英里。途中，这两位旅伴的关系恶化了。夏耶-朗是个不得志的诗人和演员，喜欢美化自己在战争中的表现，是个喜欢丝质礼帽和斗篷的花花公子，在很多熟人眼里他像个骗子，在戈登看来，夏耶-朗是个“软弱的家伙”，老是津津乐道“做过的事，而那些……对现在要做的事毫无帮助”。然而，伊斯梅尔不同意他的看法，而是认为这位美国人是个天生的冒险家，有本事穿越乌干达的荒野并与乌干达国王达成协议。因此，当戈登退休去喀土穆时——10年后他会死在那里，被穆斯林叛乱分子杀害——夏耶-朗则开始了为期两个月的跋涉，冒着“无情的风雨，踩着烂泥，历尽苦难，得过疟疾和可怕的丛林热”，抵达穆特萨国王的都城鲁巴加——就在今天的坎帕拉附近。

这位美国人受到了出奇的热情接待。裹着头巾的“古铜色皮肤”的穆特萨用自己的弯刀向客人表达敬意。“一万名臣民拜倒在地，脸和鼻子在尘土里。”受宠若惊的夏耶-朗回忆道。然而，当一群“勇士”按照可怕的习俗，“冲进来……用套索将身边的人套住，勒紧他们的咽喉，然后用棍子对着他们的脑袋乱打一通”，夏耶-朗的感激之情立刻变成了惊恐万状。

尽管如此，夏耶-朗还是设法控制住了自己的厌恶情绪，并用一面镜子、一个播放歌曲《迪克西》①的音乐盒和一块着实让这位国王惊讶的电池取悦穆特萨。双方互换了礼物：埃及一方的礼物是珍贵的丝织品、宝石以及一匹马——乌干达有史以来见到的第一匹马——穆特萨一方则是一个白化病男孩和8个年轻女孩，其中一个是他自己的女儿。随后，双方签订了条约。“整个尼罗河流域都在

① Dixie，美国南方诸州的别称，歌曲《迪克西》是行军歌曾在美国内战中在邦联士兵中广为传唱。——译者

埃及的保护之下，”夏耶-朗祝贺自己道，“我这趟的主要目标已经完成了。”

事实上，他的任务远未结束。夏耶-朗避开了回家的直接路线，沿着日后与刚果共和国接壤的边界走，这样绕道是为了证实尼罗河是从乌干达西南部的维多利亚湖流向艾伯特湖的。这位美国人和他的当地护卫队在密集的河流中划了6天独木舟，结果却只是到达了一片开阔的水域，迎面撞上700名敌对的布尼亚罗战士。“现在就叫他们看看，见识一下子弹的厉害。”夏耶-朗一边用8号步枪瞄准布尼亚罗酋长的胸膛，一边告诫自己的手下。在两名同行军官的火力支援下，他成功地击退了这些原住民，杀掉了82人，直到一颗子弹擦破并灼伤了他的脸。他还与吃人的“尼亚姆-尼亚姆”①村民会了面，遭遇过8000名扬巴里部落成员的毒箭袭击，被一只豹子夜间偷袭，但他最终死里逃生。3个月后，一个疲惫的发高烧的人跌跌撞撞地闯进了戈登的总部。“我的头发湿漉漉地搭在肩上，”夏耶-朗回忆道，“满脸胡子让我瘦弱的脸看起来更加憔悴；而我鼻子上可怕的伤口和一只紧闭着的发黑的眼睛，让他［戈登］怀疑我的身份。”回到开罗的夏耶-朗甚至被他的美国同僚们误认成乞丐。

尽管英国探险家们对夏耶-朗的发现嗤之以鼻，称他为“美国海盗和丛林破坏者”，但夏耶-朗发现了基奥加湖的位置，在一条不为人知的尼罗河支流航行了100英里，并追踪了这条河横穿乌干达的路线。他还将埃及的统治权从苏丹沙漠延伸到了中非的热带雨林，那是一片辽阔繁茂的地方。“这位年轻军官……在几天里为埃及所做的贡献，超过……一支军队4年耗费250万美元所做的一切。”赫迪夫公

---

① Niam-Niam，中非的一个民族，混合着黑人血统。这个词似乎源于丁卡语，意思是“伟大的食客”，指其食人倾向。——译者

开称赞了他。[1] 但是，这位埃及领导人已经没有那么多钱，也没有那么多时间了。他的欧洲债权人已经收回了他的大部分资产，并逼他宣布破产。当务之急，他需要利用戈登和夏耶-朗为他探查到的这个富饶地区，以此作为致富途径，相比从开罗出发的3000英里艰难跋涉，这条通往非洲的道要短得多，也没那么曲折。

与此同时，夏耶-朗决定在这个新的功劳簿上好好躺一阵子，并回到家乡马里兰州调养下身心。然而，才到巴黎，他就接到了立刻返回埃及的命令。1875年9月，他率领1300名士兵航行500英里到达亚丁湾，也就是今天的索马里海岸。“我就不再唠叨了，任务的目的地必须保密，”伊斯梅尔在发给他的电报上说，“上校，我就指着你的热情、行动和智慧成事了。”在不引起英国人对其意图产生怀疑的情况下，夏耶-朗试图找一条水路，经朱巴河向西进入乌干达。另一支探险队将在阿比西尼亚（今埃塞俄比亚）以北登陆，以制服反叛的约翰王。如果成功，这些举措将很好地将东非和中非连起来，并为埃及确保这两个地区的安全。

当夏耶-朗征服了桑给巴尔岛苏丹的一个要塞并向朱巴河挺进时，阿比西尼亚战役却很快陷入了困境。指挥官是一位名叫阿伦德鲁普的丹麦上校，尽管他很受同伴的欢迎，却完全没有作战经验。他的美国

---

① Charles Chaillé-Long, *The Three Prophets: Chinese Gordon, Mohammed-Ahmed (El Maahdi), Arabi Pasha* (New York: Appleton, 1884), pp. 25 - 27, and *My Life*, pp. 68, 91 ("Prostrate upon their faces,"), 94 ("number of warriors"), 97 ("The entire Nile"), 102 - 6, 158, 195 ("This young officer"). H. E. Wortham, *Chinese Gordon* (Boston: Little, Brown, 1933), p. 181. Godfrey Elton, *Gordon of Khartoum* (New York: Knopf, 1955), pp. 127, 135 ("on what he *has* done"). Crabitès, *Americans in the Egyptian Army*, pp. 110 - 11 ("Give it to them"), 134 - 35, 151 - 62, 167 - 68 ("American pirate"), 167 ("My hair hung"), 185. See also David Icenogle, "The Expeditions of Chaille-Long," http://www.saudiaramcoworld.com/issue/197806/the.expeditions.of.chaille-long.htm, and "Americans in the Egyptian Army," http://www.home.earthlink.net/～atomic_rom/officers.htm.

副官詹姆斯·丹尼森少校建议他合并麾下的3个营，不要进入敌人可能设伏的山谷，但被他拒绝了。丹尼森比阿伦德鲁普年轻得多，却是西点军校的毕业生，也是一位经验丰富的内战老兵，事实证明他很有先见之明。在不到一个小时的时间里，约翰王的军队就屠杀了2000名埃及士兵，那位倒霉的丹麦指挥官也在其中。①

为了报复这次屠杀，伊斯梅尔派出了一支1.2万人的部队，装备了雷明顿后膛枪和精良的克虏伯大炮。虽然洛林自从上一次上战场领兵已有十年之久，但他还是受命担任这支部队的参谋长，其他美国人如洛克特、格雷夫斯、戴伊、军医詹姆斯·约翰逊以及大卫·埃塞克斯·波特上尉——美国第一任驻伊斯坦布尔大使的孙子——一起随同前往。然而，为了平息公众对于埃及人在外国人阿伦德鲁普领导下遭到屠杀的怨言，伊斯梅尔认为最好将这次远征的总指挥权交给他性格暴躁的战争部长——拉提卜帕夏。与阿伦德鲁普一样，拉提卜之前也从没有率军作战过。戴伊发现，拉提卜这个人"内心一如其脆弱的外表那般敏感"；"因纵欲而掏空的身材像历经岁月的木乃伊那般干瘪"。这位战争部长主要关心的不是在战斗中如何表现出色，而在于如何确保伊斯梅尔那位决定随军队出征的软弱无能的儿子哈桑能舒舒服服的。

1876年2月，这支部队乘蒸汽船抵达了为埃及所有的穆萨瓦港，随后立即长驱直入厄立特里亚乡村，这地方让戴伊联想到了得克萨斯州的丛林地带。但事实证明，这里的地形对驮畜来说是致命的，数百只驮畜死于疾病、口渴和埃及驮夫的无情殴打。200多头幸存的骡子背负着哈桑奢华的帐篷、家具和葡萄酒，只剩下寥寥几头用来运送必

① William Loring, "The Egyptian Campaign in Abyssinia — From the Notes of a Staff Officer," in *Littell's Living Age* 34, no. 1729 (Aug. 4, 1877). Loring, *Confederate Soldier in Egypt*, p. 63 ("I need not repeat"). Hesseltine and Wolf, *Blue and the Gray*, pp. 176 - 82.

需品。与此同时，在洛林看来，拉提卜证明了自己“在道德上和身体上都是一个彻头彻尾的懦夫”。拉提卜拒绝与友善的部落结盟，拒绝派出侦察队或警戒哨，甚至拒不同意作战计划。相反，他偏偏沿着阿伦德鲁普被误导的路线，带着自己的6000名士兵在四面环山的古拉山谷中猫了下来——洛林判断：“这是个让约翰王从天而降打我们个措手不及的好地方，就是个彻头彻尾的死胡同。”

洛林想充分利用这一危险部署将计就计，便要求洛克特建一座碉堡。“洛林的脑子里就像进了石头。”戴伊抱怨道。但这个最后的防御阵地很快就会拯救他们的生命。这项工程刚刚完成，强壮英俊的约翰王就在两只宠物狮子的陪同下到达了古拉山谷。随行的还有一支颇受爱戴的5万人军队，以及阿伦德鲁普的士兵残缺不全的尸体，用来警告埃及人。受到惊吓的拉提卜驳回了洛林先发制人的提议，并以他需要保护哈桑为由，撤退到了要塞的安全地带。

3月7日到来的袭击是毁灭性的。埃及一方的防线立时就崩溃了，士兵四散溃逃。脚受了重伤的戴伊无助地看着“外科医生、酋长、步兵、骑兵、炮兵以及没有骑手的马和运货的驮畜”从他身边狂奔而过。士兵们挤进一个峡谷，在那里，阿比西尼亚人不慌不忙地大开杀戒，让人想起联邦军队在彼得斯堡①的溃败。“看到那种可怕的景象……那种恐怖之感无法言传。”当时呆在要塞里看着的洛林回忆道，“埃及大军不仅让自己丧命于这么几个野蛮人之手，而且还慢慢地……步入敌人的魔爪。”他们唯一的希望是己方的野战炮，这些野战炮由奥斯曼帕夏指挥，恰在敌人的射程之内。然而，奥斯曼害怕引火烧身，所以一直畏缩在临时搭建的胸墙后面。锃亮的克虏伯榴弹炮静默不语。戴伊别无选择，只能一瘸一拐地回去找躲在要塞里的洛林和其他军官。

① 指美国内战中的彼得斯堡战役。——译者

守军的处境非常危急。洛林声称自己在战斗中幸存的次数比任何美国人都多——据他估计有 75 次——此时他也吓坏了。当阿比西尼亚战士从天而降时，他看到山谷里突然“热闹了起来，到处是”亮闪闪的长矛和盾牌，“可怕的……像野兽咆哮一样的嚎叫声”不绝于耳。他们已经杀掉了那些被留在战场上垂死挣扎的埃及伤兵。戴伊能听到埃及伤兵求饶的哭喊声，但无人理会。“他们逃过了子弹，却尝到了弯刀的锐利；抵挡住了棍子，却被长矛刺穿……狂暴的野蛮人浴血狂欢。”一场大屠杀似乎近在眼前，一如几千英里外美国骑兵即将在蒙大拿州的小巨角河岸边遭遇的屠杀①。尽管如此，拉提卜仍然拒绝下令反击，宁愿畏缩在要塞储藏室的几袋玉米粉中间。美国人不得不对自己的部队发出威胁，说如果他们再不起来战斗，就枪毙他们。

在这样的威逼下，埃及人终于开火，设法用雷明顿枪有效地将要塞——和他们自己——从毁灭中拯救了出来。然而，洛林惊恐地见证了守军是如何“冲出要塞，如何立即通过杀死勇敢的阿比西尼亚伤兵、肢解死者、砍掉其手脚并将其砍得七零八落来表现自己实力的”。作为报复，约翰王处决了另外的 800 名埃及俘虏，并对其余人施以酷刑，其中包括腿被子弹打断的约翰逊医生。

美国人为下一次袭击——很可能是最后一次——做好了准备。透过要塞的一个炮口，戴伊能够看到“一大堆难看的、支离破碎的、不成人形的物体……赤裸的、血淋淋的尸体……七零八落的躯干，被劈下的还在喘气的脑袋和颤抖的血肉，所有这一切都可怕地浸泡在人血中”。幸存者也许会被轻而易举地打垮，但是精明的约翰王认为，他

---

① 小巨角河战役（Battle of Little Big Horn），又译作小大霍恩河之战。发生在 1876 年 6 月 25 日蒙大拿州的小比格霍河附近，是美军和北美最庞大的印第安苏族人之间的战争，被称作双方“最惨烈”的战役。以印第安人的胜利告终的这一仗历时仅半个小时，印第安军队歼灭了卡斯特率领的美国历史上最有名的第 1 骑兵师第 7 骑兵团。——译者

从大屠杀中得到的好处不如通过谈判停火得到的好处多。于是，他没有给埃及人致命一击，而是派出了一名和平使者。

洛林轻蔑地写道："他刚进入营地，一幕欢乐喜庆的场面就开始了。王子的餐桌上摆满了丰盛的饭菜，一切都愉快地进行着，仿佛什么事都没发生过一样。"在交换了慷慨的礼物又彼此热情拥抱之后，拉提卜同意撤军。哈桑离开了聚会——表面上是出去打猎——随后匆匆回到了穆萨瓦，他父亲的游艇在那里等着将他火速带回开罗。一支由4000名衣衫褴褛的埃及士兵以及被打得七零八落的美国军官组成的纵队，也在几天后离开。

然而，洛林及其手下的耻辱并没有在阿比西尼亚结束，反而随着他们返回开罗而加重。拉提卜谎称自己是英雄，而炮兵指挥官奥斯曼声称自己杀死了1000名阿比西尼亚人，洛林在提及奥斯曼此人时写道："若他在世界上其他任何一支军队里，肯定会被军事法庭审判，被当成一个一文不值的懦夫枪毙。"只有几个美国人被送上了军事法庭：一个是丹尼森少校，他被指控在阿伦德鲁普惨败一事上有罪；一个是戴伊，因为扇了一名拒绝作战的埃及军官耳光。甚至连夏耶-朗也难逃责难。他因未能找到从朱巴河到乌干达的路线而受到批评——这条河是向南转道而不是向西，还因在攻击桑给巴尔要塞时表现得"过分热情"而遭到指责。这位饱受疟疾折磨的探险家最终回到了家乡，后来，与其他美国军官一样默默无闻。①

① Loring, *Confederate Soldier in Egypt*, pp. 416 ("morally and physically"), 417 ("a splendid place"), 401 ("in any other army"), 419 ("The Egyptians not only"), 414 ("alive with the moving"), 420 – 21 ("hideous ... howls"), 435 ("No sooner had he"). Chaillé-Long, *My Life*, p. 195. Hesseltine and Wolf, *Blue and the Gray*, pp. 184 – 86, 194 – 95 ("Loring has blockhouse"), 205, 211 – 13, 224 – 25. Morgan, *Recollections of a Rebel Reefer*, pp. 309 – 10. Dye, *Moslem Egypt*, pp. 167 ("as shriveled with lechery"), 139 – 40 ("They escaped"), 219 – 22, 235, 270 – 71, 369 ("surgeons and sheiks"), 371 ("one unsightly mass"), 483, 487 – 88.

然而，随着埃及的外债危机加剧，赫迪夫的美国顾问们遭受的不公待遇很快就被遗忘了，据估算，埃及外债此时已高达 5 亿美元的天文数字。伊斯梅尔被迫将埃及在苏伊士运河公司的股份转卖给英国，并将该国的财政置于更广泛的国际势力控制之下。1878 年 6 月，欧洲监督者们建议埃及大幅削减预算。给埃及军人及其儿子授课的学校被拆除，几乎所有的美国顾问都被解雇。“这是一桩反人性的罪行，任何语言都对此难以言表。”洛林感叹道。

就这样，在为埃及服务了近十年后，他们离开了——莫特去伊斯坦布尔担任几名苏丹的顾问，戴伊则做了朝鲜国王的顾问。夏耶-朗也在从哥伦比亚大学法学院毕业后，进入了外交部门。洛克特找到了一份工程师的工作，设计了智利的铁路系统。普劳特则当上了铁路主管。但是，并不是所有这些军官都成功地开启了新的职业生涯；比如，西布利和老雷诺兹死于酗酒。还有很多美国人再也没能从他们在非洲感染的疾病中康复，包括科尔斯顿和普迪在内的一些人死于旧疾复发。所有这些人都被埃及政府拖欠了薪水，有些人还被拖欠多年，虽说他们最终都讨回了欠薪并收到 6000 美元的补偿。这笔钱让查尔斯·艾弗森·格雷夫斯能够付得起他在佐治亚州农场的抵押贷款，甚至还把自己的房子装修了一下。直到生命尽头，他一直养着一头驴子作宠物，以提醒自己不忘在埃及的那段经历。

“老暴风雪”洛林也许是这些顾问中最幸运的一位，他回到美国后撰写了自己的回忆录，并游览了西部边境。他于 1887 年在纽约去世，当时斯通与夏耶-朗就陪在他床边；随后他被葬在他的家乡佛罗里达，有 1 万人参加了他的葬礼。军官中只有查尔斯·斯通一人留在了埃及。被晋升为中将的他，1879 年时仍在效力，这一年英国和法国已对伊斯梅尔一再拒绝放弃其对埃及经济的控制忍无可忍，它们逼迫奥斯曼帝国在埃及安排了一个更顺从的君主。

这些美国人走了，有人怀着深情，有人则远没有来时那么热情了。“每个来到埃及的人都被骗了，”洛克特回首往事时抱怨道，“整个这件闹心事就是个悲惨的骗局——全是作秀、一派胡言、全是编造。”戴伊总结道，没人能在埃及取得任何成就，“除非他拥有无限的权力”。他又加了一句：“任何有头脑的外国人都不该在埃及人手下工作。”但斯通对此有不同看法。“埃及在富足的时候，一直对我们很好，对我们很慷慨。”他郑重其事地说，“等它有了足够的钱，还会那样对我们的。”洛林也回忆说：“我在埃及生活的十年里，求见伊斯梅尔的时候从没被拒绝过，而且没有哪一次不被彬彬有礼、体贴周到地接待。”

共有48名参与过美国内战的军官（有北军，也有南军）曾在埃及工作、探险，偶尔还为埃及上战场。他们打造了一支军队，建起了多座学校，开辟了进入非洲的新路。戴伊在自己的回忆录中这样赞扬他们：“他们都是有声望的人……教育工作者们渴望在尼罗河这片古老土地的伟大工作中出力……渴望在传授知识的同时也获得知识。”[①] 此外，虽说事实证明这些美国人所做的某些贡献转瞬即逝，但他们引入埃及的爱国主义和公民身份的概念却是不可磨灭的。事实上，他们协助创建的军队变成了埃及解放和现代化的主导力量，并在一个多世纪里一直如此。

---

① *FRUS*, 1878: Farman to Evarts, July 3, 1878, pp. 922 - 23; Farman to Evarts, July 15, 1878, pp. 923 - 24. 关于奥斯曼帝国购买美国内战的剩余物资一事，参见：*FRUS*, 1877: Mr. Maynard to Mr. Evarts Constantinople, May 25, 1877, p. 572。James Raab, *W. W. Loring* (Manhattan, Kan.: Sunflower Univ. Press, 1997), pp. 833, 890. Field, *America and the Mediterranean World*, pp. 312, 422 (“a crime against humanity”). Loring, *Confederate Soldier in Egypt*, p. 448 (“During the ten years”). Hesseltine and Wolf, *Blue and the Gray*, pp. 213 - 14, 223, 229 - 30 (“The whole confounded”), 243 - 24 (“Egypt has been kind”), 251. Bryson, *American Diplomatic Relations*, p. 27. Wessels, *Born to Be a Soldier*, p. 94. Wright, *United States Policy toward Egypt*, p. 83 (“No intelligent foreigner”). Dye, *Moslem Egypt*, p. 1 (“They were men”)。

然而，致力于向中东各国人民灌输美国式观念的并非只有这些退伍军人。在中东地区的其他地方，传教士也在建造类似的学校，并通过这些学校传播着同样的民族主义和公民观念。与在埃及服役的军官一样，美国福音传道者也受到了内战的影响——既有它带来的恐怖，也有令人难以置信其中会产生的希望。

第十章

撤退的号角永不会响

若不是因为奴隶制和甚至都渗透到了看似反奴隶制的北方的种族偏见，爱德华·威尔莫特·布莱登恐怕永远也不会造访中东。布莱登1832年出生于丹麦西印度群岛的圣托马斯岛，原本会成为一名像他父亲一样的裁缝，但他不肯放弃学习神学的梦想。18岁时他离开家乡搬到了新泽西州，打算到罗格斯神学院就学。布莱登长相英俊、口才流利、外表文雅，几乎符合所有的入学条件，除了一点——他的种族。爱德华·布莱登是个黑人。被罗格斯神学院拒之门外后，他认为在美国任何地方都不可能实现平等，于是决定移民到利比里亚。

建于1817年的利比里亚，本是作为美国前奴隶的庇护所，但30年后，利比里亚成了一个以美利坚合众国为模板的独立国家，同时也引入了美国的一些偏见，在授予小型移民团体特权的同时，却不许数百万在当地土生土长之人享有这些权利。然而，布莱登一被长老会授予圣职就决定不回避利比里亚的当地部落。他深入西非、塞拉利昂以及今天形成尼日利亚的领土。在那里，布莱登平生第一次遇到了另一种信仰，即伊斯兰教，此前他对这种宗教一无所知。

布莱登很快了解到，非洲穆斯林“在没有母国的支持或赞助的情况下，自力更生、富有生产力、独立自主，在当地民众中占主导地位，是当地的支柱”。他认为伊斯兰教教当地人知识，让他们自尊自爱，将他们从万物有灵论中拯救出来。对于布莱登来说，最重要的是，由具有相似肤色和文化背景的“阿拉伯传教士”传播给非洲黑人的伊斯兰文明，充当了抵御猎捕奴隶之人的堡垒，而那些猎人，他断定多为异教徒。

布莱登对伊斯兰教的看法在他心里徘徊不去，于是他不再继续传播福音，而是致力于在非洲的基督徒和穆斯林之间建立联系。他相信，这两大群体一旦携手，非洲大陆将成为联结中东古文明与其孕育的西方文明之间的纽带，成为“摧毁种族仇恨……使民族相互和解的……精神”催化剂。1866 年夏天对埃及、黎巴嫩和叙利亚的访问，更坚定了布莱登对这一梦想的信念。

这一愿景不仅涵盖了基督徒和穆斯林，也包括布莱登以“敬畏和崇敬”的眼光看待的犹太人。在圣托马斯犹太社区中的成长经历潜移默化为布莱登对犹太人的这种尊重，后来又促成了一种信念，那就是犹太人注定要与黑人结盟，在全世界播撒兄弟情谊。他还认为，在巴勒斯坦重建犹太国家将为非洲解放树立榜样。“我诚挚地恳求……以色列记住这片他们寄居过和早年接受训练的土地，”布莱登写道，“并帮助埃塞俄比亚向上帝伸出双手。”

威廉·布莱登后来成为利比里亚的国务卿和驻大不列颠大使，同时也是编辑和杰出的古典文学教授。他渴望成为一名像林肯和早期废奴主义者那样的解放者。他曾多次回访美国，在其中一次回访中他宣称：“将会名垂青史的不是《逃亡奴隶法案》的作者，而是《解放黑奴宣言》的作者。让整个人类为之激动的不是对杰斐逊·戴维斯的记忆，而是对所谓的精神错乱的约翰·布朗①的回忆。”②

---

① 他在 1859 年，即美国南北战争前夕，领导了一次黑人和白人联合的反奴隶制起义。——译者

② Edward Wilmot Blyden, *Christianity, Islam and the Negro Race* (Edinburgh: ［转下页］

其后的数代人将鼓舞人心的泛非主义和黑人穆斯林运动归功于布莱登。然而，很少有人会将他视为在中东的同代福音传道者的榜样，那些人都是白人，更不赞成伊斯兰教。无论如何，布莱登梦想着终有一日能把所有中东人民和平地凝聚在一个共同理想之中，他为此殚精竭虑、破釜沉舟，他的确是这场运动的缩影。像布莱登一样，传教士们致力于通过培养共同价值观和塑造新身份来团结中东人民。他们也努力将美国种族仇恨造成的苦难转化为一股普遍向善的力量。在他们心目中，《共和国战歌》中描述的“永不叫人撤退的号角”，不仅预示着在美国战胜不平等，也预示着友好对待中东的新时代。

芥菜籽[①]

美国的传教运动在传统上往往与废奴主义密切相关，对种族差异的宽容正是福音传教士带到中东的价值观之一。亨利·杰瑟普断言，如果上帝“能让一名坦慕尼协会的政客和一位黑人共和党人并肩”立

[接上页] Edinburgh Univ. Press, 1967), pp. 6, 10 (“self-reliant, productive”), 13, 19 - 21, 186, 254. Edward Wilmot Blyden, *The Elements of Permanent Influence: A Discourse Delivered at the 15th Street Presbyterian Church* (Washington, D. C.: R. I. Pendleton, 1890) (“the spirit” and “Not the author”). Obenzinger, *American Palestine*, pp. 230 - 31 (“with an awe”). Yvonne Chireau and Nathaniel Deutsch, *Black Zion: African American Religious Encounters with Judaism* (New York: Oxford Univ. Press, 2000), p. 15 (“I would earnestly”). Edith Holden, *Blyden of Liberia* (New York: Vantage Press, 1966), pp. 141 - 44. Hollis Lynch, “A Black Nineteenth Century Response to Jews and Zionism: The Case of Edward Wilmot Blyden, 1832 - 1912,” in Joseph Washington, ed., *Jews in Black Perspective* (Rutherford, N. J.: Fairleigh Dickinson Univ. Press, 1984), pp. 43 - 45. See also “Edward Wilmot Blyden and Africanism in America,” http://www.columbia.edu/~hcb8/EWB_Museum/EWB1.html, and George Bornstein, “A Forgotten Alliance: Africans, Americans, Zionists and Irish,” *Times Literary Supplement*, March 4, 2005, p. 13.

① 这种种子很小，但生命力很强，《圣经》中两次提到，均是耶稣所讲的比喻。——译者

在上帝面前，那么传教士办的学校也能接纳所有的学生，不论其种族或民族。在传教士看来，内战的到来既是对他们的宽容迟来的证明，也是迈向救赎的必要而神圣的一步。“这场大战……其实是上帝拣选的手段之一，用以从我们的土地上清除掉诅咒世界的最肮脏的可憎之物。”贾斯汀·帕金斯在摩苏尔撰文写道，“这场战争对我们国家的自由乃至生存来说都是必要的。”据美国驻土耳其宫廷大使爱德华·乔伊·莫里斯估计，南北战争爆发时，有 150 名传教士正在中东服务，他们中没有一人同情南方邦联，甚至那些来自南方的传教士也是如此。虽然这场战争促使大多数美国人将视线转向国内，关注国内危机，几乎忽略了国际事务，但战争为传教士提供了额外的动力。“这场战争的神圣历程将具有非凡意义。”美国公理会差会的秘书鲁弗斯·安德森预言道，而这一预言并非没有根据。尽管预算被大幅削减，且缺乏适龄的志愿者，中东的事工仍然获得了蓬勃发展。比如，在埃及这块之前曾被福音传道者忽视的土地上，约翰·霍格牧师及其家人沿尼罗河航行了 1160 英里，造访了 63 个村庄，并向大约 7000 人传道。在到达阿西尤特（一个介于开罗和阿斯旺之间的科普特①城市）后，霍格建了一所女子学校，它后来成为埃及最负盛名的教育机构之一。玛丽·布里斯科·鲍德温在雅法也建了一所学校，她是弗吉尼亚人，一脸严肃，长着个灯笼形下巴；建校经费由大卫·波特的养子、外号“该死的鱼雷”的北方海军上将大卫·法拉格特提供。女权主义先驱玛丽·米尔斯·帕特里克在伊斯坦布尔建了一座女子学院，而贵格会教徒、在战争期间照顾过北方伤员的伊莱和西比尔·琼斯夫妇则在拉马拉（在今天的约旦河西岸）创办了一所名为“美国之友”的学校。到美国内战结束时，仅叙利亚一地就拥有 33 所教会学校，

① 埃及的主要民族，是生活在阿拉伯国家的基督徒。——译者

在校学生1000名，其中五分之一是女生。[①]

莫里斯大使在报告中说，中东的传教士“享有某种良知上的自由，这是一种就连欧洲最开明的王国也不会赋予不同政见者的自由”。美国福音传道者利用这种开放性，极大地扩展了他们在该地区的活动。建起的学校、诊所和教堂如此之多，以至于到了1870年，美国新教教派感到不得不将中东划分为单独的行动区。因此，公理会承担了在土耳其传教的责任，长老会宣布对叙利亚、埃及和伊朗负责。荷兰改革宗这一规模最小的教会分到的是人口最少、因此前景也最为黯淡的阿拉伯和波斯湾地区。

中东地区以美国内战前从未有过的姿态向传教士们敞开大门，尽管仍有很大一部分当地居民对他们的出现感到厌恶甚至怀有敌意。东方教会坚持拒斥美国人，蔑视他们为傲慢的暴发户。“在美国诞生之前我们就有了福音，”科普特人的族长对霍格牧师说，“我们无需你们来教。”福音传道者为改变犹太人的信仰付出了诸多努力，但取得的成功却微乎其微，并且始终被禁止劝穆斯林改宗，哪怕后者在死亡的痛苦中。一份1870年代的长老会报告抱怨道：“伊斯兰教徒、莫斯科人和僧侣构成了反对［我们的］势力的全部力量。”但传教士们几乎求助无望，甚至从他们自己的政府那里也得不来任何援助。美国国务院坚持大卫·波特时期的政策，即避免与土耳其宫廷发生任何不必要

---

① *FRUS*, 1862: Morris to Seward, Oct. 25, 1861, p. 787; Morris to Seward, Oct. 16, 1862, p. 791; 1864, vol. 4: Morris to Seward, May 21, 1863, p. 368. Tibawi, *American Interests in Syria*, pp. 151 (“The providential history”), 170 - 76. Hanna F. Wissa, *Assiout: The Saga of an Egyptian Family* (Lewes, Sussex: Book Guild, 1994), pp. 93, 97, 105. Jessup, *Fifty-three Years in Syria*, p. 512 (“could place a Tammany”). Ellen Clare Miller, *Eastern Sketches* (New York: Arno Press, 1977), pp. 132 - 33. *Missionary Herald*, vol. 3: Letter from Mr. Perkins, Dec. 26, 1862, p. 341 (“This great struggle”). Harry N. Howard, “President Lincoln's Minister Resident to the Sublime Porte,” *Balkan Studies* 5(1964): 205 - 6.

的摩擦，并提醒传教士们“凡是反对奥斯曼法律的外国人，就不要生活在其法律之下”，而且反对奥斯曼法律者“必须考虑到自己处境之危险”。1862年，两名美国传教士被杀，一人死在亚德里安堡（今埃迪尔内），另一人丧生在亚历山大勒塔，再次说明了危险的严重性。①

对传教士来说，当地人的敌意确实令人灰心，但更让他们沮丧的是未能让人们皈依。40年来，美国人吃尽苦头并且往往付出危及生命的代价在叙利亚全境拯救的灵魂还不超过30个，在安纳托利亚拯救的灵魂数量也与此相差无几。作家贝纳德·泰勒估计，劝一人改宗平均要花费近1.6万美元，“这一数目足以让10倍数量的英国异教徒皈依基督教。”另一位叫亨利·菲尔德的作家认为，“基督教传教对伊斯兰教的影响还不如沙漠之风对西奈山悬崖的影响大，而且“一天之内从《福音书》改读《古兰经》的人，多过一个世纪以来经我们所有的传教士劝导后从《古兰经》改读《福音书》的人”。针对这些令人丧气的统计数据，美国公理会差会勉励传道者说他们在中东已经克服了很多困难，该地区最终会产生巨大的回报。传教士领袖们以某些看似从内战实践中挑选出来的话语，谈及对伊斯兰教和腐朽的东正教“堡垒”发动“进攻战”。“在同样的战场上，那些人数太少、力量太弱以至于无法维持……黑暗和罪恶势力的人再次发出求救的呼声。”

然而，这种武力威胁无法掩盖美国新教教徒的失败，他们未能按照自己的虔诚形象重塑中东，也无法平息对那些根本无意接受基督的

① John A. DeNovo, *American Interests and Policies in the Middle East, 1900 - 1939* (Minneapolis: Univ. of Minnesota Press, 1963), p. 15. Grabill, *Protestant Diplomacy*, p. 34 ("Mohammedans, Muscovites"). Tibawi, *American Interests in Syria*, pp. 220 - 21 ("enjoy[ed] a liberty"), 272. Wright, *United States Policy toward Egypt*, pp. 146 - 47 ("We had the Gospel"), 219. 谋杀两名传教士的凶手梅里亚姆牧师和科芬牧师后来被逮捕并处决。为表感谢，国务卿西沃德向奥斯曼帝国的大维齐尔赠送了一把银手枪。参见：*FRUS*, 1863, vol. 2: Morris to Seward, April 30, 1863, p. 1094; 1864, vol. 4: Morris to Seward, Dec. 4, 1863, p. 373; Seward to Morris, Jan. 11, 1864, p. 366; Morris to Seward, April 14, 1864, pp. 381 - 82。

原住民是否还要予以教育的争论。差会成员仍坚持认为，传教士的工作是实现救赎，而不是经营学校和医院，不过福音传道者坚信，他们的“半世俗工作”在道德上同样必不可少，是“让光照亮中东”的一种手段。①

围绕传教士学校的争议在伊斯坦布尔尤为激烈，塞勒斯·哈姆林试图在那里创建该地区第一所现代大学，有人在伊斯坦布尔最后一次见到他时，他正在教亚美尼亚学生烤面包和制作烤箱，那是学生道德教育的一部分。从1860年开始，哈姆林就请求奥斯曼当局允许他建一所新的规模更大的学校，但苏丹迫于天主教和东正教教会的压力，对此不予同意。幸运的是，法拉格特上将恰好正应苏丹个人邀请访问伊斯坦布尔，就设法帮他拿到了必要的许可。哈姆林接着在贝贝克山上购买了一块可以俯瞰博斯普鲁斯海峡的校园用地，并从哈佛大学获取了少量藏书。眼前仅剩最后一个障碍，也是最大的障碍：美国公理会差会——该会拒绝为任何世俗机构提供资金。

哈姆林因此辞去了差会的职务，并于1861年5月返回美国，打算亲自为这所大学筹集资金。他希望借助他的表兄、林肯的第一副总统汉尼巴尔·哈姆林的关系，但又一次遇挫，这次是由于战争的爆发。哈姆林承认：“当整个国家的命运都岌岌可危时，没有人会把钱投到一个有风险的外国事业中。”他沮丧地返回伊斯坦布尔，但在经过巴黎时，他碰巧遇到了罗伯特·莱茵兰德·罗伯特——一位来自纽约的杰出慈善家。罗伯特对哈姆林的愿景及他本人的奔波忙碌都感到兴奋，于是为他提供了3万美元的初始拨款——这是数十万美元中

① Jessup, *Fifty-three Years in Syria*, p. 597 (“semi-secular” and “letting in the light”). Taylor, *Lands of the Saracen*, p. 78. Tibawi, *American Interests in Syria*, p. 145 (“From the same battlefields”). Finnie, *Pioneers East*, p. 134 (“more converts”). Henry M. Field, *From Egypt to Japan*, 19th ed. (New York: Scribner, 1905), p. 60 (“Christian Missions”).

的第一笔——以开工建设。哈姆林得以开始工作，他亲自为后来以他名字命名的圆顶建筑奠基，这是中东第一座用美国制造的大梁建造的建筑。

罗伯特学院于1863年开门招生——也正是葛底斯堡、维克斯堡和奇克莫加战役的那一年[①]——只招到了4名学生。然而，随着学校获得苏丹阿卜杜勒·阿齐兹颁发的帝国许可令和纽约州教育理事会的特许，这一数字迅速上升到100以上。尽管该学院主要教授的是工程和应用科学——学院的一名教授让中东见识了电报——但它将成为引进西方思想和塑造新一代土耳其现代化推手的渠道。其毕业生中，未来将产生5位土耳其总理，包括该国第一位女总理。“这项工作已证明具有神圣的发酵剂，可以自我扩散，”哈姆林在回顾自己的成就时重申，“这是正在长成大树的芥菜籽。”[②]

哈姆林并不是唯一一位见证美国式教育在中东蓬勃发展的传教士。在丹尼尔·布利斯的努力下，第二所同样有影响力的大学将在贝鲁特建成。“他们都面无表情，”布利斯在1855年第一眼看到阿拉伯人、亚美尼亚人和犹太人等中东原住民时写道，“很难想象他们中某些人会拥有灵魂。”布利斯和妻子艾比一起抵达了该地区，在黎巴嫩山的一个偏远的阿拉伯村庄开始传教，这项任务需要非凡的耐力，而体力只是布利斯充分拥有的素养之一。跟哈姆林一样，他也很小就成了孤儿，在获得一笔奖学金去阿默斯特之前，在佛蒙特州的各种农场

① 这三个地方发生的战役是南北战争中最著名也是对整个战争具有转折意义的战役。
② John Freely, *A History of Robert College* (Istanbul: Y. K. Y, 2000), pp. 11 - 12. “The History of Robert College,” http://www.robcol.k12.tr/admin/headmaster/history.htm. Field, *America and the Mediterranean World*, pp. 355 - 56. Hamlin, *My Life and Times*, p. 286 (“The work has proved”), 446 - 49, 470 - 73. Marcia Stevens and Malcolm Stevens, *Against the Devil's Current: The Life and Times of Cyrus Hamlin* (Lanham, Md.: Univ. Press of America, 1988), pp. 246, 258 (“No one was about”), 269, 297 - 98, 330 - 31. Khalaf, *Persistence and Change*, p. 100.

和工厂都打过工。如今，37 岁的他正艰难地穿过积雪覆盖的山峰向自己的目的地挺进。在 5 年里，他学会了阿拉伯语，并成功地为男孩和女孩分别建了小学。

布利斯再次证明了传教士们不顾安危，一定要对中东产生影响的决心。但是，再多的坚韧也无法保护他们免受 1860 年爆发的马龙派教徒和德鲁兹教徒之间恶战的波及。暴力迫使包括布利斯在内的大部分叙利亚传教士在贝鲁特寻求庇护。在那里，尽管穷困潦倒，布利斯还是设法与威廉·汤姆森、亨利·杰瑟普和哈里森·德怀特等资深福音派传教士取得了联系，并亲自去考察了他们的学校。他看到有很多学生毕业后立刻离开自己的祖国去了美国。他指出，对这些学生来说，“上帝的应许之地如今已不再是约旦河的东部和西部，而是密西西比河的东部和西部”。为了扭转这一趋势，布利斯提倡开设一门课程，向学生灌输对祖国的热爱以及对公民义务的承诺。他敦促当地教师尽快接受培训，且教学用语应该使用阿拉伯语。

1862 年的第一天，布利斯向美国公理会差会交了一份提案，想为阿拉伯世界建第一所现代大学。得到的回应照例是不冷不热。鲁弗斯·安德森认为这一项目是对传教使命的又一次背离，但也承认其对振兴叙利亚传教点是有价值的，是一种“邪恶的必要选择”。虽说这项提案最终获得了批准，但布利斯不得不亲自筹集 10 万美元捐款中的很大一部分，他向许多英国和美国捐款人求助，其中包括富兰克林·H. 德拉诺夫人——阿斯特婆罗门家族的成员，也是第 32 任美国总统的姑祖母。布利斯用募集到的款子买下了一块可以俯瞰圣乔治湾的土地——“野狗的家园和城市的垃圾倾倒处”——并在现有的建筑中租了几间房做教室。4 年后，在贝鲁特的传教士们终于为一所崭新的叙利亚新教学院奠基。其首任校长布利斯承诺：“不管你的皮肤是白色、黑色还是黄色，也不管你是基督徒、犹太教徒、伊斯兰教徒还是异教徒，都可以进入这个学校并享受到学校的全部资源……出了学校你可以信仰一神或多神，甚至可以不信神。”他的话无疑让国内的许多差会成员大为震惊。①

尽管布利斯赶紧补充道：“任何人都不可能在不知道我们相信什么是真理以及我们何以相信这样的真理的情况下和我们长期待在一起。”但他已然承认了霍格和哈姆林以及大多数传教士早已心知肚明但从来没敢宣之于口的事实。由于无法将自己的灵性信念引入中东，美国人只得暂时满足于向中东人民灌输爱国主义、共和主义和维护个人自由等世俗观念。随着学生人数从 16 人发展到数千人，这些原则在学院的学生群体中扎了根，并通过他们渗透到了整个地区。早期的毕业生包括埃及现代新闻业的先驱雅库布·萨鲁夫和法里斯·尼米尔，达尔文主义理论家和社会评论家施布利·舒马伊尔博士，以及使阿拉伯语书写现代化的词典编纂者纳西夫·亚兹吉和布特鲁斯·布斯塔尼。1866 年 7 月，爱德华·威尔莫特·布莱登在学院的一次演讲中称赞了这些成就，他期待着“有朝一日，学生能够从利比里亚被派往叙利亚学习阿拉伯语”，“叙利亚学院将协助传播福音，不仅在西亚和南亚，而且在北非和西非”。

不过，学院最持久的贡献不在于让中东人民识文断字，而是在政治方面。杰瑟普认为，学院的“伟大使命”是在兄弟情谊和对祖国忠诚的基础上建立一个“新腓尼基，新叙利亚”。这一目标的前提是一种新的概念，即叙利亚的不同民族事实上已构成了一个独特的阿拉伯

---

① Carleton Coon, ed., *Daniel Bliss and the Founding of the American University of Beirut* (Washington, D.C.: Middle East Institute, 1989), pp. 35 ("Their faces"), 62-63, 67-68, 75 ("a home for jackals"), 79. Tibawi, *American Interests in Syria*, pp. 161-62 ("necessary choice"). Jessup, *Fifty-three Years in Syria*, p. 595 ("the promised land"). Penrose, *That They May Have Life*, p. 23. Field, *America and the Mediterranean World*, p. 357 ("a man white").

国家。一位当代传教士“知识分子”认为：“没有人能看着这些笨拙、沉重的土耳其人，然后觉得那些爱动感情、生性活泼的阿拉伯人（顽强的登山者和贝都因流浪汉）是他们的臣民。”然而，绝大多数叙利亚人不是用民族而是用宗教、部落和地区等术语——通常按照这样的顺序——来界定自己身份的。他们几乎毫无内部凝聚力，更不用说独立所必需的团结一致了。

美国为实现这种团结提供了榜样。作为一个由许多州和不同种族组成的国家，美国成功地从一个世界帝国的手中夺取了自由，而且最近还为维护国家统一而大战一场。“哦，但愿土耳其帝国的所有基督徒都能有美国人在1775年拥有的精神！”布利斯发出了这样的期盼，而他的这一愿望现在就实现了。越来越多的叙利亚新教学院毕业生接受了美国模式，并宣称自己是阿拉伯主义（阿鲁巴）的信徒。这些人与他们的穆斯林邻居一起，与跟他们有着共同的历史和文化遗产的人们一起，致力于将所有阿拉伯土地合并为一个单一的主权国家。著名的阿拉伯历史学家乔治·安东尼乌斯写道，该学院为“阿拉伯复兴”提供了“知识分子的激情”，而这些人将彻底改变该地区的政治。传教士们未能让当地居民成为新教徒，但通过向他们灌输美国的公民信仰，帮助中东人民形成了一种全新的身份。50年前，北非海盗促使美国人铸就了一个联邦制的独特的美国；50年后，美国教育家却在促使不同民族的中东人团结起来，成为一个独特的阿拉伯国家。①

---

① Philip Hitti, *Lebanon in History from the Earliest Times to the Present* (London: Macmillan, 1962), pp. 450, 454, 462 - 67. Albert Hourani, *Arabic Thought in the Liberal Age, 1798 - 1939* (Cambridge: Cambridge Univ. Press, 1962), pp. 243, 246 - 49. Holden, *Blyden of Liberia*, pp. 143 - 44 ("to the day"). Elie Kedourie, "The American University of Beirut," *Middle Eastern Studies* 3(1966): 75. Bernard Lewis, *The Arabs in History* (London: Hutchinson's Univ. Library, 1950), pp. 173 - 74. Abu Ghazaleh, *American Missions in Syria*, pp. 31, 41 - 42, 59, 67 - 68. George Antonius, *The Arab Awakening* (London: Hamish Hamilton, 1938), pp. 42 - 43. *Missionary Herald*: "Recent Intelligence" (Mr. Wolcott), Feb. 1841, p. 255. Daniel Bliss, （转下页）

然而，仍有传教士对他们传福音的最初目标毫不退却。据威廉·亨利·西沃德所说，“美国人民中相当可观的有才智的人”仍在支持他们，西沃德本人就是宣教使命的热心支持者。这位国务卿还以同情复原主义者而闻名，他一直在尽其所能地将美国的保护范围扩大到中东的犹太人。在 1863 年针对摩洛哥犹太社区的一系列大屠杀之后，他指示美国驻丹吉尔的领事馆要“发挥一切适当的影响”，保护“以色列人”免受其政府“野蛮暴行”的伤害。

像许多美国人一样，西沃德坚信，尽管这个民族多灾多难，但基督即将重新降临。然而，对一些美国福音派教徒来说，最近蹂躏美国的大屠杀证明，仅靠信仰是不够的。他们认为，忠诚的基督徒不仅要渴求救赎，还要为救赎而努力。这一信念驱使一个叫乔治·亚当斯的美国人带领他的几十名追随者前往巴勒斯坦，目的是再一次在该地区殖民，并恢复犹太人的主权，为世界和平做准备。②

鹰的翅膀

关于乔治·亚当斯早年经历的记载很粗略。最详细的描述是，他于 1811 年或 1813 年出生在新泽西州牛津县，是农民之子，给裁缝当学徒。然而，30 岁时，他为了在莎士比亚剧院的工作而放弃了裁缝

（接上页）*Letters from a New Campus: Written to His Wife Abby and Their Four Children during Their Visit to Amherst, Massachusetts,* 1873 - 1874 (Beirut: American Univ. of Beirut, 1994), pp.159 ("Oh that all"), 280 - 81.

② USNA, RG 84, *Records of Foreign Service Posts. Cairo, Egypt*: William Seward to Charles Hale, Nov. 16, 1867. Glyndon Van Deusen, *William Henry Seward* (New York: Oxford Univ. Press, 1967), pp. 212 - 13. *FRUS*, 1864, vol. 4: Seward to McMath, Dec. 9, 1863, p. 410 ("exert all proper").

生意，并离家远走高飞。熟人形容他外表聪明、好争论，中等身材，有着深色的眼睛与头发，“双唇紧闭如蚌壳”，双眼距离近得“不用眯眼就能俯视约翰逊搽剂瓶的瓶颈”。他还有酗酒问题，在多次醉醺醺地上场演出后，最终被禁止登台。

单就此刻来看，亚当斯似乎不太可能成为引领巴勒斯坦复兴运动的先锋人选，因为当时他几乎没有任何宗教信仰。亚当斯的信仰之旅始于 1844 年，当时他皈依了摩门教。他与奥森·海德——第一位摩门教驻耶路撒冷特使——建立了友好关系，并梦想重走海德的圣地朝圣之旅。但还未启程，亚当斯就因猥亵和挪用公款被逐出了教会。随后他出现在了马萨诸塞州的斯普林菲尔德，这一次做了基督门徒会的牧师，结果又因酗酒被免职。为了摆脱坏名声，亚当斯搬到了缅因州的印第安里弗县。他娶了一位个性强悍、体格健壮的当地女子，并建立了自己的弥赛亚教堂。亚当斯在他的讲坛上及其月刊《真理之剑与和平先驱》中都预言了基督的第二次降临，一个世界大同与经济繁荣时代的到来。他宣称，这一黄金时代到来的前提是犹太人返回巴勒斯坦。“现在就在基督在地上的统治和犹太人回到迦南发生的前夜。”

从 1862 年开始，当北方军和南方军在希洛和安提塔姆的战场上互相厮杀时，乔治·亚当斯一直待在缅因州，在该州四处搜寻志愿者。“巴勒斯坦将很快从岁月的尘埃中振作起来，在荣耀中崛起，一如往昔！”他在奋兴派的集会上怒吼，长发乱飞，眼神里闪烁着阴郁。最后，他带着印第安里弗县的邮政局长亚伯拉罕·麦肯齐前往圣地，以评估那里是否适合定居。他们在报告中赞不绝口。亚当斯声称，巴勒斯坦的土壤非常好，气候与加利福尼亚相似。在美国的发明——“约翰逊持有专利的移动犁板”和“史密斯非凡的双回转钻机”——的帮助下，该地区每年能应付成千上万名殖民者和无数游客。犹太人可以重新学习种地。

利用这些喜讯，亚当斯为他的事业招募到了 156 名美国人——有工匠、渔民、农民和商人，还有这些人的妻子和孩子。他把自己的名字改为乔治·华盛顿·约书亚·亚当斯，并大声宣布："先知和使徒所预言的伟大回归，现在已经开始！"亚当斯指示他的追随者们将他们的积蓄（共计 42 美元）集中起来，以支付他们前往巴勒斯坦的旅费。①

尽管亚当斯显然是个门外汉，但他所代表的理念仍然吸引着美国社会的重要阶层，包括一些最杰出的人物。在 1863 年与亚伯拉罕·林肯的一次会面中，加拿大著名牧师亨利·温特沃斯·蒙克愤愤不平地说，犹太人不同于黑人，他们还未获得解放："世上不可能有永久的和平，除非文明国家……弥补……他们两千年来对犹太人的迫害，使他们得以返回他们在巴勒斯坦的家园。"这位牧师如此说道，尽管总统从未以虔诚而闻名，但他欣然赞同牧师的话："让犹太人返回他们在巴勒斯坦的故国……是个崇高的梦想，也是很多美国人共同的梦想。"他说，并补充道，一旦这战获胜，美国人民将再次"关注这些愿景、怀着这些梦想"，并引领世界实现它们。

林肯的言论表明，复原主义思想在多大程度上仍吸引着广大美国人，巴勒斯坦在多大程度上仍是一个国家的困扰。受激烈战事的遏制，这种执着在内战后才变得更为坚定。林肯遇刺两年后，美国驻耶

① *A Maine Family's History*, http://www.calaisalumni.org/Maine/tales9.htm ("lips shut tight"). Reed M. Holmes, *The Forerunners* (Independence, Mo.: Herald, 1981), pp.189 ("The great Restitution"). John Swift, *Going to Jericho* (New York: A. Roman, 1868), p.201 ("Johnson's patent"). Vogel, *To See a Promised Land*, pp. 135. Obenzinger, *American Palestine*, pp. 181 ("The reign of Christ"), 182 – 83. Shlomo Eidelberg, "The Adams Colony in Jaffa (1866 – 1868)," *Midstream* 3 (Autumn 1957): 52 – 53. Peter Amann, "Prophet in Zion: The Saga of George J. Adams," *New England Quarterly* 37 (Dec. 1964): 481 – 86.

路撒冷领事维克托·博布彻注意到，在过去的18个月里，已有500名美国人进入了巴勒斯坦，前往该国的机票已全部预订一空。博布彻是一名在冷港之战中失去一条腿的前北方士兵，朝圣者的热情以及他们对这片土地的熟稔与亲近让他印象深刻。“这是第一个让我有宾至如归之感的国家，而我也没到过比这个国家跟我的家乡更为不同的地方。”圣公会牧师、马萨诸塞州众议员亨利·怀特·沃伦1868年在雅法下船后坦言。“来到圣地，会有种回到家的感觉，”著名的内战记者约翰·拉塞尔·扬写道，“不知怎的，就觉得自己一直属于这里。”美国人对巴勒斯坦的了解，植根于他们日常对《圣经》的阅读，如今他们可以通过加入致力于研究圣地地理的巴勒斯坦探险协会来扩大自己对巴勒斯坦的了解。他们还可以参观巴勒斯坦公园，那里有拿撒勒、伯利恒、耶路撒冷等主要遗址的模型，就建在肖托夸湖①湖畔。《哈珀杂志》夸耀道：“我们对犹太人土地的了解远远多于身在这片土地上的堕落的阿拉伯人。”②

然而，对巴勒斯坦的关注和坚信巴勒斯坦最终将归还犹太人并不是一回事。与赫尔曼·梅尔维尔对沃德·克雷森和迪克森一家的嘲弄相似，著名神学家，尤其是那些来自更主流教会的神学家，对复原主

① 位于纽约州，现为夏季教育性集会中心。——译者

② 林肯在给蒙克牧师的回复中，也提到了他的足科医生和密友艾萨查·扎卡里是个犹太人，经常“让我站起来”，以至于他很乐意帮助医生的同胞“站起来”搬到巴勒斯坦。Peter Grose, *Israel in the Mind of America* (New York: Knopf, 1983), pp. 25–26 (“There can be no”). See also Naphtali J. Rubinger, *Abraham Lincoln and the Jews* (New York: Jonathon David, 1962), p. 42, Bertram Korn, *American Jewry and the Civil War* (New York: Jewish Publication Society of America, 1951), p. 202, and Steiner, *Religious Beliefs*, pp. 110–45. Vogel, *To See a Promised Land*, p. 203. Little, *American Orientalism*, p. 13 (“We know far more”). Henry White Warren, *Sights and Insights; or, Knowledge by Travel* (New York: Nelson and Phillips, 1874), p. 246 (“This is the first country”). John Russell Young, *Around the World with General Grant: A Narrative of the Visit of General U. S.* Grant, Ex-President of the United States, to Various Countries in Europe, Asia and Africa, in 1877, 1878, 1879 (New York: American News Co., 1879), p. 335 (“Somehow you always”).

义观念不屑一顾。沃伦牧师公开宣布巴勒斯坦给了他家的感觉，但是该地区的犹太人却“让他忍无可忍要对他遇到的兄弟嗤之以鼻”。联合神学院的菲利普·沙夫会狂喜地写下他在 1878 年第一眼看到耶路撒冷的情形，然后在一段时间后，却又呼吁摧毁这座城市中“肮脏而令人望而却步”的犹太区。在沃伦和沙夫看来，犹太人的可悲处境正是《圣经》预言实现的证明，也是对犹太人拒绝基督的惩罚。《普林斯顿评论》似乎也与他们和其他保守牧师站在了同一立场，1866 年，该刊物谴责复原主义是“彻头彻尾的谬论”，与“《新约》教义的整体倾向背道而驰”，“损害了真正宗教的利益”。

这些人对复原主义的批评尽管往往言辞尖锐，但很少能达到复原主义思想的捍卫者那样的力量或受欢迎程度。俄亥俄州长老会的纳撒尼尔·克拉克·伯特就是这样一位捍卫者，他 1867 年走访了巴勒斯坦，如今刚刚归来，此行他一直祈祷犹太人“仍能通过神圣的承诺和礼物回到自己的祖国”。第二年，费城牧师亨利·莱利预言，“上帝的选民”将很快“从散居的各国聚集在一起，恢复对巴勒斯坦的实际拥有”。特别是在书中，支持犹太人统治巴勒斯坦的人比反对者有着更明显的优势。传教士詹姆斯·特纳·巴克利的女儿萨拉·巴克利·约翰逊在其畅销的回忆录《叙利亚的哈吉》（*Hadji in Syria*）中表示，她希望终有一日能见证“希伯来民族……回到他们的古城和……他们祖先的土地”，希望巴勒斯坦能够回归其“合法主人”的手中。更被广为阅读的是威廉·C. 普莱姆的《圣地的帐篷生活》（*the Tent Life in the Holy Land*），这本日记滔滔不绝地描述了作者在巴勒斯坦的经历。作为《纽约商业杂志》的编辑，普莱姆狂热地鼓吹这个国家的过去“笼罩着神圣的光辉”，并推测未来的犹太国家最初的食品供应将不得不“从雅法运进来并由骆驼驮着从海上送来”。

美国的巴勒斯坦狂热将在内战后的几十年里进一步加剧，随之而来的是对犹太复辟的浪漫想象。《纽约时报》的社论写道："关于犹太人用几代人的时间重新占领耶路撒冷的话，人们说得太多了，以至于一想到他们最终可能会做到就令人心头高兴。他们当然应该得到耶路撒冷。"很少有美国人会比乔治·亚当斯及其门徒更热烈地表现出这种情绪，他们于1866年8月登上了开往巴勒斯坦的"内利查平号"轮船。亚当斯宣布："以法莲[①]的儿子们现在要回家了！"[②]

从波士顿到雅法的旅程耗时42天，大约是平时的两倍。尽管如此，朝圣者们都没有口吐怨言，其中一人发誓自己"宁愿坐在木板上一路晕船呕吐，也不愿错过巴勒斯坦之旅"。然而，"内利查平号"靠岸后，等待他们的是更为艰难的考验。在迪克森殖民地因暴力消亡并因此与美国产生摩擦后，奥斯曼政府不允许建立新的福音传教士定居点。因此，亚当斯率领的朝圣者们被迫在海滩上扎营，侧身于当地屠夫的垃圾堆和近200名刚死于霍乱之人的坟墓之间。"如此巨大的腐烂躯体透过到处是孔的沙地散发出的气体简直臭不可闻。"其中一人在日记中写道，"这片海岸成了浑然天成的厕所！"

尽管极为不适，这些美国人仍然保持着高昂的士气。1866年9

---

① Ephraim，以色列祖先雅各之子约瑟的第二个儿子，在埃及所生。——译者

② Vogel, *To See a Promised Land*, p.83 ("shall yet be brought home"), 220 ("So much has"). *Princeton Review* 38, no.4(1866):670-74. Warren, *Sights and Insights*, pp. 283-84 ("the greatest temptation"). Philip Schaff, *Through the Bible Lands* (New York: American Tract Society, 1878), pp. 233, 237, 249 ("squalid and forbidding"). David S. Landes, "Passionate Pilgrims and Others: Visitors to the Holy Land in the 19th Century," in Davis, *With Eyes toward Zion*, vol.2, pp.10-11. Henry A. Riley, *The Restoration at the Second Coming of Christ: A Summary of Millenarian Doctrines* (Philadelphia: Lippincott, 1868), pp. 41-42 ("be gathered from"). Sarah Barclay Johnson, *Hadji in Syria* (New York: Arno Press, 1977), pp.16 ("rightful owner"), 119 ("the Hebrew race"). William C. Prime, *Tent Life in the Holy Land* (New York: Harper, 1857), pp.2 ("cast in holy radiance"), 99-100 ("imported by Jaffa"). Henry W. Bellows, *Restatement of Christian Doctrines in 25 Sermons* (Boston: American Unitarian Association, 1869). Holmes, *Forerunners*, p.19 ("The sons of Ephraim").

月，美国军舰“泰孔德罗加号”上的水手在雅法上岸度假时，发现这些殖民者对获得成功仍很乐观。亚当斯兴奋地描述了建造一座美式城市的计划，包括“教堂、旅馆和两所大学”，还打算重建一所神殿，由罗斯柴尔德家族成员担任大祭司。实现这一愿景的第一步似乎在1867年初实现，当时的美国副领事、改宗基督教的德国籍犹太人赫尔曼·洛温塔尔在市郊为这群人争取到了10英亩可耕地。尽管这个数字比亚当斯承诺的300万英亩要少得多，殖民者还是开始工作了。几天之内，从缅因州进口的17座预制房组装了起来，还建起了一座会议室。亚当斯宣称：“我们这个殖民地现在不受地球上任何一个政府的约束。”他开始自称亚当斯总统，并在“每一个主日”悬挂美国国旗。

然而，殖民者们种植的庄稼很快成为拾荒者的猎物，随着冬天的临近，这群人面临着饥荒的威胁。亚当斯经常被人看到发酒疯，跟他的妻子大吵大闹，并指责洛温塔尔是个“人形怪物”和“反对基督教的一切进步的……狡猾的犹太人”。在圣地下船还不到6个月，已经有17名美国人死亡，他们死于露宿与痢疾。“相信上帝，喝点红酒或朗姆酒。”亚当斯如此安慰幸存者，但他们中的许多人对他的疗法已开始生出怀疑。

各种有关殖民者困境的互相矛盾的报道传回美国。其中一名定居者在给《纽约时报》的信中否认了对他们失败的指摘，并坚称：“亚当斯先生已得到了拉丁人、希腊人、亚美尼亚人、马龙派教徒、土耳其人、阿拉伯人、犹太人和穆斯林的善待。”另一个人则告诉《班戈时报》，阿拉伯人是“我们最热情的朋友”，他还认为“生活在一个曾经居住着先知、教长和弥赛亚本人的国家是一件光荣的事”。然而，别的文章却挖掘出了亚当斯令人厌恶的过去，将他描述为“冒险家、吹牛大王和无赖”。谣言满天飞，而且互相矛盾，有的说定居者们起了内讧，有的说他们沉湎于四处留情。

与此同时，该定居点成为吸引美国游客的一大胜地。康涅狄格州的实业家查尔斯·埃利奥特描述这些殖民者“就像在得克萨斯边境那样毫无保护”，来自纽约历史悠久的万灵教会的亨利·惠特尼·贝罗斯牧师则宣称亚当斯是名“宗教狂热分子”，永远像“帽子里有只蜜蜂”一样不安分。然而，对于旅行记者约翰·斯威夫特来说，看到这些朴素的乡村小屋，每一栋都有精心打理的花园，那景象令人难以抗拒。在他看来，这个殖民地如一艘“现代五月花号”，是一个由“真正的北方佬”组成的社区，他们“一手握着新的宗教，另一手……握着美国犁”，正在努力“按照美国的原则重建这块土地”。他引用了亚当斯吹嘘自己计划的说法，即他们会通过在愚昧无知的阿拉伯人中间植入民主制度并建立一个犹太国家来“教化他们”。亚当斯的妻子“总统夫人”向斯威夫特保证，救赎就在眼前，“美国自由之鹰”已经“从地球上最新的土地飞到了最古老的土地上”。①

亚当斯究竟代表了美国的骄傲还是潜在的尴尬，这个问题最终摆到了国务院面前。国务卿西沃德派他的朋友沃尔特·比德维尔牧师去调查该殖民地。比德维尔于 1867 年 3 月抵达雅法，发现除了一个“面色苍白，显然是知识分子”的女人想回家之外，其他定居者普遍

① Amann, “Prophet in Zion,” p. 486 (“he would rather”). Eidelberg, “Adams Colony in Jaffa,” pp. 55 – 60. Obenzinger, *American Palestine*, p. 183 (“The exhalations”). Field, *America and the Mediterranean World*, pp. 281, 325 (“churches, hotels”). Holmes, *Forerunners*, pp. 119 – 21, 187 (“Put your faith”). Vogel, *To See a Promised Land*, pp. 138 (“adventurer, a charlatan”), 139 (“our warmest friends”), 140 – 41, 144 (“a monster in human”), 145 – 46, 147 (“We the colony”). Henry W. Bellows, *The Old World in Its New Face* (New York: Harper, 1869), pp. 262 – 62 (“religious fanatic”). Charles Elliot, *Remarkable Characters and Places in the Holy Land* (Hartford: J.B. Burr, 1867), p. 586 (“unprotected as they would be”). Swift, *Going to Jericho*, pp. 197 – 98 (“modern Mayflower”), 199 – 200 (“American eagle”), 201. On the death of Walter Cresson, see USNA, RG 59, Dispatches from U. S. Consuls. Jerusalem, Palestine: Page to Cass, Nov. 8, 1860.

感到满意，并对富有成果的未来充满信心。的确，相较于雅法港的棚屋和垃圾堆，这个殖民地对比德维尔来说似乎相当光彩照人。然而，美国驻大马士革领事J.奥古斯都·约翰逊提出的看法却大为不同。娶了福音派作家萨拉·巴克利的约翰逊本身偏爱传教士，但他在雅法看到的只是令他憎恶。他警告华盛顿，这些“美国公民”很快就会“向阿拉伯人乞讨……以免饿死在街头”。约翰逊写道，只有清醒过来，摆脱亚当斯的魔咒，这些美国人才有希望活下去。

觉醒发生在夏天，当时定居者的死亡人数已达60人。出于绝望，其中22名定居者在美国媒体上发表了《呼吁！致慈善事业和共同人性！》一文，并恳求联邦政府将他们撤离。“这个人摇摇晃晃地站在讲坛上，醉得连上帝的话都读不了，我们怎么能向他倾诉心声呢?”他们质问博布彻领事。在写给缅因州州长约书亚·劳伦斯·张伯伦的一封信中，他们说自己一贫如洗，没有食物也没有药品，他们的财产都被“卑鄙的骗子亚当斯”窃取一空。他们提醒张伯伦这位葛底斯堡战役的英雄，他们中的许多人“曾在南方战场上追随星条旗的光芒”，理应得到自己国家的帮助。

最终，国务院被这些恳求打动了，拨款3000美元用于这批殖民者的撤离。这些钱只够撤出其中16人，其他人则通过参观美国军舰找到了回家之路。亚当斯警告他们，他们只会在美国“退步，变成……穷光蛋和乞丐”，但后来他也离开了，据说是为了在英国为该团队筹款。当他再次现身是在1873年费城的一个浸信会教堂，他在那里宣讲福音，并否认自己与雅法的乔治·华盛顿·约书亚·亚当斯有任何关系。

到了这年夏末，大约50名定居者羞愧地回到了印第安里弗县。亚伯拉罕·麦肯齐带回了一顶贝都因人的帐篷，开了一家公司，出售真正的“巴勒斯坦泥土”。但他们中有40人仍留在雅法，当中只有一个叫罗拉·弗洛伊德的人找到了一份长期工作，给游览耶路撒冷的美国游客做向导。尽管该定居点在当地仍被称为“阿尔马利坎”（即“美国人的地方”的音译），但其中的大部分建筑都被德国基督复临派教徒购去了。亚当斯房子的所有权转到了普拉顿·乌斯蒂诺夫手里，他是一位生活多姿多彩的俄罗斯男爵和古董收藏家，也是演员彼得的祖父。于是，美国福音派传教士为了让犹太人重返巴勒斯坦而建立殖民地的又一次尝试以不那么体面的方式告终。“美国人在雅法的定居点的失败……不过是重演了此前类似实验的命运，”英国驻当地领事诺埃尔·坦普尔·摩尔总结道，“参与这样的冒险事业，似乎没有什么成功的希望。”①

在亚当斯夫人的想象中，这只美国鹰本应将犹太人带到他们的古老家园，但它似乎已经收起了翅膀。随着哈丽特·利弗莫尔、克洛林达·迈纳和迪克森家族早期的殖民事业的失败，亚当斯社区的解体使许多美国福音派传教士打消了在巴勒斯坦永久定居的念头。然而，有一个家族，即后面的章节中要介绍的斯帕福德家族，仍试图在耶路撒冷创建美国殖民地，与此同时其他传教士则将在这个国家的各地建立学校和诊所。美国人继续涌向巴勒斯坦乃至整个中东，这不仅是因为虔诚，也是因为对冒险的永不满足的渴望。

---

① National Library of Israel, Jerusalem, Manuscript Archive, Miscellaneous File 519: Petition of Colonists to Governor Chamberlain, Aug. 31, 1867. USNA, RG 84, *Records of Foreign Service Posts. Cairo, Egypt*, vol. 4: William Seward to Charles Hale, Oct. 7, 1867; RG 59, Dispatches from U. S. Consuls. Beirut, Lebanon, vol. 5: Letter for Jaffa Colonists to Beauboucher, March 20, 1867 (“How can we confide”); *Records of Foreign Service Posts: Jerusalem, Palestine*. March 8, 1857 - Dec. 21, 1869, vol. 24: Johnson to Beauboucher, Dec. 3, 1867. Lipman, “American - Holy Land Material,” pp. 32 - 33 (“The failure of the”). Vogel, *To See a Promised Land*, pp. 140 (“pale faced”), 147 (“recede and become”), 149. Obenzinger, *American Palestine*, pp. 184 - 85 (“American citizens”). Field, *America and the Mediterranean World*, p. 326 (“An Appeal!”). Eidelberg, “Adams Colony in Jaffa,” p. 61. Holmes, *Forerunners*, p. 226.

第十一章
美国攻势

中东之旅，一度被视为鲁莽的短途旅行，到了后内战时代，已经成了一种十分令人推崇的远足。1860 年之后的几十年里，赴海外旅行的美国人数量增加了 10 倍——不仅是传教士，还有数量大得多的游客。这一时期，美国本土出版了近 2000 本游记类的书籍，豪华游轮的席位也往往被提前预订一空。大部分旅行者前往欧洲，也有相当一部分前往中东。造访叙利亚的游客雅各布·弗里兹博士证实："这里的美国游客数量远远超过……其他任何国家的游客。"哈得孙河画派的创始人、艺术家弗雷德里克·丘奇也确认了这一事实。1868 年到达大马士革的丘奇发现，美国人抢占了一切能弄到手的酒店房间。"这里的寥寥几个英国人，只会双手插在口袋里，高呼'太了不起了，这些美国人！'"在埃及，美国游客的数量也从战前的每年 60 人增加到近 500 人。到了 1870 年代初，据说金字塔的贝都因导游据说已经会讲一口带美国口音的英语，还叫自己的驴子为"扬基·杜德尔"[①]。

当票价大幅下降，而且从纽约到埃及的航行时间缩短为"仅仅"17 天，受此诱惑，美国人开始大量向东而行。尽管如此，《普特南杂志》所称的这个"游牧时代"的到来，并不足以解释这一史无前例的美国人口外流现象。更合适的说法是，美国人仍被中东的神话形象所吸引，这些神话形象，用旅行作家查尔斯·达德利·华纳的话说，是“阿拉伯的香水、天堂的颜色”，“是个具有所有特征的幻想曲”。旧边疆的动荡也吸引着美国人东行，尤其是因为现在西部边疆正在消失。然而，最紧迫的原因是，在经历了4年的浴血战斗和生活匮乏之后，人们迫切地想要走出家门去看世界，去丰富人生、庆祝生命。“呵，你们这些美国人！”埃及外交部长努巴尔帕夏在1878年时对马萨诸塞州记者亨利·M.菲尔德说，“你们才是真正的贝都因人！”

美国人可以通过漫游中东来满足他们的流浪癖，但即便无需冒生命危险，也未必不会冒健康风险。游客仍是对劫匪有吸引力的目标；美国人依然被鼓励雇用保镖，随身携带枪支和刀具。一个名叫克莱因的纽约人无视这一警告，试图独自渡过约旦河，却被全副武装的贝都因人强迫支付了7000美元的“护送费”，这笔钱在1878年算得上是一笔可观的财富。对于独自一人又不戴面纱的女性来说，在该地区旅行尤为危险，她们时常感到周遭潜藏着性威胁。1860年代末期，一位名叫罗斯·埃廷的美国知名女演员在中东各地巡回演出时因为对每次外出都要包住头或安排男性陪同感到愤怒，她觉得这“对于一位……习惯于来去自如的美国女性来说极为可憎”。然而，对于美国游客来说，比抢劫或性骚扰更为危险的是疾病。痢疾仍然是头号杀手，耶鲁大学校长的两个女儿——玛莎·伍尔西和海伦·伍尔西——在1870年穿越黎巴嫩时被这种疾病夺去了生命。按照大马士革领事J.奥古斯都·约翰逊的说法，中东地区的气候“不利于外国人，对游客来说往往是致命的。”他作证说：“从丹到贝尔谢巴、从耶路撒冷到大马士革，都能看到现代旅行者和探险者的坟墓。”驻亚历山大领事则抱怨说，他的大部分时间都花在了遣返在埃及观光时遇难的美国人

① *Yankee Doodle*，美国歌曲，词曲作者不详，又名《扬基歌》。歌曲产生于1750年代。曲调的来源可追溯到法国的《收葡萄》歌或荷兰的《奶酪》歌。——译者

遗体遗物之类的事上了。①

面对这些危险，美国人毫不畏惧，继续纵情地甚至快马加鞭地穿越中东。伦敦人伊丽莎·布什 1870 年代在埃及见到的“美国佬”似乎“除了尽其所能快地到达这片土地之外，几乎没什么别的想法”。而她的同胞约翰·麦格雷戈则惊叹于“我们这些堂兄弟的观光速度如此之快”。甚至是在埃及服役的美国军官也感到震惊，一方面该国庞大的美国游客数量，另一方面这些游客的旅程之肤浅。“他们通常乘大篷车而来，”其中一人说，“像沙丁鱼一样挤进旅馆，像羊一样被带往全国各地。”

大约只有一次不是这样，那次美国人在中东游荡是为了亵渎或掠夺这一地区的历史遗迹。在金字塔、神庙、墓穴和方尖碑上，美国人留下了自己的印记——精心描绘的星条旗图案和匆忙凿刻的象形文字。他们还对涂鸦情有独钟，其中一段题字“鲍威尔·塔克，纽约人，1870 年”，肆无忌惮地画在了几十处古代遗址上。而对那些偷不走或毁不掉的东西，美国人会巴望着买到手。据一位前南方邦联军官观察，“他们经常用自己的钱包思考问题，用支票簿表示倾慕，用打呵欠表达欣赏”。一位侨居埃及的新泽西商人自称为“古董”史密斯，他利用这股对文物的狂热，通过向美国人出售真品和仿造文物大赚特赚。

---

① USNA, RG 59, Dispatches from the U.S. Consuls. Alexandria, Egypt, vol. 2: De Leon to Appleton, July 5, 1859. Vogel, *To See a Promised Land*, pp. 56, 59 (“The number of American”). Charles Dudley Warner, *Mummies and Moslems* (Toronto: Belford, 1876), p. 382 (“the perfumes of Arabia”). Jeffrey Alan Melton, *Mark Twain, Travel Books, and Tourism: The Tide of a Great Popular Movement* (Tuscaloosa: Univ. of Alabama Press, 2002), pp. 17, 18 (“nomadic era”). Kark, “Annual Reports,” p. 164 (“unfavorable for the foreigner”). *The Memoirs of Rose Eytinge* (New York: Frederick A. Stoker, 1905), p. 151 (“most irksome”). Schaff, *Through the Bible Lands*, p. 26. Goldman, *God's Sacred Tongue*, pp. 160 - 61 (“The few Englishmen”). Field, *From Egypt to Japan*, pp. 7 - 8 (“Ah, you Americans”).

美国人对中东古典的过去（classical past）的不尊重程度，只有他们对中东当代社会的轻蔑才能超越。就像战前造访该地区的游客那样，后内战时期的美国游客继续痛骂他们所认为的中东生活固有的堕落和残酷。对女性的虐待，查尔斯·达德利·华纳认为“违背了先知[穆罕默德]宗教的最终裁决”，这一点仍然特别令人厌恶。即使在匆匆穿越该地区时，美国人对当地人的文化优越感以及对于来自当地人的尊重的期待仍然是一成不变的。比如，当弗里兹博士被一名穆斯林警卫阻止进入耶路撒冷的大卫墓时，原本平和的他对这个“可怜的家伙”给“这个时代的文明带来的耻辱”大发雷霆，呼吁基督教美国“要么通过外交手段要么用刀剑”对此予以矫正。

“丑陋的美国人”确实出现在了中东，但并不是所有来自美国的游客都对中东文化表现得粗鲁、具有破坏性或不屑一顾。向往着“阿拉伯丰收的田野中”飘出的“肉桂树的芬芳”，再加上对波斯诗歌的长期迷恋，超验主义哲学家拉尔夫·沃尔多·爱默生于1872年5月到该地区旅行。他在尼罗河上游弋时写道：“就其形体与动作的卓越、优雅而言，人类自身是永恒的研究对象。”几年后，弗雷德里克·道格拉斯也踏上了同样的旅程，他设想金字塔建造者的后代会有助于“对抗美国对人类深肤色人种的偏见”，这些极为独立的阿拉伯人——“黑人同父异母的兄弟”——会成为“按照他们自身模样……培养有色人种”的典范。①

① Warner, *Mummies and Moslems*, pp. 357 (“Antiquity” Smith), 411 (“the conclusive verdict”). Vogel, *To See a Promised Land*, pp. 88 (“with few ideas” and “These cousins”), 91 - 92 (“miserable fellaheen”), 177. Crabitès, *Americans in the Egyptian Army*, p. 65 (“They usually come” and “They often think”). Morgan, *Recollections of a Rebel Reefer*, p. 267. Young, *Around the World*, pp. 301 - 2 (“Powell Tucker”). *Journals of Ralph Waldo Emerson,* ed. Edward Emerson, vol. 10 (Boston: Houghton Mifflin, 1914), pp. 406, 407 - 8 (“The people ... are”), 409 (“The lateen sail”). Frederick Douglass, *Autobiographies* (New York: Library of America, 1994), pp. 1006 (“combat American prejudice”), 1007 (“half brothers”).

这种关于中东的肯定性言论在内战前的游记作品中几乎没有出现过，它们证明了这些思想伟人的宽容和胸襟开阔。但同时也暗示了国内战争的磨难所带来的更深层次的谦逊。阿波马托克斯事件后，许多美国人带着这种谦卑，加上好奇心、精力和对生活的向往来到中东。浩浩荡荡的队伍中不仅包括律师、作家和悠闲的富人，还首次出现了工人、教师和职员——可以说反映了美国旅行的民主化。未来，加入这一队伍的还有美国最杰出的人物、内战中的舵手和英雄。

华丽炫目的盛会

“对被压迫的民众来说，”威廉·亨利·西沃德曾经宣称，“美国就是巴勒斯坦，从中得到……政治拯救。”此时，这位70岁的前国务卿正在向真正的圣地进发，这使他成为有史以来访问中东的最位高权重的美国人。这是他第二次造访该地区。人们可能还记得，第一次是在内战之前，当时，身为参议员的西沃德从巴格达购买了3匹阿拉伯种马，外加一箱“古董”和一支贝都因长矛。在随后的十年里，西沃德成为一名煽风点火的废奴主义者，作为政治家他成功地劝阻了英法两国承认南方邦联，作为谈判代表他趁机低价购买了阿拉斯加州，这些事让他声名远播。西沃德1865年从一场严重的交通事故中死里逃生，但在一次暗杀企图——这是布斯阴谋的一部分——中身受重伤，并因此卧床不起一年。在此期间，西沃德的妻子与女儿相继过世，而他自己竟东山再起，又回到了原来的工作岗位，一直任职到1869年。在这种时候，意志稍微薄弱一点的人可能已经退休了，而西沃德尽管身材矮小、下巴后缩，却一点也不脆弱。一从政府岗位离任，他就登上了去埃及的轮船。

西沃德在尼罗河一带受到的接待极为奢华，他在一队装饰着羽毛的骑兵陪同下参观了金字塔，乘坐皇家大船穿过尼罗河两岸的废墟，渡过现代苏伊士运河。尽管埃及的讨好令他很是受用，但他仍对其社会的诸多方面持批评态度。看到一夫多妻和非洲奴隶，勾起他关于摩门教和南方邦联的不快联想。尽管如此，他还是称赞了赫迪夫在政治和社会改革方面所做的努力。西沃德在对一群年轻军官发表讲话时强调，埃及需要普及教育，需要培养一支能够担任政府职位——当时这些完全由外国人担任——的本土干部队伍。唯有到那时，埃及才能摆脱“双重奴役”——“首先，是奥斯曼宫廷；其次……是欧洲的基督教国家”。

离开埃及后，西沃德坐船向东北方向航行，直到看到美国国旗在美国驻雅法领事馆上空飞扬。肌肉发达的阿拉伯搬运工将他从小艇上带到岸边，在那里，有一份帝国公告欢迎他这位“北美大陆美利坚合众国政府前首席部长”的莅临。在奥斯曼骑兵的陪同下，西沃德前往耶路撒冷，参观了圣墓昏暗且尘土飞扬的大厅，聚集了成群犹太礼拜者的哭墙，以及熠熠生辉的橄榄山。神圣的风景令他沉醉。然而，对西沃德来说，最鼓舞人心的是一座耶路撒冷犹太教堂，它是用美国犹太人的捐款建造的。在参加安息日的礼拜时，他被眼前的一切迷住了，他看到“一位杰出的拉比，穿着一件长长的、华丽飘逸的圣衣”，吟咏着希伯来语首先“为美国总统”祈祷，祝愿“联邦终会从反叛者手中解救出来”。虽然这位访客可能已经透露这些祈祷至少得到了部分回应，但当会众为“西沃德先生的健康，以及……他安全地返回祖国”进行最后祝祷时，他只是悄无声息地坐在那里。

西沃德的确打道回府了，但是返回前他在伊斯坦布尔有过一次难忘的中途停留。1870 年 7 月 4 日，他在罗伯特学院主持了独立日庆祝活动。150 名学生与学院院长塞勒斯・哈姆林一起在那里迎接他，男生身着白衣、头戴草帽，女生穿着亚麻长袍、系着腰带，为了表示对他的欢迎，学生们齐声高唱着《我的祖国也是你的》和《共和国战歌》。在一间美国国旗和土耳其国旗交叉插着的宴会厅里，品尝过一顿包括火鸡、烤豆和甜甜圈在内的美式大餐后，西沃德发表了讲话。“过去人们总认为所有伟大的思想都必然是从东方流向西方的，”他以此开场说道，“但是人们已经开始看到美好的东西正在从西方流向东方。”他接着解释道，罗伯特学院反映出了美国人即便处在战争期间也是慷慨大方的，这也促使美国人在国家统一后仍坚持利他主义。“如果我们国家的民族精神得不到保护和发展，仅仅维持我们国家的企业存在是不够的。”① 在观看了一场以博斯普鲁斯海峡为背景的棒球比赛后，西沃德离开伊斯坦布尔，前往欧洲度过了6个月的狂欢之旅。这次非同寻常的旅行令他心满意足，最后他回到了位于纽约州奥本的家里，次年在家中去世。

西沃德的旅行为其他希望以半官方身份访问中东的内战舵手或英雄开创了先例。在这些人中，眼光最敏锐、观察力最强的是乔治·B. 麦克莱伦，他曾是波托马克军团的指挥官，也是一位落败的总统候选人。麦克莱伦于1874年10月底抵达亚历山大港，随即开启了为

① Papers of William H. Seward, reel 58: Seward to Johnson, Sept. 28, 1859; “Governor Seward’s Journey from Egypt to Palestine,” *New York Daily Tribune*, Dec. 24, 1859, p. 5. Thornton Kirkland Lothrop, *William Henry Seward* (Boston: Houghton Mifflin, 1896), pp. 396 - 97. George E. Baker, ed., *The Life of William H. Seward with Selections from His Works* (New York: J. S. Redfield, 1855), p. 224 (“To the oppressed masses”). Frederic Bancroft, *The Life of William H. Seward*, vol. 2 (New York: Harpers, 1899), pp. 521 - 23. Walter LaFeber, *The Cambridge History of American Foreign Relations*, vol. 2, *The American Search for Opportunity, 1865 - 1913* (Cambridge: Cambridge Univ. Press, 1993), p. 10. *William H. Seward’s Travels around the World*, pp. 525 - 32, 616 (“double thralldom”), 634 - 35 (“former chief minister”), 654 - 55 (“a remarkable rabbi”). USNA, RG 84, *Records of Foreign Service Posts. Cairo, Egypt*, vol. 78: Seward to Hale, Jan. 5, 1867. Olive Risley Seward, *Around the World Stories* (Boston: D. Lothrop, 1889), pp. 265 - 80, 281 (“It used to be”), 282 (“It is not enough”), 283 - 86.

期100天的尼罗河之旅，途中他不时会停下来在古老的废墟中穿行，体验一番贝都因人的好客之情。然而，最让他激动的莫过于在去达尔富尔荒野考察的路上偶遇两位美国军官了，即雷利·科尔斯顿和埃拉斯特斯·斯帕罗·普迪。麦克莱伦动情地说，尽管这两人“内战期间一个为北方军效力，一个为南方军作战”，但现在他们两个却能友好地“并肩坐在尼罗河畔”。

麦克莱伦做事严谨认真，身材瘦小精干——批评家称他为“小拿破仑”——他对中东社会做出了严厉的评判。他坚持认为，尽管埃及人是一个“善良、聪明、勤劳的族群”，但伊斯兰教已经把他们变成了一个伪君子和宗教狂热分子的国家。他冒失地说，大多数穆斯林“在这个世界上除了生命之外再没有别的东西可以失去，而通过与异教徒的冲突进入的另一个世界倒可以让他们收获多多”。另一方面，西方人永远不会理解中东人民，“只要我们……总是习惯于拿对我们自己适用的规则去评判他们……［而不是］用他们自己的规则去衡量他们的行为”。尽管如此，麦克莱伦还是相信，通过教育以及扩大与西方的接触，该地区会逐步发生变化。①

美国公众如饥似渴地关注着西沃德和麦克莱伦访问中东的报道。然而，他们二人的远征较之谢尔曼将军的旅行所引发的轰动都大为逊色，这位将军是内战中最具传奇色彩也最富有争议的指挥官之一。1872年3月，也就是谢尔曼在率领胜利之师穿过弗吉尼亚州亚历山大市的7年后，这位将军在埃及亚历山大港登陆，带来了和平的象征。

---

① George B. McClellan, “A Winter on the Nile,” *Scribner's Monthly* 13, no. 3 (Jan. 1877): 368 - 83; 13, no. 4 (March 1877): 670 - 77; “The Bombardment of Alexandria,” *North American Review* 142, no. 355 (June 1886): 593 (“so long as we”), 594 (“little but life”).

谢尔曼对埃及人的第一印象是热情好客。“他们对穆罕默德的信仰值得尊重。”他在给自己的儿子、乔治城大学的学生汤米的信中写道。他回忆说，“20 年前……一名犹太人或“基督狗”被猎杀或者被石头砸死……虔诚的穆斯林认为这样做会使自己在即将到来的世界中获得奖赏”。然而，如今的埃及人却热烈欢迎那些“像机械师一样技艺熟练”的西方人，这些人带来了“帮助穷困工人的蒸汽机……带来了穿越干旱沙漠的铁路以及一分钟内就能将信息从开罗传送到苏伊士的电报”。这位前军人预言，现代科学将会打破中东与西方之间的一切壁垒，消除一切偏见。

然而，谢尔曼最初表现出的友好很快便让位于对中东以及他性格中更为善变的一面的不耐烦。他抱怨说，开罗是一个“看起来硬邦邦的老土坯城”，挤满了“大约 20 种不同品种的男人、女人和孩子，还有骆驼、驴子、马、狗和各种寄生虫”。他声称“我们的黑人当奴隶时住的房子都比这更好些”，埃及妇女“像动物一样被买卖”。尤其令谢尔曼恼火的是，埃及人认为自己比西方人优越，对谢尔曼的关注还不如对他的军事随从弗雷德里克·格兰特中尉——总统之子——的关注多呢。他咬牙切齿道，哪怕“去搬金字塔”，也不愿对“一个……外表……言谈和举止跟我们国家的印第安人一样的种族”表示尊重。

洛林将军和斯通将军的到访，以及费迪南·德·雷赛普斯亲自陪他游览苏伊士运河，平息了谢尔曼的怒火，虽说只是暂时的。赫迪夫伊斯梅尔做了进一步补偿，专门为谢尔曼安排了歌剧《阿依达》的重演，并送给他一枚钻石胸针，这些事项加起来共花费了 20 万美元。然而，埃及对谢尔曼的一掷千金却被伊斯坦布尔的铺张浪费盖过了。谢尔曼被苏丹阿卜杜勒·阿齐兹视为到访的国家元首，因而他不得不检阅了一个又一个全员配备了温彻斯特步枪的皇家卫队，以及一个由美国制造的战舰组成的小型舰队。他还乘坐了有轨电车——这种电车被引进到埃及一年后才在旧金山首次亮相——并对罗伯特学院进行了一次敷衍了事的访问。[①]

跟此前的西沃德一样，谢尔曼之旅标志着美国对中东的幻想与美国日益上升的经济与军事大国的声望不断融合。游览该地区的不仅有雅各布·弗里兹和查尔斯·达德利·华纳之类的普通公民，还有前任和现任的高级官员。在这些人中，没有谁比美国前联邦军司令、前总统尤利西斯·S.格兰特——那个时代最出名的美国人——的造访更能引人注目地展示这种有机结合了。

从一个失败的农民、柴火贩子到房地产掮客，格兰特走过了一段漫漫长路，历经破产、酗酒、政治丑闻以及人类记忆中最残酷的战争后幸存了下来。如今，55岁的格兰特虽然已是一名普通公民，却依然是国际名人，是自乔治·华盛顿之后第一位担任过美国最高军事和文职职务的美国人。为了纪念这一成就，也为了逃避其总统任期内挥之不去的腐败指控，格兰特和他的妻子朱莉娅开始了一次世界之旅。这趟于1877年5月从欧洲出发一路向东的旅程，被誉为“有史以来最不同凡响的旅行……像传奇一样”。

1878年1月5日，当美国军舰“万达利亚号”将格兰特夫妇带到亚历山大港时，这一传奇变成了现实。然而，好几个小时后他们才终于下船，因为挨个登上甲板向他们致意的官员似乎没完没了。朱莉娅写道：“那场面可能很容易让人以为我们是来炮击亚历山大港而不是

① USNA, RG 59, Dispatches from U. S. Consuls, Cairo, Egypt, vol. 2: Beardsley to Fish, Jan. 22, 1872. William T. Sherman Family Papers, CSHR9/59: Sherman to Thomas Sherman, March 29, 1872 (“Their Faith in Mohamet” and “the most repulsive”). Michael Fellman, *Citizen Sherman: A Life of William Tecumseh Sherman* (New York: Random House, 1995), p. 307 (“a hard-looking” and “undertake to move”). Morgan, *Recollections of a Rebel Reefer*, p. 266. Chaillé-Long, *My Life*, p. 231. *Memoirs of Rose Eytinge*, p. 201. J. C. Audenreid, “General Sherman in Europe and the East,” *Harper's New Monthly Magazine* 47, no. 280 (Sept. 1873): 232, 234-35, 236, 240, 486-95.

在进行一次愉快的访问。”一上岸，等待他们的仍是热情的接待，马车路线两边有成千上万的祝福者，他们挥舞着火把和灯笼，大声欢呼“美国国王”。一面巨大的横幅上写着“欢迎格兰特将军”，其中“格兰特”（Grant）的字母“n”上下颠倒了。

如果说西沃德和谢尔曼享受到的是独家礼遇，那么，格兰特夫妇获得的接待可以恰如其分地说就是总统待遇了。这对夫妇被请到神话般的蒙塔扎宫——“快乐的小宫殿”——下榻，有身着统一制服的工作人员全天候听从差遣。“我们只需拍拍手，瞧！就有一名身着白衣的仆人悄无声息地向我们走来。”朱莉娅回忆道。这对夫妇接下来参观了各种常规景点，反过来，他们自己也成了前所未有的埃及一景，其间，这位前国家元首和他的妻子骑在驴背上雀跃地奔向金字塔的场景让埃及人大开眼界。这对夫妇在尼罗河上巡游，一边射杀鬣狗和鳄鱼，一边吟唱着《在旗帜下集合，孩子们》和《星条旗永不落》，好不惬意。

在格兰特夫妇看来，埃及是个集辉煌与衰败为一身的矛盾体。格兰特凝视着狮身人面像，不由地感叹：“它似乎一直在思考，却没有说什么。”他总结道：“我在埃及看到的比我在任何一次旅行中看到的都更让我感兴趣。”不过，朱莉娅对埃及却没那么着迷。“一到这里，人们就会禁不住反思人类的造物是多么虚幻、脆弱、转瞬即逝。”她沉思道，“埃及是文明的发源地，是文明的摇篮——神庙、陵墓和大金字塔的建造者——如今却一无所有。”

古老的景观自然令格兰特兴奋不已，但不如那些他多年未见的面容更让他的激动之情溢于言表。“洛林竟然在这儿，我已经有 30 年没见过他了。”他惊呼着，一把握住了这位在墨西哥战争中与他并肩作战、在南北战争中却与他兵戎相见的军官仅存的那只手。“还有斯通，他一定是染了头发才会这样白发苍苍！”不过，格兰特与罗伯特·李将军的女儿玛丽不巧撞上了，场面不太愉快。玛丽当时恰好也在埃及游历，她是个精神饱满的女人，拒绝和她父亲曾经的死对头一起用餐，还咬牙切齿地说，“我不会和格兰特将军坐在同一张桌子上，却留下他的命!”不仅如此，拂袖而去的她爬上了大金字塔的塔尖，还挥舞着南方邦联的旗帜。①

循着美国人穿越中东的传统路线，格兰特夫妇从埃及北上前往巴勒斯坦。朱莉娅觉得雅法是个“又穷又脏的地方”，她的丈夫倒是一直兴致勃勃。他盘算着，若是把这块圣地交由美国人耕种，一定能“养活整个地中海地区的人口”。在亚当斯殖民地的老兵罗拉·弗洛伊德的带领下，夫妇二人开始沿着风景优美的山路去往耶路撒冷。贝都因人和村民们在道路两旁欢呼，他们身上穿的服装在游客看来都像是来自《圣经》。朱莉娅注意到，“一路上为了答谢人们的致意，将军不断脱帽回礼，他的头几乎一直露在外面”。然而，最引人注目的景象正在老城的城墙外迎接他们：两排骑兵和锣鼓喧天的军乐队，那简直是“一场华丽夺目的盛会”。②

---

① USNA, RG 59, Dispatches from U. S. Consuls, Cairo, Egypt, vol. 5: Farman to Evarts, Feb. 12, 1878. *The Papers of Julia Dent Grant*, ed. John Simon (New York: Putnam, 1975), pp. 220 (“One might easily think”), 221 (“We had only to clap”), 222 - 23, 224 (“One could not but”). Vogel, *To See a Promised Land*, pp. 54 - 55 (“the most remarkable journey”). Young, *Around the World*, pp. 257 (“Welcome General Grant”), 299. Elbert Farman, *Along the Nile with General Grant* (New York: Grafton Press, 1904), pp. 26, 32 - 33, 92, 99. William McFeely, *Grant* (New York: Norton, 1981), pp. 466 - 67. Geoffrey Perret, *Ulysses S. Grant* (New York: Random House, 1997), p. 454 (“It looks as if” and “I have seen”). Dye, *Moslem Egypt*, p. 491. Wessels, *Born to Be a Soldier*, pp. 80 - 81 (“Why there's Loring”). Hesseltine and Wolf, *Blue and the Gray*, pp. 232 - 33 (“I wouldn't sit down”).

② *Papers of Julia Dent Grant*, p. 233 (“a gorgeous gleaming” and “a poor place”). Vogel, *To See a Promised Land*, p. 149. *Young, Around the World*, pp. 234 - 35, 329, 351. McFeely, *Grant*, p. 467. Perret, *Ulysses S. Grant*, p. 454. Steiner, *Religious Beliefs*, pp. 71 - 76. See also William N. Still, *American Sea Power in the Old World: The United States Navy in European and Near Eastern Waters, 1865 - 1917* (Westport, Conn.: Greenwood, 1980), p. 76.

尤利西斯·S.格兰特从巴勒斯坦启程前往伊斯坦布尔，在那里，他再次被奉若皇室成员，每晚都有宴会，频频去大巴扎参观，还要检阅配备美国内战时期所用刀剑和卡宾枪的土耳其部队。一如此前的西沃德与谢尔曼，格兰特的中东之行为美国领导人在接下来的一个半世纪里的多次此类访问树立了一个样板。日程安排总是很紧凑，需要时刻整装待发。对于格兰特来说，在这种疯狂的节奏中唯一的喘息之机就是阅读一本他从家里带来的一本书。这本书主要以中东为背景，但并不是《圣经》或传教士的书信，而是一部讽刺性的旅行见闻录，作者是塞缪尔·朗霍恩·克莱门斯——其更为人熟知的名字是马克·吐温。

纯真已逝

对吐温来说，开罗就像是伊利诺伊州一个毗邻密西西比河的城市，“大土耳其”是一艘蒸汽船，“阿拉伯”则是码头工人的贬义词。吐温曾当过南方邦联的民兵、内陆河道轮船驾驶员和淘金人，他的32年人生的大部分时间里都在向西而行、尽可能地远离家乡密苏里州，几乎从未想过要掉头向东，更不用说去中东了。对于圣地，他也没有特别想去看一看的冲动。尽管他长在一个严格的长老会教徒家庭，对《圣经》熟悉得让人肃然起敬，但他缺乏成为一名传教士“所必需的内心资源——即宗教信仰”——而且他憎恶传教士，恨那些人“总是告诉人们……天堂是多么幸福，但那里又是多么遥不可及之类的话，让人们陷入永恒的痛苦”。然而，吐温也饱受身为西部拓荒者的不安分之苦。到1867年春天，尽管他已经完成了40多次海上航行，最近还去过夏威夷，但他始终“厌倦老是呆在一个地方”。恰在此时，他得知有一趟有史以来的首次豪华环球巡航，途中会在摩洛哥、埃及和巴勒斯坦停靠。这一行程让他兴奋不已，脑海中浮现出童年时代最喜欢的书籍《一千零一夜》中的画面。他兴高采烈地写信给他的妈妈："我……恭候着那股会将疲惫的灵魂拂向地中海阳光明媚的土地的风！"

当时，这位长着鹰钩鼻、蓄着小胡子的吐温已经因其讽刺美国生活的系列短篇小说以及作为"太平洋斜坡[①]上不羁的幽默家"的演说而在旧金山爆得大名。此次环球巡航由"杰出的布鲁克林人"组织，号称是有亨利·沃德·比彻牧师和谢尔曼将军等公众人物参加的"大型规模野餐会"，听起来简直是绝佳的讽刺素材。吐温就此给旧金山的《上加利福尼亚》以及《纽约论坛报》两家报纸写了信，提出以定期交付稿件来换取一张价值1250美元的船票。"这难道不是个极具吸引力的计划吗？"他振振有词道，"想想看，5个月的好日子啊，自由自在、无忧无虑，身边是一群一心享受生活的人，没有任何红尘杂事相扰。"编辑们欣然同意了，于是，吐温于6月8日携带"绿色眼镜、雨伞和专为埃及准备的面纱……以及在圣地跋涉朝圣时必需的厚实衣物"，登上了"贵格城号"，这艘侧轮蒸汽船配备了各种便利设施，包括向皇室致敬的大炮。

然而，比彻和谢尔曼并不在乘客中，吐温没发现名人显要，倒是看到很多平庸的美国人，其中大部分是来自中西部的中年人。更令人失望的是，乘客们没有获得"白天在甲板上蹦蹦跳跳、尽情笑闹"的许可，也没有获准在晚上"跳舞、散步、抽烟、唱歌、做爱"，反倒是收到了《普利茅斯赞美诗》的曲谱，并受邀在一间被吐温私下里称为"犹太教堂"的小屋里参加日常礼拜。这位讽刺大师抱怨说，所谓

① the Pacific Slope，指洛基山脉以西各州，一般认为包括内华达州、俄勒冈州、加利福尼亚州、犹他州、爱达荷州以及亚利桑那州。——译者

的圣地之旅“就像是一场没有尸体的葬礼”，索性改名叫“圣地送葬队”得了。[①]

尽管如此，吐温还是设法与其中一些乘客（“65位中的8位”）尤其是两位女记者玛丽·费尔班克斯和艾米丽·塞弗伦斯交上了朋友，她们涂掉了他那些措辞不雅的信件，制止了他更闹腾的言行。在此期间，轮船穿越大西洋抵达了它的第一个目的地——丹吉尔，5年前詹姆斯·德隆领事就是在此处逮捕了南方联邦的密使迈尔斯和汤斯敦。吐温在进入异国情调的摩洛哥港口时假模假式地断言：“旅行对偏见、偏执和心胸狭隘来说是致命的。”

“这不正是一幅东方画卷吗?”吐温开口即道，接着描述说，摩洛哥是个“拥挤不堪的城市……满是白雪覆盖的坟墓”和“人山人海地……异国情调，令人好奇”。像之前的许多美国作家一样，他厉声谴责中东政权的腐败，斥责摩洛哥皇帝是个“没有灵魂的暴君”，任意虐待臣民甚至自己的妻子。“[他] 以为他有500个 [老婆] ……一大把方法，想怎么就怎么，没什么大不了的。”他对穆斯林拒绝让“基督狗”进入他们的房子和清真寺感到愤慨，对斩断罪犯手脚的残

---

① 关于吐温作品中的“开罗”“土耳其”“阿拉伯”“一千零一夜”的引用，可见于 *Mark Twain and His Times*, http://etext. lib. virginia. edu/railton/about/srchmtf. html. Mark Twain website, http://www. boondocksnet. com/twaintexts/letters/letter670607. html: Letter to Jane Clemens and Family, June 7, 1867 (“tired of staying”)。“Mark Twain's Correspondence with the San Francisco *Alta California*,” http://www. twainquotes. com/altaindex. html: April 9, 1867 (“Isn't it a most attractive”). Dayton Duncan and Geoffrey C. Ward, *Mark Twain: An Illustrated Biography* (New York: Knopf, 2001), pp. 10, 48 (“the necessary stock”), 54 (“permanently miserable”), 60 - 61. Mark Twain, *The Innocents Abroad; or, The New Pilgrims' Progress: Being Some Account of the Steamship Quaker City's Pleasure Excursion to Europe and the Holy Land* (Pleasantville, N. Y.: Reader's Digest Association, 1990), pp. 11 (“picnic on a gigantic,” “scamper about the decks,” and “green spectacles”), 17 (“The Synagogue”), 418 (“a funeral without”). Albert Bigelow Paine, *Mark Twain: A Biography: The Personal and Literary Life of Samuel Langhorne Clemens* (New York: Harper, 1912), pp. 324 - 31。

忍行为觉得后怕。“他们先在骨头周围切削，然后折断肢体。有时病人会康复，但一般来说，好不了。”然而，即使是吐温这样吹毛求疵的观察者也无法对这座城市的浪漫诱惑无动于衷。“丹吉尔是彻头彻尾的异国他乡，”他承认，“除了《一千零一夜》，在别的任何书籍中都找不到其真正的灵性。”

马克·吐温的批评和饮宴作乐，的确都与早期到中东旅行的美国人很相似，但有一个特点使他的作品有别于其他游客之作。前人看这个地区，从它的野蛮和落后中看到了一个与自身的宽容和文雅相反的形象；而对吐温来说，这面镜子照出了美国人同样地心胸狭隘、粗俗野蛮。7 年前，在内战尚未爆发的时候，美国读者可能会对这种很不讨喜的描述表示反对。但 60 万士兵战死的代价迫使美国人审视自己，质疑他们是否真的还可以声称自己清白无辜或是有权指责任何其他文化不文明。吐温建议自己的同胞宁可被判死刑也不要在中东居住，然而，他也安慰中东人民，说他们被那些“自称为美国人，似乎还想象……自己有权为此感到骄傲的……奇怪群体”所包围了。①

离开丹吉尔后，“贵格城号”开始沿着蜿蜒曲折的航线驶向东地中海，然后驶回欧洲和法国的马赛港。吐温乘火车去了巴黎，正好赶上观看拿破仑三世为欢迎来访的奥斯曼苏丹举行的阅兵式。这一事件为作家提供了一个平台，使他在到达土耳其之前就对这个国家有了初步的印象。吐温盛赞拿破仑三世是“现代文明、进步、雅致”的化身，在对这位最近入侵过墨西哥的小个子法国独裁者大唱赞歌的同时，他对阿卜杜勒·阿齐兹大加抨击：

---

① Twain, *Innocents Abroad*, pp. 51 (“Tangier is a foreign”), 52 (“The emperor of Morocco”), 53 (“Christian dogs”), 54 (“thinks he has five” and “They slice around”), 56, 419 (“strange horde”), 424 (“Travel is fatal”).

> ……一个个头矮小的黑胖子，长着黑胡子、黑眼睛，蠢笨又不讨喜……代表着……一个集暴政、贪婪和血腥这三大美德于一体的政府……生来就有王位继承；软弱、愚蠢、无知，差不多就跟他最卑劣的奴才一个样；是一个庞大皇室的头儿……手握数百万人的生杀大权——成天跟他那 800 个嫔妃吃吃睡睡，无所事事……他迷信侏儒、魔怪和《一千零一夜》中的荒诞寓言，但对当今世界法力高强的魔术师们浑不在意，对他们神秘的铁路、汽船和电报紧张兮兮。

作为一位讽刺作家和社会评论家，吐温一向对任何种族或宗教团体都少有美言，但他对穆斯林的蔑视是无与伦比的。他声称，他们就是一群“污秽、野蛮、无知、落后、迷信的人”，身为安拉的信徒居然也被“《一千零一夜》中的荒诞寓言”迷得神魂颠倒。这些詈骂之词反映了美国人对伊斯兰教根深蒂固的偏见，也反映出吐温倾向于将对中东神话的深信归罪于穆斯林，而他自己其实也对那些神话想入非非。当“贵格城号”停靠在伊斯坦布尔时，吐温将清楚地看到这些幻想究竟到了何种程度。

他者的感觉再次让吐温感到困惑。所有的街道在他眼里都像迷宫一样，人们身着“各种离奇的、怪异的、偶像崇拜的、奢华无度的、截然相反的色彩凑在一起的服装”，看起来像万花筒一般。他抱怨这里有太多的墓地和清真寺，没有威士忌，到处是畸形人——“三条腿的女人和眼睛长在脸颊上的男人……还有每只手上各长了 7 根手指、没有上唇、下巴也看不出来的侏儒”。似乎没有多少负面的形容词能表达吐温的厌恶之情。尤其令他作呕的是他梦想已久的土耳其浴场，现在他发觉所谓的土耳其浴场是个“巨大无朋的、人都光溜溜的、沉闷的”地方，“跟浪漫情调、东方风情毫不相干”。尽管如此，当吐温徜徉于户外市场，漫步在小贩、骆驼和抽水烟的酋长之间时，他几乎完全忘记了幻想破灭之感。“眼前的景致里什么也不缺，”他的口气软化了，“它让你立刻回到了被你遗忘的童年，你会再次梦到《一千零一夜》里的奇观。”

吐温对中东一切事物的厌恶，只会随着他对该地区的深入而加深。在他看来，大马士革城从远处看就像“一座由珍珠和蛋白石构成的岛屿，在一片翡翠色的海洋中闪闪发光”，但走近一看，它成了“一个被污染的面貌丑陋的水槽”。他在途中遇到的叙利亚男人是“一窝可怜的人类害虫”，是由“破布、污垢、凹陷的脸颊、苍白的病容、溃烂的疮疤和嶙峋瘦骨”组成的大杂烩，而女人的相貌是如此丑陋，以至于她们“周六晚上 10 点以后不能露出笑脸，否则安息日的气氛就会被她们破坏。”吐温嘲笑贝都因向导们的无知，对他们佶屈聱牙的名字大为蔑视。他对阿拉伯语感到绝望，干脆把当地人一概称为“弗格森”，把他们的村子叫作“琼斯-伯勒”。他悻悻地承认：“瞥一眼真正的沙漠之子，对这里的浪漫想象就永远破灭了。”①

从叙利亚出发，吐温和他的伙伴沿着美国人的惯常路线进入巴勒斯坦，但河流的交汇在此结束了。尽管很少有旅行者敢于用形容词的最高级来描述这片圣地，但吐温却不屑地称巴勒斯坦为“无望、沉闷、令人心碎的土地”，村庄里到处是“用骆驼粪块……贴出来的‘壁画’”，路上的石头真多，比石砌的乡村里的还要多。他猜想：“如果把所有关于这个地区……的平淡无奇的风景的诗汇集成册，那将是一本最该被付之一炬的书。”跟在他之前的许多美国人一样，吐

① Twain, *Innocents Abroad*, pp. 80 – 81 (“a short, stout”), 228 (“in all the outrageous”), 229 (“the three-legged woman”), 233, 239 (“nothing of romance”), 262 (“The picture lacks”), 290 – 91 (“an island of pearls”), 284, 289 – 90 (“wretched nest”), 303 (“couldn't smile”), 351 (“To glance at”).

温也是在远比现实生活更丰富多彩的《圣经》故事中长大的，如今看到巴勒斯坦各遗址的面积如此微小不禁大为失望——他估计约旦河约为大多数美国街道宽度的一半；而加利利海，他觉得狭窄得不可思议，甚至不愿支付过河的昂贵船票。“基督能从这里走过去有什么值得大惊小怪？”他估算了一下，密苏里州大概能轻轻松松容纳3个巴勒斯坦，没准还能容纳第4个呢。

在巴勒斯坦，吐温的信口开河很快演变为对圣地的亵渎，而且没有比在耶路撒冷更大不敬的了。这座城市已毫无神圣性可言，对吐温来说，这是个“悲伤、沉闷、毫无生气”的地方，“贫穷而肮脏”，到处都是麻风病人、白痴和瞎子。他似乎在对朝圣者尤其是长老会教徒的嘲讽中获得了乐趣，长老会教徒来到这里寻找他们梦想中的应许之地，却徒劳地发现这么个废物堆。他内心很矛盾，犹豫着要不要对他的读者撒谎，要不要说出自己是如何“不情愿地离开……巴勒斯坦”的，但后来思考再三他这样写道：“你会很高兴地从这里离开。”

然而，到最后，即便是刻薄、标新立异、肆无忌惮的马克·吐温，也无法抑制自己对那些为了“在神圣的海上航行并亲吻它周围的神圣土地”而“在疲惫和磨难中跋涉数千英里”的男男女女的由衷钦佩。虽然吐温是一个公认的世俗主义者，经常对《圣经》不屑一顾，他还是忍不住在伊斯坦布尔购买了一本皮封面的《圣经》，并在整个旅途中一路阅读，在耶路撒冷又为他母亲买了一本。他也不能否认他在巴勒斯坦偶尔会陷入某种“模糊、神秘和鬼魅般”的感觉：“我坐在一位神站过的地方，看着神上仰望过的群山、俯视过的溪流，周围是一些皮肤黝黑的男女，他们的祖先见过他，甚至和他面对面地说过话。”

在油嘴滑舌的表象背后，潜藏着马克·吐温对他祖先坚不可摧的信仰的渴望，那是一种他和他那代人已然失去的纯真。“我无法理解这一点，”他在离开圣地之前再次承认，“我理解的神一直隐藏在云中。”①

“贵格城号”终于驶离了雅法，但在离开前，搭载了40名新乘客——有孩子、老人、新婚夫妇——全都是美国人。这些人是印第安里弗县殖民团的幸存者，吐温说，他们只不过是“被他们的先知乔治·亚当斯无耻欺骗”的受害者。这些垂头丧气、饥肠辘辘的天真男女，在吐温眼里，象征着美国人对中东尤其是巴勒斯坦的可怜幻想。他得出结论：“巴勒斯坦不再是这个平凡世界的一部分，它是梦中之地”。

尽管如此，吐温还是去了埃及，作为他中东之行的最后一站，他的笔锋开始转向。随着他对穆斯林文明的刻薄批评逐渐消失，他的抨击言辞大多瞄上了“成群滋扰”旅馆的美国游客，以及用大锤从庞贝柱上敲下碎片的“美国破坏者”。最后，“贵格城号”从亚历山大港掉头，返航回国，乘客们穿着“摩尔人的黑袍、戴着土耳其毡帽、系着波斯腰带”之类。随船返航的纪念品，还包括一名有进取心的游客设法移植到佛罗里达州并精心培育的橘子树苗，以及后来在P. T. 巴纳姆的博物馆②展出的几具木乃伊。然而，1868年11月19日在纽约下船的这些美国人中，没有人比马克·吐温的中东之旅收获更多。他撰写的那本关于这次旅行的书使他一举成为美国最著名的作家。

根据他发回的通讯汇编而成的《傻子出国记，或新天路历程》为吐温赚了30多万美元，卖出了50万册——他打趣说：“与《圣经》

① Twain, *Innocents Abroad*, pp. 302 (“The gods of my”), 306, 311, 317 (“If all the poetry”), 319–20, 324, 332 (“frescoed ... with disks”), 342, 358, 361, 385, 391. Paine, *Mark Twain*, pp. 333–36, 337 (“Is it any wonder”), 338, 394 (“hope-less, dreary”). Justin Kaplan, *Mr. Clemens and Mr. Twain* (New York: Simon & Schuster, 1966), p. 52.

② 由小商人之子费尼尔斯·泰勒·巴纳姆1842年在纽约开办的“美国博物馆”(American Museum)，以奢侈品和怪异的展品而闻名。——译者

不相上下。”标题是吐温的老花招，油嘴滑舌、充满讽刺意味，毕竟这次旅行称不上是朝圣之旅，参与者一点也不傻。尽管如此，正如一位马克·吐温的早期传记作家所说，读者还是欣然接受了这种悖论，即“真诚的福音”，在战争孕育出的世俗中获得了保障。50 年前的巴巴里战争帮助美国人定义了自己，现在，在经历了一场更为血腥的冲突之后，在中东的一名美国人强化——且黑化——了这一定义。

《傻子出国记》的出版开启了吐温作为一名非常成功的小说家、散文家和社会评论家的职业生涯。他也成为尤利西斯·格兰特的出版商和朋友，后者在中东旅行期间全程都在阅读这本书。但吐温再不会写这个地区了。他开始撰写一部闹剧，讲的是一名改宗伊斯兰教的美国人在密西西比河上建的一座后宫。还开始写一部恶搞《一千零一夜》的剧，其中，山鲁佐德通过自己的故事让国王感到厌烦，从而救了自己的命。但两部作品都没有完成。[①] 显然，看到现实后，吐温再也无法把中东浪漫化了，哪怕用幽默手法也不行。

也许，马克·吐温驱散了美国人在中东的幻想，但他无法根除他们对中东的幻想。1872 年 9 月 26 日，在古代阿拉伯神秘神殿贵族教团——共济会的一个分支——的成立典礼上，这些幻想获得了充分的宣泄。这个教团由内战期间的外科医生沃尔特·弗莱明博士和曾在开罗及阿尔及尔演出过的演员比利·弗洛伦斯共同创立，其成员以弯刀和新月为徽章，以土耳其毡帽为头饰。他们的第一座圣殿被称为麦

① USNA, RG 84, *Records of Foreign Service Posts. Cairo, Egypt*, vol. 78: William Seward to Charles Hale, Oct. 30, 1867. Twain, *Innocents Abroad*, pp. 397 – 98 (“shamefully humbugged”), 401 (“Palestine is no more”), 406 (“American vandals”). Mark Twain website, http://www.boondocksnet.com/twaintexts/letters/letter670607.html: Twain to the San Francisco *Alta California*, Jan. 8, 1868 (“Moorish haiks”). Paine, *Mark Twain*, p. 341 (“gospel of sincerity”). Kaplan, *Mr. Clemens and Mr. Twain*, p. 233. Obenzinger, *American Palestine*, pp. x (“right along with”), 188, 256.

加，进去之后，初创者们要用阿拉伯语互致问候“塞拉姆，阿列克姆”（Es Selamu Aleikum）——意为愿你平安。虽然该组织最初专注于娱乐，但最终变成了慈善机构。一个世纪后，该组织号称拥有50万名成员和22家专门从事儿科和烧伤护理的医院。

对于更大范围的美国公众来说，对中东的幻想依然热度不减。费城的1876年百年纪念展上最受欢迎的景点之一，就是“埃及-苏丹”展馆。在一面写着“世界上最老的族群向最年轻的国家问好”的横幅下，游客们看到了一件拉美西斯神庙的复制品和2000份埃及棉花样品。去土耳其馆，人们可以啜饮甘苦参半的咖啡，买到“真正的”奥斯曼帝国物品，比如地毯、剑，当然还有土耳其毡帽。然而，最吸引人的展品是一座圆顶的摩洛哥别墅，里面复杂地镶嵌着进口木料，赞助商声称这些木料“来自丹吉尔，就是被马克·吐温滑稽地描述为昏昏欲睡的国家的那个”。①

不管是用阿拉伯语互致欢迎，在集市上购买毡帽，还是对《傻子出国记》中的讽刺开怀大笑，美国人仍然对中东着迷，或者更确切地说，迷恋神话中的麦加——至少在他们的想象中，圣地依然存在。

① “A Short History of the Shrine,” http://www.shrinershq.org/shrine/short history.html. Eric Davis, “Representations of the Middle East at American World Fairs, 1876-1904,” in Amanat and Bernhardsson, eds., *United States and the Middle East*, pp.352-53, 354 (“the oldest people”), 355-58, 359 (“from Tangiers”).

第十二章

复苏

美国人现在可以做白日梦了。他们在经历了一场令人痛苦的分裂之后，重新团结在了一起，如今站在第二次工业革命的边缘，这次革命将比第一次更为强大，生产力的爆发将推动他们在机械、纺织品和石油出口方面一跃成为世界领袖。被一次次的移民潮补充的美国人口，将在内战后的几十年间增长 40%，并分散到 37 个州。尽管人口分布较为分散，但超过 25 万英里的铁路、电报线以及到 1880 年安装好的大约 13.3 万部电话将美国人民联系在了一起。在钢铁生产方面，美国钢铁厂正雄心勃勃地缩小与欧洲的差距，因而将其越来越多的产量分配给武器制造和装甲战舰制造方面。这种巨大的能量融合几乎是北美无法容纳的。现在，随着西部边境大体平定，这个国家开始把目光转向大陆边界之外的中美洲、太平洋和远东地区。就算美国尚未成为法英联盟中的一个帝国主义大国的话，它也仍然在国际事务中发挥重要作用。

在中东，美国的角色传统上属于解放者之一，是少数族裔权利的捍卫者和希腊、匈牙利这类奥斯曼帝国下属省份谋求独立的拥护者。在为了维护国家完整付出如此痛苦的代价之后，美国人民认为自己有义务——事实上是被迫——为他人争取这些利益。而且，他们的善行现在将得到军事和经济实力的强大保障。尽管在重建过程中出现了政治投机的腐败，尽管北方对非裔美国人的偏见、南方的种族主义立法仍持续存在，而且西部的美洲土著部落最终被镇压，但美国将给东方带去自由。

半月帝国中的星条旗

尽管这一事件的文献记载语焉不详，但美国帮助阿拉伯人实现独立的第一次尝试发生于1868年的叙利亚。当时，查尔斯·拉马尔、安德鲁·罗默和奥赖利上校（全都是美国内战退伍军人）带领了80名阿拉伯人反抗奥斯曼帝国的统治。叛军持后膛装弹的步枪和榴弹炮，在叙利亚城市哈玛附近与一支强大的奥斯曼军队发生了冲突。战斗非常残酷，在叛军的骆驼被杀后，罗默和拉马尔被俘。两人被扔进厕所旁边的又小又潮湿的牢房，然后被戴上镣铐送到伊斯坦布尔，在那里经过几个月的铁窗生涯后他们都变得憔悴不堪。大马士革领事J.奥古斯都·约翰逊担心，这一事件将给中东人民留下“美国人同情……那些致力于推翻专制政府的行动”的印象，从而激励他们奋起反抗。约翰逊强调，相较于欧洲列强，美国在该地区的使命是“一种人道主义使命而非政策使命”。①

约翰逊的警告被证明是正确的：美国人作为自由斗士的形象确实

① USNA, RG 59, Dispatches from U.S. Consuls, Damascus: Johnson to Seward, April 3, 1867 (“that Americans sympathize”); Governor General of Syria to Johnson, Oct. 3, 1868; Johnson to Seward, Oct. 10, 1868; Johnson to Seward, July 22, 1868; Johnson [L.] to Johnson [A], Oct. 31, 1868; Johnson to Seward, Nov. 12, 1868; Dillon to Johnson, Dec. 19, 1868; Johnson to Seward, Dec. 31, 1868. *New York Times*, Dec. 7, 1880.

在迅速扩散。到1860年代末，克里特岛上与奥斯曼人作战的民族主义势力开始呼吁美国国会向他们提供军事和人道主义援助。巴格达的巴哈教教徒则在求助于美国，将他们尊贵的领袖巴哈乌拉从土耳其流放地解救出来。与此同时，华盛顿继续对整个中东——巴勒斯坦、波斯和北非——地区被压迫的犹太人群体表示关注。美国总统拉瑟福德·B. 海斯1880年12月告诉国会，美国曾“抓住一切机会”向摩洛哥皇帝施压，要求他尊重其犹太臣民的各项权利。卡萨布兰卡心存感激的犹太人在感谢国务院时说：“正是对美国这个自由和平等的伟大先驱，这些不幸的人才抬起了双眼。美国的星条旗将在半月帝国闪耀。”耶路撒冷犹太人的领导人宣称，“在我们共同祖先的圣地，美国将永远受到选民们的祝福。”①

美国对中东不宽容政策受害者的关切在保加利亚尤为显著。尽管从未被视为中东的一部分，但在1876年土耳其军队屠杀了大约1.5万名保加利亚基督徒时，保加利亚仍是奥斯曼帝国的一个省份。为调查这一暴行，美国国务院派了一位温文尔雅的外交官尤金·舒勒前往索非亚及其周边，这位外交官是位屠格涅夫作品的翻译，也是耶鲁大学的第一位博士。“在帕尼基什特，有3000人被……正规军杀害，”舒勒在8月14日的一份例行报告中写道，“几乎所有的妇女都被强奸了，甚至连男孩和老人也难以幸免。”记者雅努斯·阿洛伊修斯·麦

① *FRUS*, 1880: Evarts to Fairchild, March 12, 1880, pp. 893 - 94. USNA, Dispatches from U.S. Consuls, Tangiers: Cohen to Mathews, May 5, 1880 (“It is to America”); Dispatches from U.S. Consuls, Jerusalem: Meizel, Alexander and Lipkin to deHass, May 3, 1877. Bryson, *American Diplomatic Relations*, pp. 29, 47. Brainerd Dyer, *The Public Career of William M. Evarts* (Berkeley: Univ. of California Press, 1933), pp. 217 - 18. Cyrus Adler, *Jews in the Diplomatic Correspondence of the United States* (Baltimore: Friedenwald, 1906), pp. 39 - 45. Ron Bartur, “American Consular Assistance to the Jewish Community of the Land of Israel at the End of the Ottoman Period to the Outbreak of World War I, 1856 - 1914 [Hebrew]” (Hebrew Univ., 1984), p. 364 (“The stars and stripes”).

克加汉也发回了类似的报道，他是一名与众不同的美国人，留着胡子，长得虎背熊腰，来自俄亥俄州鸽巢岭。麦克加汉的文章被《纽约时报》转载，文中描述了“被数百人屠杀的婴儿和儿童的遗骸，堆积如山的少女尸体——这些少女是被先奸后杀——以及……的尸体堆满了每一座教堂”。舒勒和麦克加汉的证词在1878年使得国际舆论转而反对土耳其，并且鼓起了俄罗斯人对奥斯曼人发动进攻的勇气，在这场战争期间，麦克加汉死于斑疹伤寒。保加利亚随后获得独立，通过了由舒勒和罗伯特学院——建立在博斯普鲁斯海峡的美国学校——的几名毕业生起草的宪法。①

自50年前签署美国-奥斯曼条约以来，美国从未如此公开表示过对土耳其宫廷的不满。当然，这种不满是相互的；舒勒被宣布为不受欢迎的人，并被驱逐出奥斯曼领土。然而，这样的摩擦从未妨碍到两国间的日常外交活动或对有利可图的贸易的追逐。1873年8月4日，奥斯曼帝国在华盛顿设立了第一个中东大使馆，而访问伊斯坦布尔的美国军舰则会受到礼炮和土耳其乐队演奏的《共和国战歌》的例行接待。仅1877年一年，美国就从奥斯曼帝国进口了价值约16.7万美元的鸦片、香料和各种“集市商品”，反过来，美国向奥斯曼提供了450多万美元的石油和军事物资。塞勒斯·哈姆林兴高采烈地报道说，土耳其“现在正从罗得岛的普罗维登斯获得……马提尼-亨利步枪，弹药则来自康涅狄格州的纽黑文!”

与此同时，美国也在将其影响力投射到该地区更遥远的地方。1879年12月，“泰孔德罗加号”成为第一艘通过霍尔木兹海峡进入

① David Harris, *Britain and the Bulgarian Horrors of 1876* (Chicago: Univ. of Chicago Press, 1939), p. 410 ("In Paniguischte"). *New York Times*, Sept. 9, 1876 ("the remains of babes"). Field, *America and the Mediterranean World*, pp. 365 - 72. Bryson, *American Diplomatic Relations*, pp. 29 - 30. Sir Edwin Pears, *Forty Years in Constantinople*, 1873 - 1915 (New York: Appleton, 1916), pp. 16 - 18.

波斯湾的美国军舰。这艘单桅帆船穿过了以前被认为是专属英国的一个湖泊，沿着阿拉伯河航行 60 英里到达巴士拉和布什尔的港口。对于“泰孔德罗加号”指挥官罗伯特·威尔逊·舒费尔特来说，这种对美国实力的展示不仅是为了开拓新市场，也是为了传播美国的理念。曾担任过“贵格城号”船长的舒费尔特宣称：“世界上没有任何一个地方如此需要通过对实力的具体展现来……传播一个文明国家的知识。”

1881 年发生的一场外交事件，彰显了美国在中东维护自己的能力，这件事还差点引发一场危机。事件发生在伊斯坦布尔的苏丹宫殿，前北方军将军卢·华莱士前来递交他作为新任美国大使的国书。具有讽刺意味的是，华莱士接替的人是前南方军指挥官詹姆斯·朗斯特里特，朗斯特里特未能给土耳其东道主留下深刻印象，而华莱士决心要在自己的岗位上取得成功。但华莱士没有获准进入宫殿，而是一直在前厅等候。他的译员解释说，这种无礼行为是例行做法，目的是让西方人明白自己的位置。

尽管华莱士戴着一副书生气十足的眼镜、蓄着胡须，但他颇令人敬畏，曾参加过内战中最为血腥的一些战役，任新墨西哥州州长时还曾追捕过比利小子[①]。除了行动上的勇敢，华莱士还表现出强烈的宗教信念，这种虔诚的信仰结合丰富的想象力，最近激发他创作了畅销小说《宾虚》。他是一个习惯了表达——和接受——尊重而不是被诋毁的人。就像回到了战场一样，华莱士一把推开宫廷卫士，冲进皇宫，径直朝苏丹走去。

与具有改革思想的前任阿卜杜勒·梅米德和阿卜杜勒·阿齐兹不同，这位新苏丹阿卜杜勒·哈米德二世极为保守，长期对西方持怀疑

① Billy the Kid，即威廉·H. 邦尼，出生于纽约市，因林肯郡之战而成名。美国著名枪手、西部传奇人物。——译者

态度。他怒视着这个无礼的闯入者，对那个为主人的无礼一个劲儿点头哈腰乞求原谅的译员视而不见。与此同时，华莱士神情专注，手僵硬地伸了出来。终于，紧张的时刻过去了，苏丹的怒容慢慢变成了微笑。随后，阿卜杜勒·哈米德走上前去，宣布这个美国人是个直率的人，并与之握手。①

未来华莱士还会有其他机会对奥斯曼的做法表示抗议，并展示美国在中东的勇气。然而，在19世纪余下的几十年里，美国在该地区的优势地位所面临的主要挑战不是来自奥斯曼帝国，而是来自欧洲大国。欧洲列强们把这视为外来势力对欧洲专属领域的入侵，并对此深感不满，还试图阻止美国人在奥斯曼帝国扩大自己的影响力。这种摩擦的先兆发生在埃及，在那里，一名美国人试图获取一件中东纪念品并与本国同胞分享，遭到欧洲人的反对。

国际尊重的慷慨标志

这名美国人并非泛泛之辈，而是铁路大亨威廉·H.范德比尔特，他是马克·吐温笔下“镀金时代”的化身，代表着穷奢极欲、腰缠万贯和乐观主义。他对埃及给予格兰特的荣誉印象深刻，并得知巴黎、伦敦和罗马各获得了一座古埃及方尖碑，于是请求美国国

① Palmer, *Guardians of the Gulf*, p. 311 (“There is no place”). Field, *America and the Mediterranean World*, p. 312 (“now gets its”). Jonathan Grant, “The Sword of the Sultan: Ottoman Arms Imports, 1854 – 1914,” *Journal of Military History* 66 (Jan. 2002), pp. 9 – 36. John Dunn, “Egypt's Nineteenth-Century Armaments Industry,” *Journal of Military History* 61 (April 1997), pp. 231 – 54. Jeffrey D. Wert, *General James Longstreet* (New York: Simon and Schuster, 1993), p. 419. Marty H. Krout, ed., *Lew Wallace: An Autobiography* (New York: Harper, 1906), pp. 962 – 63. See also “Meet Lew Wallace: American Minister to Turkey, 1881 – 1885,” on http://www.ben-hur.com/meet_ambassador.html.

务院帮助他为自己的家乡纽约也争取一座类似的纪念碑。国务院同意了，并指示美国驻亚历山大领事埃尔伯特·伊莱·法曼去见伊斯梅尔。

“美国人口已接近 5000 万，而且在不远的将来这个数字就会翻倍。”法曼告诉赫迪夫伊斯梅尔。领事解释说，这数千万人中有许多人最终将会去纽约转转，“如果在那里竖立一座方尖碑……他们会了解到关于它的古代历史，而这是殿下送给美国人民的礼物”。时年 48 岁的法曼来自纽约州华沙，是一名毕业于阿默斯特学院的律师，有着高高的额头、敏锐的眼睛和酷似哲学家的大胡子。在被任命为领事的三年里，他与美国传教士密切合作，帮助非洲奴隶摆脱埃及主人的奴役，这让地方当局很是恼火。尽管如此，法曼还是成功地与伊斯梅尔建立了一种热情而坦诚的关系，并毫不费力地把范德比尔特的要求直截了当地告诉了他。他说，美国想到了两座方尖碑，一座在卢克索，另一座在卡尔纳克。

出于对那些为埃及的国防和福利做出贡献的美国官员及教育工作者的感谢，同时也希望能通过提高美国的地位来降低其欧洲债权人的地位，伊斯梅尔欣然答应。他提到了一座比卡尔纳克和卢克索那两座更令人震撼的方尖碑——它是座有 3000 年历史的花岗岩纪念碑，曾装饰过亚历山大的恺撒神庙，人们称之为克里奥帕特拉之针。他说，这座方尖碑可以无偿奉送，“以纪念美国政府和赫迪夫政府之间长期以来的友谊”。

伊斯梅尔的提议引起了美国上下的瞩目。法曼强调，这根“针”的确比英国和法国的方尖碑质量更好、历史意义更大，它被搬到纽约将会“永久成为一个标志性的历史事件”。海斯总统得意洋洋地告诉国会，对于整个国家来说，这份礼物是“国际尊重的慷慨标志”。

但是，在赞扬埃及的慷慨时，总统未能预料到欧洲对美国侵入中东的不满。先是意大利人声称他们拥有方尖碑下面的财产，反对拆除方尖碑。继而英国和法国坚称，埃及的所有财产——包括其文物在内——都作为对伊斯梅尔债务的担保而属于他们。法曼抗议道："欧洲的首都堆满了古埃及的宝藏，它们最没权利说美国不该带走任何一座纪念碑。"美国的公众舆论也被激怒了。《纽约先驱报》警告说，欧洲列强会"蔑视地对我们指指点点，并暗示在我们拥有方尖碑之前，我们永远无法占有真正的道德高点"。

与此同时，随着欧洲要求伊斯梅尔下台，欧洲对埃及内政的干涉也开始升级。埃及统治者最后收到了一封写给"前赫迪夫"的信，通知其"退位"。这位讲话温和有远见的人曾渴望将埃及改造为一个独立的西方式国家，他建造了剧院、开挖了运河，并让美国军官帮助埃及军队实现现代化，现在终于被他更容易受人摆布的儿子陶菲克取代。同时化为乌有的还有美国获得方尖碑的机会。然而，范德比尔特拒绝屈从于欧洲的命令。他派前海军军官亨利·霍尼丘奇·戈林奇前往亚历山大港，指示他摒除一切干扰，立即取回方尖碑。

与范德比尔特一样，戈林奇富有创新精神、精力充沛，是美国新时代的化身。在内战期间，他在炮火下被任命为军官，后晋升为中校，并作为美国军舰"葛底斯堡号"的舰长护送尤利西斯·格兰特游览中东。戈林奇还是一名热心的共济会成员，与别的会员一样，他很迷恋中东地区的古迹。他在1879年10月抵达埃及，在接下来的9个月里，他一直在努力挖掘方尖碑及其重达50吨的基座。在100名当地工人和一台曾用来建造布鲁克林大桥的绞盘车的帮助下，他从方尖碑基座周围挖出了1730立方的泥土。将这根长达70英尺的"针"与土地分离后，从陆路将其拖到一艘埃及轮船旁，然后插入专门打了孔的船体中。这项工程耗资超过10万美元，但范德比尔特包揽了全部费用。1880年7月，方尖碑准备就绪、等待起航。

《纽约先驱报》在国内遥相呼应：“如果没有埃及方尖碑，任何大城市的人指望获得幸福都将是荒谬的。”由加农炮压舱，在铁轨上滑行了一段后，这艘船终于出现在纽约港西51街的码头上。从那里，一队32匹马拖着它穿过城市，来到第五大道，又一直拖到第82街，队伍在这里进入中央公园的森林地带。在新建的大都会艺术博物馆后面，2万名兴奋不已的纽约人在格雷瓦克小丘上不眠不休地等待着，其中包括国务卿威廉·麦克斯维尔·埃瓦茨。

埃瓦茨是美国公理会差会秘书的儿子，是一位虔诚的教徒，也是中东传教使命的热心支持者。不过，当他站起来向人群发表讲话时，其语气与其说饱含了宗教虔诚，不如说更多哲学意味。埃瓦茨眺望着眼前由无边无际的圆顶礼帽、阳伞和帽子构成的人海，禁不住高声呼喊，有没有哪个国家，甚至是一个富裕到足以购买一座方尖碑的国家，能够抵御衰落的力量？“你们能指望长盛不衰吗？”他问，“你们能渴望财富不断累积、人类永不衰颓吗？”

人群的欢呼声淹没了埃瓦茨的庄严发问。听众们更痴迷的是当下的结果，而不是对历史的沉思——他们更关注自己国家过去20年取得的成就，而不是对其未来的担忧。在内战期间四分五裂的美国人民再次团结起来，并在世界上崭露头角。在中东就像在世界其他地方一样，美国将被公认为一支强大的经济和军事力量。欧洲国家将不再寻求剥夺美国人在该地区追求自身利益或与当地统治者建立关系的权利。随着起重机将这一重达220吨的庞然大物吊到原来的基座上时，一声惊天动地的巨响宣告了这一优势地位。美国的方尖碑自信地竖立了起来，巍然耸立在东方。[①]

---

① *FRUS*, 1877: Mr. Maynard to Mr. Evarts, Nov. 26, 1877, p. 141; 1878, Mr. Heap to Mr. Hunter, Jan. 25, 1878, pp. 929 – 31; 1879: Farman to Evarts, May 22, 1879, p. 1003 ("long remain"); Message of the President, Dec. 1, 1879, p. xiv ("a generous mark"); 1880, Farman to Evarts, May 5, 1880, pp. 1108 – 12. Elbert Eli Farman, "Negotiating for the Obelisk," *Century Illustrated Monthly Magazine* 24 (Oct. 1882): 882 – 83 ("The population," "another souvenir," and "It is not for"). Elbert Farman, *Egypt and Its Betrayal* (New York: Grafton Press, 1908), pp. 148 – 49, 166. Seaton Schroeder, *Fifty Years of Naval Service* (New York: Appleton, 1922), pp. 133 – 36, 140 – 43. Labib Habachi, *The Obelisks of Egypt* (Cairo: American Univ. in Cairo Press, 1984), pp. 176 – 78, 181 – 82. Bob Brier, "Saga of Cleopatra's Needles," *Archaeology* 55, no. 6 (Nov.-Dec. 2002): 48 – 51. Martina D'Alton, *The New York Obelisk* (New York: Metropolitan Museum of Art, 1993), pp. 2, 11 ("point the finger" and "It would be absurd"), 16 – 21, 63. James Field, "Near East Notes and Far East Queries," in John Fairbank, ed., *The Missionary Enterprise in China and America* (Cambridge: Harvard Univ. Press, 1974).

第四部分

帝国主义时代

第十三章
帝国初升

1882年7月11日日出时分，从睡梦中醒来的埃及亚历山大的居民可以看到地中海海平面上空横着一条不祥的轮廓线。出现海市蜃楼景象的消息迅速传遍全城，很快，好奇的市民从全城各处聚集到了码头上。农民、职员和商人无言地凝望着港口外盘旋的幽灵，焦虑不安的炮兵则急匆匆地围着他们的大炮奔忙。他们中的许多人都明白，他们国家的历史——如果不是整个中东历史的话——将会被改变。长期以来动摇埃及、破坏其自豪感与独立梦想的政治动荡正在爆发。

3年多来，政治动荡已然加剧。在此期间，欧洲列强宣布埃及资不抵债，它们驱逐了赫迪夫伊斯梅尔，让更好摆布的陶菲克取而代之。这种对埃及内部事务的公然干涉，引发了日益壮大的埃及民族主义者的反对，他们的领袖是富有个人魅力的艾哈迈德·乌拉比上校。乌拉比是一名农家子弟，有着严格的伊斯兰背景，他体格健壮、鼻子宽大，蓄着胡须，是级别最高的埃及本土军官。他公开宣誓“埃及是埃及人的”，试图将控制军队的土耳其精英驱逐出去，并免除埃及的所有外债。因此，在任的赫迪夫和他的欧洲债权人密谋逮捕乌拉比。然而，这位上校并没有保持沉默，到了1882年，他已开始威胁要推翻赫迪夫。开罗和亚历山大都爆发了支持乌拉比的暴动，暴动还继续向苏伊士运河方向蔓延。由于担心在埃及的英国公民的安全，尤其是苏伊士运河的安危，英国决定出手干预。

7月的那个早晨出现在埃及海岸附近的幽灵逐渐在人们眼前清晰可见：英国战舰。早上6点50分整，眩目的光突然照亮了战舰的甲板。几秒钟后，伴随着震耳欲聋的尖叫声和爆炸声，万炮齐发，数不清的大口径炮弹砸进了亚历山大蜿蜒的小巷和优雅的公园。聚集在码头上的看客立刻四散溃逃，昔日以繁华喧闹著称的亚历山大街道立时空无一人。但埃及军队还在坚守阵地。100多门大炮——其中许多被战略性地部署在由美国内战老兵建造的伪装良好的掩体中——射向英国舰队。然而，即使亚历山大拥有坚固的防御工事也无法抵御来自皇家海军铁甲舰的协同轰炸。岸上的炮台相继沉默，被炮弹震得惊慌失措的守军也已四散而去。傍晚5点30分，战斗结束。数百人死于炮击，士兵和平民都有；受伤人数是这个数字的好几倍。注定要持续约72年的英国对埃及的占领，就此拉开帷幕。

相互矛盾的遗产

对埃及的入侵虽然可憎，但这还只是帝国主义进程中的一个里程碑而已，在这一进程中，世界四分之一的土地将被帝国主义国家征服，仅英国和法国侵占的面积就将达到700万平方英里。欧洲对大片土地和众多民族的统治，使美国陷入了某种根本性困境，尤其是在中东。如果说，在希腊独立战争期间，美国人不得不在追求与土耳其的战略利益和维护民主原则之间做出选择的话，那么他们现在必须在自己的两种信仰——神圣的宗教信仰与世俗的公民观念——之间做出选择。他们该站在基督教欧洲一边，共同反对那种被鄙视的、据称是腐朽的伊斯兰教，还是该站在同样的殖民主义的受害者（美国正是从这种殖民主义手中解放了自己）一边？作为中东人民自由的拥护者，美国还能在美国人在安顿自己的大陆并觊觎着加勒比海和太平洋地区的领土之际，义正词严地谴责欧洲吗？

早在1829年法国入侵阿尔及尔时，美国人就开始问这些令人痛苦的问题。原定担任美国驻阿尔及尔领事馆领事的大卫·波特，由于拒绝在法国占领下任职，结果被任命为驻伊斯坦布尔的官员。而波特原来的职位，美国国务院派出了亨利·李来接替，他是独立革命时期的爱国者理查德·亨利·李的孙子。这位新领事除了表示对“在华盛顿的旗帜下与美国人并肩作战的法国人”的尊敬，以及对阿尔及利亚海盗后代的仇恨之外，毫无建树。“当我第一眼看到……胜利的基督教大军在他们面前驱赶野蛮人部落时，”李回忆道，“我不知道我是否还有过比这一刻更强烈的同情与胜利之感。”

在接下来的50年里，欧洲对中东部分地区的接管继续在美国人中反响热烈。在前往该地区的美国游客留下的回忆录中，充斥着支持拆分奥斯曼帝国、将其分为英、法两部分的言论。这种渴望在美国传教士中表现得尤为强烈，他们中的许多人享有欧洲领事保护，认为帝国主义列强就是神圣意志的代理人。1865年，资深传教士乔纳斯·金说：“只有推动世界的手才能完成这一切。”他指的是英国在埃及的影响力不断增强和法国对北非的入侵。但是，尽管美国人普遍支持欧洲对中东地区的渗透，也有一些人表示抗议。堪萨斯人理查德·J.辛顿在南北战争期间是一支非裔美国步兵部队的指挥官，他宣称：“虽然美国必须在亚洲的复兴方面发挥领导作用，但我们不能步欧洲兄弟们后尘，成为侵略者。”乔治·波茨牧师指责欧洲在东方的“血腥征服”是“一种严重的全民性罪恶，会招致……狠狠的……报复”。1852年11月，身为长老会教徒的波茨在接受《纽约时报》采访时提醒美国人，美国“作为一个公正的……敬畏上帝的国家，有责任将其他国家视为邻国，而不是效仿欧洲去觊觎别国的领土”。①

在19世纪的最后25年里，随着中东地区陷入旷日持久的政治动荡，美国对中东帝国主义的矛盾情绪加深了。当欧洲人就“东方问题”，即究竟是继续保留“欧洲病夫”（这是他们对土耳其的蔑称）还是妥善处理其残局，进行角力时，从塞浦路斯到巴尔干半岛的本土民族主义运动都在寻求脱离奥斯曼帝国的统治。为了阻止或至少是监控其崩溃，各大国于1878年在柏林会晤。经由这次会晤，英国得到了塞浦路斯的控制权，俄罗斯确保了塞尔维亚和保加利亚这两个奥斯曼帝国省份的独立。国际局势似乎趋于稳定，但这只维持了很短的时间。不久，德国开始向伊斯坦布尔提供军事顾问，意大利则声称对利比亚拥有主权。在柏林达成的协议仅仅过了3年就破裂了，1881年4月，法国军队从阿尔及利亚进入突尼斯，占领了突尼斯市，并将整个国家置于永久托管之下。

“看起来法国人是要来这里定居的。”美国驻突尼斯领事乔治·华盛顿·费什博士叹道。时年65岁的费什是前联邦军队的外科医生，在妻子和两个孩子死于斑疹伤寒后，他转而从事外交工作。以往的苦难经历也许已使他麻木，但看到法国军队对突尼斯平民的大肆屠杀，他仍然感到震惊。他抗议道：“用平实的英语来说……法国人正在……居心叵测地利用［突尼斯］政府。”然而，与费什相反，美国

① Conn, “John Porter Brown,” pp. 10 - 11. USNA, RG 59, Dispatches from U. S. Consuls, Algiers, Algeria: Lee to French Consul, Feb. 20, 1830 (“the Frenchman”); Lee to Van Buren, July 15, 1830; Porter to Van Buren, Sept. 22, 1830. Haight, *Letters from the Old World*, pp. 260, 262. *FRUS*, 1882: Wallace to Frelinghuysen, Feb. 1, 1882, p. 501. Akira Iriye, *From Nationalism to Internationalism: U. S. Foreign Policy to 1914* (London: Routledge and Kegan Paul, 1977), p. 65 (“we cannot follow”). Potts, “National Boasting,” *New York Times*, Nov. 26, 1852. E. J. Hobsbawm, *The Age of Empire, 1875 - 1914* (New York: Pantheon, 1987), p. 59.

媒体对法国进攻土耳其几乎是难以抑制的狂喜，纽约各大报纸宣称："只要处于欧洲种族的控制之下，任何管理不善的国家都会变得文明起来。"《哈珀杂志》也称赞说，"这场辉煌而迅速的战役激发了人们的想象力，唤起了人们对过去辉煌时期的记忆"。①

如果说美国人对法国占领阿尔及利亚和突尼斯的看法尚存在分歧，那么他们对英国入侵埃及的判断可能是一致的。与北非不同，埃及从未对美国发动过战争，两国关系一直很好，而英国曾两次与美国作战。另一方面，美国在埃及几乎没有什么教育与文化机构，对苏伊士运河也兴趣缺缺，且一直将埃及视为英国的势力范围。因此，从格兰特到加菲尔德的美国政府都拒绝了埃及为抵御英国的强取豪夺向美国发出的求援。1879 年，美国助理国务卿威廉·亨特宣称："我国政府若是卷入埃及债务就太愚蠢了。"他还补充道，"在美国，没人有兴趣"缓解埃及的困境。

英国对亚历山大的轰炸，再次激起了美国人对帝国主义截然相反的两种情绪，有人同情，有人厌恶。纽约牧师菲利普·沙夫称赞英国的袭击是"十字架对新月的胜利"，但《洛杉矶时报》谴责这是"明目张胆的可耻行径"。尤利西斯·格兰特预言英国将解放埃及，就像联邦军解放黑奴一样；但格兰特的战时助手亚当·巴多少将却痛斥入侵埃及是"英国民族的耻辱，是对这个时代的文明的侮辱"。《纽约时报》的文章最能说明这种混乱的程度，它一方面对"可能追随新的哈里发发动圣战的狂热的……阿拉伯人"的失败拍手称快，另一方面又

① USNA, RG 59; Dispatches from U.S. Consuls, Tunis: Fish to Hunter, April 22, 1881 ("It looks as though"); Fish to Hunter, May 5, 1881 ("In plain Anglo-Saxon"). David M. Pletcher, *The Awkward Years: American Foreign Relations under Garfield and Arthur* (Columbia: Univ. of Missouri Press, 1962), pp. 224 – 25 ("Civilization gains"). General Lewal, "The French Army," *Harper's New Monthly Magazine* 82, no. 491 (April 1891): 657.

谴责这是英国“永远的耻辱”，是其又一次为“没有代表权的税收”发动的战争。[①]

英国对埃及的入侵，再次迫使美国在效忠西方文明和维护美国的反殖民主义遗产之间做出抉择。而且，美国人是否愿意以自己不断扩大的全球利益为代价，坚持自己的反帝原则呢？大多数在几千英里之外关注埃及发生的事的美国人，可能会陷入这些伦理困境。然而，另一些美国人，作为英国入侵的目击者，却承受不起深思熟虑的代价。对他们来说，这种矛盾心理是他们负担不起的奢侈品。

撒下风者，必收风暴

埃及危机爆发时，曾因探索中东而声名鹊起的美国军官、花花公子查尔斯·夏耶-朗刚完成自己的法律学习，他获得了一个驻亚历山大的外交职位。应国务院的要求，他加入了一支由 4 艘美国炮艇组成的中队，该中队隶属于开往埃及的英国舰队。他的任务是在亚历山大发生大规模暴力事件时疏散留在当地的美国人。尽管美国军舰没有参与此次袭击，但它们在那年 7 月出现在埃及水域，与英国驱逐舰亲切地互致敬意，表明了华盛顿在多大程度上让自己默许了埃及不可避免的投降这件事。

① USNA, RG 59, Dispatches from U. S. Consuls, Cairo, Egypt: Beardsley to Page, April 24, 1874; Beardsley to Fish, Dec. 11, 1875. Wright, *United States Policy toward Egypt*, pp. 92, 108 - 9 (“What folly”), 120, 123. Adam Badeau, “The Bombardment of Alexandria,” *North American Review* 142, no. 355 (June 1886): 592. “American Trade Opportunities in Egypt Destroyed,” *Los Angeles Times*, July 26, 1882, p. 2 (“shameful act”). “A Mohammedan Revival,” *New York Times*, Sept. 22, 1881, p. 4 (“fanatic . . . Arabs”); “The Conquest of Egypt,” Sept. 15, 1882, p. 4 (“everlasting shame”); “The Bondage of Egypt,” Feb. 6, 1882, p. 4 (“taxation without representation”).

在美国军舰“加利纳号”（Galena）的舰桥上，夏耶-朗亲眼看到了英国和埃及之间的激烈交火。然而，在吞噬了城市并将成千上万居民赶向大海的大火的映衬下，史诗般的壮丽景象很快便黯然失色。暴徒们趁着埃及军队的失利，在亚历山大最优美的街区横冲直撞，抢劫和焚烧房屋，杀害一切他们认为是外国人的人——法国人、意大利人、东正教基督徒和犹太人。英国指挥官接到的是轰炸亚历山大而不是占领亚历山大的命令，无力阻止这些暴行。但夏耶-朗不能袖手旁观。他召集了一支由160名志愿者、水手和海军陆战队员组成的部队，手持步枪和加特林机枪，尽力保卫美国领事馆，并尽可能多地营救幸存者。

事实上，美国人是英国入侵时在亚历山大登陆的第一批部队。迎接他们的场面极为恐怖。夏耶-朗描述说：“海面上漂浮着大量男人、女人和孩子的尸体——都被泡得肿胀。”他注意到大多数受害者是“黎凡特犹太人”，是在逃离起火的房屋时被杀害的，据估计有400名死者，其中有一些是希腊和亚美尼亚基督徒。“被抓住的男人、女人和孩子被绳子绑在一起，拖过街道，在遭受残忍的折磨和残害之后，他们会被杀掉，［他们的］肉……则在模拟的拍卖会上公开出售。”

美国人冲进了这座人间地狱。他们设法扑灭了一些更有威胁性的大火，将领事馆大楼隔离开来，将其改造成一个临时诊所和避难所。他们在城里巡逻，恢复了一定程度上的秩序，直到4天后英军的先头部队终于登陆。在此期间，大约300名难民被疏散到美国海军中队。“我把他们都安置在船尾，有法国人、意大利人、希腊人、土耳其人还有叙利亚人，”美国军舰“昆宁堡号”船长作证说，“在这群人里，共有三名美国人——两名传教士和一名法官。”

因着这一大胆行动，美国得到了好几个欧洲国家的感谢。值得一提的是，英国向“那些……在亚历山大落到强盗和纵火犯手中时为保护城中的生命和财产做出贡献……的水手和海军陆战队员”致敬。但是，没有一个政府支持夏耶-朗的提议，即把重建后的领事区从“领事广场”更名为“美国广场”，或者竖一块纪念碑铭记“那些拯救了许多基督徒的生命和亚历山大城的……美国人”。尽管他表达了想留在亚历山大领事馆的愿望，但这位基奥加湖和尼罗河的乌干达源头的发现者还是被调到了朝鲜。据一位与夏耶-朗交好的海军军官分析，夏耶-朗请求留在埃及的文件，一定是在美国日益增加的有关其国际利益的文件中弄丢了。“我们主宰着这个世界的一半，而且，不管我们自己的意愿如何，我们也卷入了对另一半的殖民利益的争夺。”①

夏耶-朗感到失望，他认为欧洲各国对他在英国入侵中所起作用的反应不够全心全意，尽管如此，他对袭击本身的看法是毫无保留的。他觉得赫迪夫是个腐败无能的统治者，埃及民族主义者则是一群嗜血的狂热分子。然而，并非所有居住在埃及的美国人都认同他的判断。尤其是两名外交官，与他的立场截然不同。

曾巧妙地为纽约获得了“克里奥帕特拉之针”的亚历山大领事埃尔伯特·伊莱·法曼，对埃及所遭受的种种不公义愤填膺。他列出了犯下这些罪行的几个元凶的名字，其中包括诱使埃及陷入债务泥潭的“邪恶天才”费迪南·德·雷赛普斯和“夏洛克犹太银行家”。然而，最让他怨愤的是“得寸进尺的欧洲列强”，他们似乎处心积虑地要“对弱小国家逞凶”。早在 1879 年，法曼就曾预言英国和法国将很快挑起埃及的内乱，为入侵制造借口。后来，他还将公开宣称埃及

① Chaillé-Long, *My Life*, pp. 245 - 48, 251, 259 (“In the sea”), 271 (“Men, women”), 302 - 3 (“We dominate”), 307 (“the Americans ... who”). Still, *American Sea Power*, pp. 83 - 84, 85 (“I corralled”), 86 - 87. Frederick J. Cox, “Arabi and Stone: Egypt's Military Rebellion, 1882,” *Cahiers d'Histoire Egyptienne* 8 (April 1956): 173 - 74. *Messages and Papers of the Presidents, 1789 - 1897*, vol. 8, ed. James D. Richardson (New York: Bureau of National Literature, 1917): Second Annual Address of Chester Arthur to Congress, Dec. 4, 1882, p. 126. *FRUS*, 1882: Sackville West to Frederick T. Frelinghuysen, Sept. 17, 1882, p. 325 (“sailors and marines”).

1882年的暴乱是“由一名英国人煽动起来的”。

如果说法曼对大不列颠是彻底地厌恶，那么他对艾哈迈德·乌拉比却表示出了无条件的敬意。越来越多的美国外交官开始同情本土民族主义，憎恶欧洲帝国主义，法曼是其中的代表。他还推崇热爱自由的阿拉伯人的浪漫形象，这是从约翰·利雅德到马克·吐温等美国旅行者最钟爱的。乌拉比这个名字在阿拉伯语中的意思是“沙漠居民”，他是法曼心目中的英雄。“没有哪位爱国者比他更受欢迎……［而且］没有哪位爱国者像他那样不受个人野心的驱使。”这位领事宣称，“他是他的人民的偶像。”

法曼并不是唯一一个对乌拉比赞美有加的人。另一个崇拜乌拉比的人是美国驻开罗领事西蒙·沃尔夫。如今，指派美国犹太人在中东担任外交职务已成为一种制度化的传统，巴伐利亚出生的沃尔夫是这一传统的最新例证，他是末底改·诺亚的传记作者，也是与林肯和格兰特都建立了密切关系的华盛顿律师。沃尔夫在詹姆斯·加菲尔德总统遭枪击（刺客也是个律师，因未能获得领事职位而恼羞成怒）的前一天获得了白宫的任命，在1881年9月9日抵达埃及，乌拉比正是在这一天发动了叛乱。①

他初来乍到这个国家，再加上整个任期内都将受胃痛折磨，沃尔夫决定“谨言慎行、小心摸索”。他凭直觉认为，欧洲人会抓住任何一丝挑衅作为其占领埃及的借口，并在此过程中引发对外国人的屠杀。“在这一方棋盘上，欧洲或多或少都在玩外交游戏。”他这样告诉

① Farman, *Egypt and Its Betrayal*, pp. 286 (“evil genius”), 289 (“Shylock”), 290 (“aggressive European Powers”), 302 (“He was the idol”), 303 (“instigated by”). Egyptian State Information Service, “Orabi Pasha,” http://216.239.41.104/search?q=cache: O8sDNN WobzsJ: www.sis.gov.eg/calendar/html/c1310397.htm+orabi&hl=en&start=2.关于乌拉比这个名字的阿拉伯词根，参见 Hans Wehr, *A Dictionary of Modern Written Arabic* (Beirut: Librairie du Liban, 1980), p.601。

国务院，强调美国有责任保护在埃及的美国公民，尽力避免灾难。鉴于这些目标，沃尔夫请求在埃及海岸附近部署三艘美国军舰，并试图与乌拉比取得联系。

双方于11月11日在唯一一位还留在埃及的美国顾问查尔斯·斯通中将的家中举行了会晤。沃尔夫身材结实、剃着光头，长着个突出的鼻子，还蓄着八字胡，他可能已经注意到了自己与乌拉比之间的某种相似之处，而这种相似不仅是身体上的。沃尔夫和乌拉比一样坚信埃及人是“这块土地的原住民和主人”，理应不受压迫。沃尔夫向乌拉比保证，美国“绝不会卷入欧洲或黎凡特的政治”，并以“一名同胞，一名来自一个……自己的公民……也曾遭受暴政与铁轭束缚之苦……的自由国家的公民”的名义，敦促乌拉比表现出适度的态度，提防“受法国与英国影响的特洛伊木马”。领事随后发表了一篇讲话，即使在19世纪的背景下，听起来也相当独特：“作为一名以色列人，作为人类大家庭阿拉伯分支的兄弟，我完全理解所有［埃及人］渴望的一切。我感谢伊斯兰教徒的庇护与保护，感谢他们让我的同胞多年来在穆斯林国家享有的自由。”

这一声明令乌拉比印象深刻，他承诺将运用“管理和智慧”，并保持最大限度的克制。沃尔夫高兴极了。“几乎没有哪个本地人不知道……美国是他们的朋友；我们到这里不是为了掠夺与压迫，而是为了援助与鼓励。”① 然而，到了暮春时节，领事那种秋天的乐观就显

① USNA, RG 59, Dispatches from U.S. Consuls, Cairo: Wolf to Blaine, Sept. 12, 1881 (“act cautiously”); Wolf to Blaine, Sept. 15, 1881 (“Here on this”); Wolf to Blaine, Oct. 29, 1881 (“the natives and owners”); Wolf to Blaine, Nov. 11, 1881 (“in no way”); Urabi to Wolf (n. d.) (“management and wisdom”); Wolf to Frelinghuysen, March 21, 1882 (“There is scarcely”). Esther L. Panitz, *Simon Wolf: Private Conscience and Public Image* (Rutherford: Fairleigh Dickinson Univ. Press, 1987), pp. 71-78. *Selected Addresses and Papers of Simon Wolf* (New York: Bloch, 1926), pp. 15-16. Simon Wolf, *The Presidents I Have Known from 1860-1918* (Washington, D.C.: Byron S. Adams, 1918), pp. 124-30.

得毫无根据了。事实证明，无论乌拉比如何自我克制，都不足以阻止埃及国内政治的恶化，也不足以否认英国人为入侵埃及找的冠冕堂皇理由。在随后的混战中，开罗的美国人都撤离了这座城市，只有一个家庭例外——斯通将军一家。

58岁的查尔斯·斯通身着银色的范戴克式金穗带军服，佩着闪闪发光的勋章，展现出一位老政治家和运筹帷幄者的形象。然而，在令人生畏的表象下面，潜藏着他对自己所信仰的事业始终秉持的真诚而坚定的信念。在埃及，斯通看到自己的美国同僚被中伤和解雇，看到他喜爱的伊斯梅尔被流放。尽管如此，他仍然对伊斯梅尔的继任者忠心耿耿，当乌拉比的叛军威胁要烧毁赫迪夫的宫殿、英国军舰逼近埃及海岸时，他坚定地站在这位赫迪夫身边。

斯通将军还怀着另一份同样毫不动摇的忠诚。他在美国内战期间丧偶，后来与路易斯安那州的珍妮再婚，两人养育了4个孩子。危机的爆发将这个家庭一分为二，斯通与13岁的儿子约翰待在亚历山大，珍妮与3个十来岁的女儿滞留在开罗，他们之间失去了联系。突然之间，这位将军面临着一个两难抉择：要么抛弃陶菲克，跟自己深爱的家人团聚；要么跟这位赫迪夫待在一起，任由自己的妻女自谋生路。他选择留在原地，希望能劝说英军不要入侵，若劝说失败，则希望英军在城里的8000名外国人撤离之前不要开火。

在看到自己的儿子被转移到美国军舰上安全无虞后，斯通7月10号一整天都耗在了恳求当地的英国官员与他们歇在岸边的海军交涉。他发现，他们“在即将轰炸的城市里安静地吃着晚餐，戏谑地讨论动用重炮［对亚历山大］可能造成的影响”。斯通得知，大多数英国臣民已经离开了亚历山大，轰炸将在24小时之内开始——时间太紧，已来不及将所有的外国人从120英里以外的开罗撤出。斯通现在面临着一个更加痛苦的抉择：是警示自己的妻子即将发生战争，冒着引发大批外国人逃离以致发生踩踏的风险；还是保持沉默，祈祷出现最好的结果。“我觉得，在一群惊慌失措的欧洲人之间，4位女士要想在火车站找个位置，［幸存的］机会太过渺茫。”他推断说。于是他选择不发电报。

与此相反，斯通在即将到来的密集炮火中，不顾一切地冲进了军营和医院，照顾伤员，并敦促警方对暴乱者采取行动。到处一片混乱。“来自社会各阶层的妇女成群结队地涌向开阔的乡村……很多人怀里抱着一个孩子，还领着另外几个孩子；这些人，加上几乎毫无力气的老人……都在疲于奔命。”在不忙活人道主义工作的时候，斯通继续为赫迪夫服务，通过用别针盒或卷在手枪弹匣里偷带进宫殿的报告了解军事情况。自始至终，他脑海中一直萦绕着他家人的想法和他们可能遭受的难以形容的磨难。

斯通要担心的事情确实有很多。他的妻女没有加入逃离开罗的大军，而是带着武器和3个月的给养藏在了室内。外面大街上，埃及妇女高喊着、用石头砸房子，孩子们则叫嚣着“基督徒去死吧!”连长期受雇的仆人们也在咒骂美国人。除了偶尔有参谋人员设法闯入家中，这家人与外界没有任何联系，也没有将军的任何消息。不过，43岁的珍妮·斯通是个要强的人，不会胆怯。她宣称：“从来没有哪个阿拉伯人能吓住我!”斯通夫人把女儿们召集到厨房里，鼓励她们“要勇敢，要像个好兵那样面对死亡”，要不惜一切代价保护自己的名誉。“我希望你们自己用子弹打穿心脏，以免被玷污，”她说，“别留给我来做。”

在家里闭门不出两周多之后，珍妮认为，挽救她的孩子的唯一办法就是自己带她们出去。听到这个计划的参谋人员都惊呆了，认为这样一来这4位女士必死无疑。他们的警告没人理会。“有生以来，我们第一次引起了轰动。”最小的女儿范妮回忆起她们赶着马车直奔开罗市中心时的情景。“看到4名女基督徒大胆地驾车穿过街道时，男男女女和孩子似乎都瞬间石化了。”8月8日，疲惫不堪、灰头土脸但毫无惧色的斯通家的女人们，终于到达了塞得港①。在那里，那位焦急万分的父亲张开双臂在“昆宁堡号”军舰的舰桥上拥抱了她们。②

同月，加内特·沃尔斯利将军率领一支2万人的英国远征军在亚历山大登陆，奉命镇压“乌拉比起义”。决定性的战斗发生在9月13日，在泰勒凯比尔，英军用了大约40分钟时间几乎将埃及军队消灭殆尽。被俘的乌拉比先是以煽动叛乱罪被判处死刑，后被流放到锡兰。沃尔斯利得到了议会的感谢以及女王授予的爵位。陶菲克授予他奥斯曼帝国勋章——这是埃及的最高荣誉。

相比之下，埃尔伯特·法曼被暴行吓得目瞪口呆。他写道：“泰勒凯比尔之战是一场屠杀，而不是战斗。”他也因有功于埃及而被赫迪夫授予勋章，但他无法眼睁睁地看着沃尔斯利的士兵在开罗横行。在完成了协助评估埃及的外国社区的损失后，法曼立刻回到了纽约州华沙的律师事务所，积极投身于公民事业。夏耶-朗也怀着怨恨离开了埃及。在他看来，乌拉比是“一个极为糟糕的战士，一个非常差劲的先知”，而“埃及人的埃及”这句口号只不过是个“骗局和陷阱”。西蒙·沃尔夫也离开了开罗，重回他作为一名华盛顿律师和慈善家的生活，还成为麦金利总统和威尔逊总统的朋友。沃尔夫认为英国对乌

---

① 现为埃及东北部城市，全国第二大港口，塞得港省省会，位于苏伊士运河北端地中海岸。——译者

② Cox, “Arabi and Stone,” pp. 155 – 58. Charles P. Stone, “Stone Pacha and the Secret Dispatch,” *Journal of the Military Service Institution of the United States* 8, no. 29 (March 1887): 95. Fanny Stone, “The Diary of an American Girl in Cairo during the War of 1882,” *Century Illustrated Monthly Magazine* 28, no. 2 (June 1883): 29 (“quietly eating”), 43 (“death to the Christians”), 38 (“There never lived”), 34 (“be brave”), 45 (“For once”). Crabitès, *Americans in the Egyptian Army*, p. 263. USNA, RG 59, Dispatches from U.S. Consuls, Cairo: Gomanos to Frelinghuysen, July 23, 1882.

拉比背信弃义，这让他深感厌恶，他预言埃及人民总有一天会站起来，摆脱欧洲加诸他们身上的枷锁。“杯满则溢。”他告诫道，“撒下风者，必收风暴。”①

在最后一批撤离埃及的美国人中，包括可敬的斯通将军。虽然由于在叛乱期间功勋卓著而被授予“埃及之星”奖章，但他觉得“埃及已经成为英国的一个省份，建立一个独立国家的希望已然破灭”他继续抓着英国不放，认为英国应对挑起亚历山大外国人大屠杀事件负责，同时又对乌拉比作为领导人的能力大为不屑。1883 年 12 月，斯通带着家人，携带他的私人藏书和报纸中所剩无几的存货——大部分被英国人洗劫一空——回到了长岛的家中。他重操旧业，当上了土木工程师，并很快开始致力于他一生中最伟大的成就——为美国人提供一个永恒的象征，为中东人民提供一座灯塔。

照亮世界

这个工程是斯通在埃及遇到的一名雕塑家的想法，他叫弗雷德里克·奥古斯特·巴托尔迪，阿尔萨斯人，比斯通年轻 10 岁。巴托尔迪的想法源于他去卢克索的一次远足以及他对该地区古代雕像的痴迷。这位满怀敬畏的艺术家称那些雕像是“庄严的花岗岩生物”，说它们的眼睛像是在“凝视着无限的未来”。就在那一刻，英俊的黑发艺术家巴托尔迪决心复制这种辉煌，为自己留下不朽的声名。在苏伊

---

① Chaillé-Long, *My Life*, pp. 139 (“Egypt for the Egyptians”), 201 (“a very bad soldier”). Farman, *Egypt and Its Betrayal*, p. 333 (“Tel el-Kebir”). USNA, RG 59, Dispatches from U. S. Consuls, Cairo: Wolf to Blaine, Oct. 29, 1881 (“The cup is full”). 沃尔夫在晚年似乎转变了对埃及的英国当局的看法，认为其为埃及带来了“新的曙光”，参见 Wolf, *Presidents I Have Known*, p. 134。

士运河盛大的开通仪式上，巴托尔迪又一次获得了灵感。他将雕刻一个高举自由火炬的埃及农妇的肖像。这一纪念碑的高度将是狮身人面像的两倍，可以守卫水道的入口，也许还可以兼作灯塔。它的名字将是“埃及（或者进步）为亚洲带来光明”。

巴托尔迪花了两年时间将自己的想法绘成草图，制作出陶土模型，并说服赫迪夫伊斯梅尔为这项工程提供资金。然而，到了1871年，伊斯梅尔破产了，无力偿还债务，更别说资助雕像建造了。心烦意乱的巴托尔迪乘船前往美国寻求慰藉。在游船驶入纽约港的途中，从蛋形的贝德罗岛经过时，他突然为他的雕像想到了一个新位置——和新意义。经过几年的反复谈判，终于达成了一项协议，美国人将支付基座的费用，法国人将为古斯塔夫·埃菲尔建造的雕像买单。现在只需要找到一位美国总工程师负责这项工作。巴托尔迪想起了斯通。

斯通将军在内战初期曾被囚禁在贝德罗岛上，所以对这座岛知之甚详。他得到了詹姆斯·摩根和塞缪尔·洛克特——两人都是在埃及服过役的老兵——的协助，开始建造89英尺高的基座，并将埃菲尔的350块巨型铜片组装到一起。这座雕像原定要在美国独立100周年纪念日落成，但直到10年后的1886年10月，也就是斯通去世的前一年，它才最终落成。成千上万的观众聆听了格罗弗·克利夫兰总统的演讲，他郑重承诺“不要忘记自由在这里找到了家”，人们凝望着眼前的雕像，它与巴托尔迪为埃及设想的那件作品几乎没有任何相似之处。穆斯林农妇被一个理想化的西方女性所取代，作品的名字也从“为亚洲带来光明”变成了“自由照亮世界”。只有火炬还保留着，没有熄灭。

在接下来的40年里，“自由女神”将成为数百万移民对美国的第一个印象，点燃他们对更美好生活的希望，并以自由的可能性召唤他们。然而，对埃及人来说，一如许多注定在那个时期要生活在外国统治下的中东人民，他们不可能拥有这么辉煌的象征。不像那些成了新美国人的移民，他们几乎没有进步的希望，也没有什么独立的希望。“自由啊，你什么时候把脸转向东方?”后来在美国与中东的关系中发挥了积极作用的阿拉伯裔美国诗人阿米恩·里哈尼这样发问，“难道未来永远看不到在金字塔旁矗立一座自由女神像吗?”①

自由女神像的揭幕，以及其传达的普遍解放的信息，可能标志着美国在帝国主义问题上的两难态度的结束。然而，同一事件也开启了全球殖民的狂潮，建起了一个延伸到古巴和波多黎各、夏威夷、菲律宾群岛的美帝国。很多美国人背离了他们建立已久的将自己与欧洲区分开来的传统，尤其是在外交政策领域，如今他们信奉的是社会达尔文主义，这种流行于欧洲的哲学认为白种人天生就比其他种族优越。在这一理论的指引下，英国人承担起了他们“白人的责任”，法国人担负了他们在非洲和亚洲实现文明的使命，而美国人则宣称自己的“天定命运”不仅是征服美洲大陆，还要征服地球上更遥远的所在。

中东显然被排除在这一天命之外。美国没有必要为了在该地区获得大国地位而征服这片土地，毕竟它已经通过其教育和医疗机构兵不血刃地得到了这一地位。而且，即便他们想要这么做，也很难在一个实际上已经由欧洲人主导的地区获得领土。然而，尽管美国在中东缺乏帝国野心，但它在那里的经验已为美国在海外扩张霸权提供了一个极好的模式。正如历史学家詹姆斯·菲尔德所假设的那样，“北非和

① Cox, “Arabi and Stone,” p. 158 (“Egypt had become”). Bernard A. Weisberger, *Statue of Liberty: The First Hundred Years* (Boston: Houghton Mifflin, 1985), pp. 22 – 23 (“Granite beings”), 24 – 25, 33. Willadene Price, *Bartholdi and the Statue of Liberty* (Chicago: Rand McNally, 1959), pp. 27 – 29, 42 – 45, 63 – 65, 119 – 20. Marvin Trachtenberg, *The Statue of Liberty* (New York: Penguin, 1986), pp. 46, 53 – 54, 57. Grabill, *Protestant Diplomacy*, p. 56 (“When will you turn”).

近东的穆斯林社会提供了一所学校，美国人在其中形成了对非西方世界的态度。”通过鼓励传教、促进旅游以及部署永久性舰队保卫其贸易，美国奠定了其远东和加勒比海帝国的基础。

然而，并非所有的美国人都支持他们的国家参与帝国主义的竞赛。诸如实业家安德鲁·卡内基和哲学家威廉·詹姆斯等杰出人物，都拒绝接受社会达尔文主义理论，并谴责对外国人民的征服。他们一起建立了反帝主义者联盟，并争取到了殖民主义最尖锐的敌人——马克·吐温的支持。尽管吐温一度自认为是一名“热情似火的帝国主义者”，“巴不得美国之鹰一路高歌冲入太平洋”，但1899年美军对菲律宾叛乱分子的残酷镇压让他抛弃了幻想。他觉得，美国已经失去了它在世界上的根本目的，即提供自由而不是否认自由。“所以，我是一名反帝主义者。”吐温总结道，“我反对这只鹰把它的爪子放在任何别的土地上。”①

不过，被吐温的观点吸引的美国人相对较少。绝大部分公众都支持帝国主义事业，并加入了鼓吹“沙文主义”的狂潮。沙文主义指的是外交事务中的好战性，是在英国与奥斯曼帝国的冲突中创造出来的一个术语。总体而言，美国人仍然将帝国主义视为引发中东积极变革和增加自身机会的一股力量。欧洲人将把这一地区拖出黑暗，使它向更有活力的美国事业——商业、文化以及更重要的宗教——开放门户。

在美国社会中，就对帝国主义的支持而言，没有哪个部门比那些如今被称为信仰指引者的人更热情洋溢的了。对于他们来说，开明的

---

① 关于美帝国主义在远东地区运用中东模式的问题，参见：Field, “Near East Notes,” pp. 24 (“The Muslim societies”), 25 - 27。菲尔德还有一个引人注目的观察（p. 41）：“所有女性最近行使重要政治权力的国家——以色列、印度、锡兰和中国——都是19世纪美国传教士努力的目标。” Mark Twain, “An Anti-Imperialist,” *New York Herald*, Oct. 15, 1900。

欧洲对中东的控制意味着出现更多的学校和诊所、更多的宣教使命以及将中东人民从穆斯林统治中解放出来的机会。这种想法不仅得到了大量基督徒的支持，而且首次为越来越多的美国犹太人所接受。他们注意到，自由女神像实际上是面向东方的，而且，至少在他们的想象中，首先看向的是巴勒斯坦。

第十四章

帝国的虔诚

自由女神像将成为美国人的标志，就像刻在它基座上的诗句一样："把你疲惫贫贱、蜷缩着又向往自由呼吸的民众都交给我。"这些话出自《新巨人》（*The New Colossus*）的第二节，作者是纽约的美国犹太裔诗人艾玛·拉撒路。她是一位毫无保留的爱国者，最初其实对宗教和中东的一切都毫无兴趣。

拉撒路的这种冷漠消失于1881年，这一年，沙皇批准的大屠杀蹂躏了俄罗斯的犹太村庄，杀害了数千人。这一暴行发生之时，正逢33岁的她诗人生涯的巅峰。她从17岁开始创作诗歌，但直到此时，她的作品才最终获得了普通大众与当时文坛权威——爱默生、亨利·詹姆斯和沃尔特·惠特曼的一致赞赏。

拉撒路皮肤黝黑、性情乖戾，鼻梁突出，有着从她的西班牙系犹太人祖先那里继承下来的贵族气质，对于自己的血统，她从未否认，也从未炫耀。然而，关于俄罗斯暴行的消息以及全世界对此的冷漠，突然刺激了她，让她重新审视自己的根，并寻找当时所谓的"犹太问题"的解决方案。她得出结论，答案就是在巴勒斯坦建立一个"无家可归者的家园、流浪者的目的地、受迫害者的避难所、无国籍者的国家"。突然之间，拉撒路开始创作一种不同类型的诗，她会在诗中告诫其人民“看看今天，想想光荣的马卡比[1]会如何愤怒”，并大声疾呼“醒来吧，以色列，醒醒！”

灯与“金门”

拉撒路并不是唯一一个在1880年代经历民族主义转变的犹太人。犹太复国主义，即犹太人有权在“以色列的土地”（Eretz Yisrael，希伯来语）上建立一个被承认的政体的信仰，此时刚刚在东欧犹太人中生根发芽。一些犹太复国主义小团体甚至移民到巴勒斯坦，在土地焦渴又荒无人烟的地方定居了下来。与已经居住在这个国家的2.6万名犹太人（其中大多数是城市的拉比或商人）相比，这些新殖民者试图让犹太人重新过上农耕生活——这也是早年间克洛林达·迈纳和乔治·亚当斯等美国福音传道者孜孜以求的目标——以便为将来的主权国家做准备。

然而，对犹太复国主义的热情很大程度上仍局限于欧洲，在美国犹太人中几乎还不存在。1880年代这十年是犹太人大规模移民美国的开端。将有超过250万东欧犹太人进入美国，其中很多人在前往“铺满黄金之地”（de goldene medine，意第绪语）的途中经过自由女神像。尽管这些新来者总体上比本世纪初定居美国的德国犹太人更为传统，但他们太过专注于融入这块新的应许之地，无暇考虑迁回旧的应许之地。美国犹太人慷慨解囊，帮助他们在巴勒斯坦维持自己的宗教信仰。著名的新奥尔良慈善家犹大·托罗资助了耶路撒冷首批现代

---

① 马卡比是古代一犹太英雄（家族）的名称，马卡比领导了古代犹太人反对塞琉王国的起义，即马卡比起义。后来被犹太复国主义者借用，在世界范围内起到了宣传作用。——译者

化社区的建设，梅西百货的合伙人内森·斯特劳斯则买下了一块土地，以他名字命名的以色列城市内坦亚至今仍然存在。但是，美国犹太社区的大多数人都不愿为犹太复国主义献身，他们宁愿栖身于美国城市的廉价公寓和血汗工厂，也不愿回到巴勒斯坦的沙漠与沼泽。

不过，美国犹太人对犹太复国主义的冷漠并没有将艾玛·拉撒路吓倒。她始终认为，巴勒斯坦将成为受压迫的欧洲犹太人的避难所，而不是被自由眷顾的美国犹太人的避难所。美国犹太人将继续居住在美国的大城市，或者，更好的情况是“在得克萨斯州的田园牧歌式平原和内华达山脉的金色山谷中焕发青春”。即便没有美国的分遣队，拉撒路也坚信新的国家将成为全体犹太人的“有机中心”，为犹太民族在“国际法庭上”提供“辩护”，为人类提供一个中立与和平的榜样。她写道：“世界将随着以色列的崛起而受益。”

但是拉撒路的保证并未给美国犹太人带来多少安慰，美国犹太人一直对反犹太主义保持警惕，担心支持犹太复国主义会让人质疑他们对美国的忠诚。“我们不再将自己视为一个民族，而是视为一个宗教团体。”改革会众联合会（the Union of Reform Congregations）1885 年明确规定，“因此，［我们］既不期望返回巴勒斯坦，也不期望恢复……犹太国家。”保守派犹太学者艾布拉姆·S. 艾萨克斯对拉撒路说：“在反犹主义者让人们以为犹太人……都是些巴勒斯坦人、闪族人和东方人的时候……主张一个独立的民族是不明智的。”他提醒拉撒路，犹太复国主义与复原主义并非毫无关系，而复原主义是一种巴不得让所有犹太人都改宗的基督教教义。

拉撒路没有被这些冷嘲热讽所影响，她为争取犹太人在自己的主权政体中作为“工匠、战士和农民”的权利，展开了一场一个女人的单打独斗。她成立了东欧犹太人改良和移民协会，并通过她的散文和热情的诗句宣扬犹太复国主义。她对一个朋友说，建立犹太国家的想法“在过去和未来开辟了如此广阔的前景，而此刻又是如此生动，以至于它几乎把所有其他主题都赶出了我的脑海。”拉撒路支持开明的帝国主义，她期待着欧洲在未来实现对中东的征服，以减轻美国解放圣地的负担。她坚持认为，美国犹太人最终会克服犹豫不决，并和她一起把灯——如《新巨人》的最后一行所言——举起在巴勒斯坦的“金门”之上。

拉撒路的乐观错付了。在争取建立犹太人的巴勒斯坦的运动中，她基本上一直是孤军奋战；而且，由于缺少成员和资金，她的协会也解散了。1887 年 9 月，这位诗人病倒了——显然是得了癌症——两个月后就去世了。

拉撒路留下的犹太复国主义遗产似乎随着她一起消失了。这场运动甚至连一小部分美国犹太人的尊重都没有得到，更不用说效忠了。1897 年，在瑞士巴塞尔举行了第一届犹太复国主义大会，当时它被比作费城的制宪会议和在普利茅斯岩的登陆[①]，然而在近 200 名代表中，只有 4 人来自北美。[②] 在巴勒斯坦恢复犹太人主权的梦想还没有

---

① 清教徒在此登陆后，建立了普利茅斯殖民地。——译者

② Eve Merriam, *The Voice of Liberty: The Story of Emma Lazarus* (New York: Farrar, Straus and Cudahy, 1959), pp. 140 - 41. Mark A. Raider, *The Emergence of American Zionism* (New York: New York Univ. Press, 1998), pp. 12 ("We consider ourselves"), 70 - 71 ("Wake, Israel"). Bette Roth Young, "Emma Lazarus and Her Jewish Problem," *American Jewish History* 84 (Dec. 1996): 299 ("opens up such"), 309 ("a home for" and "artisans, warriors"). Martin Feinstein, *American Zionism, 1884 -1904* (New York: Herzl Press, 1965), pp. 18, 58 - 59. Emma Lazarus, "Epistle to the Hebrews," *American Hebrew* 13 (Feb. 2, 1883): 137; "The Jewish Problem," *Century Illustrated Monthly Magazine* 36, no. 6 (Feb. 1883). Daniel Marom, "Who Is the 'Mother of Exiles'?: Jewish Aspects of Emma Lazarus's *The New Colossus*," *Prooftexts* 20, no. 3 (2000): 250 ("renew their youth"). Abram S. Isaacs, "Will the Jews Return to Palestine," *Century* 26, no. 1 (May 1883). See also Ranen Omer-Sherman, "Emma Lazarus, Jewish American Poetics, and the Challenge of Modernity," *Journal of American Women Writers* 19 (2003). Gregory Eiselein, "Emotion and the Jewish Historical Poems of Emma Lazarus," *Mosaic* 37 (2004). Arthur Zeiger, "Emma Lazarus and Pre-Herzlian Zionism," in Shulamit Reinharz and Mark A. Raider, eds., *American Jewish Women and the Zionist Enterprise* (Waltham, Mass.: Brandeis Univ. Press, 2004), pp. 13 - 17.

抓住美国的犹太人，但他们的数百万美国同胞却被它深深吸引。对犹太人的爱仍然是这些人的主要动机，这种爱本身并不是目的，而是加速基督回归的手段。

被遗忘的备忘录

到1890年代，基督教在美国已登上了“新教世纪”的顶峰，学者们创造了“新教世纪”一词，用以描述这个宗教渗透到社会方方面面的时期。社区教会及其各种活动——礼拜、社交聚会和主日学校——成为美国人生活的重要内容。会众聚集起来为海外传教活动筹集资金，为巡回传道者举行欢迎会。然而，除了一级行政区层面之外，美国的宗教正在走向更广阔的全国性范围。借助强大的媒体，杰出的神学家们如今可以每周（即使不是每天）接触到数百万读者，出售他们的布道词和小册子。

最受欢迎和尊敬的“讲坛王子”之一是 T. 德维特·塔尔马格，他是个眼睛深邃、嘴型坚毅、鼻子棱角分明的利未派[①]人物。作为著名的布鲁克林会幕教会的牧师和格罗弗·克利夫兰总统的灵性顾问，塔尔马格的布道吸引了大批听众。他布道的内容，从肌肉组织和灵性之间的联系到暑假的诱惑，可谓包罗万象。然而，没有哪个主题比巴勒斯坦问题更让他着迷，更令他魂牵梦绕。“我读到过它，谈到过它，传道中说过它，唱过它，祈祷过它，梦到过它，直到我对它的渴望堆得像喜马拉雅山一般。”

---

① 利未，是雅各和利亚以色列的第三个儿子，《圣经》描写他性情暴烈。利未的后代称为利未支派，被分别出来专门管理会幕和后来的圣殿，没有分土地。其中最著名者是《出埃及记》中的摩西。——译者

1889年12月1日，塔尔马格从一艘轮船上走下来踏上雅法的海岸，那一刻，他终于满足了自己对圣地的渴望。像他那个时代的大多数基督教神职人员一样，他带着对“各民族的诅咒、几个世纪的老巫婆”——奥斯曼帝国——以及伊斯兰教久久的仇恨而来，他谴责伊斯兰教与西方文明的背道而驰。但作为一名热情洋溢的复原主义者，塔尔马格更关心的是巴勒斯坦作为犹太国家的未来，而不是穆斯林统治下的巴勒斯坦现状。“现在，上帝的全部手指都在指向以色列人对巴勒斯坦的收回。”他信誓旦旦道，并预言归来的犹太人将把这个国家从一片荒原变成一个文化和经济的伊甸园。

虽然塔尔马格主要关心的是如何加快救赎步伐，但他设想的犹太国家概念与艾玛·拉撒路的想法极为相似。他也认识到为来自俄罗斯和东欧的犹太难民寻找庇护所的任务已刻不容缓，他预测那里的反犹太主义将很快“四倍和百倍”地急速扩散。他同意拉撒路的观点，即不要指望美国的犹太人移民到巴勒斯坦。“如果他们把自己的财产留在将他们视为最佳公民之一的美国城市里，然后跨越两个茫茫大海到一块陌生的土地上重新开始生活，那才叫愚不可及呢。”美国犹太人宁愿与他们信基督教的同胞结盟，共同努力影响政府对中东的政策。至少在这方面，塔尔马格与拉撒路不同。虽然这位诗人认为欧洲会将巴勒斯坦从奥斯曼帝国的版图上撬开，但传教士却坚信美国应该带领世界从伊斯兰教手中夺取圣地。①

认为美国可以在国际行动中充当先锋，将巴勒斯坦从穆斯林统治下解放出来，并与犹太人一起定居于这片土地，这种主张在内战前或

① T. De Witt Talmage, *Talmage on Palestine* (New York: W. D. Rowland, 1890), pp. 7, 10 ("that curse of nations"), 24 ("All the fingers" and "They would be foolish"). John Rusk, *The Authentic Life of T. DeWitt Talmage* (New York: L. G. Stahl, 1902), pp. 79 – 82, 104, 125 – 26. Handy, *Holy Land*, pp. 125 – 28. See also T. De Witt Talmage, *New Tabernacle Sermons* (New York: George Munro, 1886).

内战期间听起来肯定像是痴心妄想。但是，美国在19世纪最后几十年间变化很大，成了一个拥有全球地位的工业大国。于是，很自然地，在追求美国解放巴勒斯坦的梦想时，塔尔马格会与这种蓬勃发展的金融影响力的受益者之一——一个叫威廉·尤金·布莱克斯通的房地产巨头联手。

布莱克斯通于1841年出生于纽约亚当斯，自学成才、白手起家，30岁时就已经聚敛财富建起了一个房地产帝国，有了这个帝国，也终于到了追求他真正倾心的传教激情的时候了。1878年，他参加了致力于犹太人返回巴勒斯坦的尼亚加拉会议，成为一名顽固的复原主义者。他也因此写出了《耶稣来了》，在这本书中，布莱克斯通抛弃了传统的信条，免除了犹太人在重聚前或后皈依基督教的需要。“难道我们基督徒要因为犹太人不接受耶稣是弥赛亚的多重证据而谴责他们，然后我们自己也拒绝主的第二次降临近在眼前的重重证据吗?”这本书后来被译成36种语言，印刷了近100万册，成为当时最受欢迎的文献之一。但是文学成就对布莱克斯通来说意义不大。这位一脸慈祥、长着络腮胡的秃顶男人，胸怀宏伟计划，在1888年完成巴勒斯坦之旅后便开始将这些计划付诸行动。

布莱克斯通在1891年3月5日向本杰明·哈里森总统和国务卿詹姆斯·G.布莱恩提交了一份“备忘录”，上面写道：“我们相信这是所有国家，特别是欧洲的基督教国家对以色列表示善意的适当时机。”布莱克斯通解释道，大约“200万”俄罗斯犹太人正在“凄惨地呼吁我们给予他们同情、正义和人道”，并迫切希望在巴勒斯坦找到避难所。正如欧洲已成功地将保加利亚和塞尔维亚从奥斯曼帝国分离出去一样，美国现在也可以为犹太人确保留在巴勒斯坦的自由。总统只需召集一次包括德国皇帝、奥匈帝国皇帝和英国维多利亚女王在内的国际领导人会议，以确定实现这一目标的最佳方式。“自从波斯国王居鲁士的时代以来，就没有……给过任何凡人这样一个特殊时机来促成上帝对其远古人民的旨意。”

不出所料，塔尔马格很快在备忘录上签了名，但出乎意料的是，400 多位知名人士也签上了自己的名字，他们中有牧师、商人、记者和政治家。这些人既不是争议人士也不是默默无闻的草民，而是美国金融、政治和文化精英的代表：约翰·D. 洛克菲勒、查尔斯·斯克里布纳、J. 皮尔庞特·摩根、最高法院首席法官梅尔维尔·W. 富勒和众议员威廉·麦金利。数十名犹太人也在请愿书上签了名，这标志着这两类秉持不同信仰的人士第一次就犹太人对巴勒斯坦的主权主张达成合作。①

备忘录上的建议虽然激进，但它在精神上与美国长期以来的政策是一致的。自 1881 年俄国大屠杀爆发以来的这近十年，华盛顿一直敦促土耳其宫廷向犹太移民开放巴勒斯坦。美国国务院指示美国驻伊斯坦布尔大使卢·华莱士亲自与苏丹阿卜杜勒·哈米德二世讨论此事。华莱士是一名公开宣称过的复原主义者，他毫不迟疑地要求在巴勒斯坦重新安置犹太难民。他的继任者奥斯卡·斯特劳斯和所罗门·赫希尽管都是反犹太复国主义的犹太人，却也在促成此事。但他们的努力无一成功。奥斯曼帝国有理由对犹太复国主义和任何分裂他们帝国的企图表示担忧，因此对移民到巴勒斯坦的犹太人限制得越来越严。美国外交官谴责这些措施简直是在“审问”，“完全背离了……我们的宪法”，但同样不起作用。就欧洲列强而言，它们无意代表难民

---

① William E. Blackstone, *Jesus Is Coming* (Chicago: Revell, 1908), pp. 240 - 41. Paul Charles Merkley, *The Politics of Christian Zionism, 1891 -1948* (London: Frank Cass, 1998), pp. 60 - 63, 69 - 71. Obenzinger, *American Palestine*, pp. 268 - 69. Vogel, *To See a Promised Land*, pp. 228 - 29. The full text of the Blackstone Memorial can be found in Joseph Celleni, ed., *Christian Protagonists for Jewish Restoration* (New York: Arno Press, 1977), pp. 13 - 14.

进行干预，也不愿意效仿美国在巴勒斯坦问题上的做法。

由于欧洲人不支持布莱克斯通的备忘录倡议，奥斯曼人又强烈反对，哈里森总统便没有在巴勒斯坦问题上采取任何引人注目的行动。布莱克斯通继续游说美国在犹太建国运动中发挥领导作用，但哈里森总统以及后来的克利夫兰总统和麦金利总统在这个问题上都没有让步。正如美国中东经历中经常发生的那样，一个人的信仰被证明是另一个人的幻想，而政策却是由权力决定的。①

然而，历届政府拒绝支持建立犹太国家并没有阻止大量美国基督徒继续珍视这一理念。有些人，比如布莱克斯通，甚至开始自称为犹太复国主义者。然而，公众对复原主义表露出的热情正在减弱。一度持不同政见的卫理公会和长老会被引向主流，并将其很多千禧年教义——包括复原主义思想——抛到了脑后。总的来说，美国新教正在摆脱自18世纪后期以来一直活跃的复兴主义狂热，回归到更传统的实践中。尽管对许多美国人来说，恢复巴勒斯坦的犹太人主权仍然是他们的梦想，但实现这一梦想的愿望已经减弱。

最后一次在巴勒斯坦建立美国殖民地的尝试，说明了复原主义热

---

① 1885年，格罗弗·克利夫兰在他的第一次国情咨文演讲中抨击了土耳其宫廷试图“将宗教测试作为（在巴勒斯坦的）居住条件”，但在其他方面没有支持犹太国家的理念。参见：*Messages and Papers of the Presidents: 1789 - 1897*, vol. 8 (Washington, D. C.: GPO, 1898), p.335。*FRUS*, 1882: Wallace to Said Pasha, June 3, 1882, p.508; Ascher and Weinberg to Wallace, June 13, 1882, pp.517 - 18; 1885: Bayard to Cox, Oct. 15, 1885, p.871; 1888: Straus to Said Pasha, May 17, 1888, p.1589 ("inquisitorial"); Rives to Gilman, Oct. 12, 1888, p.1618; 1898: Straus to Hay, Nov. 22, 1898, p.1092. Merle Curti, *American Philanthropy Abroad* (New Brunswick: Rutgers Univ. Press, 1963), p.108. Jacob M. Landau and Kemal Mim Oke, "Ottoman Perspectives on American Interests in the Holy Land," in Davis, *With Eyes toward Zion*, vol.2, pp. 269 - 72. Cyrus Adler, *Jacob H. Schiff: His Life and Letters*, vol. 2 (London: William Heinemann, 1929), pp. 162 - 63. Naomi Wiener Cohen, *A Dual Heritage: The Public Career of Oscar S. Straus* (Philadelphia: Jewish Publication Society of America, 1969), pp. 88 - 89, 171, 283. Regina S. Sharif, *Non-Jewish Zionism: Its Roots in Western History* (London: Zed Press, 1983), pp.92 - 93。

情已然衰落，以及从福音派向更传统的崇拜形式的转变。该传奇故事将围绕着斯帕福德一家及其追随者以及后来成为他们宿敌的美国外交官塞拉·梅里尔展开。

我的灵魂已得安宁

霍雷肖和安娜·斯帕福德夫妇是芝加哥一对受人尊敬的夫妇，他们经常去教堂做礼拜，是威廉·布莱克斯通的挚友。从 1871 年的大火中幸存下来后，安娜和她的 4 个女儿登上了一艘去英国的游轮，但是途中它与另一艘船相撞，不幸沉没，4 个女儿随之失踪。不久，这对夫妇的独生子又死于猩红热。“当悲伤似海浪翻滚，无论遭遇何等困境，”悲痛欲绝但仍然虔诚的霍雷肖写道，“我已蒙主引领：‘得安宁，我的灵魂已得安宁’。”——这首赞美诗现在仍被许多新教教徒传唱。斯帕福德夫妇决心将他们的个人悲剧转化为精神力量，于是他们建立了一个新教派——“得胜者”（Overcomers）——并决定搬到耶路撒冷。

然而，过了整整十年，这家人连同他们的 12 名追随者才抵达雅法。他们立即坐上“美国制造的老式马车”——这些马车曾经属于命运多舛的亚当斯定居点——向耶路撒冷进发。15 年前那次冒险失败了，但并没能够阻止斯帕福德这群人在耶路撒冷建立自己的殖民地。这些朝圣者在老城墙外租了一栋大房子，开始制作纺织品、橱柜和砖块。不久，他们还开办了一所女子学校和一个出售圣地纪念品的商店。正如我们知道的那样，这个新的美国殖民地迅速成为一个旅游景点。参观者包括英国将军查尔斯·戈登等名人，当时他正在前往苏丹的途中，后来在苏丹被穆斯林士兵杀害。斯帕福德家的一名成员回忆说:“他教会了我如何起誓。”

和早期在巴勒斯坦定居的美国人一样,“得胜者”们也试图模仿耶稣的生活,即做一名“经历忧患者”,在现世遭受苦难以便将来获得天国的荣耀。他们也渴望《圣经》中的预言兑现,尤其是那些犹太人会返回他们故土的预言。然而,与前辈不同的是,斯帕福德这群人并不觉得有义务帮助犹太人为他们将来的重聚做准备,也没有被强令教他们如何种田。每天带着茶和蛋糕爬上橄榄山他们就已心满意足,他们公开表示:“惟愿成为第一个给弥赛亚奉上茶点的人。”①

这块美国殖民地也是独一无二的,因为它没有遭遇以前农场的悲剧,也从未遭受饥荒、疾病或强盗的蹂躏。尽管该定居点的建设时逢阿卜杜勒·哈米德二世实行反西方政策,但“得胜者”们与奥斯曼帝国的耶路撒冷总督以及该市更为成熟的宗教团体都维持着良好的关系。殖民者们只有一个严峻的对手——具有讽刺意味的是,这人还是个美国人。

作为神学博士和内战时期一个非裔美国人营的随军牧师,塞拉·梅里尔似乎与“得胜者”们有很多共同之处,一样地宽容、虔诚、有勇气;也跟他们一样热爱巴勒斯坦。从1882年开始,梅里尔连续担任了几任美国驻耶路撒冷领事,在接下来的25年里,他撰写了大量关于圣地历史、地理地形和考古学的书籍。然而,梅里尔那和善的慈父般的面孔、眼镜后面透出的勤奋好学和大家长式的胡须掩盖了他那乖戾的性格,他认为这块土地上没有美国殖民地或其颠覆性的社群思想的容身之处。

---

① Bertha Spafford Vester, *Our Jerusalem: An American Family in the Holy City* (1950; reprint, New York: Arno Press, 1977), pp. 56 – 57, 63 ("American-made"), 98 ("He taught me"), 134, 158. Vogel, *To See a Promised Land,* pp. 114 ("post-Protestant period"), 152 – 53 ("When sorrows"), 155 ("hoping to be").

梅里尔抨击斯帕福德之流是骗子和异教徒，指控他们绑架年轻人、给年轻人洗脑，并且至少对他发起过一次袭击，想要他的命。他敦促耶路撒冷居民不要购买这些定居者生产的商品，并告诫游客避开殖民地的商店。“他们憎恨美国政府……以及所有……住在耶路撒冷的属于他们圈子之外的美国居民。”领事还提交了前殖民地居民的证词，证实斯帕福德夫妇鼓励各种“下流做法”，包括将未婚夫妇隔离在黑暗的房间里，强迫他们供认自己的罪行。

当业余考古学家梅里尔决定挖掘老城墙外的一个历史区域时，紧张局势加剧了，该区域恰好包括了美国殖民地公墓。尽管他后来声称自己已经认真地重新安置了坟墓，但惊恐的斯帕福德一家抱怨说，他们发现霍雷肖·斯帕福德的骨头被挖了出来并肆意乱丢。由于遭到殖民地的美国支持者抗议，加上患了喉癌，双重折磨之下的梅里尔最终辞了职。然而，那个时候，斯帕福德这群人已经与一个瑞典团体合并，失去了其独特的美国身份。他们的房子被改造为旅馆和餐馆，一个世纪后仍是外国记者最喜欢的住处。梅里尔的报复之举都落空了。

梅里尔对美国殖民地的怨恨仅次于他对犹太人及其新生的犹太复国主义运动的敌意。而且，梅里尔曾担任安多弗学院的希伯来语教授，他自己的名字也来源于犹太祷告文，人们以为他很可能会同情犹太难民，并尽力为他们建立一个国家。但根据梅里尔的说法，犹太人应该为他们自己的大部分苦难负责。因为他们的“性格”，因为他们缺乏“干净的生活习惯和文明的生活方式”，才引发了俄罗斯的大屠杀和其他地方的反犹运动。“犹太人要……少听奉承，”他斩钉截铁道，“他们需要了解自己在世界上的地位。”在美国国务院要求他提交对布莱克斯通备忘录的意见时，梅里尔斥责这份文件是“有史以来公开的最疯狂的计划之一”。他预言，大多数犹太人经年累月受制于“各种微不足道的惯例”，以致只对金钱感兴趣，即使给他们机会，也决不会在不友好、无利可图的巴勒斯坦定居。这位领事最后敦促美国避免与犹太复国主义有所牵扯，避免同情犹太人。“[他们是] 一个懦弱的民族，既不能成为士兵、殖民者，也不能成为有进取心的公民。”①

塞拉·梅里尔对斯帕福德家族的千禧年教义的蔑视，以及对犹太复国主义的厌恶，反映出了一些正在美国主流新教教徒中逐渐突出的观点。然而，各种奋兴主义形式的崇拜仪式在美国仍然非常流行，而反犹主义，即使私下里宽容，也仍然在人前遭到反对。公众对在巴勒斯坦恢复犹太人主权的支持虽不算热烈，但仍然相当普遍。相比梅里尔，美国最受欢迎的普通人马克·吐温更能反映公众对这些问题的看法。尽管吐温经常用文章讽刺福音派，但他也保留了对“旧时宗教”的固有尊重；尽管他的作品有时流露出反犹偏见，但他否认对犹太人抱有任何敌意。不过，吐温对犹太复国主义的态度在 1897 年之前是未知的，这一年，他在维也纳开始了为期两年的逗留。正是在此期间，吐温本人被误认为犹太人。他还接触了一些杰出的犹太人，其中包括记者、剧作家和“犹太复国主义运动之父”西奥多·赫茨尔。

马克·吐温到达维也纳时，臭名昭著的“德雷福斯事件”刚刚告一段落。作为一名被错误地指控为德国间谍的法国陆军上尉，一名已高度认同自己为法国人的犹太人，阿尔弗雷德·德雷福斯成为军方、

① 美国殖民地的支持者也在确保梅里尔的继任者埃德温·S. 华莱士被召回方面发挥了重要作用。华莱士指责斯帕福德夫人“对受害者拥有如此大的权力，让他们在明知不实的情况下发誓会说真话”，并“在世界这一地区为损害美国的良好声誉做了很多坏事”。参见：USNA, RG 59, Dispatches from U. S. Consuls. Jerusalem: Wallace to Cridler, Dec. 7, 1897; Merrill to Wharton; Oct. 3, 1891 (“one of the wildest”); Merrill to Quincy, Aug. 17, 1893; Merrill to Cridler, Jan. 30, 1899; Merrill to Cridler, July 8, 1901 (“They hate the United”)。Shalom Goldman, “The Holy Land Appropriated: The Careers of Selah Merrill, Nineteenth Century Christian Hebraist, Palestine Explorer, and U. S. Consul in Jerusalem,” *American Jewish History* 85, no. 2 (June 1997): 152 – 67. Ruth Kark, “Annual Reports,” pp. 173 – 74. Alexander Fume Ford, “Our American Colony at Jerusalem,” *Appleton's Magazine* 8(1906): 643 – 55。

天主教会和其他保守分子发动的反犹主义攻击的焦点。德雷福斯审判的影响波及整个欧洲，尤其是在奥地利，那里的反犹主义从新闻角度和政治纲领层面而言都已获得了合法性。

尽管马克·吐温对犹太人心存疑虑，但还是被针对德雷福斯的诽谤感到震惊。他来到维也纳是为了陪伴他的女儿克拉拉，她是位音乐家，嫁给了一名奥地利犹太人，吐温通过女儿结识了该市许多著名的犹太知识分子，包括正奋力抗争的哲学家兼治疗师西格蒙德·弗洛伊德。因此，吐温认识到了反犹主义的颠倒是非，尽管他这时的认识尚未像他个人成为攻击目标时那样深刻。维也纳新闻界注意到他的原名塞缪尔是很受犹太人欢迎的名字，而且他的鼻子又大又弯，于是称他为犹太马克·吐温。

吐温以一篇一看就是他手笔的讽刺文章《论犹太人》予以回击，他在文中抨击了一个事实，即几乎没有基督徒公开站出来支持他们这位灵性意义上的堂兄弟。对德雷福斯的审判尤其令人作呕。“这案子不是英国的，也不是美国的，它是法国的。”吐温提到了犹太人对金钱的热爱，以及他们不愿意参战为国效力，这几乎违背了吐温为犹太人说话的初衷——他后来为这些污蔑之词表示了歉意——但他极力赞扬犹太知识分子，算是弥补了自己的过错。他认为：“普通基督徒和普通犹太人的大脑之间的差异——当然是在欧洲——相当于蝌蚪和大主教大脑之间的差异。这是个了不起的种族，我猜，无论从哪方面来说他们都是这个世界所能产生的最了不起的人了。”

吐温对赫茨尔的兴趣进一步说明了他对犹太人的新感情。赫茨尔在为一份维也纳报纸报道德雷福斯案件时，认为犹太人永远无法融入欧洲，因而他们不得不移民，建立自己的独立国家。随后，他召集了第一次犹太复国主义大会，并发表了他对未来政体——犹太国家——的设想。赫茨尔和吐温 1894 年曾在巴黎的一次招待会上有过一次短暂的会面。看到眼前的吐温“矮小、瘦削……弱不禁风……神情茫然、脸颊深陷”，跟想象中膀大腰圆的漫画人物毫无相像之处，赫茨尔大失所望。他甚至把这位《汤姆·索亚历险记》和《哈克贝利·费恩历险记》的作者误认成了英国人。

四年后他们在维也纳的第二次会面较之前令人满意，不仅是对赫茨尔而言。马克·吐温显然惊奇地发现这位富有魅力的记者变成了梦想家，此人那双乌木般的眼睛和浓密的胡须常常让人想起米开朗琪罗的摩西雕像。在参加了赫茨尔的戏剧《新犹太区》（*the New Ghetto*）——讲述了一个被同化的犹太人塞缪尔遭到基督教社会拒绝的故事——的首演后，吐温主动提出将这部戏剧译介到纽约的舞台上。他还对赫茨尔发起的运动表现出了一种坚定的敬意。吐温以他特有的讽刺方式，通过表面上反对犹太国家，实而表达了对创立犹太国家的倡议的支持。“如果全世界最聪明的大脑将在一个自由国度（苏格兰除外）汇聚一堂（在巴勒斯坦），我认为就应采取政治举措去阻止这种做法。”他建议道，“让那个［犹太］民族发现自己的力量可就不妙了。如果马认识到自己的力量，我们就不能驾驭它了。”①

吐温没能抽出时间翻译这部戏剧。他把注意力转向了批评美国镇压菲律宾民族起义及谴责帝国主义。但是吐温并不认为犹太复国主义

① Carl Dolmetsch, *"Our Famous Guest" — Mark Twain in Vienna* (Athens: Univ. of Georgia Press, 1992), pp. 45, 128 - 31, 25, 270. Cynthia Ozick, "Mark Twain and the Jews," *Commentary* 99, no. 5 (May 1995): 56 - 62. Theodore Herzl, "Mark Twain and the British Ladies: A Feuilleton," *Commentary* 28, no. 3 (Sept. 1959): 243 - 44 ("a short, spare"). Twain, *Innocents Abroad*, p. 324. Amos Elon, *Herzl* (New York: Holt, Rinehart and Winston, 1975), pp. 66, 245. Obenzinger, *American Palestine*, pp. 266 ("The difference between the brain"), 267 - 68 ("If that concentration"). "Concerning the Jews" first appeared in *Harper's New Monthly Mazagine* in Sept. 1899; see also Charles Neider, ed., *The Complete Essays of Mark Twain* (Garden City, N. Y.: Doubleday, 1963), pp. 235 - 50, and Dan Vogel, *Mark Twain's Jews* (Jersey City, N. J.: KTAV Publishing House, 2006), pp. 61 - 88.

者对巴勒斯坦的殖民是一种帝国主义行径，也没有谴责法国和英国对中东其他地区的入侵。在这方面，他的观点正是世纪之交美国人的典型观点。无论是亲帝国主义还是反帝国主义，他们中的大多数人仍然期待着有一天中东能够从专制统治中解放出来，改造得与美国一样。然而，这种转变并不一定要通过征服来实现，而是可以通过慈善事业和传教士、教育家以及医生的奉献来实现。新教的世纪可能已经结束，但仍有大量的美国人支持新教的使命。

伊斯兰的使徒

1885 年至 1895 年的短短 10 年间，给中东教会机构的预算就增加了 7 倍。除了总招生人数为 2 万人的 400 多所中小学和 9 所大学之外，这笔钱还支付了 9 家医院和 10 家药房每年治疗约 4 万名病患的费用。除了出版中东 5 种语言的期刊、报纸和《圣经》外，美国的出版社还推出了大约 400 万册教科书，内容从天文学、牙科、平版印刷术到道德哲学，不一而足。

传教士们为提升中东的道德和教育水平做出的贡献，成为美国人的自豪之源，也成为衡量他们的利他主义的标尺，以此映照出欧洲帝国主义的贪婪。“对我们国家那些忠诚的男女同胞无论给予多高的赞誉也不过分，他们……在干旱不毛的沙地上冒着炎炎烈日无所畏惧地……尽职尽责。”作为这些美国人中的一员，西蒙·沃尔夫在从开罗领事馆发回的报告中说，“只要提到美国或‘我是美国人’，就立刻会赢得［埃及人的］善待和信任。”沃尔夫的继任者之一刘易斯·伊丁进一步强调了这一点，他认为“美国人像英国人一样完全占领了埃及”。伊丁解释说，尽管英国发展了埃及的经济，但美国将其人民塑造成了公民。①

传教士们也陶醉于这些成就，但没能实现救赎这一原初目标仍然刺痛着他们。“在反对伊斯兰教的战争中，我们只是穿上了盔甲，还没有准备好挥舞胜利的旗帜。”驻黎巴嫩的美国福音传教士的老前辈亨利·杰瑟普坦陈。杰瑟普暗指了这样一个事实，那就是尽管他们已在整个奥斯曼帝国建立了100多座教堂，有200多名传教士正在开展工作，但改宗者的总数仍然微不足道。而且，其中许多人后来移民到了美国——人数太多了，以至于由于缺乏讲阿拉伯语的教授，叙利亚新教学院只好把教学语言改为英语。

在中东，最为独特的现象是，没有多少文化上或物质上的诱惑被证明能有效地吸引当地居民远离他们的传统仪式，转投新教美国的仪式。在远东，美国传教士提供的服务为当地居民铺就了一条改宗基督教的渠道，相比之下，中东人民却认为接受福音传教士的教导和医疗照顾与保持自己原有的信仰之间并无矛盾。一位愤怒的医生抱怨道：“从来没有人在进教会医院时，想了解耶稣基督像想治疗疝气一样迫切，连一半的迫切都没有。”

亚历山大·拉塞尔·韦伯的例子表明了传教士的失败。韦伯之前是纽约人，当过驻菲律宾领事，1888年从长老会改宗伊斯兰教。5年后，他回到了自己的家乡，身材矮胖、蓄着胡子、戴着头巾，开始建立美国第一批清真寺中的一座，并创办了一份穆斯林报纸。韦伯将美国伊斯兰化的努力不比传教士试图将中东基督教化的努力更成功，但他的这场战役凸显了新教教徒面临的挑战，这些挑战来自一名自豪

① USNA, RG 59, Dispatches from U. S. Consuls, Cairo: Wolf to Frelinghuysen, March 25, 1882. Field, *America and the Mediterranean World*, p. 350. Tibawi, *American Interests in Syria*, pp. 249 - 50, 275. DeNovo, *American Interests*, pp. 9, 13 - 14, 18, 31. Kaplan, *Arabists*, pp. 39 - 40. Grabill, *Protestant Diplomacy*, p. 21. Wright, *United States Policy toward Egypt*, p. 229 (“Americans occupy Egypt”).

的、同样劝人改宗的伊斯兰教教徒。

由于这种对手从中作梗，一些美国人决心成为“现代传教士”，这个词是接替自己父亲成为叙利亚新教学院院长的霍华德·布利斯发明的。现在的目标是宣扬一种“社会福音”，不分时间、地点，只要有可能，都要介绍基督，“无论会不会因此而改变……基督教会的归属”。对于布利斯以及他所属的那个在贝鲁特安居乐业的神职人员圈子来说，对传教士角色的这一重新定义意味着医疗和教育机构可以继续扩大，甚至可能会牺牲纯粹的福音传教活动。中东或许有一天会在政治和智识层面反映美国，但从灵性层面来看，这面镜子照出的仍将是穆斯林。

但并非所有传教士都准备响应这种现代的社会召唤，放弃对劝人改宗的追求。很多人仍然愿意冒着遭遇强盗和患上疾病的风险，手握《圣经》，开赴该地区最偏远的地方。① 事实上，在 19 世纪的最后几十年里，美国传教士加倍努力地在安纳托利亚东部、波斯和苏丹建立传教点。

然而，没有一位福音传教士曾涉足过阿拉伯半岛。这片无水且被阳光炙烤的土地面积大约相当于美国密西西比河以西的面积，包括今天的也门、沙特阿拉伯以及波斯湾独立的酋长国。然而在 1890 年代，阿拉伯半岛名义上是奥斯曼帝国的一部分。该半岛是伊斯兰的腹地，

---

① 美国的外交记录中充斥着描述袭击甚至谋杀传教士的信件。参见：e. g., *FRUS*, 1901: Negotiations for the Settlement of Indemnity Claims of United States Citizens, Hay to Straus, Jan. 11, 1900, p. 906. Laurie, *Ely Volume*, pp. 84, 457. Cagri Erhan, "Ottoman Official Attitudes towards American Missionaries" in Amanat and Bernhardsson, eds., *United States and the Middle East*, pp. 317 – 19. Vogel, *To See a Promised Land*, pp. 116 – 17. Tibawi, *American Interests in Syria*, pp. 237, 269 ("In the war"), 275, 280. DeNovo, *American Interests*, pp. 12, 35 ("No man ever came"), 42. Wright, *United States Policy toward Egypt*, p. 331. Field, *America and the Mediterranean World*, p. 437. Grabill, *Protestant Diplomacy*, pp. 30 – 31 ("modern missionaries").

是麦加和麦地那两大圣城的所在地，也是极端伊斯兰教派瓦哈比教派的摇篮。该运动与沙特家族结盟，后者动员瓦哈比战士与其他沙漠部落作战。这样的环境不太可能容纳美国人将穆斯林转变为基督的重生门徒的意图。然而这种意图，正是来自密歇根州弗里斯兰的 23 岁传教士塞缪尔·马利纳斯·兹韦默的愿望。

作为一位荷兰归正派牧师的 13 个孩子之一，兹韦默从小就坚信自己是注定要去海外传教的。在神学院，他盯着老师放在教室前面的节拍器能一连看上几个小时，那个节拍器每滴答作响一次就意味着亚洲有一个未得救的灵魂死去。因此，兹韦默决心履行《圣经》中的训令“但愿以实玛利活在你面前”（《创世记》17：18），并在整个阿拉伯半岛传教。该地区长期以来被视为荷兰的专属领地，但教会顽固地认为阿拉伯人永远无法得救，因而拒绝为他的传教事业提供资助。兹韦默不得不为此行自筹资金。他还掌握了医学、阿拉伯语和看地图的基础知识。终于，1890 年 6 月，装备齐全的兹韦默动身前往“伊斯兰教的心脏”。

兹韦默首先去了开罗，随后穿过红海前往吉达。一路上他轻装简行，只带了查尔斯·多尔蒂所写的两卷本的《阿拉伯沙漠之旅》，此书后来他卖给了一位名叫 T. E. 劳伦斯的年轻英国军官。向南跋涉了一段路程后，兹韦默声称自己是第一个进入也门城市萨那（San’a）的西方人——这一壮举使他当选为皇家地理学会会员。之后，他绕过阿拉伯半岛的尖端，向北穿过波斯湾到达巴士拉，在那里，他与神学院的老友詹姆斯·坎丁重聚，并建立了他的第一个传教点。

这两位美国人很快就会知道，在穆斯林美索不达米亚中部的布道可能会招致危险。兹韦默身高 6 英尺、金发碧眼，有着一张轮廓分明的北欧人面孔，被奥斯曼帝国当局认出是外国人后被监禁起来，禁止传教。然而，正如一位同事称呼他的那样，兹韦默这个“穿着裤子的蒸汽机”设法逃离了巴士拉，到马斯喀特（阿曼）和巴林岛安顿下来。他在回忆录中讲述了自己的一些离奇遭遇，比如遇到一些手拿美国内战多余的步枪、吃蜥蜴的船夫以及一个寻找波斯金矿的美国淘金者等。旅途中，兹韦默遭到过抢劫，受过被砍头的威胁，并在 107 华氏度的高温下脱水。“在一片乱糟糟的土地上做开路之旅哪能毫无困难呢。”他坦白地说。然而，随着时间的推移，他的弟弟彼得与来自贝鲁特的少数穆斯林皈依者之一的卡米勒·埃塔尼以及英国传教士艾米·威尔克斯也加入了兹韦默的队伍，艾米·威尔克斯后来成了塞缪尔·兹韦默的夫人以及他 6 个孩子的母亲。他们一起分发《圣经》，照顾病患，庇护逃亡的奴隶。他们还腾出时间建造了马斯喀特的第一座风车，零部件是从威斯康星州的沃潘市一点一点进口的。

这些服务，无论是世俗的还是宗教的，自 1820 年代以来一直是美国在中东的传教传统，但它们总是要付出代价的。兹韦默夫妇的两个女儿相继病死，兹韦默的兄弟彼得也是如此。卡米勒·埃塔尼也死了，兹韦默的同事们认为他是被自己的父亲毒死的。最后，在牺牲了他们所有人的生命，并将自己宝贵的 20 年光阴都奉献给这一事业后，兹韦默不得不面对一个无法逃避的事实：阿拉伯人是不可能轻易改变信仰的。

因此，兹韦默用回了中东各地传教士所熟知的做法：他开始开办学校。“一个国家［没有］……这样的学校就无法进步，”他说，“总有一天，阿拉伯的教育会像现在的美国一样。”紧随其后是开办诊所，一位叫保罗·哈里森的全科医生被从巴尔的摩请了过来。哈里森后来回忆道：“传教士所能做的就是给那些关心它的人提供一幅基督徒生活的画面和一个追随的机会。”这些病人没有一个接受过洗礼，这一事实无疑挑战了哈里森——和兹韦默——的信仰，但从未瓦解他们的信仰。

塞缪尔·兹韦默被尊为“伊斯兰的使徒”，他还将通过向美国人解说中东来履行另一项传统的传教职能。他写了几十部关于穆斯林世界的书——介绍其风俗习惯、风物景观和信仰。从阿拉伯半岛回国后，他在普林斯顿大学执教，还协助创立了该校的近东研究系。一代又一代的学生——其中许多是传教士的儿女——会在那里学习，然后成为国务院的阿拉伯专家和在中东经营的美国公司的高管。从事传教的一位著名金融家说："美国在近东的宗教慈善组织倾向于将宗教、教育和医疗服务与商业投资结合起来。"① 阿拉伯领导人将在下个世纪初——需要在美国和英国石油承包商之间做出选择时——记起这些服务。

尽管兹韦默的初衷只是做一名使徒，但他的使命将对美国的经济和战略利益产生巨大的影响。在阿拉伯传播美国宗教信仰的星星之火，最终将会带来美国力量的燎原。

美国十字军战士

19世纪末，美国的中东事务中信仰和权力的共生关系变得日趋

① J. Christy Wilson, *Apostle to Islam: A Biography of Samuel M. Zwemer* (Grand Rapids, Mich.: Baker Book House, 1952), pp. 40 - 44, 72 - 73. Henry Harris Jessup, *The Setting of the Crescent and the Rising of the Cross; or, Kamil Abdul Messiah, a Syrian Convert from Islam to Christianity* (Philadelphia: Westminster Press, 1898), pp. 51 - 53, 65, 72, 127, 137 - 39, 143. Alfred DeWitt Mason and Frederick J. Barny, *History of the Arabian Mission* (New York: Board of Foreign Missions Reformed Church in America, 1926), pp. 76 - 77, 86 ("very heart of Islam"), 90 - 91. Samuel Zwemer and James Cantine, *The Golden Milestone: Reminiscences of Pioneer Days Fifty Years Ago in Arabia* (New York: Revell, 1938), pp. 18 - 19, 30, 43, 92, 135. A. E. Zwemer and S. M. Zwemer, *Zigzag Journeys in the Camel Country: Arabia in Picture and Story* (New York: Revell, 1911), pp. 27, 31 ("Pioneer journeys"), 50, 92, 103 ("A country [without]"). Paul W. Harrison, *Doctor in Arabia* (London: Robert Hale, 1943), p. 264. Stuart Knee, "Anglo-American Relations in Palestine, 1919 - 1925: An Experiment in Realpolitik," *Journal of American Studies of Turkey* 5 (1997): 5 ("American religious-philanthropic").

明显。亲帝国主义的美国领导人经常利用宗教为他们的政策辩护，而著名的神职人员则欢呼帝国主义是全球救赎战争中的有力武器。“美国将成为上帝与世界上的无知、压迫和罪恶作斗争的得力武器，”公理会牧师、激进的社会达尔文主义者乔赛亚·斯特朗宣称，“我们的这个地盘……必须在基督教占领世界的最后冲突中起带头作用。”在这场共同发起的十字军东征中，传教士、士兵和政治家将毫无保留地彼此合作，不仅是在阿拉伯，而且会席卷整个中东。

这种外交政策与福音派的热情的融合在波斯尤为明显。长期以来，美国传教士在乌尔米亚、哈马丹和大不里士一直都很活跃，但这些地区对美国国务院并没有什么吸引力。1856 年美国在波斯签订的一项商业条约从未生效，两国间也没有互派过大使。然而，情况在 1883 年发生了变化，当时波斯的恺加王朝的统治者呼吁华盛顿帮助他们抵抗英国和俄国统治这个国家的企图。切斯特·阿瑟政府做出了积极回应，但不是出于对波斯的同情，而是出于对国内和国际动荡时期传教士安全的担忧。

美国第一次正式出访波斯的使团领队是传教士之子塞缪尔·格林·惠勒·本杰明，一位 46 岁的画家和艺术史学家。快要到达德黑兰时，惠勒受到了包括 6 位总督和 1000 名骑兵组成的皇家扈从的欢迎，他写道，他们身穿“最抢眼的欧洲制服，带着某种……东方韵味”。惠勒以艺术家的敏锐眼光注意到了波斯人尤其是国王纳赛尔·丁的装扮和服饰的细节，国王外衣上的扣子是“足有鸽子蛋大小的”珠宝做成的。然而，这位特使也像一名能干的外交官那样，列出了以下产品清单——“铁、煤、铜、硫……小麦、玉米、甘蔗、烟草、大米……热带和亚热带水果”——波斯提议用这些东西交换美国的先进武器，尤其是加特林机关枪。但美国对此避而不谈。除了传教使团的安全，华盛顿否认在波斯湾有任何经济上或战略上的利益。①

尽管如此，传教士队伍在中东地区的迅速发展，以及传教士对穆斯林当局的反抗意愿的日益增强，迫使美国对该地区采取更加强硬的政策。24岁的长老会传教士霍华德·巴斯克维尔在大不里士因替反叛的农民辩白而被杀，他的死引发了华盛顿方面严厉的外交抗议。这一趋势并非仅在波斯一地。在土耳其，美国也放弃了大卫·波特在1830年代制定的政策，即拒绝向那些与当地统治者作对的传教士提供保护。“任性的土耳其人被指控……在他彤红的厨房炉火上……烤了一名离群的传教士，却认为我们还应该……对苏丹感恩戴德。”1885年2月，查尔斯·斯佩里中尉在其巡洋舰于安纳托利亚海岸巡游时写道。教会与国家在美国国内是界限分明的，对于中东的美国人来说却是日益模糊的。斯佩里中尉还被委派陪同卢·华莱士大使参观东地中海各地的基督教遗址。斯佩里指出，华莱士的“朝圣之旅”花的可全是公众的钱。

能够对美国的对外关系产生深远影响的传教士王朝的出现，进一步抹去了中东宗教活动和政府活动之间的界限。最早到达该地区的传教士的后裔——布利斯们和伯德们、道奇们和德怀特们——现在主持着该地区主要的文化机构。他们与美国顶尖的大学——其中最著名者

① Josiah Strong, *Our Country: Its Possible Future and Its Present Crisis* (New York: American Home Mission Society, 1885), pp. 218 – 19. USNA, RG 59, Diplomatic Instructions of the Department of State, Persia: Bayard to Pratt, Aug. 23, 1887; Bayard to Pratt, July 7, 1886. *FRUS*, 1881: Foster to Blaine, May 21, 1881, pp. 1016 – 17; Vol. XLII, 1883: Benjamin to Felinghuysen, June 13, 1883, pp. 703 – 6 ("the most brilliant"); 1886, Pratt to Bayard, Nov. 29, 1886, p. 913 ("iron, coal, copper"); 1887: Pratt to Bayard, May 4, 1887, pp. 916 – 17. Bryson, *American Diplomatic Relations*, pp. 39 – 40. Abraham Yeselson, *United States-Persia Diplomatic Relations, 1883 – 1921* (New Brunswick: Rutgers Univ. Press, 1956), pp. 23 – 25. Palmer, *Guardians of the Gulf*, pp. 6 – 9. DeNovo, *American Interests*, pp. 296 – 97. Michael Zirinsky, "American Presbyterian Missionaries at Urmia during the Great War," *Journal of Assyrian Academic Studies* 12, no. 1 (April 1998): 8 – 11.

是普林斯顿大学——以及洛克菲勒、摩根和罗斯福等美国杰出家族都保持着密切的联系。传教事业的主要支持者一如该国的政治精英，在同一社会环境中流动，他们的孩子送进同样的学校，并通过婚姻关系相互依存。通过与决策层的个人关系，传教士及其支持者得以将福音派及其倡导者置于美国海外优先事务——尤其是在中东地区——之首。据该地区的一位领事估算，他的时间至少十分之九都用于处理传教事务以及他们关切的五花八门的问题。“过去就连我们国务院的领导人都会在圣经协会负责人走进房间时浑身发抖。”①

美国人可能会为他们的传教士在中东获得的权力欢欣鼓舞，但该地区的统治者是不会产生这种喜悦的。随着不喜的日益增强，奥斯曼人抱怨起了传道者的傲慢无礼以及美国军舰在当地海岸的存在。由于亚美尼亚人被大规模处决，从 1890 年代中期开始，华盛顿和土耳其宫廷的紧张关系达到了临界点。

亚美尼亚人是一支远古民族的后裔，他们在里海和黑海之间、高加索山脉和金牛座山脉之间的贫瘠地带繁衍生息，很早就皈依了基督教，但在奥斯曼帝国的统治下，他们一直是一个在名义上受到保护但事实上经常受到迫害的少数民族。亚美尼亚人因其相对较高的教育水平和专业成就而受到憎恨，土耳其人还怀疑亚美尼亚人效忠于基督教国家，特别是俄国，因为当时俄国正密谋拆分帝国。奥斯曼帝国的压迫与亚美尼亚人的愤怒日积月累，终于在 1894 年春天爆发，当时土耳其军队前往亚美尼亚人村庄镇压一桩叛乱，随后却将所有的村庄夷为平地，屠杀了村子里的全部居民。“凡是能看到的亚美尼亚人全部被杀，他们的房子和商店被洗劫一空。”大为惊骇的美国驻特拉比松

---

① Field, “Near East Notes,” pp. 51, 54. Still, *American Sea Power*, pp. 79 (“The wayward Turks”), 103 - 4 (“Even the head”).

领事在报告中称，“尸首横七竖八地躺在街道上，尸身上遍布着遭残忍虐待而死的可怕证据。”大约有20万亚美尼亚人死亡，占总人口的20%；约100万户人家被洗劫一空。

1895年9月，《纽约时报》的一篇文章标题为“亚美尼亚大屠杀”，该词后来成为种族灭绝的同义词。美国媒体几乎一致呼吁采取紧急行动，拯救亚美尼亚人，称“如果不采取政治行动”，“那就诉诸武力”消除“土耳其帝国的狂热”。神职人员也一致表达了对亚美尼亚人的关切，尽管后者大多数遵奉的是东正教的仪式。“所有的阿拉伯香水都无法将土耳其的血手洗得干净到能在任何一英寸基督教领土上继续掌权。”天主教世界义愤填膺地表示，德·维特·塔尔马格牧师则敦促“西方列强的战舰尽可能靠近君士坦丁堡的宫殿，把这个该死的政府轰成齑粉”。与此同时，国会两党也表达了与整个基督教世界一致的愤怒。路易斯安那州的民主党参议员牛顿·布兰查德要求美国进行干预，以消除附着在“这个时代文明上的污点”。来自伊利诺伊州的共和党参议员谢尔比·库洛姆宣称：“该死的狂热仇恨化身的恶魔已经传播了毁灭、荒芜和死亡。”威廉·麦金利在他1896年的总统政纲中，将拯救亚美尼亚人同吞并夏威夷、确保古巴脱离西班牙获得独立一起列为他的外交优先事项。①

美国对亚美尼亚大屠杀的反应——在许多此类暴行中，这一起很快就抹黑了中东的形象——有多种原因。美国人对伊斯兰教有着根深

① USNA, RG 59, Dispatches from the U.S. Consuls, Erzerum: Chilton to Use, Oct. 9, 1895. *New York Times*, Dec. 28, 1894 (“if not by”). Peter Balakian, *The Burning Tigris: The Armenian Genocide and America's Response* (New York: HarperCollins, 2003), pp. 11 (“Armenian Holocaust”), 23, 64, 73, 93. Arman Kirakossian, ed., *The Armenian Massacres, 1894 - 1896: U. S. Media Testimony* (Detroit: Wayne State Univ. Press, 2004), pp. 37 (“blot upon civilization”), 47 (“Not all the perfume”). Grabill, *Protestant Diplomacy*, p. 43 (“the demon of damnable”). Clyde E. Buckingham, *Clara Barton: A Broad Humanity* (Alexandria, Va.: Mount Vernon Publishing, 1977), p. 262 (“the warships”).

蒂固的厌恶，他们对在穆斯林统治下饱受煎熬的基督徒有着同样根深蒂固的同情。美国国内民意也倾向于认同勤劳努力、重视家庭的亚美尼亚人，将他们视为“东方的北方佬”。最后，在美国人的心目中，亚美尼亚人还与教会学校联系在一起，许多亚美尼亚人是从教会学校毕业的，这些学校被视为美国的延伸。其中一些学校在大屠杀中遭到大面积破坏，公众因此强烈要求予以赔偿，不仅要赔偿亚美尼亚人，还要赔偿为他们服务的福音派传教士。

“美国政府在这场世界危机中的政策，就人类事业而言是软弱无力的，就国家荣誉的角度而言是可鄙的，就美国利益而言是自杀式的。”资深福音派布道者弗雷德里克·戴维斯·格林在其广受欢迎的《亚美尼亚大屠杀；或穆罕默德之剑》中这样大声疾呼。为了矫正美国的失败，传教士们利用了他们进入国会和麦金利白宫的特权。罗伯特学院的院长乔治·沃什伯恩请求他的堂兄弟、国务卿约翰·海伊公开对抗土耳其人。与此同时，担任过美国驻土耳其宫廷大使的任性的公理会教徒詹姆斯·B.安格尔敦促立法机关批准对土耳其的军事行动。安格尔认为，必须立刻派遣一支炮艇舰队“敲响苏丹的窗户”。

事实证明，沃什伯恩和安格尔的施压是有说服力的，1900 年 12 月，美国军舰“肯塔基号”驶向土耳其。“乔治·华盛顿号”曾将给阿尔及利亚的贡品送到伊斯坦布尔一事证实了美国在中东的无能，而在此事过去正好 100 年后，首次下水的“肯塔基号”雄赳赳地带着 50 多门大炮到达了士麦那。“肯塔基号”的船长、红光满面的“红比尔”柯克兰直言不讳地警告士麦那总督：“如果这些屠杀还在继续，搞不好我就会昏了头，要是哪天我还没忘记自己的使命……我会随便找个借口敲掉几个土耳其城镇。……我会把每一个唠唠叨叨的母亲的儿子拖走，只要他是个有头发的土耳其人。”在翻译这番话时虽然软化了柯克兰的语气，并且面带微笑，但是原话还是传遍了该地区。苏丹向传教士们支付了8.3万美元的赔偿金，甚至还订购了一艘美国制造的驱逐舰。①

然而，武力并不是美国人表达对亚美尼亚关切的唯一方式。大屠杀的消息一传到北美，几乎每个大城市都成立了支持受害者的社团。在波士顿，茱莉娅·沃德·豪组织了“亚美尼亚联合之友”社团，她的丈夫曾自愿参加1825年的希腊独立战争，她自己则是最受喜爱的赞美诗的作者，事实证明，她的名声成了筹款的招牌。纽约商会成立了全国亚美尼亚救济委员会，这是一个精英团体，其支持者包括最高法院大法官大卫·约西亚·布鲁尔、美国犹太慈善家雅各布·希夫和铁路主管昌西·德普。约翰·洛克菲勒为此贡献了数十万美元，而收入较低的人则捐赠了毛毯、衣物和食品。受数千名亚美尼亚女孩遭到强奸和奴役的报道的刺激，美国妇女在这场运动中特别活跃。

捐款源源不断涌入，但问题仍是如何将它们送到受害者手里。为了解决这个问题，救援委员会既没有向国务院求助，也没有向各种使团求助，甚至也没有求助于美国海军，而是求助于一位74岁的老妇人——她是那个时代最杰出的美国人之一。

克拉拉·巴顿在詹姆斯·门罗总统任内的圣诞节出生，在马萨诸塞州的一个农场长大，后来在华盛顿州担任教职。然而，内战为她提供了一个新的职业。巴顿照料受伤的北方军士兵，冲在最前面为部队

① 安格尔后来担任密歇根大学校长，该校有个著名的大厅至今仍以他的名字命名。*FRUS*, 1900: Griscom to Hay, Dec. 12, 1900, p. 515. USNA, RG 59, Dispatches from U.S. Consuls, Constantinople: Judson Smith to Olney, Nov. 19, 1895; Olney to Terrill; Jan. 16, 1896. Frederick Davis Greene, *Armenian Massacres; or, The Sword of Mohammed* (Philadelphia: National Publishers Co., 1896), p. xvii ("The policy of the United"). Grabill, *Protestant Diplomacy*, pp. 41 - 44, 45 ("rattle the Sultan's"). Kirakossian, *Armenian Massacres*, p. 71 ("Yankees of the Orient"). Erhan, "Ottoman Official Attitudes," p. 332. Still, *American Sea Power*, pp. 99 - 100, 105 - 6, 107. George Washburn, *Fifty Years in Constantinople* (Boston: Houghton Mifflin, 1909), pp. 246 - 49. 沃什伯恩讲述了一名美国水手，一名被土耳其人误认为穆斯林人的非裔美国人，是如何成功地拯救了大量亚美尼亚人。

运送和分发物资，获得了传奇般的地位，人称“战地天使”。战后，她与弗雷德里克·道格拉斯和苏珊·安东尼成为朋友，参加了他们争取种族平等和妇女选举权的斗争，并为新成立的欧洲红十字会提供志愿服务。回到美国后，她决心建立一个该组织的分支机构，1881年她实现了自己的愿望，建立了美国红十字会。

15年后，克拉拉·巴顿已过了退休年龄，这时候的她纤弱、瘦削，不知疲倦的微笑让她的脸颊上笑纹纵横。面对奥斯曼官僚机构的恐吓，这微笑往往是她唯一的保护。由于不允许展示红十字会的标志，巴顿不得不将自己的使命作为一项私人倡议去帮助所有奥斯曼人民，不论其信仰如何。她还不得不在军队的监视下处理在伊斯坦布尔的各项事务。“我绝不会建议或允许贵国政府采取任何狡诈的或不正当的活动，”她向奥斯曼外交部长承诺，“我期待同样的承诺作为回报。”

巴顿成功地获得了当局的充分合作，并成功地引导一系列满载食品和药物的远征队深入亚美尼亚腹地。尽管全国亚美尼亚救济委员会的人对她获得的特权感到不满，一些亚美尼亚人也抗议她向他们所在地区处境艰难的土耳其少数民族提供援助，巴顿还是巩固了自己的声誉，被称为“也许是现代世界迄今所知的最完美的仁慈化身”。连奥斯曼人也给她颁发了奖章。

美国对亚美尼亚人的援助仍然是各信仰团体和党派成员的集体努力，是宗教和政治资源的空前汇集。它代表了美国数十年来对受压迫的中东少数民族——包括犹太人、巴哈伊教徒和东正教基督徒——的持续关怀。尽管许多美国人相信他们注定要统治世界上的大部分土地，但同时也坚信他们会把这部分世界从压迫中拯救出来。斯特朗牧师称赞美国“代表着……最大的自由、最纯粹的基督教和最高层次的文明”，注定“要让全人类领略它的制度”。相反，巴顿则誓言要通过解放民众、缓解他们的困境来“反抗各种现存的暴政”。不仅在1890年代，而且在未来的几十年里，美国与中东的互动都将在帝国主义者和人道主义者的一念之间、在斯特朗们和克拉拉·巴顿们之间摇摆。①

在美国与该地区的关系中，力量和信念之间的这种动态关系似乎没有给幻想留下多少发挥作用的空间。然而，各种浪漫观念其实仍继续影响着美国人对这一地区的看法，并支配着他们对该地区的行动。事实上，随着世纪末的临近，关于“东方”感官享受和异国情调的神话在许多美国人心中重新获得了养料。这种幻想不是通过阅读关于中东的小说和回忆录甚至去中东旅行来培养的，而是通过造访美国自己的中心地带——中西部——滋养的。

---

① Buckingham, *Clara Barton*, pp. 260 - 62. David H. Burton, *Clara Barton: In the Service of Humanity* (Westport, Conn.: Greenwood, 1995), pp. 128 - 30. Curti, *American Philanthropy Abroad*, pp. 124, 127 ("I shall never counsel"). Balakian, *Burning Tigris,* pp. 10, 62 - 65, 69 - 70. Kirakossian, *Armenian Massacres,* pp. 42 - 43. "Profiles in Caring: Clara Barton," http://www.nahc.org/NAHC/Val/Columns/SC101.html ("perhaps the most perfect"). McDougall, *Promised Land*, pp. 104 - 5.

第十五章
帝国迷思

1893 年夏天参观芝加哥时，无论是来自加利福尼亚州斯托克顿的新婚夫妇，还是来自新泽西州佩特森的退休教员，可能会看到美国人在自己的大陆上迄今展示出的最壮观的景象。世界博览会占地 600 多英亩，设置了日式的花园、鲜花围绕的水渠和可容纳 7000 人的餐厅，举办了不可思议的 6.5 万场展览。据《世纪》杂志报道，博览会现场“点燃了人类的能量，将文明的火炬传递到了大洋彼岸”，“触动了整个广阔世界的浪漫情怀”。

表面上看来，此次博览会是为了纪念哥伦布发现新大陆 400 周年，但它也心照不宣地庆祝了美国从一个以农业为主的社会向一个工业强国的转变，并转移了无数因这一过程而流离失所或受困的劳动者的注意力。博览会的策划者试图赋予所有美国人一种共命运之感，并为自己的全球优势感到自豪。渴望受到款待、获得消遣和鼓舞的美国人纷纷涌向芝加哥，不仅有来自加利福尼亚和新泽西的，还有来自 43 个地区和州的，总人数高达 2750 万。

和大多数游客一样，斯托克顿的年轻夫妇和佩特森的前教员也可以乘坐高架火车到达这里，他们可以向东进入宏伟的白城[1]，那里有 200 座建筑和艺术大厅，其中最高的只有工程师乔治·费里斯建造的

264英尺高的摩天轮才能超越。从那里，他们可以在专门展示交通、制造和电力方面发展的场馆中漫步，也可以去那些展示23个国家的文化及美国女性之成就的场馆。他们可能会为一幅完全由泡菜制成的美国地图惊叹不已，或者对一尊梅子雕成的骑士雕像叹为观止。他们可以透过托马斯·爱迪生新发明的西洋镜一窥活动的图片，也可以在克虏伯的25万磅大炮——世界上最大的大炮——面前后退几步看清其全貌，或者目瞪口呆地看着“人道”死刑的最新发明——电椅。他们可以在柳树成荫的环礁湖畔或俯瞰密歇根湖的古典柱廊上休息，享用最新式的美国小吃：“好家伙玉米花”[②]、麦丝卷、汉堡包和“杰米玛阿姨”煎饼。稍后，等太阳落下，127台发电机供电的大约20万个白炽灯泡将整座白城笼罩在阳光下的盛景，会让他们目不转睛。

游客可以不直接进入博览会展馆，而是向北转向一个被称作“大道乐园”（Midway Plaisance）的狭长公园。在这里，等待人们的娱乐形式较为平淡无奇，有嘉年华游戏、怪物秀，以及由“野牛”比尔·科迪[③]、神枪手安妮·奥克利以及200多名美国骑兵和印第安人主演的狂野西部的表演。[④] 沿着这条大道公园往前走，便是最吸引人的地方。绕过热气球、复制的圣彼得大教堂和布拉尼城堡，无视招揽客人的酒保和小贩，来自加利福尼亚的和新泽西的客人们将进入设在芝加哥市中心的中东。

---

① the White City，即此次世界博览会的展区。——译者

② Cracker Jacks，焦糖裹爆米花和花生而成的一种零食，为百事公司旗下商标。——译者

③ 威廉·科迪，美国陆军侦察兵，擅长猎杀野牛，曾在8个月内杀死近5000头野牛，因此获得“野牛比尔”的绰号。——译者

④ Clarence Clough Buel, “Preliminary Glimpses of the Fair,” *Century Illustrated Monthly Magazine* 45, no. 4 (Feb. 1893): 615. Davis, “Representations of the Middle East, 1876-1904,” pp. 344-48, 370. Erik Larson, *The Devil in the White City: Murder, Magic, and Madness at the Fair That Changed America* (New York: Vintage, 2003), pp. 247-48, 250-51, 265-67.

阿尔及利亚杂耍的启示

1893年，为数不少的美国人兴致勃勃地回忆起了16年前在费城举行的百年纪念展上的埃及馆和摩洛哥馆。许多人都会很高兴有机会再次看到它们，重新体验那种神秘感和兴奋至极。但对于1876年时还是个孩子的索尔·布卢姆来说，把中东带到美国的灵感不是来自费城的博览会，而是源于巴黎的一场阿尔及利亚杂耍。

布卢姆出生于一个波兰的东正教犹太移民家庭，是家里6个孩子中最小的一个。他在旧金山长大，几乎没有接受过正规教育。7岁时，他开始在一家刷子厂做工，但很快就发展到了其他行业——广告、房地产以及最繁荣的戏剧演出。19岁时，他已经是个有钱人了，他决定去欧洲旅行，这也是他平生第一次度假。1889年，在游览法国首都时，布卢姆去了国际展览会，所见所闻让他瞠目结舌，那是有史以来规模最大的展览，展示了科技和自然的奇观。然而，在这些奇观中，没有比那些据说来自中东的景象更让他印象深刻的了。法国工程师一丝不苟地重现了开罗的街道——甚至将那些建筑物刷得看起来脏兮兮的——还有一个迷宫般的阿尔及利亚村庄。布卢姆惊呆了。“我开始意识到，那来自阿拉伯的又高又瘦、表演吞剑的小伙子表现的是一种文化，对我来说，这种文化比一群整日兢兢业业地制作奶酪和牛奶巧克力的瑞士农民所展示的文化层次更高。”大约在60年后，他回忆说，“那种表演的灵性强度远超前文艺复兴时期的挂毯的情感力量。”

这次经历不仅改变了布卢姆的智力水平，也开掘出了他的商业本能。“我知道西半球的人从来没有见过像这样的舞者、杂技演员以及吃玻璃、吞蝎子的人，我确信我可以在美国用他们发财。”布卢姆身高5英尺6英寸，其貌不扬，他那大大的笑容和大大的鼻子就快要遮住他的眯眯眼了。他对法语全然不知也一窍不通，似乎不太可能在世纪之交的巴黎取得成功。然而，正是那种让他在美国发财的说服力，使他以区区1000美元获得了一个阿尔及利亚村庄为期两年的独家使用权。合同中规定了一次世界巡演，但布卢姆并没有打算利用它。“全世界其他地方都得先等着我把这个阿尔及利亚村庄带到美国再说。”

事实证明，对布卢姆来说，说服法国人与阿尔及利亚人分离，要比说服芝加哥博览会的负责人接纳他们容易得多。组织者将大道乐园视为一个文化长廊而非嘉年华的拱廊，因此将它的开发委托给了哈佛大学的一位民族学家。“让这位郁郁寡欢的先生负责……娱乐，”布卢姆回忆道，“要说明智，那就像让阿尔伯特·爱因斯坦担任林林兄弟和巴纳姆 & 贝利马戏团的经理一样。”尽管如此，布卢姆在自己被任命为博览会的娱乐总监后，还是恰到好处地说服了管理人员，让他们相信这个村子既有教化意义，又有利可图。他还提议不仅要展出阿尔及利亚人，还要展出埃及人、摩洛哥人、突尼斯人、苏丹人和土耳其人。这些都将在位于大道乐园中心的“伊斯兰世界”中展出，那里离摩天轮仅有一小段距离。①

80年来，自末底改·诺亚被任命为驻突尼斯领事和埃德温·德·莱昂被任命为驻埃及领事起，到最近奥斯卡·斯特劳斯和所罗门·赫希成为驻土耳其宫廷大使，美国一直将其犹太公民视为通往中东的天然桥梁。现在，又有一位美国犹太人正在实现类似的目的，尽

① *The Autobiography of Sol Bloom* (New York: Putnam, 1948), pp. 106 (“I came to realize”), 107–8 (I knew that”), 119 (“To have made”). Donna Carlton, *Looking for Little Egypt* (Bloomington, Ind.: IDD Books, 1994), p. 27. 对巴黎博览会上的中东展览的精彩描述，可见于 Timothy Mitchell's *Colonising Egypt* (Berkeley: Univ. of California Press, 1988), p. 1。

管他唯一的动力是商业上的。与那些在国外服务的宗教同行不同，布卢姆无意于将自己国家的力量投射到中东，也无意维护美国信仰的代理人。相反，他的目标在于让更多美国人了解中东的文化与奇迹，使他们能够接近自己的梦想。

大道乐园里的中东

博览会于 1893 年 5 月 1 日正式开幕，由格罗弗·克利夫兰致开幕词，受到了国际社会的赞誉。会场的许多建筑尚未完工，但大道乐园里的中东展区已然人满为患。在阿尔及利亚村里，总统受到了数十名年轻妇女的欢迎，她们明目张胆地穿着半透明的灯笼裤和鲜艳亮丽的绣花背心，她们在他经过时拉下了自己的面纱。“我非常怀疑在阿尔及利亚是否能见到类似的东西，”他后来承认，“但当时我无暇关心这些琐事。”迅速涌入该景点的大量美国人也是如此。他们对真正的中东漠不关心，注意力主要集中于确认他们脑海中关于该地区的迷思、那些由《一千零一夜》滋生出的幻想以及欧文、梅尔维尔和吐温所描绘的画面。

在芝加哥的大道乐园，这些神话奇迹般地复活了。走近广场时，我们那对加州的新婚夫妇和新泽西的退休教员可能已经瞥见了宣礼塔的尖顶、丝质的三角旗和五彩缤纷的帐篷，听到了一位来自弗吉尼亚的游客——埃格尔斯顿牧师——轻蔑地说起的“外国铃鼓的怪声，以及非美国女孩可怕的叫喊（也就是她们所谓的音乐）”。很快，他们就会看到一个类似于 100 多年前约翰·利雅德首次描述的场景：蜿蜒的街道上挤满了穿着异国服装的黎凡特人——阿拉伯人、科普特人、亚美尼亚人和犹太人——他们都在用喉音大叫大嚷。戴着白色头巾、穿着镀金鞋子的店主们兜售着地毯、剑以及其他“正宗”纪念品，而围着头巾的女人们则在头上顶着水罐小心维持着平衡。“童年故事的记忆纷至沓来，眼前出现了约瑟夫和他的兄弟们、法老的女儿以及她的女仆弯下腰去抱婴儿摩西。”一位自称马克·斯蒂文斯夫人的游客写道，“只要发挥一点想象力，我们的东方梦就实现了。”

斯蒂文斯夫人被迷住了，几乎毫无意愿去了解这些原住民中有多少人真正来自中东，又有多少人不过是从芝加哥的少数民族群体中找来的演员。然而，《世纪》杂志的记者古斯塔夫·科比并没有那么沉浸其中，他断言：“大道乐园可能是有史以来世界上最大的假货聚集地。”科比声称，其中尤其突出是那个穿长袍的“托钵僧（穆斯林神秘主义者），我敢说那是个美国人”。

事实上，一些展区的确雇用了中东人，比如用来充实土耳其馆的65名妇女、男子和儿童，就是从奥斯曼帝国的各省招募的。这些人连同一系列的小摊、清真寺和古雅的伊斯坦布尔风格的房屋一起，共同打造出了一种超凡脱俗的东方氛围，美国人可以在其中漫步，痴迷地看着苏丹那张纯银打造的床，或者贝都因骑兵在马背上表演的“狂野东方秀”。他们也可以在大巴扎的40家纪念品商店里尽情浏览，欣赏一出带有英语现场翻译的中世纪土耳其戏剧，或者在咖啡馆中一边抽水烟，一边啜饮麦加咖啡或橙汁和柠檬水之类的“土耳其软饮”。

土耳其馆是由犹太企业家约瑟夫·利维建造的，此次大受欢迎。摩尔人宫殿也是如此，里面有镜子大厅、恐怖蜡像馆、波斯帐篷和卡比尔（北非部落）房屋。然而，比所有这些稀罕之物更吸引人的是“开罗大街”。跟之前巴黎世博会的那条开罗大街一样，它也是精心打造的，只不过建筑师不是法国人，而是匈牙利人马克斯·赫兹——他是埃及赫迪夫的私人建筑师。它的特色是格子窗、封闭的木质阳台和扇形喷泉，还有一个有60个摊位的露天市场、一座盖伊特贝清真寺的复制品和虚构出的埃及商人贾迈勒·丁·叶海比的房子。一些货真价实的埃及人也被带进来重现日常生活场景——其中有180人装扮成苦行僧、造帐篷师、乞丐和算命师。驴子和狗、猴子一样，也是进口的，当然，还有骆驼。花50美分就可以骑一次骆驼。一位跨上驼峰的人回忆道说："这样的游览对恋人来说是甜蜜的，但对假正经和胖子来说却是个苦差事。"

对于那些不太喜欢冒险的人，开罗大街还提供了法老时代华丽的埃及寺庙、古墓复制品甚至木乃伊。这种累积效应具有催眠作用。"沐浴在即将落山的太阳的金色光芒中的开罗显得格外辉煌，"斯蒂文斯夫人被迷得神魂颠倒，"当……清冷的银白色月光照在古雅的建筑和神色庄严的民众身上，游客们感到他们似乎真的置身于埃及。"①

"伊斯兰世界"的展览也激发了另一种狂欢，这种狂欢更令人反感，是西方男人长期以来从中东衍生出来的。开罗大街与阿尔及利亚村子都配备了豪华的剧院，波斯帐篷里还有波斯的爱神之宫，里面的女人身着所谓的东方服饰——半透明的裙子，裸露着肚脐，戴着众多的珠串和手镯——在手鼓与长笛的伴奏下跳着蛇舞和蜡烛舞。斯蒂文斯夫人写道："尼罗河的这种高超技艺的舞蹈包括肌肉的扭曲和打结，令人想起痉挛的猫。"她回忆起了其中一名舞蹈演员是如何"突然暴怒……吓得音乐家和观众瞠目结舌"。然而，艺人们制造的这种暴力

---

① "The World's Columbian Exposition: Idea, Experience, Aftermath," http://xroads.virginia.edu/～MA96/WCE/title.html ("the strange music"). Mark Stevens, *Six Months at the World's Fair* (Detroit: Detroit Free Press, 1895), pp.101,103 ("Cairo was strikingly"). Larkin, *Devil in the White City*, p.236. Gustav Kobbe, "Sights at the Fair," *Century Illustrated Monthly Magazine* 46, no.6 (Sept. 1893): 653 ("The Midway Plaisance"). Carlton, *Looking for Little Egypt*, pp.27, 35, 39 ("Such a jaunt"). Norman Bolotin and Christine Laing, *The World's Columbian Exposition* (Urbana: Univ. of Illinois Press, 2002), p.139. Robert Muccigrosso, *Celebrating the New World: Chicago's Columbian Exposition of 1893* (Chicago: Ivan R. Dee, 1993), p.164. David Burg, *Chicago's White City of 1893* (Lexington: Univ. Press of Kentucky, 1976), pp.105,221.

在肚皮舞演员——索尔·布卢姆含蓄地称她们为“肚皮舞女郎”——的肆无忌惮面前简直是小巫见大巫。

由于这些表演主要吸引的是男性，所以加州的新郎会与他此时恼怒的新娘分开，让她和那位愤慨的教员一起留在剧院外面。而他在剧院里面可以呆呆地望着“东方之美的辉煌样本”，欣赏她们只着寸缕的身体带着暗示性地扭来扭去动作。“这是东方粗俗的动物激情，而不是基督教国家的纯洁情感。”一位观众在看了独舞《爱之舞》后表示，“她身体的每一个动作都在展示她的动物性。”在这些表演者中，很少有人能像叙利亚出生的法赫瑞德·马扎尔那样野性十足，这位卖弄风情的女人绰号“小埃及”，据说她的那种“真正的本土肌肉舞蹈”能“让［一个男人］在未来数年的宁静夜晚不得安宁”。伴着布卢姆在钢琴上弹奏的一首小调——这首小调后来被无数卡通片中的耍蛇人反复表演——“小埃及”会用她的身体做出弯曲有致、充满感官刺激的回旋迷住男性观众。正如一位看得气喘吁吁的观众所言：

> 现在，她的身体旋转着，扭动着，脸上带着梦幻般的微笑，刷了颜色的眼睛半闭着，雪白的牙齿半露在唇间，嘴唇因舞蹈而变得更加红润、饱满……她的动作像蛇一样粗俗、身体越降越低，她蠕动着、扭曲着、抽搐着，手帕半遮着面孔，直到几乎触到舞台。

然而，并不是所有的观众都同样感到兴奋。安东尼·康斯托克是“反堕落协会”（Society for the Suppression of Vice）的创始人，他身材壮硕，胡须浓密，就是他获国会批准焚烧《一千零一夜》以及数百本类似的“淫秽”书籍，如今他要求将此类表演定为非法。年迈的茱莉娅·沃德·豪谴责肚皮舞“简直太可怕了”，是“整个腰腹部最畸形的运动”，并总结说：“我们认为这很不体面。”然而，大多数参观博览会的观众并不觉得“小埃及”令人反感，他们更倾向于指责批评者假正经。《芝加哥论坛报》拿豪开玩笑，说不知道“这些好女人的担忧是因为舞蹈有违道德，还是因为觉得表演者如果继续坚持扭曲身体可能会引发腹膜炎。”①

事实证明，中东展馆是芝加哥博览会最受欢迎的景点，其入场人数比排在第二位的摩天轮多出60%以上。大约有250万人漫步在开罗大街上，而且，根据博览会的最终官方报告，其中近5万人骑了骆驼。对于这些游客中的许多人来说，这其实是一种文化上的刺激——也是一种放心的无菌体验。纽约州参议员昌西·M. 德普冷哼道：“大道乐园中的这些居民……使得观察者不必带有不快去穿越他们的国家并与他们接触，就可以观察这些野蛮的、半文明状态的人。”对其他人来说，比如热情洋溢的斯蒂文斯夫人，大道乐园是“新耶路撒冷的典范”，可以安抚人心、振奋精神。然而，对大多数美国人来说，想必包括我们作为样本的退休教员和那对会合的夫妻，与芝加哥的中东邂逅简直是一种无与伦比的乐趣。“我们都看傻眼了，”一向不苟言笑的国务卿约翰·海伊窃笑道，“它远远超出了人们的想象，甚至连芝加哥自己都呆掉了。”

索尔·布卢姆完全有理由心花怒放。“人群蜂拥而至，”他兴奋地说，“我就像挖到了金矿。”凭借在芝加哥赢得的声誉，布卢姆很快将

① 骑骆驼的费用是骑驴子25美分的2倍。四分之一的人还获准进入摩尔宫殿、波斯帐篷、土耳其馆和贝都因营地。参见：Bolotin and Laing, *World's Columbian Exposition*, p.107. Stevens, *Six Months*, p.102 (“This high art dancing”). Burg, *Chicago's White City*, pp.221 (“splendid specimens”), 222 (“It is the coarse” and “Every motion”), 223 (“Now she revolves”)。Carlton, *Looking for Little Egypt*, p.23. Muccigrosso, *Celebrating the New World*, pp.165, 166 (“genuine native muscle” and “a peaceful night's rest”), 167 (“simply horrid”). Larkin, *Devil in the White City*, pp.311 - 12 (“whether the apprehensions”)。

搬到纽约，成为国会议员，并以此身份在美国与中东的关系中发挥突出作用。回首往事，布卢姆只对肚皮舞感到遗憾，他认为肚皮舞是“节奏与美感的杰作”，后来却沦为滑稽表演，也遗憾他没能获得耍蛇人那首歌的版权。他还很怀念在博览会上担任他私人保镖的阿尔及利亚人，一个名叫阿奇的黑巨人。

芝加哥博览会只持续了6个月，但是布卢姆对中东的再创造——《世纪》杂志称之为“哈伦·拉希德[①]的新首都”——将会在未来几十年间一直回响。后来，这种“肚皮舞”被更名为“胡奇库奇舞”（hoochy koochy）并被进一步色情化，成为一种歌舞杂耍的标准，而“小埃及”成了一种低级趣味，引发了数十个冒名顶替者和几起上流社会的丑闻。一代美国人随着“开罗大街华尔兹”起舞，或者唱着“她从未见过开罗的街道”，孩子们则模仿布卢姆的“东方”曲调，哄笑着说“法国有个地方的女士不穿裤子”。受大道乐园成功的鼓舞，未来的世界博览会还将以中东展馆为特色，林林兄弟和巴纳姆 & 贝利马戏团会以“波斯——世界有史以来最华丽的东方展”及“东方情调和奇异浪漫的麦加朝圣”等诱人的名字举办露天表演。[②] 为了让中东的幻想永存，这些景点中的任何一个都会让人轻而易举地联想起《一千零一夜》中的场景，这进一步将这些神话印在了美国人的想象中。

制造神话可能是大道乐园的主要成就，但博览会的组织者从未忘

---

① Haroun al-Raschid，最著名的哈里发。——译者

② Daniel Burnham, ed., *Final Official Report of the Director of Works of the World's Columbian Exposition* (New York: Garland, 1989), p.40. "None Can Compare with It," *New York Times*, June 19, 1893, p.5 ("The denizens"). Mrs. Mark Stevens, *A Lecture on What You Missed in Not Visiting the World's Fair* (Flint: n.p., 1895), p.6 ("New Jerusalem"). Buel, "Preliminary Glimpses," p. 626 ("Haroun al-Raschid"). Muccigrosso, *Celebrating the New World*, pp. 167 - 68 ("We were all knocked"). *Autobiography of Sol Bloom*, pp. 122 - 23, 135 ("The crowds poured in" and "a masterpiece of rhythm"), 136. Burg, *Chicago's White City*, p.223.

记他们的初衷——教化民众。除了更多的世俗娱乐活动，他们还赞助了近6000场关于经济、社会、伦理和宗教主题的讲座。美国许多最重要的演讲者都参加了，其中包括牧师T·德维特·塔尔马格和普林斯顿大学的年轻教授伍德罗·威尔逊，威尔逊讲的是大学改革的必要性。威廉·布莱克斯通也出席了讲座，传阅了他支持犹太人在巴勒斯坦建国的备忘录，以及他通过仲裁解决国际争端的最新提议。马克·吐温也受邀讲讲自己的小说，但他由于胃病的缘故只能卧床修养。结果，这一系列讲座中最重要的演讲与教育无关，甚至与幻想和信仰也无关，而是与美国的实力发展进程有关。

哈佛大学32岁的历史学家弗雷德里克·杰克逊·特纳宣称："谁若断言美国生活的广阔性如今已完全停止，那他就是个鲁莽的预言家。"相反，驱使美国人征服自己边疆的那种"不安、紧张的能量"，"那种将粗犷、力量与敏锐、好奇结合在一起的能量"，将促使他们征服更广阔的海外领土。尽管身材瘦小，看上去几乎像个孩子，但特纳在呼吁建立一个奋发图强、旗帜鲜明的帝国主义国家时，让人觉得相当雄壮有力。这一呼吁与马克·吐温及其反帝国主义同盟成员的主张直接冲突，后者一直在敦促美国与贪婪成性的欧洲划清界限，推行更开明利他的政策。然而，当这个国家跨入全新的20世纪，并试图将其影响力扩大到整个中东和其他地区时，与之相伴的将是特纳而非吐温的声音，这个声音高呼道："美国的能量，将继续需要一个更广阔的场地来施展。"①

---

① 布莱克斯通关于成立国际仲裁组织的提议，在1893年的博览会上被传阅，可见于William Blackstone Papers, collection 540, box 7, folder 1. Turner, *Frontier in American History*, p.37。

第十六章

一个被重新命名和重整秩序的地区

“中东”一词的首次出现，是在1902年9月伦敦出版的《国家评论》上的一篇题为《国际关系中的波斯湾》的文章中。该杂志出自英国，文章作者却是一名美国公民。1867年，作为美国军舰“易洛魁号”上的一名年轻军官，阿尔弗雷德·塞耶·马汉①曾绕阿拉伯半岛航行，对该地区作为三大洲交汇处的价值印象深刻。几个世纪以来，西方人一直把非斯（Fez）和喀布尔、巴格达和贝尔格莱德之间由穆斯林统治的土地称为 the Orient，或者更简单称为 the East。现在，随着日本和中国向西方开放门户以及亚洲和太平洋地区帝国主义斗争的升级，有必要将远东和近东，以及保加利亚和巴尔干半岛的近东和阿拉伯、波斯和海湾地区加以区分。

马汉不仅做到了，而且创造了一个全新的战略概念。他以后甲板为教室，成为他那个时代最受尊敬的海军理论家。在其经典著作《海权与美国》（1897）中，他强调了大国地位与以大规模海军控制国际贸易之间的关联。马汉认为，为了维持东西方之间的通信和供给线路，大国必须扼住“将非洲和亚洲连在一起的陆地咽喉”，包括“土耳其的亚洲部分、波斯、埃及以及地中海东部盆地”，他称这块地方为中东。如果一个国家成功地控制了这个中东——包括运河、海岸线和加煤站——就能够在更遥远、更有利可图的远东地区的竞争中拔得头筹，从而主宰世界。②

马汉的建议是针对英国的，英国仍然是居统治地位的海军强国，但这些建议对美国的影响也越来越大。随着新世纪的到来，美国在能源消耗和制造业总产量方面超过了欧洲，在对外贸易方面也在不断超越英国。美国当时的人口是6400万，仅次于俄国，开采的煤、铁、金、银，砍伐的木材，比世界上其他任何国家都要多，生产的钢铁比英国和德国加起来还多。由于在海外没有大敌，并且由在外交政策上拥有广泛权威的总统领导，美国人民已蓄势待发要挑战欧洲人在远东和新划定的中东地区的主导地位。③

美国在该地区影响力上升的一个晴雨表是贸易量和贸易种类的稳步扩大。将在20世纪成为世界上最大的中东石油消费国之一的美国，1900年时却在为该地区的很多地方提供石油和煤油。同样具有讽刺意味的是，这个曾经以其优质烟草而闻名的国家开始进口土耳其的混合烟草，用于制造美国第一个行销全国的香烟品牌，上面印有骆驼的图案。尽管如此，美国对中东的出口仍以14∶1的比例超过进口。英国驻伊斯坦布尔领事

---

① 海军将领、历史学家，“海权论”的主要创立者。——译者

② A. T. Mahan, *Retrospect and Prospect* (Boston: Little, Brown, 1902), pp. 233, 237, 243. A. T. Mahan, *The Problem of Asia* (Boston: Little, Brown, 1900), pp. 80 - 81, 83 (“the neck of land”).关于马汉的海军理论，尤其是他对中东的概念，存在大量的研究，参见 e. g., Roderic H. Davison, “Where Is the Middle East?” in Richard H. Nolte, ed., *The Modern Middle East* (New York: Atherton Press, 1963), pp. 15 - 17. Marwan R. Buheiry, “Alfred T. Mahan: Reflections on Sea Power and on the Middle East as a Strategic Concept,” in Lawrence I. Conrad, ed., *The Formation and Perception of the Modern Arab World* (Princeton: Darwin Press, 1990), pp. 157 - 62. W. D. Pulson, *The Life and Work of Captain Alfred Thayer Mahan* (New Haven: Yale Univ. Press, 1939), pp. 41 - 42。

③ Fareed Zakaria, *From Wealth to Power: The Unusual Origins of America's World Role* (Princeton: Princeton Univ. Press, 1996), pp. 46, 127. Walter Zimmerman, *First Great Triumph: How Five Americans Made Their Country a World Power* (New York: Farrar, Straus and Giroux, 2002), pp. 24 - 25, 30 - 31, 34 - 37. Walter LaFeber, *The New Empire: An Interpretation of American Expansion, 1860 - 1898* (Ithaca: Cornell Univ. Press, 1998), pp. 99, 105. Ernest May, *Imperial Democracy: The Emergence of America as a Great Power* (Chicago: Imprint Publications, 1961), p. 6.

查尔斯·M. 狄金森在报告中说："……英国、德国和奥地利的报纸都在强烈呼吁大家注意……一个全新的危险的商业竞争对手已经进入这一领域。"他声称，在美国东方代理商提供的产品中，有"住宅和办公家具……电镀品、各种机械和打字机……都以极具吸引力的方式展示着"。

正如传教士活动的增长需要美国海军在中东的存在更加突出一样，繁荣的贸易也需要美国军舰更强大的保护。当"肯塔基号"和"乔治·华盛顿号"等战舰偶尔造访奥斯曼诸港口时，"马布尔黑德号"和"旧金山号"等巡洋舰也经常在地中海东部海岸巡逻。仿佛是遵照马汉的指示行事似的，美国海军已经开始建造16艘战舰，这些战舰最终形成了"大白舰队"——美国第一支全球作战力量。

爱尔兰-英国剧作家乔治·萧伯纳预见到了这支"大白舰队"的力量及其对中东的影响。在其1899年以摩洛哥为背景的喜剧《布拉斯庞德船长的转变》中，萧伯纳推出了一个叫哈姆林·科尔尼的人物，是个"体格健壮的美国西部人……打心底认为旧世界所有的国家都在打仗"。作为海军船长，科尔尼要求立即释放两名英国臣民，他认为这两个人被一名狂热的反基督教酋长劫为人质。他傲慢地告诉苏丹："由于搜寻工作将用机关枪进行，这两名游客的迅速返回……会为各方省去诸多麻烦。"他的最后通牒很有效，两名人质立即获释。最后，关于科尔尼，萧伯纳做了一番沉思："考虑到自己未来的很大一部分掌握在他这种人手中，全世界都在好奇地注视着他，不知道在未来一两个世纪中这个人会变成什么样的魔鬼。"①

---

① 骆驼牌香烟1913年首次问世，其标志的灵感来自巴纳姆&贝利马戏团的骆驼"老乔"。其他"中东"品牌也很快出现了，其名字包括Aga、Kismet和奥斯曼。参见：Nance, "Crossing Over," pp. 98-102. DeNovo, *American Interests*, pp. 16-22, 39-40. Wright, *United States Policy toward Egypt*, pp. 206-7. Turgay, "Ottoman-American Trade," p. 234 ("The newspapers"). Field, *America and the Mediterranean World*, pp. 327, 338. *The Complete Plays of Bernard Shaw* (London: Constable Press, 1931), pp. 320 ("As the search"), 323 ("The world").

萧伯纳不必等待那么久就可以见到他的科尔尼船长在现实中的化身。1901 年 9 月，一名无政府主义枪手暗杀了总统威廉·麦金利，他那位好斗的副总统西奥多·罗斯福走马上任。

一个适合所有职业的人

大自然的爱好者。勇敢的领导人。农场主与猎人。无畏的探险家。作家与热情的观察家。所有这些名目都装点着纽约的美国自然历史博物馆的罗斯福纪念馆。第 26 任美国总统的事业、兴趣和成就看上去的确超出了一个普通人的能力范畴，当然也超出了一个开始时娇生惯养和缠绵病榻的人的掌握。不过这个清单可能会延长，多加一个称谓：中东问题专家。这种特长可以追溯到 1872 年 11 月，当时这个早熟的 14 岁男孩——那时昵称特迪——和他的家人一起前往埃及、叙利亚和巴勒斯坦。

与此前的诸多美国游客一样，罗斯福对中东心驰神往。“我是那般地凝望着它啊！”他在日记中讲述了他第一次看到埃及海岸的情景。“这是埃及，我梦寐以求之地……这片土地与辉煌时期的罗马一样古老，与被攻陷时的特洛伊一样古老！眼前之景诱人浮想联翩，我也确实如此。”这位少年对亚历山大的描述，与整个 19 世纪美国游客对这座城市的描述非常相似——混乱嘈杂，不同种族的人和各色的服饰在街上熙熙攘攘、络绎不绝。同样，罗斯福也在埃及的古代遗迹中看到了“难以形容、无法言传的东西”。“我思绪万千，但无法诉诸语言。那种场合，你根本无法说清自己的意思。”

罗斯福一家循常规路线乘船沿尼罗河而上，与拉尔夫·沃尔多·爱默生会合，在野外共进午餐，在美国猎杀尼罗河野生动物的传统中乐此不疲。特迪射杀了一只莺，并把它做成了一个标本，这将是他那庞大而极具科学价值的收藏中的第一件标本。在露天集市上买鹌鹑时，罗斯福与埃及人讨价还价，展现了自己日后将在外交上一展风采的谈判技巧。他得意地说："阿拉伯人总爱夸夸其谈。"后来，他沿着马克·吐温的足迹骑马穿越了叙利亚和巴勒斯坦。正如荷兰归正教会主日学校的一名常客所料，年轻的罗斯福被他所看到的圣地深深打动了，不单是基督教圣地，还有奥马尔清真寺和哭墙。然而，像吐温一样，他觉得耶路撒冷"非常小"，约旦河窄得令人失望，"在美国我们会称之为小溪"。

罗斯福旅行回来时患了哮喘，但他比以往任何时候都更坚定地想要增强体力和耐力。他还带回了一种对中东的敏锐意识，随着时间的推移，这种感觉与他对神话和宗教的兴趣交织在一起，为他的战略思维增添了色彩。1898 年，在自愿前往古巴参战之前，作为海军助理部长的罗斯福牛气冲天地透露："西班牙和土耳其是世界上我最想粉碎的两个大国。"

身为阿尔弗雷德·塞耶·马汉和牧师乔赛亚·斯特朗的朋友，罗斯福怀有一种近乎神秘的信念，他坚信海军实力的价值，坚信美国有不可侵犯的权利动用这种实力。在他的世界观中，国家就像个人，有羸弱的，也有身强力壮的，后者有义务保卫前者。一些"野蛮的和半野蛮的民族"，"无论是保护外国人的权利不受本国公民的侵犯，还是保护本国公民免受外国人的侵犯，都完全无能为力"，以至于"可敬又正直"的国家为道义所迫，不得不对他们进行管制。因此，罗斯福赞扬英国为 1898 年苏丹伊斯兰武装分子杀害戈登将军一事复仇，并击败了那些实行"偏执、暴政、残酷的宗教不宽容的人"。在他看来，美国同样有义务代表亚美尼亚人和其他受到"土耳其人的可怕祸害"

威胁的中东人民进行斡旋。[①]

在入主白宫之前，罗斯福的关注点主要在南美和远东，几乎将中东完全排除在外。对他来说，中东地区对美国的利益来说仍然是边缘地带，没有多少有价值的商品，又是欧洲的专属范围。矛盾的是，罗斯福外交哲学的第一个真正考验却来自奥斯曼帝国——他渴望摧毁的实体——且就在他就任总统的几天后。

罗斯福得知，一群保加利亚强盗绑架了一位名叫艾伦·斯通的美国传教士以及一名教会学校毕业生怀孕的妻子卡特琳娜·切尔卡。绑架者虽然“衣着打扮像土耳其人，还操着一口蹩脚的土耳其语”，但实际上是当地的基督徒，他们试图以此筹钱反抗土耳其的统治。他们忘掉了美国早些时候为保加利亚独立斗争所做的贡献，要求美国提供10万美元的黄金，限美国政府在18天内交付赎金。

这一事件动摇了罗斯福的贵族责任感，迫使他与“未开化”的奥斯曼人合作，共同对付寻求自由的保加利亚人。除了宣称“这些妇女被绑架令美国人感到震惊和恐惧”之外，他几乎无法确保让她们获释。罗斯福考虑过向该地区派遣炮艇，甚至派出登陆部队，但他不清楚美国人民对麦金利总统遇刺事件刚过不久就实施军事干预会如何反应。还有一种危险是，绑架者一旦怀疑有人企图营救，可能会立即撕票。总统甚至无法拨款用钱赎回切尔卡和斯通——这是国会的特权。

---

① *Theodore Roosevelt's Diaries of Boyhood and Youth* (New York: Scribner, 1928), pp. 227 (“I *felt* a great deal”), (“what we should call”), 276 (“How I gazed”), 278 - 79 (“the Arabs always talk”), 290, 304 (“a glimpse of”), 314 - 319. Theodore Roosevelt, *An Autobiography* (New York: Da Capo Press, 1985), pp. 20, 398 - 99, 548 (“so utterly incompetent”), 550, 561 (“dreadful scourge”). Nathan Miller, *Theodore Roosevelt: A Life* (New York: Quill Books, 1992), p. 54. Edmund Morris, *The Rise of Theodore Roosevelt* (New York: Modern Library, 2001), pp. 37, 40 - 41. Grabill, *Protestant Diplomacy*, p. 45 (“Spain and Turkey”). Steiner, *Religious Beliefs*, pp. 152 - 56. John Milton Cooper, *The Warrior and the Priest: Woodrow Wilson and Theodore Roosevelt* (Cambridge: Harvard Univ. Press, 1983), pp. 71 - 72 (“barbarous and semi-barbarous”).

就像乔治·华盛顿在1790年代发现自己对赎回阿尔及尔的美国俘虏无能为力一样，罗斯福也只能被动地坐着，让公众筹集资金。

幸运的是，捐款源源不断地涌来。媒体将斯通描绘成一个纤弱的天真少女——事实上，她是个木讷迟钝的中年女学究——引得美国人为救她纷纷慷慨解囊。罗伯特学院的院长乔治·沃什伯恩与绑架者取得了联系，并说服他们延长了最后期限。1902年3月1日，这两名囚犯获释的消息传来，在美国各地受到热烈欢迎，但总统暗自强压怒火。他抱怨道："女人根本不应该走出家门到这些蛮荒的国家当什么传教士。"他还发誓以后再也不会如此软弱为力。①

然而，仅仅过了一年，罗斯福的决心便再次受到挑战，这一次仍然是在中东。1903年8月27日，华盛顿得到消息，美国驻贝鲁特副领事被暗杀。传闻中的受害者是威廉·马格尔森，30岁，是一位来自明尼苏达州布拉茨堡的传教士之子。据称他曾抗议土耳其再次对亚美尼亚人和试图为他们说话的美国传教士发起袭击。总统不再犹豫，第二天，他命令美国军舰"旧金山号"、"布鲁克林号"和"马柴厄斯号"全速开往黎巴嫩。其意图是要求立即逮捕和惩罚杀害这位外交官的凶手，以表明罗斯福对土耳其宫廷已失去耐心。然而，在军舰到达之前，白宫得知马格尔森还活得好好的。在一场阿拉伯婚礼上，来庆祝者的人射出的一颗子弹从这位外交官耳旁呼啸而过，幸运的是，他毫发无伤。

但罗斯福可不那么容易安抚。他说，即使马格尔森安然无恙，传

① *FRUS*, 1901, vol.4: Leishman to Hay, Sept. 5, 1901, p.997; Lazzaro to Dickinson, Sept. 5, 1901, p.998 ("dressed like Turks"); Stone to Peet, Sept. 20, 1901, p.1006; Eddy to Hay, Dec.13 1901; Leishman to Hay, March 1, 1902. Teresa Carpenter, *The Miss Stone Affair: America's First Modern Hostage Crisis* (New York: Simon & Schuster, 2003), pp.30 - 31 ("Women have no earthly"), 32 - 35, 56 - 57, 94 - 96, 140 - 42.

教士们仍然身处险境。因此，巡洋舰就在贝鲁特港驻扎了下来，将探照灯对准了这座城市，并威胁要实施封锁，直到土耳其人保证所有在叙利亚工作的美国传教士的安全。大约 500 名海军陆战队士兵全副武装，随时准备登陆，以防土耳其宫廷拒绝。

得知美国即将发动攻击，奥斯曼帝国驻华盛顿大使切基布·贝伊未经通报直接闯进了国务卿约翰·海伊的办公室。“我们给了传教士极大的自由，结果如何?”切基布抗议道。传教使团不但不表示感谢，反而密谋煽动亚美尼亚人叛乱，“想把我们的国家从地图上抹去”。“假设我该……为［美国］黑人建一所学校，学校老师该告诉黑人……他们不该屈服于私刑而应该反抗，结果会怎样?”外交官连续质问，“你认为我是能在这个国家长久待下去还是我的学校会蒸蒸日上?”

切基布的抗议未能阻止罗斯福。美国战舰在贝鲁特附近停泊了几周，第二年又返回中东，这次是停在士麦那。总统命令他们继续在土耳其海岸附近永久巡逻，以提醒人们美国会致力于保护居住在中东的所有公民。①

斯通和马格尔森事件，尽管对罗斯福来说确实令人不安，但对于他在该地区威信所面临的最严峻挑战以及他的炮舰外交的最大胆展示来说，这些不过是预演而已。这出戏于 1904 年 5 月 18 日晚上在丹尼尔开始，当天，一群 200 名全副武装的部落成员突袭了伊翁·珀迪卡里斯的家，这位 60 岁的乐天派商人被美国领事称为该市“最杰出的美国公民”。袭击者殴打了珀迪卡里斯的仆人，并将他和他的继子劫为人质，把他们带进了几乎与世隔绝的里夫山区。他们现在是一名身

---

① USNA, RG 59, Dispatches from U. S. Consuls, Constantinople: Leishman to Hay, Sept. 10, 1903. “Unspeakable Turk to Be Called Upon to Settle for the Murder of American Vice-Consul,” *Los Angeles Times*, Aug. 28, 1903. “Turkish Minister to Confer with Hay,” *New York Times*, Aug. 30, 1903 (“We have allowed”). Still, *American Sea Power*, p. 159. Erhan, “Ottoman Official Attitudes,” p. 332.

材矮小但魅力十足的柏柏尔酋长的俘虏，他被当地人称为艾哈迈德·本·穆罕默德·拉苏尔·利拉（意为“上帝的信使”），在美国，被简称为赖苏利。

赖苏利以“我们认为神圣的一切”起誓说，如果他的两名俘虏不试图逃跑，就不会受到伤害。他对珀迪卡里斯说，他不打算向美国索要任何东西，只想向长期压迫里夫山区的柏柏尔人的摩洛哥苏丹阿卜杜勒·阿齐兹寻求公平正义。赖苏利希望结束掠夺行为，并以支付大笔赎金这种形式作为对以往罪行的补偿。毫不奇怪，苏丹对这些要求置之不理，逼得赖苏利改变了立场。他现在提出，除非华盛顿迫使摩洛哥做出让步，否则珀迪卡里斯不可能获释。

美国国务卿约翰·海伊因其对1900年中国义和团运动的强硬处理以及对美国在远东贸易中的“门户开放”政策而闻名，他对赖苏利这种单打独斗的暴发户缺乏耐心。对于该酋长的要求，他用一个词痛斥——“荒谬!”并指示美国驻丹吉尔领事避免“任何可能被视为鼓励……敲诈勒索的行为”。罗斯福也坚称美国绝不会“屈服于那些摩洛哥强盗的要求”，并邀请英国和法国加入他要求释放珀迪卡里斯的武装联盟。不过，英国拒绝了这一提议，法国也是，而且法国采取了进一步举措，加强了丹吉尔的防御，以防美国发动袭击。

罗斯福气得脸色铁青，怒吼道：“我宁愿当三年半名副其实的总统，也不愿当七年半名义上的总统。”然而，当他得知珀迪卡里斯在内战期间离开了美国——显然是为了逃避兵役——甚至不再是美国公民时，他的豪言壮语多少有所软化。这一事实如果公之于众，不仅会削弱罗斯福对赖苏利的影响力，而且在选举年可能会尤为尴尬。这样的陷阱可能会把别的总统吓得畏缩不前，但这位总统的反应却是命令一支由7艘军舰组成的特遣部队向摩洛哥海岸进发。

5月30日早上，在丹吉尔海岸上，人们看到了“布鲁克林号”

战舰闪亮的白色船头。不久，一支海军陆战队分遣队在港口登陆，以守卫美国领事馆，另有1200名海军陆战队队员待命，准备在必要时占领丹吉尔。在不到一个世纪的时间里，这是美国军队第四次介入中东事务（前3次分别发生在巴巴里战争、美国内战和英国入侵埃及期间）。但正如罗斯福在给苏丹的电报中明确指出的那样，美国海军此举只是一种警告：

> 总统希望尽一切可能确保珀迪卡里斯获释。他希望自己的意思被清楚理解，如果珀迪卡里斯被杀，本届政府将要求杀人者偿命。要么珀迪卡里斯活，要么赖苏利死。

罗斯福从华盛顿那样处处受掣肘的人变成了杰斐逊那样的行动派，对中东采取一种“昂然独立的态度”。随后，摩洛哥政府屈服于罗斯福的压力，向赖苏利支付了他索要的赎金。6月23日，伊翁·珀迪卡里斯获释。除了因坠马而大腿骨脱臼外，他在其他方面没什么损伤，还对劫持他的人满口称赞，说“是我遇到过的最有趣、最有吸引力的人之一”。然而，他最热烈的赞美是对他曾自愿弃之而去的国家，“那面国旗，那群人——啊，还有那位总统，在几千英里外，身后是护卫舰，是总统把我挖了出来。”①

---

① USNA, RG 59, Dispatches from U.S. Consuls. Tangier: Gummere to Hay, May 19, 1904 (“most prominent American”); Gummere to Hay, May 20, 1904; Gummere to Hay, June 15, 1904. *FRUS*, 1904: Hay to Gummere, June 9, 1904, pp. 498 - 99 (“Anything which may be regarded”). Edmund Morris, *Theodore Rex* (New York: HarperCollins, 2003), pp. 323, 324 (“all we hold sacred”), 329 (“PRESIDENT WISHES”), 325 - 26, 327 (“I had much rather”), 335 (“WE WANT PEDICARIS”), 337 - 38 (“that flag”). Baepler, *White Slaves*, pp. 291 - 97, 301 (“one of the most”). Peter Larsen, “Theodore Roosevelt and the Moroccan Crisis, 1904 - 1906” (Ph. D. diss., Princeton Univ., 1984), pp. 1, 21 - 22 (“surrender to the demands”), 40 - 41, 64, 66.

罗斯福对摩洛哥出手干预的传奇故事，充斥着弯刀砍杀的骑兵、手无寸铁的俘虏和冲锋救援的海军陆战队将士的画面，再次激发了美国对中东的幻想，催生出许多廉价书店里的浪漫故事，多年后，还催生出一部好莱坞电影。但这一事件除了在国内激发了诸多想象之外，也使美国在国际上的影响力有所削弱。尽管国内一些批评罗斯福的人声称政府在海军开支和在海外展示实力方面做得太过了，但总统依然执拗。他很疑惑："他们是否反对这样一个事实，即美国军舰在有人试图刺杀美国官员时迅速出现在贝鲁特的港口，在有人绑架美国公民时迅速在丹吉尔港现身，而且每次事件中的受害人都已获得正义与补偿?"罗斯福问，当"美国中队造访士麦那之后"，美国传教士在土耳其的"正义权利长期不到位"时，他们会抱怨吗?

中东地区还将再给罗斯福一个机会回击其批评者——这一次还是在摩洛哥。德国和法国为了争夺这里的霸主，正在把整个欧洲拖入战争。为了避免滑入战争深渊，美国宣布在摩洛哥争端中保持中立。不过，因调停俄日战争而刚刚获得诺贝尔奖的罗斯福相信自己可以在法国人和德国人之间发挥同样的和平缔造者作用。因此，从未参加过中东问题大国会议的美国，成为 1906 年 1 月在西班牙阿尔赫西拉斯召开的摩洛哥问题国际讨论会的共同提案国。

给参加会谈的美国代表的指示非常明确：不要"站在任何一方"，要"保持旁观"，"除了怀着和谐共处可能占上风的善良意愿外，不表现出其他任何关切"。然而，罗斯福却在幕后巧妙地运筹帷幄。尽管总统个人喜欢滑稽可笑的德意志皇帝威廉二世，但还是通过促成英国和法国的利益而逼"威廉二世低头"，因为他认为英法两国的利益与美国更为相近。会谈的结果是一项协议，赋予法国和西班牙联合管制摩洛哥的权利，这实际上已然将柏林排除在外。罗斯福解释说："如果法国人把摩洛哥人民抓在手里，像在阿尔及尔所做的那样为他们服务，那将极大地造福摩洛哥人民。”不过，总统考虑的不仅仅是摩洛哥的利益。在阿尔赫西拉斯进行多边协议谈判的过程中，他还确保了自己国家传统上在该地区的关切，保护北非犹太人免受压迫，保护美国商人免遭不公平的限制和敲诈。

在阿尔赫西拉斯，罗斯福迈出了让美国介入东部问题的第一步。他在会上重申的原则——支持英法联盟、维护少数族裔的权利和美国的贸易自由——将在未来50年的大部分时间里继续成为美国在该地区外交的基石。罗斯福证明了美国人不仅发明了“中东”一词，而且在重塑该地区地缘政治方面发挥了关键作用。①

矛盾心理复归

罗斯福总统任期结束时，美国的大国地位几乎已得到了普遍承认，而宣告这一地位的是“大白舰队”长达4.5万英里的环球航行。21艘军舰和1.4万名军人穿过阿拉伯海，驶入苏伊士湾——这是美国有史以来进入中东的最大规模的军队。这也是有史以来穿过苏伊士

① *FRUS*, 1906: International Diplomatic Conference at Algeciras: White to the Secretary of State, Jan. 30, 1906, pp. 1471 - 72. *The Letters of Theodore Roosevelt*, ed. Elting Morison (Cambridge: Harvard Univ. Press, 1954): Roosevelt to Whitelaw Reid, June 27, 1906, pp. 318 - 19; Roosevelt to Joseph Cannon, Sept. 12, 1904, pp. 923 - 24 ("Do they object"). *Selections from the Correspondence of Theodore Roosevelt and Henry Cabot Lodge, 1884 - 1918* (New York: Scribner, 1925): Roosevelt to Lodge, July 11, 1905, p. 166. USNA, RG 59, Special Missions: Root to White, March 2, 1906 ("side with either"). Frederick W. Marks, *Velvet on Iron: The Diplomacy of Theodore Roosevelt* (Lincoln: Univ. of Nebraska Press, 1979), p. 69. Howard K. Beale, *Theodore Roosevelt and the Rise of America to World Power* (Baltimore: Johns Hopkins Univ. Press, 1986), pp. 356 - 62, 366, 370 - 74, 377 - 78, 381 - 88. Raymond A. Esthus, *Theodore Roosevelt and the International Rivalries* (Claremont: Regina Books, 1970), pp. 70 - 79, 83 - 89, 104 - 9, 111 ("It would be enormously").

运河的最大的一支船队，在1909年的头三天堵住了航道，令所有其他船只寸步难行。当船在塞得港加煤时，船员们前往开罗休假，他们戴上深红色的毡帽，在金字塔前摆姿势拍照留念，还骑着驴子在露天市场飞奔。“我们给开罗带来了很久没有过的震动。”一名水手兴高采烈地说。另一些人的经历就没那么有趣了。“我们周围聚集了各个国家的扛包的、领路的、讨饭的和骗人的……。有黑人、白人、棕色人种、黄种人，有的身着飘逸的长袍，有的几乎一丝不挂，全都向我们挤过来，毫无疑问，肯定是因为听说了‘美国人好说话’。”尽管如此，这支舰队在中东的首次亮相还是以一种更友好的方式结束了，数百名美国人和阿拉伯人一起努力将美国军舰“佐治亚号”从苏伊士运河的泥滩里拖了出来。①

一年后，罗斯福本人乘船沿着“大白舰队”在埃及的全部航线走了一遭。自他上次访问以来的40年间，尼罗河的这片土地发生了深刻的变化。英国一度标榜为暂时的有限军事占领已经发展为一个永久性的民事政府，得到了与法国签订的条约的承认，还渗透到了埃及生活的方方面面。但这种占领也助长了埃及民族主义的兴起，自乌拉比时代以来，埃及民族主义发展成一场由军官、学生、知识分子和宗教领袖组成的全国性运动。要求埃及立即独立的抗议者，经常与英国军队发生冲突。民族主义和宗派冲突在1910年2月21日达到顶峰，这一天一名穆斯林开枪打死了埃及总理布特罗斯·加利，他是一名科普特基督徒，还是未来联合国秘书长的祖父。5个月后，西奥多·罗斯

---

① Franklin Matthews, *Back to Hampton Roads* (New York: B. W. Huebsch, 1909), pp. 282-83, 287-89, 290 ("We gave Cairo"). Roman J. Miller, *Around the World with the Battleships* (Chicago: A. C. McClurg, 1909), pp. 301-6, 308 ("About us swarmed"), 309, 315, 324-25. James A. Reckner, *Teddy Roosevelt's Great White Fleet* (Annapolis: Naval Institute Press, 1988), pp. 146-47. Robert A. Hart, *The Great White Fleet* (Boston: Little, Brown, 1965), pp. 272-74.

福抵达埃及。

尽管他已不再是总统，但仍然吸引了成群的祝福者，他们渴望听到他对伦理和国际事务的见解。然而，在埃及，他的话只会让他们失望。他在强调埃及需要接纳民主、努力工作和自由企业等原则时，预言道："埃及治理自己的日子可能还需要几年甚至几代人的时间才能到来。"他建议大学生们与英国当局合作，并告诫军官们要彻底远离政治。罗斯福警告说，如果英国人离开埃及，妇女将被剥夺最基本的权利，更多基督徒将被杀害。他向英国政治家、美国革命史学家乔治·奥托·特雷维里安吐露道："许多聒噪的民族主义运动领导人只会……感情用事，相当颓废，对建构国家毫无助益。"罗斯福断言，西方对这些"穿着欧洲服装的黎凡特人"没什么好怕的，而是对他们的追随者心有畏惧，"大量……偏执的穆斯林"一心要"驱逐外国人，掠夺和杀害当地基督徒，恢复旧式穆斯林统治下的所有暴力和腐败"。

罗斯福可能没有意识到，这些"聒噪的民族主义领导人"中有许多曾在贝鲁特的叙利亚新教学院接受过教育，有些埃及高级军官曾在内战退伍军人创办的学校学习。他们所表达的对自由的渴望，至少部分是美国铸就的。随后，数百名民族主义者聚集在这位前总统下榻的酒店外，参加中东有史以来第一次大规模的反美示威活动。"打倒罗斯福!"他们高喊着，"打倒占领者!"阿里·优素福是一位受人尊敬的编辑，也是爱资哈尔大学培养的教长，他抨击了罗斯福的行为，即在断言埃及尚未具备自治条件的同时赞扬阻止埃及证明自己的大国。他预言，这种无耻行为将在整个地区乃至更大范围内引起反响，因为"当埃及受到侮辱时，这个世界上的每个伊斯兰教徒都会感同身受"。与罗斯福不同，优素福教长回忆了美国在中东争取自由的斗争中所做的贡献。他宣称："我们相信美国人仍然是……自由之友，是违背意愿被人统治的各国的朋友。"

这样的劝诫对这位拒绝屈服于赖苏利、奥斯曼苏丹或德国皇帝的领导人影响甚微。罗斯福回顾了自己童年时代的尼罗河之旅，仍然颂扬英国人的"智慧、能力和……崇高的责任感"，英国人正是凭借这些品质"将一个7世纪的地方提升至接近20世纪的程度"。他坚持认为，这项"艰巨的任务"是"崇高而光荣"的，"只有伟大的强国才能尝试"。尽管如此，他还是怀疑在埃及的英国人或在北非的法国人最终能否顺利完成他们的使命。他甚至幻想一旦欧洲人失败了，美国人就接手。"我应该先把事情按部就班安排好。"至少在罗斯福的心目中，一些美国人对西方征服中东的矛盾心理——其实是对帝国主义的矛盾心理——已经驱除了。①

与此同时，在欧洲人的脑袋里，帝国主义的冲动才刚刚萌发。1911年10月，意大利军队侵入的黎波里和达尔纳，并开启了一场长达20年的征服利比亚的血腥战争。次年，法国利用得罗斯福相助在阿尔赫西拉斯得到的许可控制了摩洛哥。从大西洋沿岸到苏伊士运河的整个中东，现在都被外国占领，各大国开始在叙利亚、巴勒斯坦和海湾地区争夺霸权。德国已经完成了一种微妙但更为广泛的渗透，为土耳其军队提供武器和军事顾问，并在奥斯曼帝国全境铺设了运送部队的铁路系统。正如马汉所定义的那样，中东现在被公认为一个独特的地区，它不仅地理上相连，而且语言、宗教和文化上也有共性。然而，将中东联系在一起的还有殖民地、保护国、托管地这样的关系，

---

① *Letters of Theodore Roosevelt*: Roosevelt to George Otto Trevelyan, Oct. 11, 1910, pp. 349 - 51. Wright, *United States Policy toward Egypt*, pp. 168 - 69. Vatikiotis, *History of Egypt*, pp. 203 - 4. David H. Burton, *Theodore Roosevelt: Confident Imperialist* (Philadelphia: Univ. of Pennsylvania Press, 1968), pp. 180 - 85, 191 ("I should have things"). Sheikh Ali Yousuff, "Egypt's Reply to Colonel Roosevelt," *North American Review* 191 (June 1910): 732 - 33, 755 ("Down with Roosevelt"), 737 ("when Egypt is").

所有这些都处于欧洲的统治之下。

尽管美国本身现在已经是一个大国，但它对这些事件中的大部分却以一种近乎冷漠的疏远态度相待。威廉·霍华德·塔夫脱总统的政府更关心美国在远东和南美的地位，而不是残酷地接管利比亚和摩洛哥，并且由于太过关注对外贸易而无暇担心土-德轴心。华盛顿的确对 1908 年由一群具有现代意识的年轻土耳其人发动的成功政变以及波斯的宪法改革斗争表示了欢迎，但它对这些事态发展的热情与其说反映了共和党的同情，不如说反映了对贸易改善的希冀。事实上，当奥斯曼人恳求塔夫脱效仿罗斯福，帮忙调解使他们失去 40 万平方英里领土的争端时，这位肥胖、冷漠的总统却发誓要保持“绝对中立和政治上完全无私的态度”。国会甚至拒绝拨款在伊斯坦布尔建造美国大使馆。约翰·利什曼大使只好自掏腰包，直到他打扑克赢了众议院议长约瑟夫·坎农后才赚回来。

1909 年，美国国务院成立了近东事务局，表明美国在中东问题上的态度转向孤立主义。尽管该地区受过教育的人已经开始称自己为中东人，但美国外交官坚持保留该地区的传统名称，并将希腊、意大利、阿比西尼亚和巴尔干半岛包括在内。而且，近东事务局最初的工作人员中没有一人会说任何一种中东语言，也不会绘制该地区现下的地图。该部门没有为应对奥斯曼帝国的大规模动荡提出政策上的建议，而是关注美国教会人士和企业家的特殊利益。应一群美国投资者的要求，近东事务局调查了购买位于巴勒斯坦加利利地区“八福山”的可能性，那里是耶稣发表登山宝训的地方。

事实上，美国一些个人确实在努力与中东进行更实质性的互动，结果却发现他们的做法受到了欧洲的阻挠。奥斯曼-美国公司于 1913 年成立，旨在修建横跨叙利亚和安纳托利亚的铁路，其提交的标书被苏丹的德国顾问宣布无效。无独有偶，俄国人驱逐了一位满腔理想主义的年轻美国律师，他叫 W.摩根·舒斯特，试图改革波斯的政治体制。“把美国人带到这个国家是一个巨大的错误。”舒斯特被驱逐后，一名俄罗斯官员得意地说，“我知道他们的立场……你就不能让他们在这里‘如鱼得水’。”对相关个人的这些倡议，白宫和国务院都没有尽力予以保护，对它们遭到的压制也没有提出抗议。助理国务卿弗朗西斯·亨廷顿·威尔逊总结说，“在波斯问题上激怒任何政府都是极其愚蠢的”，哪怕不愿干预代表了美国对中东的总体态度。“这不是我们浪费弹药的地方。”①

自从那个7月的黎明英国战舰的身影出现在埃及海岸外，30多年过去了。在此期间，美国人一直在争论帝国主义的利与弊——物质上和精神上的好处与道义上的缺陷。尽管大多数人像西奥多·罗斯福一样继续支持帝国主义，认为它即使不是神授的，也是对美国影响力的合法恩惠；但也有一些人站在马克·吐温一边，谴责这项政策是可耻的、非美国应该为之的。若非一堆全球事件的干扰，这场辩论可能会无限期地拖延下去。随着世界走向战争，美国人将再次不得不与中东打交道，在对西方的忠诚与对当地人民的同情之间，在福音主义与理性主义、犹太复国主义与阿拉伯民族主义之间做出选择。当一场无法估量的灾难降临到该地区时，美国人信仰的指向将再次与权力的迫切性发生冲突，幻想将几乎彻底黯然失色。

---

① Walter Scholes and Marie Scholes, *The Foreign Policies of the Taft Administration* (Columbia: Univ. of Missouri Press, 1970), pp. 30 – 31. Thomas Bentley Mott, *Twenty Years as Military Attaché* (1937, reprint, New York: Arno Press, 1979), pp. 171 – 74. DeNovo, *American Interests*, pp. 46 – 49, 52 ("an attitude"), 53 ("the veriest folly"), 76. Grose, *Israel in the Mind*, pp. 59 – 60. Robert A. McDaniel, *The Shuster Mission and the Persian Constitutional Revolution* (Minneapolis: Bibliotheca Islamica, 1974), pp. 115, 124 – 26, 134, 160 – 61, 170, 198 ("a monumental error").

第五部分

美国、中东和一战

第十七章
旁观灾难

小说家菲利普·罗斯写道："历史，就是把所有发生在它的时间里的意想不到的事依次记录下来，视为必然之事。"1914 年夏，很少有观察家预料到奥匈帝国对塞尔维亚宣战会引发一系列避无可避的连锁反应：俄罗斯力挺塞尔维亚，德国站队奥地利；法国团结在其俄罗斯盟友一边，英国则站在法国一边。更没有人预测到，土耳其再怎么努力也没能在这场争斗中置身事外，并被迫与德国及奥匈帝国结盟——同盟国——共同对抗英、法、俄三大协约国。然而，令人震惊的意外还是发生了。第一次世界大战已经打响，这场将持续 4 年的难以形容的大灾难导致了诸帝国的垮台，并不可逆转地改变了中东。"无法预见的恐惧就是历史学隐藏的秘密，"罗斯总结道，"它会将灾难变成史诗。"

美国人以一种眼睁睁的却超然事外甚而着迷的姿态看着这一切不经意间滑向战争。他们也被导致灾难的一连串不可预见的事件感到惊讶，但是与欧洲人和土耳其人不同，美国人不必为自己的短视承担任何后果。美国对卷入外国纠葛的一向蔑视涌上心头，伍德罗·威尔逊发誓要在交战双方之间保持绝对中立，并与双方都保持适当的（哪怕不算友好）的关系。

然而，事实将会证明，与土耳其保持友好关系是复杂的，因为美国与土耳其之间的关系长期处于紧张状态。长期摩擦的根源是亚美尼亚基督徒所受的迫害。尽管一群具有现代意识的土耳其年轻人（其中许多人是罗伯茨学院的毕业生）于 1908 年在伊斯坦布尔取得了大权，并承诺给予帝国所有公民平等的权利，但仅仅过了一年，对亚美尼亚人的屠杀就恢复了。其中大约 3 万人在安纳托利亚中南部被土耳其军队屠杀。“土耳其年轻一代与老一代之间的唯一区别在于，年轻一代杀起人来更起劲、更不留活口。”《纽约先驱报》驻塔尔苏斯记者的妻子海伦·达文波特·吉本斯评论道。很快，就连共和统治的表象在土耳其也土崩瓦解了，1911 年，政府被军人独裁政权把持。美国对这些事件深恶痛绝，为表抗议，派出军舰“蒙大拿号”和“北卡罗来纳号”在土耳其海岸附近示威。①

对亚美尼亚大屠杀的愤怒可能会导致美国与土耳其的关系破裂，却导致了土-美贸易的实质性增长。自本世纪之交以来，美国与奥斯曼帝国之间的经济合作一直在蓬勃发展，到 1914 年，美国已占土耳其出口总额的 23%。除了烟草、无花果和甘草（每年的购买量约 5 万吨，用于制造糖果和口香糖），美国人还在购买一种新的中东商品：石油。尽管美国仍然是主要的石油生产国，并向中东出口石油的衍生品，但美国国内的油井已无法满足美国工业生产、汽车使用和军事方面的燃料需求。1910 年，新泽西标准石油公司根据中东地区有大量矿藏的证据，开始在美索不达米亚进行勘探。3 年后，纽约

① Philip Roth, *The Plot against America* (Boston: Houghton Mifflin, 2004), p. 114. David Fromkin, *A Peace to End All Peace: The Fall of the Ottoman Empire and the Creation of the Modern Middle East* (New York: Avon, 1989), p. 534. Kinross, *Ottoman Centuries*, pp. 566 - 609. Stephen Hemsley Longrigg, *Oil in the Middle East: Its Discovery and Development* (London: Oxford Univ. Press, 1954), p. 25. Helen Davenport Gibbons, *The Red Rugs of Tarsus: A Woman's Record of the Armenian Massacre of 1909* (New York: Century, 1917), pp. 170 ("The only difference"), 179.

标准石油公司获得了在叙利亚、巴勒斯坦和小亚细亚部分地区的钻探权。全球冲突爆发时，石油钻井平台的基础设施已经建成，并开始工作。

石油最终成为美国在制定对中东政策时的一个困扰，但在第一次世界大战前夕，美国对该地区的主要利益仍然是慈善事业。在整个战前时期，美国传教机构的数量成倍增长，如今包括已跻身世界一流的医院、大学以及 400 多所学校。这些机构已经深深融入了奥斯曼社会，不仅服务于当地的基督教人口，也服务于土耳其精英阶层。“我很高兴得知你们安排［土耳其］战争部长的兄弟和儿子在罗伯茨学院接受教育。”1914 年 10 月，国务卿威廉·詹宁斯·布莱恩在给驻伊斯坦布尔大使的信中写道，“这是一个极好的迹象。”布莱恩希望，通过接受美国教育，土耳其人也可以学会宽待亚美尼亚人和其他中东少数民族，并使他们的国家恢复之前的民主化进程。①

然而，战争的爆发只会加强军队在伊斯坦布尔的主导地位，并威胁到这些美国机构的安全。威尔逊政府出于“人类利益而非政治的考量”，敦促土耳其宣布在冲突中保持中立。美国外交官警告说，土耳其人不是协约国的对手，协约国控制着地中海，能迅速占领从士麦那到雅法的沿海城市。但这一警告未得到重视。土耳其一加入同盟国，就发起了一场将所有法、英公民逐出帝国的运动。奥斯曼帝国几个世纪以来向西方人提供的治外法权等特权被废除，英语作为“敌国语言”被定为非法。当土耳其政府宣布对所有协约国的基督徒发动圣战时，美国人在中东本已岌岌可危的处境变得更加危急。②

① Grabill, *Protestant Diplomacy*, p.38. DeNovo, *American Interests*, pp.38,96. *FRUS*, 1914, Supplement: Bryan to Morgenthau, Oct.5,1914, p.9 (“I am much gratified”).

② *FRUS*, 1914, Supplement: Morgenthau to Bryan, Aug.19,1914, p.758; Morgenthau to Bryan, Aug.25,1914, p.75; Bryan to Morgenthau, Aug.26,1914, p.77 (“in the interest”).

传教士们被逐渐迫近的疯狂的穆斯林大屠杀吓坏了，他们恳求华盛顿予以援救。叙利亚新教学院院长丹尼尔·布利斯一再向美国国务卿布莱恩强调“保护美国人的生命与财产是当务之急”，并敦促他立即派军舰前往贝鲁特和士麦那。雅法和耶路撒冷也发出了类似的呼吁，两地的人报告称土耳其军队大规模没收物资，并实行了“军事恐怖主义统治”。作为回应，威尔逊派遣美国军舰“北卡罗来纳号”和“田纳西号”为传教士们运送生存物资和金钱。当从士麦那射出的土耳其炮弹在“田纳西号”的船头呼啸而过时，美国的担忧随之加剧。12月12日，威尔逊批准了一项建议所有美国人离开中东的措施，“不管是哪里……他们留下来都不安全”。

与此同时，在外交层面摩擦加剧，两国政府之间的交流日趋激烈。华盛顿方面告诫道：“如果发生有组织的屠杀，土耳其政府将会失去美国的好感。”并进一步警告说，“传教士的任何生命或财产损失”都将引发美国的严厉回应。臭名昭著的叙利亚军事长官贾迈勒帕夏也针锋相对地发誓：“在开放城镇的轰炸中每丧生一名穆斯林，我们就将射杀3名英国人或法国人”，而且“如果轰炸……引发了对基督徒的屠杀”的话，叙利亚绝不负责。美国媒体以猛烈攻击土耳其作为回应，并呼吁英法接管中东。在给《华盛顿星报》的一封浓浓火药味的信中，大使艾哈迈特·鲁斯坦·贝伊指责美国人伪善，在谴责土耳其的同时却宽容“屠杀了无辜的犹太民族不是一次而是二十次的”俄罗斯人，以及“把山洞里为独立而战的阿尔及利亚人用烟呛死的”法国人，还有“对印度兵变中的‘叛军’以大炮大规模处决的”英国人。鲁斯坦还提醒美国人，在他们自己的国家里“每天”都有黑人被私刑处死，菲律宾叛乱分子还在遭受酷刑。鲁斯坦因此被宣布为不受欢迎的人，被迫离开了这个国家。

1914年秋，土-美关系一度濒临破裂，但突然间，又有了显著改善。由于害怕疏远一个重要的非交战的西方国家，伊斯坦布尔的高级官员坚称，他们“从未怀疑过美国对土耳其的真诚友谊”，美国仍然是“唯一一个对土耳其没有别有用心的大国”。他们重申了美国商人的特权地位，并为对传教士造成的任何不快表示了歉意。虽然英语仍然是非法的，但美国公民从此被允许用“美国的”语言通信。华盛顿方面则取消了撤出中东的计划，转而提出派遣 13 家红十字会流动医院来照顾土耳其的伤病人员。在土耳其任职的 48 名美国领事仍然坚守岗位，驻旧金山、芝加哥、波士顿和纽约的土耳其代表也是如此。随着年终将近，协约国准备在土耳其的加里波利半岛发动大规模登陆——这一惨败将导致 25 万人死去并将中东战事延长数年——美国人似乎满足于继续置身事外、袖手旁观。①

然而，美国人不可能无限期地保持超然。战争在中东地区引发的动荡很快会将美国卷进来，迫使美国在外交、人道主义甚至军事等多个层面采取行动。宗教和战略方面的考虑将再次在美国对该地区的政策制定中争夺主导地位，而民众对中东的幻想已因为大屠杀和饥荒而模糊，未来将消失无踪。

---

① *FRUS*, 1914, Supplement: Morgenthau to Bryan, Aug. 15, 1914, p. 66 (“grave immediate necessity”); Morgenthau to Bryan, Aug. 19, 1914, p. 758 (“reign of military terrorism”); Morgenthau to Bryan, Nov. 7, 1914, p. 139 (“never doubted”); Morgenthau to Bryan, Nov. 8, 1914, p. 781 (“For each Mussulman”); Lansing to Morgenthau, Nov. 18, 1914, p. 771 (“Should organized massacres”); Lansing to Morgenthau, Nov. 20, 1914, p. 771 (“any loss of life”); Bryan to Morgenthau, Dec. 20, 1914, pp. 777 – 78 (“it would be unsafe”); Morgenthau to Bryan, Dec. 22, 1914, p. 778; 1914 – 20, Lansing Papers, vol. 1: Rusem to Bryan, Sept. 12, 1914, pp. 70 – 71 (“who gave the world”); Wilson to Lansing, Sept. 17, 1914, pp. 72 – 73. See also Robert Trask, *The United States Response to Turkish Nationalism and Reform, 1914 – 1939* (Minneapolis: Univ. of Minnesota Press, 1971), p. 13. Arthur S. Link, *Wilson: The Struggle for Neutrality* (Princeton: Princeton Univ. Press, 1960), pp. 68 – 69. Robert L. Daniel, “The Armenian Question and American-Turkish Relations, 1914 – 1927,” *Mississippi Valley Historical Review* 46 (Sept. 1959): 256.

人类历史中最可怕的罪行

1914年12月的第一份报告谈到了土耳其东部比特利斯发生的针对基督徒的大屠杀，还有数百名亚美尼亚人在埃尔祖鲁姆街头被绞死。20岁至60岁的亚美尼亚男子被强征去劳动营，参加修路、为土耳其军队运送物资等。第二个月，在高加索地区被俄罗斯军队击败的土耳其军队，通过洗劫亚美尼亚城镇和处决亚美尼亚劳工来挽回颜面，缓解耻辱。早春，土耳其士兵包围了位于安纳托利亚东部的亚美尼亚城市凡城，并开始了对亚美尼亚人实施的大规模驱逐行动中的第一次。屠杀随后向西蔓延至伊斯坦布尔，4月24日，安全部队在那里逮捕并绞死了约250名亚美尼亚领导人，并放火焚烧了亚美尼亚社区。内政部长塔拉特帕夏通知亚美尼亚的族长，称“土耳其没有基督徒的容身之地”，并建议他和他的教友们“离开这个国家”。[①]

正如美国目击者的描述所证实的那样，这一威胁并非空话。1915年初，驻安纳托利亚东部城市哈尔普特、受教于康奈尔大学的领事莱斯利·戴维斯证实：“陷入宗教狂热中的伊斯兰教徒似乎不仅决心消灭基督徒，还要抹去其宗教以及……文明的一切痕迹。”戴维斯在叙利亚阿勒颇的同行杰西·B.杰克逊则描述了似乎没完没了开行的火车，车上挤满了被驱逐的亚美尼亚人，估计在旅途中有幸活下来的人不会超过15%。另一位见证了这些火车的美国人安娜·哈洛韦·伯奇记得，她看到“老头儿和老太太，怀抱婴儿的年轻母亲……还有孩子，像众多绵羊或猪那样挤在一起——这些人的待遇比牲口还要恶劣”。在乌尔米亚，长老会传教士威廉·谢德描述了800名村民——

① “Missionaries Tell of Terrible Conditions — Raids by Turks,” *New York Times*, Dec. 5, 1914; “20,000 Christians in Peril,” Dec. 15, 1914; “Fear of General Massacre in Constantinople” (“There was no room”). Balakian, *Burning Tigris,* pp. 177 – 80.

其中大多是老人和年轻女性——被总督杰弗德特·贝伊处决的情形，据说这位总督很喜欢在受害者的脚上钉马掌。第三代传教士亨利·里格斯列举了土耳其西南部的亚美尼亚人遭受的种种酷刑——“殴打、饥饿、拔牙、用烧红的烙铁烙印、用锋利的铁器刺进脸部、焚烧头发和胡须”。理查德·希尔博士从高加索地区发回报道说，“数以百计的孩子……濒临死亡”，“陷入疯狂的母亲会……把他们扔进……田野，以免看着他们垂死挣扎”。

当时的土耳其领导人坚持认为亚美尼亚人的遭遇是一战期间各条战线上普遍存在的暴行的副产品，现在的领导人也如此宣称。他们还声称，亚美尼亚人同情协约国军队，并与入侵的俄国人合作。事实上，大部分屠杀都发生在战场附近，而绝大多数亚美尼亚人一直都忠于土耳其。大多数当代观察家都认为，杀戮几乎与战争无关，而是一个有组织、有计划的旨在消灭整个民族的大屠杀。的确，这为25年后纳粹对犹太人的种族灭绝埋下了伏笔，土耳其士兵把亚美尼亚人整村地赶到冰冷的河里，点燃教堂烧死他们，或者干脆把他们成批地丢进沙漠，任由他们渴死。“政府……决定彻底消灭所有居住在土耳其的那些［亚美尼亚］人。”塔拉特帕夏在1915年9月的一份电文中写道，“必须抹去他们的存在……不必考虑年龄、性别，也不必有良心上的顾虑。”到夏末，估计有80万亚美尼亚人被杀害，还有无数人被迫改宗伊斯兰教。①

---

① Leslie A. Davis, *The Slaughterhouse Province: An American Diplomat's Report on the Armenian Genocide, 1915–1917* (New Rochelle: Aristide D. Caratzas, 1989), pp. 46–54, 67–69, 79 ("The Mohammedans"). *Statement by the Rev. William A. Shedd, of the American (Presbyterian) Mission Station at Urmia*, "Beth Aram — The Aramean homepage in Germany," http://www.beth-aram.de/dokumente3.html. "Agonies of Armenians Described by Dr. Richard Hill in Letter from Caucuses," *New York Times*, Feb. 7, 1916. Henry H. Riggs, *Days of Tragedy in Armenia* (Ann Arbor: Gomidas Institute, 1917), p. 48. Balakian, *Burning Tigris*, pp. 193–94 ("old men and old"), 346 ("The Government"), 180, 196, 200–201.

早些时候在奥斯曼帝国土地上发生的暴行，其细节曝光得非常缓慢，相比之下，关于亚美尼亚种族清洗的消息现在通过电报和电话线能够迅速传到西方。对土耳其暴行的文字描述以及受害者的照片被广泛发表。迫于真相的曝光，英国、法国和俄罗斯于5月24日发表了一份联合声明，承诺要追究土耳其领导人及其合作者“对这些屠杀所负的个人责任”。但是，随着他们的军队在战场上陷入胶着状态，其公民被逐出中东，协约国无论是在军事还是在慈善方面都已无力干预。甚至连教皇本笃十五世直接向苏丹穆罕默德五世发出呼吁，都未能唤起对亚美尼亚人的仁慈之心。

少数西方人仍有能力应对这场大灾难，其中包括长期以来一直为亚美尼亚服务的美国人。在哈尔普特，传教士泰克和亨利·阿肯森夫妇效仿早期的美国废奴主义者，经营了一条将亚美尼亚人偷运到库尔德斯坦的地下铁路。与此同时，在凡城，医生克拉伦斯、伊丽莎白·乌瑟尔以及护士格里塞尔·麦克拉伦、默特尔·谢恩不知疲倦地工作，照顾着挤满他们诊所的数百名受重伤和疾病缠身的病人，还有许多要逃往俄罗斯的亚美尼亚人，他们“疲惫不堪、饥肠辘辘，像迷路的或是忍饥挨饿孩子那样嚎啕大哭”。伊丽莎白·乌瑟尔死于斑疹伤寒，她的丈夫也差点死于这种传染病。他设法向美国国务院发出了一条绝望的求助信息，警告说“美国人正处在生死关头”，敦促美国立即采取行动。

然而，美国无意搅入土耳其与亚美尼亚人之间。尽管美国媒体以头版报道了这些大屠杀，以一个典型的标题——“国务院报告显示有25万名女性遭到侵犯”——大声疾呼，而且纽约还举行了反土耳其集会，但政府仍然对大屠杀反应谨慎。威尔逊政府认为，对土耳其的公开批评可能会引发对整个中东地区的美国公民以及各种机构的报复，摧毁一个世纪以来各种卓有成效的工作。还有一种担心是，公众被暴行的报道所激怒，可能会要求美国在战争中发挥更积极的作用。

国务卿布莱恩私下里要求德国政府协助保护“非战斗人员［和］非穆斯林外国人”，使他们免受“穆斯林狂热分子的伤害”，但他没有向土耳其宫廷发出正式抗议。[①]

现在不得不对从中东后门被间接拖入战争的危险与被动目睹种族灭绝的道德风险进行权衡。也不得不将美国教会学校和诊所的价值与那些机构希望受益的人的生命价值进行比较。

美国主义的传道者

一个名叫亨利·摩根索的美国人决心调和这些利益，并解决美国的中东政策中的冲突。尽管如此，他这样做的资格远非出类拔萃。他没有外交经验，也从未在中东地区工作过。而且，他的宗教信仰使他不仅在与穆斯林统治者打交道时处于明显的劣势，在与许多美国官员打交道时也是如此。但对摩根索来说，没有任何逆境是他无法克服的。这位德国出生的犹太人在1870年，即他12岁时跟随父母及11个兄弟姐妹一起移民纽约，当时他连一个英语单词都不会。

然而，两年之后，摩根索就进入了纽约城市学院，很快又从哥伦比亚大学法学院毕了业。在作为一名律师和商人取得了惊人的成功

① Jay Winter, ed., *America and the Armenian Genocide of 1915* (Cambridge: Cambridge Univ. Press, 2003), p. 192. Clarence Ussher and Grace Knapp, *An American Physician in Turkey* (Boston: Houghton Mifflin, 1917), pp. 236 - 44, 277. John D. Barrows, *In the Land of Ararat* (New York: Revell, 1916), pp. 128 - 34. *FRUS*, 1915, Supplement: Bryan to Gerard, March 12, 1915, p. 964 ("non-combatants"). "Turks Lock 1,000 in Wooden Building and Then Apply the Torch," *New York Times*, Sept. 3, 1915; "Spare Armenians Pope Asks Sultan," Oct. 13, 1915; "State Department Shows Quarter of a Million Women Violated," Oct. 22, 1915. Samantha Power, *A Problem from Hell: America and the Age of Genocide* (New York: Basic, 2002), pp. 4 - 6.

后，他又成为纽约的改革犹太教派的社团领袖和民主党的慷慨捐款人。已步入中年的摩根索蓄着仔细修剪过的白胡子，戴着银质的夹鼻眼镜，一副大家长的气派，喜欢引用《圣经》。他尤其迷恋先知对慈善和社会正义的强调，迷恋贵格会的温和、公平和努力工作的原则。摩根索声称他的行动是受“良知”而非“骄傲”驱使，他“真正信仰的是为民主服务”。

摩根索是威尔逊的早期支持者，自认为会在1912年民主党获胜后被委任内阁级别的职位，但当选总统却对他另有安排。与此前杰出的美籍犹太人奥斯卡·斯特劳斯和所罗马·赫希一样，摩根索被任命为美国驻土耳其大使。不过，与他那些对获得这样的任命感到受宠若惊的前任不同，认为犹太人是穆斯林土耳其人和美国基督徒之间的天然桥梁的想法，只会激怒摩根索。“杰出的卫理公会教徒或浸信会教徒会不会被告知有一个‘职位’[给他们]，去找一个你的信仰来填补它吗?”威尔逊在回答摩根索的疑问时向他保证，伊斯坦布尔“是美国犹太人关心巴勒斯坦犹太人福祉的焦点，几乎是不得不任命一名犹太人担任这一职务”。[①] 虽然摩根索本人并不是犹太复国主义者，但他对教友们的困境非常关心，并且急于取悦总统，于是接受了这一职位。

摩根索的经历与许多美国驻中东使节如出一辙，开始时是感觉奥斯曼帝国的首都既“令人眼花缭乱”又“日薄西山”，像是《一千零一夜》中的一幕。他写道：“这对我来说无疑将是一段极为有趣的经

① Barbara Tuchman, "The Assimilationist Dilemma: Ambassador Morgenthau's Story," *Commentary* 63, no. 5 (May 1977): 60. Henry Morgenthau III, *Mostly Morgenthau: A Family History* (New York: Ticknor & Fields, 1991), pp. 102 - 3, 127. *The Papers of Woodrow Wilson*, ed. Arthur Link (Princeton: Princeton Univ. Press, 1966 - 94), vol. 35: From the Diary of Colonel House, May 2, 1913, pp. 384 - 85; Henry Morgenthau to Woodrow Wilson, June 12, 1913 ("Would prominent Methodists"), p. 513. Central Zionist Archives (henceforth, CZA), A 243/150: Morgenthau to Wise, June 10, 1913; Wise to Morgenthau, Aug. 7, 1913.

历。”然而，一年的时间足以让他对土耳其人的政治阴谋以及他们对“阴谋、恐吓和暗杀”的沉迷不再抱有任何幻想。但正如他对土耳其的印象发生了改变一样，他对在中东工作的美国福音传道者的成见也有了变化。“到目前为止，我一直有个模糊的观念，认为传教士是某种过于狂热的宗派信仰的推动者。”他回忆道，“但我现在发现，他们实际上是文明的推动者”，是“处在最佳状态的美国精神”的典范。这位大使很快就惊讶地发现自己充当了传教士在土耳其宫廷的代表，帮助传播他们的“美国主义的福音”。在摩根索眼中，亚美尼亚人的形象也发生了改变，从他在纽约认识的“几个地毯商人”转变为一个非常像犹太人的民族，他们坚定地信奉自己的宗教，并充满了文化自豪感。

土耳其官员、美国传教士和亚美尼亚人这三者一起构成了一个复杂而致命的三角，摩根索将不得不围绕这个三角运筹帷幄。“在这里，我这么一个犹太人，代表世界上最伟大的基督教国家待在最主要的伊斯兰教国家的首都……由于其战略地位，此处将很快成为……世界外交中心之一。这里是一个破败的帝国，自己在垂死挣扎中，也把别的民族死命地……摁在它致命的怀抱中。”① 即使在和平的环境下，面对这样的挑战对摩根索来说也是极其困难的。一旦战争爆发，屠杀的证据越来越多，这项任务会变得更为艰巨。

起初是每天、后来几乎是每小时都有报告送到摩根索的案头。戴维斯领事告诉他哈尔普特的教会学校已经关闭，杰克逊则描述了一个针对阿勒颇的亚美尼亚人口的“大规模掠夺计划”。特拉比松的奥斯

① Balakian, *Burning Tigris*, pp. 222－23 (“dazzling” and “intrigue, intimidation”). CZA, A 243/150: Morgenthau to Wise, Nov. 28, 1913 (“This is undoubtedly”). Henry Morgenthau Papers, reel 22; undated speech (“few rug merchants”). Henry Morgenthau, *All in a Life-Time* (Garden City, N. Y.: Doubleday, Page, 1922), pp. 175－76 (“I had hitherto”), 196, 203 (“the American spirit”), 204 (“gospel of Americanism”), 209 (“Here was I”). Henry Morgenthau, *The Murder of a Nation* (New York: Armenian General Benevolent Union of America, 1974), p. 18.

卡·海泽尔领事和萨姆松的 W. 彼得领事告诉他，亚美尼亚人被大规模驱逐、枪击，挤满亚美尼亚人的驳船驶往黑海附近，返程时船上空空如也。美国驻伊斯坦布尔大使馆的犹太裔外交官刘易斯·爱因斯坦看到一名土耳其妇女朝一名军官借了把手枪，为了消遣取乐，就朝一名路过的亚美尼亚难民头部开枪。还有更多关于暴行的报道被土耳其审查机构删除，塔拉特将余下的一律斥为纯粹的谣言或"暴民施暴"的孤立事件。德国官员有时否认发生过屠杀事件，有时又为自己开脱。然而，到了 7 月，从现场发来的大量急件以及亚美尼亚幸存者跌跌撞撞地冲进他的办公室的现实，终于使摩根索相信，土耳其政府已经开始了一项处心积虑的"种族灭绝"政策。在写给新任国务卿罗伯特·兰辛的信中，摩根索列举了"可怕的酷刑、全面驱逐出境"以及"频频发生的强奸、抢劫以及……屠杀"，皆是旨在将亚美尼亚人民铲除。他警告说："除非美国出面干预，否则数不清的苦难、疾病、饥饿和草菅人命将肆无忌惮地继续下去。"①

华盛顿对摩根索电报甚是惊恐，但除此之外就没别的表示了。尽管据报道，威尔逊曾对一位传教士朋友说，"你可以相信我们一直在尽一切可能从外交上阻止这一可怕的事"，但美国政府仍然维持不干涉政策。个性严厉而缺乏想象力的兰辛，甚至对土耳其人战时的关切表示同情，并对亚美尼亚人"众所周知的对奥斯曼政府的不忠"表示

① 兰辛取代了坚定的和平主义者布莱恩。布莱恩辞职是为了抗议威尔逊的政策，他认为这些政策正在把美国带入战争。Balakian, *Burning Tigris,* pp. 227, 266 - 70. Merrill D. Peterson, *"Starving Armenians": America and the Armenian Genocide,* 1915 - 1930 *and After* (Charlottesville: Univ. of Virginia Press, 2004), p. 37 ("gigantic plundering"). "Armenians' Own Fault, Benstrof Now Says," *New York Times*, Sept. 29, 1915. Power, *Problem from Hell*, p. 6. Israel Charny, ed., *Encyclopedia of Genocide* (Santa Barbara: ABC-CLIO, 1999), p. 96. Lewis Einstein, *Inside Constantinople* (London: John Murray, 1917), p. 231. *FRUS*, 1915, Supplement: Morgenthau to the Secretary of State, July 10, 1915, p. 983 ("race extermination"); 1914 - 20, Lansing Papers, vol. 1: Lansing to Wilson, Nov. 15, 1916, p. 41。

厌恶。美国政府充其量愿意告知土耳其宫廷，暴行“在美国人民中激起了强烈的反响”，如果继续这样下去的话，“可能会危及美国人民对……土耳其的……好感”。该声明未能传达摩根索所急需的道德严肃性。“除非有实际行动……否则任何东西都不足以应对形势。”他总结道，并决心自己采取行动。

“我们的人民永远不会忘记这些屠杀，”摩根索现下告诫塔拉特，“你们现在正在藐视我们国家对正义这个词的全部理解。”但这位内政部长对此几乎毫无反应。他不再试图掩盖对亚美尼亚人不分青红皂白的屠杀的事实，甚至不再掩饰他对屠杀的速度的喜悦之情。“在解决亚美尼亚问题方面，我3个月取得的成就比苏丹阿卜杜勒·哈米德30年来取得的都要大!”塔拉特质问摩根索，为何他这位犹太人要关心基督徒的待遇。摩根索解释说自己正在做的事，“不是……作为一个犹太人而是作为美国大使，不是……以任何种族或宗教之名，而仅仅是作为一个人”。但是塔拉特对摩根索的动机还不如对许多亚美尼亚人声称持有的美国保险单更感兴趣。“他们现在都死了，”该部长坚持说，“美国政府是受益者。”①

这种冷血态度让摩根索几乎暴怒。他写道：“我好不容易才克制住自己。”然而，作为一名友好国家的代表，是禁止干涉一个主权国家的事务的，所以他能够表达这种愤怒的场合少之又少。充其量，他只能通过寻求美国公理会差会秘书詹姆斯·巴顿和慈善家克利夫兰·

① *Papers of Woodrow Wilson*, vol. 35, p. 349 (“You may be sure”). *FRUS*, 1914 - 20, Lansing Papers, vol. 1: Lansing to Wilson, Nov. 21, 1916, p. 42 (“well-known disloyalty”). Winter, *America and the Armenian Genocide*, p. 104. “Government Sends Plea for Armenia,” *New York Times*, Oct. 4, 1915 (“aroused strong sentiment”). Henry Morgenthau Papers, reel 7: Morgenthau to the Secretary of State, July 16, 1915 (“Nothing short of”). Henry Morgenthau, *Ambassador Morgenthau's Story* (Garden City, N. Y.: Doubleday, 1918), pp. 333 - 34 (“not ... as a Jew”). Morgenthau, *Murder of a Nation*, pp. 64 (“Our people will”), 68 (“They are all dead”).

H.道奇的帮助来缓解亚美尼亚人的困境。摩根索提议设立一项巨额基金，为那些在大屠杀中幸存下来的人购买食物、衣服和临时住所。巴顿与道奇都对此予以反应热烈，他们招募了诸多有影响力的熟人组成了反亚美尼亚暴行委员会。该委员会将圣公会主教大卫·H.格里尔和犹太人领袖奥斯卡·斯特劳斯、艾萨克·塞利格曼召集在一起，又让美国犹太复国主义领袖、拉比斯蒂芬·怀斯与阿拉伯民族主义战士查尔斯·克莱恩站到了一起。就这样，作为对国家政治无能的回应，美国人以前所未有的普世主义和无与伦比的慷慨团结了起来。该组织后来被国会注册为近东救济会，最终筹集到了1亿美元，相当于今天的10亿美元。

然而，摩根索并未仅仅止步于筹集资金。通过与《纽约时报》出版人阿道夫·奥克斯的交情，他确保了大屠杀的报道继续被突出——仅1915年一年就有145篇文章。他还提出自掏100万美元将50多万名逃亡者安置在美国西部。“美国就好比带领亚美尼亚人摆脱奴役的摩西。”摩根索大概是忆起了自己早年的移民经历，所以他认为，“亚美尼亚人是个干净、勤劳、智慧的民族，是最好的移民、农民和劳动者。”然而，最终是土耳其而不是美国否决了这一计划。①

---

① Henry Morgenthau Papers, reel 7: Morgenthau to Secretary of State, Aug. 11, 1915 (“It is difficult”). *FRUS*, 1915, Supplement, Morgenthau to Secretary of State, Sept. 3, 1915, p. 988. USNA, RG 59, Morgenthau to the Secretary of State, Nov. 25, 1915; Morgenthau to the American Consuls at Beiruth and Aleppo, Nov. 29, 1915. James Barton, *Story of Near East Relief (1915 – 1930)* (New York: Macmillan, 1930), p. 4. Ralph Elliot Cook, “The United States and the Armenian Question, 1894 – 1924” (Ph. D. diss., Tufts Univ., 1957), pp. 131 – 32. Balakian, *Burning Tigris*, pp. 279 – 80, 282. Power, *Problem from Hell*, pp. 9, 11 – 12. CZA, CM 241/2—roll 44: Clipping from the St. Louis Dispatch, Sept. 15, 1915 (“The United States might be”). 一些美国人还反对摩根索在美国重新安置亚美尼亚人的计划。《纽约先驱报》记者赫伯特·吉本斯写道：“没有什么比鼓吹亚美尼亚问题的解决方案是集体移民到美国更愚蠢的了。他们的大规模移民……将标志着亚美尼亚人作为一个种族和国家的消失。”参见：Herbert A. Gibbons, *The Blackest Page of Modern History* (New York: Putnam, 1916), p. 50。

与此同时，对亚美尼亚人的灭绝也在加速。马尔索万的土耳其农民的大屠杀摧毁了当地的美国大学和女子学校，1000 名学生中的许多人被带到沟渠前射杀。“我们学院的一群男生要求在临死前唱歌，他们唱了‘靠近你，我的上帝！’然后被打倒在地。”艾奥瓦州出生的校长乔治·E. 怀特牧师回忆道。莱斯利·戴维斯凭借自己当过记者的职业天赋，描述了一条通往戈尔鲁克湖——底格里斯河的源头——的道路，道路两旁都是“断胳膊断腿，甚至还有脑袋冒出地面。大部分都被狗吃掉了。”他注意到，在水面下可以看到“数百具尸体和很多残肢断骨”，还有部分散落在岸上，估计约有 1 万具尸体。为了节省弹药，土耳其人越来越多地使用刺刀、刀剑乃至镐来消灭受害者。幸存者回忆说，他们看到一排排的年轻女性被赤身裸体地钉在十字架上，还有一些人被肢解取乐。“那些好不容易捡回一条命的女人到我们门口乞讨，”比特利斯的默特尔·谢恩回忆道，“她们手指没了，双手没了，甚至脸和身体也残缺不全。”①

这些避无可避道噩梦般场景往往让目睹者难以承受。沃尔特·M. 格迪斯是纽约一家糖果公司的甘草采购员，他在阿勒颇出差，亲眼看到数千名被驱逐的亚美尼亚人死于暴晒和饥饿。他回到士麦那，提交了一份关于自己经历的声明，随后对着自己脑袋开了一枪。曾兼任驻东南部城市乌尔法的领事的美国传教士 F. H. 莱斯利，一直想方设法地拯救亚美尼亚的妇女儿童，然而这番徒劳令他身心俱疲。莱斯利因试图帮助难民而被捕，并遭受酷刑，最后在监狱里自杀。

---

① Richard Kloian, *The Armenian Genocide: News Accounts from the American Press* (Berkeley: Anto Press, 1985), p. 219 (“One group”). Balakian, *Burning Tigris*, pp. 242 - 43 (“arms or legs” and “hundreds of bodies”), 246 - 47. James Barton, ed., *“Turkish Atrocities”: Statements of American Missionaries on the Destruction of Christian Communities in Ottoman Turkey, 1915 - 1917* (Ann Arbor: Gomidas Institute, 1998), p. 9 (“Women [who] escaped”).

对摩根索来说，痛苦也变得越来越难以忍受。土耳其官员向他吹嘘他们为亚美尼亚人设计的新酷刑，其中一些是从西班牙的宗教裁判所的记录中挑选出来的。恩维尔帕夏声称，美国的援助只会鼓励亚美尼亚人反抗，所以他必须努力阻止捐款的流动。“整个人类历史从未出现过这样可怕的一幕。”这位恼怒的大使写道，对他来说，曾经诱人的土耳其已然变成“恐怖之地”。“我已耗尽浑身解数，”他承认，“我发现自己已无法忍受继续与人日常交往，无论他们多么亲切随和……他们身上仍散发着近百万人的血腥味。”26 个月的苦苦挣扎令亨利·摩根索心力交瘁、疲惫不堪，他最终辞职了。①

屠杀仍在继续，且有增无减。接替摩根索出任大使的艾布拉姆·埃尔库斯也是个犹太人，是位来自纽约的律师，他告诉国务院，土耳其人正在奉行通过“饥饿、耗尽体力和残酷对待来进行的肆无忌惮的灭绝政策，这在土耳其历史上是前所未有的”。共有多达 150 万亚美尼亚人在土耳其政府永远不会承认、更不会感到遗憾的种族灭绝中遇害。但埃尔库斯还有其他灾难要盯着，比如土耳其对士麦那和安纳托利亚西部的希腊人的袭击不断升级，边境地区的阿拉伯人正在流离失所。美国国务院的一份备忘录称：“土耳其当局似乎正在推行一项使叙利亚和邻近的阿拉伯语国家土耳其化的政策。”这份备忘录估计，25 万个阿拉伯家庭将被土耳其人迁移和替代。

如果这些暴行还不够骇人听闻的话，那么一场圣经上的那种饥荒将会袭击中东。仅在伊斯坦布尔一地，估计就有 20 万人死亡，而从

① George Horton, *The Blight of Asia* (1926; reprint, Indianapolis: Bobbs-Merrill, 1953), pp. 54 - 57. Balakian, *Burning Tigris*, pp. 254 - 55. DeNovo, *American Interests*, p. 39. Morgenthau, *Ambassador Morgenthau's Story*, pp. 307, 321 - 22 ("The whole history"), 350. Morgenthau, *Murder of a Nation*, p. 114 ("I had reached"). See also *Marsovan 1915: The Diaries of Bertha B. Morley* (Ann Arbor: Gomidas Institute, 2000), p. 15.

埃及到叙利亚的几个省份的死亡人数是这个数字的好几倍。克利夫兰·道奇之子、贝鲁特的叙利亚新教学院院长巴亚德写道："空气中到处回荡着葬礼钟声的哀鸣和孩子们哭着要吃面包皮的哀嚎。"美国慈善家们再次动员起来应对这场灾难，并设法用美国军舰"得梅因号"和"凯撒号"运送紧急物资——这是实力为信仰服务的另一例证。对于数十万平民来说，这些船只的到来意味着生存与几乎无法逃脱的饿死或病死之间的区别。"整个国家其实都活在期待中。"驻黎巴嫩的美国使团新闻社的年轻志愿者玛格丽特·麦吉尔瓦里回忆道，她还说："正如我们在西方前线的同胞一样，我们在叙利亚也在世界大战中尽了自己的一份力量。"然而，土耳其继续否认其帝国内存在任何人类紧急事态，并频频阻止物资的运送。一份美国领事馆的报告证实："尽管［美国救援］委员会尽了最大努力，但死亡人数……仍在以惊人的速度攀升。"①

尽管美国人竭尽全力摆脱冲突及其后果，但他们却陷入了有史以来蹂躏中东的最严重的流血浪潮，目睹了即使以世界大战的标准来看也是骇人听闻的非人道行径。救援人员和传教士的不懈努力在一定程度上减轻了这些恐怖事件的严重性，但只要美国置身战争之外，美国人缓解中东苦难的能力就仍然是有限的。

---

① *FRUS*, 1916, Supplement: Philip to Lansing, May 21, 1916, p. 851 ("Turkish authorities appear"); Philip to Lansing, July 15, 1916, pp. 932 – 33 ("In spite of"); Philip to Lansing, July 26, 1916, p. 934; Philip to Lansing, July 26, 1916, p. 935; 1914 – 20, Lansing Papers, vol. 2: Lansing to Wilson, May 17, 1917, pp. 17 – 19. Dennis R. Papazian, "Misplaced Credulity: Contemporary Turkish Attempts to Refute the Armenian Genocide," http://www.umd.umich.edu/dept/armenian/papazian/misplace.html ("unchecked policy of extermination"). Kaplan, *Arabists*, p. 65 ("The air was filled"). See also Grace D. Guthrie, Legacy to Lebanon (Richmond, Va.: Self-published, 1984), p. 17. Margaret McGilvary, *The Dawn of a New Era in Syria* (New York: Revell, 1920), pp. 94 ("The whole country"), 110 ("In Syria we were").

第十八章
行动，还是不行动?

1917年2月25日晚，“拉科尼亚号”穿过寒冷的北大西洋驶向利物浦。这艘丘纳德航运公司①的班轮装载了大约1.8万吨粮食和军用物资，以及216名船员和73名乘客——其中6人是美国人。船上所有的人都知道这次航行危险丛生。德国最近决定要对美国商船发动不受限制的潜艇攻击——这是美国航运业自巴巴里战争以来遭到的最严重威胁。10点30分，就在爱尔兰海岸附近，两枚德国鱼雷撞上“拉科尼亚号”的船体，刺穿了船尾，在机舱内爆炸。“现场一团混乱，简直是一场噩梦。”芝加哥《先驱论坛报》记者弗洛伊德·吉本斯回忆道，他还描述了船长下令弃船时救生艇被疯抢的场景。40分钟后，“拉科尼亚号”就消失了。“船尾迅速下沉时，船上的桅杆还直直地竖立在空中。”吉本斯的航海日志上写道，“随后它悄无声息地滑落，继而在视野中消失，就像一个场景消失在全景中。”这场袭击造成了22人死亡，其中2人是美国人——一位母亲和她的女儿。

五个星期之后，即4月2日，威尔逊总统要求国会宣战，尽管他是以美国继续保持中立的立场再次当选美国总统的。威尔逊总统谴责

① Cunard line，英国一家历史悠久的航运公司。——译者

"德国毫无顾忌地大规模伤害非战斗人员、男人、女人和儿童的生命"，指责德国是在进行"反人类的战争"，犯下"触犯人性底线……的恶行"。威尔逊否认美国在战争中有任何领土或物质野心；它只希望通过民主国家的合作来维持人类的普遍权利、维护民主、确保未来的和平。威尔逊最后说道："能用自己的鲜血和力量来捍卫导致美国诞生的原则及它所珍视的幸福与和平，美国深感荣幸。"

根据国际惯例以及第一次世界大战的模式，当一个国家对另一个国家宣战时，它也是在向其敌人的盟友宣战。对于美国来说，这就意味着宣布与包括保加利亚、奥匈帝国以及土耳其在内的所有同盟国处于交战状态。但是，总统在其讲话中明确否认对德国的盟友怀有任何敌意，而且压根未提及土耳其。相反，他下令："我们只有在明显不得不参战，即没有其他途径捍卫我们的权利之时，才会参战。"他的意思很明确：美国军队是被迫在欧洲的战壕里作战，但并没有打算在中东的沙漠和海滩上作战。

尽管美国不与土耳其开战的决定是抽象的原则，但事实上却是对现实进行痛苦权衡的结果。威尔逊不相信美国有理由宣战。他说："他们［土耳其人］毕竟没有挡在采取必要行动的直路上。"另一方面，总统和政府其他成员相信，伊斯坦布尔直接听命于柏林，任何区分两者的企图都是矫情的。"同盟国从波罗的海一直延伸到达达尼尔海峡，"威尔逊的首席外交顾问爱德华·曼德尔·豪斯上校断言，"任何来自土耳其内阁官员的言论都有可能是受德国的指使。"在美国对德宣战后，土耳其就切断了与美国的关系，这似乎证实了豪斯的推断。

然而，即使是在将美国大使逐出首都之际，土耳其也做出了明显姿态来安抚美国。"如果我们参与一场与美国为敌的战争，我们能指望得到什么呢？"财政部长贾维德帕夏问道，"我们将一无所得。"他回忆说，美国是列强中唯一一个从未觊觎过土耳其领土的国家，它仍是土耳其战后重建时的“唯一希望”。塔拉特帕夏坚称，不管美国是否卷入这场战争，土-美友谊都将继续，并下令删除国家控制的媒体上的所有反美言论。“我们与土耳其的关系仍然正常，或许比过去一段时间更为友好。”埃尔库斯大使总结道：“土耳其不会对美国宣战。”①

即使土耳其对美国确实表现出了敌意，即使它与德国的联盟无法再被忽视，美国军队将以何种方式加入中东战争仍不明朗。埃尔库斯相信，土耳其的主要城市很容易受到海上轰炸，帝国也可能很快被入侵。“土耳其是同盟国链条中最薄弱的一环，而且……正濒临崩溃。”他试探地说，“土耳其人民只想要一些这样的借口……迫使［他们签署］一个单独的和平协议。”一些美国高级将领同意这一观点，强调向中东战区派遣部队将为美国带来许多政治和军事优势。

然而，从威尔逊的角度来看，干预中东的任务似乎远非轻而易举的事。军队根本没有做好在任何战线上作战的准备，更不用说在离家比欧洲远两倍的地方和不太熟悉的环境中作战了。补给线和通讯线都极其地长，还会面临潜艇的骚扰。即使军队能够在中东成功登陆，他们的干预怎么能保证一定会获得成功呢？尽管协约国在 1917 年取得了一些关键的胜利，比如说占领了巴格达，但土耳其军队还远未被打

① *Papers of Woodrow Wilson*, vol. 35: House to Wilson, Nov. 11, 1915, p. 191 (“Anything coming”); House to Wilson, Feb. 3, 1916, p. 124 (“The Central Empire runs”); Woodrow Wilson's State of the Union Address, Dec. 4, 1917, p. 200 (“do not yet stand”). *FRUS*, 1916, Supplement: Philip to Lansing, March 28, 1916, p. 849; 1914–20, Lansing Papers, vol. 1: Elkus to Lansing, Sept. 26, 1916, p. 782; Elkus to Lansing, March 2, 1917, pp. 787–88 (“What can we expect”); Elkus to Lansing, Feb. 11, 1917, p. 134 (“Our relations with Turkey”); Supplement 2: Secretary of State to Elkus, April 6, 1917, p. 11. See also Isaiah Friedman, *The Question of Palestine: British-Jewish-Arab Relations: 1914–1918* (New Brunswick: Transaction, 1992), p. 211.

败。面对美国这一新的威胁，土耳其人可能会寻求德国更积极的干预，并联合起来发起更具威胁性的抵抗。如果威尔逊看得到英美最终在该地区取得胜利的可能性，他也能想象得出数十万美国士兵将被埋葬在中东沙漠之下的英国同胞身边。

鉴于攻击土耳其的技术复杂性，以及缺乏明确的土耳其侵略迹象，美国对中东进行军事干预最有说服力的依据就是人道主义。土耳其人冷血地屠杀了多达 100 万人，而且似乎还决意再杀掉更多的人。美国驻中东的资深外交官科尼利厄斯·范·恩格特认为，只有美国采取大规模干预，流血事件才会停止。“只有对巴勒斯坦和美索不达米亚发动猛烈的持续攻击，才能实现我们期望的结果。”公理会传教士威廉·内斯比特·钱伯斯从阿达纳写信给威尔逊，满怀希望地说，“像美国这样的大国应该在陆地和海洋上变得足够强大，以至于……土耳其永远不敢犯下这样可怕的罪行”，“一手握……枪，一手握着福音书”的美国能够拯救亚美尼亚人。在这些人中，最好战的是前纽约城市学院院长、巴勒斯坦战时红十字会的负责人约翰·H.芬利，他敦促说：“美国！你不仅要把红十字会派到前线去，还必须送去基督所带来的那把剑……与正义的力量共同对抗残暴的恶魔。”

不过，对土耳其发动良心之战的呼吁的并不仅限于在该地区服务的美国人。国会两院的民主党和共和党议员也呼吁总统采取行动。势力强大的参议院外交关系委员会主席亨利·卡伯特·洛奇宣称：“如果这场战争结束时……我们还以土耳其的朋友身份出现在国际理事会上的话，作为一个美国人……我应该感到遗憾。”众议院议长、共和党人詹姆斯·比彻姆·克拉克宣称：“目前的反常情况……着实令人沮丧。只跟敌人的一半作战而不跟另一半作战，这太荒谬了。”少数党领袖弗雷德里克·吉列说：“土耳其在战争期间的做法如此可鄙，我认为，对于向其宣战，我们不应该犹豫……”据《纽约时报》推测，几乎没有哪个国会议员或参议员支持与土耳其维持和平。

在批评美国的中立政策时，颇受争议的前总统西奥多·罗斯福比国会议员更直言不讳。他怒吼道："我们应该毫不拖延地向土耳其宣战。"罗斯福断言，土耳其帝国"对其在亚洲的基督教臣民所做的一切，已然超越了德国的罪行"，他警告说，由于美国在中东的不作为，"让民主在这个世界平安无虞"这一口号将沦为空话。"我们有史以来仅有唯一一次机会通过武力以完全无私的方式干预土耳其统治下的被压迫民族。"他晓之以理道，"如果我们坚持不作为，那将是我们国家永久的耻辱。"①

洛奇、罗斯福及其他人对战争的建议遭到了一个美国人的驳斥，此人在战前还为奥斯曼帝国的灭亡祈祷过。他就是威尔逊的挚友、政治赞助人以及普林斯顿大学同学克利夫兰·道奇，他在给威尔逊的一封信中这样写道："我真不该对国家事务指手画脚。"在为自己的鲁莽道歉后，道奇敦促威尔逊切勿与土耳其开战，他警告说，一旦开战，在那里工作的美国人会遭到大规模的报复，而且他们竭力保护的人民也将被加速屠杀。"宣战……对我们的利益来说是致命的，"这位慈善家争辩道，又补充说，"从各方面来看，土耳其人对待我们的人民都非常尊重和友好。"道奇强调，自己这一观点的形成与他在罗伯特学院教书的女儿以及在贝鲁特工作的儿子毫不相干。他唯一的兴趣是保

---

① 威尔逊请求国会宣战一事，可见于 http://www.classbrain.com/artteenst/publish/article_86.shtml. Cornelius Engert Papers, box 1, folder 11.5: Engert to American Minister at The Hague, Nov. 11, 1917。*Papers of Woodrow Wilson*, vol. 35: Chambers to Wilson, Dec. 10, 1915, p. 337; vol. 45: Abram Elkus to Wilson, Nov. 14, 1917 ("Turkey is the weakest"). John H. Finley, *A Pilgrim in Palestine* (New York: Scribner, 1919), p. 55. "Senators Want War on Austria," *New York Times*, Nov. 27, 1917 ("Turkey's course"); Dec. 7, 1917 ("I should be sorry"). *Selections from the Correspondence of Theodore Roosevelt and Henry Cabot Lodge*: Lodge to Roosevelt, Oct. 2, 1918. *Letters of Theodore Roosevelt*: Roosevelt to Lodge, Oct. 23, 1918 ("We ought to declare"); Roosevelt to Paul Shimmon, July 10, 1918 ("surpassed the iniquity")。

住“土耳其帝国伟大的教育、传教和救济工作”。

威尔逊回信说，他对道奇信中的“每个字”都深表同情。“我不止一次怀着深深的忧虑想到你在土耳其的亲人……我的心与你同在。”但是，其他美国人对道奇的担忧不屑一顾，并对威尔逊的回应表示强烈反对。“我们宣称与亚美尼亚人以及土耳其境内其他受压迫民族之间是朋友，却不与土耳其开战，这种虚伪的嘴脸特别可憎。”罗斯福反驳道，他接着说，“亚美尼亚大屠杀是最严重的战争罪行，如果对土耳其不采取任何行动那就是在纵容它。”这位曾多次派遣美国军舰前往中东保护传教士和解救人质的前最高统帅，现在指责教会和救援人员“在道德上严重失职”，因为他们没有及时离开该地区，并妨碍了美国的干预。“我们的传教士的存在……并没有阻止土耳其人屠杀50万乃至100万亚美尼亚人、叙利亚人、希腊人和犹太人，”他对道奇讲，“所以我们现在宣战所造成的损失也肯定不及我们过去没有参战所造成的损失的百分之一。”

关于反对专制和保护少数族裔权利的最佳途径，以及如何通过对其主要代理人即传教士的保护来维护美国的信仰原则，道奇和罗斯福一直争吵不休。促使欧洲列强对土耳其发动战争并努力征服其领土的根源，是诸如石油、贸易路线和势力范围等传统权力议题，而这些议题几乎没有进入美国国内讨论的范畴。对美国人来说，关键的问题很简单：美国如何行事才是最人道的？

最后，威尔逊选择站在道奇一边。这位总统是一名长老会牧师的儿子，原则性很强，其世界观是在传教士的环境中形成的，他不能允许自己抛弃那些为了他所尊重的价值观而冒生命危险的美国人。他也不能容忍这种抛弃行为几乎肯定会导致的的后果——成千上万人的死亡，因为他们现在的食物、住所与医疗都完全依赖美国的救济。虽然1917年12月总统确实寻求对奥匈帝国宣战，也的确如愿了，且还认真考虑过是否对保加利亚开战，但他从未动摇过要与土耳其维持现状。

这一决定令英国和法国感到困惑，他们不明白美国如何能从军事或政治上的中立中获益，也不明白为什么美国不帮他们一起打败如此卑劣的敌人。他们坚持认为，该地区需要的是美国的武器，而不是美国的援助。对此罗斯福完全同意。他抱怨道："想到威尔逊的冷酷自私、道德品质匮乏，使得我们只能……在摧毁土耳其帝国的战争中充当旁观者，而不是……作为英勇的战士之一，这令人相当痛苦。"然而，威尔逊仍很坚决。他向克利夫兰承诺，他会尽最大努力阻止国会"按其所愿"对土耳其发动战争。"我衷心希望我能成功。"①

威尔逊确实取得了成功，战胜了来自媒体、国会参众两院、他自己的军事指挥官和一位受欢迎的前总统的强烈反对。美国没有对土耳其开战。在威尔逊心中，对传教机构及其服务的众多民众的关注超过了所有其他战略考虑。然而，总统决定放弃在中东使用武力，这将大大削弱美国在该地区的地位，并限制他影响该地区未来的能力。

就在威尔逊决定不对土耳其发动战争的时候，协约国却在密谋瓜分奥斯曼帝国的领土。在始于1916年5月的《赛克斯-皮科协定》

---

① *Papers of Woodrow Wilson*, vol. 45: Dodge to Wilson, Dec. 2, 1917, pp. 185 - 86; Wilson to Dodge, Dec. 5, 1917 ("every word"); vol. 47: Lansing to Wilson, May 8, 1918, pp. 569 - 70; vol. 48: From the Diary of Colonel House, May 19, 1918, p. 70; Wilson to Lansing, May 24, 1918, p. 136; vol. 49: Sir William Wiseman to Sir Eric Drummond, Aug. 27, 1918, p. 365. DeNovo, *American Interests*, p. 106 ("I have thought"). *Letters of Theodore Roosevelt,* vol. 8: Roosevelt to Cleveland, May 11, 1918, pp. 1316 - 18 ("We are guilty"); Theodore Roosevelt to Andrew Fleming West, Dec. 28, 1918, p. 1418 ("It is rather bitter"). Joseph Grabill, "Cleveland H. Dodge, Woodrow Wilson, and the Near East," *Journal of Presbyterian History* 48 (Winter 1970): 249 - 54. Fromkin, *Peace to End All Peace,* p. 260 ("following its inclination"). See also David E. Cronon, ed., *The Cabinet Diaries of Josephus Daniels, 1913 - 1921* (Lincoln: Univ. of Nebraska Press, 1963), p. 246.

的一系列秘密协议中，英国宣称对约旦河和波斯湾之间的大片领土拥有主权。法国攫取了叙利亚和摩苏尔的控制权，俄罗斯和意大利则分别控制了安纳托利亚的东部和西南部。这些协议共同确保了战争结束时，不仅奥斯曼帝国会消失，就连土耳其本身也将不复存在。

作为中东战争中的非交战国，美国没有参与这些会谈的资格。此外，美国强烈反对不顾中东居民的意愿瓜分中东领土，因此无论如何都可能抵制这些讨论。但是，美国在战后中东规划方面缺乏参与权，意味着威尔逊无法有效地将其自由和民主原则应用于该地区。毫无疑问，他郑重承诺要保护“弱小民族的权利和自由”，并“最终使世界自由”，但如果不与土耳其开战，他连那些中东小国的权利都无法捍卫，而这些国家正是他所处的世界上最不自由的国家之一。

虚幻的和平

美国拒绝在中东参战一事的影响体现在它为实现和平所做的努力都归于了徒劳。这项倡议是在1917年春末提出的，是为了回应传回的两方面的消息，一是德国在伊斯坦布尔的飞扬跋扈行径日益招来不满，二是土耳其急欲推行独立的外交政策。一位消息人士甚至暗示，土耳其官员可能会被诱使允许协约国潜艇通过达达尼尔海峡，摧毁停泊在博斯普鲁斯海峡的德国战舰。

这些消息往来受到亨利·摩根索的热烈欢迎。尽管在他看来，土耳其是“世界生活中的癌”，必须得到“妥善治疗”，但他始终认为，治疗应该是外交上的而不是军事上的。现在，摩根索确信土耳其人“已厌恶了他们的德国主子”，于是提议执行一项秘密调解任务。土耳其获得保证将继续拥有安纳托利亚和土耳其海峡①的主权，作为回报，土耳其要从这场战争中抽身。兰辛对该计划能否奏效表示怀疑，但他对威尔逊说，如果能“有五十分之一的成功几率”，他就将“不遗余力地削弱德国的力量”。总统也持怀疑态度，不过他认为美国的斡旋不会导致任何危险。“如果成功，那将成为战争中的一个决定性因素，”他设想，“如果失败了，我们的境况也不会比此前更糟。”

摩根索于1917年6月21日离开美国，给出的公开说法是为了调查巴勒斯坦犹太人的困境。为使这一说辞更可信，陪同摩根索出行的有著名的犹太复国主义者费利克斯·法兰克福特。法兰克福特是哈佛大学法学院的教授，也是威尔逊的战争部顾问，其为人率直、才华横溢。他对摩根索的评价很低，认为摩根索为人谄媚，而且夸大了土耳其的“热情洋溢的印象”。这位法学家的主要目标是确保摩根索无法成功地让土耳其在完全控制巴勒斯坦的情况下退出战争。犹太复国主义者们希望，这块圣地很快会被英国人占领，而英国人会努力将其变成犹太人的家园。

法兰克福特的简报与当时最杰出的犹太复国主义领袖、出生在俄罗斯但已加入英国籍的化学家哈伊姆·魏茨曼②密切配合。魏茨曼是个秃头，长着鹰钩鼻，道德声望极高，也很有魅力，他与英国外交大臣亚瑟·贝尔福结成了紧密的联盟。像许多英国复原主义者一样，贝尔福将狂热的宗教信仰与坚定的现实政治意识结合在一起；如果将巴勒斯坦交付犹太人，不仅能够召唤基督，而且能够为帝国的帝国利益服务。因此，贝尔福与犹太复国主义者一样，担心土耳其在英国军队到达耶路撒冷之前放弃战争，于是任命魏茨曼为英国特使，负责与摩

① 这是连接黑海与地中海的唯一通道，包括博斯普鲁斯海峡、马尔马拉海和达达尼尔海峡，战略地位十分重要。——译者

② 以色列首任总统、犹太复国主义运动领导人，化学家。——译者

根索磋商。“跟摩根索谈谈，”英国外交大臣对这位科学家说，“一直谈到你说服他放弃使命。”

魏茨曼与摩根索、法兰克福特的会晤地点选在了直布罗陀岩。在场的还有亚美尼亚人阿尔沙格·K.施马沃尼亚，此人曾担任过美国驻土耳其大使馆的顾问。魏茨曼不客气地对摩根索说，他的努力很为时尚早，同盟国只会将其解读为协约国的软弱，会加倍努力地投入战斗。他还向摩根索施压，要求其保证“绝不会以任何方式将犹太复国主义组织与哪怕是最微弱的确保单独和平的企图混为一谈”。魏茨曼传达了英国的思路，大胆放言，只有在土耳其战败并对亚美尼亚、叙利亚和巴勒斯坦做出让步之后，和平才会到来。

魏茨曼的话使摩根索感到难堪，尽管没有施马沃尼亚传达的信息那么刺耳。他说，摩根索在一次采访中声称土耳其宫廷愿意将巴勒斯坦卖给犹太人，土耳其人对此大为光火。土耳其人还指责他对自己所谓的秘密使命大吹大擂，还在西方媒体上引发了强烈反应。一名亚美尼亚人的发言人抗议说：“那么，青年土耳其党人在亚美尼亚人、阿拉伯人和犹太复国主义者的问题上还能再次得到信任吗?”结果，摩根索现在在伊斯坦布尔被视为不受欢迎者，在任何条件下，伊斯坦布尔都无意切断与德国的联盟。

鉴于这些令人极其心寒的讨论，摩根索认为继续他的使命已毫无意义。“进行谈判的时机尚不成熟，”他致电华盛顿称，“因此，前往土耳其毫无用处。”国务院同意他的看法，并命令他立即离开直布罗陀岩。对于法兰克福特来说，整个过程其实都是“白费力气”，威尔逊也对这番努力表示遗憾，认为“这是虚幻，即便能够实现，其有利条件也是可疑的”。美国在中东和平进程的首次重大亮相中表现得既天真又笨拙。作为亚美尼亚人民的失意的救世主，摩根索这一谈判代表也被证明是令人失望的，是个容易上当受骗的悲剧人物。谦逊的豪斯上校在日记中写道："摩根索的这趟旅程以惨败收场。"

摩根索没能完成使命，使得美国在第一次世界大战的剩余时间里对土耳其的政策更加坚定，也巩固了美国在中东的中立地位。土耳其人仍然赞赏这种不偏不倚的政策，因为他们的部队在协约国军队进攻前撤退了。英国人也很高兴，当他们的军队于1917年12月进入耶路撒冷时不必与美国分享这份荣耀了。也许最高兴的是美国传教士和救援人员，一定程度上得益于美国的中立，他们不仅在战争中幸存下来，现在又在一个较为友好的占领下蓬勃发展。在他们看来，奥斯曼帝国的统治在整个中东尤其是在圣地的崩溃，似乎预示着救赎的到来。"过去这些天里，来自……巴勒斯坦的消息，让我们一直像是在七重天①，"克利夫兰·道奇晕头转向地告诉威尔逊，"我……感谢你明智而耐心的行动——或者说不行动。"②

美国传教士和他们的支持者并不是唯一为战争结果欢呼的人。犹太复国主义者同样欣喜若狂。但是，如果在过去，传教士和犹太复国主义者会由于同样的理由而欢呼雀跃——因为有机会将巴勒斯坦还给

① 犹太人的信仰认为七重天是至高无上的极乐世界，用来描绘处于尽善尽美的境地。——译者

② *FRUS*, 1914-20, Lansing Papers, vol. 2: Lansing to Wilson, May 17, 1917, pp. 17-19; 1917, Supplement 2: Morgenthau and Frankfurter to Secretary of State, July 8, 1917, pp. 120-22. *Papers of Woodrow Wilson*, vol. 43: Memorandum from an interview with Wilson written by Sir William Wiseman, July 13, 1917, p. 172; vol. 45: Morgenthau to Wilson, Nov. 26, 1917, p. 123 ("was the cancer"); Wilson to Lansing, Nov. 28, 1917, p. 147; vol. 49: Dodge to Wilson, Sept. 28, 1918, pp. 151-52 ("in the seventh heaven"). Jehuda Reinharz, *Chaim Weizman: The Making of a Statesman* (New York: Oxford Univ. Press, 1993), pp. 153-54, 155 ("there was one chance"), 163 ("on no account"), 164-68. Richard Lebow, "The Morgenthau Peace Mission of 1917," *Jewish Social Studies* 32, no. 4 (Oct. 1970): 271 ("If it succeeds"), 272-80, 281 ("hot air impressions"), 284 ("wild goose chase"). William Yale, "Ambassador Henry Morgenthau's Special Mission of 1917," *World Politics* 1, no. 3 (April 1949): 311-15, 320 ("Morgenthau's trip"). Manuel, *Realities*, pp. 155-58. Chaim Weizmann, *Trial and Error: The Autobiography of Chaim Weizmann* (Philadelphia: Jewish Publication Society of America, 1949), pp. 196 ("Talk to Morgenthau"), 197-98.

犹太人——他们现在庆祝的理由是不同的且最终无法调和的。传教士们放弃了他们最初的复原主义目标，转而支持阿拉伯民族主义，把战争的结束视为包括巴勒斯坦在内的所有阿拉伯国家解放的开始。相比之下，犹太复国主义者认为土耳其的失败是犹太人实现对以色列之地（the Land of Israel）主权要求的第一步。然而，犹太复国主义者并非唯一珍视这一愿景的人。与他们站在一起的还有数百万美国基督徒，以及有史以来首次参与进来的人数虽少但一直在增加的美国犹太人。

第十九章
一场美国运动的诞生

将大量美国犹太人转变为美国犹太复国主义者是一个缓慢且往往动荡的过程。这一过程之所以曲折，其实与巴勒斯坦还存在着另外一个民族无关，而与犹太人群体特有的原因有关。由于害怕激起潜伏在美国社会表层下的反犹主义，大多数犹太人仍然认为重建犹太国家的想法即便不算危险，也是不合时宜的。1897 年，著名的改革教派拉比鲁道夫·格罗斯曼警告说，犹太复国主义“对犹太人的爱国主义和犹太人对其所生活在其中的国家的忠诚是致命的打击”。加州众议员朱利叶斯·卡恩也是改革教派的，他担心犹太复国主义会让美国犹太人面临这样的指控：“仅仅是旅居美国，却利用居住在这里所获得的好处……最终目的是成为巴勒斯坦人和犹太国家的居民。”

有反犹太复国主义思想的并不只是改革派犹太教徒。正统犹太教徒也反对这一运动——不是由于其强调犹太人的国家，而是由于其世俗主义。按照正统犹太教联盟的分支“亚古达以色列（Agudath Israel）”的说法，犹太复国主义者是“犹太民族有史以来最难对付的敌人”。受人尊敬的犹太教仪式派拉比沙洛姆·多夫·贝尔·施内尔森声称：“他们一心想着的……就是卸下托拉[①]的负担……只维护他们的民族主义。”对于越来越多的社会主义犹太人——他们认为自己不是一个独特民族的成员，而是国际无产阶级中的工人——来说，犹太复国主义也是令人厌恶的。事实上，对犹太复国主义的反感是20世纪初能够让大多数美国犹太人团结起来的少数立场之一。

然而，要让该群体中哪怕一小部分人脱离其反犹太复国主义的立场，就需要发生惊天动地的大事才行。1880年代的俄国大屠杀夺走了数以万计犹太人的生命，这使美国犹太人确信需要采取协调一致的行动，而1890年代法国对德雷福斯案的审判提醒他们，即便是在一向被认为开明的欧洲，反犹主义也在持续恶化。随着西欧表现得越来越不好客，美国城市已挤满了移民，美国犹太人领袖开始考虑其他避难所。一个可能的选项就是巴勒斯坦，虽说那里似乎气候恶劣、政治问题重重。前美国驻伊斯坦布尔大使奥斯卡·斯特劳斯在给前亚历山大领事西蒙·沃尔夫的信中写道：“为我们任何派别的俄国教友设想的任何……出路我都赞成，失败无论有多严重，都不可能导致类似俄国那样糟糕的情形。”但支持在圣地重新安置俄国犹太人是一回事；把这片土地变成一个犹太国家——斯特劳斯和沃尔夫都反对这一举措——显然又是另一回事。那个在《纽约时报》头版报道过亚美尼亚大屠杀的阿道夫·奥克斯，试图压制所有关于犹太复国主义的文章。

尽管如此，犹太复国主义还是收获了追随者，尤其是在新近抵达的东欧犹太人中，1897年，美国犹太复国主义者联盟成立。俄国和波兰的犹太复国主义联盟敦促其成员迁往巴勒斯坦，与此不同的是，这一美国组织从未劝犹太人从美国移民过去。相反，犹太复国主义仍然是艾玛·拉撒路构想的那个样子，是欧洲受压迫的犹太人的庇护所。“我们相信这样的家只能自然而然地……在其父辈的土地上找

---

① Torah，即律法书，犹太教律法的泛称。希伯来文意为“教喻”。狭义上指希伯来《圣经·旧约》的首五卷。——译者

到。”哥伦比亚大学闪米特语系教授、犹太复国主义联盟首任主席理查德·J. H. 戈塞尔说。不过，这位学者又补充说：“我们认为，这并不意味着所有犹太人都必须返回巴勒斯坦。”戈塞尔有个颇有活力的学生叫斯蒂芬·S. 怀斯，是为数不多的提倡“在……巴勒斯坦境内建立一个小犹太公国”的改革派拉比之一，他还明确指出，美国犹太人“并不渴望回到巴勒斯坦”，而是“忠于脚下这片土地，只有这片土地才能满足人们对自由的热爱”。当真离开美国前往巴勒斯坦的犹太人凤毛麟角，其中就有果尔达·迈耶森（即后来的梅厄）和亨里埃塔·索尔德①，这两人会在后面的章节中讲到。②

尽管犹太复国主义成功地用明显的美国语言重新定义了自己，但其复兴犹太国家的想法只吸引了一小部分美国犹太人。1914 年居住在美国的犹太人约为 300 万，其中只有 1.5 万人向犹太复国主义联盟缴纳了会费，而该联盟的预算刚刚超过 1.2 万美元。犹太复国主义仍然是一个具有压倒性的欧洲运动，其总部设在柏林。犹太复国主义创始人西奥多·赫茨尔发问：“在值得称道的自由乐土上活在自己的幸福之中的……美国犹太人，会忘了他们同胞身上的沉重枷锁吗?”这一问题似乎注定无人回答。

虽说在统计上微不足道，但美国犹太复国主义者发挥了与其人数极不相称的强大影响力。戈塞尔、怀斯和费利克斯·法兰克福特等有

---

① 女教育家，犹太复国主义运动领导人。——译者

② Raider, *Emergence of American Zionism*, p. 12. Feinstein, *American Zionism*, pp. 99 ("a fatal blow"), 125. Rafael Medoff, *Zionism and the Arabs: An American Jewish Dilemma, 1898 – 1948* (Westport, Conn.: Praeger, 1997), p. 12 ("of merely being"). Gideon Shimoni, *The Zionist Ideology* (Hanover: Univ. Press of New England, Brandeis Univ. Press, 1995), p. 137 ("Their entire desire"). Grose, *Israel in the Mind*, p. 72 ("the most formidable"). Arthur Hertzberg, ed., *The Zionist Idea: An Historical Analysis and Reader* (New York: Atheneum, 1972), p. 500 ("We believe that"). Melvin I. Urofsky, *American Zionism from Herzl to the Holocaust* (Garden City, N. Y.: Anchor Press, 1975), p. 98. Oscar Straus Papers, box 4: Straus to Wolf, April 24, 1906.

才华、有口才的领导人喜欢接触美国的政策制定者和犹太慈善家，这两类人即使反对建立犹太国家，也愿意与犹太复国主义者合作拯救犹太人。对于欧洲被边缘化的犹太人，犹太复国主义为他们不断加深的不安全感提供了解决方案，然而与此不同，被同化的美国犹太人却将犹太复国主义视为他们作为美国公民日益增强的信心的表现。使美国基督徒远离复原主义思想的世俗化和现代化进程，正在使美国犹太人摆脱束缚并且有勇气接受这种思想。他们克服了反犹主义、大学配额和各种社会限制，成功地突破了新教势力的堡垒，成为美国精英阶层中受人尊敬的一员，哪怕他们还没有被完全接受。同其他成功融入这个国家的少数族裔一样，他们认为自己的民族自豪感和对国旗的忠诚之间没有矛盾。“难道德裔美国人因为学了德语并对老家的德国人感兴趣，就被认为不是美国人?”戈塞尔教授问道，“爱尔兰裔美国人是不是因为集资帮助他们在格林岛苦苦挣扎的同胞也不像美国人?”①

在这一新兴的受过良好教育、彼此关系密切的美国化犹太人中，没有人比路易斯·登比茨·布兰代斯能更有效地将犹太复国主义目标与美国的目标结合起来了。布兰代斯出生于美国肯塔基州的心脏地带，他的名字得自他的一个叔叔的名字，而这位叔叔曾于 1860 年帮助林肯获得了总统竞选提名。布兰代斯几乎没有接触过犹太人的习俗或宗教，自认为是一名百分之百的美国人。“理智、健全、清晰、高

① Samuel Halperin, *The Political World of American Zionism* (Detroit: Wayne State Univ. Press, 1961), pp. 11 - 12 (“Will the Jews”). Hertzberg, *Zionist Idea*, p. 499 (“Is the German-American”). H. N. Hirsch, *The Enigma of Felix Frankfurter* (New York: Basic Books, 1981), p. 44. Michael E. Parrish, *Felix Frankfurter and His Times: The Reform Years* (New York: Free Press, 1982), pp. 129 - 30. Ben Halpern, “The Americanization of Zionism,” *American Jewish History* 69, no. 1(1979): 15 - 33. Melvin I. Urofsky, *A Voice That Spoke for Justice: The Life and Times of Stephen S. Wise* (Albany: State Univ. of New York Press, 1982).

贵，说的就是他。”怀斯后来这样评价布兰代斯，“我每次见到他都禁不住要赞美上帝。”布兰代斯的相貌也很英俊，天生五官清秀、轮廓分明，而且聪明绝顶。他 14 岁时高中毕业，仅仅 6 年后就以全班第一的成绩从哈佛大学法学院毕了业。无论是作为一名法学教授还是诉讼律师，布兰代斯都水到渠成地获得了成功。到了中年，他已经确立了自己的声誉——是个温文尔雅、有时专横，坚定地致力于种族和社会平等的原则以及美国在解放世界中所发挥的作用的人。

布兰代斯开始相信，这些信念完全符合犹太复国主义。他最初是在哈佛大学念书时偶然遇到这个想法的，尽管该校对犹太人的入学设置了几乎无法逾越的限制，但已经形成了一个犹太复国主义社团，甚至还得到了几位具有复原主义思想的教授的鼓励。这位年轻的律师看到了勤劳工作的美国殖民地拓荒者与巴勒斯坦犹太复国主义先驱之间的相似之处，后者即“犹太朝圣者之父”，对于他们，“美国朝圣者之父的后代们不应感到难以理解与产生共鸣”。在以仲裁结束 1910 年的纽约犹太服装工人的一次罢工时，布兰代斯第一次接触到了其犹太同胞的传统与观点。他推断，犹太人是天生的民主人士，“具有……深刻的道德感和……深厚的人类兄弟情谊”，值得国家保护。两年后，布兰代斯在与赫茨尔的老同事、波士顿一家犹太复国主义报纸的现任编辑雅各布·德哈斯交谈时，听说了美国农业部在海法附近协助建立的一个犹太复国主义实验农场，以及他叔叔登比茨的犹太民族主义思想。受“这些所谓的梦想家”的目标激励，布兰代斯加入了犹太复国主义联盟。1914 年，58 岁的布兰代斯被一致推选为主席。

在犹太民族主义问题上，布兰代斯很难称得上是一个具有独创性的思想家。他认为：“对美国的忠诚和对犹太人的忠诚之间没有矛盾之处。”这样的假设与怀斯和戈塞尔的观点一致。“每一个帮助推进犹太人在巴勒斯坦定居的美国犹太人，尽管……他本人和他的后代都永远不会在那里生活，他都会因此而成为一个更好的人，一个更好的美国人。”欧洲犹太复国主义者倾向于建造枯燥乏味的定居点而不是抽象的思考，他们发现布兰代斯过于执着于自己的理念，不肯认清现实。[①] 但是，尽管欧洲人可能会向这些定居点提供镐、铲，美国犹太复国主义的代表人物布兰代斯却为该运动提供了它最需要的一种商品：权力。作为威尔逊的亲密顾问，布兰代斯很快还会成为最高法院的第一位犹太大法官，可以接触到美国最高层级的治理。随着世界犹太复国主义者总部从交战国的首都柏林转移到中立的纽约，这一入口不仅对巴勒斯坦犹太人的经济福祉至关重要，而且在许多情况下，对他们的肉体生存也至关重要。

新锡安拯救旧锡安

巴勒斯坦犹太人长期生活在不稳定的环境中，不被信任，还经常遭受压迫。土耳其当局没有对由宗教信徒和基本上属于贫困的犹太人

① Raider, *Emergence of American Zionism*, pp. 21, 25, 27. Grose, *Israel in the Mind*, pp. 48 (“these so-called dreamers”), 52 (“deep moral feeling”). CZA, A 243/13, Stephen S. Wise Papers: Wise to Frankfurter, Oct. 10, 1936 (“Sanity, soundness”). Ezekiel Rabinowitz, *Justice Louis D. Brandeis*: *The Zionist Chapter of His Life* (New York: Philosophical Library, 1968), pp. 14, 31. Evyatar Freisel, “Brandeis' Role in American Zionism Reconsidered,” in Jeffrey Gurock, ed., *American Jewish History: The Colonial and Early National Periods, 1654 -1840* (New York: Routledge, 1998), pp. 42 - 43, 105. Allon Gal, “In Search of a New Zion: New Light on Brandeis' Road to Zionism,” in Gurrock, *American Jewish History*, pp. 79, 88, 90 - 91 (“the descendants”). Ben Halpern, *A Clash of Heroes: Brandeis, Weizmann, and American Zionism* (New York: Oxford Univ. Press, 1987), pp. 94 - 95, 100 - 5. Louis D. Brandeis, *The Jewish Problem: How to Solve It* (New York: Zionist Organization of America, 1919), pp. 19 - 20 (“There is no inconsistency”).

组成的老伊休夫[①]（或称社区）与犹太复国主义农民形成的新伊休夫进行区分。相反，当局怀疑所有犹太人都在密谋建立一个独立的国家并脱离奥斯曼帝国。因此，土耳其宫廷试图以一些被美国人认为具有歧视性的巴勒斯坦政策来限制犹太人移民及购买土地。尽管如此，在1914年之前的数年里，反犹措施一直存在于巴勒斯坦，且在大战期间愈演愈烈。同亚美尼亚人一样，犹太人也被指控充当协约国的第五纵队，并被威胁与亚美尼亚人下场一样。兰辛警告那些留在巴勒斯坦的法国、英国和俄国基督徒将面临危险，同时预言“所有犹太人都将遭到大屠杀”。

在巴勒斯坦发生的事看起来的确正走向灾难。美国驻耶路撒冷领事奥蒂斯·格雷泽布鲁克牧师详细描述了该地区犹太人是如何被大规模掠夺的，他们的财产是如何被没收的，他们的银行是如何被强行关闭的。土耳其当局剥夺了犹太人定居点的防御性武器，同时武装起了邻近的阿拉伯部落，并鼓动他们对异教徒发动圣战。尽管希伯来语不是一种“协约国”的语言，但仍然被禁止使用，其中包括希伯来语的邮票和供伊休夫内部流通的希伯来语票据。然而，最具毁灭性的是计划驱逐约5万名俄国犹太人——占整个社区的四分之三——他们现在被土耳其视为敌对国家的人。格雷泽布鲁克是佐治亚州的前牧师，也是威尔逊亲自任命的普林斯顿神学院教授，他警告说，犹太复国主义计划似乎即将遭到破坏。他担心，“全世界犹太人的宗教抱负”以及“让他们重新感受到民族精神的……希望的信息”很快就会受到“巨大的打击”。

由于其他西方国家要么与土耳其结盟，要么与土耳其交战，欧洲

---

① 字面意思为屯垦区、居住区，是指以色列建国前在巴勒斯坦形成的犹太人社区，同时也成为犹太政治实体。——译者

犹太人被战场一分为二，并且忙于生存无暇他顾，使得巴勒斯坦犹太人只能求助于一种力量。他们恳求道："以圣地的名义，以我们复兴其语言、努力实现其精神的那本书的名义，我们恳求［这个］高贵而强大的美国发挥其影响力，拯救犹太人在巴勒斯坦的殖民事业。"

对美国来说，要响应这一呼吁可能相当复杂，因为美国是一个中立国，几乎没有理由干涉奥斯曼帝国的任何领土，更不用说巴勒斯坦的了。相比他们在中东其他地区长期从事的传教、医疗和文化工作，美国人在巴勒斯坦的存在非常有限。然而，仅仅缺乏制度的话并不能阻止一位和圣地以及他与之相关的选民有着密切宗教联系的总统。而且威尔逊总统也不会错过争取日益重要的美国犹太人选票的机会，这位总统不仅在灵性上与他们合拍，政治上也很精明。他在 1912 年竞选活动的高潮时曾公开表示："如果有机会帮助犹太人重返巴勒斯坦，我一定会这么做。"①

在当选后不久，威尔逊就证明这一承诺并非空话，"你能做的任何事情，只要能改善你的犹太教友们的命运，都会为美国带来荣誉。"他对摩根索说，"你放心吧，政府会全力支持你。"事实证明，这一支持至关重要，因为富裕的美国犹太人筹集了数十万美元用于在巴勒斯坦提供紧急医疗和食品救济，但由于协约国的封锁和土耳其对犹太复国主义的抵制，这些援助却无法送达。经过威尔逊的批准，布兰代斯启动了美国的外交关系机制——其使领馆、通讯系统和密码——为犹

① USNA, Ducker to the Secretary of the Navy — Report on the Conditions in Palestine with Reference to Zionism, Feb. 10, 1915. Lansing to Brandeis, Feb. 16, 1915 ("general massacre"); Alexandria Palestine Committee to the Secretary of State, Jan. 25, 1915 ("In name of"); *FRUS*, 1914, Supplement: Morgenthau to Bryan, Aug. 13, 1914, p. 757; 1914 - 20, Lansing Papers, vol. 1: Elkus to Lansing, Nov. 17, 1916, p. 784. Manuel, *Realities*, pp. 128 - 31, 136 - 40. Ruth L. Deech, "Jacob de Haas: A Biography," in Raphael Patai, ed., *Herzl Year Book* 7 (New York: Herzl Press, 1971), pp. 340 - 41 ("If ever I have").

太复国主义事业服务。土耳其官员轮流得到犹太复国主义者会“无条件忠诚”的保证，同时被警告“如果发生屠杀或抢劫”，美国人民将会要他们个人“对犹太人和基督徒的生命与财产负责”。英国人和法国人得到许诺，供应给犹太人的食物、黄金和汽油不会被用到土耳其的战争中。在各方达成谅解后，这些物资被装上美国海军舰艇，运到雅法进行分发。这些船只中的一些随后装载着犹太复国主义定居点的产品——橙子和卡梅尔葡萄酒——出口到国外。

尽管事实证明运作起来很复杂，但进出巴勒斯坦的货物并不比那些持有俄国或其他协约国护照要撤离的“敌国外侨”犹太人更麻烦。通过摩根索的干预，这些犹太人有一个月时间放弃他们的原国籍，成为奥斯曼帝国的臣民。许多人接受了这一选择，但另一些人要么宁愿被驱逐也不愿土耳其化，要么负担不起 10 美元的入籍费。布兰代斯和美国犹太复国主义者再次介入，着手安排将这些有生命之忧的犹太人运送到英国控制的埃及。4 艘美国巡洋舰和几艘悬挂中立国旗帜的船只参与了这场戏剧性的营救行动，在雅法和亚历山大之间饱受战争蹂躏的海域往返穿行了 7 个月。1915 年 8 月，一个代表美国军舰“田纳西号”拯救的 6000 名犹太人的委员会向船长赠送了一块银牌——他们说，这是对“将被犹太人永久铭记于心”的行为的见证。本顿·德克尔船长回应说，犹太复国主义“无疑是世界上最伟大的运动之一”，他以美国人民的名义接受了这一礼物，说美国人民“在这个混乱动荡的时代，为了人类的利益伫立在那里”。

在雅法接上犹太人后，巡洋舰通常会向北前往贝鲁特，去接几十名传教士、朝圣者和叙利亚新教学院的教授。就这样，在战舰——美国力量的象征——上，19 世纪基督教复原主义支持者的后代与现在正在延续这一追求的 20 世纪的犹太人相遇了。后者中包括亚历山大和芮夫卡·阿伦松，一对来自犹太复国主义实验农场的兄妹，他俩曾与一个亲英间谍团伙有牵连。这二人被迫逃到黎巴嫩，受到布利斯一家的庇护，直到终于登上“得梅因号”军舰。当巡洋舰驶出港口时，亚历山大回忆道：“难民们发出了告别的欢呼。这欢呼中夹杂着重获自由的舒畅……以及对未来的恐惧和希望。”船上升起了国旗，“被爱和尊重的强烈本能所感动”的全体乘客静静伫立。

然而，对巴勒斯坦犹太人的制裁仍然存在，且随着战争的进展而加剧。土耳其士兵在英国军队的进逼面前撤退，他们蹂躏了已经荒芜的犹太人农场，将所剩无几的犹太人赶出了雅法。伊休夫得以幸存，在很大程度上要归功于美国的干预以及土耳其的不愿与美国为敌。一份1921年犹太复国主义组织的报告承认，“美国……是唯一一个……能够拯救巴勒斯坦免于长期沦丧……的国家”。[①] 美国不仅维护了未来犹太国家的经济和社会基础，还拯救了许多最有活力的领导人，包括一位名叫大卫·本-古里安的年轻劳工活动家。

牧师之子与犹太人

美国援助巴勒斯坦犹太人的动机主要是人道主义的而非政治的。

---

① Morgenthau, *All in a Life-Time*, p.175 (“Anything you can do”). Manuel, *Realities*, pp.120 - 25, 126 (“unqualified loyalty”), 141 - 46. *FRUS*, 1916, Supplement: Morgenthau to Lansing, Dec.1915, p.830; Lansing to Glazebrook, Jan.14,1916, p. 925; Lansing to Philip, Sept. 13,1916, p.937. USNA, Ducker to the Secretary of the Navy — Report on the Conditions in Palestine with Reference to Zionism, Feb.10,1915 (“would long remain” and “undoubtedly one”). CZA, A 243/159, Correspondence on Matters of the Yishuv: Perlstein to Wise, Jan. 16, 1915; A 264/25, Papers of Felix Frankfurter: Primrose to Gaster, March 18, 1915. Alexander Aaronsohn, *With the Turks Palestine* (Boston: Houghton Mifflin, 1916), p.85. Leonard Stein, *The Balfour Declaration* (London: Vallentine, Mitchell, 1961), p.191 (“America was”). 1916年8月，“田纳西号”在海啸中沉没，38人丧生，巴勒斯坦的犹太人表示哀悼，称其为“永恒的祝福”。参见：Davis, *With Eyes toward Zion*, vol.2, pp. 238 - 39。

在美国看来，犹太人的困境与亚美尼亚人的困境一样，都是在世界上一个特别需要珍视的地区对与美国慈善与宗教利益密切相关的民族所犯下的暴行。正如威尔逊政府不顾亚美尼亚人的政治抱负而向他们提供援助一样，它也在没有对犹太复国主义采取立场的情况下解救了伊休夫。但是，随着美国步兵奔赴欧洲前线、欧洲政治家们秘密绘制战后中东地图，华盛顿发现，它不能再在巴勒斯坦问题上保持超然态度了。

在使白宫摆脱自满情绪这件事上，比起任何单一因素，更应归功于美国犹太复国主义者。到 1917 年，随着身为犹太复国主义者的代表们所在的选区迅速扩大，其领导人开始向白宫施压，要求正式批准他们的事业。“来自各个部落的犹太人都蜂拥而入，”豪斯上校告诉威尔逊，“如果不让他们进来，他们似乎决意要用撬棍破门而入。”但如此施压的并非只有美国犹太人；新教教徒中的复原主义者也要求总统支持犹太复国主义。惠顿学院院长查尔斯·布兰查德宣称：“……作为实现这一伟大预言的开端，近年来的犹太复国主义运动给许多研究圣经的学生留下了深刻印象。”威廉·布莱克斯通是 1891 年那份支持犹太人建国备忘录的作者，他和一批福音派牧师一起散发了一份新的支持犹太复国主义的请愿书。他们的努力赢得了一些重要公众人物的支持，其中包括女权捍卫者、《哈珀周刊》编辑诺曼·哈普古德和前总统威廉·塔夫脱。特迪·罗斯福写道：“在我看来，在耶路撒冷周围建立一个犹太复国主义者的国家是完全恰当的。”他还断言，在亚美尼亚和阿拉伯人获得独立以及“犹太人获得对巴勒斯坦的控制权之前”，“不可能有值得拥有的和平”。

敦促威尔逊公开支持犹太复国主义的压力不仅来自国内，也来自亲犹太复国主义的英国政府。尽管英国外交部长贝尔福曾与法国私下达成了共识，准备将巴勒斯坦置于国际管治下，但他希望美国能够单独或与英国共同管理这片圣地。该计划有双重好处，一方面为苏伊士运河提供了更强大的保护，另一方面正式将美国与建立犹太民族家园的努力联系起来。然而，贝尔福还有其他不那么理性的理由来寻求一份关于犹太复国主义的英美宣言。他相信，这样一个声明将说服有影响力的美国犹太人（其中许多人在文化上仍然与德国有联系）支持美国参战。它也将劝说俄国日益强大的共产党人（其中相当一部分人似乎是犹太人）放弃寻求缔结单独的和平。

为了实现这些目标——有的具体、有的虚幻——贝尔福于 1917 年 4 月抵达美国。他打算在与威尔逊就协约国关于中东的秘密协议而进行的一次“男人之间”的会谈中，阐述自己对巴勒斯坦问题的看法。为人庄重严肃的贝尔福 1848 年出生于英国的帝国权力鼎盛时期，他的观念极为保守，所受的教育让他认为处理对外关系是白人的事[①]。这种态度总是在华盛顿引发矛盾情绪，引起盎格鲁-撒克逊至上主义者和反殖民主义者的双重共鸣。不过，豪斯上校并没有表现出这样的不确定性。“一切都很糟糕，我是这么告诉贝尔福的。”他在得知这位外交部长的计划后写道，“他们正在使［中东］成为未来战争的温床。”尤其令豪斯反感的是提议美国对巴勒斯坦实施管理。他思忖道：“英国人自然希望通往埃及和印度的道路被堵住，而且……他们也不甘心利用我们来推进这个计划。”

对于长期仰慕英国的威尔逊来说，这个选择可能更加困难，但他也做出了消极的反应。对他来说，欧洲瓜分奥斯曼帝国的秘密协议《赛克斯-皮科协定》就像是某种品牌的茶。“这是旧外交的一个很好

① the white man’s burden，来自英国小说家、诗人拉迪亚德·吉卜林的诗《白人的负担：美国与菲律宾群岛》(1899)，这是一首关于菲美战争（1899—1902）的诗，它敦促美国对菲律宾人民及其国家实行殖民统治。此说指认为白人有管理和向非白人传授他们的文化的假定或假定责任，通常被认为是欧洲殖民主义的正当理由。——译者

的例子”，威尔逊抱怨道，这可能会“冷却美国对战争的热情”。“我们的人民和国会不会为任何交战国的自私目的而战……尤其是像小亚细亚那样的领土分割。”他说，美国反对所有旨在秘密分裂中东的企图，包括英国关于巴勒斯坦问题的提议。①

受到政府的冷落后，贝尔福转而求助于布兰代斯。“我久仰您的大名，想和您谈谈。”他向这位法官致意，并会称其为他平生所见过的“最了不起”的美国人。事实上，贝尔福从布兰代斯那里并未得到什么新消息。尽管美国犹太复国主义者更愿意在英美主导下建立犹太民族的家园，但他们确信美国永远不会赞同英国的帝国主义目标，也不会在巴勒斯坦扮演殖民者角色。然而，布兰代斯确实相信威尔逊会支持一份措辞宽泛的支持犹太复国主义者目标的英国宣言。他断言：“这个国家的广大基督徒，尤其是新教教会，会支持我们的观点。”贝尔福很高兴。通过与布兰代斯合作，他将获得美国对英国中东野心的间接但正式的认可。“我是犹太复国主义者。”贝尔福明确表示。

英国与犹太复国主义之间的紧密联盟使得威尔逊面临一个根本性的困境——如何在支持建立犹太民族家园的同时反对殖民主义？威尔逊对犹太人和犹太复国主义的矛盾情感，让他的决定变得更加复杂。尽管威尔逊尊重像布兰代斯和法兰克福特这样有成就的犹太人，但他

---

① Grose, *Israel in the Mind*, p. 68 (“The Jews from every”). Manuel, *Realities*, p. 83. *Letters of Theodore Roosevelt*: Roosevelt to Julian H. Miller; Sept. 16, 1918, p. 1372 (“It seems to me”); Roosevelt to Lioubomir Michailovitch, July 11, 1918, p. 1350 (“there can be”). *The Intimate Papers of Colonel House*, ed. Charles Seymour (Boston: Houghton Mifflin, 1928), vol. 1, pp. 43 - 44 (“It is all bad”). Ray Stannard Baker, *Woodrow Wilson and World Settlement* (Garden City. N. Y.: Doubleday, Page, 1923), p. 74 (“fine example”). Fromkin, *Peace to End All Peace*, pp. 257, 295 (“the English naturally want”). Stein, *Balfour Declaration*, p. 156. Elizabeth Monroe, *Britain's Moment in the Middle East, 1914 - 1956* (Baltimore: Johns Hopkins Univ. Press, 1963), p. 40 (“man to man”). Yaakov Ariel, *On Behalf of Israel: American Fundamentalist Attitudes toward Jews, Judaism, and Zionism, 1865 - 1945* (Brooklyn: Carlson, 1991), p. 45 (“the Zionist movement”).

也赞同关于犹太人权欲心重、爱敛财等流行的反犹太主义谣言。同时，他也相信将巴勒斯坦归还给犹太人具有神圣的意义，而不仅仅是产生政治上的影响。而他，伍德罗·威尔逊，注定会促成这一重聚。“想想看，”他曾经对拉比怀斯说，“我作为一名牧师的儿子，应该有能力帮助将圣地归还给它的人民。”如何调和他对犹太人和犹太复国主义的两种观点以及犹太复国主义与制定独立于欧洲的原则性外交政策的需要，将是威尔逊在整个战争期间和战后面临的最重大挑战之一。

解决这一挑战非常困难，这在 1917 年 5 月 9 日威尔逊接见布兰代斯的 45 分钟中得到了充分体现。总统对犹太复国主义运动及其为“巴勒斯坦的犹太人建立一个得到公开认可、合法保障的家园”的目标表示钦佩。他承诺有朝一日会公开这些观点，但鉴于当前美国并没有与土耳其开战，而且各协约国对中东还有其他计划，他认为现在最好保持沉默。不过，他确实向布兰代斯承诺，待到时机成熟，他可以起草总统声明，公开对犹太复国主义的看法。

然而，政府中的其他人物，尤其是国务卿罗伯特·兰辛，一直反对就犹太复国主义发表任何声明。豪斯上校警告威尔逊，发表这样一份声明“潜藏着许多危险”。其结果是白宫发布了一系列喜忧参半的消息，对英国支持的犹太人家园计划先是表示反对，后来又表示赞成。然而，不管是哪种情况，威尔逊都要求不要提及他在围绕该文件的辩论中的倾向。但布兰代斯似乎不为所动，继续向犹太复国主义领导人保证总统“完全同情”他们的事业。据魏茨曼所言，布兰代斯的穿梭往来传递消息成为“决定英国政府发表［关于犹太复国主义的］宣言的……最重要的个人因素之一”。

贝尔福的确受到了他认为威尔逊暗中支持的东西的鼓舞，并着手拟了一份文稿。就这样，1917 年 11 月 2 日，英国内阁发表了《贝尔福宣言》，它将是本世纪最具影响力和争议性的文件之一。这份《贝尔福宣言》实际上是贝尔福写给犹太复国主义者、金融家莱昂内尔·沃尔特·罗斯柴尔德的一封信，其与众不同之处不仅在于它所承担的义务，还在于它设法回避的义务。英国政府“赞成”在巴勒斯坦建立一个犹太人家园，但没有承诺将巴勒斯坦转变为一个主权犹太国家。此外，在对外交部和非犹太复国主义犹太人做出让步时，英国领导人承诺，这一民族家园的建立不会侵犯“巴勒斯坦现有非犹太人社群的公民权利和宗教权利”或“犹太人在其他任何国家享有的地位”。①

尽管《贝尔福宣言》模棱两可、撇清责任，但它被广泛解读为确保犹太人建国的承诺以及犹太复国主义的无条件胜利。全世界的犹太人都认为，如果没有威尔逊的同意，这份文件是不可能制定出来的。据报道，10 万名犹太人在美国驻敖德萨领事馆外载歌载舞，表达感激之情，希腊、中国和澳大利亚的使领馆前则举行了小规模的示威活动。感谢的电报雪片般涌进白宫。

威尔逊对《贝尔福宣言》的态度究竟如何，也许最具体的表现形式是美国对犹太军团的支持。该军团是英军的一个单位，是由固执的犹太复国主义领导人弗拉基米尔·亚博廷斯基组织的，由来自不同国家的犹太人组成。尽管联邦法律禁止外国军队在美国领土上征兵，但当亚博廷斯基开始招募美国犹太人时，威尔逊政府并没有提出反对意

① Grose, *Israel in the Mind*, pp. 63 - 66, 67 (“To think that”). *Cabinet Diaries of Josephus Daniels*, p. 267. Stein, *Balfour Declaration*, pp. 427 - 28, 505, 530. *The Letters of Louis D. Brandeis*, ed. Melvin I. Urofsky and David M. Levy (Albany: State Univ. of New York, 1973): Brandeis to de Hass, April 24, 1917, p. 283 (“I have heard much”), de Hass Memorandum, May 4, 1917, p. 286 (“a publicly assured”); Brandeis to de Hass, May 8, 1917, p. 288 (“I am a Zionist”); Brandeis to Weizmann, Sept. 24, 1917, p. 310 (“entire sympathy”). Richard Lebow, “Woodrow Wilson and the Balfour Declaration,” *Journal of Modern History* 40, no. 4 (Dec. 1968): 501 - 13. Weizmann, *Trial and Error*, pp. 193 - 94, 208 (“one of the most important”). Manuel, *Realities*, p. 168 (“the many dangers”). Merkley, *Politics of Christian Zionism*, p. 91 (“The vast mass”).

见。包括本-古里安和其他在美国避难的巴勒斯坦流亡者在内，大约有1720名美国犹太人志愿入伍，他们是该军团中人数最多的一支分遣队。在纽约、巴尔的摩和波士顿，入伍者唱着犹太复国主义的《希望之歌》(*Hatikvah*)，列队行经铜管乐队、演讲的政客以及一群群赠送礼物的哈达萨妇女，前往载着他们去加拿大新兵训练营的船只。作为皇家燧发枪团第39营，这支部队直到1918年9月才开始行动，在停战前一个月冒着炮火从杰利科附近渡过约旦河。然而，仅仅是一支印有大卫之星旗帜和徽章的犹太战斗部队的存在——近两千年来的第一支——就为处境艰难的伊休夫打了一针强心剂，也为后来的犹太复国主义防御组织树立了榜样。美国人则尤其获得了坚韧、热忱的声望。亚博廷斯基评论说："美国人对巴勒斯坦和巴勒斯坦的一切带有强烈的、往往是狂热的兴趣。"军团中的美国老兵包括雕塑家雅各布·爱泼斯坦、未来的耶路撒冷市长格申·阿格隆（阿格隆斯基）以及尼希米·拉宾，后者的儿子伊扎克·拉宾有一天将成为犹太军队与犹太国家的领导人。[①]

然而，有些美国人对该宣言给人的印象是源自华盛顿而不是伦敦不太高兴。兰辛就是其中之一，他敦促美国与该政策保持距离，不要公开做出任何事情来表示支持它。否则，美国会身陷多种危险，变成窃取土耳其领土的一方，变成与犹太人中占少数的犹太复国主义者结盟同占多数的反犹太复国主义者为敌。作为最后的警告，兰辛说："许多基督教教派和个人无疑会憎恨将圣地的绝对控制权交给被认为

① Ben Halpern and Jehuda Reinharz, *Zionism and the Creation of a New Society* (New York: Oxford Univ. Press, 1998), pp. 175 - 77, 180 - 82. Robert Silverberg, *If I Forget Thee, O Jerusalem: American Jews and the State of Israel* (New York: Morrow, 1970), pp. 104, 105 - 6 ("The Americans brought"), 176. Martin Watts, *The Jewish Legion and the First World War* (London: Palgrave Macmillan, 2004), pp. 147 - 48. Elias Gilner, *War and Hope: A History of the Jewish Legion* (New York: Herzl Press, 1969), pp. 165 - 67, 170 - 71, 177.

对基督之死难辞其咎的种族。”

兰辛对犹太复国主义持保留意见，美国其他外交官也是如此。美国国务院近东情报部门负责人塞缪尔·埃德尔曼是一名德国血统的犹太人，他将犹太复国主义描述为平庸的东欧犹太人造出来的东西，这些人将对巴勒斯坦造成“抹黑和无法容忍”的影响。美国驻英国大使沃尔特·海因斯·佩奇认为，犹太复国主义是“情绪化、有宗教意味……反常的和异想天开的”，并建议美国不要再在此事上费心。亨利·摩根索对兰辛的告诫也表示赞同。摩根索从来就不是犹太复国主义的倡导者，也因为他努力与土耳其维持和平关系而不被该运动所喜爱，如今他声称，任何将巴勒斯坦授予犹太人的企图都将激起“4 亿基督徒”的奋起反抗。

在反对犹太复国主义方面，很少有外交官比威廉·耶鲁更直言不讳了。这位 30 岁的耶鲁大学毕业生自称“花花公子”，他身体魁梧，口袋里经常揣着一对铜指节，曾作为标准石油公司的代表漫游中东。但在 1917 年，他离开了石油行业，成为国务院的特工，隶属于英国驻巴勒斯坦和叙利亚的军队。这一任命恰逢《贝尔福宣言》的发布，耶鲁对该文件影响的评估充斥着偏见与成见。他描述了“穆斯林中更年轻、更容易头脑发热的人”的愤怒，这种人的“计划……对巴勒斯坦的和平不利”；也描述了“年轻、头脑发热的犹太人”的傲慢，这代表着“其所在种族中难以相处的……类型……这些人在许多情况下是不诚实和无知的冒险家”。但耶鲁也预见到，全世界穆斯林将强烈反对英国和美国，以报复它们对犹太复国主义的支持。阿拉伯人和犹太人的“宗教狂热和民族不宽容”将在几乎所有社会和政治领域引起“激烈对抗”。耶鲁不无恶意地预测道：“如果想在巴勒斯坦建立一个犹太国家，就必须依靠武力；若要在一个充满敌意的环境中维持这一国家，也需要武力。”

这些措辞激烈的警告，威尔逊想不注意都很难。他告诉兰辛，尽管“非常不情愿”，但他“不得不承认”毫无保留地支持犹太复国主义存在诸多危险。其中最主要的是，土耳其人可能会对美国传教士和救援人员进行报复——正是这种恐惧阻止了美国加入中东战争。但威尔逊也认为，《贝尔福宣言》的发表在一定程度上是基于他的批准，他迟早得将他的同意公之于众。

这一时刻终于在1918年9月6日到来，这天是犹太新年前夕。中东战争即将结束，对美国传教士和救援人员的威胁已然消退。威尔逊现在可以自由地履行他对布兰代斯的承诺了。于是，威尔逊在祝贺犹太公民节日愉快——这本身就是一种开创性的姿态——的同时，表达了他对“犹太复国主义运动”在他自己的国家取得的进展以及“英国批准在巴勒斯坦建立犹太民族家园”的“满意”。① 尽管总统承诺维护在巴勒斯坦的非犹太人的“公民权利和宗教权利”，以及那些流散在外的犹太人的地位，但他已然正式将犹太复国主义与美国的外交政策联系在了一起。

犹太复国主义在世纪之交时是小小苗头，到第一次世界大战结束时已经成就斐然。此时，美国犹太复国主义联盟宣称已拥有20多万

① 兰辛关于犹太人因基督之死而有罪的言论后来被泄露给了新闻界，但这位部长否认了这一说法。*FRUS*, 1914－20, Lansing Papers, vol. 2: Lansing to Wilson, Dec. 13, 1917, p. 71 (“many Christian sects”); Lansing Note, Dec. 14, 1917, p. 71 (“very unwillingly”). Selig Adler, “The Palestine Question in the Wilson Era,” *Jewish Social Studies* 10, no. 4 (Oct. 1948): 313 (“polluting and intolerable”). Medoff, *Zionism and the Arabs*, pp. 21－25. Grose, *Israel in the Mind*, pp. 70, 83 (“sentimental, religious”). William Yale Oral History, Columbia Univ., pp. 10 (“playboy”), 14 (“brass knucks”). Manuel, *Realities*, pp. 171, 172 (“400 million Christians”), 176 (“satisfaction” and “in the progress”), 184 (“younger and more hot-headed”), 185 (“young, hot-headed Jews”), 186 (“Religious fanaticism” and “If a Jewish State”), 189 (“disagreeable ... type”), 190. Monroe, *Britain's Moment in the Middle East*, pp. 44－45。

成员和数百万美元的预算。威尔逊跟美国其他有影响力的非犹太人物，以及美国犹太人中一些最受尊敬的人物一样，对犹太复国主义运动表示了认可。

这一成就的大部分功劳要归于一位一生中的大部分时间都与犹太人生活的方方面面不和的人。尽管如此，路易斯·布兰代斯仍将作为“美国犹太复国主义之父”被人铭记，正是这位来自哈佛大学的大人物赋予了一场最初被视为边缘（如果不说是可疑的话）的运动以合法性与威望。在1941年去世之前，布兰代斯一直是犹太复国主义事业的积极分子，未来，巴勒斯坦的一个社群定居点——“法官之春（Ein HaShofet）”——将以他的名字命名。然而，也只有在第一次世界大战期间，他的贡献才被证明是至关重要的。此后，犹太复国主义的目标发生了变化。布兰代斯建立一个由经济和文化纽带联系在一起的无固定形态犹太家园的愿景，将逐渐被争取由公民身份和边界勘定的独立政体的斗争所取代。将会出现新的犹太复国主义领导人，他们不仅寻求在以色列土地上为难民提供庇护所，而且力图建立一个有掌控权的主权国家。

犹太复国主义在改变，其所面临的挑战也在发生变化。其中最可怕的是布兰代斯和他那一代人最容易也最令人惊讶地忽视的障碍。布兰代斯在1919年唯一一次访问巴勒斯坦时推测：“巴勒斯坦的阿拉伯人……没有造成严重的阻碍。在我看来，如果我们处理得当，阿拉伯问题是会自行解决的。”① 其他美国人——兰辛、埃德尔曼和耶鲁——已经对这一假设提出了异议。而提出异议的阿拉伯人数量也在增加。

① Medoff, *Zionism and the Arabs*, pp. 21 – 25. Grose, *Israel in the Mind*, p. 81 (“The Arabs in Palestine”).

第二十章

起来吧，阿拉伯人，醒醒吧！

在大学校园里，在熙熙攘攘的城市街道上，在报纸上，在文学俱乐部的会议记录里，一个想法在慢慢扎根。阿拉伯国家早已存在，而且通过国内反抗与国际外交的结合，很快就将以一个统一独立的国家的形式重新确立自己的地位。大家应该记得，阿拉伯主义的概念起源于西方的民族主义意识形态，并在教会学校和学院（其中许多是美国的）的协助下在中东广泛渗透。“我知道为什么土耳其人在这个国家遭人憎恨，”叙利亚总督贾迈勒帕夏如此谴责美国驻大马士革领事，“叙利亚新教学院……滋养了对土耳其人的蔑视……而该机构所用的书籍……散发着这种精神。”许多阿拉伯基督徒中在这些学校就读，他们自然而然地成为民族主义的信徒，并努力与周围的穆斯林多数派建立了共同的纽带。

然而，长期以来拒绝传教士的宗教教义的阿拉伯穆斯林，对他们的世俗西方思想几乎毫无好感。他们已经拥有了一个民族国家——乌玛[①]，而奥斯曼帝国就是其化身。他们中很少有人寻求与基督徒有一个共同身份，更不用说找机会与其一起抨击奥斯曼帝国的统治了。与其脱离帝国，他们宁愿在帝国内部获得额外的权利，并通过回归他们本土的伊斯兰教而不是通过异族哲学来实现统一。他们几乎不把自己定义为阿拉伯人，而是仍将自己首先定位为穆斯林。相比之下，中东那些不论宗教信仰如何首先自认为是阿拉伯人并渴望建立一个独立国家的居民，仍然是极少数。它由一小群受过西方教育的知识分子组成，其中大部分是叙利亚的基督徒，还有一些是流散在欧洲的阿拉伯侨民。1868 年，叙利亚新教学院毕业生易卜拉欣·亚兹吉喊出了“起来吧，阿拉伯人，醒醒吧！”的口号，但到了世纪之交仍然无人理会。②

这种情形一直持续到 1908 年的青年土耳其党革命。几个世纪以来，奥斯曼帝国一直是伊斯兰教的堡垒和阿拉伯语及文化的保护者，但突然间，它变成了一种强加世俗土耳其身份的工具。这场革命强化了阿拉伯基督徒的民族主义倾向，并首次迫使阿拉伯穆斯林质疑自己对伊斯坦布尔的忠诚。在开罗、大马士革和巴格达的秘密社团中，阿卜杜拉·纳迪姆这样的穆斯林哲学家以及努里·赛义德这样的年轻军官，跟他们的基督教同胞一起讨论了阿拉伯从土耳其宫廷独立出来的可能性。同年，埃及爆发了反对英国统治的大规模示威，巴勒斯坦也

① Umma，是穆罕默德迁往麦地那后所建立的一种新的组织、新的社会机构，以取代原来的氏族和部落，是一个非常整齐、有虔诚信仰和一致行动能力的群体。——译者

② John M. Munro, *A Mutual Concern: The Story of the American University of Beirut* (Delmar, N. Y.: Caravan Books, 1977), p. 65 (“I know why the Turks”). 对阿拉伯民族主义起源的研究产生了大量书籍和艺术品，参见：e. g., Ernest C. Dawn, “The Origins of Arab Nationalism,” in Rashid Khalidi, ed., *The Origins of Arab Nationalism* (New York: Columbia Univ. Press, 1991), p. 3。Ernest C. Dawn, *From Ottomanism to Arabism: Essays on the Origins of Arab Nationalism* (Urbana: Univ. of Illinois Press, 1973), pp. 132, 140. Adeed Dawisha, *Arab Nationalism in the Twentieth Century: From Triumph to Despair* (Princeton: Princeton Univ. Press, 2003), pp. 25–27, 32–34. Bassam Tibi, *Arab Nationalism: Between Islam and the Nation-State* (New York: St. Martin's, 1997), pp. 102–4. Eliezer Tauber, *The Emergence of the Arab Movements* (London: Frank Cass, 1993), pp. 15–18. Zeine N. Zeine, *The Emergence of Arab Nationalism*, 3d ed. (Delmar, N. Y.: Caravan Books, 1973), pp. 45, 79, 106. See also George Antakly, “American Protestant Educational Missions: Their Influence on Syria and Arab Nationalism, 1820–1923” (Ph. D. diss., American Univ., 1976), pp. 111–12, 115, 120。

爆发了阿拉伯人对犹太复国主义的第一次反抗。

虽然新的犹太人定居点带来了更多的贸易和就业机会，巴勒斯坦阿拉伯人从中获益良多，但犹太移民人数的上升和土地购买量的增加却让他们日益忧心。1908 年 3 月，犹太人普珥节的一次公开庆祝活动在雅法引发了与阿拉伯旁观者的混战，愤怒情绪由此浮出水面。与此同时，在海法，编辑纳吉布・纳萨尔创办了一份名为《卡尔米尔》（*al-Karmil*）的新杂志，致力于揭露犹太复国主义的威胁。跟新近从希腊东正教皈依新教的纳萨尔一样，早期反对犹太复国主义的阿拉伯人大多是基督徒。他们中有不少人是在美国学校和叙利亚新教学院接受了民族主义观念。他们警告说，犹太复国主义不仅给巴勒斯坦的阿拉伯人也给整个阿拉伯民族带来了危险。

但阿拉伯穆斯林也开始对犹太复国主义者的挑战心存警惕。尤其是在巴勒斯坦，有着数百年历史的穆斯林群体担心与更广泛的伊斯兰民族隔绝，使自己沦为犹太国家中的一个二流少数民族。1914 年，一位名叫哈利勒・萨卡基尼的阿拉伯穆斯林在耶路撒冷写道："犹太人……［对巴勒斯坦的］权利随着时间的推移而消亡；我们的权利却依然存在，且是不可动摇的。如果阿拉伯民族的民族感情被唤起，犹太人会怎么做？他们会怎样反抗［阿拉伯人］呢？"

随着战争在该地区肆虐，巴勒斯坦乃至整个阿拉伯中东的未来将成为阿拉伯民族主义思想家们关注的焦点。总体而言，阿拉伯穆斯林普遍积极响应了土耳其宫廷的圣战号召，数千人入土耳其军队服役。尽管英国人设法引发了阿拉伯人对土耳其的反抗，并召集了许多民族主义者支持其事业，但实际上，引发这场反叛的与其说是阿拉伯主义，不如说是复兴一个独立于西化土耳其人的纯粹的阿拉伯哈里发政权的愿望。起义的领导者、哈希姆部落的首领、麦加的守护者谢里夫・侯赛因相信，阿拉伯人只能团结在伊斯兰教而不是什么种族或文化的旗号下。①

阿拉伯民族主义虽然注定要成为中东地区的一股结构性力量，但在第一次世界大战前的几年里，仍处于初级阶段。这一运动在很大程度上局限于阿拉伯社会的边缘，并遭到土耳其人的无情镇压。然而，第一次世界大战为阿拉伯民族主义激动人心的蓬勃发展打下了基础。虽然这些准备工作大部分发生在中东，但也有相当一部分是由受鼓舞的阿拉伯裔美国人在美国负责的。

先知与法官 1880 年至 1914 年间，大约有 10 万名讲阿拉伯语的人抵达美国，他们主要定居在东北部，但也在南方各州建立了一些较小的社区。这些人大多从叙利亚迁来，但也有从安纳托利亚南部、巴勒斯坦和埃及移民过来的，其原因不外乎摆脱宗教迫害或逃离饥荒。他们中大约 90%的人是基督徒，其中很多是小贩，把各种家庭生活必需品——器皿、丝线、火柴、蜡烛——带到了美国偏远的城市和乡村。他们长途跋涉、千里迢迢而来，对自己的新家园形成了某种浪漫观念，一如美国人传统上对中东怀有的想象。“希望之地……知足之地…自由之地……人们梦想成真的地方。”其中一位叫萨洛姆·里茨克的人回忆道，“我可以看到美国……从我的无知中若隐若现，冲向它广阔的大陆海岸……冲破我内心的迷雾。”

移民们可能很乐意离开麻烦缠身的中东，去寻求美国的和平与机遇，但他们仍然忠于自己的母语和文化。在这些阿拉伯裔美国人中，

① Neville Mandel, *The Arabs and Zionism before World War I* (Berkeley: Univ. of California Press, 1976), pp. 42–55, 85–86, 211–12 (“The Jews' . . . right”). Mary C. Wilson, “The Hashemites, the Arab Revolt, and Arab Nationalism,” in Khalidi, *Origins of Arab Nationalism*, pp. 205, 219. Dawisha, *Arab Nationalism*, p. 34. Muhammad Y. Muslih, *The Origins of Palestinian Nationalism* (New York: Columbia Univ. Press, 1988), pp. 54–60, 67, 79, 87.

许多人曾在强调阿拉伯语教学的教会学校接受教育，或者曾受益于传教士编写的阿拉伯语教科书和词典。早在1892年，纽约就有了第一份阿拉伯语报纸——《美国之星》(*Kawkab Amerika*)，到第一次世界大战结束时，已有9份阿拉伯语期刊在流通。与此同时，美国的几个城市也涌现出了一些文学社团，它们成为先锋派阿拉伯诗人、散文家和剧作家的实验室。

在这些人中，最著名者当属纪伯伦·哈利勒·纪伯伦。纪伯伦是一名来自黎巴嫩北部的蓄着唇髭的马龙派教徒，他生性安静、身材瘦弱，1895年时定居于波士顿贫困的南端。返回黎巴嫩完成阿拉伯语教育后，纪伯伦在战争期间重返美国，成为阿拉伯解放运动的积极分子。他呼吁阿拉伯基督徒与穆斯林携起手来，武装反抗土耳其统治，他想知道，"在上帝面前，十字架和新月还要分开多久?"然而，是他的诗歌而不是其政治理念，使他在他的第二故乡声名鹊起。波士顿社交圈热情欢迎他，认为其作品中的抽象意象包含了对爱、自然和上帝的深刻见解。然而，在探寻其诗歌深奥的含义时，读者往往忽略了贯穿其中的民族认同和对独立的渴望这两大主题。纪伯伦在其经典史诗《先知》(*the Prophet*)中宣称："自由一旦失去了枷锁，自身就会成为更大自由的枷锁。"①

---

① Alixa Naff, *The Arab Americans* (Philadelphia: Chelsea House, 1999), pp. 14, 33. Alixa Naff, "Arabs in America: A Historical Overview," in Sameer Abraham, ed., *Arabs in the New World: Studies in Arab-American Communities* (Detroit: Wayne State Univ., 1983), pp. 9-10, 13-19. Philip Keyal and Joseph Keyal, *The Syrian-Lebanese in America* (Boston: Twayne, 1975), pp. 34, 41, 63, 66, 82. Salom Rizk, *Syrian Yankee* (Garden City, N. Y.: Doubleday, Doran, 1943), p. 71 ("I could see America").由于在波士顿一所文法学校拼错了自己的名字，哈利勒(Khalil)·纪伯伦的名字有时被译成卡里尔(Kahlil)·纪伯伦。参见："Khalil the Heretic" in Gregory Orfalea, ed., *Grape Leaves: A Century of Arab American Poetry* (Salt Lake City: Univ. of Utah Press, 1988), pp. 24-25. Gibran Khalil Gibran, *The Prophet* (New York: Knopf, 1952), pp. 48-49。欲了解更多信息，请访问纪伯伦的网站，http://leb.net/gibran/。

纪伯伦的好友兼偶尔的文学合作者阿梅恩·里哈尼，在艺术上可能没那么受欢迎，但事实证明他在政治上更有影响力。与纪伯伦一样，他也是一名黎巴嫩马龙派教徒，12 岁时与家人一起移居美国，但很快就返回贝鲁特以完成自己的阿拉伯语教育。被华盛顿·欧文的《阿尔罕布拉》（它对西班牙穆斯林有神秘的召唤作用）打动，里哈尼渴望创作一种将阿拉伯文化与西方文化融合在一起的文学。"把西方的活力带到东方，把东方的宁静带到西方。"他勉励进出纽约港的船只道，"要给埃及和叙利亚带去丰富的工程科学知识，并把阿拉伯的大量高贵品质带到这里。"和纪伯伦一样，里哈尼也热爱自由，尤其爱叙利亚新教学院灌输的"美国自由精神"。"在叙利亚所有鼓励这种崇高精神观点的教育机构中……贝鲁特的美国学院首屈一指。"

肤色黝黑、干净利落的里哈尼是一位魅力四射的演说家，他在阿拉伯裔美国观众面前宣告了他对新世界自由的热爱，敦促他们帮助他们的中东家园实现这些自由。他解释道："在一个……公民自由尚未实现的地方，人们可以在安全距离外更好地报效国家。"然而，里哈尼寻求的并不是安全，因为随着美国加入第一次世界大战，他勉励所有中东移民志愿参战。他在给西奥多·罗斯福的一封信中宣称："我们的首要责任是忠于接纳我们的国家，其政治理想将成为世界上每个国家的理想。"随后又加了一句："我从未像今天这样为自己身为一名美国公民而感到自豪。"然而，事实证明，里哈尼的自豪有时过于热情且危险。这位作家在试图于墨西哥招募叙利亚和黎巴嫩移民加入美国军队时遭到逮捕，并被驱逐出境。

里哈尼对美国的热爱与他对阿拉伯世界的崇拜密不可分，但他也会毫不留情地批评阿拉伯世界的缺点。在他看来，无知、宗派争斗和宗教狂热都是中东特有的弊病。霍华德·布利斯听了里哈尼的批评后斥责他："真是不幸啊，当最优秀的人在为……帝国的利益团结一心的时候，你竟然影射伊斯兰教的缺陷。"但是，里哈尼的批评只是针对阿拉伯社会中他认为需要彻底变革的那些方面。这些变革未来会受到一些本土运动及仁慈的美国的影响，奇怪的是，瓦哈比主义就是本土运动之一，里哈尼称它"证明了阿拉伯人的精神、自由主义抱负和宗教信仰的弹性"。"美国的声音……注定要成为世界之声。"

里哈尼所设想的阿拉伯人民的转变将会遇到无数阻碍。其中最难以逾越的是1917年11月《贝尔福宣言》的发表。他笑着说："应许之地确实变成了一片有太多许诺的地方。"里哈尼将巴勒斯坦的"土生土长的犹太人"与欧洲的犹太复国主义者区分开来，他认为前者是阿拉伯人，后者本质上是反动派，"一心想回到……前罗马时代"。他建议来自俄国的犹太难民不要去巴勒斯坦，而是搬去得克萨斯，那里更大、更空旷，他们可以在那里重新定居——里哈尼打趣道——"而不会损害现有非犹太社区的公民权利和宗教权利"。

在接下来的一个月，出现了毁灭性不亚于《贝尔福宣言》的打击。布尔什维克政府在莫斯科夺取政权并与德国单独签署停战协议后采取了一系列行动，其中之一就是公布了协约国关于奥斯曼帝国的秘密协议。全世界突然意识到，这些大国计划重新瓜分中东，而英国建立一个独立的阿拉伯国家的诱人承诺——作为阿拉伯人起义的交换条件——是完全没有依据的。这一发现对整个中东地区的阿拉伯民族主义者来说是毁灭性的，对里哈尼来说则是极其痛苦的。他那建立一个强大而统一的阿拉伯国家的愿景，突然被"一个由美国人的钱和英国的刺刀支撑的帝国梦"所取代。里哈尼警告说，如果阿拉伯人被剥夺自由，将会带来灾难性的后果——在国内政治压力和不断扩大的中东利益之间左右为难的美国可能会被拖入叛乱和战争之中。[1]

里哈尼从阿拉伯人的角度回答了布兰代斯这位充满活力的知识分子，正是后者调动了美国的道德力量来推进其民族主义理念。里哈尼与布兰代斯拥有同样的世俗观念，都致力于在中东传播美国的公民信仰。他们都不认为忠于美国与倡导民族独立之间存在任何矛盾。布兰代斯有着自己的政治关系、强大的组织基础以及可能拥有的数百万美国犹太人群体，然而与他不同的是，里哈尼几乎与权力无缘，也几乎没有追随者，无论是具体的还是潜在的。尽管如此，阿拉伯民族主义已经开始吸引美国政府内外有影响力的同情者。

豪斯上校在日记中坦言："我对阿拉伯人怀有一种亲切之感，只要他们是对的，我就会用自己的影响力助他们一臂之力。"然而，总统的顾问并不是唯一一个同情阿拉伯政治目标的人。一小部分在颇有政治影响力的实业家——尤其是石油商——担心英法的竞争，也希望美国和阿拉伯民族主义之间结成互利互惠的联盟。美国国务院的野心家们——其中许多人是传播阿拉伯民族主义的美国传教士的后裔——现在加入了在中东工作的福音传教士的行列，把阿拉伯主义描绘为美国的长期利益所在。商业、外交和宗教利益这种新的且越来越有影响力的融合，查尔斯·克莱恩就是一个范例，他是企业家和慈善家，后

① The Ameen Rihani Papers: From an unpublished manuscript, pp. 76 ("other educational institutions"), 111 ("proof of the aptitude"), 115 ("American spirit"), Bliss to Rihani, March 12, 1913 ("It was unfortunate"). Nada Najjar, "The Space In-between: The Ambivalence of Early Arab-American Writers" (Ph. D. diss., Univ. of Toledo, 1999), pp. 77, 96, 123, 126 ("Carry to the East"). *Theodore Roosevelt Papers*: Rihani to Roosevelt, April 20, 1917. Ameen Rihani, *The Path of Vision* (Beirut: Rihani House, 1970), pp. 97 ("in a land where"), 124 ("The voice of America"). Ameen Rihani, "Palestine and the Proposed Arab Federation," *Annals of the American Academy of Political and Social Science* 164 (Nov. 1932): 66 ("The Land of Promise"). Ameen Rihani, *The Fate of Palestine* (Beirut: Rihani House, 1967), pp. 25, 37, 80, 85 ("without prejudicing"). See also Suheil B. Bushrui, *The Thoughts and Works of Ameen Rihani*, http://www.alhewar.com/Bushrui_Rihani.html.

来成为阿拉伯人在美国的杰出代表。

克莱恩1888年出生于芝加哥，是一名卫浴设备巨头之子。他很快厌倦了家族生意，转而对亚洲产生了终生的迷恋。他也是一名虔诚的教徒，是长老会的忠实成员。对克莱恩来说，这两大兴趣集中在了中东身上，他任职于罗伯茨学院和君士坦丁堡女子学院的董事会，并为新的传教活动提供资金。长着一张娃娃脸的克莱恩喜欢内省，这一点可以从《时代》杂志上他那幅正若有所思地玩着单人纸牌游戏的肖像看出来；可实际上，此人在政治上相当老谋深算。他在1909年支持共和党人塔夫脱竞选总统，4年后，他又成为威尔逊最慷慨的捐款人之一。他的儿子理查德则是罗伯特·兰辛的私人秘书。

克莱恩也是阿拉伯独立运动的早期倡导者，并于1914年挑了一些美国大学赞助了一系列关于阿拉伯历史和文化的讲座。如果说布兰代斯将犹太复国主义者视为辛勤工作的朝圣者、殖民者的化身，那么克莱恩则认同美国人对阿拉伯人的普遍印象，即阿拉伯人热爱自由，抨击激进主义，是“沙漠中的一神论者”。他是多位阿拉伯知识分子的赞助人，这些人中既有穆斯林也有基督徒，包括著名的历史学家乔治·安东尼乌斯。安东尼乌斯未来会将自己对阿拉伯民族主义运动的开创性研究成果《阿拉伯觉醒》献给“查尔斯·克莱恩，他被贴切地称为哈伦·拉希德”，即《一千零一夜》中那个杰出的哈里发。

克莱恩对阿拉伯人的钦佩与他对犹太复国主义和犹太人的反感不相上下。与19世纪美国传教活动的赞助者不同，克莱恩对复原主义毫无热情，对他所认为的“……咄咄逼人的现代犹太人……的威胁”不屑一顾。克莱恩替沙皇的反犹太大屠杀说话，崇拜亨利·福特对“国际犹太人”的暴行，他认为“反犹分子”一词是一种“荣誉称号”。尽管克莱恩被提名为美国驻中国大使，但由于他对犹太人如此明目张胆地仇恨，塔夫脱总统不得不撤销了这一任命。①

然而，反犹主义在这一时期的阿拉伯民族主义思想中并不突出。相反，该运动的积极分子经常不遗余力地表达他们与中东犹太人的友爱之情，甚至有时会表现出与犹太复国主义者共存的意愿。1918 年 10 月 30 日，当土耳其最终投降时，至少有 100 名来自巴格达的犹太人与阿拉伯起义者并肩作战，共同庆祝胜利。

一个月后，第一次世界大战结束，留给美国决策者一大堆战后难题。其中最棘手的就是与中东有关的问题。阿拉伯民族主义曾是一股无足轻重的政治力量，现在已不容再被忽视，犹太复国主义亦是如此。美国的盟友英法两国的合作对建立新的世界秩序至关重要，它们在中东也有诉求——影响深远的诉求。在维护美国的原则和利益的同时，调和所有这些同时存在且往往相互冲突的野心，是威尔逊在巴黎国际和会上面临的艰巨挑战。其他美国人——布兰代斯、法兰克福特、里哈尼和克莱恩——也会加入他的行列，在他们这个由法官和先知组成的队伍中，每个人的目标都是按照自己所属阵营的目标重塑该地区。然而，最终的决定权将继续属于威尔逊，这位总统也认为自己正处于《旧约》模式，既伸张正义又宣泄愤怒。

---

① Laurence Evans, *United States Policy and the Partition of Turkey, 1914 - 1924* (Baltimore: Johns Hopkins Press, 1965), pp. 122 ("I have a kindly"). Stuart Knee, "The King-Crane Commission of 1919: The Articulation of Political Anti-Zionism," in Gurrock, *American Jewish History*, pp. 182 - 88, 188 ("Unitarians of the desert"). Grabill, "Cleveland H. Dodge," p. 254. Kaplan, *Arabists*, p. 70 ("the menace"). Frank W. Brecher, *Reluctant Ally: United States Foreign Policy toward the Jews from Wilson to Roosevelt* (New York: Greenwood, 1991), p. 19. David Philipson, *My Life as an American Jew* (Cincinnati: John G. Kidd, 1941), pp. 173 - 74.

第二十一章

第一次中东和平进程

许多震撼当代中东的战争与革命，以及中东居民的梦想和失望，都可以追溯到1919年的巴黎和会及其最受鼓舞但最终被骗上当的参与者。

伍德罗·威尔逊来到巴黎，不仅带着他的总统简报，也带着许多个人的、神学的和意识形态的包袱。他曾反思过，认为“一个男孩永远无法摆脱他的童年，也永远无法改变那些已经成为他一部分的各种微妙影响”。威尔逊早年生活在内战后南方的废墟和贫困之中。这段记忆使他永远痛恨战争及其造成的破坏，并决心尽一切可能维护和平。与此同时，他的父亲和祖父都是长老会的牧师，他们向他灌输了一种信念，即人与人之间以及国家与国家之间需要基督教的团契精神，并让他明白实现这一目标是他的使命。后来，在青年时代穿越大不列颠的旅行中，威尔逊迷上了盎格鲁-撒克逊文明及其“思考世界”的能力。作为普林斯顿大学校长和新泽西州州长，他对美国正义的信心促使他倡导一种基于共和党基本理念的积极外交政策。威尔逊认为，美国的使命是“带着良知和有利于良好行为的原则走到世界各个角落”，为世界带来民主和稳定。①

这些思想影响了威尔逊对战后秩序的概念，尤其是在将其应用于中东时。他同情该地区在战争中遭受痛苦的人民，认识到他们需要尊严和独立。为了帮助他们实现这些目标并维护世界和平，威尔逊设想建立一个国际联盟，一个盎格鲁-撒克逊价值观占主导地位的国际组织。从饥荒和种族灭绝的灰烬中脱身的中东，将以美国为榜样，在其第28任总统的支持下，涌现出一系列自由的、向西方看齐的国家。

但威尔逊带到巴黎的不仅有理想，也有他自己的偏见。他鄙视包括英国在内的一切形式的欧洲帝国主义；也对土耳其人表现出特别的厌恶。早在1889年，他就将奥斯曼帝国描述为“不正常的”，是“欧洲其他国家早已发展到穷途末路的粗陋政治形式的一个姗姗来迟的例子”。他认为，土耳其人是个“百依百顺的民族”，应该被“清除”出巴尔干半岛和西色雷斯。1912年，威尔逊对豪斯上校打包票，如果世界大战开打，“世上不会再有土耳其”。

在帝国主义和帝国主义的若干受害者都排斥的一些曲高和寡的原则的指引下，威尔逊带着有崇高想法但往往一团乱麻的脑子来到巴黎。一方面，他期待奥斯曼帝国的解体以及在其四分五裂的国土上建立独立国家。1918年1月，他向国会提交了他的《十四点计划》，其中第十二点向“现在正处于土耳其统治下的民族”承诺会给予他们“确定无疑的生命安全和绝对不受干扰的自主发展机会”。然而，还不到一年，威尔逊就对国务院表示，“美国坚信帮助整个土耳其帝国获

---

① 关于威尔逊外交起源的研究比比皆是，参见，e.g.，Thomas J. Knock, *To End All Wars: Woodrow Wilson and the Quest for a New World Order* (Princeton: Princeton Univ. Press, 1992), pp. 3 (“A boy never gets”), 14, 33, 77。August Heckscher, *Woodrow Wilson* (New York: Scribner, 1991), pp. 294, 434. Louis Auc-hincloss, *Woodrow Wilson* (New York: Penguin, 2000), pp. 74, 92. Arthur Walworth, *Woodrow Wilson* (New York: Norton, 1978), pp. 343, 344 (“go to the ends”), 345 (“do the thinking”). Ray Stannard Baker, *Woodrow Wilson: Life and Letters, 1856 - 1890* (Garden City, N. Y.: Doubleday, 1927), pp. 49, 211, 312. Lloyd E. Ambrosius, *Woodrow Wilson and the American Diplomatic Tradition* (Cambridge: Cambridge Univ. Press, 1987), pp. 1 - 2, 9. Cooper, *Warrior and the Priest*, pp. 15, 273, 323. David M. Kennedy, “What ‘W’ Owes to ‘WW,’” *Atlantic Monthly*, March 2005, p. 36。

得好政府和现代文明的好处多多”，并且“这一立场是无懈可击的”。此外，总统从未具体说明，在中东形形色色的人民中，哪些应该享有自决权以及如何实现这一权利。除了在《圣经》中读到的东西，他对这个地区的地理、文化和传统都知之甚少。[①]

在巴黎和会召开的6个月前担任助理战争部长的《新共和》前编辑沃尔特·李普曼认为，威尔逊对中东未来的困惑表现得已很明显。在1918年5月的一份内部备忘录中，李普曼警告说，美国有可能“赢得一场战争却失去和平”，除非它找到调和威尔逊为中东制订的相互冲突的计划所必需的那种“绝对的、惊人的天才”。鉴于他的警告，政府成立了一个代号为“调查”的秘密工作组，总部设在纽约公共图书馆。100多名学者被征召而来，他们分别是工程、埃及古物学和美洲原住民文化等领域的领军人物。然而，这些人中无一人是中东问题专家。相反，在制订该地区的计划时，“调查”组的“专家们”查阅了各种百科全书、旅行手册和传教士手册——唯独没有阿拉伯语和土耳其语资料。该组织中的其他人则各有各的打算。例如，美国公理会差会秘书詹姆斯·巴顿提议将整个奥斯曼帝国置于美国的庇护之下，由传教士学校和大学向其提供灵性和伦理方面的指导。

尽管如此，“调查”组设计出了许多后来在中东践行的概念。其中大部分出自威廉·威斯特曼辛勤领导下的该项目西亚分部，此人是威斯康星大学古代史方向的杰出教授。威斯特曼认为，应该把欧洲对中东的秘密计划“扔进废纸篓”，美国应该出来带头重组整个地区。

① *FRUS*, 1919, Paris Peace Conference Papers, vol. 5: Proceedings, April 21, 1919, p. 107; May 13, 1919, p. 584 (“docile people”); vol. 6: June 25, 1919, p. 676 (“cleared out”). *Intimate Papers of Colonel House*, vol. 1: Diary entry for Dec. 18, 1912, p. 96 (“There ain't going”). Harley Notter, *The Origins of the Foreign Policy of Woodrow Wilson* (Baltimore: Johns Hopkins Press, 1937), p. 46 (“abnormal”). Walworth, *Woodrow Wilson*, p. 497 (“America believes in helping”).

这样一来，土耳其安纳托利亚将继续作为一个独立的实体存在，而且还有安排给伊斯坦布尔、达达尼尔海峡和新成立的亚美尼亚国的各种国际管理机构。为了把叙利亚和美索不达米亚的部落人民团结为有凝聚力的国家并保障宗教自由，外国监护也是必要的。巴勒斯坦将留给犹太人。“这是他们重要种族的摇篮和家园，这个种族为人类做出了巨大的精神贡献；这也是他们唯一有望找到自己家园的地方。”不过，“调查”组也认识到必须确保该地区非犹太人的权利，还有那里潜藏着的“狂热主义和棘手的宗教分歧”，因而建议将巴勒斯坦也置于西方监管之下——最好是英国。①

1918 年 11 月，也就是停战协定签署的那个月，“调查”组将其对中东的建议汇集在了一份名为《土耳其帝国公正和实际的边界》的报告中。然而，威尔逊选择不与他的盟友分享其中内容。其结果是总统政策的不确定性更令人捉摸不透了。对英国和法国来说，它们似乎更关心的不是对土耳其侵略的惩罚，而是拒绝让战胜者得到它们来之不易的战利品。同样，早就和总统闹翻的兰辛以及即将与总统决裂的豪斯上校，充其量只能含含糊糊地理解威尔逊实施民族自决原则的计划。“叙利亚和巴勒斯坦的伊斯兰教徒，也许还有摩洛哥和的黎波里的伊斯兰教徒，不会依赖它吗?”国务卿反复思忖道，“而且，它又如何能与总统实际上致力于的犹太复国主义相协调?”

另一方面，该地区人民——阿拉伯人、犹太人、亚美尼亚人、库

---

① *FRUS*, 1919, Paris Peace Conference, vol. 1: Excerpt from “The Inquiry,” Dec. 22, 1917, p. 52; Lippmann to the Secretary of War, May 16, 1918, pp. 97 – 98. Manuel, *Realities*, pp. 212, 213 – 14. William L. Westermann Paris Peace Conference Diaries, entry for Dec. 29, 1918, p. 14 (“thrown in the waste”). Lawrence E. Gelfand, *The Inquiry: American Preparations for Peace, 1917 – 1919* (New Haven: Yale Univ. Press, 1963), pp. 227, 231 – 32, 244, 248 – 49, 255 (“fanaticism and bitter”), 256 (“It was the cradle”). Taner Akçam, *A Shameful Act: The Armenian Genocide and the Question of Turkish Responsibility* (New York: Metropolitan Books, 2006), pp. 227 – 30.

尔德人甚至土耳其人——却都对《十四点计划》欣喜若狂，并对其作者感激不已。埃及民族主义领袖萨义德·扎格卢勒向威尔逊致敬，称："没有人……比你［更］强烈地感受到一个新时代诞生的喜悦之情，由于你气概不凡的行动，这一新时代很快……将向全世界传播和平的益处。"[①] 威尔逊被西方大部分人视为有潜在危险的梦想家，被中东大部分人视为救世主，但他看上去既不像梦想家也不像救世主，而更像是一名教士——戴着高顶丝质礼帽、眼镜，言行刻板——这就是动身前往巴黎参加和平谈判的威尔逊。

一战的大战利品

威尔逊于1918年12月12日抵达巴黎，作为第一位在任期内出访西半球以外地区的美国总统，他受到了盛大的欢迎。然而，欢迎的人群只是掩盖了会谈中等待他的多重危险。尽管法国和英国曾公开承诺将"彻底、切实地解放长期受土耳其人压迫的人民"，并"建立国民政府……其权威来自……本土居民的自由选择"，但这两个大国对中东仍有保密的帝国主义计划。英国首相劳合·乔治渴望将英帝国的版图从埃及扩展到波斯湾，并利用美国作为抵御法国和俄国入侵的堡垒。他的法国对手是诡计多端、报复心强的乔治·克里孟梭，此人决心把叙利亚留给法国，并将巴勒斯坦置于一个国际管治之下。两位领导人都赞成安纳托利亚的分治，给意大利人和希腊人各留了一份，土耳其人毫无插手余地。法国高级外交官让·朱塞朗问兰辛："由协约国决定……前奥斯曼帝国的命运，而不用费事与该帝国谈判，难道不

① Manuel, *Realities*, p. 217 ("Will not the Mohammedans"). George Noble, "The Voice of Egypt," *Nation* 110, no. 2844 (Jan. 3, 1920): 862 ("No people").

是更好吗?”英国还反对就波斯问题或英国在埃及的保护国统治问题进行任何讨论，美国认为波斯是一个中立国家，但英国却将其纳入自己的专属利益范围。用威斯特曼教授的话说，在会议的大多数参与者看来，中东仍是个“大战利品”。

然而，威尔逊决意反对任何大规模掠夺中东的行为。“美国打算完全无视这些［欧洲］协议，”他读着其中一条指导方针，“除非它们碰巧包含了一些我们认为公正和适当的特定条款。”总统还决心维护美国在该地区的经济和文化利益，但不承担额外的政治和军事责任。

乍一看，威尔逊总统实现这些目标的能力似乎不可小觑。他所在的国家是唯一一个没有在战争中消耗元气的，还拥有一支毫发未损的百万大军。但是，这种优势在中东被削弱了，那里除了犹太军团的几百名志愿者之外，就再无美国军队了。“我们没有向土耳其宣战，”威斯特曼回忆道，“我们一直是……局外人，无力影响谈判的实际进程，也无力在所做的决定上打上我们国家的印记。”相比之下，约有 20 万英国士兵如今占领着从巴格达到大马士革的中东战略城市，并控制着安纳托利亚西部。外表顽皮但厚颜无耻的劳合·乔治吹嘘道：“其他几国的政府只是派了几个黑人警察来确保我们没有盗窃圣墓!”威尔逊原本希望通过参战获得参与和平会议的资格，而不必“从门缝里喊话”，但在中东，他选择保护美国传教士而不是展示美国的力量，于是这扇门仍然令人沮丧地关闭着。①

---

① *FRUS*, 1919, Paris Peace Conference, vol. 1: Jusserand to Lansing, Nov. 29, 1918, p. 367. *Papers of Woodrow Wilson*, vol. 47: Memorandum by William Westermann, April 17, 1919, p. 443 (“the great loot”). Link, *Wilson*, p. 414 (“call through a crack”). Margaret MacMillan, *Paris 1919: Six Months That Changed the World* (New York: Random House, 2002), pp. 30 - 32, 386 (“the complete and definite”). Edward House, ed., *What Really Happened at Paris* (New York: Scribner, 1921), pp. 178 - 79 (“Not having declared”). Fromkin, *Peace to End All Peace*, pp. 373 (“The other governments”).

1919 年 1 月 30 日，当会议最终讨论奥斯曼帝国的问题时，美国暴露了它在中东事务上相对软弱的一面。欧洲协约国集团拒绝将威尔逊理解的自决原则应用于该地区，也拒绝放弃对大片领土的主张。威尔逊指责这些大国试图吞并中东，并以此破坏他设想的国际联盟。“尽管……有关于解放被压迫民族的舆论宣传，”此时身为威尔逊顾问之一的威廉·耶鲁挖苦道，“但英国人与法国人……其实只为自己在近东的利益忙活。”法国前殖民部长加斯顿·多梅尔格欣然证实了这一指控，并高声宣布：“美国就是块儿绊脚石！”

当精瘦的南非政治家扬·史末资（同时也是“全盘”和“种族隔离”这两个词的发明者）想出“委任统治”这一概念时，僵局适时地被打破了。根据这一概念，国际联盟将把对前敌国领土的控制权授予各大国，这将使其人民做好自治的准备。这一想法与“调查”组对中东未来的建议密切吻合，并吸引了渴望在开明和国际认可的幌子下获得殖民地的欧洲官员。

随后，由十个协约国代表组成的理事会最终以投票的方式决定对亚美尼亚、叙利亚、美索不达米亚、巴勒斯坦和阿拉伯实行委任统治。不过，没有几个人考虑这些委任统治权如何分配，更别提考虑当地人民是否需要这些委任统治了。英国仍急于让法国人远离苏伊士运河，让新生的苏联政权完全退出中东，因而希望美国成为叙利亚和亚美尼亚的委任统治当局。英国新任外交大臣寇松勋爵建议道：“我们应该尽其所能地发挥自决的作用，因为我们深知，我们比任何国家都更有可能从中受益。”威尔逊的首席军事顾问、陆军上将、语言学家、颇有成就的外交家塔斯克·布利斯跟寇松勋爵一样愤世嫉俗，他说：“我估摸着，凡是有油井、金矿的托管区，英国就会想方设法弄到手，而美国就会被要求接手所有可能只剩下石头堆和沙堆的地方。”

然而，对威尔逊来说，考虑美国实行委任统治的问题是没有实际意义的。虽然他个人对管理亚美尼亚的建议很感兴趣，因为美国人在此有大量的文化投资，但他怀疑他的大多数同胞不会同意。他说："我想不出还有什么比在亚洲承担军事责任更让美国人民不愿意接受的了。"威尔逊解释说，是否着手进行这样一项大任务，不能由一人决定，甚至连总统也不行，而只能由参议院决定。尽管如此，协约国仍然在这个问题上继续向威尔逊施压，只是为了两厢对比，让大家知道美国不愿接受在中东实行委任统治，欧洲却是愿意挑起这些担子呢。①

在努力应对协约国的要求时，威尔逊受到了美国的宗教和种族利益团体的大力游说。其中组织得最好的是犹太复国主义者，他们一直在紧锣密鼓地游说，以支持他们所说的巴勒斯坦的"犹太联邦(Jewish Commonwealth)"，它在他们心目中虽然算不上是个国家，但已不仅仅是个民族家园了。犹太复国主义者认为，随着每年8万犹太移民的涌入，这个联邦将很快能够代表巴勒斯坦的大多数居民，从而符合威尔逊的自决标准。

这个论点说服了许多与会者，包括谢里夫·侯赛因之子、阿拉伯起义的指挥官费萨尔，尽管这听起来实在不可思议。在巴黎郊外的别墅拜访该埃米尔②时，费利克斯·法兰克福特向费萨尔保证，犹太人无意剥夺阿拉伯人的民族权利，犹太复国主义和阿拉伯民族主义这两

① Grose, *Israel in the Mind*, p. 84 ("In spite of"). MacMillan, *Paris 1919*, p. 386 ("knowing in the bottom" and "The obstacle is"). Frederick Palmer, *Bliss, Peace-maker* (New York: Dodd, Mead, 1934), p. 418 ("Wherever a mandate"). *FRUS*, 1919, Paris Peace Conference, vol. 3: Proceedings, Jan. 30, 1919, p. 807 ("I can think of"). 史末资展望了A、B、C三种类型的授权，其中A型是针对那些最跃跃欲试要独立的领土。所有的中东任务都是A型的。参见 F. S. Crafford, *Jan Smuts: A Biography* (Garden City. N. Y.: Doubleday, Doran, 1943), p. 148. H. C. Armstrong, *Grey Steel* (London: Arthur Barker, 1937), p. 316。

② 该词源于阿拉伯语，原意为"受命者""掌权者"，是伊斯兰教国家对上层统治者、王公、军事长官的称呼。——译者

个运动可以和平共处，实现互利。“我在这里很少能见到这位阿拉伯王子。”身材矮小的法兰克福特回忆道，他还留意到王子是如何优雅地为他端上咖啡的。已然被阿拉伯人的热情好客取悦的法兰克福特，听到费萨尔称赞犹太人是“种族上的表亲”并祝愿他们“荣归故里”时，更是激动不已。埃米尔对犹太复国主义者的抱负表达了“最深切的同情”，将其描述为“温和而恰当的”，是“民族主义而非帝国主义”。他总结说，叙利亚足够大，可以容纳犹太复国主义和阿拉伯民族主义。“的确，我认为没有另一方的话，两者都不可能取得真正的成功。”

费萨尔后来否认做过这些声明，但他对这一犹太复国主义个案的贡献是否认不了的。这位面容严肃、有王者风范、身着传统阿拉伯长袍的费萨尔，在巴黎会议上也受到了支持阿拉伯立场的美国人的尊敬。听着这位举止风度“让人想到沙漠的平静和安宁”的“古代先知和……穆斯林骑士”讲话，习惯性守口如瓶的兰辛陷入了美国中东旅行者早已熟稔的遐想。“他的声音似乎散发着乳香的芬芳，让人联想起五颜六色的长沙发、绿色的头巾和闪闪发光的黄金与珠宝。”费萨尔声称，有10万阿拉伯人参加了他领导的起义——耶鲁估计人数接近2000——并预言阿拉伯村民总有一日会竖起雕像向美国致敬。不过，这种夸张言辞只是强化了这位哈希姆①王子向美国人施展的魅力。第一夫人伊迪丝·威尔逊评价王子“长得惊人地像……画像上的基督”，甚至连“调查”组中的北欧学者、以古板著称的威廉·威斯特曼也大为震惊。“伟大的费萨尔!”这位历史学家惊呼，“我要皈依!”

兰辛和威斯特曼为犹太复国主义者在巴黎的影响提供了令人敬畏

① Hashemite，哈希姆家族是伊斯兰教复兴人穆罕默德的后裔繁衍而成，近代曾统治过汉志王国、伊拉克，至今仍统治着约旦。——译者

的制衡力量，但他们并不是仅有的声音。美国代表团收到了大量谴责建立犹太联邦的信件，既有来自美国阿拉伯人的，也有来自美国犹太人的，包括正统教派和改革教派的。亨利·摩根索提交了一份由299名“杰出的美国犹太人”签名的请愿书，谴责犹太复国主义是企图诋毁他们对美国的忠诚。然而，对犹太复国主义运动最严重的打击，却是来自美国公众中原先最迷恋犹太国家理念的那部分人。耶路撒冷牧师兼领事奥蒂斯·格雷泽布鲁克警告说：“穆斯林和基督徒反对给予巴勒斯坦的犹太人任何特权，这种情绪是真实的、强烈的、普遍的。”他在战争开始时曾对犹太人表示同情，而他现在所说的话引起了他的反犹太复国主义的前任塞拉·梅里尔的共鸣。格雷泽布鲁克预言，俄国犹太人将把布尔什维克主义带到巴勒斯坦，讲意第绪语的犹太人是亲德的。“耶路撒冷将很快局势恶化——纳布卢斯和希伯伦都将成为危险之地。”

格雷泽布鲁克属于亨利·杰瑟普和丹尼尔·布利斯等几代传教士的追随者，这些传教士为了使阿拉伯人改变信仰而冒险来到中东，但最终自己却皈依了阿拉伯主义。随着阿拉伯民族主义的目标与犹太复国主义的目标逐渐分离乃至对立，传教士和犹太复国主义者之间的最终决裂变得势不可当。最出人意料的分裂发生在2月13日，当时霍华德·布利斯出现在十人理事会面前。

69岁的布利斯又高又瘦，留着披肩银发，像一尊神的雕塑，他满怀热情地为阿拉伯人发声祈求。“他们聪明、能干、好客又活泼，却也有长期受压迫民族的明显缺陷：胆怯、爱奉承、不坦率。”布利斯这样评判阿拉伯人，但随后又向听者保证，只要假以时日，再加上恰当的引导，叙利亚的阿拉伯居民将“拥有自决和独立的能力”。他敦促代表们询问阿拉伯人是赞成外国的统治还是自治。布利斯大胆地表示，他们可能更倾向于建立一个由美国保护的包括巴勒斯坦在内的自由叙利亚。①

不过，威尔逊没有时间考虑布利斯的提议。第二天，这位准和平缔造者就手握国际联盟的一份盟约草案启程回了美国。等待他的是一群势力强大的反对美国加入国联的参议员。亨利·卡伯特·洛奇和许多曾坚持认为美国应干预土耳其战争的参议员，现在都希望美国从与解决冲突的任何事情中抽身出来。洛奇和他的同事们担心国联将削弱美国的主权，并将美国的安全抵押给一批不民主的小公国集团。

反对威尔逊的人特别热衷于中东问题。多年来，媒体对亚美尼亚大屠杀和其他暴行的报道，加深了公众对土耳其和伊斯兰教的传统仇恨。亨利·摩根索愤怒地说："只要《古兰经》将谋杀行为视为穆罕默德宗教的一部分，就不能允许穆斯林统治基督徒或犹太人。"受人尊敬的贵族小说家伊迪丝·沃顿在战争期间访问过中东，并发表了言辞严厉的报道。她写道："在伊斯兰教中，除了人类惰性的遗留，再无别的永恒之物"，她指责整个中东，"从波斯到摩洛哥"都建立在"奴隶制、一夫多妻制和对女性的隔离对待"的基础上。敌意的气氛进一步阻止了国会同意战后解决方案中涉及中东的部分或者接受任何有关中东的强制性责任。"我无法想象这些绅士怎么能既活在这个世

① *Felix Frankfurter Reminisces: Recorded in Talks with Harlan B. Phillips* (New York: Reynal, 1960), p. 156 ("Here was little me"). Joseph P. Lash, *From the Diaries of Felix Frankfurter* (New York: Norton, 1975), p. 26 ("cousins in race"). *FRUS*, 1919, Paris Peace Conference, vol. 3: Proceedings, Feb. 6, 1919, p. 891; Bliss Address to the Council of Ten on Feb. 13, 1919, pp. 1016 - 17; vol. 4: Proceedings, Feb. 27, 1919, p. 169 ("They are intelligent"). Walworth, *Woodrow Wilson*, p. 500 ("startling resemblance"). John Allen, "Inventing the Middle East," *On Wisconsin* (Winter 2004): 36 - 39. Paul C. Helmreich, *From Paris to Sèvres: The Partition of the Ottoman Empire at the Peace Conference of 1919 - 1920* (Columbus: Ohio State Univ. Press, 1974), p. 67. Robert Lansing, *The Big Four and Others of the Peace Conference* (Boston: Houghton Mifflin, 1921), pp. 163 - 64 ("ancient seer"), 169 ("His voice seemed"). Manuel, *Realities*, pp. 221 - 22, 229 ("prominent American Jews"), 234 - 35, 238 ("The opposition of the Moslems"), 257 ("Jerusalem will be").

界上，又对这个世界上发生的事置若罔闻。”威尔逊抗议道，“我们美国是唯一一个这样的国家……它能够承担这一使命，并让世界其他国家相信我们这么做是真心诚意为之，而不是打算借机留在那里。”

1919年3月20日，总统回到了巴黎，进入了另一个漩涡。在英国的支持下，费萨尔正谋求除黎巴嫩和巴勒斯坦的部分地区以外的整个阿拉伯半岛独立，而美国可能会对叙利亚实施委任统治。法国推出了自己的叙利亚代表，他们作证支持法国对他们国家的控制——兰辛在他们讲话的时候画着漫画，威尔逊则漫不经心地盯着窗外。“目前的土耳其帝国在解决方案中就像是由水银制的一样，”威尔逊在记录中写道，为中东的这种任人拿捏的状态感到懊恼，“奥地利……已经支离破碎……但土耳其帝国要被整体解决。”威尔逊说，为了征服叙利亚，法国人将不得不打垮费萨尔的10万大军，并冒着与英国发生冲突的风险。豪斯上校警告说，叙利亚和巴勒斯坦即将爆发“遍及全境的宗教和种族问题”。①

为了避免他所说的这种“绝境”，威尔逊采纳了霍华德·布利斯的建议，往叙利亚派了一个国际调查团进行实地走访，以确定当地居民的意愿。法国和英国表示同意，但前提是调查人员不仅要走访叙利亚，还要踏足其他所有计划实行委任统治的地方。威尔逊接受了这个附带条件，但随后克里孟梭却表示只要英国兵还在占领叙利亚，法国就拒绝参与该计划；劳合·乔治则表示，如果法国抵制该调查，英国也会抵制。这就是巴黎和会上的阴谋诡计，最初的多边努力很快蜕变

① Helmreich, *From Paris to Sèvres*, pp. 22 (“So long as”), 67. Edith Wharton, *In Morocco* (New York: Scribner, 1920), pp. 79 (“Nothing endures in Islam”), 266 (“from Persia to Morocco”). Evans, *United States Policy*, p. 29. James Shotwell, *At the Paris Peace Conference* (New York: Macmillan, 1937), pp. 130 - 31, 176 - 78. Harry N. Howard, *The King-Crane Commission* (Beirut: Khayats, 1963), pp. 50 - 51 (“widespread trouble”). MacMillan, *Paris 1919*, pp. 152 - 53, 154 (“I cannot imagine”). Walworth, *Woodrow Wilson*, p. 492 (“America is the only”).

为美国的独家计划。

为实施这一计划，威尔逊任命了两个人，他声称他们“对中东一无所知”，因此可以提供客观的意见。这样的保证实在不应该说是天真。一位是亨利·丘吉尔·金博士，虽然目前是奥柏林学院的院长，但之前是受过培训的公理会牧师和前基督教青年会官员，曾在圣地广泛游历过。一位是阿拉伯民族主义的倡导者、自命为反犹主义者的查尔斯·克莱恩。威尔逊说克莱恩“经验丰富、见多识广”。代表团成员还包括威廉·耶鲁——他对犹太复国主义和欧洲对中东的设计的保留意见是有据可查的——以及罗伯特学院的阿尔伯特·利拜尔教授。

任命一个显然不利于欧洲和犹太复国主义在中东的目标的委员会，对威尔逊来说是个颇为奇怪的举动，因为尽管他有许多疑虑，但他此前是一直支持委任统治制度和《贝尔福宣言》的。只是如今传教士们抵制犹太复国主义、反对英帝国主义，这再次证明传教士们对威尔逊具有至关重要的影响力。总统现在坦承：“我们［协约国的］各政府……已向犹太人承诺，要在巴勒斯坦建立一个类似以色列的国家，而阿拉伯人却极力反对。”这种曾阻止威尔逊对土耳其发动战争的以信仰为导向的心态，如今让他站在了布利斯一边，寻求建立一个统一的阿拉伯叙利亚（包括巴勒斯坦）——也许在美国的委任统治下。

因此，该委员会吓坏了犹太复国主义者。法兰克福特称这是个“疯狂的想法”，是个“欺骗巴勒斯坦犹太人”的阴谋。法国人也很愤怒，固执地认为美国人“太过诚实，没法跟东方人打交道”。只有费萨尔兴高采烈。他说，布利斯是“近东一切好事的根源”，而拥有28个州的美国将成为未来阿拉伯联邦的保护者和榜样。他向威尔逊保证：“我有信心，当委员会访问叙利亚时，一定会看到一个由对美国的热爱和感激凝聚起来的国家。”为庆祝委员会即将取得的成功，这位阿拉伯王子第一次品尝了香槟。①

被遮蔽的美国的委员会黯然失色

然而，费萨尔的乐观毫无根据。关于指导方针的争论一再推迟了委员会的出发日期，同样，各协约国之间对安纳托利亚西部命运的争吵不休也拖住了它的脚步。为了力争对该地区的主权，意大利人于4月开始在地中海海岸上的安塔利亚附近登陆，这一举动激起了希腊人的效仿。威尔逊唤起了对美国古老的亲希腊传统以及士麦那希腊人争取自决的记忆，他与劳合·乔治和克里孟梭一起支持希腊对这座城市的要求。一支包括美国“亚利桑那号”军舰和4艘海军驱逐舰在内的协约国舰队陪着希腊入侵部队一起，迅速占领了士麦那，随后却将枪口转向了土耳其少数民族。“手无寸铁的老人和其他无辜的土耳其平民……被刀子或刺刀捅死，然后……被夺去贵重物品、剥光衣服后……扔进了海里。”“亚利桑那号”的船长约翰·D.麦克唐纳回忆说。土耳其士兵在经过激战后投降，在被游街示众后遭射杀。这座城市的美国居民被迫上驱逐舰避难，而美国海军陆战队为保卫各种美国机构再次冲上了岸。

这场战争始于个体美国人试图阻止穆斯林屠杀基督徒，却以基督

---

① *FRUS*, 1919, Paris Peace Conference, vol. 5: Proceedings, March 20, 1919, pp. 10 (“scrap”), 12; vol. 11: Minutes of Meeting, March 27, 1919, p. 133 (“knew nothing about”). Brecher, *Reluctant Ally*, pp. 19 - 20. Manuel, *Realities*, p. 245 (“a very experienced”). *Papers of Woodrow Wilson*: Feisal to Wilson, vol. 47: April 20, 1919, p. 525 (“I am confident”); vol. 48: Wilson Remark in Paris, May 3, 1919, p. 401 (“Our [Allied] governments”). *Felix Frankfurter Reminisces*, p. 151 (“A crazy idea”). Howard, *King-Crane Commission*, pp. 35, 37 (“is about to cheat”), 38 - 39, 44 - 45 (“too honest”). William L. Westermann Paris Peace Conference Diaries, entry for Jan. 12, 1919, pp. 19 (“the root of all good”), 24.

徒屠杀穆斯林而告终——美国一手促成了这场暴行，尽管是无意的。美国代表团成员的确对这一罪行深感厌恶，但法国和英国的部长们却很高兴终于有机会将美国的注意力从阿拉伯土地问题转移到土耳其身上。克里孟梭与劳合·乔治利用这一时机，重新讨论了美国对亚美尼亚和小亚细亚部分地区的委任统治问题。威尔逊仍然“全心全意地希望……这个国家能够同意我们对亚美尼亚实行委任统治”，但要求将对这个问题的最终讨论推迟到 6 月 27 日，以确保参议院有足够的时间做出决定。

随着会议的注意力聚焦到土耳其身上，协约国开始着手将中东分割为符合其预期的托管边界的被占敌方领土区域。法国将巴勒斯坦，包括今天的以色列和约旦，让给英国，拿它跟后来成为伊拉克的摩苏尔一起来换取自由处理叙利亚的权利。“我自己从来都看不出英、法两国有什么权利把这个国家随便交由任何人。”威尔逊抗议道。他誓不承认对这些领土的划分。然而，除了这样的言辞之外，美国在质疑诸大国对中东的主张或确定其居民的偏好方面仍然无所作为。金博士抱怨说，这“简直是丑闻”，因为他和其他被任命去调查叙利亚和其他阿拉伯省份局势的美国人还没有离开巴黎呢！① 最终，威尔逊点头

① Thomas Bailey, *Woodrow Wilson and the Great Betrayal* (New York: Macmillan, 1947), pp. 264 - 66. Justin McCarthy, *Death and Exile: The Ethnic Cleansing of Ottoman Muslims, 1821 - 1922* (Princeton: Darwin Press, 1995), p. 263 ("Old men, unarmed"). MacMillan, *Paris 1919*, pp. 349, 353 - 54. Fromkin, *Peace to End All Peace*, pp. 393 - 95. Howard M. Sachar, *The Emergence of the Middle East, 1914 - 1924* (New York: Knopf, 1969), p. 349. *FRUS*, 1919, Paris Peace Conference, vol. 5: Proceedings, May 14, 1919, p. 618; May 19, 1919, p. 708; May 22, 1919, p. 812. Grabill, *Protestant Diplomacy*, p. 260 ("with all my heart"). William L. Westermann Peace Conference Diaries, entry for May 22, 1919, p. 81. *Documents on British Foreign Policy*, 1919 - 1939, ed. Rohan Butler and J. P. T. Bury (London: Her Majesty's Stationery Office, 1963), vol. 13: Geddes to Curzon, May 11, 1919, pp. 70 - 71; Geddes to Curzon, May 19, 1919, p. 76. *Intimate Papers of Colonel House*, vol. 3: entry for May 20, 1919, p. 468 ("something of a scandal").

了，5月29日，即在成立三个多月后，协约国间委任统治问题委员会的美国分部在里昂火车站登上了前往布加勒斯特的火车，向中东进发。

在接下来的40天里，委员们访问了叙利亚和巴勒斯坦大约60个城镇和乡村。在征询公众意见时，他们没有采用正式的方法——没有使用问卷调查，也没有用公式来收集统计数据。金是一位身材瘦小而结实的学者，军人风度十足，"为了营造气氛"他随身携带了好几本书，其中包括中世纪波斯诗人奥马尔·海亚姆的《鲁拜集》（*Rubayait*）、沃尔特·斯科特爵士的十字军传奇之作《护身符》（*Talisman*）以及那部著名的《一千零一夜》。这些书以及从数百次居民访谈中收集到的印象，将成为委员会广泛而详尽的结论的基础，这些结论被证明脉络非常清晰。

克莱恩和金发现，"该地区的人民几乎众口一词地支持一个统一的叙利亚，支持其完全独立"。除了马龙派教徒及其数百年来对法国的忠诚外，其他所有被询问的人，包括逊尼派、德鲁兹派、东正教和新教基督徒以及犹太人，都更愿意生活在英国或美国的统治之下，并对法国人表现出无条件的厌恶。至于费萨尔，他显然更倾向于由美国政府来管理阿拉伯半岛。据说，费萨尔是"一个真正热爱基督徒的人"，他提议允许在麦加开设一所传教士式女子学校，并给委员们留下了深刻印象，认为他是个可塑性强的政治家，"若给予适当的同情"，那么他"不会在没有盎格鲁-撒克逊人批准"的情况下，做出"……任何有大动作"。

不管是置于英国的保护下还是美国的保护下，阿拉伯人都满心期望能够得到自己的自由，正如协约国和威尔逊的《十四点计划》所庄严承诺的那样。全世界不能忽视这一愿望，也不能忽视这样一个事实，即叙利亚和巴勒斯坦，是"三大宗教的发源地，有着三大宗教的圣地”，是“整个文明世界……的利益中心”。委员们警告说，任何未能认识到这一事实的解决方案，或者只针对一个族群的需求的解决方案，都将注定要失败。没有任何政策比“极端犹太复国主义计划”更有可能与成功无缘并可能引发大规模暴力的了，因为这会“……使巴勒斯坦成为一个确切无疑的犹太国家”。

犹太复国主义将成为委员会的主要焦点，如果不是压倒一切的焦点的话。威尔逊派出的两位专员声称，他们“怀着对犹太人事业的深切同情”和“倾向于支持犹太人事业的思想”开始了他们的研究，但他们的发现“驱使”他们极力反对犹太复国主义理念。正如《贝尔福宣言》所规定的那样，构成巴勒斯坦人口绝大部分的阿拉伯人的“公民权利和宗教权利”，不可能由一个计划通过移民和购买土地来驱逐那里人口的犹太运动来保障。而犹太人对巴勒斯坦的“权利”，基于两千年前的占领，也不会得到“认真考虑”。此外，委员们也对犹太人能否被视为圣地及圣地上诸多神圣遗迹的可靠守护者表示了怀疑。“让穆斯林和基督徒心满意足地把这些地方交在犹太人手中，这根本不可能的……”委员们发现，阿拉伯人对犹太复国主义的排斥非常“强烈”。他们同意接受询问的众多英国官员的意见，认为“即使建立”犹太民族的家园，也“需要不少于5万名士兵”。

尽管委员会态度坚决，但委员们对犹太复国主义的结论并不一致。威廉·耶鲁提出了一个令人大为惊讶的180度大转弯的观点：“虽然不公可能会降临到居住在巴勒斯坦的个人身上，不会降临到一个民族身上，［但］我们必须考虑到1400万拥有民族历史、民族传统和强烈民族感情的犹太人的需求和愿望。”委员会不讲科学的操作让耶鲁感到震惊，走访的犹太人定居点又让他印象深刻，他先前曾认为犹太复国主义是无休止流血冲突的根源，现在则坚持要求协约国履行它们对犹太复国主义的承诺，并“用强硬的手段镇压任何……针对犹太人的示威游行”。这位特工赞扬了“犹太能源、犹太天才和犹太金融”可能对中东做出的潜在贡献，以及在该地区建立一个“西方文化”的“前哨站”的优势。现在，尤其是对美国来说，耶鲁认为，建立一个充满“美国理想和美国文明”的犹太国家将会带来数不清的战略和教育收益。

耶鲁的论点尽管受到热烈的追捧，但并不能转移克莱恩和金的注意力使他们无法得出斩钉截铁的结论。“鉴于它拥有庞大而有影响力的犹太人口”，这些人将要求将犹太复国主义变为现实；鉴于英法两国的抵制和本国人民不愿摊上海外负担，美国不应接手对叙利亚进行委任统治。委员们断言，这事最好英国自己来干，反正英国将监管费萨尔领导下的阿拉伯政府。与此同时，美国将把精力集中于讲阿拉伯语的中东以外的地区。“别的任何大国都不可能进入小亚细亚，并如此自由地为所有相关人民伸张不偏不倚的正义。”委员会还建议建立一个独立的亚美尼亚，并维护土耳其作为主权实体的地位。[①]

金-克莱恩委员会预见到了第一次世界大战后美国中东政策的许多核心主题：同情阿拉伯民族主义，厌恶欧洲帝国主义，以及支持和反对犹太复国主义的强烈意见分歧。然而，这些主题的确定对美国在和平会议上的立场影响甚微。费萨尔在自己的大马士革宫举办了一场“真正的东方盛会”，为所有的美国客人准备了阿拉伯音乐、剑舞和贝

① Donald M. Love, *Henry Churchill King of Oberlin* (New Haven: Yale Univ. Press, 1956), pp. 215 - 16. Howard, *King-Crane Commission*, pp. 56, 221 ("Every part of the Turkish"). Manuel, *Realities*, pp. 249 - 51 ("Whereas injustice"). *FRUS*, 1919, Paris Peace Conference, vol. 12; Crane and King to the Commission to Negotiate Peace, July 10, 1919, pp. 749 - 50 ("A real great lover"); King-Crane Commission, pp. 792, 794 ("be seriously considered" and "It is simply impossible"), 797 ("On account of her" and "no other Power"), 799 ("The people of the area"), 801, 833 ("Constantinopolitan State"). William Yale Oral History, pp. 64, 70. 欲了解该理事会的情况，参见 James Gelvin, "The Ironic Legacy of the King-Crane Commission," in David Lesch, ed., *The Middle East and the United States* (Boulder: Westview Press, 1999), pp. 13 - 26。

都因服装，随后，委员们起草了他们的最终报告。

委员会在1919年8月的最后一周抵达巴黎，此时《凡尔赛条约》已签署完毕。许多观察家认为，巴黎和会并没有带来和平，不过是对德国强加了不可能的束缚，这极可能为未来的战争埋下了伏笔。在中东问题上，这次会议似乎也是引发了冲突，而不是缓解了冲突。克里孟梭被英国试图将法国从安纳托利亚赶出去的做法激怒了，他大喊“劳合·乔治是个骗子！”并要与这位首相决斗。但是，欧洲领导人一面相互指责对方在中东问题上玩弄诡计，一面一致抨击威尔逊对该地区的无知、迂腐和自以为是。克里孟梭抱怨道：“上帝自己满足于十诫，威尔逊把……最空洞说教的十四条戒律……强加在……我们身上！”①

克莱恩和金的发现已然被这些紧张局势所遮蔽，而围绕着提议美国对小亚细亚、亚美尼亚和伊斯坦布尔实行委任统治的争议进一步使得他们的研究毫不重要。这勾起了兰辛对美国外交政策中的孤立主义倾向的记忆，他谴责该计划是“完全无用的提议”，只会让美国卷入欧洲的无情冲突，并使其成为当地居民心目中的占领者。美国第一任副国务卿弗兰克·波尔克对此表示赞同，并建议威尔逊退出对中东的“整个令人作呕的争夺战”。就连负责亚美尼亚救援的美国高级官员、未来的总统赫伯特·胡佛也拒绝接受这一委任统治计划，理由是这将耗费美国纳税人至少1亿美元，并需要10万人的部队来维持对当地的控制。与此形成鲜明对比的是，在伊斯坦布尔，美国的救援船就停靠在英国和法国的战舰旁边，土耳其面包师用微型星条旗装点他们的

① Erik Goldstein, “The Eastern Question: The Last Phase,” in Michael Dockrill, ed., *The Paris Peace Conference, 1919: Peace without Victory* (New York: Palgrave, 2001), p. 145 (“Lloyd George is a cheat!”). MacMillan, *Paris 1919*, pp. 33 (“God himself was content”), 145.

面包，苏丹恳请美国接管这座城市。土耳其的女权主义先驱、作家哈立德·易迪普认为，只有“知道如何……组成人民政府……的美国，才能创建……一个新的土耳其，在这个新国家每个人……的头脑和口袋里都将装着真正的独立”。

在支持和反对委任统治的两极之间摇摆不定的威尔逊政府，又向中东派遣了一个调查团。它由美国陆军参谋长詹姆斯·G.哈伯德将军率领，多位专家组成，于8月出发前往安纳托利亚东部和黑海沿岸的亚美尼亚地区。哈伯德的报告对于委任统治列出了13个不接受的理由（比如，成本问题、卷入国外事务的危险）和13个赞成的理由（比如，人道主义需要、保护该地区美国机构的需要）。然而，对于第14个赞成的理由，调查团找不到反驳的道理。“这是一份男人干的活，全世界都认为美国人会比其他任何国家的人做得更好。”方下巴、照章办事的哈伯德坚定地说，“如果我们拒绝承担接管……数百万人会认为我们没有完成我们介入这场战争的任务，辜负了他们的希望。”①

在美国对中东政策的构想中，理想和原则再次超越了战略考虑，但这是威尔逊总统任期内的最后一次。哈伯德的报告到达了巴黎，但威尔逊已再次离开这座城市，开始了他的美国之旅，其行程范围——三周内走了8000英里、去了29个城市——让金-克莱恩委员会和哈

① *FRUS*, 1919, Paris Peace Conference, vol. 11: Proceedings, July 1, 1919, p. 184; July 8, 1919, p. 284 (“perfectly useless proposition”). Lansing, *Peace Negotiations*, p. 149. Manuel, *Realities*, p. 255 (“whole disgusting scramble”). Herbert Hoover, *The Memoirs of Herbert Hoover* (New York: Macmillan, 1957), p. 385. William L. Westermann Paris Peace Conference Diaries, p. 69. Feroz Ahmad, *The Making of Modern Turkey* (New York: Routledge, 1993), p. 55 (“America, which knows”). James B. Gidney, *A Mandate for Armenia* (Kent, Ohio: Kent State Univ. Press, 1967), pp. 17, 184 - 87, 188 (“Here is a man's job”). General James G. Harbord, *Conditions in the Near East: American Military Mission to Armenia* (Washington, D. C.: GPO, 1920).

伯德委员会相形见绌。他的首要目标是为美国加入国际联盟争取公众支持。当威尔逊要克利夫兰·道奇和其他福音派领袖支持他的努力时，几乎没有提到中东。然而，威尔逊的对手却利用委任统治的争议来攻击他的国联纲领。1920年的共和党全国代表大会也因此谴责他寻求美国来接管亚美尼亚，亨利·卡伯特·洛奇则对美国人有“义务维护任何国家的领土完整或政治独立”的观念大加抨击。兰辛预言，“总统将不得不放弃……任何监管亚美尼亚或君士坦丁堡的计划”，他指出，不仅共和党人这么想，而且“许多民主党人……也有同感”。

有关委任统治的争论很快证明无关紧要。威尔逊刚刚提醒科罗拉多州普韦布洛的民众注意，“美国人民始终……向正义、自由与和平的真理……伸出双手”，9月25日，他就遭遇了一次几乎致命的中风。[①] 尽管他的妻子设法对公众隐瞒了此事，但威尔逊随后丧失了行动能力，无法继续为成立国联的事奔走，也无法继续对委任统治的倡导。11月19日，参议院投票反对美国加入国际联盟，实际上是拒绝在重塑中东方面发挥重要作用。

战后检视

然而，重新整合该地区的工作仍在继续，先是在巴黎开会，随后是1920年4月在意大利里维埃拉的圣雷莫再次召集。在波光粼粼的滨水区，代表们讨论并最终确定由英国对巴勒斯坦和美索不达米亚

① *Papers of Woodrow Wilson*, vol. 64: “The President's State of Health,” Lansing Memorandum, Nov. 5, 1919, pp. 56 - 57. Henry Cabot Lodge, *The Senate and the League of Nations* (New York: Scribner, 1925), p. 184 (“obligation to preserve”). Sachar, *Emergence of the Middle East*, pp. 349, 361. Heckscher, *Woodrow Wilson*, p. 609 (“the American people”).

（现名伊拉克）实行委任统治，由法国接管叙利亚，费萨尔的部队很快将被驱逐出叙利亚，黎巴嫩也将被切分。达达尼尔海峡的控制权交给一个国际委员会，士麦那和东色雷斯移交给希腊，法国和意大利获得了安纳托利亚南部的领土。在东部，协约国决定让亚美尼亚独立、库尔德地区自治。几个世纪以来，奥斯曼帝国这个令人望而生畏且充满异国情调的政治实体一直统治着世界的十字路口，让包括美国人在内的西方人时而恐惧、时而痴迷，但如今它被摧毁了。

但被摧毁的不是土耳其。一位名叫穆斯塔法·凯末尔的40岁将军、加利波利的英雄，拒绝受圣雷莫会议决定的摆布，并召集军队与之对抗。3年后，凯末尔——后来被奉为阿塔图克，即“土耳其之父”——成功地将所有外国军队赶出了安纳托利亚。凯末尔与苏联合作，粉碎了亚美尼亚独立运动，镇压了库尔德分离主义者。在士麦那地区，数万名亚美尼亚人和希腊人被杀，25万人被驱逐，土耳其军队洗劫并烧毁了这座城市。美国海军陆战队再次登陆，以保护包括标准石油公司在内的美国机构，并协助疏散数百名难民。然而，还有无数人被困在码头上，暴露在渐渐逼近的战火中。“我永远不会忘记那些尖叫声，”协助疏散的两艘美国驱逐舰之一的水手梅尔文·约翰逊作证说，“很多人跳海自杀。”乔治·霍顿是畅销小说家、文学评论家、《芝加哥先驱报》记者，也是美国驻士麦那领事，对他来说，这场屠杀是长达7年的难以形容的暴行的高潮，“为整个可怕的悲剧做了个恰如其分的耸人听闻且邪恶如撒旦的收场”。

英法两国尽管再次对土耳其的残暴行径大为震惊，也被土耳其人的凶残以及苏联正逼近海峡所吓倒了，于是适时地提出和平请求。这项历史性条约于1923年7月24日在瑞士洛桑签署。结果，土耳其共和国从被摧毁的奥斯曼帝国腹地以及在士麦那废墟上建立的现代城市伊兹密尔崛起。但是，在该地区划出新的边界、塑造出新的身份、暴露出未来无数骚乱动荡的断层线之前，第一次世界大战在中东刮起的旋风就不会平息。

大多数美国人从侧面观察这些事件，就像他们对战争早期阶段的观察一样。美国派了一名观察员去圣雷莫，此人是著名诗人兼小说家罗伯特·安德伍德·约翰逊，在会议的大部分时间他都在院子里看报纸，后来又派他去了洛桑。谦虚地说，美国在这些峰会上的目标非常谨慎，就是保证为美国企业打开通往中东的大门，维护该地区的美国学校和美国医院的运作。人们仍有一种模模糊糊的冲动，想"找到方法，立即消除造成人类生命被践踏及人类遭受苦难的根源"——这是威尔逊世界观的残余——并努力创建一个"亚美尼亚民族的家园"。然而，由于在该地区缺乏军事存在，在战后会议上也没有一席之地，美国的影响力微乎其微，甚至可以忽略不计。平淡无奇、自由放任的共和党人、在 1920 年总统大选中赢得压倒性胜利的沃伦·哈定，最终承认了这一事实，而这场总统大选也被宣传成了对国际联盟做出弃权决定的"庄严的全民公投"。沃伦·哈定冷静地写道："即使是美国最热心的亚美尼亚人支持者也会犹豫是否批准武装战争，就为了替亚美尼亚人建立一块单独的领土。"①

对第一次中东和平进程的评价有好有坏。克里孟梭离开时觉得自己被劳合·乔治骗了，劳合·乔治则对威尔逊在接管亚美尼亚问题上

① Marjorie Housepian Dobkin, *Smyrna* 1922: *The Destruction of a City* (Kent, Ohio: Kent State Univ. Press, 1988), pp. 101, 103, 112, 166 ("I'll never forget"). Horton, *Blight of Asia*, p. 113 ("a fittingly lurid"). *FRUS*, 1923, vol. 2: Child and Grew to Hughes, Dec. 13, 1922, p. 921 ("find [the] means"); Child and Grew to Hughes, Jan. 3, 1923, p. 946; Harding to Hughes, Jan. 15, 1923, p. 950 ("The most ardent"). *Documents on British Foreign Policy, 1919 – 1939*: British Secretary's Notes, April 10, 1920, pp. 20 – 21; April 20, 1920, pp. 60 – 61. Daniel, "Armenian Question," p. 262.

辜负了他的期望表示不满。在该地区，许多人想知道，为什么拒绝兑现威尔逊承诺给他们的自决，为什么从摩洛哥到埃及的中东国家被滞留在殖民统治下饱受煎熬。美国人也很痛苦。“当我们的勇气、对自身的政治诚信力量的信心以及对新政治理想的积极支持也许可以拯救亚美尼亚及近东地区时，我们退缩了。”威斯特曼教授痛惜道，“我们本可以在政治机会的零点时刻起领导作用，但我们犹豫不决，拒绝向前。”一向不苟言笑的兰辛预言，“不满和仇恨的种子已经播进了肥沃的土壤”，假以时日，“这些种子……就会发芽……结出冲突的苦果”。布利斯将军更为尖刻，他希望“要么战争从未发生——要么持续的时间更长些——因为和平似乎比战争更糟糕”。

这一时期的许多历史学家都会同意，从第一次世界大战的废墟中建设一个新的、能独立存在的中东的努力是一次彻底的失败，还导致了随之而来的诸多流血事件。他们指出，哈伯德委员会的结论从未得到执行，金-克莱恩委员会的结论直到1922年才公布。赋予所有中东人民不可侵犯的自决权的想法甚至连部分实现也没做到。威尔逊希望保护的教堂、学校和医院等机构——为了它们，他才避免与土耳其交战——在战争结束时基本上已经关闭。很大一部分传教士被驱逐或杀害。

然而，对美国在第一次世界大战中的外交表现的严厉评判忽略了几个令人印象深刻且持久的成就。按照“调查”组的建议，奥斯曼帝国被拆散，但土耳其的主权得到了维护。未来犹太国家的基础就在英国管辖下的巴勒斯坦以及为叙利亚和伊拉克提供委任统治的计划中。眼下，英国将在约旦河以东（即外约旦）指定一个独立的阿拉伯酋长国，法国将把马龙派教徒占主导的黎巴嫩从叙利亚分离出来，赋予这些地区自决的可能性。亚美尼亚人的独立权利，尽管又经过70年才实现，便是此时首次得到普遍承认。

虽然在战争期间受到了极大限制，但传教活动在和平时期得以恢复并蓬勃发展起来。1919 年，福音派传教士建立了开罗美国大学，致力于丰富埃及的文化内涵与文化现代化。第二年，叙利亚新教学院更名为贝鲁特美国大学，成为中东第一所招收女性的大学。“一个美国人不可能领会到……我们的国家在整个地区受到怎样的尊重、信任和爱戴。”一位战后造访叙利亚的游客写道，“一个世纪以来不偏不倚的传教和教育影响……已成为基督徒和穆斯林、犹太人和非犹太人、近东的王子和农民都持有的一种信仰。”

但所有这些成就，甚至连诺贝尔和平奖，都无法安慰伍德罗·威尔逊。他曾梦想创造一个不同的世界，不被贪婪的帝国、秘密条约和战争所玷污。然而，在许多方面，从一战的杀戮战场中诞生的新的全球秩序似乎都与引发那场灾难的旧秩序几乎没有区别。威尔逊曾渴望用美国的民主与公民美德之光照亮中东，此时他的失望尤其强烈。现在，该地区非但没有享受到一个和平发展和国家间友好共存的时期，反而会被拖入无情的国内和国际动荡旋涡。威尔逊在他位于华盛顿的家中的壁炉架上挂了一幅年轻的亚美尼亚难民的画像，这既是他失败的证明，也是对那些自称是他继承人的未来总统的警告。画像上那双令人难忘的因饥饿而睁大的眼睛，将继续恳求来访者，提醒他们不要忘记美国对中东人民未实现的愿景。①

---

① William L. Westermann Paris Peace Conference Diaries, pp. 179 - 80 ("When boldness"). Lansing, *Peace Negotiations*, p.175 ("The seeds of discontent"). Palmer, *Bliss, Peacemaker*, p.370 ("there never had been"). DeNovo, *American Interests*, pp. 299 - 301. Gelvin, "Ironic Legacy of the King-Crane Commission," p. 13 ("It is not possible"). Sachar, *Emergence of the Middle East*, p.365.

第二十二章
幻想复活

几乎整整一代欧洲男人都被屠杀了，幸存下来的人都饱受重创——要么是身体上，要么是情感上，要么两者兼而有之。据估计，还有1000万平民死于饥饿、疾病、强奸和种族灭绝。尽管美国军队在停战协定签署前半年才投入战斗，但也有超过5.3万人丧生——几乎相当于整个越南战争十年的阵亡人数——约32万人受伤。尽管有“神圣的死亡”和“为民主而牺牲”的说法，但大屠杀似乎很少或根本没有什么高尚之处。伟大的现代文明孕育了汽车、飞机和电影，也造出了坦克、战机和机枪。佛兰德斯那些曾经盛放着薰衣草和罂粟的原野，现在已经变成了湿漉漉的沼泽，布满了弹孔、战壕、带刺铁丝网和残肢断臂，就像希罗尼穆斯·博什画笔下的地狱一般。

但是，就在第一次世界大战威胁要让人类的想象力像那些战场一样留下不可磨灭的伤痕时，出现了另一个画面——潇洒、阳刚、原则性强，最重要的是，有种前现代感。他似乎穿的是一尘不染的长袍而不是沾满泥巴的军服，戴的是镶金边的阿拉伯头巾而不是头盔，腰带上别的是匕首而不是手枪。他骑马从中东这个以救世主闻名于世的地区出来，他长着一张白皙的娃娃脸、深蓝色的眼睛、淡黄色的头发——许多西方人把这面容与基督的脸联系在一起。他们可能再也找不到一个比他更像弥赛亚的人了。

托马斯·爱德华·劳伦斯是英国一位小贵族的私生子，也是沃尔特·雷利爵士[1]的后裔。他长得还不老成，有时被描述成阴柔、矮小（身高5英尺4英寸）、脑袋过大、声音尖细，这副样子一点都不像个霸气凌厉的人。然而，他决心把自己改造成一个这样的人，为此，他花了无数时间测试自己的耐力、锻炼自己的体格、掌握步枪和阿拉伯语。关于他，历史学家大卫·弗罗姆金这样写道："别的男人渴望权力、财富或女人，他却渴望被人关注和铭记。"

1916年，28岁的劳伦斯被派往开罗，担任陆军制图员和情报官员，但很快就发现自己和费萨尔王子以及亲英的阿拉伯人反抗土耳其人的运动搅和在了一起。如果说这场起义在压制奥斯曼人的圣战号召方面具有政治价值的话，那么事实证明，它无法将土耳其人从阿拉伯半岛的任何地区赶出去。劳伦斯也没有取得任何胜利，但在贝都因叛乱部落的帮助下，他成功占领了红海港口亚喀巴。这样一来，英国船只得以将费萨尔的部队从阿拉伯半岛运到外约旦，在那里他们可以骚扰敌人穿过大马士革的补给线。英国人希望费萨尔解放这座城市，宣称这是一个亲英的阿拉伯王国，并且拒不接受法国对叙利亚的控制。但即使是这个计划也出了差错，因为澳大利亚军队首先抵达了大马士革。英国通过费萨尔统治叙利亚的梦想最终在和平会议上破灭，法国成功地实现了他们的委任统治要求。劳伦斯玩着两面三刀，在替英国操纵费萨尔的同时公开鼓励阿拉伯独立，最终这两头都失算了。

劳伦斯既不是个成功的军事指挥官也不是个成功的政治家，很可能早已默默无闻了。但在那个笼罩着死亡气息的时刻的世界迫切需要

① 英国文艺复兴时期的政客、军人，也是诗人、科学爱好者、探险家，女王伊丽莎白一世的宠臣。——译者

英雄的出现，这位戴着绿色披巾和阿拉伯头巾参加巴黎会谈的不守传统的上校，似乎已经成熟，正好可以满足这种需求。威尔逊的顾问詹姆斯·肖特韦尔教授称："穆罕默德的这位年轻传人是当世最有趣的英国人。"劳伦斯迅速成为公众关注的焦点、媒体的宠儿，以及罗伯特·格雷夫斯和乔治·萧伯纳等杰出文学名人的朋友，萧伯纳将他比作"历史聚光灯下"的首席芭蕾舞者。劳伦斯没有试图转移这种注意力；相反，他通过对自己的事迹不断修饰，将其发扬光大。"总的来说，比起真相，我更喜欢谎言，尤其是当它们与我有关的时候。"他坦承，"历史不过是一系列被接受的谎言。"

《智慧七柱》[①]（1922）就是这种偏好的证明。在这本书中，劳伦斯对阿拉伯起义进行了高度文学化的描述，历史事实在其中充当了个人幻想发挥的平台。在骑着骆驼冲锋、间谍任务以及勇敢的作者在郁金香地里埋下的地雷炸飞土耳其火车等激动人的描述中，沙漠之战中的诸多挫折几乎全被遗忘。[②]这本书受到了热烈的欢迎，然而，尽管T. E.劳伦斯在自我推销方面有颇多天赋，但如果没有一位善于炒作的美国记者的帮助，他也不可能化身为神话般的阿拉伯的劳伦斯。

洛厄尔·托马斯是制造传奇的专家，他的名气在他死后仍然流传。他在科罗拉多州的克里普尔克里克镇长大，在受雇为《芝加哥日报》记者之前，曾做过金矿矿工和厨师。他身材瘦高，看上去放荡不

---

① 电影《阿拉伯的劳伦斯》的小说原著。——译者

② 人们可以很容易写一本书归入无数关于阿拉伯的劳伦斯的书中，参见：e. g., David Fromkin, "The Importance of T. E. Lawrence," *New Criterion* 10, no. 1 (Sept. 1995). John E. Mack, *A Prince of Our Disorder: The Life of T. E. Lawrence* (Oxford: Oxford Univ. Press, 1990), pp. 221 ("limelight of history"), 265 ("On the whole"), 275. Phillip Knightley and Colin Simpson, *The Secret Lives of Lawrence of Arabia* (London: Thomas Nelson, 1969), pp. 52 – 53. Lawrence James, *The Golden Warrior* (New York: Paragon House, 1993), pp. 272, 276 – 77. See also Shotwell, *At the Paris Peace Conference,* p. 131 ("younger successor of Mohammed")。

羁，留着浓密的黑色蓬巴杜发型，蓄着细如铅笔的小胡子。他以世故圆滑与喜爱创新著称，曾尝试用幻灯片放映阿拉斯加等遥远地方的风景。后来他搬到了普林斯顿大学，在那里学习并教授演讲术，威尔逊总统1917年在那里发现了他，请他制作有利于战争的宣传片。托马斯拿着相机启程去了欧洲，但事实证明，战壕和无人地带是个太过沉闷的话题。为了寻找更鼓舞人心的故事，他继续向东前往巴勒斯坦，记录了英军在艾伦比将军领导下取得的进展。

托马斯先去了耶路撒冷，在美国殖民地与斯帕福德一家住在一起，还去老城区的小巷里闲逛。有一次他走着走着，拐了个弯，突然瞥见了这位身着高贵长袍的上校。“他双手合十，走得飞快，蓝色的眼睛对周围的一切视而不见，……沉浸在内心的沉思中……我的第一个念头……就是他可能是复活的年轻使徒之一。”托马斯被“这种如梦似幻……的力量”牢牢地吸引住了，他请求允许自己去拜访劳伦斯以及他的贝都因反抗者，并在他们发动突袭时陪在左右。

托马斯在沙漠中只待了两天，而这两天足以产生出一部长篇回忆录，即1924年出版的《与劳伦斯在阿拉伯》。虽然托马斯可能从未见过实战中的劳伦斯，却仍将劳伦斯描绘成一个在战火中毫无畏惧的人，能够用“美国边境典型的重型武器”干掉“400名土耳其人”，还对俘虏表现出怜悯之情。在托马斯看来，劳伦斯是从《一千零一夜》中精挑细选出的一个角色，是“古老先知转世”，是“现代最栩栩如生的人物之一”，注定要“载入浪漫的历史篇章”。对于这位忙着找噱头的美国记者来说，最关键的是，劳伦斯是“一个大的独家新闻”。

然而，托马斯并不满足于仅仅创造一个英雄，他还设法将劳伦斯这位地道的英国臣民包装成一位美国式捍卫者。这样一来，那个向上级保证阿拉伯起义将“分裂伊斯兰集团”并使中东“成为一个互相嫉妒、没有凝聚力的小公国组织”的劳伦斯，在托马斯的描述中，变成了一名自由斗士，“将沙漠中的各种游牧部落联合起来”，劝服他们“为整个阿拉伯世界摆脱奥斯曼帝国的压迫而甘愿牺牲”。那个指责传教士学校“毫无意愿……教阿拉伯学生了解革命”，并在听到威尔逊的“十四点和平计划”时“在沙漠中咯咯发笑”的劳伦斯，被托马斯描绘成了“阿拉伯的乔治·华盛顿”，在致力于打造一个基于宪法理想的美国式中东。劳伦斯这样一个对自己的宗教没什么耐心甚至对犹太人的宗教更没有耐心的英国圣公会教徒，就这样被托马斯改头换面成了一名为圣地而战的现代十字军战士和犹太复国主义狂热分子。

《与劳伦斯在阿拉伯》迅速取得了商业上的成功，但这位科罗拉多州的前矿工挖到宝时总会心知肚明。借助投影仪和魔术灯笼，他将自己书中的内容制作成了一种早期版本的声光节目。“跟我一起来游历这块充满历史、神秘和浪漫的国度吧。”伴着阿拉伯音乐的旋律，托马斯在台下开始解说，“您即将看到的是一个不为人知的故事：其中一部分和时间一样古老，另一部分则正在创造历史。”然后，他步入聚光灯下，讲起了劳伦斯的故事，因为只有他，托马斯，见证了这个故事里的激情与热血。仅在伦敦一地就有100万人观看了这场表演，但这股劳伦斯潮却是在美国才成为全国性狂热。演出席卷了纽约和旧金山等地最大的剧院，甚至吸引了中西部偏远城镇的大批观众。自从30年前芝加哥博览会上的肚皮舞和骑骆驼表演以来，还没有这么多的美国人接触到中东那轻纱般似真似幻的魅力，感受那种在巴黎时曾萦绕在费萨尔周身的迷人光环。

在众多观看托马斯表演的观众中，只有一个人明显不满。“我昨晚看了你的节目，感谢上帝，总算演完了。”劳伦斯在给托马斯的信中写道，斥责他明目张胆地夸大其词和谎话连篇。这位自吹自捧的大师不能容忍自己成名的独特元素被他人随意篡改捏造。“我对他［托马斯］没有任何怨恨，”劳伦斯向一位老战友坦承，“他造出了一种愚蠢的幻影，弄个讨女人喜欢的男演员穿上花哨的衣服，做些愚蠢的表演，然后称其为‘浪漫’。”

然而，托马斯执迷不悟，在近十年时间里，他继续让他的阿拉伯的劳伦斯在舞台上铺张华丽地上演，座无虚席，盛况空前。他又接着写书，数字令人吃惊，有55本，还因为当上了哥伦比亚广播公司的通讯员而成了名人，并且一干就是近半个世纪。相比之下，劳伦斯却刻意隐姓埋名，他先是加入了坦克部队，随后又以普通士兵的身份加入了英国皇家空军，每次用的都是化名。他于1935年去世，是一场摩托车事故的受害者，也是避难者，一如他与人合著的小说中的人物。

到此时，劳伦斯神话已经有了自己的生命，尤其是在美国最擅长编造神话的地区。早在1915年，好莱坞编剧兼导演塞西尔·B.戴米尔就制作了一部名为《阿拉伯人》的艳俗情节片，讲述了一名贝都因牧民和美国女传教士之间的爱情故事。这个故事借鉴了19世纪流行的观念，认为中东是一个感官王国，阿拉伯人则是男子汉气概的典范。然而，对于20世纪的观众来说，这部电影的情节似乎并不那么让人心荡神驰，他们认为它是失败之作。但后来又出现了洛厄尔·托马斯以及劳伦斯的热潮，美国人突然再次被阿拉伯浪漫主义的冲动唤醒。因此，1921年制作的《酋长》（*The Sheikh*）以基本相同的故事情节——好色的牧民俘获了天真的西方少女的心——一夜暴红，其男主角鲁道夫·瓦伦蒂诺也一举成名。好莱坞立即趁热打铁，炮制出了《阿拉伯的酋长》《酋长之子》《巴格达窃贼》等影片，每一部都充斥着大批后宫女郎、手无寸铁的少女和残忍好色的阿拉伯人。①

由劳伦斯发端的东方主义热潮很快渗透到美国文化的许多领域，不仅仅是电影。小说家薇拉·凯瑟在其1918年的经典之作《我的安东妮亚》中描述了几个人物，一个佩戴了一副领针，上面刻的文字“比埃及方尖碑上的字还多”，另一个则“留着阿拉伯酋长的胡子”。1922年，藏有大量宝藏的图坦卡蒙陵墓的发现，进一步激发了这股热潮。时髦女郎们突然开始高调地梳起了埃及艳后克里奥帕特拉式的发型，公共建筑上装饰着埃及风格的饰物。而当美国人不在小说、时尚和艺术中发泄对中东的幻想时，他们就沉缅于歌曲中：

> 我是阿拉伯的酋长，
> 你的爱属于我。
> 夜晚你在哪个帐篷睡去，
> 我会悄悄出现在你身边。②

到1920年代，电影和录音已取代旅行文学成为向美国人传递中

---

① Norman Bowen, *Lowell Thomas: The Stranger Everyone Knows* (Garden City, N. Y.: Doubleday, 1968), pp. 39 - 40. Lowell Thomas, *Good Evening Everybody* (New York: Morrow, 1976), pp. 131 - 39. Lowell Thomas, *With Lawrence in Arabia*, pp. 12 ("the Uncrowned King" and "one of most picturesque"), 20 ("He walked rapidly"), 22 ("restored the sacred places"), 75 ("united the wandering tribes"), 76 ("reincarnation of a prophet"), 114 ("400 Turks"), 264 ("a great scoop"). Joel Hodson, *Lawrence of Arabia and American Culture* (Westport, Conn.: Greenwood, 1995), pp. 43, 61, 62 ("quite without intention" and "the George Washington"). Knightley, *Secret Lives*, p. 53 ("break up the Islamic"). Knock, *To End All Wars*, p. 213 ("chuckled in the desert"). Mack, *Prince of Our Disorder*, pp. 276 ("I saw your show"), 277 ("I don't bear him"). Hodson, *Lawrence of Arabia*, pp. 30, 43, 66 ("Come with me").

② Michael North, *Reading 1922: A Return to the Scene of the Modern* (New York: Oxford Univ. Press, 1999), pp. 21 - 24. Willa Sibert Cather, *My Ántonia* (Boston: Houghton Mifflin, 1977), pp. 6 ("more inscribed"), 10 ("the beard of an Arabian"). Little, *American Orientalism*, pp. 17 - 18.

东印象的主要媒介。相比很多欧洲人已经因战争而幻想破灭，美国人仍然怀有梦想。在未来几十年里，围绕中东的神话将继续激发甚而激怒美国人的想法，渲染公众舆论，影响政策制定者。与此同时，美国在该地区的物质投资成倍增长。除了修建传教士学校和沿尼罗河巡游外，美国人还将参与建造石油钻井平台并与阿拉伯统治者签署条约。在该地区追求美国理想必须与日益增长的战略和经济利益相协调。美国对中东持续一个多世纪的信仰与幻想的印记，将逐渐被 20 世纪的权力所取代。

第六部分

石油、战争与统治地位

第二十三章
从圣经到钻头

战后中东的解决方案并没有如其设计者所打算的那样给该地区带来和谐与稳定，而只是带来了地区冲突。1920 年代，该地区对欧洲统治的反抗越来越强烈，埃及和伊拉克爆发了反英起义，叙利亚爆发了反对法国统治的叛乱。巴勒斯坦将成为常年的流血冲突中心。阿拉伯半岛从这场动荡中被摘出去了，平安无虞，实际上是被殖民列强以及试图驱逐它们的民族主义者忘在了脑后。该地区是一片由坚硬的沙子、盐滩和岩石组成的荒凉之地，似乎连最基本的自然资源都极为匮乏。其主要收入来源于穆斯林前往圣城麦加和麦地那的朝圣之旅，这两座圣城都位于汉志区西面。英国人对于让他们的哈希姆盟友统治汉志、忽视半岛的其他地区感到满意。法国人则完全漠不关心。

与欧洲人差不多，美国也一向对阿拉伯兴趣缺缺。1923 年，由阿卜杜勒·阿齐兹·伊本·沙特（1880—1953）领导的部落联盟在好战的瓦哈比运动支持下，攻克了圣城并驱逐了哈希姆人，当时美国国务院几乎没有任何反应。近东事务局的一位专家表示，该地区“没有什么商业价值”，而另一位专家则认为沙特的好战行为“表明阿拉伯人……与 13 个世纪前相比没有任何进步”。伊本·沙特随后自称是一个新国家——沙特阿拉伯——的国王，但美国拒绝正式承认，并拒绝派驻大使。

但并非所有美国人都认同国务院对阿拉伯半岛的漫不经心。传教士们仍然积极投身于该地区。人们可能还记得，在世纪之交之前，美国传教士塞缪尔·兹韦默建立了阿拉伯半岛第一家现代诊所，并引入了一位美国医生保罗·哈里森来领导诊所的工作。哈里森是一位风度翩翩的瓦伦蒂诺式的人物，喜欢贝都因人的服饰，但实际上对当地的文化没有多少好感。“即使是他们的宗教也无法在很长一段时间内将其凝聚成一个稳定的国家。”他言之凿凿，而且列举了阿拉伯历史上接二连三发生的“阴谋与暗杀、反叛与骚乱以及大大小小的战争”。然而，这些缺点并未让哈里森放弃为当地人提供医疗服务或放弃拯救他们的灵魂。“我们希望他们成为基督徒，”他坦言，“但在阿拉伯，这会是个极其缓慢的过程。”

为了加快这一进程，哈里森在第一次世界大战前几年扩大了医疗服务，还在科威特、阿曼和巴林建立了分支诊所。有新医生加入进来，其中包括几名美国女医生。埃莉诺·卡尔弗利讲述了她 1912 年偶然来到阿拉伯的经历，她说：“直到那一刻，所有看似悲惨的牺牲瞬间成了我在这个世界上唯一想做的事……我从来没有感受过这样的快乐!”另一位医生玛丽·艾利森觉得，在吉达市的汉志港登岸时“就像重生了一样”，是精神上和感官上的一次全神贯注的体验。“那一刻我体会到了狂喜之感——我到达了我的梦想之地。”

艾利森的经历并非独一无二。很多被自己的宗教信念驱使来到阿拉伯的传教士，都会陶醉于沙漠的永恒之美和游牧部落的浪漫生活。对美国人来说，阿拉伯半岛没有什么地方比其国王伊本·沙特的魅力更大。这位君主身高超过 6 英尺 4 英寸，身穿飘逸的长袍，头发梳成辫子，牙齿闪闪发光，眼里闪着乌木般的光芒，一下子就迷住了传教士们。其中一人回忆道：“他的每一句话……都显示了他的智慧、活力、决心以及内在拥有的强大力量。”伊本·沙特有125个妻子，身边跟着带机关枪的警卫，并与憎恨异教徒的瓦哈比派结成了联盟，但这些事实并没有让这些为他着迷的传教士们警醒。

不过，比起吸引西方人，伊本·沙特更关心的是获取有效的医疗服务。他第一次听说美国医生是在1911年，当时巴林的传教士医生医治了他在捕捞珍珠的纠纷中受了枪伤的10名手下。1914年，伊本·沙特将一些患了疟疾的亲戚送到科威特的美国诊所接受治疗。3年后，他邀请哈里森前往利雅得。“我知道你是一名基督徒，”这位君主见面就对哈里森说，“但天下高贵之人皆朋友，哪怕他们信仰不同。”最后，1923年11月，这位国王患了面部蜂窝组织炎，整张脸都肿了起来，于是从科威特召来了一位叫路易斯·戴姆的美国医生。戴姆肤色黝黑、五官肉嘟嘟的，留着修剪整齐的黑胡子，与当地居民相处融洽，他骑了近40个小时的骆驼才到达利雅得，一路上还被人误认为贝都因酋长。他在一周之内治愈了伊本·沙特。在四分之一个世纪的时间里，戴姆、哈里森和其他传教士医生治疗了大约30万名阿拉伯居民，其中许多是心怀感激的沙特阿拉伯人。①

① Harrison, *Doctor in Arabia*, pp. 24 (“not even their religion”), 30. DeNovo, *American Interests*, p. 361 (“of little commercial importance”). USNA, Records of the Department of State Relating to Internal Affairs of Saudi Arabia: Brandt to the Secretary of State, May 5, 1930 (“demonstrated that the Arabs”). Eleanor Calverley, *My Arabian Days and Nights* (New York: Crowell, 1958), p. 7 (“until that moment”). Mary B. Allison, *Doctor Mary in Arabia: Memoirs* (Austin: Univ. of Texas Press, 1994), p. 25 (“like being born”). Thomas W. Lippman, *Inside the Mirage: America's Fragile Partnership with Saudi Arabia* (Boulder: Westview Press, 2004,) pp. 10 – 11 (“I know you are”). Paul L. Armerding, *Doctors for the Kingdom: The Work of the American Mission Hospitals in the Kingdom of Saudi Arabia, 1913 – 1955* (Grand Rapids, Mich.: Eerdmans, 2003), p. 115. See also Miriam Joyce, *Kuwait, 1945 – 1956: An Anglo-American Perspective* (London: Frank Cass, 1998), p. xviii, and Thomas Lippman, “The Pioneers,” *Saudi Aramco World* 55, no. 3 (May-June 2004), and Eleanor A. Doumato, *Getting God's Ear: Women, Islam, and Healing in Saudi Arabia and the Gulf* (New York: Columbia Univ. Press, 2000), pp. 43 – 48. 据杜马托说，哈里森治疗的最常见疾病是“无能”，即男性性功能障碍。

这种恩惠很快会成为伊本·沙特选择西方盟友的关键。由于他恨英国人阻止他的领土进一步扩张到外约旦和伊拉克南部，且天生不信任法国人，于是他将转而求助于一个其公民曾经为他的人民的福祉无私工作的国家。当他的国家可能不仅有岩石和沙子，还有世界上最受欢迎的液体之源泉时，国王会记住哈里森和戴姆。

寻找“液体淤泥”

当美国传教士在干涸的阿拉伯沙漠中辛苦劳作时，他们国内的同胞正如饥似渴地盼着石油。到 1920 年代初，工业化的加速、汽车的大规模生产和家庭电气化已经推动了美国对石油的需求，而这远远超过了其石油的生产能力。美国的石油公司被迫拼命寻找海外油田，他们的大部分希望都寄托于中东。但是，抛开在这个偏远的难以接近的地区找到石油的技术难度不谈，美国的勘探还面临着许多政治障碍。伊朗拥有的已探明储量最大，但英国国家石油公司已经垄断了该国南部地区，新近成立的苏联则控制了北部地区。在叙利亚、伊拉克和巴勒斯坦，美国勘探者在第一次世界大战前就曾在那里寻找石油，如今英国和法国却声称，国际联盟——一个受到美国抵制的组织——授予的委任统治权已赋予它们专属钻探权。美国驻巴黎大使休·华莱士抱怨道：“英法联手决意要将美国公司排除在近东的新油田之外。”华莱士试图提醒这两个前协约国，如果没有美国对欧洲战场的干预，就不会有国联，也谈不上它所赋予的权力，但他的提醒被证明未具说服力。

为了打破欧洲对中东石油的垄断，美国政府首次积极介入了石油生意。1921 年，商务部长赫伯特·胡佛，一位经验丰富的国际救援工作负责人，将美国七大石油公司——新泽西（即后来的埃索/埃克森）、得克萨斯（即后来的德士古公司）、辛克莱、墨西哥、大西洋、海湾和纽约（即后来的美孚）——联合成一个大财团。在这一联合战线的进逼下，欧洲公司软化了态度，邀请美国人加入他们组成一个全新的卡特尔——伊拉克石油公司（IPC）。美国人放弃在IPC框架之外勘探石油的权利（所谓的自我克制条款），作为回报，他们获得了中东开采的全部石油的23.75%。这一方案既满足了美国不断增长的能源需求，又无需美国在中东承担政治责任，标志着美国外交的胜利，意味着美国石油公司获得了一个潜在财源。1927年10月，伊拉克北部城市基尔库克的石油勘探者打开了一个威力巨大的间歇性喷油井，导致两人当场死亡，隐藏在伊拉克沙漠下的巨大财富被掀开了一角。

然而，关于伊拉克石油公司合同的地理范围和中东确切边界的问题仍然存在。例如，协议是仅涵盖伊拉克、叙利亚和巴勒斯坦，还是也适用于阿拉伯半岛？为了解决这些问题，这个卡特尔的首脑们征求了亚美尼亚裔商人——酷爱奢侈享乐的金融天才卡洛斯提·S.古尔班基安的建议，此人已经设法为自己弄到了伊拉克石油公司整整5%的股份。1928年7月，在与伊拉克石油公司高管的一次会议上，被美国人尊称为“5%先生”的古尔班基安摊开一张中东地图，用红铅笔圈出了土耳其、阿拉伯和各委任统治区。“这是1914年时我所知道的奥斯曼帝国，”身材矮胖、大腹便便的古尔班基安解释说，“而且我也应该知道，我生于这里、长于这里、服务于这里。”

这一《红线协定》[①] 基本上排除了伊拉克石油公司成员以外的所有国家勘探中东石油的权利。这对伊本·沙特来说是个毁灭性的消息。前往圣城朝圣的穆斯林人数突然下降，导致这位统治者极度缺钱，但他又不太愿意让伊拉克石油公司的英国工程师勘探其王国内的

① Red Line Agreement，它是美国石油资本进驻海湾地区的起点。——译者

石油与其他矿产。他更愿意与尊重沙特阿拉伯主权的国家合作，与哈里森和戴姆这样的专业人员合作，这样的人似乎不受制于欧洲帝国主义国家的议程。

1931 年 2 月，伊本·沙特的首席顾问哈里·圣约翰·菲尔比为他提供了一个解决方案。菲尔比是一位才华横溢却不墨守陈规的英国探险家，已皈依伊斯兰教，他暴跳如雷地批评英国的中东政策，对伊本·沙特国王的需求、恐惧以及可能获得的个人利益都很敏感。此前他已得到了福特汽车在英国的独家销售权，这让他财富大大增加并使他与美国工业建立了联系。现在，为了应对该国日益加剧的经济危机，菲尔比建议伊本·沙特求助于美国，并求助于那些与伊斯兰和阿拉伯世界关系最为密切的美国人。

查尔斯·克莱恩是一位慈善家，长期倡导阿拉伯民族主义，他并没有因各国领导人没有落实他和亨利·金为重建战后中东秩序提出的建议而气馁。在整个 1920 年代，他都在持续资助美国的中东研究项目，并充当美国与伊拉克、外约旦和也门统治者之间的友好使者。1929 年，克莱恩在穿越阿拉伯沙漠时遭到瓦哈比强盗的袭击，他的旅伴亨利·比尔克特牧师被杀。在养伤时，克莱恩收到了伊本·沙特的一封信，信中对“阿拉伯人的朋友在阿拉伯土地上遭到袭击”表示遗憾，并邀请他访问利雅得。

这次访问获得了巨大成功。在 4 天的时间里，克莱恩受到了盛情款待，参加了贝都因盛宴、赛马和赛骆驼活动，还检阅了皇家卫队。据说，伊本·沙特曾一度要求他的这位贵客留在阿拉伯，成为穆斯林，并担任麦加的首席穆安津①。不过，双方会面的真正目的不是狂欢作乐，而是商务洽谈。国王最后问克莱恩是否会资助美国工程师对该国

① muezzin，即在清真寺宣礼塔上召集穆斯林祈祷的宣礼员。——译者

的地质研究吗？回答是毫无保留的肯定。克莱恩于3月3日带着一对国王奖励的种马离开了利雅得，并获准开展美国对阿拉伯的首次勘测。①

为了领导这次探险，克莱恩选择了一名曾在也门为他工作过的工程师，名叫卡尔·S.特威切尔，是个沉默寡言的佛蒙特州人。尽管特威切尔注定会成为建立沙特-美国关系的鼻祖，但瘦骨嶙峋、眼神忧郁的他却并不是那种大家长型的人物。他最可依仗的资本，似乎是对伊本·沙特的坚定敬意——“一个智慧和正直……正义、慷慨与好客的人……他是这个时代最具影响力的人物之一”——以及对阿拉伯经济潜力毫不动摇的信心。以他在也门的经历，他知道即使是最严酷的沙漠也可能潜藏着自流井与利润丰厚的矿藏。

为了证实自己的直觉，特威切尔于1932年2月从红海的吉达港出发，向内陆长途跋涉了400多英里。在麦地那郊区，他成功地发现了一座古老的金矿，随后重新开采，所获颇丰。但该矿的收益无法弥补沙特朝圣收入的损失，这个王国依然面临着破产威胁。特威切尔继续搜寻，又走了600英里到达波斯湾，却没有找到任何有价值的资源，甚至连水源都没有。眼看就要山穷水尽，就在当年6月1日，加州标准石油公司（SOCOL）的工程师突然在贫瘠的海湾岛屿巴林发现了石油。②

---

① Anthony Sampson, *The Seven Sisters: The Great Oil Companies and the World They Shaped* (New York: Bantam, 1991), p. 83. Longrigg, *Oil in the Middle East*, pp. 38-39. Bryson, *American Diplomatic Relations*, pp. 103-5. Anthony C. Brown, *Oil, God, and Gold: The Story of Aramco and the Saudi Kings* (Boston: Houghton Mifflin, 1999), pp. 24-28. Benjamin Shwadran, *The Middle East, Oil, and the Great Powers* (Jerusalem: Israel Universities Press, 1973), pp. 237-38, 288. H. St. John Philby, *Saudi Arabia* (London: Ernest Benn, 1955), p. 330.

② 尽管特威切尔在美国和沙特关系的建立过程中发挥了重要作用，但他尚未被严肃研究，对他的描述仍然很零碎。参见：e.g., William Yale, *The Near East: A Modern History* (Ann Arbor: Univ. of Michigan Press, 1958), p. 362. D. Van der Meulen, *The Wells of Ibn Saud* (New York: Praeger, 1957), p. 136. George Kheirallah, *Arabia Reborn* (Albuquerque: Univ. of New Mexico Press, 1952), pp. 239-40. Moukhtar Ani, *Saudi Arabia: Its People, Its Society, Its Culture* (New Haven: HRAF Press, 1959), p. 234。

这一发现对特威切尔来说预示着一笔意外之财。巴林距离沙特大陆仅12英里，在地理上与阿拉伯半岛相连，因此可以合理假设，如果该岛上有石油，那么邻近的海岸应该也有。在这一前提下，特威切尔回到美国，会见了伊拉克石油公司的代表。然而，受《红线协定》约束在阿拉伯联合工作的美国公司拒绝独立承担项目。特威切尔抱怨道："其中一些公司甚至认为'汉志'是一种新饮料的名字。"只有非伊拉克石油公司成员的加州标准石油公司准备冒险。1933年2月，在加州标准石油公司的律师劳埃德·汉密尔顿的陪同下，特威切尔回到吉达，并立即寻求获得在巴林对面海岸线的哈萨地区进行勘探的皇家特许权。

自1830年杰克逊政府与奥斯曼帝国秘密谈判以来，美国人从未与中东政府进行过如此激烈而直接的讨论，谈判再次被证明是错综复杂的。汉密尔顿和特威切尔刚与伊本·沙特精明而冷静的财政部长阿卜杜拉·苏莱曼展开讨论，苏莱曼就开始与伊拉克石油公司的律师谈判了。随后，双方打起了竞购战，出价越来越高，但都被沙特婉拒了。不过，美国人还是取得了最终胜利，这要多亏他们愿意用黄金付账（伊拉克石油公司付的是卢比），并向曾担任加州标准石油公司顾问的菲尔比提供了1000英镑的年金。即便这样，整个交易也差点泡汤，因为此时为了应对大萧条引发的货币危机，美国政府禁止了所有黄金出口。具有讽刺意味的是，这批黄金是在最后一刻从一家英国银行获得的。8月25日，在吉达，在苏莱曼的密切注视下，特威切尔点出了3.5万金镑——相当于今天的1550万美元——并向沙特提供了总计数百万美元的贷款。①

---

① Daniel Yergin, *The Prize: The Epic Quest for Oil, Money and Power* (New York: Touchstone, 1992), pp. 289 - 91. George Stocking, *Middle East Oil: A Study in Political and Economic Controversy* (Kingsport, Tenn.: Vanderbilt Univ. Press, [转下页]

与伊本·沙特签订协议是美国与阿拉伯乃至整个中东关系的转折点。美国人渗透到一个以前被视为英国专属领域的地区，与一位受人尊敬的阿拉伯君主建立了具有约束力的双边关系，从而为某种长久的经济纽带奠定了基础。但该协议的战略和经济价值仍远未获得保证。由于没有路，没有空中监视，也没有最基本的补给，美国工程师不得不在这种条件下对 32 万平方英里几乎无人涉足的沙漠进行勘测。

特威切尔团队的第一批成员斯凯勒·亨利和伯特·米勒于 1933 年 9 月抵达，两人都是一年前巴林探险时的老队员。另有数十人紧随其后——不仅有工程师，还有钻井工人、钻探设备建造工、机械师、管理人员和厨师。起初他们住在朱拜勒港附近的驼毛帐篷里，最终他们建造了碉堡，进口了美国奢侈品——空调、收音机，甚至还建了个游泳池。有几名工人还带来了自己的妻子。菲尔比以一种既着迷又轻蔑的口吻写道，美国人“坐着飞毯从天而降，带着奇怪的装置来探查地球内部，寻找一种全世界都叫嚣着要开足机器马力获得的液体淤泥。”然而，在阿拉伯沙漠生活，要饱受沙尘暴、咸水、腐败的地方官员和 120 华氏度高温的折磨，对这些美国人来说可不是什么浪漫的事。他们与当地人之间存在着深刻的文化鸿沟，当地居民也对他们的一些粗鄙的习惯——比如咒骂——感到不满。而厌恶往往是相互的。前北达科他州工程师、未来的石油公司总裁托马斯·巴格尔，对贝都因人吃蝗虫的古老习俗望而却步。“他们把蝗虫煮熟，在阳光下晒干，再在臼里捣碎，做成糊一样的东西，”他在报告中写道，“我想我还是

［接上页］1970)，p. 76. Sampson, *Seven Sisters*, pp. 109 – 11. Joseph W. Walt, “Saudi Arabia and the Americans, 1928 – 1951” (Ph. D. diss., Northwestern Univ., 1960), p. 87 (“Some of these firms”). H. J. B. Philby, *Arabian Oil Ventures* (Washington, D. C.: Middle East Institute, 1964), p. 124. 菲尔比说，国王其实在关于该协议的大部分讨论中都睡着了，他的——或者说菲尔比的——建议对美国人起到了决定性的作用。

吃燕麦片吧。”

然而，无论是环境还是文化上的挑战，都没有在这片贫瘠的广袤土地上选择一个地点，钻穿数千英尺的沙土和基岩，寻找一个侏罗纪的湖泊更令人生畏的挑战了。根据他们在巴林的经验，工程师们知道要寻找有时会积聚碳氢化合物的台地或山丘（阿拉伯语称 jabal）。其中最有希望的是在离朱拜勒不远的达曼地区的一个圆顶状凸起。从1935 年开始，在这个圆顶上挖了六口油井，虽然其中有些井出油了，但没有一口井的日产量能够达到盈利所需的数百桶。加州标准石油公司那些乐观地将公司改名为加州阿拉伯标准石油公司（CASOC，即后来的雪佛龙）的高管，这会儿也变得越来越恐慌。在大萧条最严重的时候，巨额资金却花在了一个看起来会夭折的项目上。加州阿拉伯标准石油公司的消亡以及沙特阿拉伯和美国之间早期关系的崩溃似乎已近在眼前。

然而，几乎不顾这些危险，开挖了最后一口井——7 号井。钻井始于 1937 年 12 月底，3 个月后，在半英里多的深处，钻头终于接触到了石油。3 月 4 日，一天之内就开采出了 3690 桶石油，在 2 号井和 4 号井的相同深度也开采出了类似数量。到该年年底，沙特油井的产量达到了惊人的 50 万吨——实际上，这么大产量，以至于美国人不得不铺设了一条新的管道将石油输送到海岸绿洲阿尔霍巴尔，在那里用泵抽到到美国近海油轮上。

在阿尔霍巴尔开启阀门的荣誉留给了伊本·沙特，他和他的 500 辆汽车、2000 名随从一起到达了现场。他对美国人取得的成就极为满意，并表示愿意就半岛其他地区的勘探权进行谈判。加州阿拉伯标准石油公司再次发现自己在与伊拉克石油公司竞争，还得与德国和日本的法西斯政府竞争，后者需要燃料来满足自己不断扩张的军事机器。商誉和黄金的结合——90 万美元的赠款和“租赁费”——最终又为美国人赢得了一场胜利。美国人现在获得许可，可以沿阿拉伯半岛南部和北部边境继续勘测12万平方英里，为期60年。①

潮涨潮落

沙特的石油与沙特的合同一起为长期受大规模失业和经济萧条困扰的美国工业注入了新的活力。然而，美国政府的反应仍然很冷淡。1937年5月，美国国务院拒绝了另一项与沙特建立外交关系的提议，总结道："在美国在沙特阿拉伯的利益取得进一步进展之前，我们应该维持现状。"美国人对教会学校和教堂的投资（大约每年450万美元）仍然超过了对中东钻井平台的投资。国务院还是反对侵入仍被视为英国管辖区的地区，也不愿仅仅为了一家美国公司的雇员就开设领事馆。

然而，国务院的态度再顽固也无法掩盖这样一个事实：自1920年以来，波斯湾油井的产量增加了900%，美国现在所需石油的14%都来自中东。一个英美合资企业在科威特也发现了达到经济数量的石油，而且有证据表明，另一个波斯湾酋长国卡塔尔也拥有丰富的石油储量。石油公司高管不断提醒美国决策者阿拉伯和海湾地区拥有巨大的经济潜力，并强调该地区人民与美国人民之间在文化和政治方面存在许多类缘性。

"尽管在一些方面表面上是有些专制，"卡尔·特威切尔认为，"但［沙特］政府……也显示出了某些民主特征。"1930年代，许多美国人在沙特阿拉伯工作了一段时间回国后，都对沙特的宽容、热爱

① Sampson, *Seven Sisters*, p. 111 ("descending from the skies"). Wallace Stegner, *Discovery: The Search for Arabian Oil* (Beirut: Export Press, 1971), pp. 3–54.

自由以及其君主和臣民根深蒂固的亲美主义赞不绝口，特威切尔只是这些美国人中的一员。很少有美国人比查尔斯·克莱恩更欣赏这些所谓的沙特特色。克莱恩1939年去世，如今，在他生命的最后几年，他深深地迷恋他称为“基督教文化的真正堡垒”的领导人——阿道夫·希特勒——的同时，也仍然强烈倡导维持美国和沙特阿拉伯之间的紧密关系，还不遗余力地支持着沙特国王。他向罗斯福总统保证：“伊本·沙特，是自一千三百年前穆罕默德时代以来阿拉伯半岛出现的最重要的人物。”

许多关于伊本·沙特及其王国的溢美之词，部分甚至全部是神话。沙特阿拉伯没有民主，充其量只是暂时容忍非穆斯林罢了。“我们穆斯林自有我们真正的信仰。”伊本·沙特曾实事求是地告知一名美国外交官，“我们会用你们的铁器，但别插手我们的信仰。”虽然伊本·沙特大体上忠于美国，但他也可以毫无顾忌地与英、法谈判以便在与美国签订合同时获取更高的利益。事实上，当美国谈判代表问他为何偏爱美国而不是欧洲时，伊本·沙特坦率地回答：“你们离得远啊!”

然而，尽管阿拉伯半岛的现实并不那么令人愉快，但它仍让许多在那里工作的美国人惊讶不已。其中就包括一种集传教士、商人与外交官于一身的新的多面手。石油公司需要熟悉中东并精通中东语言的高管，因此也热衷于雇用传教士及其后代。比如，路易斯·戴姆就离开了他的教会诊所，成为加州阿拉伯标准石油公司的专职医生。这导致了石油工业和传福音之间的高度共生关系。“沙特阿拉伯大概是世界上唯一一个石油和采矿业的发展完全源于慈善情怀的国家。”特威切尔写道。他在勘测闲暇，也帮助教会学校获得笔记本和足球等物资。美国国务院还试图让传教士成为驻中东外交官，而石油公司反过来又从外交使团中招募高管。威廉·艾迪是黎巴嫩一个传教士世家的后裔，曾任美国驻利雅得大使，后来又担任了石油公司顾问。

普利策奖得主、小说家华莱士·斯泰格纳推崇将浪漫、宗教和经济这三个因素融合在一起，塑造美国的沙特阿拉伯形象。1955 年，他受石油工业委托撰写了一部寻找阿拉伯原油的历史书，他在书中把沙特阿拉伯沙漠比作美国旧西部的丛林，把特威切尔和巴格尔这样的石头勘探者比作早期的美国传教士和拓荒者，“如果对一种生活方式的绝对信仰……构成了传教热情的基本因素，”他写道，“那么，这些人肯定是传教士，就像哈里森医生留在巴林的那些基督徒一样。”①

到 1939 年，沙特油井每年达到了 500 万桶的惊人产量，并已经成为美国的一个触手可及、无可争辩的利益所在。不过，随着当年 9 月第二次世界大战的爆发，这项投资突然受到了威胁。尽管沙特政府公开表示在这场冲突中保持中立，但据报道，沙特政府“欣赏”“德国的残酷无情”，并同情轴心国。纳粹特工据称曾与伊本·沙特取得联系，并向他提供了颇有竞争力的石油价格。因此，美国石油公司对其沙特业务的命运越来越焦虑，于是进一步向国务院施压，要求其与利雅得建立正式关系。国务院最终妥协，将驻开罗大使伯特·菲什的职责扩大到了沙特阿拉伯。菲什只去过这个国家一次，但那次经历给他留下了难以磨灭的印象。他写道：“可以毫不费力地说，

① Aaron Miller, *Search for Security: Saudi Arabian Oil and American Foreign Policy, 1939 -1949* (Chapel Hill: Univ. of North Carolina Press, 1980), p.25 (“We should let matters”), 26 - 27. Irvine H. Anderson, *ARAMCO, the United States, and Saudi Arabia: A Study of the Dynamics of Foreign Oil Policy, 1933 - 1950* (Princeton: Princeton Univ. Press, 1981), p.25. Kaplan, *Arabists*, p.71 (“the real bulwark”). DeNovo, *American Interests*, p.337. Lippman, *Inside the Mirage*, p.117 (“Saudi Arabia is presumably”). William Eddy Papers, box 17: Excerpt from Eddy's unpublished memoirs (“We Muslims”). Karl Twitchell Papers, box 5: Twitchell to Cleveland Dodge, March 3,1932. Stegner, *Discovery*, p.65 (“If utter faith”).

美国在沙特阿拉伯的经济利益现在已超过在任何［中东］国家的利益。”①

尽管如此，无论是德国向伊本·沙特示好的谣传，还是菲什满怀激情的报告，都没能改变美国对沙特阿拉伯的官方政策。1941年，受战争造成的经济衰退的影响，伊本·沙特请求华盛顿批准1000万美元的紧急租借贷款。石油公司高管警告称，如果得不到这一支持，沙特王国乃至整个阿拉伯世界都将陷入混乱，最终落入轴心国的怀抱。然而，罗斯福政府回应称，租借援助是专为支持摆脱暴政、追求自由而设的，“向沙特阿拉伯这样一个落后、腐败、非民主的社会提供经济援助”不符合美国的国家利益。国务院继续将阿拉伯视为英国而非美国的责任，并认为资助其国王是英国的独家义务。

美国拒绝了伊本·沙特的财政援助请求，这大大地触怒了国王。但金钱方面的分歧不会一直是沙特与美国关系紧张的主要根源。在未来几年里，迫在眉睫的是一个极具煽动性的问题，它将在白宫和沙特国王之间乃至在美国和整个阿拉伯政府之间产生史无前例的摩擦。“从先知穆罕默德时代起，犹太人就对阿拉伯人怀有敌意。”伊本·沙特在国务院演讲时说，“由于他们拥有的巨大财富以及在英国和美国的影响力，犹太人正在稳步蚕食阿拉伯人。”这种所谓的侵略发生在

---

① USNA, Records of the Department of State relating to the Internal Affairs of Saudi Arabia, 1930 - 1944: 890f. 00/53, Fish to the State Department, April 12, 1940 (“German ruthlessness”); 890f. 00/60, Twitchell to Murray, May 14, 1941; 890f. 00/73, 1941年10月29日，根据对近期从沙特回来的一位可靠线人（美国人）的采访完成的关于沙特阿拉伯情况的备忘录。Parker T. Hart, *Saudi Arabia and the United States: Birth of a Security Partnership* (Bloomington: Indiana Univ. Press, 1998), p. 37. Rex J. Casillas, *Oil and Diplomacy: The Evolution of American Foreign Policy in Saudi Arabia, 1933 - 1945* (New York: Garland, 1987), pp. 33, 37, 40. Miller, Search for Security, pp. 33 - 34 (“It can easily”)。

巴勒斯坦，国王“作为头号阿拉伯人和穆斯林”，声称对这片土地负有重大责任。①

在过去20年里，自巴黎和会结束以来，巴勒斯坦的犹太人和阿拉伯人之间以及这两大群体和执政的英国当局之间的关系不断恶化。这种恶化是一种螺旋式下降的结果，在这种模式下，犹太人移民到这个国家引发了阿拉伯世界的对抗，而阿拉伯世界的抵抗迫使英国放弃了对犹太人的承诺。面对这场闹哄哄的冲突，美国的态度是保持严格中立。但是，随着英国放弃在巴勒斯坦问题上的承诺，美国将发现自己被无法抗拒地拖入了阿拉伯-犹太人的泥沼，这既非它的意愿，也违背了其既定政策。

① Shwadran, *Middle East*, p.317. Brown, *Oil, God and Gold*, pp.106 – 7 (“extending financial assistance”). USNA, Records of the Department of State relating to the Internal Affairs of Saudi Arabia, 1930 – 1944: 890f. 00/73 Memorandum on Conditions in Saudi Arabia, Oct. 29, 1941; 890f. 00/81, Strictly confidential for Secretary and Under Secretary, April 17, 1943 (“Jews had been hostile”).

第二十四章
一场无解的冲突演变

尽管存在零星的紧张局势，巴勒斯坦的阿拉伯人和犹太人在一战前还是设法避免了大的自相残杀冲突。犹太复国主义者社区（即伊休夫）继续扩大，到战争结束时其人口已达7.5万人，他们中的许多人住在集体农庄（基布兹）或合作社（莫夏夫），或现代历史上第一个犹太城市特拉维夫。新的国家机构被设计成对定居过程提供帮助，发展基础设施，传播复兴的希伯来文化。土耳其人的失败消除了对犹太人移民和购买土地的最后限制。犹太人因此买下了加利利和沿海地区的大片土地，并迅速定居下来。在外交上，犹太复国主义运动似乎也取得了不可逆转的势头。1917年发表的《贝尔福宣言》承诺支持建立一个犹太民族家园，该宣言的文本被纳入了英国据以统治巴勒斯坦的国际联盟委任统治授权中。赫茨尔在以色列之地建立一个独立的犹太国家的梦想，似乎即将实现。

但巴勒斯坦的50万阿拉伯人几乎没有被纳入赫茨尔的愿景。这些人没有庆祝伊休夫的遍地开花，也没有歌颂英国人给予伊休夫的赞助。尽管被犹太复国主义定居点产生的经济利益所吸引——估计最终将有30万阿拉伯人从邻近的阿拉伯国家进入该国——但数千名巴勒斯坦的阿拉伯农民因犹太人购买土地而流离失所，城市工人则被技术熟练的犹太劳工边缘化。阿拉伯人带着越来越焦虑的心情看着一个西方式的大部分是世俗化的犹太实体在伊斯兰教的中心地带扎根。受正在鼓动埃及、伊拉克和叙利亚等地发动反帝起义的民族主义思想的激励，又受到该地区日益突出的伊斯兰复兴运动观点的影响，巴勒斯坦的阿拉伯人开始联合起来反抗犹太复国主义项目。从 1919 年开始，召开了一系列全国代表大会，要求巴勒斯坦的阿拉伯民族独立，并协调反犹太复国主义运动。

巴勒斯坦的阿拉伯民族主义意识的觉醒之时，恰逢俄国南部和乌克兰爆发新一轮大屠杀惨剧。成千上万的犹太人被迫到海外避难。此前，很多受害者会到美国寻求庇护，但国会颁布的严格的配额政策极大地限制了移民美国，将众多无家可归者引去了巴勒斯坦。新涌入的犹太人受到伊休夫居民的欢迎，却令阿拉伯人感到恐惧和不满。1920 年 3 月和 1921 年 5 月，阿拉伯民团分子两次袭击犹太人社区和农场，造成数十人伤亡。

阿拉伯人的强烈反应使英国人大为震惊。他们突然意识到，如果不激怒中东的阿拉伯人以及整个大英帝国的数百万穆斯林，犹太民族的家园根本无法建成。在 1922 年的白皮书中，当时的殖民地大臣温斯顿·丘吉尔建议限制进入本国的犹太移民数量，并向阿拉伯人保证英国无意将巴勒斯坦变成一个犹太国家。为了彰显诚意，英国任命了一位年轻的巴勒斯坦知名人士哈吉·穆罕默德·阿明·胡赛尼入主专门设立的大穆夫提[①]办公室，胡赛尼是个敏捷行动有力的反犹太复国主义者，曾因参与暴乱而被捕。

犹太人谴责了他们所认为的英国人不遵《贝尔福宣言》的做法以及英国人对阿拉伯暴力事件的调解。他们孜孜不倦地游说取消移民限

① 伊斯兰教教法权威。——译者

制，并秘密组建了自己的军队哈加纳[①]（即国防军）。犹太复国主义团体的另一部分，即弗拉基米尔（泽埃夫）·亚博廷斯基强硬领导下的修正主义者，反对英国将外约旦从巴勒斯坦分离出去的决定，要求立即在“约旦河两岸”建立一个犹太国家。但是在激怒犹太人的同时，英国人没能安抚住阿拉伯人。穆夫提坚决要求立即停止一切犹太人移民，并取消委任统治，为建立独立的阿拉伯国家让路。

到1920年代中期，巴勒斯坦的冲突已经陷入了一种棘手的模式。欧洲的反犹主义促使犹太人移民到巴勒斯坦，这反过来又引发了阿拉伯人的抵抗。随后，英国试图安抚阿拉伯人，却只是成功地激怒了犹太人，并激励阿拉伯人提出了独立要求。

这种模式在1924年再次出现，当时又一波大屠杀导致6.7万名波兰犹太人逃到巴勒斯坦。被这波浪潮吓坏了的阿拉伯人接着又被谣言激怒了，其中许多谣言是穆夫提散布的，说亚博廷斯基和他的修正主义支持者们正在密谋征服耶路撒冷的谢里夫圣地（圣殿山），那是伊斯兰教第三大圣地。阿拉伯暴徒随即袭击了耶路撒冷周围以及萨法德、希伯伦和加沙地带的犹太社区。哈加纳进行了反击，经过一周的小规模冲突，共有133名犹太人和116名阿拉伯人丧生。英国对这场屠杀的回应是再启一项调查，再发表一份白皮书建议限制犹太人移民，并加倍努力缓解阿拉伯人的恐惧。犹太人激烈地抗议，穆夫提则再次呼吁结束犹太复国主义事业、取消委任统治。犹太复国主义和中东阿拉伯人之间长达一个世纪的斗争就是由这种模式演变而来的。[②]

---

① 建在巴勒斯坦的早期犹太人定居者的非常规组织，犹太复国主义者的军事组织。——译者

② 对阿以争端的起源的研究已经产生了无数本书，然而，其中很少有人不在这场冲突中对一方或另一方表现出明显的偏见，关于这一主题的一些备受推崇的学术著作，参见：Philip Mattar, *The Mufti of Jerusalem: Al-Hajj Amin al-Husayni and the Palestinian National Movement* (New York: Columbia Univ. Press, 1988)，［转下页］

美国既不希望也不打算卷入这场冲突，恰恰相反，它决心对各方保持不偏不倚的态度。尽管许多美国人、犹太人和怀有复原主义思想的基督徒仍然期待着在圣地重建犹太人的主权，但美国政府在两次世界大战期间的官方政策是对巴勒斯坦毫不动摇地采取中立。美国领导人解释说，这个问题属于美国从未加入的国际联盟的管辖范围，属于大英帝国的委任统治范围。然而，尽管美国努力避免卷入这场争议，却仍然发现自己被卷入了阿拉伯—犹太人之间日益加剧的敌意以及英国撤退留下的真空。

恪守中立

近东事务局局长艾伦·杜勒斯劝告说："在此特殊时刻让政府承诺支持犹太复国主义者将是特别不幸的。"普林斯顿大学毕业的杜勒斯是一名长老会传教士的孙子，也是罗伯特·兰辛的外甥，作为职业外交官的代表人物，到1920年代，他这样的人已经取代美国犹太人成为美国与中东的中间人。他们继承了传教士对犹太复国主义的厌恶，认为该运动是有害的、侵略性的，差不多就是一个共产主义阵线。一位美国领事猜测道："如果［犹太复国主义者］不去巴勒斯坦，他们就会转投托洛茨基。"这些野心家迅速将近东事务局变成了一个排他性俱乐部，即使以英国外交部的标准来看，该俱乐部"在……情绪上也绝对是反犹的"。由于没有与美国犹太复国主义联盟相对应的阿拉伯裔美国人组织，美国国务院成为一战后反对建立"犹太民族家

［接上页］pp. 12－49. Christopher Sykes, *Crossroads to Israel, 1917－1948* (Bloomington: Indiana Univ. Press, 1973), pp. 41－232. J. C. Hurewtiz, *The Struggle for Palestine* (New York: Greenwood, 1968), pp. 3－94。

园”的最老练、最主要的力量。1920 年 3 月，当同为一战老兵的美国人——雅科夫·塔克和泽埃夫·沙夫——在抵抗阿拉伯人对特拉哈伊犹太人定居点的袭击中丧生时，美国国务院[①]依然保持着明显的沉默。

不过，这种对犹太复国主义的反感并不能转化为对阿拉伯人的全面支持。那份认为该局有反犹倾向的英国报告，对其这样描述道：“与其说是亲阿拉伯，不如说是反犹太复国主义。”尽管许多野心家内化了传教士对阿拉伯民族主义的同情，但他们也承认，美国人一向生怕在外国事务中纠缠不清。自一战以来，这种惶恐不安加重了，使得沃伦·哈定、卡尔文·柯立芝和赫伯特·胡佛政府将关注点转向国内，回避对海外许诺。国务院意识到这一趋势，建议美国保持对巴勒斯坦的中立态度。杜勒斯说：“［我们］应该避免任何表明官方支持……犹太复国主义者、反犹太复国主义者或阿拉伯人的行动。”

孤立主义也是国会在巴勒斯坦问题上的立场。国务院的非民选官员声称代表美国利益，不受“国内政治影响”——这是对犹太人向他们施压的委婉说法；与此相反，国会对犹太人的选票更为敏感，因此对犹太复国主义更为关心。参议员亨利·卡伯特·洛奇宣称：“世界各地的犹太人都希望在其族群的发源地……拥有一个全民族的家园，这完全……值得嘉许。”他以这番话表示对一项联合协议的支持，该协议于 1922 年 9 月重申了国会对《贝尔福宣言》的赞同。但是，领导了反对拟议的美国接管亚美尼亚的行动的这位洛奇，此刻并不打算将他的国家推入他眼中的另一个中东陷阱。美国国会 1925 年批准生效的《英美巴勒斯坦条约》（Anglo-American Treaty on Palestine）为美国在圣地的商业和慈善利益提供了保护，但除此之外，该条约将其

① 此处以 Foggy Bottom（雾谷）指代美国国务院，这是国务院的一个绰号，因其位于华盛顿特区的宾西法尼亚大道以南 19 到 24 街区，常被大雾与工业废气笼罩而得名。——译者

他全部权力都移交给了大不列颠。①

然而，1929 年的骚乱爆发规模远远超过了以往任何一次，预示着美国的封闭状态有可能被打破。死亡的犹太人中有 8 名美国人，大多是来自宗教学校的年轻学子。有关此间暴行的描述令人想起最近在亚美尼亚发生的暴行。"一群野蛮的阿拉伯人破门而入"，一名从希伯伦大屠杀中幸存的美国妇女作证道，她还说：

> 第一个被杀的是拉比。随后是那些手无寸铁、无法保护自己的年轻人，他们喃喃地念诵着为死者祈祷的经文。我亲眼看到我最亲爱的朋友被杀害。不久，我也被打中了，失去了知觉。我就这样被埋在一堆尸体下面。

美国国务院收到了类似报告，以及大量呼吁美国介入巴勒斯坦事务的信件，写信的不仅仅是美国犹太人。由基督教复原派神职人员和知识分子组成的美国亲巴勒斯坦联盟联合了犹太复国主义团体，请求援助巴勒斯坦的犹太人。纽约州众议员汉密尔顿·菲什虽然是一名狂热的孤立主义者，但也敦促政府"……命令离巴勒斯坦最近的美国船只前往，答应让海军陆战队登陆，保护……被狂热的无法无天的暴徒威胁的美国公民的生命和财产"。但是，这些有利于巴勒斯坦犹太人利益的恳切呼声，却被国务院官员和驻耶路撒冷总领事保罗·克纳本

① Irwin Oder, "The United States and the Palestine Mandate, 1920 – 1948: A Study of the Impact of Interest Groups on Foreign Policy" (Ph. D. diss., Columbia Univ., 1956), pp. 75 ("an influential and noisy"), 320. Gideon Biger, "The American View of the Tel Hai Affair," *Journal of Israeli History* 19, no. 1 (1998): 91 – 94. Manuel, *Realities*, pp. 272, 277 ("[We] should avoid"), 280 – 84, 291 – 92 ("They would turn Trotsky"), 293 – 99. Barry Rubin, *The Great Powers in the Middle East, 1941 – 1947* (London: Cass, 1980), p. 22 ("decidedly anti-Jewish"). See also Knee, "Anglo-American Relations," pp. 13 – 17.

舒发出的反犹太复国主义声音湮灭了，而且这位总领事的声音最为尖锐。

克纳本舒外表粗犷、不苟言笑，很容易让人忽略他运动健将的一面——每年7月4日他都会在耶路撒冷组织棒球比赛——但是一谈到犹太复国主义，他总是神情阴郁。克纳本舒是后来往往被语带嘲弄地统称为阿拉伯人的国务院官员的典型代表，作为一名在中东待了多年的外交官，他懂阿拉伯语，鄙视犹太复国主义运动。克纳本舒否认那份文件[①]是“犹太金融影响力”的产物，并进一步否认西墙不过是罗马晚期的废墟，声称这与犹太人毫无关系。然而，克纳本舒声称，是犹太人以其“挑衅行为”激起了“守法的普通阿拉伯人”暴动，就像他们此前引发了俄国的大屠杀一样。“事情总能归咎到犹太人身上，因为他们总是搬起石头砸自己的脚。”

美国犹太领导人随即指责克纳本舒反犹，并坚决要求立即将其召回。他们还向国务卿亨利·L. 史汀生请愿，抗议英国未能保护巴勒斯坦犹太人，并要求美国采取更积极的亲犹太复国主义的政策。史汀生的反应是将克纳本舒调到巴格达，并发表声明重申美国对犹太复国主义的同情，但其基本立场并未改变。[②] 他一再重申，巴勒斯坦问题

---

① 指《贝尔福宣言》。——译者

② Naomi Cohen, *The Year after the Riots: American Responses to the Palestine Crisis of 1929 – 30* (Detroit: Wayne State Univ. Press, 1988), pp. 22, 23 ("A crowd of savage Arabs"), 27 – 28, 29 ("ordinary law-abiding"), 33 ("The Jews are always"). USNA, RG 59: Palestine Internal Affairs: Knabenshue to Stimson (n. d.) ("Jewish financial influence"); Knabenshue to Stimson, Aug. 24, 1929 ("provocative acts"); Knabenshue to Stimson, Aug. 26, 1929; Hamilton Fish Jr. to Stimson, Aug. 28, 1929; Knabenshue to Stimson Oct. 19, 1929. CZA, A243/104, Stephen S. Wise Papers: Memorandum of Meeting of SSW with Secretary of State Stimson on the S. S. *Leviathan*, Sept. 1, 1931. Manuel, *Realities*, pp. 302 – 3. "Says Syria Admires Us," *New York Times*, Jan. 11, 1929; "4th in Jerusalem Brings Out Throngs," *New York Times*, July 5, 1929. "U. S. Investigates Palestine Consul," *Washington Post*, Sept. 7, 1929. Oder, "United States and the Palestine Mandate," p. 156.

是英国而非美国的责任。

亲犹太复国主义的美国人和像克纳本舒这样的国务院野心家之间的龃龉，代表了对信仰的针锋相对的解读所产生的又一次冲突。前者认为，美国的公民理想（如果不是其宗教遗产的话）要求对犹太民族的家园提供援助，而后者则以同样的出发点反对援助。这种紧张局势随后将伴着阿拉伯—犹太之间不和的加剧而相应升级，但在未来十年的大部分时间里，美国人将为其他事情所困扰，具体而言，是美国内政。1929 年的诸多变乱发生 4 个月后，股市崩盘，经济陷入动荡。对于现下正为下一顿饭奔忙的美国人来说，巴勒斯坦的未来已无关紧要。

大萧条也削弱了美国犹太复国主义者影响政府对巴勒斯坦政策的能力。由于犹太人中有很大一部分是投资者和商人，他们在这次崩溃中受的打击尤其严重，不再能继续参与政治和慈善事业。他们很快成了亨利·福特和查尔斯·考夫林神父等反犹分子的攻击目标，后者指责“国际犹太人”为一己私利策划了大萧条，并呼吁美国基督徒团结起来共同反对邪恶的犹太势力。《财富》杂志观察发现：“美国人并不比纳粹更喜欢犹太人。”该杂志提到的民调显示，超过一半的美国人持有根深蒂固的反犹观念。本已因这种偏见而战战兢兢的美国犹太复国主义者，因为富兰克林·德拉诺·罗斯福 1933 年当选总统而更举步维艰。不管罗斯福在巴勒斯坦问题上的立场如何，他都可以指望获得传统上自由民主的美国犹太社区的支持，且始终不受犹太复国主义游说的影响。

美国在巴勒斯坦问题上的中立，国务院对犹太复国主义的抵制以及美国犹太人的疲弱，这三个因素在 1936 年 4 月暴力再次席卷圣地时汇集在了一起。纳粹德国的 16.4 万名犹太难民的到来激怒了巴勒斯坦阿拉伯人，他们再次要求叫停犹太人移民与土地购买。正领导多党阿拉伯高级委员会的穆夫提呼吁举行大规模罢工以示抗议，但各项被动措施很快被针对英国和犹太目标的武装袭击取代。被大火烧焦的、弹孔累累的汽车——阿拉伯伏击事件的受害者——停满了巴勒斯坦的道路两旁，村子里到处是烧得焦黑的田地和被破坏的管道。“在恐怖主义的阴影下生活了好几个月的巴勒斯坦犹太人……现在亲眼看到自己的同胞在城市街道上被刺伤，在田野里被枪杀，……甚至在自己家中被杀害。”美国驻耶路撒冷领事乔治·沃兹沃斯这样写道。这位领事是一位阿拉伯主义者，对伊休夫不抱什么同情。总共有415名犹太人被杀害。

英国对这次后来所称的阿拉伯起义的反应，是另外发起一项调查，撰写一份报告。皮尔勋爵领导的一个皇家委员会建议，在包括加沙和约旦河西岸在内的巴勒斯坦大部分地区建立一个阿拉伯国家，在沿海平原和加利利建立一个犹太国家。英国将在耶路撒冷周围保留一块飞地和一条通往雅法港的走廊。该委员会还建议将犹太移民的数量限制在每年1.2万人以内。少年老成的哈佛大学大四学生约翰·菲茨杰拉德·肯尼迪对该计划表示支持，他写道：“在我看来，唯一要做的事就是把这个国家分成两个自治区。”在游历巴勒斯坦并亲眼见证了暴力事件后，肯尼迪渐渐确信，一分为二是唯一办法，只有这样才能调和“犹太人”要“完全统治”整个国家的“傲慢态度”与阿拉伯人对犹太人“优越感”的恐惧和英国对双方相互矛盾的承诺。“否则整个局势不可能有解。”

然而，随着犹太人在中欧和东欧遭到的袭击成倍增加，局势只会更糟，在1938年11月臭名昭著的“水晶之夜”大屠杀中达到高潮。在德国、奥地利和苏台德地区，由政府支持的暴行造成近百名犹太人死亡、数千人受伤。千余座犹太教堂和7500多家犹太企业被毁，3万名犹太人被围捕并被赶到集中营。美国对这些暴行予以强烈谴责，但并未给受害者提供切实帮助。来自美国和32个国家的代表在法国埃维昂举行会议，详细讨论了能够缓解欧洲不断增长的难民人口麻烦的各种办法，但最终都没有被采纳。随着通往巴勒斯坦的大门实际上被闩上，欧洲犹太人注定要走向死亡。

许多美国犹太人——不管是犹太复国主义者还是非犹太复国主义者——都被整个民族毁灭的前景吓坏了，他们一起摆脱大萧条时期的种种束缚，动员起来反对皮尔的建议。数百名国会议员收到了信，信中敦促他们抗议这种“彻底背离（如果不是彻底颠倒的话）巴勒斯坦委任统治政策的做法”，保护“作为欧洲遭迫害的犹太人的主要希望之路的犹太民族的家园……”。这场运动的结果起初似乎是有利的。国会议员唐纳德·奥图尔向犹太复国主义领袖斯蒂芬·怀斯保证，“作为数百年来为建立自己的国家而奋斗的爱尔兰人的后裔”，他将“以他所拥有的全部勇气、智慧和能力，反对美国以任何方式批准这一分治”。12名参议员向罗斯福总统请愿，要求阻止英国单方面改变授权。

美国政府本可能同意这些要求，但犹太复国主义者并不是唯一向其施压的。国务院对皮尔报告的提议没有表示任何不满，还警告莫对犹太人表现出不该有的同情。近东事务局分部的另一位负责人、以厌恶犹太复国主义而著闻名的华莱士·默里肯定地说：“在美国，希特勒情结日益增长……而在阿拉伯人之间，有一种非常危险的罗斯福情结正在滋长。”他提议，欧洲犹太人应该尽可能从中东转移到马达加斯加、喀麦隆或安哥拉。传教士领袖们也提醒道，不要像石油公司的董事长们那样，采取倾向于犹太复国主义的政策。“本届政府支持犹太人……在巴勒斯坦的主张的任何决定都可能会对美国在沙特阿拉伯的石油利益产生严重影响。”一位加州阿拉伯标准石油公司的高管警告说，“这甚至可能导致他们被驱逐出境。”[①]

是否在这场看似无法解决的冲突中进行调解，以及如果是，由哪一方出面，最终决定权不在国会、国务院或大企业。而是，只属于总统，他以独一无二的权威指导国家的外交事务，即使坐在轮椅上也是如此。

富兰克林·德拉诺·罗斯福虽然身有残疾，但他的贵族风度和让人如沐春风的魅力让人很容易卸下心防，这位嘴边总是叼着香烟的笑眯眯的总统，是位极为精明的政治家，深谙权力之道及其局限。在其公共事业生涯中，他在威尔逊式国际主义和对国内问题的关注之间左右为难，在追求美国理想和不讲情面的现实政治之间摇摆不定。他的前任赫伯特·胡佛称他为“穿格子花呢的变色龙”，在巴勒斯坦问题上，罗斯福尤其左右摇摆。

美国犹太复国主义者确信总统在坚定地支持他们，就连高级官员也认为他在暗中支持建立犹太国家。罗斯福向国务卿科德尔·赫尔表达了对英国企图限制犹太人移民巴勒斯坦的失望，他咬牙切齿道：“美国绝不同意。”然而，罗斯福也生怕在巴勒斯坦问题上与阿拉伯世

---

① CZA, A 243/178, Stephen S. Wise Papers: Wise to Frankfurter, July 29, 1937; O'Toole to Wise, July 30, 1937; Wise to Felix Frankfurter, Oct. 16, 1938. *FRUS*, 1937, vol. 4: Memorandum by Wallace Murray, July 12, 1937, p. 893 (“Any disposition”); 1938, vol. 2: Memorandum submitted to the Secretary of State by American Jewish Delegation, Oct. 14, 1938, p. 956 (“radical departure”). USNA, Palestine Internal Affairs: Wadsworth to Secretary of State, July 7, 1938 (“Palestinian Jews”); Murray to Secretary of State, Feb. 1, 1939 (“In America there is”); Wadsworth to Secretary of State, June 27, 1939. John Fitzgerald Kennedy Presidential Library, President's Office Files, box 135, Series: Special Events, Folder: 1939 (“It seems to me”): Letter Written to His Father following Trip to Palestine. Halperin, *Political World of American Zionism*, pp. 21 - 26. Louis Rapoport, *Shake Heaven and Earth: Peter Bergson and the Struggle to Rescue the Jews of Europe* (Jerusalem: Gefen, 1999), p. 43 (“Americans don't like Jews”). Phillip J. Baram, *The Department of State in the Middle East, 1919 - 1945* (Philadelphia: Univ. of Pennsylvania Press, 1978), pp. 263, 268.

界爆发他所谓的“圣战”，他更希望犹太难民定居在其他像巴拉圭或埃塞俄比亚这样的地方。“我将在巴勒斯坦周边装上带刺铁丝网，”他向自己的财政部长小亨利·摩根索坦言，“我会让耶路撒冷保持现状，由正统希腊天主教、新教和犹太教教徒共同管理。”这位小亨利·摩根索是犹太裔，也是美国前驻土耳其大使之子。总统确信，许多巴勒斯坦阿拉伯人“在那里的权利甚至比犹太人还少”，他建议，“只要出一点点补贴”，也许就会诱使成千上万的巴勒斯坦人在伊拉克重新定居。

然而，罗斯福是一位太过精明的政治家，他不会让自己的国家卷入一场看上去无法解决的冲突，尤其是在国内面临财政危机而世界正踉踉跄跄走向战争之际。作为从未接受过复原主义思想的圣公会的一员，他认为以疏远阿拉伯人为代价来遣返犹太人没什么好处。虽然总统偶尔会私下表示出对犹太人建国想法的青睐，但他明白公开赞同这一想法没什么益处，反而会招致各种危险。①

① 转移30万巴勒斯坦阿拉伯人的提议最先是由爱德华·诺曼摆到台面上的，他是犹太人，但不是犹太复国主义者，他是1893年世界博览会食品特许权的家族财富继承人。该项目的成本估计是3亿美元，由西方大国和富有的犹太人贡献，然而大不列颠和法国都没有表现出对这个想法的热情，罗斯福也没有真的下功夫去实施。参见：Rafael Medoff, *Baksheesh Diplomacy: Secret Negotiations between American Jewish Leaders and Arab Officials on the Eve of World War II* (Lanham, Md.: Lexington Books, 2001), pp. 3, 140 (“less right there”), 141 - 43。关于罗斯福的总体外交政策，尤其是对巴勒斯坦的，参见：Robert Dallek, *Franklin D. Roosevelt and American Foreign Policy, 1932 - 1945* (New York: Oxford Univ. Press, 1979), p. 20 (“a chameleon on plaid”). Willard Range, *Franklin D. Roosevelt's World Order* (Athens: Univ. of Georgia Press, 1959), p. 8。James MacGregor Burns, *Roosevelt: The Soldier of Freedom* (New York: Harcourt Brace Jovanovich, 1970), pp. 108, 397 (“I would put barbed”). Conrad Black, *Franklin Delano Roosevelt: Champion of Freedom* (London: Weidenfeld & Nicolson, 2003), p. 928. Frederick W. Marks III, *Wind over Sand: The Diplomacy of Franklin Roosevelt* (Athens, Georgia: Univ. of Georgia Press, 1988), p. 253. William Roger Louis, *The British Empire in the Middle East, 1945 - 1951* (New York: Oxford Univ. Press, 1984), p. 243 (“Holy Gehad”). *Memoirs of Cordell Hull*, vol. 2 (New York: Macmillan, 1948), p. 1530 (“It is something”). Steiner, *Religious Beliefs*, pp. 66 - 67. Grose, *Israel in the Mind*, pp. 113, 138 - 39 (“little baksheesh”)。

因此，美国对巴勒斯坦危机的反应是再次坚持中立。赫尔在给英国外交大臣安东尼·艾登的信中写道："多年来，大部分美国公众都在密切关注着巴勒斯坦的犹太民族之家的发展。"赫尔提到了"美国有影响力的犹太人圈子"对移民问题的深切关注，但他并没有强调需要接纳更多犹太人入境，而只是要求保证居住在那里的美国公民的安全。信末，赫尔在向艾登保证他"当然不会以任何方式干涉英国可能采取的政策"的同时，强调了美国的保留态度。

美国不够强硬的立场让英国官员松了口气。"[这]几乎不值得认真对待，"赫尔在一份外交部官方信件中这样写道，同时还指出，"这一古老族裔"——犹太人——"在美国并不特别受欢迎"，也没有能力影响美国政策。然而，对美国公正性的满意并没有妨碍英国镇压阿拉伯叛乱，也没能阻止近 2 万人伤亡及将穆夫提从巴勒斯坦驱逐到塞舌尔。但在压制了阿拉伯人对巴勒斯坦的抱负之后，英国人开始着手消灭犹太人的野心。1939 年 5 月 17 日，英国政府发表了一份白皮书，它几乎叫停了犹太人在巴勒斯坦购买土地的行为，且将犹太人在 5 年内的入境人数限制在 7.5 万人以内，还赋予阿拉伯人对超额移民的实际否决权。曾帮助英军挫败阿拉伯人起义的哈加纳，因试图将难民偷运到巴勒斯坦而被解除武装并被宣布为非法组织。"白皮书对阿拉伯人来说是一个明显的胜利，"来自伊拉克的领事保罗·克纳本舒赞许地说，"英国的新政策……使得建立犹太国家成了镜花水月。"

白皮书再次激怒了犹太复国主义在美国的支持者，但政府仍然顽固地超然于外。在华盛顿看来，巴勒斯坦仍旧是英国的问题，而欧洲犹太人则是全世界的问题。阻止犹太难民抵达美国海岸的任务落到了布雷肯里奇·朗的肩头，他也毕业于普林斯顿大学，曾在国务院供职，认为犹太人是"拥护共产主义和制造社会混乱的能手"。朗说，许多难民不是苏联就是纳粹的特工，因此他设法将大部分人都排除在外，只让少数难民拿到了签证。他的政策在政府内部几乎没有引起反对——朗声称，罗斯福“与我的想法完全一致”。① 在美国反犹主义情绪日益高涨、全国注意力都集中在全球滑向战争之际，美国犹太人不敢攻击一位受欢迎的总统，他们认为自己无力帮助巴勒斯坦同胞或欧洲同胞。他们失去了权力的支持，又不愿仅仅依靠信仰，于是转向了幻想。

纽约世博会最时兴的景点之一是巴勒斯坦馆，它抢尽了其他中东展馆的风头。在白皮书发表的当月，这座由物理学家阿尔伯特·爱因斯坦奉献的展馆展示了一家“专营美味的巴勒斯坦菜肴”的特拉维夫咖啡馆、所罗门神庙的模型，以及描绘犹太复国主义在农业、科学和艺术方面成就的壁画。迎接参观者的是一名年轻女子，她是一名集体农场工人兼哈加纳的战士，被誉为“巴勒斯坦最美丽的女孩”。不过，这一展馆除了提供烹饪和视觉享受之外，还向宾客们发送了这样一条政治信息：“此时，当我们的家园正被当作国际阴谋的棋子时，这个展馆对以色列之地犹太人的目标和愿望有着极其重要的意义。”

到 1940 年，已有超过 300 万美国人参观了巴勒斯坦馆，超过了 1893 年纪念哥伦布的博览会上参观所有“东方”展馆览的人数。那些早期铺张华丽的娱乐表演的幕后策划者索尔·布卢姆，现在是纽约州的一名国会议员，是他协助获得了修建这次展览场地的许可。布卢

① *FRUS*, 1936, vol. 3: Secretary of State to Ambassador in the United Kingdom, July 27, 1936, p. 444 (“influential Jewish circles” and “of course presume”); 1937, vol. 2: Memorandum from Secretary of State to the American Ambassador in the United Kingdom to be delivered to the British, p. 890 (“Large sections”). Manuel, *Realities*, pp. 306 - 8. PRO, FO 371: Mr. Mallet to British Embassy. Sept. 21, 1936 (“[It] is hardly worth”); Sir R. Lindsay to Viscount Halifax. Nov. 25, 1938. Grose, *Israel in the Mind*, p. 100. USNA, Palestine Internal Affairs: Knabenshue to Murray, May 25, 1935 (“The White Paper”). Henry L. Feingold, *The Politics of Rescue: The Roosevelt Administration and the Holocaust, 1938 - 1945* (New Brunswick: Rutgers Univ. Press, 1970), pp. 126 - 31, 135 (“exponents of Communism”), 146 (“was 100%”).

姆声称，伊休夫是美国旧西部转世，是开拓精神的体现。参观者之一、纽约市长菲奥雷洛·拉瓜迪亚到此也同样忆起了“开路先锋要成功所必须拥有的坚定毅力和牺牲精神”。事实上，这些声明（乃至展馆的任何展品）中都明显没有提到阿拉伯人，也没有提到阿拉伯人对犹太人主张与英国托管巴勒斯坦的双重挑战。

无论是巴勒斯坦馆的轰动效应，还是亲犹太复国主义政客的声明，最终都证明无法撼动美国迅速采取的中立立场。白皮书发表 4 个月后，德国入侵了犹太人口超过 300 万的波兰，而美国仍在被动地观望。英国拒绝让这些犹太人到巴勒斯坦寻求最后的庇护，此举打破了欧洲反犹主义导致犹太移民激增和阿拉伯以叛乱来回应的模式。在接下来的 6 年里，一股旋风席卷从伦敦到新加坡、从莫斯科到南海的全世界，被称为巴勒斯坦的中东狭长地带很大程度上被遗忘了。乔治·沃兹沃斯在耶路撒冷郁闷地说：“此时，这片可怜的圣地，对所有身在其中的人——不管是阿拉伯人、犹太人还是英国人——来说，都必然成了名副其实的地狱。”①

巴勒斯坦概况

对于处于两次世界大战之间的大多数美国人来说——无论是犹太

① CZA, L66/22: Letter to Zionist Delegates (n. d.) (“At this time”); Letter to Heads of Organizations (n. d.) (“specializing in delicious”); L66/24: Brainin to Weisgal, Sept. 20, 1938 (“the most beautiful girl”); L66/59: Memorandum on the Opening of the Palestine Pavilion, May 13, 1939; Brainin to Bloom, June 30, 1939; L66/77: Press Release for Tuesday, Feb. 27, 1940; L66/69: Letter for Palestine Book by F. H. La Guardia (n. d.). See also James L. Gelvin, “Zionism and the Representation of Jewish Palestine at the New York World's Fair, 1939 - 40,” *International History Review* 22, no. 1(2000): 37 - 64. USNA, Palestine Internal Affairs: Wadsworth to Secretary of State, Sept. 11, 1938.

复国主义者还是国务院的阿拉伯主义者——巴勒斯坦仍然只是一个抽象概念，是国内争执中的一个因素，也是难民的一个遥远庇护所。暂时或永久居住在巴勒斯坦的美国公民约有 1900 人，事实上比中东其他所有地区美国人的总和还要多，但对这些人来说，围绕这个国家未来的问题远远超出了政治和慈善事业的范畴；而是一个事关强烈的情感，且往往伴随着具体的承诺、牺牲以及个人和国家生死存亡的问题。尽管美国人在总人口中所占的比例微不足道，但他们对巴勒斯坦的教育、技术和农业发展加诸了不成比例的影响，并在争取巴勒斯坦最终地位的斗争中发挥了至关重要的作用。

超过三分之二的巴勒斯坦美国人是犹太人，他们中的大多数人都非常积极主动，就像上个世纪的基督徒殖民者一样，愿意放弃他们在新世界的舒适来到这片土地工作、定居。在这些人中，有些曾在犹太军团服役，并在第一次世界大战结束时留在了巴勒斯坦；而另一些人则是逃离美国的贫民区，来此寻求更充实健康的生活。移民中，女性的数量惊人，已婚和未婚的都有，她们渴望打破传统的束缚，抓住犹太复国主义的平等主义承诺——并不总是能兑现。其中一位女性名叫果尔达·马博维茨，当过裁缝和教师，注定会出人头地。

“新的食物，各种令人困惑的来自某种完全陌生的语言的声音。”她回忆起 1906 年孩提时的自己从基辅来到威斯康星州密尔沃基时的情景，“我仍然记得我当时站在街头，茫然不知自己是谁、又身在哪里。”果尔达意志坚定、少年老成，忧郁的外表下洋溢着热情，她很快适应了美国生活，参加了高中俱乐部，同时努力打工减轻家庭贫困。跟当时很多城市的犹太社区一样，密尔沃基的社区是一个各种相互竞争的意识形态的大熔炉，有共产主义、亲纳粹派和犹太复国主义。最后一种立即吸引了马博维茨，她成为主流的社会主义犹太复国主义的活跃分子。1921 年，在与莫里斯·迈耶森结婚后，她离开威斯康星前往巴勒斯坦。

“我欠美国颇多，”她后来回忆道，“我不是在逃离压迫和不安全感……而是在参与一项为了实现我自己人民的独立与安全的事业。”她在不适合航行且名字不相称的“波卡洪塔斯号”① 上煎熬了一个月，最终在埃及的亚历山大结束了这趟旅程。迈耶森的幻想在此破灭，她与中东的首次接触再现了几代美国旅行者的体验——“乞丐成群结队，有男有女还有孩子，都裹着肮脏的破衣烂衫，身上落满了苍蝇”——她急忙赶火车去了雅法。然而，当她在那里遇到来自东欧的犹太复国主义先驱时，她又经历了另一种失望。“他们相当明确地表示，我们是‘软蛋’，是被宠坏的美国移民……可能待不了几周就会逃离巴勒斯坦。”后来，在耶斯列山谷，作为默瑞维亚集体农庄的一员，迈耶森在这个毗邻沼泽地的棚屋区遭遇了比她在密尔沃基的经历更甚的严重贫困。“可吃的东西极少，能弄到的食物入口又难以下咽。”尽管如此，在田间和鸡舍的10个小时轮班工作，让这位骨瘦如柴、意志坚定的理想主义者产生了巨大的满足感，一种归属感和使命感。“我太幸福了。”

不过，迈耶森并没有留在集体农场。她的组织能力和英语水平使她很快在犹太复国主义者的总工会获得了职务，并在美国各地展开了疯狂的筹款之旅。“听着，果尔达，”一个妇女团体的主席责备她，“你讲得很好，但是……你说起话来像个男人，没人落泪。”迈耶森与丈夫离了婚，还经常丢下两个孩子，这种忘我的工作精神使她在劳工运动中迅速晋升到高级职位。她与犹太复国主义领导人关系密切——据称其中几个人成了她的情人——她还表现出成为一名狡猾的政客的

① Pocahontas，印第安人首领波瓦坦之女。她勇救英国探险家，化解了战争，促进了波瓦坦人及英国殖民者之间的和平，她甚至皈依基督教，并嫁给了詹姆士镇的移民罗尔夫。迪士尼经典动画片《风中奇缘》便是以她的真实故事改编。——译者

特征，时而机敏，时而粗俗，时而野心勃勃。犹太人建国后，她改了个希伯来化的名字，在1978年去世前，她曾是一名称职的外交部长（1956—1965），后来还是一位颇具争议的总理（1969—1974）。[①] 今天，也就是在其抵达美国一个世纪后，果尔达·梅厄仍然是最为美国人认可的犹太复国主义者，好莱坞将其经历拍成了电影，最近还有一部同主题的百老汇戏剧上演，是仅有一名女演员演出的独角戏。

梅厄并不是唯一一位在以色列土地上留下有形遗产的美国犹太女性。不过，优雅、小资、受过良好教育、政治上天真、爱情上运气不佳的亨里埃塔·索尔德，与梅厄简直是天壤之别。索尔德出生在巴尔的摩，是一位知名拉比之女，在自由派犹太人和贵格会准则的环境中长大。在担任历史、植物学和欧洲语言的教师期间，她开始为一个全国性的联合专栏撰稿，以此抨击帝国主义，为少数族裔争取权利。后来，作为著名的犹太出版协会负责人，她在1893年的芝加哥博览会上发表了演讲。她对犹太复国主义的着迷不像梅厄那样始于政治激进主义，而是像艾玛·拉撒路那样，始于向俄国的犹太难民提供人道主义救济。"我给这些俄国犹太人提供吃的、喝的，还有睡的地方。"索尔德写道，但她同时也吸收了他们的非传统思想，尤其是犹太复国主义。"我在1891年成为一名犹太复国主义者，比赫茨尔还要早5年。"索尔德夸耀道，但20年后她才第一次造访巴勒斯坦。

事实证明，这次经历既令人震惊又令人鼓舞。索尔德对加利利的犹太定居者的奉献精神印象深刻，也同样震惊于巴勒斯坦城市的肮脏条件，阿拉伯人和犹太人的地方都是如此，尤其震惊的是妇女的困

① Golda Meir, *My Life* (New York: Putnam, 1975), pp. 30 ("New food"), 74 ("Crowds of beggars"), 81 ("I was profoundly happy"), 140 ("Look, Golda"). Ralph G. Martin, *Golda: Golda Meir, the Romantic Years* (New York: Scribner, 1988), p. 98 ("I owed America").

境。“我认为，犹太复国主义是一个比以往任何时候都更难实现的目标。”她坦言，但又坚称，“而我比以往任何时候都更加坚信，如果不以犹太复国主义为目标，那么别的都没有意义。”她回国后决心要减轻自己所目睹的苦难，为此，1912 年 2 月 24 日，索尔德在纽约召集了美国首个犹太复国主义女性团体的会议。其第一项任务是提供资助，用于向耶路撒冷派遣两名训练有素的护士，但由于这个团体发展迅速，到第一次世界大战时，向巴勒斯坦提供了一个由 45 名医务人员组成的医疗小组和 400 吨物资。和克拉拉·巴顿一样，索尔德也认为现代医疗保健是美国给中东的一份独特礼物，她最初给自己的组织取的名字——“锡安的美国女儿”——便反映了这种爱国主义观点。不过，索尔德后来还是采用了一个更传统的名称，取自希伯来语中以斯帖王后的原名——哈大沙。

“哈大沙”后来发展为美国最大的犹太复国主义组织，参与了各种社会和政治活动，但其主要关注点仍然是医学和以其名字命名的耶路撒冷医院。然而，对索尔德来说，“哈大沙”只是一个起点。59 岁那年，她因与一位年轻的圣经学者的分手而伤心欲绝，于是搬到巴勒斯坦永久定居。她开始努力收留来自德国的难民儿童，在每艘船停靠海法时去接他们，并帮助这个萌芽阶段的犹太国家建立了社会服务基础设施。尽管索尔德在政治上从未像果尔达·梅厄那样精明，但她的顽强精神和纯粹的身体耐力方面与之不相上下。她自己承认，她是个“勤奋的人”，拥有“强健的体魄、对职责的忠诚以及……出于义愤拔刀相助的能力”。没有什么问题比巴勒斯坦内部不断升级的冲突更能激起索尔德的敌意了。她正色道：“我一直认为，阿拉伯人—犹太人的关系应该是我们犹太复国主义者思想的核心。”

作为国家领导人的梅厄，会因为否认巴勒斯坦人民的存在而声名狼藉；与梅厄进一步形成对比的是，索尔德认为该国的阿拉伯人实际上的确构成了一个单独的国家，具有合法的独立要求。她开始为在犹太学校推行阿拉伯语义务教育而奔走，并在阿拉伯起义[①]爆发后争取犹太复国主义和阿拉伯民族主义之间的和解。"若政治上的恩怨靠炸弹解决，"她感叹道，"那么自由、良知和言论自由就可能从我们身边溜走。"为避免这一悲剧，"巴勒斯坦第一夫人"（人们有时这样称呼索尔德）提议建立一个双民族国家，让犹太人和阿拉伯人在其中拥有平等的地位和机会。[②] 这一立场使得一向在伊休夫政治中处于局外人地位的索尔德变得越来越孤立。然而，她并非孤军奋战。

没有哪个巴勒斯坦犹太人比犹大·莱布·马格内斯为这种双民族主义[③]奋斗得更久，并对其产生的认同更广泛了。他 1877 年生于美国加州的奥克兰，高中时代以校刊编辑和棒球队首发投手而闻名。但最吸引马格内斯的是犹太法学博士（rabbinate）身份和犹太复国主义，而不是文学和体育。

凭借轮廓精致的面容和铿锵有力的演说才能，马格内斯迅速升为美国犹太复国主义联盟的首脑，并登上了纽约首屈一指的犹太教改革派的伊曼纽尔讲坛。通过唤起人们对开国元勋们的回忆，马格内斯强

---

① Arab Revolt，1916—1918 年发生的阿拉伯部落反抗奥斯曼帝国的暴动。——译者

② Edward Wagenknecht, *Daughters of the Covenant: Portraits of Six Jewish Women* (Amherst: Univ. of Massachusetts Press, 1983), pp. 153 - 56. Michael Brown, *The Israeli-American Connection: Its Roots in the Yishuv, 1914 -1945* (Detroit: Wayne State Univ. Press, 1996), pp. 135 - 36, 141 - 45. Marvin Lowenthal, *Henrietta Szold: Life and Letters* (New York: Viking, 1942), pp. 244, 264. Simon Noveck, *Great Jewish Personalities in Modern Times* (Washington, D. C.: B'nai B'rith Department of Adult Jewish Education, 1960), pp. 324 ("first lady of Palestine"), 331. Michael Shire, *The Jewish Prophet: Visionary Words from Moses to Heschel* (London: Frances Lincoln, 2002), p. 93 ("Political scores"). CZA, Szold Papers, Speech before the Zionists of America Administration Committee, Jan. 9, 1936 ("I became a Zionist"). Jewish Women's Archive, "JWA — Henrietta Szold — Building the Yishuv," http://www.jwa.org/exhibits/wov/szold/yishuv.html (Oct. 6, 2005). See also Baila Round Shargel, "American Jewish Women in Palestine: Bessie Gotsfeld, Henrietta Szold, and the Zionist Enterprise," *American Jewish History* 90, no. 2 (June 2002).

③ binationalism，即一个国家两种文化、两种语言的原则或政策。——译者

调了他对上帝的信仰与他对民主和多元美德的承诺是一致的："我从希伯来先知那里了解到，以色列的宗教对这些先知来说绝对意味着他们对国家政治事务的干预。"作为纽约卡希拉（即有组织的犹太社区）的主席，他运用这些原则来调和该市不同的犹太派别。但同样的理想激励他在第一次世界大战期间宣布自己是和平主义者，并与大多数渴望在以色列之地独立的美国犹太复国主义者保持距离。相反，马格内斯认同规模更小、更为精英的团体，这些团体认为巴勒斯坦是犹太人的文化与宗教中心，但不一定是他们的国家。

1922 年，马格内斯无视他人对其政治观点的批评，搬到了耶路撒冷，从名誉校长做起，后来成为这所新成立的希伯来大学的校长。尽管他与阿尔伯特·爱因斯坦、哲学家马丁·布伯等人参加的知识分子运动"和平盟约"有关联，该运动提出将双民族主义解决巴勒斯坦冲突，但马格内斯努力让自己——以及他的大学——凌驾于政治之上。然而，1929 年的骚乱迫使他出手干预。他写道，犹太人"可能不得不靠着刺刀在其他地方生活，但……他不应该……想要一个只能在抵抗阿拉伯与穆斯林人民的激烈阻挠下才能长期维持的犹太家园"。这场起义在东欧犹太复国主义者看来只是另一场大屠杀，而在马格内斯看来，则是一场社区间的冲突，一如他在纽约调停的那种。他声称，解决之道在于建立一个美国式的巴勒斯坦国会，一个议院由政党选举的代表组成，另一个议院由同等数量的阿拉伯人和犹太人组成。马格内斯正色道："只有当我们忠于自己作为民主主义者和国际主义者的信念，我们才能在这里建立一个家园。如果我们尽一切努力……与这个正在觉醒的阿拉伯世界携手，像老师、助手和朋友一样合作……会有更大的机会避免流血。"

马格内斯伸出了自己的双手，但发现没有人愿意牵着。在与历史学家乔治·安东尼乌斯、伊拉克总理努里·萨义德和叛教的沙特顾问圣约翰·菲尔比的秘密对话中，马格内斯提出了自己的两院制计划，并讨论了在一个更独立的阿拉伯国家框架内建立一个犹太自治区的可能性。然而，安东尼乌斯和努里坚持要通过限制犹太人移民来维护阿拉伯人在巴勒斯坦的多数地位，并要求严格控制土地购买。菲尔比将对伊本·沙特的保护范围扩大到巴勒斯坦犹太人，以此为条件换取10万英镑的贷款。与马格内斯对话的阿拉伯人都不公开支持这些想法，甚至不会承认举行过了这样的会谈。与此同时，穆夫提及其追随者谴责任何形式的妥协。穆夫提领导的巴勒斯坦阿拉伯党主席贾马尔·胡赛尼宣称："我们都知道，这片土地没法容下我们两方。我们必须把他们赶走，否则就会被他们赶走。"

而犹太复国主义领导人这边认为马格内斯是个自以为是、头脑天真的谈判者，其对犹太国家的承认只能鼓动起更多的暴力。魏茨曼警告说："只要再来一次小规模屠杀，我们就会逃走——这就是阿拉伯人对我们［马格内斯］的前进方向的解读。"不过，马格内斯抱怨说，"阿拉伯方面最大的缺点是缺乏道德勇气"，"有人拿手轻蔑地指着我，是因为没有一个阿拉伯人敢站出来。"最终，让马格内斯感到挫败的是阿拉伯人的恐惧，而不是犹太人的不信任。

尽管一再失望，马格内斯却从未忘记他的愿景，即建立"一个由两个民族和三种宗教组成的国家，所有人都享有平等的权利"，哪怕战争降临巴勒斯坦与全世界。①他将与几名备受瞩目的犹太人（其中

① Arthur Goren, *Dissenter in Zion: From the Writings of Judah L. Magnes* (Cambridge: Harvard Univ. Press, 1982), pp. 4 - 16, 23 - 24, 32 - 40, 276 ("a country of two nations"), 277 - 78, 279 ("I have learned"). Daniel P. Kotzin, "An Attempt to Americanize the Yishuv: Judah L. Magnes in Mandatory Palestine," *Israel Studies* 5, no. 1(2000): 3 - 18. Neil Caplan, *Futile Diplomacy*, vol. 2 (London: Frank Cass, 1983), pp. 36 - 37, 87 - 90. Susan L. Hattis, *The Bi-national Idea in Palestine during the Mandatory Times* ([Haifa]: Shikmona, 1970), pp. 65 - 66, 100, 144 - 48, 171, 184. Shalom Ratzabi, *Between Zionism and Judaism: The Radical Circle in Brith Shalom, 1925 - 1933* (Leiden: Brill, 2002), pp. 252 - 53. Hagit Lavsky, (转下页)

包括亨里埃塔·索尔德）一起坚持他的双民族主义运动，他们都是被他的普世信念吸引来的。然而，对于大多数在绝望的斗争中挣扎的巴勒斯坦阿拉伯人和犹太人来说，这种信念已被幻想引入歧途。

巴勒斯坦还迎来了其他美国梦想家，在缓解该地区危机方面，这些人的策略不是在各民族之间进行调解，而是靠科学耕地。在两次世界大战之间的时间里，美国向伊休夫提供了许多技术专家，使其得以在农业上发展，某些方面甚至成果丰硕。与梅厄、马格内斯和索尔德不同，这些专家中很少有人参与过犹太复国主义，也未将巴勒斯坦视为自己的家园。事实上，其中最具影响力的两个人甚至都不是犹太人。

埃尔伍德·米德最为人熟知的身份是一位开拓性的水文专家、胡佛水坝的总工程师以及后来以他的名字命名的内华达州米德湖工程的负责人。他在印第安纳州爱国者镇生活期间或在艾奥瓦州和普渡大学上学时，可能都未听说过犹太复国主义。米德成功地将现代灌溉技术引入加利福尼亚的帝王谷——一个在地理和气候方面与巴勒斯坦相似的地区——并被任命为联邦灌溉局①局长，这引起了犹太复国主义领导人的注意。1923 年和 1927 年，他们两次邀请米德前往巴勒斯坦，以证明巴勒斯坦可以接纳几百万犹太人来此生活，而不是像英国

（接上页）*Before Catastrophe: The Distinctive Path of German Zionism* (Detroit: Wayne State Univ. Press, 1996), pp. 211, 212, 213 - 17. Michael J. Cohen, "Secret Diplomacy and Rebellion in Palestine, 1936 - 1939," *International Journal of Middle East Studies* 8, no. 3 (July 1977): 380, 383, 400 - 1. Menahem Kaufman, *The Magnes-Philby Negotiations, 1929: The Historical Record* (Jerusalem: Magnes Press, 1998), pp. 18, 100 - 1, 113. "Judah Magnes," http://www.wzo.org.il/en/resources/view.asp?id=1349&subject=70, Oct. 11, 2005 ("may have to live" and "We can establish").

① Federal Reclamation Bureau，根据 1902 年《灌溉法》（Reclamation Act）设立的机构，隶属内政部。原名为灌溉署（Reclamation Service），设在地质勘探局（Geological Survey）内；1907 年 3 月独立出来。1923 年 6 月更名为灌溉局。其基本职能是支持州、地方政府和其他联邦机关稳定和激励地方和区域经济发展，保护和改善环境，通过开发西部毗邻 17 州和夏威夷的水及相关土地资源提高生活质量。——译者

说的那样。

米德没有让他们失望。米德与一个世纪前的美国自然保护主义之父乔治·珀金斯·马什一样，也对巴勒斯坦乡村的破坏感到沮丧。他认为，几个世纪以来，漠不关心的阿拉伯人和奥斯曼人对环境的忽视和肆意伤害，已经使这片土地上森林尽毁，还耗尽了重要的资源。仅存的希望在于犹太复国主义者的定居点，米德预言，“它们有望将此打造成南加州的样子”，而特拉维夫将“变得有吸引力，与洛杉矶齐头并进”。

米德对秩序的痴迷一如其对农业的痴迷，总是戴着一副金边眼镜、满面愁容的他为犹太复国主义领导人提供了一个开发耶斯列、以斯德伦和约旦河谷的严格计划。他建议犹太复国主义者，与其试图建造许多小定居点，不如将现有农场合并成规模更大、效率更高的合作社。他还告诫说不要给农民过多补贴，免得他们成为“该组织的被监护人”。犹太复国主义者倾向于将社会主义理想置于健全的农业实践之上，这尤其让米德光火。他质问道：“在尚未认定一天工作所值的情况下，你怎么能确定这项工作总值多少？”他的总结报告强调了巴勒斯坦巨大的农业潜力以及一个现代犹太国家将在整个阿拉伯世界推动的进步，这让人联想起1848年威廉·弗朗西斯·林奇提交的报告。“犹太复国主义运动掌握在一群分外有才干的开明领导人之手。”他肯定地说，“他们可以在地中海沿岸建成堪与戛纳和尼斯媲美的景观。”①

---

① James R. Kruger, *Turning On Water with a Shovel: The Career of Elwood Mead* (Albuquerque: Univ. of New Mexico Press, 1992), pp. 103, 107 - 8, 109 ("wards of the organization"). Robert E. Rook, "An American in Palestine: Elwood Mead and Zionist Water Resource Planning, 1923 - 1936," *Arab Studies Quarterly* 22, no. 1 (Winter 2000): 71 - 79. Elwood Mead, "The New Palestine," *American Review of Reviews* 70, no. 6 (Dec. 1924): 624 ("promise to be a replica"), 626 ("is as attractive"), 628 ("The Zionist movement").

从米德那里，犹太复国主义领导人不仅获得了国家发展的蓝图，而且还得到了一个强有力的宣传工具，这在那个充满争议的时代同样至关重要。这一工具又为农业部土壤方面的首席专家沃尔特·克莱·洛德米尔克博士进一步完善。洛德米尔克是土生土长的北卡罗来纳人，曾获得罗得奖学金。他是一名虔诚的卫理公会教徒，1938 年首次造访巴勒斯坦实现了自己的人生梦想。矛盾的是，他造访的目的并非利用美国的专业知识让沙漠开花，而是要在中东寻找导致美国中西部大旱的沙尘暴（Dust Bowl）起源的线索。

洛德米尔克对该地区的第一印象与米德基本没有区别。他发现，中东这个“文明的太平间”深受“穆斯林狂热主义”之害，“穆斯林的宿命论信仰认为所发生的一切都是‘真主的意志’”。尽管对这种“普遍的颓废”感到沮丧，洛德米尔克还是受到了“他所见过在新世界或旧世界的任何国家中都堪称最卓越的土地开垦成就”的鼓舞，他所指的是巴勒斯坦的犹太人定居点。信奉犹太复国主义的农民运用现代耕作、土壤再生和重新造林等方法，成功地将土地恢复到洛德米尔克认为的《圣经》所记载的肥力。尽管如此，这位膀大腰圆、宽脸的农学家还是发现了改进的余地。犹太复国主义者需要一个全国性的灌溉项目，而洛德米尔克恰好有一个完美的模板。

田纳西河流域管理局成立于 1933 年，旨在为 7 个州提供电力和防洪服务。该机构便是洛德米尔克利用约旦河及其支流来灌溉加利利和约旦河谷的模板。他估计，一旦引来了水灌溉，巴勒斯坦就能养活 400 万人口，并提供“一个杠杆，将目前荒凉的整个近东地区改造为自由世界的一块有尊严的地方”。其随后出版了《巴勒斯坦：应许之地》一书，本质上是一份犹太复国主义者的宣言，在书中，洛德米尔克不仅将犹太定居者和美国边疆拓荒者联系在了一起，也将伊休夫和罗斯福新政联系在了一起。①

米德和洛德米尔克受犹太复国主义事业的鼓舞，对巴勒斯坦阿拉伯人却是漠不关心的，如果不说是不屑一顾的话。他们代表了犹太复国主义领导层与美国政府之间绕过敌对的国务院的一条渠道。他们还帮助说服了犹太复国主义领导人，这些领导人的世界观是在大英帝国的阴影下形成的，认为巴勒斯坦的未来将不仅取决于伦敦，而要取决于一个更杰出的大国的首都。这些领导人中最重要的便是大卫·本-古里安，他是巴勒斯坦最杰出的犹太复国主义者之一，也是唯一一位非美国公民。

不过，他曾在美国居住过。他 1886 年出生于波兰的普隆斯克，青年时代几乎都献给了犹太复国主义运动，并在 20 岁时移民到巴勒斯坦。本-古里安很快在劳工联合会、犹太人定居点和防御运动中升任领导，逐渐稳固了远见卓识、坚忍不拔的声誉，奠定了远高于其短小身材的政治地位。1915 年从巴勒斯坦撤离后，本-古里安坐船前往美国，在途中自学英语，抵达时浑身脏兮兮的，但仍戴着奥斯曼毡帽。当他第一次看到纽约的摩天大楼时，觉得它们看起来“很荒谬，像笼子似的”，但这座“熙熙攘攘、忙忙碌碌和物质至上”的城市也让本-古里安目眩神迷，其“作为最发达、最民主国家的那种充满活力的现代生活”更是让他兴奋不已。与洛德米尔克和米德一样，这位

① Rook, “Blueprints and Prophets,” pp. 91 – 92, 99 (“morgue of civilizations”), 101 – 10, 139 – 40. Walter C. Lowdermilk, *Palestine: Land of Promise* (New York: Harper, 1944), pp. 6 – 7 (“most remarkable devotion”), 8 – 24, 229 (“the lever that will lift”). Nathan Godfried, *Bridging the Gap between Rich and Poor: American Economic Development Policy toward the Arab East, 1942 – 1949* (New York: Greenwood, 1987), p. 168. Rory Miller, “Bible and Soil: Walter Clay Lowdermilk, the Jordan Valley Project and the Palestine Debate,” *Middle Eastern Studies* 39, no. 2 (April 2003): 56 – 63. See also Walter C. Lowdermilk, *Conquest of the Land through Seven Thousand Years* (1948; reprint, Washington, D. C.: U. S. Department of Agriculture, Soil Conservation Service, 1953).

犹太复国主义的宣传家看到了旧西部的美国拓荒者和中东犹太先驱之间的相似之处。他说："我们这些寻求在废墟和荒芜中建设新家园的人，必须来看看受英国迫害的流亡者如何建立了一个资源和创造力都独一无二的富强国家。"

在接下来的3年里，本-古里安周游美国，努力推动犹太复国主义劳工运动，并为犹太军团招募成员。不在路上的时候，他就把自己关进纽约公共图书馆，研读有关民主思想和美国政治制度的书籍。在迷上那些思想的同时，他也被美国犹太复国主义领导人所吸引，尤其是布兰代斯——他强调了该运动的实际成就及其与被动的犹太历史观的决裂。本-古里安坚信，这些犹太复国主义者可以引导公众舆论反对美国在巴勒斯坦问题上的灯塔式中立立场，并逐步将其推翻。1918年，本-古里安带着他的美国新娘、当时还没改名的保拉·蒙韦斯回到巴勒斯坦，也带来了一个新的战略方向。尽管"伦敦仍是世界的中心……但它不是我们前景的中心"，他断言，"我们的事业重心（是）……在美国"。①

这一方向与亚博廷斯基的方向相反，后者是基于波兰犹太人制定的方向；更重要的是，与哈伊姆·魏茨曼所持的盎格鲁中心主义世界观背道而驰。然而，到了1935年，本-古里安已经取代魏茨曼成为犹太复国主义运动中最重要的人物，这位清心寡欲、留着光环状发型、呕心沥血地盘算的"老人"，将在未来几十年主宰这场运动的政治。4

① Shabtai Teveth, *Ben Gurion: The Burning Ground, 1886 - 1948* (Boston: Houghton Mifflin, 1987), pp. 97 - 98 ("absurd, resembling cages"), 109 - 20. Allon Gal, *David Ben-Gurion and the American Alignment for a Jewish State* (Bloomington: Indiana Univ. Press, 1991), pp. 15 ("bustling, industrious" and "We, who seek"), 16, 21, 103, 149, 196 ("London has not ceased"), 203, 216. See also Michael Bar-Zohar, *Ben-Gurion: A Biography,* translated by Peretz Kidron (New York: Adama Books, 1977). Dan Kurzman, *Ben-Gurion: Prophet of Fire* (New York: Simon & Schuster, 1983), pp. 115 - 19.

年后，随着第二次世界大战的爆发和英国白皮书的发表，他发誓要像没有白皮书一样与纳粹作战，同时又像没有战争一样与白皮书作战。这个难题的答案仍取决于美国，尽管它对巴勒斯坦以及正在展开的全球冲突仍持中立态度，但它却给他留下了实力毫发无损的深刻印象。本-古里安认为，孕育了果尔达·迈耶森和亨里埃塔·索尔德等犹太复国主义者以及马格内斯、米德和洛德米尔克等人的美国，将帮助犹太国家诞生在这个世界。

比特摩尔的决定

与此同时，战争席卷了包括中东在内的世界大部分地区。随着日本军队对英国及其亚洲盟友的战斗从单纯的胜利走向带有羞辱性的胜利，纳粹德国征服了欧洲大部分地区。1940 年 6 月法国垮台后建立的傀儡维希政权控制了摩洛哥、突尼斯和阿尔及利亚这 100 万平方英里的土地，掌握对叙利亚和黎巴嫩的委任统治权。意大利参战后，利比亚也被法西斯统治。对于这些事态发展，阿拉伯世界在很大程度上持欢迎态度。到 1941 年春，一场部分是由流亡在外的大穆夫提哈吉·阿明·胡赛尼领导的亲轴心国起义，几乎彻底打垮了驻伊拉克的英国军队。暴徒洗劫了伊拉克石油公司属于美国的部分设施，并包围了美国驻巴格达领事馆，曾是阿拉伯民族主义拥护者的保罗·克纳本舒在那里染病而亡。穆夫提随后与希特勒达成协议，宣布他希望“把正在解决轴心国问题的方法……用来解决［犹太人］问题”，并招募巴尔干穆斯林为纳粹党卫军效力。与此同时，在埃及，当德国的非洲军团攻入西部沙漠地区，向苏伊士运河推进时，人们簇拥过来欢呼支持。

对巴勒斯坦犹太人的威胁本来可能不会太过严重，但第二次世界大战的爆发在美国犹太人中间——犹太复国主义者与非犹太复国主义者之间，甚至犹太复国主义者内部——造成了深刻的裂痕。最尖锐的分裂将主流犹太领导人与一个由 9 名巴勒斯坦犹太人组成的团体分开，该团体由颇具魅力和创新精神的希勒尔·库克（又名彼得·伯格森）领导。1940 年 7 月，作为亚博廷斯基修正主义运动成员的伯格森及其团队被派往美国，为一支协助巴勒斯坦防御的犹太战斗部队争取支持。“一支具有这种精神的军队实际上能够改变非洲的战争进程，”伯格森宣称，“他们能赢!”为此，伯格森采用了一些策略，这些策略尽管在今天看来是司空见惯的，但在当时却相当大胆。他在美国报纸上刊登了大约 200 则广告——其中一则为“犹太人为战斗权而战”，登在了《纽约时报》上，由此建立了支持犹太军队的两党国会联盟，并在战争结束时获得了许多好莱坞明星的支持，包括弗兰克·辛纳屈、杰瑞·刘易斯和马龙·白兰度。

但是，伯格森的大胆直白吓坏了美国的犹太组织。美国犹太委员会的非犹太复国主义领导人对其试图迫使罗斯福放弃在巴勒斯坦问题上保持中立的做法大为不满，而拉比斯蒂芬·怀斯领导的犹太复国主义建制派与劳工犹太复国主义结成了紧密同盟，反对这种侵犯犹太复国主义权利的行为。怀斯用希伯来语厉声质问伯格森：“这是谁给你的权力?”伯格森团体的成员随后发现自己受到了联邦调查局和国税局的调查，后者还威胁要将他们驱逐出境。[①]

1941 年 6 月，当德国军队攻入苏俄并提出最终解决方案时，美国犹太人仍在争吵不休。多达 160 万犹太人遭到纳粹别动队

---

① David S. Wyman and Rafael Medoff, *A Race against Death: Peter Bergson, America, and the Holocaust* (New York: New Press, 2004), pp. 19 – 29, 107 (“Mi samcha”). Rapoport, *Shake Heaven and Earth*, pp. 35 – 43, 56 – 57 (“An army with such”).

(Einsatzgruppen)及其当地合作者的围捕，被迫挖好自己的坟墓，然后遭射杀。数十万人被赶进贫民窟，在被驱逐到集中营之前就死于饥饿和疾病。大屠杀的消息最终传到了美国，但是美国犹太领导人仍然不相信这些报道，媒体把它们移到了报纸的末版。更多关于大屠杀的传言被淹没在这年12月日本战机在珍珠港上空的轰鸣声和罗斯福的宣战中。突然之间，拯救犹太人并确保其成为国家的斗争服从于美国要全力以赴获胜的大局。

然而，犹太复国主义者不能忽视这样一个事实，即美国当前是盟军的主导力量，是这场战争的决定性因素，且被假定为战争后果的设计师。“现在除了美国，我们没有任何外援，”本-古里安解释说，“组建军队、赎回土地、定居和维持我们的地位所需的大量援助只能来自……美国。”要在利用美国新获得的地位的同时拯救欧洲犹太人，这促使犹太复国主义领导人克服了诸多分歧，决定发起一项革命计划。

1942年5月，犹太复国主义代表在纽约比特摩尔酒店的“装饰艺术”餐厅召开会议，批准了一项“八点计划”，首次明确呼吁建立“一个融入新民主世界架构的犹太联邦”。在巴勒斯坦建立一个无定形的犹太民族家园的提议，以及划分犹太行政区或以一个阿拉伯国家为主体划分自治区的提议，都已不复存在。同样消失的还有犹太复国主义者长期以来的假定，即巴勒斯坦的命运将由伦敦决定。相反，与会代表一致认为，美国已成为犹太复国主义的新“战场”，华盛顿将在争取犹太主权的斗争中拥有至高无上的发言权。从今以后，犹太复国主义运动将努力争取犹太人在巴勒斯坦实现无条件的独立，争取与美国合作建立一个有公认边界、共和体制和主权军队的国家。

不过，并非所有犹太复国主义者都赞赏这些决定。亲英的魏茨曼对此很恼火，而索尔德和马格内斯等双民族主义者则拒不接受，并分裂出去成立了自己的政党——倡导建立阿拉伯-犹太联盟的联盟党(Ichud)。但是，反对比特摩尔计划的人只是代表了犹太复国主义运动的一小部分。绝大多数犹太复国主义者，包括美国人和巴勒斯坦人，都赞成建立犹太国家的提议。当罗斯福政府无视欧洲犹太人遭到的种族灭绝，并在巴勒斯坦问题上仍保持中立时，这部分多数派不愿再被动观望。美国犹太复国主义者采用了彼得·伯格森提出并加以完善的策略，将越来越多地在国会和媒体上宣传他们的主张。美国与巴勒斯坦问题的关系开始跨入一个新的阶段。

然而，罗斯福对这一变化仍然没有反应，如果不说是无动于衷的话。美国犹太复国主义者恳求他支持在比特摩尔定的计划，国务院官员却反过来敦促他拒绝承认该计划。但是总统没有发表任何支持或反对它的声明。“我越想越觉得我们不应该在这个时候谈论近东、巴勒斯坦或阿拉伯人的事，”他若有所思道，“不管我们搭理了哪一方，都会在自动惹来麻烦。”①

当拥护和批评建立犹太国家的人为巴勒斯坦的未来争论不休时，罗斯福的注意力却集中在一个与阿拉伯世界完全不同的地方。1942年11月，犹太复国主义代表一批准了比特摩尔决定的最终草案，集结完毕的现代最大海上入侵部队就向北非的黄褐色海岸进发。在经历了数月的战争和国务院的怀疑、同盟国间的争端以及白宫的优柔寡断之后，美国终于借道中东进入了欧洲的战争。

① David Shapiro, *From Philanthropy to Activism: The Political Transformation of American Zionism in the Holocaust Years, 1933 - 1945* (Oxford: Pergamon Press, 1994), pp. 71, 84. Silverberg, *If I Forget Thee, O Jerusalem*, pp. 188 - 90, 206 (“The more I think”). Raider, *Emergence of American Zionism*, pp. 205 - 6 (“battleground”). Halperin, *Political World of American Zionism*, p. 121. Gal, *David Ben-Gurion*, p. 69 (“Right now”). Walter Laqueur, *A History of Zionism* (New York: Simon & Schuster, 1989), pp. 546 - 47. 有关《纽约时报》对大屠杀的态度的详细讨论，参见：Laurel Leff, Buried by the Times: The Holocaust and America's Most Important Newspaper (New York: Cambridge Univ. Press, 2005), pp. 2 - 3, 13, 42。

第二十五章

给中东的火炬

士兵们戴着钢盔，挎着子弹带，背着救生衣、背包、防毒面具、挖壕工具和武器，这些重负，再加上三个星期的海上航行造成的身体虚弱，使得他们几乎无力欣赏即将到达的海岸线。他们中大约有 7.4 万人参加了盟军的首次大规模登陆，其中大部分是美国兵。其目的地不是俄国和许多美国将军所希望的法国，而是中东。在奥马尔·布拉德利将军——他的名字取自伊斯兰教的第二个哈里发——的指挥下，堪萨斯州高粱农家的子弟们、布朗克斯区的快餐厨师们将在卡萨布兰卡的要塞以及突尼斯狂风肆虐的干河谷中作战。

意识到这种反差之巨大，华盛顿的陆军部准备了一本手册，用于向美国人介绍这个"陌生的国度"。如果一位美国大兵不愿意盯着古色古香的宣礼塔和海岸上隐约可见的白房子看，他可以翻翻这本 50 多页的小册子，从中获得一些有关中东的珍贵而奇特的见解。例如，他会了解到穆斯林觉得自己天生比基督徒和犹太人优越，不过他们的高人一等只是对手无寸铁的中东犹太人而言。他也会得知，不同于他自己国家的种族隔离和等级森严的美国军队，穆斯林之间"没有肤色界限"，对仆人很友善，而且"非常民主"。士兵们还会进一步得知，阿拉伯男人手拉手走路"没什么可大惊小怪的"，他们跳舞时"经常是……醉醺醺的”。如果这些信息被证明还不充分的话，步兵们会得到一份详细的“应做”与“不应做”的事情清单：

> 如果当地人请你喝东西，你不应拒绝，也不应浪费哪怕一滴。礼貌的做法是，如果主人给你三杯，你都得接着；但绝不能接下第四杯。
>
> 不要进入清真寺。不要给穆斯林含有酒精的饮料……不要把这些人称为异教徒，他们的信仰非常虔诚。
>
> 永远别盯着穆斯林妇女看。永远别在人群中推搡她们。永远别在公共场合跟她们说话。永远不要试图揭开她们的面纱。这一点是最重要的。

这本手册代表了美国士兵从一个工业化的、多半是中产阶级的社会过渡到基本上处于前现代的中东的认真努力，如果不说是标新立异的话。不过，这也标志着美国对介入该地区战争的矛盾心态结束了。

在“珍珠港事件”之前的一段时间，当英国通过摧毁在阿尔及利亚米尔斯克比尔的法国舰队、占领维希政权控制的叙利亚和黎巴嫩，力求保护自己在中东的利益时，美国的政策制定者一直在愤怒地旁观。时任英国首相丘吉尔警告美国，说美国可能会失去中东石油，经由苏伊士运河联结的东西方往来也可能会中断，但一些美国领导人对此持怀疑态度。罗斯福关系最近的助手之一哈里·霍普金斯对丘吉尔说：“我们在美国根本就不了解你们在中东的问题。”他解释说，就其所有资产而言，该地区并不值得英国在那里投入资源。最好是让德国人占领该地区，这样一来，会拉长德国的补给线并埋下危险，同时也会缩短英国的补给线并提供方便。至于总统，则会在闪电战的惨淡日子里优先向英国提供补给。他认为：“我们不该陷入任何细枝末节的问题，比如……将我们全部商船都送往中东。”此外，很多美国人不愿牵扯进这件事，他们怀疑此事的真正目标与其说是赢得战争，不如说是拯救大英帝国。“我们在阿拉伯世界的声誉是建立在对我们动机的信心和诚意之上的，”华莱士·默里说，“这是一项英国人不再拥有的资产。”

由于罗斯福坚持与维希政府保持正式的外交关系，这进一步加剧了英美在中东问题上的分歧。总统通过其私人特使——人到中年、面色憔悴但似乎永远不知疲倦的罗伯特·墨菲——同意满足北非的基本粮食和燃料需求，甚至同意向殖民政府提供资助。作为回报，维希政府将停止与德国合作，并允许美国间谍在领事保护下活动。根据一份被截获的纳粹电报，“墨菲指导下的副领事们完美地描绘了那个被称为美利坚合众国的野蛮集团的种族与特征的混合……他们抵达北非所带来的危险可以认为是零”。事实上，当美国军队最终冲上北非领土时，这些美国特工提供的信息被证明是无价的。①

美国人满足于让法国退出在北非的战斗以及对德国在该地区活动的监控，甚至在珍珠港事件发生和希特勒对美国宣战之后也是如此。丘吉尔请求美国大规模干预中东事务，罗斯福继续断然拒绝，他认为该地区是英国的独家责任。总统解释说，美国军队去参战将借道法国

① *A Pocket Guide to North Africa* (Washington, D. C.: War and Navy Department, 1942), pp. 14, 19, 23, 28, 34, 39 - 41. William L. Langer and S. Everett Gleason, *The Undeclared War, 1940 - 1941* (Gloucester: P. Smith, 1968), pp. 380 - 81, 590, 592 ("We in the United"), 778 ("We should not get"). Michael J. Cohen, "American Influence on British Policy in the Middle East during World War Two: First Attempts at Coordinating Allied Policy on Palestine," *American Jewish Historical Quarterly* 67, no. 1 (Sept. 1977): 51 - 52 ("Our reputation"). Robert Murphy, *Diplomat among Warriors* (Garden City, N. Y.: Doubleday, 1964), p. 66 - 68, 91 ("The vice consuls"). George F. Howe, *Northwest Africa: Seizing the Initiative in the West* (Washington, D. C.: Center of Military History, 1991), pp. 57 - 58. *FRUS*, 1941, vol. 3: British and Free French Invasion and Occupation of Syria and Lebanon; Good Offices of the United States in Arranging Armistice: Personal to the President, June 7, 1941, pp. 725 - 26.

西海岸而不是北非。首相反驳道："既然可以去地中海撕开鳄鱼柔软的腹部，为何非要在布雷斯特把头伸进鳄鱼的嘴里呢?"但他的话收效甚微。美国陆军部仍然觉得中东之战可能只是服务于英国的帝国利益，顶多是"间接有助于打败纳粹"。

然而，1942 年 6 月，随着德国军队入侵苏联，并将英国军队驱赶到离亚历山大 60 英里范围内，美国陆军部的看法发生了根本性的变化。轴心国已经控制了希腊、南斯拉夫和克里特岛，现在正准备主宰整个地中海盆地、封锁通往俄国南部的补给线，并阻断西方和远东战区之间的往来。为了减轻苏联的压力，美国同意开辟第二条战线对付德国人，但其部队仍然缺乏穿越英吉利海峡所需的庞大运力。英国也没有时间等待。7 月 30 日，罗斯福通知他的高级顾问，北非"现在是我们的主要目标"，要"尽早"达成。

这个代号为"火炬行动"的计划，要求在摩洛哥和阿尔及利亚的主要港口附近实施大规模登陆。盟军将从那里向东进军突尼斯，将非洲军团困在他们和从西面推进的英国第八军之间。由于美国人缺乏作战经验，美军和盟军的指挥官之间长期存在不和，再加上地形复杂(往好里说令人望而生畏，往坏里说根本无法通行)，使得这一看似轻而易举的调动变得极为复杂。不过，"火炬行动"遇到的困难并不能改变这样一个现实，即美国当前已致力于对德国发动地面战争，巩固了与英国的联盟，并开始建立通往被围困的苏联的生命线。自从巴巴里战争以来，美国人从未进行过如此坚决、全身心投入的中东战役。

美国观察家们并没有忘记巴巴里战争与北非入侵之间的关联。一些人注意到，美国军舰"费城号"加入了盟军的入侵舰队，而第八军正在沿着 1805 年美国海军陆战队开辟的从埃及到达纳的路线向前推进。乔治·巴顿少将率领三个师进入摩洛哥，他回想起了现任苏丹的一位祖先是如何向乔治·华盛顿赠送了美国历史上最悠久的驻丹吉尔的领事馆。然而，最鼓舞人心的关联是由陆军部的《美国大兵北非指南》的作者建立起来的。手册上写着："在共和国成立初期，美国人曾为了国家的荣誉和海洋自由的原则在这片土地上作战。"这让读到手册的人回想起了普雷布尔、德凯特和威廉·伊顿，还有他们是如何率领"临时拼凑的人马……穿越沙漠……为美国赢得了尊重"。这让他们确信，虽然现在面对的是"更强大的敌人"，但他们"捍卫的是同样的原则"。这本小册子宣称，美国人重返中东不是为了物质利益或领土征服，而是为了确保"人类获得自由，人有机会体面的存在"。①

军力与忠诚的平衡

在军事层面，"火炬行动"起初的确类似于美国早年间对巴巴里的进攻。事实证明，墨菲与维希的谈判有效地软化了法国对登陆的反对态度，并将美国的人员损失控制在 337 人死亡、637 人受伤。但是，正如 1801 年打击海盗的初步胜利误导了美国人、让他们相信彻底的胜利会很快到来，入侵北非的轻而易举也滋生了一种虚假的战无不胜之感。事实上，未经考验的美国军队尚未与久经沙场的德国国防军正面冲突。虽说德国人的兵力和武器明显不足，仍没从 1942 年底在埃及沙漠败给英国人的阿拉曼战役中缓过来，但他们还是在突尼斯的卡塞林山口击溃了美军，杀死了 6000 多人。然而，美国大兵很快

① Dallek, *Franklin D. Roosevelt*, pp. 346 – 49, 262. Mark W. Clark, *Calculated Risk* (New York: Harper, 1950), pp. 50 ("Why stick your head"), 107. Rick Atkinson, *An Army at Dawn: The War in North Africa, 1942 – 1943* (New York: Henry Holt, 2002), pp. 12 – 13, 14 ("indirect contribution"), 16 ("was now our principal objective"), 17 – 18, 46 – 47. Hale, "'General' Eaton," p. 28. George S. Patton, *War as I Knew It* (Boston: Houghton Mifflin, 1995), p. 16. *Pocket Guide to North Africa*, pp. 4 – 5.

就振作了起来，找回了坚韧和杀敌雄心，与非洲军团连打几仗，打得他们被迫于 1943 年 5 月投降。如果说巴巴里战争是美国作为一个国家应对的第一场挑战，那么，正如历史学家里克·阿特金森所写的那样，“北非是……美国开始在军事、外交、战略乃至战术上像大国那般行事的地方”。

但打败德国人只是美军在北非必须克服的第一个障碍。最令人沮丧的是，法国内部存在严重分歧，一部分人忠于维希，一部分人追随戴高乐将军的“自由法国”，而英国人对法国人的敌意往往超过他们对纳粹的恨。“我受命……阻止对法国的战争，并尽可能迅速地与轴心国交战。”“火炬行动”的副指挥马克·克拉克将军回忆说，“这意味着我在努力挽救美国人、英国人和法国人乃至很多人的生命。”克拉克和他的上司德怀特·D. 艾森豪威尔将军设法绕过了法美之间以及英美之间的大部分障碍。然而，对于美国人来说，在北非这块土地上还有更为棘手的障碍，那就是他们与当地居民的关系。

当数万名美国大兵冲上中东海岸时，美国飞机在内陆空投了无数传单。上面不乏用阿拉伯语告诫“马格里布之子们”，告知他们“美国圣战士已经抵达……来打一场自由的圣战”。尽管这种说法会让 21 世纪的美国读者大吃一惊，但在 1942 年如此运用伊斯兰主义意象对北非 2500 万穆斯林几乎毫无影响。对他们来说，第二次世界大战不过是基督教国家争夺伊斯兰土地的又一阶段。盟军不是来解放这些领土，而是来恢复法国对这些土地的统治的；而德国人呢，尽管嘴上说着解放中东，却将其居民视为劣等种族。当地人对这场战争的兴趣仅限于观看盟军和轴心国拔刀相向——一位作家将这些当地人比作网球比赛的观众，脑袋随着球的击发而忽左忽右——顺便时不时地从双方那里弄点食物给养。

事实证明，穆斯林对美国政策的看法非常准确。尽管美国一直在为当地居民提供物质援助，满足他们的营养和医疗需求，但它最初没有推动在北非蓬勃发展的民族主义运动。华盛顿认为，这样的鼓励只会激怒法国，阻碍对德战争。“我不得不就美国的意图不断向法国人保证，”克拉克将军回忆道，“我得小心翼翼……不让当地酋长误以为美国会帮助他们摆脱法国人。”[①] 不过，在安抚法国人的同时避免对穆斯林的任何侮辱这一双重任务，导致美国人采取了一些非典型（如果不说是道德上有问题的话）政策。美国将保住亲维希政府，更糟糕的是，还要维护针对北非犹太人的种族主义立法。

大约有35万犹太人生活在该地区，他们是早在伊斯兰教出现前一千年就定居在北非的社群的后裔，自7世纪穆斯林入侵以来，他们作为一个受保护却又周期性受到压迫的少数民族幸存下来。在欧洲政府治下，这些犹太人获得了平等的权利，但这些权利却被维希政府以及利比亚和突尼斯的法西斯势力剥夺了。犹太人被逐出所有政府机构和学校，被赶进了劳改营，在某些情况下还被迫佩戴黄色六芒星。如果没有“火炬行动”，很多犹太人都会被消灭，因此犹太人是把美国人视为解放者来迎接其到来的。而穆斯林多数派非但没有这份热情，还激烈抵制任何废除反犹法律的企图。《纽约客》的记者 A. J. 列布林在阿尔及尔上岸后报道称，所有欢迎美国大兵的迹象都被视为“犹太人品味低劣的例证”而受到劝阻，“还出现了一种恶劣的比赛……看谁能把犹太人的房屋掏空”。这次入侵还引发了卡萨布兰卡的大屠杀，根据《国家》（*The Nation*）的肯尼斯·克劳福德的说法，那里的阿

① Arthur L. Funk, “Negotiating the ‘Deal with Darlan,’” *Journal of Contemporary History* 8, no. 2 (April 1973): 81 - 117. Atkinson, *Army at Dawn*, pp. 3 (“North Africa was”), 287 - 88. Brown, *Oil, God, and Gold*, pp. 104 - 5 (“sons of the Mughreb”). Carleton S. Coon, *A North Africa Story: The Anthropologist as OSS Agent* (Ipswich, Mass.: Gabmit Press, 1980), p. 14. Howe, *Northwest Africa*, pp. 108 - 9. Clark, *Calculated Risk*, pp. 155 (“I had constantly”), 269.

拉伯人把开着带有美国星图案吉普车的美国大兵误认为“为大卫星而战的勇士”，认为必须用武力镇压他们。

是否让犹太人恢复战前地位，这是美国作为一个插手中东事务的大国将面临的众多道德困境中的第一个，迫使美国更倾向于选择短期战略利益，而不是其基本的民主理想。“阿拉伯人不介意基督徒，但他们从里到外都看不起犹太人。”巴顿对艾森豪威尔说，“如果我们……偏袒犹太人，我们就会陷入麻烦，甚至可能引发内战。”默里从国务院发出警告，对犹太人的不当考虑似乎证实了纳粹的指控，即盟军的目的是将犹太人的统治强加于北非、煽动当地人叛乱。法国人也拒不同意恢复犹太人地位的想法。摩洛哥常驻将领奥古斯特·保罗·诺格斯对罗斯福抱怨道：“如果法国人赢得这场战争仅仅是为了替犹太人控制北非的职业和商业世界开辟道路，那就太可悲了。”总统表示同意，并无耻地建议禁止大量的犹太人从事法律和医疗职业，以“消除……德国人对在德犹太人的抱怨，这种抱怨确实情有可原”。而艾森豪威尔确信，盟军不可能在为犹太人伸张正义的同时打赢中东战争。“这里所做的许多貌似奇怪的事，都只是为了防止阿拉伯人暴动。”这位指挥官向妻子玛米透露道，“我们正坐在一口热锅上！”因此，尽管美国使北非犹太人免于被驱逐的命运，但从未恢复他们战前的权利。①

① A. J. Liebling, *The Road Back to Paris* (Garden City, N. Y.: Doubleday, Doran, 1944), pp. 225 (“as examples”), 290 (“a wild competition”). Kenneth G. Crawford, *Report on North Africa* (New York: Farrar and Rinehart, 1943), pp. 45 - 46 (“warriors fighting”). Richard Breitman, “The Allied War Effort and the Jews, 1942 - 1943,” *Journal of Contemporary History* 20, no. 1 (Jan. 1985): 140 - 41, 142 (“Arabs don't mind Christians”). *The Conferences at Washington, 1941 -1942, and Casablanca, 1943* (Washington, D. C.: GPO, 1968): Conversation between President Roosevelt and General Nogués, Jan. 17, 1943, p. 608 (“eliminate ... the understandable”). Carlo D'Este, *Eisenhower: A Soldier's Life* (New York: Henry Holt, 2002), p. 356 (“Many things done here”). 阿拉伯世界几无例外地普遍反对取消战时对犹太人的限制；参见：Robert Satloff, “In Search of ‘Righteous Arabs,’” *Commentary* 118, no. 1 (July 2004)。

对权力的需求迫使美国放弃了自林肯时代以来一直奉行的以信仰为激励（faith-inspired）的政策，即保护北非犹太人。然而，正如击败巴巴里诸国使美国得以专注于中东的教育和医疗事业一样，轴心国部队的撤退也促使美国回到更具原则性的立场。赫尔称，“一个世纪以来，美国在传教、教育和慈善方面的努力从未被任何物质动机或利益所玷污”，这已经培养出了“对美国的善意”，并使人深信美国将引导该地区走向独立。如今，美国军方和文职官员开始实现这一期望，尽管起先是悄无声息地。

这种转变在罗斯福身上尤为明显。当这位总统可以在他堂兄西奥多的亲帝国主义政策和他前老板伍德罗·威尔逊的解放理想之间自由选择时，他总是倾向于后者。这种偏好体现在他与丘吉尔1941年7月共同制定的《大西洋宪章》中，该宪章保护所有人民免遭外来征服，并承诺他们享有自治权。尽管丘吉尔只将这些承诺应用于被占领的欧洲国家，但罗斯福坚持适用于所有国家，包括中东各国。

罗斯福立即不失时机地按照自己对《大西洋宪章》的解释采取行动。早在1943年1月，在卡萨布兰卡举行的盟军领导人会议上，他就邀请苏丹穆罕默德五世共进晚餐。王储哈桑二世也出席了，在场的还有丘吉尔、诺格斯和总统之子埃利奥特。这是在法国殖民统治下摩洛哥君主首次与非法国国家元首们会面，诺格斯就这么紧张地看着苏丹就一系列政治问题向罗斯福施压。苏丹问，摩洛哥如何才能保住国家财富，从而提高本国人口的健康和教育水平？这位美国领导人建议摩洛哥采取措施，防止“法国和英国金融家”“掏空［它的］财富”，并暗示美国战前和战后对殖民地问题的政策将“截然不同”。丘吉尔本就因晚宴上没有酒而大为不快，此时他大声咳嗽，试图改变话题。但这位虽外形纤瘦却意志坚强的苏丹仍不肯罢休，问总统所说的“截然不同”是什么意思。罗斯福看着自己的水杯，说美国公司可能会在摩洛哥勘探石油，摩洛哥工程师可以在美国接受培训，战后美国国会将为摩洛哥提供大量财政援助。穆罕默德五世欣喜若狂。他喊道：“我的国家有了个新未来！”而丘吉尔呢，据埃利奥特说，“怒容满面，咬着雪茄，冷哼一声，尽量装作没在听”。

尽管罗斯福没有给出具体的承诺，摩洛哥人却坚信他已对他们的独立作出了保证。随着美国不再那么谨小慎微，像大维齐尔莫赫里（Si El Mokhri）这样的摩洛哥领导人，以及穆罕默德·利亚兹迪、艾哈迈德·贝拉弗里杰[①]这样的民族主义活动家，现在都与美国官员展开接触，寻求他们的政治援助。在阿尔及利亚，民族主义英雄费尔哈特·阿巴斯也赞扬了美国在确保他的国家的自由方面所发挥的作用；在突尼斯，人们聚在道路两旁迎接前进的美国大兵。著名战地记者厄尼·派尔回忆道：“数百名阿拉伯农民……要么向士兵致敬，要么比出V字手势。驾车出行半天，我看到的V字手势比我在英国生活的全部时间内看到的都要多。”[②] 北非人不再对美国的存在漠不关心，

---

① 后任摩洛哥首相。——译者

② Gaddis Smith, *American Diplomacy during the Second World War, 1941 - 1945* (New York: Knopf, 1985), pp. 96 (“A century”), 100 - 10. Stephane Bernard, *The Franco-Moroccan Conflict, 1943 - 1953* (New Haven: Yale Univ. Press, 1968), p. 3. Annie Lacroix-Riz, *Les Protectorats d'Afrique du Nord entre la France et Washington: Du débarquement à l'indépendance, Maroc et Tunisie, 1942 - 1956* (Paris: L'Harmattan, 1988), pp. 11 - 21. Benjamin Rivlin, “The United States and Moroccan International Status, 1943 - 1956: A Contributory Factor in Morocco's Reassertion of Independence from France,” *International Journal of African Historical Studies* 15, no. 1 (1982): 64 - 65, 74. Egya N. Sangmuah, “Sultan Mohammed ben Youssef's American Strategy and the Diplomacy of North African Liberation, 1943 - 61,” *Journal of Contemporary History* 27, no. 1 (Jan. 1992): 130. Kenneth Pendar, *Adventure in Diplomacy: The Emergence of General de Gaulle in North Africa* (London: Cassell, 1966), pp. 142, 146 - 47. Elliott Roosevelt, *As He Saw It* (New York: Duell, Sloan and Pierce, 1946), pp. 110 (“differ sharply), 111 (“French and British financiers”), 112 (“A new future” and “Glowering”). Ernie Pyle, *Here Is Your War* (New York: Henry Holt, 1943), p. 44 (“Arab farmers”). *FRUS*, 1944, vol. 5: Mayer to the Secretary of State, Jan. 5, 1944, pp. 527 - 29.

他们现在欢迎美国的存在，将其视为他们最终摆脱法国统治的第一步。

罗斯福对这种看法几乎未加阻止。在卡萨布兰卡会议和 1943 年底在开罗和德黑兰召开的同盟国会议之间，他下令对整个中东的民族主义运动进行低调调查。领导这项调查的帕特里克·J. 赫尔利是位体格健壮、擅长交际的俄克拉何马州人，喜欢戴牛仔帽、穿牛仔靴，他是位将军，当过战争部长，早年在矿山工作，后来成为律师、外交官、印第安原住民权利的捍卫者，声望日隆。罗斯福对国务院为他提供对中东的客观评估的能力缺乏信心，因而任命赫尔利为他在该地区的私人特使。“我的工作，”这位将军回忆道，“就是从事实中筛查出真相。”赫尔利完成了从北非到肥沃的新月地带和波斯湾的 3000 英里艰难跋涉，他的调查的确揭示了在中东表象下的沸腾的民族主义骚动，以及美国在平衡其军事实力和忠于原则这两端之间面临的诸多挑战。

“我们的总统跟美国人民一样，承认基督在道德方面的领导地位。”赫尔利对摩洛哥大维齐尔说，并向他保证美国将与敬畏上帝的穆斯林站在一起，共同对抗共产主义无神论的威胁。但他也告知本-古里安，美国不会与之合作驱逐 100 万阿拉伯人——他说这是建立一个犹太国家的必然结果——而且“美国人不会被……犹太人对《旧约》的解读所束缚”。他甚至加重语气向伊本·沙特强调了这个观点，向其承诺美国政府永远不会支持巴勒斯坦的犹太人独立，并和对方一样关切“某些非常富有、强大、有影响力的犹太人正在利用美国的言论自由……开展声势浩大的宣传运动”。在对国王发表的一次正式讲话中，身着阿拉伯王子长袍的赫尔利自信满满地表示，沙特终有一日会支持建立一个基于“类似于宪法所包含的原则”的阿拉伯国家联盟。

赫尔利在埃及、黎巴嫩和叙利亚继续执行自己的任务，一丝不苟地做笔记并提交观察报告。然而，他最自信的贡献来自其造访过的最大的非阿拉伯地区。伊朗视为“不感兴趣的友好国家”，这种情况一直持续到1941年伊朗被英国和苏联占领。此后，伊朗成为“走廊”，通过这里，约500万吨给养和弹药被运往四面受敌的东部战线，事关3万名美国士兵的生死。尽管如此，美国的政策仍是避免卷入伊朗内政。因此，罗斯福对伊朗领导人呼吁美国助其摆脱外国占领的请求未置可否。1943年11月抵达伊朗后，赫尔利住进了苏联大使馆而不是穆罕默德·雷扎·沙阿的宫殿，这一决定在当地引发了诸多不满。但赫尔利在与伊朗人甚至俄罗斯人的交往中几乎没有遇到任何困难。他反而认为英国是他的使命和美国整个中东政策成功的主要威胁。

尽管赫尔利非常固执地仇恨共产主义，但他也表现出对殖民主义的一种根深蒂固的自由主义厌恶。他断言“殖民帝国主义的经济是腐朽、没落的，且作为一种经济制度已然失败”。他问道：“难道一个国家的野心、贪婪或极端需要就是它理直气壮侵犯弱国权利的理由?”赫尔利可以毫不含糊地回答这个问题，然后被告诉他“饥饿是让伊朗人屈服的最简单方法”的英国高级官员惹毛，他开始为伊朗的独立制定蓝图。“美国的目的是维持伊朗作为一个自由……国家的地位，并让伊朗人民有机会享有宪法……和《大西洋宪章》规定的人权……”为此，赫尔利提议对伊朗的工业和交通系统进行大规模投资，并派遣美国专家助其建立民主制度。赫尔利认为，一旦成功，伊朗就可以成为美国战后政策的榜样，在整个发展中的世界促进建立“自由政府和自由企业”，并彻底打败“剥削和帝国主义”。

赫尔利的“无私的美国政策”概念得到了罗斯福的热切拥护。他对儿子埃利奥特说：“殖民制度就意味着战争。”但可以预见的是，英国人对该计划并无多少热情，连美国国务院也斥之为“救世主式的全球化胡话”。①这些反应使罗斯福警醒，他与丘吉尔以及苏联领导人约瑟夫·斯大林一起含糊地保证伊朗独立，但在其他方面放弃了采纳赫尔利的计划。虽说总统对中东和其他地方的帝国主义感到为难，但他是一个现实主义者，深知美国还处于战争之中，还需要盟友。

然而，即便美国在西欧和太平洋地区展示其军事实力时，也在继续推动中东的本土独立。阿拉伯主义者、战略情报局（OSS）官员科米特·罗斯福会见了埃及民族主义者，向他们承诺了一项解放“新政”。“你将成为两千年来自由埃及的第一位统治者。”这位罗斯福——曾赞美英国占领埃及的那位罗斯福总统的孙子——对埃及的法鲁克国王如是说。在突尼斯，美国驻突尼斯领事是一位贵族出身、满头白发的野心家，有个不可思议的名字，叫胡克·杜利特尔，他将美国的保护范围扩大到了法国人想要逮捕的突尼斯民族主义领袖哈比卜·布尔吉巴身上。法国人仍坚持追捕此人，于是杜利特尔在1945年3月帮助布尔吉巴飞到埃及的安全地点，随后为他弄到了美国签证去参加联合国在旧金山举行的开幕式。

① *FRUS*, 1945, vol. 8: Henderson to Truman, Nov. 10, 1945, p. 10 (“friendly disinterest”). Russell Buhite, *Patrick J. Hurley and American Foreign Policy* (Ithaca: Cornell Univ. Press, 1973), pp. 6 – 15, 27, 113 (“certain very rich”), 313. Don Lohbeck, *Patrick J. Hurley* (Chicago: H. Regnery, 1956), pp. 188 – 89, 190 (“Our President”), 191 (“My job”), 193 (“America could not”), 195 (“starvation was the easiest”), 210 – 11 (“the economy of colonial”). Franklin Delano Roosevelt Papers, Office Files, 1933 – 1945, pt. 4: Subject Files, reel 19; Hurley to Roosevelt, May 5, 1943 (“exploitation and imperialism”); Hurley to Roosevelt, June 9, 1943 (“similar to those embodied”). Abbas Milani, “Hurley's Dream,” *Hoover Digest*, no. 3(2003): 149 (“It is the purpose” and “free governments”), 150 (“unselfish American policy”). T. H. Vail Motter, *The Persian Corridor and Aid to Russia* (Washington, D.C.: Office of the Chief of Military History, 1952), pp. 6 – 7. See also Mark Hamilton Lytle, *The Origins of the Iranian-American Alliance, 1941 – 1953* (New York: Holmes & Meier, 1987), pp. 48 – 59, 60 (“messianic globaloney”). William R. Louis, *Imperialism at Bay, 1941 – 1945: The United States and the Decolonization of the British Empire* (Oxford: Clarendon Press, 1977), p. 226 (“the colonial system”).

美国支持中东解放的最明确表现发生在叙利亚和黎巴嫩。尽管美国官方支持英国于 1941 年设立的“自由法国”政府，但贝鲁特美国大学——用该校校长巴亚德·道奇的话说——仍然是“反法阿拉伯民族主义的摇篮”。要求结束法国委任统治的呼声日益高涨，最终引起了罗斯福政府的共鸣。1943 年底，罗斯福政府宣布，黎巴嫩和叙利亚人民“准备好了，一有机会就会大展拳脚”。然而，“自由法国”政府不予认可，并逮捕了单方面宣布独立的黎巴嫩领导人。愤怒的罗斯福向戴高乐施压，迫使其释放了这些人，并随后承认了黎巴嫩的主权。①

尽管面临着战时的军事和政治压力，美国还是支持了从摩洛哥到伊朗遍及整个中东地区的独立运动。在欧洲战场取得完全胜利之前，美国人无法把精力投入到中东的解放事业。在此间歇，他们通过有史以来实施的最庞大的发展项目，力求维持中东人民的生活，并维系美国的理想主义和军事实力的最佳平衡。

---

① *FRUS*, 1943, vol. 4: Secretary of State to Wiley, Nov. 12, 1943, p. 1045; 1944, vol. 5: Morris to the Secretary of State, Oct. 9, 1944, p. 455. Phillip Baram, “Undermining the British: Department of State Policies in Egypt and the Suez Canal before and during World War II,” *Historian* 40, no. 4 (Aug. 1978): 633 – 37, 641 – 45. Thomas A. Bryson, *Seeds of the Mideast Crisis: The United States Diplomatic Role in the Middle East during World War II* (Jefferson, N. C.: McFarland, 1981), pp. 85 – 89, 98 – 99. Rubin, *Great Powers*, pp. 141 – 42. Walter L. Browne, *The Political History of Lebanon, 1920 – 1950*, vol. 2 (Salisbury, N. C.: Documentary Publica tions, 1977), pp. 271, 386 – 87. Louis, *Imperialism at Bay*, p. 169. Steven L. Spiegel, *The Other Arab-Israeli Conflict: Making America's Middle East Policy, from Truman to Reagan* (Chicago: Univ. of Chicago Press, 1985), p. 13 (“New Deal” and “you will be”). 关于美国战前拒绝鼓动埃及民族主义者的问题，参见：Erez Manela, “Friction from the Sidelines: Diplomacy, Religion and Culture in American-Egyptian Relations, 1919 – 1939,” *The United States and the Middle East: Diplomatic and Economic Relations in Historical Perspective* (New Haven: Yale Center for International and Area Studies, 2000), pp. 28 – 35。关于胡克·杜利特尔对突尼斯独立的贡献，参见：David D. Newsom, “The Unsung Diplomat,” *Christian Science Monitor*, April 12, 2000。

化剑为犁

一块面积400万平方英里、比美国还大的土地，从摩洛哥延伸到阿拉伯，从苏丹沙漠到伊朗，为700万人口提供服务——这就是中东供应中心的巨大规模。英国于1941年春创设了该中心，旨在使中东人免遭二战灾难性的饥荒影响，并使他们继续依赖同盟国而非轴心国的货物。英国人负责分配，但物资——数目难以估量的成吨食品、纺织品、农业设备和重型机械——绝大多数都来自美国。在珍珠港事件前几个月，罗斯福发布了一项总统令，授权大幅增加对该地区的租借物资供应，并在巴士拉和开罗建立两个基地，以监督物资的运送。然而，直到第二年7月，美国才派出一名官方代表前往该中心位于埃及的总部，而抵达时恰好赶上跟逃避德国进攻的英国官员们一起撤离。

在“火炬行动”和非洲军团投降后，美国对向中东供应物资的态度以及对本土民族主义的政策都发生了改变。尽管英国继续将该中心视为维护其地区霸权的框架，但美国逐渐将其看作推动中东发展、提高其自给自足能力并最终实现独立的引擎。被任命为该中心首任美国主管的詹姆斯·麦考利·兰迪斯便是这种转变的化身，体现了美国在该地区日益突出的地位。

兰迪斯是许多在中东服役的美国人的典型，他是传教士之子、普林斯顿大学的校友，既不信任欧洲帝国主义，也反对犹太复国主义的目标。然而，与他的国务院同僚——其中许多人都在中东生活过多年——相比，兰迪斯此前并没有接触过中东政治，反而接受过律师培训，矛盾的是，他偏偏又是布兰代斯和法兰克福特的门徒。作为一名才华横溢的律师和哈佛法学院的院长，他离开了辛辛纳特斯[1]般严肃

① 古罗马政治家，是传说中的圣人——品德与意志的化身。——译者

刻板的法律行业，担任了证券交易委员会和民防办公室的主席，并成为一名热情的新政拥护者。兰迪斯是政界要员，衣冠楚楚、耽于声色、声音洪亮、眉清目秀，照片中的他傲慢地注视着他人，同时他也不知疲倦地为少数族裔争取权利、谋求社会公正。“我被称为社会主义者和共产主义者，”他坦承，“但是……我的愿望是接受这个资本主义制度，让它配得上它的自命不凡。”

没有什么景象比中东的景象更能挫伤兰迪斯的高贵感了。1943 年 10 月上任后，兰迪斯对他在开罗、巴格达和大马士革等中东国家的首都遭遇的肮脏与疾病，以及供应中心遍布的惊人浪费现象的证据，都大为震惊。“问题在于我们对中东并没有政策，”他抱怨道，“中东在我们的外交政策上，一直像是后娘养的。”他认为，阿拉伯世界已经具备了“民主愿望”，但美国非但没有实现这些愿望，反而帮助帝国主义镇压它们。对于阿拉伯人，兰迪斯问道：“我们是打算袖手旁观，说‘你们的仗你们自己打吧’？还是准备帮助他们实现自己的合法命运？”

兰迪斯直截了当地回答了这个问题，着手对该中心进行了全面改革，启动了影响深远的区域项目，比如把埃塞俄比亚的粮食运往沙特阿拉伯、控制埃及的蝗灾、向伊朗空运救生药品，同时暗地里鼓励民族主义运动。尤其是在开罗，兰迪斯成功地与胖乎乎的孩子气的法鲁克国王交上了朋友——两人喜欢互泼香槟——美国经济学家设法打破了英国的垄断，向当地企业家开放了市场。兰迪斯认为，“分散权力、［瓦解］世界上不必要的官僚机构”对独立来说至关重要。

兰迪斯对中东抱有极大期望，但他也明白中东存在着重重危险。1944 年 11 月 6 日，他婉拒了英国驻埃及大臣莫因勋爵的搭车邀请，结果，莫因勋爵刚上了自己的车就被巴勒斯坦的修正主义犹太极端分子枪杀了。美国在伊朗的救援行动长期受到英国和俄国的阴谋以及当地腐败和内讧的影响。作为伊朗政府的美国顾问，专横跋扈、脾气暴躁的阿瑟·C.米尔斯帕试图对该国的货币和税收体系进行全面改革，却遭到了地主、官僚和年轻律师穆罕默德·摩萨德领导的民族主义者的全面抵制。米尔斯帕递交了辞呈后不久公开宣布："波斯政府就是一个腐败的政府，由腐败分子领导，为腐败分子服务[①]。"[②]

尽管如此，兰迪斯和其他美国人还是在中东许多地区取得了令人瞩目的进展，如果不说是突破的话。例如，巴勒斯坦从周边阿拉伯生产国进口的货物增加了 30% 以上，而由诺曼·施瓦茨科普夫上校——他的儿子作为将军也将在中东发挥变革性作用——领导的执法任务将使伊朗警察队伍现代化。[③] 一些历史学家后来认为，中东供应中心为未来各种区域组织——包括 1945 年 3 月在美国支持下成立的

---

① 此处是对林肯"民有、民治、民享"三民主义政府的戏仿。——译者

② *FRUS*, 1944, vol. 5: Roosevelt to Landis, March 6, 1944, p. 2. James M. Landis Papers, box 164: Excerpt from a "Round Table" at the Univ. of Chicago entitled "The Middle East: Zone of Conflict?" July 22, 1945 ("The trouble is"). Donald A. Ritchie, *James M. Landis: Dean of the Regulators* (Cambridge: Harvard Univ. Press, 1980), pp. 3 ("I've been called"), 121 – 23, 124 ("A diffusion of power"), 126, 130. Robert Vitalis, "The New Deal in Egypt: The Rise of Anglo-American Commercial Competition in World War II and the Fall of Neocolonialism," *Diplomatic History* 20, no. 2 (Spring 1996): 213, 220 – 24. Martin W. Wilmington, *The Middle East Supply Centre* (Albany: State Univ. of New York Press, 1971), pp. 4 – 7, 62 – 72, 167. Peter L. Hahn, *The United States, Great Britain, and Egypt, 1945 – 1956: Strategy and Diplomacy in the Early Cold War* (Chapel Hill: Univ. of North Carolina Press, 1991), pp. 14 – 17. Godfried, *Bridging the Gap*, pp. 483 – 90. Arthur C. Millspaugh, *Americans in Persia* (Washington. D. C.: Brookings Institution, 1946), pp. 55, 64, 84 – 85 ("The Persian government").

③ Oder, "United States and the Palestine Mandate," pp. 326 – 27. 关于米尔斯帕和施瓦茨科普夫的任务，参见：*FRUS*, 1944, vol. 4: Ford to Secretary of State, Feb. 2, 1944, p. 391; Ford to Secretary of State, April 11, 1944, p. 395; Morris to Secretary of State Oct. 11, 1944, p. 430。James Bill, *The Eagle and the Lion: The Tragedy of American-Iranian Relations* (New Haven: Yale Univ. Press, 1988), pp. 24 – 25, 27. Michael K. Sheehan, *Iran: The Impact of United States Interests and Policies, 1941 – 1943* (Brooklyn: Theo Gaus' Sons, 1968), pp. 16 – 17. Lytle, *Origins of the Iranian-American Alliance*, pp. 112 – 16。

阿拉伯联盟——提供了样板。

“我们是时候化剑为犁了。”兰迪斯在战争即将结束时宣布，他的话颇有《圣经》意味。在为中东的经济发展做出实质性贡献之后，华盛顿的决策者将注意力转向了美国自身在该地区的利益——尤其是战时对燃料的巨大需求。例如，一个营的美国坦克行进 100 英里需要 1.7 万加仑的石油，而第五舰队一年要消耗 38 亿加仑的石油。因此，美国上下同心协力要从伊朗购买石油，却遭到俄国、英国和民族主义反对派的阻挠。那么，该地区还剩下一个已探明储量的大油田：沙特阿拉伯。

长期以来，沙特阿拉伯一直被美国决策者视为穆斯林世界中最具影响力的王国之一，如今它作为美国中东石油的主要来源也越来越出名。尽管不再受到轴心国的威胁，但该国仍被英国石油公司盯着，盘算着垄断其石油。由于确信“沙特阿拉伯的石油是这个世界的最大奖品之一”，“一场秘密竞赛……正以令人不快的规模在中东甚嚣尘上”，国务卿赫尔建议采取影响深远的措施来巩固美国在利雅得的地位。协调这些措施的任务交给了内政部长哈罗德·艾克斯——美国第一位“能源沙皇”。

艾克斯自认脾气暴躁，不喜欢大企业，但他还是与在阿拉伯工作的美国石油公司建立了密切的关系。在他的操持下，沙特阿美石油公司（ARAMCO，前身为加州阿拉伯标准石油公司）获准铺设数百英里的石油管道，将沙特的炼油厂连到地中海和巴林，而美国军方则着手在美国石油集散地达兰市附近建造一个空军基地。美-沙关系的缔造者卡尔·特威切尔被召回，对利雅得周围的沙漠展开广泛的水资源调查，威廉·艾迪被任命为美国在该市的首位全权大使。不过，艾克斯最实在的贡献是获准向沙特阿拉伯提供租借贷款援助。“不晓得我们怎么能把那样的做法称为‘民主’。”哈里·霍普金斯对此大为苦恼，但艾克斯跟国务院专家和石油公司高管们一起占了上风。[①] 受到影响力强大的商业利益集团和政府中势力强大的声音的约束，再加上数百万美元的建设项目和财政援助的推波助澜，美国和沙特阿拉伯之间的同盟关系就此形成。

在整个中东，美国成功地将军用设施改造为农业设备和工业基础设施。美国对中东经济和政治发展的推动，加上对民族主义运动或明或暗的鼓励，使该地区做好了抵抗殖民主义、承担独立重负的准备。军事力量与平等主义理想结合在一起，使当地人民做好了承担新责任和应对新现实的准备。然而，对于大批正在该地区服役的美国男女军人来说，理想化的中东与现实的中东之间的鸿沟仍然难以逾越。成千上万的美国大兵牺牲在这些干燥、尘土飞扬的战场上，也由此留下了无数的神话。

《圣经》与好莱坞的交汇

《纽约客》的彼得·阿尔诺在二战前夕发表了一幅漫画，画上一辆大型美国敞篷车疾行在密布着宣礼塔和圆顶景观的中东地区，从一名留着胡子、长着鹰钩鼻、匍匐在地祈祷的阿拉伯人身旁驶过。车里

① Wilmington, *Middle East Supply Centre*, p.167 ("the time has come"). *FRUS*, 1942, vol.4: Welles to Kirk, Feb.26, 1942, p.564; 1943, vol.4: Secretary of State to the Secretary of the Interior, Nov.13, 1943, p.942 ("the oil of Saudi Arabia"); 1944, vol.5: Hull to Winnant, Oct.17, 1944, p.666 ("a covert contest"); Davies to Murray, Dec.27, 1944, p.9; 1944, vol.5: Murray to the Under Secretary of State, Nov.23, 1944, pp.35-36. David Long, *The United States and Saudi Arabia* (Boulder: Westview Press, 1985), pp.14-15, 76. Bryson, *Seeds of Mideast Crisis*, p.39. Miller, *Search for Security*, pp.30-31, 43 ("Just how we could"), 51-55, 60-63, 71, 121, 237. Hart, *Saudi Arabia*, p.29. Lytle, *Origins of the Iranian-American Alliance*, pp.64, 71. Longrigg, *Oil in the Middle East*, pp.133-34. Shwadran, *Middle East*, pp.330-33.

坐着两名美国人——一位戴着时髦的圆礼帽的女士和她戴着遮阳帽的丈夫，做丈夫的在没有刹车的情况下冲着阿拉伯人大喊，“嘿，老兄，去麦加怎么走?”这幅漫画成功地同时表现了傲慢与自嘲，其对该地区流行且大多是神话般的形象的运用，也展示了美国人对该地区民族及文化的无知。这些不开轿车开吉普和半履带车、头戴钢制帽子的美国人，很快就会看到一个更真实的中东景象。面对混乱的战斗，身处完全陌生的地形，他们也会寻找通往麦加以及突尼斯、开罗和德黑兰的路。

除了《大篷车》和《突尼斯之夜》这样的热门音乐片，《卡萨布兰卡》这样弯弯绕绕的爱情片以及《阿里巴巴和四十大盗》这样铺张华丽的好莱坞大片，1940 年代的美国人几乎没有接触过中东。“你已经看过了有关沙漠和集市构成的多彩生活的电影，”美国陆军部准备的一本小册子这样告诫被派往伊拉克服役的美军士兵，“[但当] 你真正到达那里时，你会发现根本找不到让你一直期待的东西。你会耳闻目睹很多电影里没有提醒你的东西。”士兵们并没有意识到这一现实，他们接到乘船前往该地区的命令时几乎像孩子一般欢呼雀跃。战地记者塞西尔·布朗想象自己被带往一个有“阿拉丁和魔毯之类”的世界，而战略情报局的指挥官伊拉斯莫斯·科罗曼则将埃及想象成“一个非凡的、永不消失的国度”。这种幻想与一个真正的孩子——10 岁的诺曼·施瓦茨科普夫——的幻想没什么区别，他想象着他的父亲去了一个“神奇而遥远的地方，《一千零一夜》里的国度，那里的人们身穿长袍、挎着刀、骑着骆驼穿越沙漠”。即使像巴顿将军这样铁石心肠的人物，在第一眼看到卡萨布兰卡时也难以抵挡浪漫主义的魅力，叹道“这是一座好莱坞和《圣经》交汇而成的城市”。

然而，这些梦想家中的大多数人注定要重复自约翰·利雅德时代以来所有前往中东的美国旅行者的经历，被粗暴地唤醒，变成垂头丧气。对 P-40 战斗机飞行员哈尔·马丁来说，开罗“无疑是个肮脏的地方”，也是“他最不愿意居住的地方”。他尖刻地抱怨周围的环境、无情的高温以及不分白天黑夜在牙齿上吱嘎作响的沙粒。“连啤酒喝着都有股灰尘味儿。”在伊朗，施瓦茨科普夫上校既没有发现魔法，也没有发现传奇，只有贫穷、文盲和铺张浪费。“我们到这个肮脏的鬼地方做什么?”欧内斯特·怀特海中士所在的小队经常有人这样问。他回忆说，他们的答案通常是“拯救该死的”英国殖民部队。

不过，并非所有美国人都认为自己对中东先入为主的浪漫想象已被抹去，很多人甚至证实了自己的想象。在摩洛哥，克拉克将军着魔了似的看着苏丹宫殿的建筑，那五彩缤纷的拱门和马赛克“就像被遗忘已久的阿拉丁之梦中的插图”。艾森豪威尔发现阿尔及尔“美丽如画”，棕榈树、香蕉树、花圃和九重葛环绕，“布局非常吸引人”。就地形而言，中东对某些士兵来说并不陌生，他们发现中东事实上与美国西部非常相像。来自加州 29 棕榈镇的二等兵比尔·菲尔普斯说：“我家就这样。”“只是，”他补充道，“我们那里没有艾拉伯人[①]。”[②]

---

① 此处为这位大兵的口音所致。——译者

② Cecil Brown, *Suez to Singapore* (New York: Random House, 1942), p. 12 (“This is Baghdad”). Erasmus Kloman, *Assignment Algiers: With the OSS in the Mediterranean Theater* (Annapolis: Naval Institute Press, 2005), p. 17 (“never-never land”). Patton, *War as I Knew It*, p. 10 (“a city which combines”). Norman Schwarzkopf, *It Doesn't Take a Hero* (New York: Bantam, 1992), p. 11 (“magical, faraway”). Roger Cohen and Claudio Gatti, *In the Eye of the Storm: The Life of General H. Norman Schwarzkopf* (New York: Farrar, Straus and Giroux, 1991), pp. 48 – 49. Humphrey Wynn, *Desert Eagles* (Osceola, Wis.: Motorbooks International, 1993), pp. 9 (“certainly a dirty place”), 10 (“the last place”), 13 (“Even the beer”). Ernest D. Whitehead, *World War II: An Ex-Sergeant Remembers* (Kearney: Morris Publishing, 1996), 36 (“What are we doing”). *The Papers of Dwight David Eisenhower*, ed. Alfred Chandler (Baltimore: Johns Hopkins Univ. Press, 1970), vol. 2: Dwight Eisenhower to John Eisenhower, Nov. 20, 1942, p. 746 (“beautiful and picturesque”). Clark, *Calculated Risk*, p. 157 (“like illustrations”). Liebling, *Road Back to Paris*, p. 243 (“This is exactly”). “Hey, Jack, which way to Mecca?” appears in Peter Arno, *Peter Arno* (New York: Perennial Library, 1990). *A Short Guide to Iraq* (Washington, D.C.: War and Navy Departments, 1944), pp. 3 – 4 (“you have seen”).

按照美国的传统，“阿拉伯人”仍然是美国大兵对所有中东民族的统称。美国大兵对当地人的抱怨也由来已久。“面带病容，死气沉沉，眼神不善，可怜兮兮”，一位脾气暴躁的战地记者如此评价当地人，陆军总军需官补充说，“一无是处、毫无价值、目不识丁、不诚实、病恹恹的”。当地卫生条件之恶劣被证明尤为美国人反感。怀特海中士厌恶当地人把公共排水沟当厕所，第一步兵师的军官让·戈登·佩尔蒂埃则哀叹“动物跟人住在一个屋檐下”。就连一向不喜欢吹毛求疵的艾森豪威尔，也不禁失望“阿拉伯人……似乎很少注意个人卫生”。

就像自萨拉·海特和约翰·劳埃德·斯蒂芬斯时代以来造访中东的许多美国游客一样，士兵们也对他们所认为的对当地女性的虐待大为震惊。“阿拉伯男人骑着驴子一路走来，他的五六个女人却头上顶着背上驮着一大堆东西。”怀特海回忆说，“我们当兵的永远看不下去这个。”另一些人则对女人走在骑着驴子的丈夫前面感到震惊——据海军飞行员 K. 雷·马尔斯所说，这些丈夫是怕自己踩上地雷。巴顿认为，“女性被压在最底层是阿拉伯发展停滞的突出原因”，也是穆斯林还停留在中世纪的主要原因。但是，除了他们所谓的厌恶女性之外，阿拉伯人还由于缺乏技术知识、农业耕作原始以及对耕畜的残忍而受到美国人的鄙视。佩尔蒂埃写道：“这些人犁地时三分之二的时间在打……［牲畜］，三分之一的时间用于调整犁铧。”不过，最令人深恶痛绝的是阿拉伯人的偷窃癖好，不仅抢劫补给站，连美国人的尸体也不放过。“如果给他们足够的时间搞伪装，他们长长的羊毛外袍甚至能把一辆吉普车藏起来。”一名士兵抱怨道。另一名士兵则发牢骚说：“要是能带走的话，他们连轮胎里的空气都会偷。”

对当地居民的不尊重，有时会发展到侮辱他们的荣誉，甚至无视他们的生命。“我宁愿听命于一个阿拉伯人，”巴顿在谈到他的英国指挥官安德森将军时说，“虽然我觉得阿拉伯人一无是处。”在据称发生在开罗郊外路障处的一个标志性事件中，一名美国宪兵拦住了一辆黑色轿车，车上坐着一名穿着考究、戴土耳其毡帽的埃及人。此人自称是埃及总理纳哈斯帕夏，但宪兵拒绝让他通过，说："可能如你所说，先生。但对我来说，你只是个该死的中东人。"据另一名美国大兵说，他和他的伙伴经常向阿拉伯人开枪，"他们是公开的猎物，就像美国狩猎季的兔子一样"。马尔斯少尉的指挥官对他说，如果要在射杀阿拉伯人和驴子之间二选一的话，"那就杀掉阿拉伯人，放了驴子"。在美国拨款数百万美元保障北非人民生存的同时，美国轰炸机在空袭中杀死了数千人，却没有击中预定目标。

然而，并非所有的美国士兵都对当地居民反感或漠不关心。有些士兵努力了解当地文化，与"阿拉伯人"交流，有时甚至还会跟他们交朋友。一些战争回忆录对充当临时翻译的阿拉伯裔美国士兵以及试图用意第绪语与北非犹太人交谈（但没有成功）的美国犹太士兵进行了感人的描述。北非儿童得了美国慷慨赠送的巧克力和口香糖，他们尤其喜欢美国兵。反过来，大兵们则很佩服村民们能够蹲在一起好几个小时聊国家大事——一名士兵称之为"每日新闻早报"——甚至能在炮火中像没事人一样去放羊。与美国长期以来的做法不同，少数士兵甚至对伊斯兰教产生了敬意。巴顿对他所认为的穆斯林虐待妇女的行为感到愤怒，但他也看过《古兰经》，觉得它既鼓舞人心又趣味横生。枪手斯派克·米里根对"日落时分阿拉伯人会转向麦加方向祷告"的惊叹或许没那么走心，他补充说："情况肯定远不止我看到的，我只能说，他们会跪下的唯一原因是捡钱。"

在该地区服役两年多之后，许多美国人可能已经搞清了麦加的方向——并非彼得·阿尔诺的漫画所说的那样——甚至注意到了战争部手册中列出的能做和不能做的事情，但似乎很少有人开始欣赏中东。当被军方报纸《星条旗报》问及是否已成功掌握阿拉伯语时，得克萨斯州哈斯克尔的杰西·希拉德下士回答说，他只学了 sayeeda 这一个词——它的意思是“你好，再见，以及伙计，你知道”；而来自伊利诺伊州的乔治·汤普森中士声称：“学这种语言会让你头昏脑涨”。阿拉伯女性也被证明太过孤僻。来自弗吉尼亚州的二等兵查尔斯·希尔虽然觉得叙利亚妇女“像砖砌的厕所一样结实”，但他从未考虑过要娶一个回家。他解释说：“她们的背景、习惯和传统跟我们太不一样了。”另一方面，美国士兵似乎觉得他们对中东做出了巨大贡献，不仅在食品、道路和工厂方面，而且还有音乐——在他们看来这更重要。正如《星条旗报》1942 年的一篇题为《法老善舞的女儿们现在熟知布基-伍基[①]乐曲》的文章中所写：

> “从没有人教过这里的女孩什么是真正的摇摆舞，”密歇根州底特律的爵士乐迷、技术军士威廉·贝尔说，“当时我就知道，我们这些美国兵有件大事要办。”现在，每天晚上，当日落月升时，都会有一种奇怪的声音飘向金字塔……因为埃及的女孩们已经追上了流行。听见一个头发垂到眼睛上、双脚随节拍而动的异国小美女说出类似“来吧，杰克逊，尽情摇摆”这样的话，已不再是什么新鲜事了。[②]

---

① Boogie-Woogie，一种钢琴演奏手法，是布鲁斯和爵士乐诞生的重要组成部分，节奏摇滚乐的一个重要支流。——译者

② Atkinson, *Army at Dawn*, pp. 124 (“Scrofulous, unpicturesque”), 169 (“useless, worthless” and “If they could have”), 255, 462 (“they were open”). D'Este, *Eisenhower*, p. 400 (“I would rather”). Patton, *War as I Knew It*, pp. 5, 47 (“the morning edition”), 49 (“the utter degradation”). Whitehead, *World War II*, pp. 41, 44 (“The Arab men”). *World War II Diary of Jean Gordon Peltier* (Groveland, Calif.: Perfect Art, 2000), pp. 37 (“The men spend”), 38 (“the animals lived”). Howard Wriggins, *Picking Up the Pieces from Portugal to Palestine: Quaker Refugee Relief in World War II* (Lanham, Md.: Univ. Press of America, 2004), p. 79 (“That may be so”). K. Ray Marrs, *I Was There When the World Stood Still* (Bloomington: 1st Books, 2003), p. 301 (“Their long flowing” and “kill the Arab”). David Rame, （转下页）

贝尔中士也许梦想过在金字塔的阴影中跳吉特巴，但到 1945 年的冬末，随着中东战争早已结束、欧洲的冲突几近胜利，这个梦想越来越无望了。美国渐渐醒悟，意识到该地区的一个新现实，这里不再是有着阿拉丁式宫殿或纤腰摆动、体态丰盈的女孩的世外桃源，而是大国政治、族群、宗教对抗以及石油竞争加剧的舞台。意识到这些变化——以及它们对美国战后卓越地位的影响——罗斯福返回了中东。

大苦湖上的尖叫

雅尔塔会议讨论了许多紧迫问题：联合国的结构、德国和东欧的未来、战争赔偿和战争罪等。不过，中东问题却不在其中。但是，当 1945 年 2 月 11 日在克里米亚海岸召开的同盟国会议结束时，罗斯福向丘吉尔和斯大林通报了他访问该地区的计划，这使他们大为震惊。总统声称，他对中东很感兴趣，尤其是巴勒斯坦局势，他现在承认他百分之百地同情那里的犹太人。这个消息并没有引起斯大林的兴趣，但让丘吉尔感到不安，他担心的是美国会对大英帝国做出怎样的安排。亨利·霍普金斯也大吃一惊，尤其是因为罗斯福被诊断出了晚期心脏病，连雅尔塔都不建议他去，更不用说到地中海了。憔悴、紧张的霍普金斯将整个想法斥为“胡闹”，认为这是罗斯福“想要好好享受一番世界上这个地区的君主们围着他转的感觉，那些君主认为……美国或许会解决他们所有的麻烦”。

（接上页）*Road to Tunis*（New York: Macmillan, 1944），pp. 14 - 15, 36. Liebling, *Road Back to Paris*, pp. 279, 291. *Stars and Stripes*（Cairo edition），July 2, 1942（“Nobody ever taught”）; July 30, 1943（“buxom”），Oct. 8, 1943（“sayeeda”）.

然而，霍普金斯并没有意识到，在战争的大部分时间里一直在酝酿的巴勒斯坦冲突多大程度上有可能引爆美国宝贵的新石油来源。罗斯福政府一直在努力忽视欧洲犹太人的困境和幸存的犹太人去往巴勒斯坦的愿望，这种忽视从珍珠港事件开始，在“火炬行动”后愈演愈烈。尽管罗斯福对1939年的白皮书心存疑虑，但他仍寻求与英国保持统一战线并保住阿拉伯人的善意，因为成千上万的美国人正在阿拉伯人的土地上服役。他向拉比斯蒂芬·怀斯和其他犹太复国主义领导人保证，拯救欧洲犹太人的最快途径就是击败纳粹德国。“神的报应虽说来得很慢，”他说，“但天理昭彰、报应不爽。”

然而，对一些美国犹太人来说，报应过程太过缓慢，而罗斯福看起来也没那么像神。彼得·伯格森及其坚定的巴勒斯坦犹太人团体克服了美国犹太人建制派的反对，继续鼓动政府实施救援行动和无条件支持犹太复国主义，他登了更多的整版报纸广告，发出了更多给国会的请愿书，还出版了一本印有“1776年是巴勒斯坦”① 字样的杂志。伯格森还把一部支持犹太复国主义的音乐剧《我们将永生》(*We Will Never Die*) 成功地推上了舞台，它由好莱坞的本·赫克特编剧、莫斯·哈特执导、科特·维尔配乐，戏票在麦迪逊广场花园全部售罄。在这些策略的帮助下，一个美国犹太人群体被动员了起来——其中就算没有德国精英，至少也有东欧草根阶层——成为坚定的亲犹太复国主义者。结果，到1945年，民主党和共和党都采纳了亲犹太复国主义的纲领，而且国会两院都决定，巴勒斯坦必须“大门敞开，允许犹太人自由进入”，这个国家必须“重建……成为一个自由民主的犹太联邦”。

美国犹太人的激进主义也对罗斯福产生了影响。总统扭转了自己

① 1776 is Palestine，即以美国在1776年建国来提醒美国读者巴勒斯坦土地上的建国问题。——译者

早期所做的将难民问题推迟到胜利后再处理以及在巴勒斯坦问题上保持中立的政策，还成立了战争难民委员会来规划犹太人的重新安置，并承诺支持建立犹太联邦的设想。但是，这一次，犹太复国主义者依旧不是影响白宫的唯一力量。美国国务院预测，总统对犹太国家的支持将会毁掉美国在整个中东的地位。1944 年 11 月接替科德尔·赫尔出任国务卿的爱德华·斯特蒂纽斯警告说："这将严重损害我们在整个地区保护美国的经济和商业、文化和慈善等利益的能力。"阿拉伯领导人证实了这些警告，因为他们首次对美国支持犹太复国主义提出了公开抗议。叙利亚总理萨阿达拉·贾布里描述了这项政策对美国在叙利亚的形象造成的"道义与物质上的"双重损害，阿卜杜拉国王谈到了在外约旦"可能会拒绝给予美国的经济特许权"。在给罗斯福的一封信中，一个由著名阿拉伯知识分子组成的团体表示，他们不相信"……为了一个分散得七零八落的种族……一个依靠金钱的力量来实现其设想的种族……民主的美国能抛开它在阿拉伯世界的友情不顾"。

在被巴勒斯坦争端危及的所有美国利益中，没有哪一项比石油所受威胁更大，也没有哪个阿拉伯人物比伊本·沙特国王更因美国的犹太复国主义倾向而激怒了。在战争初期，美国政府曾希望这位国王能够利用他在中东无与伦比的威望来帮助平息阿拉伯人对犹太复国主义的抗议。然而，1943 年 5 月，一份给罗斯福的愤怒的备忘录打破了这一期望。"犹太人无权进入巴勒斯坦，"伊本·沙特坚称，并警告说，如果"上帝保佑……同盟国应该在战争结束时以将阿拉伯人赶出家园的方式为他们的胜利加冕"，那么美国在整个中东的利益将受到强烈抵制。

作为回应，罗斯福承诺，美国在没有事先征询伊本·沙特和其他阿拉伯领导人的情况下，不会在巴勒斯坦问题上采取任何立场，但这种表态没能安抚住国王。为了挽救美国和沙特阿拉伯之间至关重要的战略关系，美国需要做出一个非同寻常的姿态。对霍普金斯来说，罗斯福的中东之旅似乎是“胡闹”，但对这位三军统帅来说，这无异于为维护美国在该地区的经济和战略地位的最后一搏。[①]

罗斯福登上美国最新的巡洋舰“昆西号”，穿过东地中海，经塞得港进入苏伊士运河。“昆西号”在大苦湖上停泊，在接下来的两天里，罗斯福在那里先后接见了埃及国王法鲁克、埃塞俄比亚皇帝海尔·塞拉西。法鲁克身着海军上将制服，礼貌地聆听了总统就美国在埃及的两大传统利益——旅游业和长绒棉——发表的讲话。总统预测，一旦战争结束，前者将迅速扩张，世界纺织品需求也将迅速增长。法鲁克承诺将热情欢迎所有的美国游客，并生产出更多的棉花，但直到谈话结束也没有谈到那个最突出的问题——埃及的独立。身材矮小的埃塞俄比亚皇帝穿着一件特大号的军大衣，戴着军帽，他的待遇稍好一些，得到了罗斯福的保证，即美国反对恢复意大利对埃塞俄比亚的殖民统治。两位领导人都带着豪华的礼物下了船——法鲁克的是一辆双引擎汽车，海尔·塞拉西的则是四辆侦察车。

与这两位领导人的会晤，只是与沙特国王的情人节峰会的预演。脸色苍白、身体虚弱的罗斯福坐在一把扶手椅上，披着一件黑色的大斗篷，在“昆西号”的前炮下等着客人的到来。重病在身的伊本·沙特没能登上将他从吉达载过来的“墨菲号”军舰的跳板，只好用救生

---

① *The White House Papers of Harry Hopkins*, ed. Robert Sherwood, vol. 2 (London: Eyre and Spottiswoode, 1949), p. 860 (“horseplay”). Burns, *Roosevelt*, pp. 395 – 96 (“The mills of the gods”). *FRUS*, 1943, vol. 4: Ibn Saud to Roosevelt, May 11, 1943, pp. 773 – 74 (“Jews have no right”); 1944, vol. 5: Stettenius to Roosevelt, p. 649 (“It would seriously prejudice”), Berle to the Secretary of State, Jan. 28, 1944, pp. 561 – 62 (“opened for the free entry”); Satterthwaite to Secretary of State, Aug. 3, 1944, p. 607 (“moral as well as material”); Secretary of State to Roosevelt, Dec. 13, 1944, p. 649 (“economic concessions”) Secretary of State to Roosevelt, p. 655 (n. d.); Tuck to Secretary of State, Nov. 21, 1944, p. 640 (“Democratic America”). Manuel, *Realities*, pp. 310 – 12.

艇把他吊到“昆西号”上。然而，跟在他身边的有约 60 名男随从，其中包括挥舞弯刀的努比亚保镖，他们“又瘦又黑，长着凶神恶煞的黑眼睛”——在一名水手看来——“那模样看起来好像在瞧不顺眼的人身上刻下自己名字的首字母会让他们极为开心”。整件事都是严格保密的。这是伊本·沙特第一次离开自己的王国，由于害怕自己不在的时候会发生叛乱，他动身前乔装打扮了一番，还弄出空袭的动静让民众都待在了家里。罗斯福也刻意转移公众的注意力。他甚至说服他的女儿安娜在沙特人到达之前下了船，并对她说，“穆斯林不允许女人在男人们说话时出现在面前……若见到这样的女人，会把她据为己有”。

罗斯福用全副仪仗和迎风招展的旗帜向伊本·沙特致意。出于对客人的尊重，他克制住自己的烟瘾，国王也以传统的待客方式为总统端上了咖啡。会谈在亲切友好的气氛中开始，罗斯福生动地描述了美国的长期愿景——把现代技术引入中东、将阿拉伯沙漠变成繁茂的花园。伊本·沙特和蔼地提醒罗斯福，他是一名战士而不是农民，他无意改变人民古老的生活方式。

如果没有美国驻吉达大使威廉·艾迪的精彩翻译，这种打趣可能就把话谈僵掉了。49 岁的艾迪也是普林斯顿大学培养出来的阿拉伯主义者，是中东传教士的后裔，还是一名受过勋的前海军陆战队指挥官和战略情报局行动负责人——一个身负信仰和权力的混合型人才。尽管艾迪的任务只是确定阿拉伯人的“政治和非政治的思想、需求和愿望”，但他认为自己的作用是加强美国和沙特阿拉伯之间的战略关系。艾迪相信，通过与伊本·沙特结盟，美国有把握获得“3 亿穆斯林的友好、善意和资源”，并捍卫中东这颗“最珍贵的明珠”。

然而，随着“昆西号”上的话题从农业、电力转向巴勒斯坦，保护这颗珍宝对艾迪来说是个挑战。罗斯福对纳粹铁蹄下的犹太幸存者表示同情，并对那些与希特勒作战并努力使巴勒斯坦沙漠繁荣发展的犹太人表达了敬意。那么，沙特会同意接纳更多的犹太人进入巴勒斯坦吗？国王直接一口回绝了。他说，改变沙漠的是来自美国和英国资本家的数百万美元，而不是犹太人的农业，他还问，如果“这种繁荣［只］会由犹太人承袭”，那么阿拉伯人又能从这种耕作中得到什么呢？国王进一步宣称，犹太士兵不是在欧洲与德国作战，而是在与阿拉伯人作战，犹太难民不应该接收巴勒斯坦，而应该获得“最上等的”德国住房。“让敌人和压迫者付出代价，这就是我们阿拉伯人发动战争的方式。”他坚称，“战争赔偿应该由罪犯而不是无辜的旁观者来承担。”罗斯福一次又一次地尝试提出难民问题，提醒伊本·沙特仅在波兰就有300万犹太人被杀，但每一次国王的回答都更强硬。他反驳说，如果300万犹太人在波兰被杀，那么那里就有充足的空间再容纳300万人。

当罗斯福和伊本·沙特之间的气氛变冷，船上其他地方的空气却在升温。国王的仆人把他们吊在船上的100只羊宰了一部分，在弹药箱旁边烤。其他扈从则兴高采烈地试射了“昆西号”上的机枪，在船长认定“可能酿成大祸”并出手阻止之前，他们已在周围海面扫射了30分钟。与此同时，大部分甲板上都铺上了波斯地毯——国王的双脚从未落在钢铁上——还搭起了一个酋长帐篷，配了丝绸垫子和镀金椅子。可以说，美国的军事实力和中东神话从未如此明显而又奇怪地融合在一起。那场面只缺国王的后宫妻妾了，是艾迪说服国王别带来的，他提醒国王船的颠簸可能会掀起女人的面纱。

在这艘巡洋舰上，水手和沙特人之间的关系越来越融洽，而罗斯福和国王之间的关系随后也突然变得融洽起来。罗斯福出其不意地放弃了他早些时候提出的在巴勒斯坦问题上进行合作的请求，转而向伊本·沙特承诺绝不以牺牲阿拉伯人来帮助犹太人。他为沙特阿拉伯的国防提供保障，并将尽一切努力——“除战争外”——强化叙利亚和黎巴嫩的独立。总统承认，美国人民对中东的认识是“被误导的”，后来又在一次新闻发布会上表示，他与伊本·沙特5分钟谈话所了解的中东比他此前通过几十次外交交流了解的都要多。

总统和沙特国王之间的这次历史性会晤以积极甚至可以说是友好的姿态结束，但这种亲善差一点被船上发生的小事故毁了。两名沙特王子受邀观看最新出品的好莱坞喜剧，当看到电影明星露西尔·鲍尔的裙子被人扯掉时他俩不禁大吃一惊。震惊程度不亚于王子的还有水手，他们被派去擦洗甲板上的羊血以及艏楼上的排泄物，那些沙特人更喜欢冲着大海方便而不是上海军的厕所。伊本·沙特的帐篷被海浪打了，浑身湿透的他被迫逃进了船长的贵宾室。不过，事实证明，无论对于东道主还是客人，这都是令人难忘的时光。国王送给罗斯福一套阿拉伯长袍和一把镶有钻石的剑，并向军官和士兵分发了军刀、金表和现金。伊本·沙特返回吉达时带回了一个最先进的轮椅，宣布这是“我最珍贵的财产……是我伟大的朋友罗斯福总统的礼物，真主保佑他”。

然而，并非每个人都对沙特-美国的首次峰会感到高兴。霍普金斯认为，或许是由于生病，罗斯福对伊本·沙特“印象过于深刻”，且太过轻易就放弃了他对犹太复国主义的偏袒。当然，这次会谈尤其令犹太复国主义者心慌意乱，他们甚至怀疑美国政府企图以他们的存在是对它一再承诺要促成的犹太联邦的“恶意歪曲”为借口来抛弃他们。出于同样的原因，阿拉伯领导人对这次会议则是欣喜万分，这是自1939年白皮书发表以来他们在巴勒斯坦取得的最重大的成就。关于伊本·沙特在与罗斯福谈话时是如何气势逼人的传说冒了出来。阿拉伯联盟秘书长阿卜杜勒·拉赫曼·阿扎姆引用国王对美国总统的誓言表示，“除非我和我所有的儿子都为保卫巴勒斯坦而战死，否则我绝不罢休”，然后逼总统“发誓永远不会支持犹太复国主义者”。

许多历史学家后来将罗斯福与伊本·沙特的这次会晤视为美国迈向中东霸主地位的里程碑。很少有人会注意到，这个世界上最强大的民主国家的领导人实际上已向一位阿拉伯酋长的命令屈服。不过，对罗斯福来说，这次会晤与其说是一件具有战略意义的事，不如说是一个颇具异国情调的娱乐话题。“整个会面过程，”他在写给他的表姐玛格丽特·萨克雷的信中说，“真是好笑!”①

对于罗斯福和伊本·沙特之间的会谈，尖锐的批评而非掌声或许才是更恰当的回应。虽然美国已经巩固了与沙特王国的同盟关系，但美国在巴勒斯坦问题（中东地区最变化无常的问题）上的立场仍不明朗，并可能会有相反的解读。这种模棱两可很快就会困扰美国领导人，使国会与总统对立，总统与国务院对立，并最终导致白宫内部分裂。但罗斯福永远也不会知道这些分裂了。在“昆西号”那次会谈两个月后，罗斯福在佐治亚州温泉浴场去世。过了不到四周，欧洲的战争结束了。

事实将证明，美国在第二次世界大战期间介入中东事务所留下的遗产是永久而深远的。前一次全球冲突中，美国表示愿意向中东提供

① Jim Bishop, *FDR's Last Year* (New York: Morrow, 1974), pp. 441, 443 ("the Moslem will not permit"), 435, 445 ("this prosperity" and "short of war"). John S. Keating, "Cruise of the USS *Flying Carpet*," *True* 33, no. 199 (Dec. 1953): 108–9, 110 ("lean and dark"), 111 ("serious damage"). William Eddy, *F. D. R. Meets Ibn Saud* (New York: American Friends of the Middle East, 1954), pp. 21, 30, 31 ("my most precious"), 34–35 ("Make the enemy"), 44–45 ("most precious pearl"). Black, *Franklin Delano Roosevelt*, p. 1068 ("whole party"). W. Barry McCarthy, "Ibn Saud's Voyage," *Life*, March 19, 1945, pp. 62–64. *FRUS*, 1944, vol. 5: Secretary of State to Jidda, April 18, 1944, p. 687 ("thoughts, wants, needs"). Range, *Franklin D. Roosevelt's World Order*, p. 149. Burns, *Roosevelt*, pp. 378–79, 578. *White House Papers of Harry Hopkins*, pp. 860–61 ("horseplay" and "overly impressed"). Manuel, *Realities*, pp. 314 ("I will never rest"), 316–17 ("malicious misrepresentation").

长远利益，最终却因缺乏军事存在和国内支持而没能做到；相比之下，在二战期间，美国承诺要为该地区带来积极的变化，并以军队和物资援助作为这一承诺的后盾。在美国的鼓励下，北非各国走上了最终实现独立的道路，叙利亚和黎巴嫩也摆脱了法国的统治。美国还帮助伊朗为最终的主权独立做好了准备，并支持了埃及的民族主义运动。早在1886年，一座最初为中东设计的雕像就为数百万到美国寻求自由的移民树立了一座灯塔，而近60年后启动的“火炬行动”则为许多中东人照亮了通往自由的道路。

然而，不幸的是，阿拉伯和巴勒斯坦在美国对中东的战略介入中熔在了一起。罗斯福之后的每一位总统都不得不与这一对利益体搏斗，在努力分离和调和它们的同时，还要应对该地区的其他艰巨挑战。几乎没有哪位总统会比直接接替罗斯福的人更强烈地感受到这种挫败了。近200年来，美国人一直梦想将中东变成一面能映照出他们自己的民主、现代和自由的镜子。但是，透过战后稀疏而朦胧的光线看中东这面镜子，总统也许只能看到他自己：一个宽肩的矮个子男人，架着金边眼镜，戴着帽檐上翻的灰色软呢帽，脸上挂着老实巴交的中西部笑容，好像在说“相信我!”

第二十六章

中东及一个密苏里来的男人

举止不够优雅的哈里·S.杜鲁门没有受过大学教育，说话慢吞吞的、还带着鼻音，起初认为总统职位对他来说是根本不可能的事。“我感觉就像月亮、星星甚至所有的星球都砸在了身上。”他对记者说。他继承的是几乎无人不敬仰的、曾四次当选的罗斯福的职位，上任时公众对他没有多少支持和信心，而且他之前的参议员生涯也乏善可陈，他能入主白宫更多是归功于内部的政治阴谋，而非其领导才能或民意。对杜鲁门的最激烈的批评集中在他于外交事务上几乎毫无经验，而且罗斯福也从未邀请他进入白宫地图室，更不用说在影响世界的决策上征求他的意见了。田纳西河流域管理局局长大卫·利连撒尔将杜鲁门的继任描述为一场“天大的悲剧”，这话的意思是它给许多美国人带来的痛苦，尤其是那些离权力中心最近的人。“这个国家和这个世界不该被这样抛弃，”利连撒尔哀叹道，“愿上帝保佑我们所有人！”

事实上，这位前农民、银行职员和堪萨斯城男装店店主的平凡外表会被证明具有极大的欺骗性。他在国内取得了诸多开创性成就，包括消除贫困、改革社会保障体系以及整合美国军队。但杜鲁门真正出色的是外交政策领域，也是他最不被看好的领域。除了见证德国和日本的最终战败之外，他还主持了联合国和北大西洋公约组织的诞生，对抗了柏林和朝鲜的共产主义，重建了饱受战争摧残的欧洲，更具争议的是，将原子武器引入了世界。他还改变了中东，这一点之前没有哪个美国人做到过。

杜鲁门在制定中东政策方面反映了他在处理其他海外事务时的那种既急躁又政治精明的特点。他在第一次世界大战期间担任前线炮兵军官时以及作为民主党从事院外活动的政治掮客时已经学到的韧性，还有他通过广泛阅读了解到的男女伟人所扮演的历史角色，都将影响到他对该地区的态度。不过，杜鲁门对中东的思考更淋漓尽致地反映了他所受的浸礼会教育的影响。杜鲁门通晓圣经典籍及其对神圣景观的描绘，与早期的美国总统一样，他对中东的地理也有详细的了解。“我感兴趣的不只是《圣经》中与巴勒斯坦有关的部分，”他回忆道，“该地区的整个历史几乎是世界上最复杂、最有趣的。”这种痴迷在椭圆形办公室得到了充分展示，总统在那里一边指着他那张折了角的个人地图，一边向艾森豪威尔将军和副国务卿迪安·艾奇逊讲解中东的战略重要性，这让他们目瞪口呆，因为他们一向认为总统对这个问题一无所知。

对杜鲁门来说，信仰不仅意味着对上帝的信任，也意味着对他认为是上帝赐予的公民原则的承诺。他坚持认为，民主就是“一个信仰问题——对人类灵魂的信仰，对人权的信仰”，而美国是天意的产物。“为了某种伟大的目的，上帝创造了我们，并把我们带到了现在的权力地位……”他正色道，“它赋予我们捍卫精神价值的使命……以抵御试图摧毁这些精神价值的邪恶势力。”杜鲁门经常强调，完成这项任务要摆在其他所有考虑之前，不管是争取选票还是安抚盟友，甚至是保护美国的石油供应，统统都要靠后。①

① Walter Isaacson and Evan Thomas, *The Wise Men: Six Friends and the World They Made* (New York: Touchstone, 1986), pp. 255 - 56. Deborah Welch Larson, （转下页）

杜鲁门是马克·吐温式的普通人，满脑子杰斐逊、杰克逊和泰迪·罗斯福的现实主义，以及威尔逊式的理想主义，他身上体现了美国人传统上对中东所持的诸多态度。随着这位密苏里来的男人努力应对持续不断的中东危机，这些方法将在其总统任期的头几年经受严峻考验。

东方升起的新星

1945 年 4 月的中东几乎动荡不断。法军和英军占领了叙利亚，美、英、法的军队控制了北非。巴勒斯坦、外约旦和伊拉克仍由英国独家掌控，伊朗则被英国和苏联瓜分。这是一个风云突变的时代，一个英法两大帝国走向衰落、影响力逐渐被美苏取代的时代，一个同盟关系瞬息变换的时代。曾成功阻止德国在该地区推进的英-美-法-苏联合阵线正在无可挽回地走向崩溃。美国将在中东的某些地区与英国对抗，在某些地区与英国结盟对抗法国，在某些地区仍然与英国和法国联手对抗俄罗斯。人们期待着杜鲁门能够处理好这种变幻莫测的局势，在维持与西方国家协同一致对抗日益加剧的苏联威胁的同时，回应民族主义者对摆脱欧洲统治的要求。杜鲁门同意美国国务院近东事务局新任司长洛伊·亨德森的观点，即中东人民是“……在殖民世界

（接上页）*Origins of Containment: A Psychological Explanation* (Princeton: Princeton Univ. Press, 1985), pp. 126 - 29, 134 - 35. Alonzo L. Hamby, *Man of the People: A Life of Harry S. Truman* (New York: Oxford Univ. Press, 1995), pp. 404 - 6. David McCullough, *Truman* (New York: Simon & Schuster, 1992), pp. 349 ("great, great tragedy"), 350, 353 ("I felt like the moon"), 597. Merle Miller, *Plain Speaking: An Oral Biography of Harry S. Truman* (New York: Putnam, 1974), p. 215 ("It wasn't just"). Michael T. Benson, *Harry S. Truman and the Founding of Israel* (Westport, Conn.: Praeger, 1997), pp. 29 - 33, 34 ("God has created us"), 35 - 38, 39 ("a matter of faith"), 53 - 54.

中最应该在战后获得政治独立的”。但总统也注意到国务院的警告，即苏联“决心……以势不可当之势横扫土耳其和……伊朗，然后穿过波斯湾进入印度洋”。

对杜鲁门外交手腕的第一次考验始于1945年6月初的叙利亚，此时二战胜利日刚刚过了三周。法国政府背弃了尊重叙利亚独立的承诺，拒绝从该国撤军，当大马士革、哈玛（al-Hamma）和阿勒颇爆发抗议活动时，法国人还以炮火和战机作为回应。古老的街区被夷为平地，居民被机枪扫射，造成400多人死亡。“贵国一直鼓励我们站在自己的立场上拒绝给予法国或任何其他国家特权。”叙利亚人向华盛顿抗议道，“但是……现在法国人正在……用租借来的本是用于对付我们共同敌人的弹药……轰炸我们。”抗议正中要害。美国国务院官员对美国未能确保叙利亚享有《大西洋公约》和《联合国宪章》所承诺的自由表示遗憾，并对大马士革有可能向莫斯科寻求帮助感到惊慌失措。亨德森估计：“如果我们拒绝满足叙利亚目前的要求，它的理想破灭……造成的影响将遍及近东，相当于第一次世界大战后美国奉行孤立主义。”

不过，杜鲁门并不需要人激将。他把1945年2月向轴心国宣战的叙利亚视为美国的盟友，一个其内陆遍布重要的石油管道的战略资产。总统与丘吉尔一起向戴高乐发了一封措辞粗暴的电报，警告他，英国军队将代表陷入困境的叙利亚人采取干预措施。“为了避免英法军队之间的冲突，我们恳请你立即命令法国军队撤回军营，并在此后除非自卫绝不开一枪一弹。”[①]戴高乐再次做出了让步，在美国通过联

① *FRUS*, 1945, vol. 8: Henderson to Matthews, Nov. 13, 1945, p. 1208; Acting Secretary of State to the Ambassador in France, May 23, 1945, p. 1092; 1946, vol. 7: Stettinius to Secretary of State, Feb. 7, 1946, p. 763; Secretary of State to Stettinius, Feb. 9, 1946, p. 766; Henderson to Truman, Nov. 10, 1945, pp. 10 – 11. Hahn, *United States, Great Britain, and Egypt*, pp. 20 – 21 (“the most deserving”), （转下页）

合国安理会采取行动的进一步压力下，他同意法国士兵将撤出叙利亚，一个不剩。

杜鲁门刚扑灭叙利亚的大火，就在利比亚遭遇了一场更大的危机。1945 年 7 月，在同盟国领导人在德国波茨坦会面时，从意大利法西斯殖民者手中解放出来的利比亚仍然被英法军队占领。利比亚民族主义者团结在被遣返的国王伊德里斯的身后，为主权而群情躁动，但列强们都反对利比亚的独立。它们一致认为，利比亚这个国家由三个截然不同的地区组成——的黎波里塔尼亚、昔兰尼加和费赞——缺乏争取独立所需的内部凝聚力和必要的自然资源。事实上，利比亚最大的收入来源是把二战时期的战车残骸当废品卖。同盟国面临的选择是要么在利比亚恢复意大利的统治，要么将其置于国际监管之下。

生来就厌恶帝国主义的杜鲁门不愿将利比亚归还意大利，更愿意接受某种形式的国际托管。但后来让他大吃一惊的是，斯大林要求由苏联对的黎波里塔尼亚进行委任统治。这一安排将为苏联红海军（Red Navy）提供其第一个温水港，并使美国无法踏入其在的黎波里附近具有战略意义的惠勒斯空军基地。法国也要求分得利比亚的一部分，正如埃及的民族主义者所做的那样——在杜鲁门看来，这两个都不是什么好选择。既同情北非的解放事业，又担忧中东地区的安全，夹在中间的杜鲁门选择了一条谨慎但具有革命性的道路。利比亚将由

（接上页）26 - 29. David Lesch, *Syria and the United States: Eisenhower's Cold War in the Middle East* (Boulder: Westview Press, 1992), p. 17. G. W. Sand, ed., *Defending the West: The Truman-Churchill Correspondence, 1945 - 1960* (Westport, Conn.: Praeger, 2004), pp. 92 - 93, 94. H. W. Brands, *Inside the Cold War: Loy Henderson and the Rise of the American Empire, 1918 - 1961* (New York: Oxford Univ. Press, 1991), pp. 132 ("Your country has"), 134 ("Our refusal"). Robert Laffey, "United States Policy toward and Relations with Syria, 1941 - 1947" (Ph. D. diss., Univ. of Notre Dame, 1981), pp. 85 - 86. Irene L. Gendzier, *Notes from the Minefield: United States Intervention in Lebanon and the Middle East, 1945 - 1958* (Boulder: Westview Press, 1999), p. 51.

新成立的联合国照管。这一试验获得了成功，1951年12月，也就是在的黎波里向美国宣战150年之后，美国承认了利比亚的独立。①

刚避免了与苏联在利比亚问题上的冲突，苏联就与西方在伊朗爆发了一场新的、潜在破坏性更大的冲突。1945年12月，为履行尊重战后伊朗主权的承诺，美国和英国开始从伊朗撤军。然而，苏联人却拖延不决。通过亲共的人民党，他们加强了自己在伊朗政府中的影响力，并推波助澜使得邻近库尔德斯坦和阿塞拜疆的苏联卫星共和国分裂。斯大林现在准备切断美国获取伊朗石油的渠道，并威胁不许沙特阿拉伯、巴林和科威特的油田供油。美联社记者约瑟夫·C.古德温在大不里士报道称，苏联坦克驶过，响声如雷，吵得他甚至都听不见自己的短波收音机里说什么。在苏联接管波罗的海国家与东欧诸国的同时，伊朗危机似乎构成了西方和共产主义集团之间迅速展开的冷战的又一战线。国务院专家在分析家乔治·凯南的带领下，建议政府像在其他地方一样，通过强硬的外交手段与军事力量相结合的方式——统称为“遏制政策”——来应对苏联在伊朗的威胁。

杜鲁门表示同意，他也怒斥道：“我们本该竭尽所能地抗议苏联在伊朗的计划。”他回顾了伊朗对战争的重要贡献，发誓要以“铁腕和强硬的语言”将苏联赶出波斯湾。在1946年的头几个月里，美国代表极力要求联合国谴责苏联的执迷不悟。但克里姆林宫执意为之，而且据报道，苏联军队很快就将从伊朗东北部向德黑兰和伊拉克边境方向撤离。“现在我们要给他们来个双管齐下。”詹姆斯·伯恩斯发着

---

① Geoff Simons, *Libya and the West: From Independence to Lockerbie* (Oxford: Centre for Libyan Studies, 2003), p. 18. William Roger Louis, “American Anti-colonialism and the Dissolution of the British Empire,” *International Affairs* 61, no. 3 (Summer 1985): 403-9. Scott L. Bills, *The Libyan Arena: The United States, Britain, and the Council of Foreign Ministers, 1945-1948* (Kent, Ohio: Kent State Univ. Press, 1995), pp. 8, 12, 24, 32. Ronald Bruce St. John, *Libya and the United States: Two Centuries of Strife* (Philadelphia: Univ. of Pennsylvania Press, 2002), pp. 40, 42-43.

誓，一手握拳与另一只手掌猛地一碰，这位素来以好斗著称的国务卿在其他事情上可不这样。伯恩斯提议向该地区派遣一支美国舰队，但就在此时，即当年4月，苏联人动摇了。斯大林对安理会的谴责持谨慎态度，也有信心在伊拉克获得独家石油开采权，于是下令撤军。没有了他们的支持，库尔德人和阿塞拜疆的共和国迅速崩溃。伊朗议会随后投票否决了给予俄罗斯石油开采权的提议。①

冷战的第一枪已然在中东打响，尽管这是个比喻，而杜鲁门在中东首次测试了联合国的危机管理机制。结果是美国获得了明显的胜利。然而，杜鲁门不愿止步于这一成就，他派遣了最近命名的地中海海军——后来改名为第六舰队——部队在东地中海巡逻。自19世纪初斯蒂芬·德凯特时代以来，美国从未如此大规模、长时间地向中东投射自己的军事力量。

但苏联对伊朗、伊拉克和土耳其等所谓的北层国家联盟②的施压并没有减弱力度，联合国也没能力缓解。1946年8月，苏联军队刚

---

① *FRUS*, 1945, vol. 8: Morris to the Secretary of State, Jan. 4, 1945, p. 359; Minor to Acheson, June 2, 1945, p. 376; Henderson to the Secretary of State, Aug. 23, 1945, pp. 27 - 28. Bruce R. *Kuniholm, The Origins of the Cold War in the Near East: Great Power Conflict and Diplomacy in Iran, Turkey, and Greece* (Princeton: Princeton Univ. Press, 1980), pp. 157 - 65. Lytle, *Origins of the Iranian-American Alliance*, pp. 120 - 68. John Gaddis, *The United States and the Origins of the Cold War* (New York: Columbia Univ. Press, 1992), pp. 200, 310 - 11 ("Now we'll give"). Barry Rubin, *Paved with Good Intentions: The American Experience and Iran* (New York: Penguin, 1981), pp. 33 - 36. Louise L. Fawcett, *Iran and the Cold War: The Azerbaijan Crisis of 1946* (Cambridge: Cambridge Univ. Press, 1992), pp. 122 - 29, 139. Robert J. Donovan, *Conflict and Crisis: The Presidency of Harry S. Truman, 1945 - 1948* (New York: Norton, 1977), pp. 194 - 95. Willian Hillman and Harry Truman, *Mr. President: The First Publication from the Personal Diaries, Private Letters, Papers, and Revealing Interviews of Harry S. Truman, Thirty-second President of the United States of America* (New York: Farrar, Straus and Young, 1952), pp. 22 - 23: Truman to Byrnes, Jan. 5, 1946 ("We ought to protest").

② Northern Tier，美国为了在军事上进一步遏制苏联，借助英国牵头的“巴格达条约”组织拉拢土耳其、伊拉克、伊朗、巴基斯坦等国家组成所谓“北层国家联盟”。——译者

从伊朗撤军完毕，就开始在土耳其边境集结。斯大林急于获得海军进入地中海的通道，在利比亚碰了钉子后，向土耳其领导人提出联合监管达达尼尔海峡的要求。与此同时，在希腊，共产党支持的叛军威胁要推翻该国强硬的亲西方的政府。尽管英国有保卫希腊-土耳其阵线之责，但其饱受战争摧残的经济已无力承担这一责任。能负担的只有美国。

近东事务局提交的一份报告提醒总统："东地中海是一个至关重要的经济和战略地区，而希腊和土耳其是苏联控制东地中海的唯一障碍。"国务院和战争部一致认为，这两个国家的倒台将加速共产主义对整个中东及其丰富石油资源的征服，并最终导致西欧的崩溃。但危险还不仅仅是军事上的。一项跨部门分析解释道："世界在当前这个历史阶段，存在着两种生活方式的冲突，独裁和自由的冲突，多数人奴役少数人的现状与寻求进步的自由之间的冲突。"如果希腊和土耳其投降，苏联将可能会获得一个全球帝国并孤立美国。

一个多世纪前，在上一次希腊和土耳其卷入的危机中，詹姆斯·门罗总统不得不在帮助希腊反抗土耳其和寻求与土耳其达成有利可图的条约之间做出选择——要么忠于美国的理想，要么致力于美国的经济利益。然而，对杜鲁门来说，问题不在于支持希腊人还是土耳其人，也不在于优先考虑意识形态还是财政问题，而在于美国是否应该担负起保卫中东的重任。杜鲁门决心"开诚布公"地向苏联展示他所说的"美国立场"，但要做到这一点，他首先必须说服美国人民：中东值得捍卫。这项紧随战时牺牲、物资短缺和伤亡惨重而来的任务极为艰巨。一如之前的门罗，杜鲁门也需要一种"主义"。

1947 年 3 月 12 日，杜鲁门在国会联席会议上发表讲话，呼吁为"民主的"希腊和"热爱自由的"土耳其提供紧急援助。他说，这两个国家的完整"对于维护中东的秩序至关重要"，对整个西方的安全也是如此。为了确保中东各族人民“过上不受胁迫的生活”，也为了支持联合国，杜鲁门请求国会批准向希腊和土耳其提供意义深远的军事与民事援助，包括训练它们的武装部队。杜鲁门警告说：“如果我们对自己的领导地位犹豫不决，我们可能会危及世界和平，而且肯定会危及我们自己国家的福祉。”

通过诉诸美国的道德义务和战略利益，杜鲁门赢得了最初持怀疑态度的公众和国会的支持。随后，对希腊和土耳其的军事援助激增，而以杜鲁门的家乡命名并接受过日本投降的美国军舰“密苏里号”也迅速驶往爱琴海海岸。“从明察秋毫的门罗首次阐明门罗主义原则的那一天起，我们的外交政策一以贯之。”马萨诸塞州新任国会议员约翰·F.肯尼迪称赞杜鲁门的决定时说，“这次，时间和空间给那份历史文献带来了新的诠释。”

自从哈里·杜鲁门称星星落在他身上以来，已经过去了两年，其间世界局势动荡不安，尤其是在中东。几代人以来，美国人民一直对欧洲在该地区的殖民主义表现出矛盾心理，现在发现自己背负了诸多曾由英国和法国承担的帝国责任，还有挫败俄国企图的任务。一些美国官员质疑美国是否有能力保护这一广袤地区免受其内部混乱之害，免遭敌对势力的入侵。用默里·华莱士的话说，他们想知道这颗“东方升起的星星”是苏联的还是美国的。①不过，杜鲁门保证，至少在不

① *FRUS*, 1945, vol. 8: Harriman to the Secretary of State Moscow, March 21, 1945, p. 1220; Wilson to the Secretary of State, Sept. 25, 1945, pp. 1249; 1947, vol. 5: Smith to the Secretary of State, Jan. 8, 1947, pp. 2 – 3; MacVeagh to the Secretary of State, Feb. 11, 1947, p. 17; Report of the State-War-Navy Coordinating Committee (n. d.), pp. 76 – 77 (“There is, at the present”). Joseph C. Satterthwaite, “The Truman Doctrine: Turkey,” *Annals of the American Academy of Political and Social Science* 401 (May 1972): 74 – 84. Robert Frazier, “Acheson and Formulation of the Truman Doctrine,” *Journal of Modern Greek Studies* 17, no. 2 (1999): 229 – 51. John Gaddis, *The Cold War: A New History* (New York: Penguin, 2005), p. 28. Kuniholm, *Origins of the Cold War*, p. 425. Fawcett, *Iran and the Cold War*, p. 128. Donovan, *Conflict and Crisis*, p. 251 (“Greece and Turkey”). Lawrence S. （转下页）

久的将来，不仅是星星，而且星条旗都将在中东随处可见。相比过去的帝国主义列强，美国并没有否认，而是努力确保中东几个国家的独立，并使另外一些国家免遭侵略。

到目前为止，杜鲁门在处理中东问题时成功地协调了美国的战略和道德利益，在维护了西方国家联盟的同时，铲除了法国殖民主义，阻止了苏联的入侵。但在该地区下一场重大危机发生之后，维持这种平衡几乎再无可能。杜鲁门轻车熟路地挺过了北非、波斯和黎凡特地区的剧变，但比起巴勒斯坦问题一旦爆发便会如火山喷发般毁掉中东，它不过是微颤。

一个绕不过去的问题

对战后的大多数美国人来说，比中东人民在殖民统治下苦苦挣扎或苏联军队向博斯普鲁斯海峡挺进更令人痛心的景象是，成千上万的犹太人在解放后的欧洲各地的流离失所者营地（DP）中受苦受难。这些在大屠杀的恐怖事件中幸存下来的人几乎没有意愿重返他们以前的家园——对大多数人来说那些家园已经不复存在——绝大多数人宁愿彻底远离欧洲。难民的困境越来越受到美国公众的关注，也夜以继日地困扰着总统。“当希特勒的疯狂行径的受害者不被获准建立新的生活时，美国政府无法袖手旁观。”他对自己说，“犹太人需要一个他们可去之处。”

(接上页)Kaplan, “The Monroe Doctrine and the Truman Doctrine: The Case of Greece,” *Journal of the Early Republic* 13, no. 1 (Spring 1993): 2 (“Our foreign policy”). Laffey, “United States Policy,” p. 71 (“star rising”). 杜鲁门在国会的讲话的文字稿可在耶鲁法学院的网站 Avalon Project 上查阅。

但是在哪里呢？鉴于几乎所有非欧洲国家都不愿接纳难民，最显而易见的目的地是巴勒斯坦。然而，1939 年的白皮书仍然有效，没有一位英国领导人——甚至是公开支持犹太复国主义的丘吉尔——愿意冒着煽动数百万穆斯林的危险废除它。相反，英国炮艇拦截了挤满试图抵达巴勒斯坦的大屠杀幸存者的哈加纳船只，并将他们送回德国，或关押在塞浦路斯岛上无遮无挡的临时监狱。总统的遗孀埃莉诺·罗斯福哭着说："我不忍心去想那些在铁丝网后的集中营里待了那么多年的欧洲犹太人。"但国务院并没有体会到她所说的痛苦。亨德森和近东事务局的其他专家反而都认同了英国的观点，即如果让犹太人大量涌入巴勒斯坦，西方国家将在整个中东播下不稳定的种子，导致俄罗斯在该地区的影响力上升、不可替代的石油供应受损。

难民受难的画面和穆斯林愤怒的场景让杜鲁门陷入了一个广为人知的困境，即在中东是维护美国的利益还是捍卫理想。不过，令这一抉择更加复杂的是杜鲁门自身对犹太人和犹太复国主义的矛盾心理。与此前的威尔逊和罗斯福很像，他将犹太人视为他最亲密的伙伴，尤其是他那位老战友、前男装店合伙人埃迪·雅各布森。杜鲁门是因内战而流离失所的农民的后代，也是憎恨其自由主义观点的南方种族主义者的攻击目标，他自然是会同情那些背井离乡的纳粹主义受害者。他说："其他所有被从自己国家拖出去的人都有地方可回，但犹太人无处可去。"读《圣经》使他接受了让犹太人重返圣地的想法，并于 1941 年加入了具有犹太复国主义思想的美国基督教巴勒斯坦委员会。然而，和他的民主党前任们一样，杜鲁门偶尔也会流露出反犹情绪——雅各布森一家从未受邀到白宫用餐——以及对犹太人大规模移民的恐惧。他忧心，不知道未来的犹太国家是否会成为一个神权国家，美国军队是否会被要求去保卫它。值得注意的是，1944 年，当

77名参议员投票支持犹太联邦时，杜鲁门并不在其中。“我同情犹太人，”他解释说，“但我不想这一票搅黄了大事。”

因此，杜鲁门倾向于“让全世界对犹太人来说都是安全的”，而不必将犹太人重新安置在巴勒斯坦。但是，这位第33任总统总认为自己首先是锱铢必较的政客，其次才是身居要职的政治家。他很难对国会关于建立犹太国家的呼吁视而不见，也无法忽视对日战争结束时几乎淹没白宫的亲犹太复国主义电报。阿拉伯领导人也公开了自己的观点，在华盛顿开设了一个新闻办公室，伊本·沙特公布了罗斯福对他的承诺，但这些措施对杜鲁门几乎毫无影响。“我必须给成千上万渴望犹太复国主义成功的人一个交代，”他说，“但我的选民中没有成千上万阿拉伯人。”为了满足这一要求，杜鲁门要求宾夕法尼亚大学法学院院长厄尔·G.哈里森调查难民的情况。哈里森以前是移民事务官员，与犹太复国主义没有任何瓜葛，所以杜鲁门寄望于他能提供一份简洁、冷静的报告。

然而，哈里森对1945年7月抵达欧洲时迎接他的噩梦般的场景毫无准备。“我们对待犹太人就跟纳粹对待他们一样，”他写道，“区别不过是我们没有消灭他们。”哈里森身材魁梧、肌肉发达，但当他看到美国军队看守下，穷困潦倒、身心饱受摧残的犹太人仍在透过带刺铁丝网凝视远方时，他还是感到惊慌失措。“人们不禁要问，如果德国人看到这一点，会不会认为我们是在……纵容纳粹政策。”哈里森观察到的事实让杜鲁门感到困惑，尽管其结论不如哈里森的深刻。哈里森证实，这些难民不想被遣返，大多数人也不想争取获准进入美国。相反，他们需要的是移民巴勒斯坦的权利。很大程度上受“爱国和献身犹太复国主义理想”的想法的驱使，这些犹太人认为，只有在巴勒斯坦，他们才会“受到欢迎，找到和平与安宁，得到生活和工作的机会”。①

哈里森敦促英国向10万犹太人开放巴勒斯坦，这个数字大约是在犹太复国主义组织的帮助下到达美国占领区的人数的一半。然而，1945年取代丘吉尔出任首相的温文尔雅的工党领袖克莱门特·艾德礼，没有表现出改变英国政策的倾向。他冷冷地告诉杜鲁门，犹太人应该得到其他流离失所者群体一样的对待，并警告杜鲁门，借由要求他们进入巴勒斯坦，美国将引爆一场席卷全球的穆斯林起义，强化共产主义势力，并“严重损害我们两国之间的关系”。艾德礼的外交部长欧内斯特·贝文曾是码头工人和工会组织者，他身形健壮，为人没那么文雅。他指责犹太人“排在队伍前列以求国际援助”，而美国人更愿意将犹太人安置在巴勒斯坦，“因为他们不想让太多犹太人留在纽约”。

这些回应只会让杜鲁门的决心更加坚定而不是软化。他在8月底对艾德礼说，美国人民“坚信移民巴勒斯坦的通道不应被关闭”，而且“这样的行动绝不能拖延”。公众对英国的批评也越来越激烈，贝文在访问纽约时发现，当地的装卸工拒绝卸下他的行李，扬基体育场的观众纷纷站起来嘘他。艾德礼急于转移这种耻辱，提议成立一个英美调查委员会，就难民问题及其对巴勒斯坦可能产生的影响展开调查。杜鲁门怀疑该委员会只会做官样文章，闭着眼睛批准英国的现行政策，但由于缺乏替代方案，他很不情愿地批准了委员会

① James M. Burns and Susan Dunn, *The Three Roosevelts: Patrician Leaders Who Transformed America* (New York: Grove Press, 2001), p. 516 (“I cannot bear”). McCullough, *Truman,* p. 597 (“Everyone else”). Grose, *Israel in the Mind*, pp. 189 (“My sympathy”), 200 (“One is led”). Arnold Offner, *Another Such Victory: President Truman and the Cold War, 1945 - 1953* (Palo Alto: Stanford Univ. Press, 2002), p. 275 (“to make the whole world”). Louis, *British Empire in the Middle East*, p. 240 (“I have to answer”).

的设立。①

该委员会由6名美国代表和6名英国代表组成，1946年1月着手开展工作，在欧洲和中东各地进行了广泛的走访，多方听取了救援人员和军事人员、政客和学者、阿拉伯人和犹太人的证词。作为自己的联盟党运动的代表，犹大·马格内斯提出了他的双民族主义主张，本-古里安、果尔达·迈耶森和沃尔特·洛德米尔克则为建立犹太国家进行了激烈的辩论。犹太复国主义者向委员会保证，96.8%的难民倾向于在巴勒斯坦重新安置，但贾马尔·胡赛尼坚称，阿拉伯人将抵制犹太人移民，并为将巴勒斯坦变成一个阿拉伯国家而斗争。委员会总结道："英国作为委任统治国的立场并不令人愉快。"它还指出，犹太民兵——不仅是修正主义团体，现在还有哈加纳——对英国目标的袭击也有所增加。尽管如此，代表们还是决定"巴勒斯坦既不应视为阿拉伯国家也不应视为犹太国家"，并建议将其置于联合国永久托管之下。与此同时，为了缓解难民的困境，该委员会提议立即接纳10万犹太人进入巴勒斯坦，并取消白皮书对犹太人购买土地的限制。

调查报告于4月公布，一下子将巴勒斯坦的三个对手全部激怒了。犹太复国主义者指责该委员会为慈善事业牺牲了他们的政治抱负，阿拉伯人抨击该委员会在犹太移民和土地购买问题上做了让步。英国人虽然对延长委任统治的条款感到满意，但对现在神圣不可侵犯的10万人这个数字犹豫不决。只有杜鲁门似乎很高兴。他对废除白

① 杜鲁门对巴勒斯坦政策的制定是现代中东历史上研究最丰的课题之一。与这一事件有关的注释包含了对这些资料来源的代表性选择，但未尽其数。Benson, *Harry S. Truman*, pp. 64 - 65 ("grievous harm"). Grose, *Israel in the Mind*, pp. 203 ("to the head"), 204 ("because they did not"). Zvi Ganin, *Truman, American Jewry, and Israel, 1945 - 1948* (New York: Holmes & Meier, 1979), p. 39 ("firmly believe"). David Schoenbaum, *The United States and the State of Israel* (New York: Oxford Univ. Press, 1993), p. 44。

皮书持欢迎态度，并指示五角大楼着手准备将难民运送到巴勒斯坦的行动。此外，为有助于减轻英国人的担忧，他任命职业外交官亨利·F.格雷迪与英国负责巴勒斯坦事务的官员赫伯特·莫里森会面，进一步探讨委员会的建议。

1946 年 7 月 31 日，莫里森-格雷迪计划一公布，立即引起了轩然大波。除了允许 10 万犹太人进入巴勒斯坦，该计划还设想将这里划分为三个自治省——一个包括耶路撒冷在内的英国区，占领土近一半；一块较小的阿拉伯飞地；以及一个不到领土面积 20%的犹太行政区。这三个地区都将由联合国—英国托管。该计划缩减了犹太人的地盘、拒绝了其独立要求，这让犹太复国主义者愤愤不平，全盘拒绝接受。斯蒂芬·怀斯的继任者、美国犹太复国主义的发声人、口才了得的阿巴·希勒尔·西尔弗高呼："对欧洲的犹太人来说，现在要么去巴勒斯坦，要么死。对巴勒斯坦的犹太人来说，现在要么获得自由，要么死。"而阿拉伯人这边，甚至压根不考虑这个计划。但杜鲁门对莫里森和格雷迪的建议表示欢迎，认为这是建立"承诺过的犹太家园，而且让欧洲流离失所的犹太人更容易前往"的最佳途径。最终，妥协似乎是可以达成的。

或者说杜鲁门是这么想的。巴勒斯坦问题虽然变化无常，至少在杜鲁门总统任期的第一年似乎尚属可控，但在 1947 年爆发了。美国犹太复国主义者愤愤地抗议，他们觉得政府偏离了其早期对建国的支持，并再次用语气愤怒的明信片和电报淹没了白宫。杜鲁门和美国犹太人之间日益激烈的对抗将矮小结实、秃顶的埃迪·雅各布森推到了风口浪尖，犹太复国主义领导人把他争取了过去，想让他去说服总统倾听他们的要求。"哈里，我的人民需要帮助，我请求你帮助他们。"这位前男装店店主写道。杜鲁门被其打动，心软了，但很快就后悔了自己的忍让。拉比西尔弗冲进了椭圆形办公室，猛拍总统的办公桌抗议他的政策。

杜鲁门抱怨道："恐惧和西尔弗就算不是造成麻烦的全部原因，也是部分原因。"他拒绝再接见犹太复国主义代表团，并声称烧了一整摞来自美国犹太人的电报。"耶稣基督在世时尚不能取悦他们，"他郁郁地说，"那怎么能指望我有这样的好运呢？"①

不仅犹太人，美国基督徒也对杜鲁门紧咬不放。例如，芝加哥的穆迪圣经学院提醒信徒，将巴勒斯坦授予犹太人的"地契"仍然"存在于世界各地数百万本《圣经》中"。许多媒体，甚至曾删除了大部分关于犹太复国主义的报道的《纽约时报》，都因同情大屠杀的受害者而支持犹太人在巴勒斯坦的某种形式的独立。1947 年的民意调查显示，美国人支持建立犹太国家的比例为 2 比 1。然而，杜鲁门受到的最大压力并非来自公共领域，而是来自民主党领导人，他们警告说，如果不批准犹太复国主义目标，该党将失去在国会的多数席位，甚至失去对白宫的控制。

与这些影响势均力敌的是，高级外交和国防官员预测如果美国走亲犹太复国主义的路线将带给美国的灾难性后果，以及中东那些慈善机构的支持者所预言的"一代又一代传教士和教育工作者做出的牺

---

① Peter L. Hahn, *Caught in the Middle East: U. S. Policy toward the Arab-Israeli Conflict, 1945 -1961* (Chapel Hill: Univ. of North Carolina Press, 2004), pp. 33 - 36. Michael J. Cohen, *Palestine and the Great Powers, 1945 - 1948* (Princeton: Princeton Univ. Press, 1982), pp. 96 - 112, 113 ("the further development"). Ganin, *Truman, American Jewry, and Israel*, p. 80 ("For the Jews"). Harry S. Truman, *Memoirs*, vol. 2: *Years of Trial and Hope* (Garden City, N. Y.: Doubleday, 1956), p. 57 ("the promised Jewish homeland"). Grose, *Israel in the Mind*, p. 206 ("Jesus Christ"). Truman Presidential Library: President's Secretary File: Jacobson to Truman, Oct. 7, 1947 ("Harry, my people"). Benson, *Harry S. Truman*, p. 96 ("Terror and Silver"). 英美调查委员会的报告可在 Avalon Project 网站上查阅。亦可参见：Michael J. Cohen, ed., *The Anglo-American Committee on Palestine, 1945 -46*, vol. 35 of *The Rise of Israel: A Documentary Record from the Nineteenth Century to 1948* (New York: Garland, 1987)。

牲”将被抹去。阿拉伯世界的事态发展也在继续证实这些担忧。沙特官员威胁要对美国实行经济报复，并暗示可能“在整个阿拉伯世界对美国人发动地下游击战”。埃及、叙利亚和伊拉克的民众举行示威，反对美国的政策，还放火焚烧了贝鲁特的美国咨讯中心，这些在中东地区历史上是首次出现。艾奇逊回忆说，由于巴勒斯坦问题，美国取代英国成了“中东最不受欢迎的大国”。

作为政治领导人的杜鲁门承诺将超越党派分歧和阿拉伯抗议来看问题，“不受石油左右而是秉持正义”来制定其巴勒斯坦政策。然而，作为一名政客，杜鲁门不能仅凭原则行事。有了威尔逊总统在美国犹太人最神圣的节日——赎罪日——前夕发表演说的先例，杜鲁门在10月4日不仅再次呼吁接纳10万犹太人，还主张“在巴勒斯坦的适当地区建立一个具有可行性的犹太国家”。

此次的赎罪日声明是美国总统第一次公开支持犹太人的建国要求，因而激怒了美国和中东所有反对这一要求的人。而且，由于杜鲁门没有对“适当地区”给出明确定义，声明也惹恼了犹太复国主义团体。这一姿态最终被证明毫无用处——民主党在1946年的国会选举中表现不佳——这让杜鲁门既痛苦又愤怒。他对犹太“疯子”大为光火，他说，“这帮人只要有一丁点机会就会把这个国家［巴勒斯坦］交给斯大林”，而且他们正谋划“书写美国的历史或我的经历”。此外，他对国务院的野心家的尖刻批评尚引而未发，在他看来，那些人“更关心阿拉伯人的反应，而不是犹太人的苦难”，而且他们多半是反犹主义者。

杜鲁门的敌意无法掩盖这样一个事实，即巴勒斯坦问题已使国会的大部分人和美国公众疏远了美国制定外交政策的机构。到1947年初，这种分歧也开始分裂白宫。总统最资深的两名顾问，优雅、善于表达的顾问克拉克·克利福德和深居简出、书生气十足的大卫·奈尔斯——前者是新教教徒，后者是犹太人——敦促杜鲁门从政治和道德层面出发采纳亲犹太复国主义的观点。反对他们的是一个强大的联盟，由神情抑郁但意志坚定的国防部长詹姆斯·弗雷斯塔尔以及令人敬畏的陆军前参谋长乔治·马歇尔领导，后者可以说是美国最受尊敬的人物。弗雷斯塔尔和马歇尔坚持认为，基本的民主标准要求巴勒斯坦由占多数的阿拉伯人统治，总统的政策应由战略因素而不是国内政治因素来决定。

这场辩论在白宫内外都很激烈，而巴勒斯坦的局势则朝着公开化的战争方向发展。修正主义分子的地下组织和主流的哈加纳抛开多年的内部恩怨，联手对英国车队、桥梁和火车发动猛烈袭击。作为报复，英国在6月搜查了伊休夫分子的非法武器，逮捕了2500名犹太人，其中包括大部分犹太复国主义领导人。1946年7月4日，40名犹太难民在波兰凯尔采的集体屠杀中被害，进一步凸显了送犹太人返回欧洲的不可能性。不到三周，犹太人对这些事件做出了反应，一枚炸弹炸毁了耶路撒冷大卫王酒店的英国总部。这次袭击由哈加纳策划，但由梅纳赫姆·贝京①——他声称已多次警告英国人——指挥的修正主义伊尔贡民兵组织实施，造成91人死亡，其中包括17名犹太人。在酒店阴燃的瓦砾之下，似乎埋着英国和巴勒斯坦犹太人达成某种程度和解的可能，以及避免犹太人和巴勒斯坦阿拉伯人全面开战的最后希望。

这股暴力浪潮有可能让杜鲁门制定一项有关巴勒斯坦问题的连贯战略的努力付之东流，并盖过他的首席顾问之间关于该地区未来的分歧。1947年刚刚开始，美国在这个问题上的政策方向仍然极不确定，

① 犹太复国主义重要代表人物，后任以色列总理。——译者

用杜鲁门的话说，这是个“绕不过去的问题”。[1] 当年2月，当军队精疲力竭、经济枯竭的英国最终承认无法再管理巴勒斯坦时，这种混乱局面突然变得更为复杂。为这一棘手的冲突提出解决方案的责任又落在了联合国身上。

分治与承认之争

联合国响应英国的决定，成立了巴勒斯坦问题特别委员会(UNSCOP)，由11个成员国的代表组成。从1947年5月开始，该委员会前往中东，与阿拉伯和犹太官员进行了面对面交谈。年迈的犹太复国主义领导人哈伊姆·魏茨曼谈到了犹太人“数千年来的苦难和流浪”，以及他们对一个小小的国家的渴望；本-古里安则警告说，犹太难民决心前往巴勒斯坦，即使不得不坐“敦刻尔克那些船”[2]。似乎是为了证实这一说法，哈加纳的一艘名为“1947出埃及号”的船试图突破英国的封锁，但遭到拦截，乘客被遣送回欧洲。代表们由此亲

---

① *FRUS*, 1947, vol. 7: Memorandum of Fraser Wilkins, Jan. 14, 1947, pp. 1003 - 4; Marshall to the Embassy in the U. K., Jan. 14, 1947, pp. 1005 - 6; Memorandum of Dean Acheson, Jan. 21, 1947, pp. 1008 - 11. Grose, *Israel in the Mind*, pp. 202 (“more concerned”), 214 (“sacrificial labors” and “the title deeds”). Dean Acheson, *Present at the Creation: My Years in the State Department* (Toronto: George-McLeod, 1969), p. 175 (“the most disliked power”). Benson, *Harry S. Truman and the Founding of Israel*, pp. 81 (“not in the light”), 93 (“crackpots”). Hahn, *Caught in the Middle East*, pp. 29, 34, 36 (“underground guerrilla warfare”), 40. *The Forrestal Diaries* (New York: Viking, 1951), pp. 180, 245, 303 - 4, 342, 345. Offner, *Another Such Victory*, p. 274 (“sixty-four dollar question”).

② 指敦刻尔克大撤退。1940年5月26日开始，6月4日结束，共历时9天。英国、法国、比利时和荷兰同时动用各种舰船861艘，其中包括渔船、客轮、游艇和救生艇等小型船只。这支前所未有的“敦刻尔克舰队”把34万大军从死亡陷阱中拯救出来，为盟军日后的反攻保存了大量的有生力量，创造了二战史上的一个奇迹。——译者

眼见到了挥舞刺刀的英国军队是如何将4500多名身受重创但斗志昂扬的纳粹集中营幸存者驱赶到一艘返回德国汉堡的船上的。相比之下，阿拉伯人则从官方层面抵制巴勒斯坦问题特别委员会。不过，在与委员会工作人员的非正式谈话中，阿拉伯统治者重申他们反对在中东建立“犹太复国主义的桥头堡”，并坚决要在巴勒斯坦建立一个统一的阿拉伯国家。

委员会在巴勒斯坦的经历深刻地影响了他们9月1日提交的调查结果。尽管其中3名代表建议巴勒斯坦变成一个联合的双民族国家，但余下8名代表中的多数却呼吁将该国划分为独立的阿拉伯和犹太国家，并为耶路撒冷建立一个国际管制。这两个国家将在两年内分别实现独立，并通过一个经济联盟进行相互联系。

该计划使犹太国家的边界变得错综复杂，而且在犹太移民抵达之前，阿拉伯人在该国占多数，但犹太复国主义者将分治视为他们两千年梦想实现的机会。巴勒斯坦境内以及整个中东的阿拉伯人都谴责该计划，认为这是西方窃取阿拉伯土地并与外国人一起殖民的最新企图。在与正流亡埃及的穆夫提协商后，阿拉伯联盟承诺支持巴勒斯坦阿拉伯人发动一场反对分治的“无情战争”，并向其提供“人手、资金和弹药”。

尽管杜鲁门支持哈里森、英-美调查委员会和莫里森-格雷迪的报告，但他对巴勒斯坦问题特别委员会的调查结果感到不安。他担心，美国可能会被拖入分治的实施进程——或者更糟的是，苏联也会要求扮演一个角色，在巴勒斯坦获得它在土耳其、利比亚和伊朗遭到拒绝的中东立足点。总统还担心，以公共农场和极左政治闻名的伊休夫可能会发展成一个亲苏国家，而最终对西方绝望的阿拉伯人可能会与莫斯科结盟。然而，在杜鲁门看来，最令人恐惧的是，阿拉伯军队可能会在人数上超过哈加纳，这样一来，为了防止发生第二次大屠杀，美国将不得不在巴勒斯坦进行军事干预。五角大楼估计，实施分治将需要多达20万人的兵力，这将使得没有人手去保卫希腊和土耳其，更不用说西欧了。

鉴于以上忧虑，杜鲁门决定见风使舵，对分治既不接受也不拒绝。在巴勒斯坦问题上，他"做过出头鸟"了，不打算再那样做了。但事态的发展迫使他要采取更明确的立场。尽管传统上苏联反对建立犹太民族家园，但它突然意识到，谴责"犹太复国主义流氓"不如把英国人赶出中东的战略中心来得实惠。10月13日，克里姆林宫宣布支持分治。不到一个月后，疲惫不堪的英国政府认清了自己在两年过渡期内无力维持巴勒斯坦的秩序，因此决定于1948年5月撤军。① 由于苏联现在明确站在犹太复国主义者一边，且巴勒斯坦的托管悬而未决，杜鲁门这下既不能在外交上随心所欲，也不能在分治问题上继续模棱两可了。

与此同时，犹太复国主义者对总统施压且越来越大。白宫再次收到了成千上万封信，敦促它对分治计划采取更加明确的支持态度。"我发现犹太人非常非常自私，"杜鲁门在日记中吐露，"论起对落水狗的残忍或伤害，希特勒和斯大林都比不过他们。"但他只能把这些胡言乱语烂在肚子里，并对巴勒斯坦问题特别委员会的结论予以公开支持。11月，当分治计划被提上联合国大会时，杜鲁门指示美国驻联合国代表团"赶紧去争取票数，越多越好"。

随后，坐落于长岛成功湖的联合国成了犹太复国主义者发表激烈

---

① Martin Gilbert, *Israel: A History* (London: Black Swan, 1998), p.147 ("the thousands of years"). Cohen, *Palestine and the Great Powers*, p.266 ("Zionist beachhead"). Manuel, *Realities*, p.324 ("stuck his neck out"). Sykes, *Crossroads to Israel*, p.325 ("relentless war"). *Forrestal Diaries*, p.376. Mattar, *Mufti of Jerusalem*, p.110.少数派的"巴勒斯坦问题特别委员会"计划由伊朗、印度和南斯拉夫提交；多数派计划由澳大利亚、加拿大、捷克斯洛伐克、危地马拉、荷兰、秘鲁、瑞典和乌拉圭提交。

游说甚至施压的场所。那些似乎可能对分治计划投反对或弃权票的国家——例如古巴、海地和埃塞俄比亚——受到威胁，如果不批准该决议，将会失去美国的财政和政治支持。据说，有10名参议员联合向菲律宾施压，31名参议员向希腊施压。利比里亚的总统收到了哈维·费尔斯通的一条口讯——警告他不支持分治，就有可能失去宝贵的橡胶合同；还接到了国会议员索尔·布卢姆的一通威逼利诱的电话。阿拉伯国家也努力说服摇摆不定的代表投票反对分治，虽说效果不如犹太复国主义者。然而，无论是犹太复国主义者还是阿拉伯人，他们的努力几乎没能成功地改变代表们的立场。联合国大会于11月29日召开，以33票支持、13票反对、10票弃权的结果通过了第181号决议。在联合国的批准和美国的认可下，巴勒斯坦将出现两个独立的国家，一个阿拉伯国家和一个犹太国家。①

杜鲁门让他的政府完全支持分治计划，本来可能指望继续处理其他全球问题，但联合国的投票却加剧了危机。愤怒的暴徒冲进美国驻大马士革大使馆肆意破坏，伊斯兰激进组织炸了美国驻耶路撒冷领事馆。在该市其他地方，阿拉伯狙击手向一辆爬上斯科普斯山要去哈大沙医院的救护车开火。而在北部，900名阿拉伯非正规军越过叙利亚边境，袭击了以哈大沙医院创始人的名字命名的科法尔·索尔德定居点。美国国务院、参谋长联席会议和刚刚成立的中央情报局纷纷指出，这些事件证明分治是“行不通的”，只有美国和苏联军队的干预才能恢复该国秩序——这是可以想象到的最惨淡的结局。

---

① Truman Presidential Library: President's Diaries File, July 21, 1947 ("The Jews, I find"). *FRUS*, 1947, vol. 5: Marshall to Truman, April 29, 1947, p. 1080; Marshall to Certain Diplomatic Officers, June 13, 1947, p. 1103; Henderson to Marshall, Sept. 22, 1947, p. 1153; Memorandum of Paul Alling, Sept. 26, 1947, p. 1159; Wadsworth to Mattison, Nov. 13, 1947, p. 1257. Cohen, *Palestine and the Great Powers*, pp. 293–94, 295 ("get busy"). Hahn, *Caught in the Middle East*, pp. 39–41, 48.

在联合国投票后，为防止总统在分治问题上悔棋，犹太复国主义者对白宫的施压非但没有减弱反而加强了。但这些重手只会让杜鲁门进一步疏远犹太复国主义者，以至于他拒绝与任何犹太复国主义领导人交谈。12月，政府宣布暂停美国对中东的全部武器销售。这一禁令对传统上装备欧洲武器的阿拉伯军队几乎毫无影响，但却使伊休夫失去了一个重要的武器供应渠道。犹太复国主义领导人随后开始了一场全球采购各类武器的行动。出生在维也纳的特迪·科勒克是未来的耶路撒冷市长，他领导了在美国的行动，从像巴格西·西格尔这样的黑社会人物和弗兰克·辛纳屈等好莱坞明星那里筹集资金。但这种捐助无论如何慷慨，都无法弥补哈加纳的不足，后者不仅缺大炮和坦克，甚至连一架战斗机也没有。

随着阿拉伯非正规军一伙伙地越境进入巴勒斯坦，与当地的阿拉伯民兵一起对伊休夫发动全面袭击，这一匮乏变得更加严重。本-古里安担心巴勒斯坦内战的爆发会吓得全世界重新考虑早先批准的分治方案，于是命令他的部队保持“克制”（希伯来语为 Havlagah），并继续采取守势。但后来该政策产生了事与愿违的结果。阿拉伯军队实际上孤立并包围了犹太人定居点，并将通往耶路撒冷的蜿蜒山路变成了犹太人车辆的死亡陷阱。犹太社区似乎坚持不到5月15日了，也就是规定英国从巴勒斯坦撤军的日期。本-古里安现在面临着一个痛苦的选择：要么反击，危及国际社会对分治的支持；要么保持被动，冒着被全歼的风险。

巴勒斯坦日益绝望的局势加深了杜鲁门的沮丧之感。“两年半以来，这种情况一直令我头痛。”他向埃迪·雅各布森透露道，“犹太人如此情绪化，阿拉伯人如此难以交流，以至于几乎什么事都做不成。当然，英国人一直很不合作。”出于避免进一步流血的迫切需要，总统同意联合国大会对巴勒斯坦问题进行审查，并要求国务院为美国政策提出不受“政治因素”影响的替代方向。

国务院着手为巴勒斯坦设计一项新的托管安排，由美国、英国和法国共同管理。该安排由来自中西部的彬彬有礼的洛伊·亨德森草拟，它将“一劳永逸地决定”，美国“不会允许自己”被犹太复国主义牵着鼻子走，它“将使美国犹太人摆脱美国极端分子的统治”。杜鲁门在托管问题上的立场仍不明朗，尽管他似乎将此视为分治的前兆，而不是国务院所希望的替代方向。2 月，在前往圣克罗伊岛时，总统的游艇“威廉斯堡号”上放了大量待签文件，总统无意中签了，使其成了政策，而他本来当然是不打算签的。

回到华盛顿后，杜鲁门继续指责“英国人的顽固和纽约犹太人的狂热”是令他头疼的巴勒斯坦问题的罪魁祸首，并拒绝与犹太复国主义领导人会面。然而，他无法拒绝埃迪·雅各布森。总统的这位老朋友只求了他一件事：和哈伊姆·魏茨曼谈谈。杜鲁门曾在前一年的 11 月与魏茨曼见过一次面，并被其说服将内盖夫沙漠纳入拟议中的犹太国家的边界。然而，现在的问题不再是该国的轮廓问题，而是其存在本身。杜鲁门拒绝了这一请求，但雅各布森顺手指了指安德鲁·杰克逊的雕像。“哈里，你这一生心里都有个英雄，”雅各布森提醒他，“我也有一个。”杜鲁门笑道：“你赢了，你这个狗娘养的光头。”3 月 18 日，魏茨曼秘密进入白宫，他告诉杜鲁门，犹太人正站在建国和灭亡的路口，别无选择，只能为独立而战。杜鲁门表示，他希望避免巴勒斯坦进一步发生流血事件，但据称他向魏茨曼保证，魏茨曼可以“指望”美国。“我支持分治。”

第二天，沃伦·奥斯汀大使提到了杜鲁门之前在游艇上没留神签署的文件，他告诉联合国大会，美国不再支持分治，现在更倾向于对巴勒斯坦实行托管。犹太复国主义者们如遭雷击，目瞪口呆。在拉比西尔弗看来，这番讲话是个“令人震惊的逆转”，相当于一份“致命的投降声明”；在本-古里安看来，这是在“向阿拉伯恐怖主义投降”。然而，他们的痛苦远不及杜鲁门。总统勃然大怒，说国务院“拆他的台”，把他变成了一个“骗子和两面派”。奥斯汀的声明只是进一步证明了杜鲁门所说的“穿条纹裤的男孩们[①]一直想割断［他的］喉咙”。[②]

美国政府现在已无可挽回地分裂为两派，担心美国实力受损的一派支持托管计划，另一派则出于原则和政治考虑仍然支持分治。随着巴勒斯坦陷入更深的混乱，两派的分歧在4月进一步扩大。

哈加纳放弃了克制政策，挥舞着新获得的捷克武器，开始进攻。犹太军队解除了对定居点的围困，突破了对耶路撒冷的封锁。数十个阿拉伯村庄遭到袭击，一些村庄的居民被驱逐。暴行在4月9日达到高潮，这天，修正主义派别的民兵在耶路撒冷附近的代尔亚辛屠杀了100多名阿拉伯平民，其中包括妇女和儿童。国际红十字会的瑞士代表雅克·德雷尼尔进入村庄时，看到“到处都是尸体。那些人用枪和手榴弹进行了‘清理’，然后用刀子确保没留活口”。这事过去还不到一周，阿拉伯枪手伏击了哈大沙医院的车队，杀害了77名医生、护士与病人。据《纽约时报》报道：“公共汽车起火后，乘客在往外逃跑时被开枪射杀。这个下午，街上到处散落着尸体。”与此同时，外

---

① striped-pants boys，俚语，指代“外交官或公务员”。——译者

② *FRUS*, Vol. V, 1948: Kennan to Lovett, Feb. 12, 1948, pp. 589 - 92; Austin to Marshall, March 17, 1948, p. 736; Henderson to Lovett, April 22, 1948, pp. 841 - 42 (“decide once and for all”). Truman, *Years of Trial and Hope*, pp. 161, 164, 171, 173. Hahn, *Caught in the Middle East*, p. 46 (“British bullheadedness”). Truman Presidential Library: President's Secretary's File: Truman to Jacobson, Feb. 27, 1948 (“The situation has been”). Benson, *Harry S. Truman*, pp. 127 (“Harry”), 128 (“You win” and “bank”). McCullough, *Truman*, pp. 610 - 11 (“liar and a double-crosser”). Cohen, *Palestine and the Great Powers*, p. 358 (“shocking reversal” and “surrender to Arab terror”). Dan Kurzman, *Genesis 1948: The First Arab-Israeli War* (New York: Da Capo Press, 1992), pp. 83, 97. 关于犹太复国主义者在美国的筹款活动，参见：Yossi Melman and Dan Raviv, *Friends in Deed: Inside the U. S.-Israel Alliance* (New York: Hyperion, 1994), pp. 40 - 45。

约旦由英国军官领导的阿拉伯军团开始占领约旦河西岸，这是联合国指定纳入独立的阿拉伯国家的一个地区。本-古里安急于避免与外约旦发生冲突，于是派果尔达·梅厄秘密去见阿卜杜拉，设法达成和平协议，但国王仍然选择了兵戎相见。阿拉伯军团随后占领了位于耶路撒冷和希伯伦之间的犹太社区古什埃齐翁聚落（Etzion bloc），杀死了157名守卫，其中许多人是在投降后被杀的。

巴勒斯坦秩序的完全崩溃在阿拉伯人和犹太人中产生了截然不同的反应。由于受到代尔亚辛暴行以及更多暴行传闻的惊吓，再加上被自己的许多领导人弃之不顾，大批巴勒斯坦阿拉伯人开始出逃。成千上万的家庭匆匆将他们的家什绑在驴背上或者整捆顶在脑袋上上路了，人潮堵塞了通往叙利亚和黎巴嫩北部的道路，他们或是蹚过约旦河向东，或是挤上开往加沙的渔船。国务院向杜鲁门报告说："他们没有任何财产，也没有足够的容身之地、医疗用品、卫生设施和食物，他们每天的口粮只有面包，才600卡路里。"阿拉伯领导人几乎没有采取任何措施来扭转这种局面。事实上，比起巴勒斯坦阿拉伯人口的丧失，他们似乎更关心阿卜杜拉在约旦河西岸获得的领土收益。埃及、叙利亚和伊拉克的统治者不想让外约旦占了便宜，各自开始盘算对巴勒斯坦实施军事入侵。

犹太人既不能撤退，也不具备先发制人袭击阿拉伯人的军事能力。因此，他们的精力集中于加强定居点的防御、储存小型武器，以及走私弹药、重型武器和医疗用品。与此同时，犹太复国主义领导层表现出一种毫无根据的乐观态度，准备在伊休夫基础上建国。他们建立了配备有电话、办公桌和秘书的政府部门，并迅速发行了纸币和邮票。万事俱备，只欠国名——叫锡安、赫兹利亚还是犹大都有可能。以色列也是一个备选项。

鉴于这桩桩件件事，美国是应继续支持分治还是转而支持托管的问题突然变得无关紧要了。到5月的第二周，只剩下两个不确定因素：即将建立的犹太国家能否经得住阿拉伯人的攻击；如果能的话，美国是否会承认这个犹太国家。为回避这两个问题，国务院提议无限期推迟宣布犹太人独立并宣布全面停战。本-古里安接受了停战，但不打算推迟宣布独立；阿拉伯统治者同意停火，但前提是宣告分治无效。由于战争现在几乎无可避免，美国政府认为犹太人有能力抵御多方面入侵。尽管与预估的有所不同，但马歇尔这位最有军事经验的官员相信阿拉伯人最终会获胜。"如果入侵时间过长，会发生什么呢?"他问一位犹太复国主义高级官员，"那会削弱你们。"

5月12日，杜鲁门就是否承认犹太国家的问题开了个会，与会者除了马歇尔和他的副国务卿罗伯特·洛维特出席，还有总统顾问克拉克·克利福德和大卫·奈尔斯。总统坐在当中，右边是外交官，左边是顾问。洛维特开场总结了国务院反对建立犹太民族家园的传统论点——它会危及美国在中东的重要利益，给美国国防部队带来负担。他警告说，人们可能认为总统是在"公然争取犹太人的选票"。他还强调了"布尔什维克"犹太复国主义和苏联特工所带来的危险，洛维特声称后者就安插在难民中。美国不应该急于承认一个可能属于共产主义阵营的国家，那样可能以为买的是猪打开袋子却发现是猫①。马歇尔没有对洛维特这个奇怪的比喻表示反对，但确实对政治顾问出席这次重要的外交政策会议感到不满。然后，他对一位代理国务卿说了句让人震惊的话："假如总统听从克利福德先生的建议，那么等到了选举时，我就投票反对这位总统。"

有可能被备受尊敬的马歇尔疏远这件事无疑吓坏了杜鲁门，毕竟

① buy a pig in the poke，一个古老的成语，说的是卖猪的贩子通常摆一只小猪当样品，其他的猪装在袋中，顾客通常购买时都不会打开袋子检查里面的物品，而是买了就走，等到了家才发现里面装的是猫。比喻未经检视就冲动决定。——译者

他在1948年的选举民调中已经落后。不过，他仍然面无表情、镇定自若地请克利福德接着发言。这位顾问接着对国务院的论点一一予以驳斥，声称阿拉伯人需要金钱甚于美国需要他们的石油，迅速承认犹太国家是在超越苏联的同时提高美国的国际声望的最佳方式。杜鲁门也接受了这种看法，但仍然不置可否。后来当记者问及他在承不承认犹太国家这件事上作何决定时，杜鲁门拐弯抹角地回答说："船到桥头自然直。"

这座桥在两天后，也就是5月14日，隐约出现在杜鲁门面前，英国准备在这一天从巴勒斯坦撤出最后一批军队，而38名犹太临时政府成员聚集在了特拉维夫博物馆前。在巴勒斯坦交响乐团的带领下，代表们高唱《希望之歌》，列队签署了独立宣言，其中包括本-古里安和果尔达·梅厄。宣言将以色列描述为犹太人的出生地，其宗教和民族文化的摇篮，也是他们给世界的精神礼物的源泉。它回顾了犹太复国主义运动的里程碑，从第一批犹太人定居点的建立到《贝尔福宣言》的发表、对纳粹的抵抗，乃至联合国的分治决议。它铭记了大屠杀，以及向邻国和那些接受犹太主权的巴勒斯坦阿拉伯人提供的和平。或许这份宣言还反映了本-古里安短期客居美国和他广泛阅读美国民主文献所受的影响，它承诺维护"自由、正义与和平的信条"，捍卫"良知、信仰、教育和文化的充分自由"，保证"所有公民不分种族、信仰或性别，一律享有社会和政治平等"。在宣言上签名的人一致同意，这个犹太国家的名字为以色列。

以色列诞生的消息于5月14日晚6点传到了华盛顿。当时，埃及、黎巴嫩、叙利亚和伊拉克的军队正在动员起来，准备通过入侵这个新生的国家来"恢复巴勒斯坦的和平与安全"。埃及飞机已经轰炸并扫射了特拉维夫。出于恐惧或被犹太军队驱逐的阿拉伯难民源源不断地逃离巴勒斯坦。在纽约，美国驻联合国代表团仍在推动对巴勒斯坦实施托管，而在美国各地的城市，犹太社区以及支持犹太复国主义的非犹太人都欢欣鼓舞。然而，问题仍然存在：美国会承认这个新的以色列国家及其自封的政府吗？

杜鲁门独自一人在白宫反复思考了这一决定可能产生的诸多复杂而难料的后果。“我在巴勒斯坦的灵魂目标一直是防止流血。”他在给迪安·阿尔芬奇——一位出生在伊斯坦布尔的劳工活动家，曾支持犹太复国主义事业——的私信中透露，“从今天的情况来看，我们显然没有取得成功。在这个国家，没人比我在这个问题上花的时间更多、考虑的更多。”考虑到承认以色列将对美国在阿拉伯世界的形象造成的可以预见的损害，对苏联造成的刺激，以及可能给西方防务带来的巨大负担，总统不得不权衡是为大屠杀幸存者伸张正义，还是回应公众对犹太复国主义的同情。他也不得不考虑美国过去对中东的介入——那是对阿拉伯人和犹太民族主义运动、对受压迫者和战争受害者的支持——以及美国当前与未来在该地区的切身利益。

6 点 11 分，一名政府发言人出现在白宫记者面前。他就事论事地告诉记者：“本届政府获悉，一个犹太国家已在巴勒斯坦宣布成立，其临时政府要求对该国予以承认。”随后，这位发言人读了一份打印文件，以尽量淡化其信息的重要性的口吻宣布：“美国承认，临时政府是以色列国事实上的权力机构。”

我是居鲁士①！

130 年前，列维·帕森斯和普林尼·菲斯克在老南教堂的讲坛上

① 古代波斯帝国的缔造者。他所创建的国家疆域辽阔，从爱琴海到印度河，从尼罗河到高加索。在铭文中，他骄傲地说：“我，居鲁士，世界之王，伟大的王。”——译者

描绘的重建犹太国家的愿景激励了艾玛·拉撒路和威廉·布莱克斯通、路易斯·布兰代斯和马克·吐温等形形色色的美国人，如今这一愿景实现了。但是，塞拉·梅里尔早在1880年代，查尔斯·克莱恩和霍华德·布利斯在一战后，以及后来的艾伦·杜勒斯和许多政府官员，都表达过某种担忧。以色列将成长为一个军事力量强大、日益受到重视的美国盟友，成为一个充满活力又往往肆无忌惮的民主国家。它从没有变成布尔什维克，也从没要求美国军队保卫它。但这个犹太国家将在中东大部分地区散播仇恨，成为穆斯林对西方长达数百年敌意的焦点。那些以“巴勒斯坦人”之名流亡各地的阿拉伯难民将成为持续存在的阿以争端的一个核心问题，他们会认为美国是造成他们困境的同谋。在美国承认以色列之后，大量阿拉伯石油继续流入美国——这与国务院的预测相反——但阿拉伯人大量的愤怒也在继续流向美国。

以色列国的建立在许多美国人身上激起了鲜活的期望，也在另一些人身上引发了隐隐的焦虑，欢欣与恐惧就这样形影相伴。哈里·杜鲁门在这两种反应之间摇摆不定。杜鲁门曾被描述为一个首鼠两端的人，他曾诅咒犹太复国主义者及其美国支持者，经常模仿他所鄙视的反犹分子。然而，他超越了自己的愤怒和偏见，支持犹太难民移民巴勒斯坦的权利，支持分治，并承认以色列的独立。虽然杜鲁门经常批评以色列的政策，特别是拒绝让巴勒斯坦难民返回故土，但他从未后悔自己5月14日的决定。相反，他似乎陶醉于犹太人的复辟，陶醉于他这样一个密苏里州来的讲话直率的浸礼会教徒在其中所扮演的角色。当埃迪·雅各布森向一个美国犹太代表团介绍杜鲁门，称他是帮助建立以色列的领导人时，杜鲁门厉声道：“你说‘帮助建立’是什么意思？我是居鲁士！我是居鲁士！”①

杜鲁门的自夸并不完全是在虚张声势。居鲁士大帝（前576—前529年）不仅遣返了犹太流亡者，授权他们重建了一个犹太国家，而且还主持着一个庞大的中东帝国。美国从二战中崛起，成为中东地区无与伦比的大国——不是正式意义的帝国，而是霸主，一个有能力捍卫该地区的边界、扶持新生国家的军事和经济巨人。美国在短得惊人的时间内迅速获得了这一支配地位，在此期间，美国人从中东事务的被动旁观者，转变为该地区的主要设计师和仲裁者。

这就是那个其代表在1920年出席圣雷莫会议时在院子里看报纸的国家，也是那个其决策者在沙特王国最初宣布独立时拒绝予以承认的国家，还是那个将巴勒斯坦——实际上是中东的大部分地区——视为不可侵犯的欧洲保护区的国家。不过，25年后，美国已在该地区发挥无与伦比的经济和战略影响力。该地区的居民大多尚未获得完全的自由，他们从美国寻求摆脱外国统治的灵感和救济。许多中东国家——包括几个有朝一日将成为美国死敌的国家——将其独立归功于美国，而另一些国家则接受了美国人民馈赠的礼物——基础设施、经济援助和政治指导，这些都是主权之基石。

19世纪的美国教育家帮助许多中东人民定义了一种新的阿拉伯

① *FRUS*, 1948, vol. 5: Rusk to Marshall, March 22, 1948, p. 751; Gross to Lovett, May 11, 1948, p. 959. Elsey Papers, May 12, 1948, p. 977 (“a very transparent attempt” and “pig in the poke”), State Department to Truman, Aug. 19, 1948, p. 1324 (“are destitute”). Howard M. Sachar, *A History of Israel: From the Rise of Zionism to Our Time* (New York: Knopf, 1970), pp. 309, 310 (“What will happen”). Donovan, *Conflict and Crisis*, p. 383 (“If the President”). Grose, *Israel in the Mind*, pp. 290-91, 292 (“I will cross that bridge”), 293 (“What do you mean”). “34 Jews are Slain in Hospital Convoy,” *New York Times*, April 14, 1948. Larry Collins and Dominique Lapierre, *O Jerusalem* (New York: Simon & Schuster, 1972), p. 278 (“there were bodies”). 代尔亚辛大屠杀的阿拉伯受害者人数仍然是旷日持久的争议之一。我一直采信马修·霍根的研究，参见：Matthew Hogan, “The 1948 Massacre at Deir Yassin,” in *Historian* 63, no. 2(2001)。

身份，美国士兵和政治家又在从巴黎和会到以色列建国这段岁月里，帮助重塑了该地区。虽然中东还远不像几代美国人所设想的那样，成为一个由开明而民主的国家构成的联邦，但它也不再是奥斯曼帝国治下或二战前一块块欧洲殖民地拼凑而成的死水一潭。到1940年代末，一个发生了天翻地覆的变化的中东——复兴的、势不可挡的、在现代和传统之间挣扎的——将与一个变化颇大、权力极广的美国互动。而两者的碰撞并不总是友好的。

尽管美国向新兴的中东国家提供了援助，但随着时间的推移，许多中东国家将视美国为帝国主义欧洲的继承者，一个一边说着发展和民主一边在开发利用该地区的资源并支持压迫性的本土政权的殖民主义大国。阿拉伯民族主义者抨击美国只支持符合美国议程的民族主义，伊斯兰激进分子则谴责美国是西方自由主义、世俗主义和没落腐朽的化身。一个多世纪以来，美国人一直在向中东提供慈善支持和意识形态指导，但从战后开始，他们也为该地区提供了一个积怨很深且敌意不断加剧的怨恨目标。

1948年以后，美国人将在接下来的60年里努力平衡他们给中东带来的好处与他们从中获得的资源和军事优势，以调和他们作为教育者、慈善家及和平缔造者的形象与他们在该地区大部分国家获得的傲慢、自私、为自利而干涉他国事务的名声。他们不得不将自己对自决原则和尊重国家主权原则的承诺，与应对全球挑战的需要相适应，这种挑战首先来自苏联共产主义，随后来自伊斯兰极端主义。美国人必须看穿他们长期以来对中东的幻想——梦幻般的沙漠、引人遐想的美艳女奴——才能应对切实威胁他们安全的诸种危险。美国卷入战后中东的故事，是政治家、军人和普通公民为实现这种和谐，为捍卫重大利益、维护有价值的理想、区分神话和现实而进行的坚定努力之一。

第七部分

寻求美式和平

第二十七章

和谐与霸权

前几章详细考察了美国自 1776 年以来与中东互动的诸种方式。目的是揭示这段历史的丰富性和实质，并探索美国今天介入该地区事务的基础。另一个目标是，填补从美国独立革命到第二次世界大战结束之间长达 150 年的时间里美国和中东关系的文献空白。

最后这一部分讲述的是过去 60 年——始于冷战、终于伊拉克战争——的历史，这是一段美国密集介入中东事务的时期。关于 1776 年至 1945 年这段时期的著述相对匮乏，相比之下，当代则产生了大量的书籍、文章。例如，关于美国在 1973 年战争前为调解阿一以和平所做的努力，关于美国-沙特联盟在 20 世纪五六十年代的演变，都有许多不错的研究，但没有多少可以被列入溯源性研究。另一方面，由于缺乏政府内部文件，阻碍了人们对过去 30 年重大事件的分析，这些文件是严肃研究的基石，目前仍然处于保密状态，没有对公众开放。任何试图重建从 1948 年至今美国介入中东事务的历史之举，都有可能是对已有研究的重复，或是对尚未充分了解的事的主观臆断。

鉴于这些缺陷，本书的结论部分试图提供的不是对这一时期的详尽研究，而是对其关键转折点和趋势的概述。重点是这段历史的二战后阶段与早期阶段之间的连续性，以及权力、信仰和幻想等永恒主题。它将揭示，美国的决策者与战前的前任面临的诸多相同的挑战进行了斗争，并在同样努力地调和他们在该地区的战略利益和意识形态利益。与此同时，中东的神话形象仍然是美国流行文化的支柱。

本章将重点放在美国介入这一关键地区的政策的一致性上，并将美国目前对该地区事务的介入置于历史语境中，力图加深对美国与中东关系本质的理解。目的是让美国人从中了解伊拉克战争、听到巴巴里战争和“火炬行动”的回声，或者跟随总统在巴勒斯坦人和以色列人之间进行斡旋的努力，看到泰迪·罗斯福和伍德罗·威尔逊的身影。美国人将了解到，当年诱使约翰·利雅德去探索中东的那些幻觉，如今依然吸引着美国人观看带有中东主题的电影。在 200 多年后，美国与中东各族人民及其土地之间的互动仍保持蓬勃的朝气、多面性、动态性且意义深远。

共产主义与民族主义的夹缝

有一段时间，哈里·杜鲁门似乎成功地将美国在中东新得的超级大国地位与其传统上扮演的解放者与和平缔造者角色融在了一起。由于希望疗愈因犹太建国所造成的创伤，总统对联合国在以色列和阿拉伯人之间缔结和平的努力表示了支持。这项任务落到了联合国巴勒斯坦问题特别调解人拉尔夫·本奇的肩上，本奇曾是加州大学洛杉矶分校的篮球明星，是一位出色的编辑，也是首批获得哈佛大学博士学位的非裔美国人之一。“看看这些可爱的盘子！”这位衣着考究但说话直率的本奇对在罗得岛与他共进晚餐的阿拉伯和以色列代表们说，“如果你们达成协议，你们每个人都可以带一个回家——如果不达成协议，我就把它们砸在你们头上！”到 1949 年 7 月，本奇已敲定了以色列与埃及、黎巴嫩、约旦和叙利亚等阿拉伯邻国之间的停战协定，并为更永久性的条约开了先例。这项成就为本奇赢得了诺贝尔和平奖，并似乎恢复了美国作为有原则的调解人的声誉。①

杜鲁门还试图在冷战的担忧与中东民族主义高涨的趋势之间取得平衡。对总统才能的第一次考验来自伊朗，首相穆罕默德·摩萨台——一位在瑞士受的教育的70岁律师——宣布自己是人民的捍卫者，要与一切形式的外来统治为敌。他努力使伊朗摆脱苏联的影响，又通过将英伊石油公司（AIOC）收归国有巧妙地使英国人对伊朗放手。

摩萨台是不结盟运动的先驱，该运动主要由在冷战中宣布中立的发展中国家组成，既不隶属于苏联，也不隶属于西方。这样的立场本来很可能会激怒美国，但恰恰相反，摩萨台反而成了美国人眼里的英雄。在许多美国人眼里，伊朗仍然是《一千零一夜》中那个迷人的国度。他们继续对关于中东奇幻的电影趋之若鹜，如《阿里巴巴之子》（1952）和《辛巴达的第七次航行》（1953），以及1953年百老汇轰动一时的音乐剧《天命》（*Kismet*），剧中坠入爱河的哈里发向一位灵巧温柔的伊拉克奴隶轻声吟唱："牵着我的手，我是天堂里的陌生人。"美国人仍然对中东人热爱自由的神话如醉如痴，而摩萨台似乎正是这一神话的化身。美国媒体因此将他与潘恩和杰斐逊相提并论，《时代》杂志将他评为1951年的年度人物。杜鲁门邀请摩萨台到白宫做客，还支持摩萨台对伊朗石油的国有化，这让英国人很恼火。

① Brian Urquhart, *Ralph Bunche: An American Life* (New York: Norton, 1993), pp. 103, 122, 164. Charles P. Henry, *Ralph Bunche: Model Negro or American Other?* (New York: New York Univ., 1999), p. 145. Shabtai Rosenne, "Bunche at Rhodes: Diplomatic Negotiator," in Benjamin Rivlin, ed., *Ralph Bunche: The Man and His Times* (New York: Holmes & Meier, 1990), p. 178. Eytan Walter, *The First Ten Years: A Diplomatic History of Israel* (London: Weidenfeld & Nicolson, 1958), p. 31 ("Have a look").

杜鲁门有能力兼顾美国的战略和意识形态利益的另一个例子发生在埃及。在那里，民族主义运动也动员了起来，要驱逐英国人、解散议会、推翻法鲁克国王的君主制。1952 年 1 月，暴徒在开罗和亚历山大的街道上横冲直撞，焚烧外国拥有的建筑，令人想起了 70 年前乌拉比起义的场景。在被摧毁的经典建筑中，包括曾接待过马克・吐温的谢泼德酒店。杜鲁门担心，这样的混乱很可能被苏联利用，从而在政治上渗透埃及。因此，他指派克米特・罗斯福和其他中情局特工去找一位埃及民族主义者，“一位穆斯林葛培理①”，说此人能够恢复埃及秩序，并将其加入类似北约的中东防御组织（MEDO）。他们再三搜寻，最后找到了一间住着自称“自由军官运动”成员的小屋，这些人正在密谋发动政变，然后他们被带到了这伙人的领导人——34 岁的贾迈勒・阿卜杜勒・纳赛尔中校面前。②

纳赛尔口齿伶俐、英俊非凡，看上去就像乌拉比的现代化身，也像是从《一千零一夜》里走出来的英雄。他也是美国内战老兵和叙利亚新教学院的阿拉伯毕业生共同引入埃及的民族主义思想的产物。纳赛尔似乎确实是中央情报局首次在其中东行动中想要扶植的领导人，中情局向纳赛尔及其同党保证，美国将暗中支持他们。受此鼓舞，军官们于 1952 年 7 月 23 日占领了政府大楼，解散了议会，并将法鲁克

---

① 美国当代著名的基督教福音布道家，二战后福音派代表人物之一，经常担任美国总统顾问，其足迹几乎遍及世界各大城市，冲破了种族、文化和政治的障碍。——译者

② Acheson, *Present at the Creation*, pp. 654–55. The CIA's support of the Free Officers is discussed in a number of sources. See, e. g., Miles Copeland, *The Game of Nations: The Amorality of Power Politics* (New York: Simon & Schuster, 1969), and Wilbur Crane Eveland, *Ropes of Sand: America's Failure in the Middle East* (New York: Norton, 1980). See also Anwar El Sadat, *Revolt on the Nile* (London: A. Windgate, 1957), pp. 117–18. Mohammad Naguib, *Egypt's Destiny: A Personal Statement* (London: Gollancz, 1955), p. 121. Sayed Ahmed, *Nasser and American Foreign Policy, 1952–1956* (London: LAAM, 1987), pp. 39–47. Holland, *America and Egypt*, p. 26 ("a Moslem Billy Graham").

国王送上了一艘开往欧洲的游艇。英国人对此的反应是惊惧，但美国立即承认了新政权，并开始与纳赛尔对话。

在总统任期的最后一年，杜鲁门成功地在阿-以之间进行了斡旋，支持了民族主义者，并阻止了苏联的侵略。中东的"美式和平"似乎突然变得唾手可得。但事实证明，这种即将到手只是海市蜃楼。阿拉伯国家宣布，停战不过是暂时的，它们和以色列之间仍存在开战因素。埃及封锁了以色列的货物穿越苏伊士运河或通过红海入口处的蒂朗海峡到以色列南部埃拉特港的航路。约旦人违反停战协定，禁止以色列人进入东耶路撒冷的老城，那是最神圣的犹太圣地西墙的所在地。以色列方面则拒绝在没有达成和平协议的情况下让巴勒斯坦难民返回故土，并对巴勒斯坦人越境渗透阿拉伯领土实施的大规模袭击进行了报复。

烧毁的车辆和满是弹痕的尸体，再次遍布这片被数百万人视为神圣的土地。然而，中东其他地区的景象同样令人震惊。从摩洛哥到伊拉克，这片区域的大部分地方都被民族主义示威活动和游击队针对法国和英国当局的零星袭击弄得惶惶不安。这场骚乱发生的同时，苏联再次挑衅伊拉克和伊朗，克里姆林宫决定接纳其早先斥为"资产阶级走狗"的中东民族主义者为冷战期间的天然盟友。共产主义和激进民族主义的汇合危及了西方赖以生存的中东石油的安全。

早在1950年，当英国、法国和美国发表《三方宣言》(Tripartite Declaration)时，西方同盟就明显无法平复造成中东动荡的多重冲突，更不用说去匡正了。宣言含蓄地承认了西方大国对阿-以和平努力的日益失望，呼吁争议双方保持克制。这些大国敦促中东各国在地区防务上彼此合作，将枪口对准他们共同的苏联敌人，而不是互相残杀。

《三方宣言》标志着美国在中东政策中调和不相容的元素的又一次努力。杜鲁门政府天真地认为，美国可以与以色列和阿拉伯世界同时为友，可以在支持中东独立要求的同时，期待英国和法国保护该地区免受共产主义影响。然而，这些设想都是毫无根据的。到 1952 年，随着阿-以紧张局势的加剧和民族主义叛乱的重新抬头，美国再次面临痛苦的两难选择。它要么继续支持以色列，进一步激起阿拉伯人的愤怒；要么远离这个犹太国家，赢得阿拉伯人的好感。要么站在英法一边，保护中东免受苏联的侵略；要么抛弃英法，支持本土民族主义者——其中一些人已与克里姆林宫有了接触。

杜鲁门不必做这个痛苦的选择了。1953 年 1 月，民主党占据的白宫交到了共和党手上，由方下巴的前将军、二战偶像德怀特·戴维·艾森豪威尔执掌。“我们这些自由的人必须重新宣告我们的信仰。”堪萨斯人艾森豪威尔在其第一次就职演说中慢条斯理地说。“信仰”一词在演说中出现了不下 14 次，对这位新总统来说，这个词意味着对美国在尊重“每个国家的特殊遗产”的同时保护全世界自由的能力抱有信心。美国终于获得了在全球传播其价值观所需的至高无上地位，但苏联同样如此。而那些仍在帝国统治下饱受煎熬的国家的“特殊遗产”所包含的对西方的敌意，至少分量不亚于对苏联侵略的恐惧。艾森豪威尔宣称，“信仰定义了我们对生活的全部看法”，但这种世界观仍然忽视了在日益错综复杂的中东，培植民族主义与对抗共产主义之间的矛盾。

闷、太闷、闷勒斯①

由于根本不擅长外交政策，艾森豪威尔把对中东的责任——实际

① 原题为 Dull，Duller，Dulles。杜勒斯（Dulles）的名字拼写酷似 dull 的最高级，丘吉尔以此调侃。——译者

上是对世界上大部分地区的责任——让给了他的国务卿约翰·福斯特·杜勒斯。杜勒斯为人一本正经、沉闷乏味，戴着钢框眼镜，目光冰冷，笑容因为嘴边的烟斗而看不太真切，还因缺乏悲悯心而恶名在外。1950年代初再次担任英国首相的温斯顿·丘吉尔，用三个词概括了他："闷、太闷、闷勒斯。"杜勒斯毕业于普林斯顿大学，也是一名虔诚的长老会教徒，在反殖民主义方面他是威尔逊主义者，但在捍卫美国海外利益的决心方面又是杰克逊主义者。他视共产主义为全球之害，并将印度和印度尼西亚等不结盟国家视为这种恶的教唆犯。激进的民族主义者也被杜勒斯列为危险角色。他告知参议院："无论是在印度支那、暹罗、摩洛哥、埃及、阿拉伯还是伊朗……动乱势力都被苏联共产党人俘获了。"杜勒斯和他的哥哥艾伦一起发誓要从中东清除一切给俄国人办事的人。艾伦·杜勒斯曾在国务院工作，现在是中情局的头儿。

这场战役的第一个目标是穆罕默德·摩萨台。1953年，这位首相摆脱了长辈般的慈祥形象，以伊朗强人的面目脱颖而出。他断绝了与英国的关系，夺取了军队的控制权，并与隶属共产主义阵营的人民党结盟。无能但亲西方的国王穆罕默德·礼萨被迫出逃。在杜勒斯看来，这些事件预示整个波斯湾即将落入民族主义-共产主义联盟之手，美国甚至可能失去无可替代的中东石油。杜勒斯决心阻止这场灾难，与英国人合谋推翻摩萨台。这一代号为"阿贾克斯"的行动，由中情局的克米特·罗斯福在现任美国驻德黑兰大使洛伊·亨德森和诺曼·H.施瓦茨科普夫将军的协助下进行，他们过去都是伊朗民族主义的支持者。这些同谋者在伊朗媒体上大肆攻击摩萨台，在街头煽动反政府暴乱。1953年8月19日，"阿贾克斯行动"最终获得成功，内战使伊朗面临被分裂。国王重夺王位，消灭了数百名摩萨台的支持者。被罢黜的首相被软禁在家中，直到1967年去世。①

伊朗政变为1954年中央情报局策划推翻危地马拉总统雅各布·阿本斯·古兹曼开创了先例。但在那些被共产党接管的危险并不严重的国家，美国继续助推民族主义运动，为此甚至不惜牺牲其欧洲盟友。北非的情况就是这样。美国国务院在1955年断言："我们无法在不招致当地居民敌意的情况下，向法国人提供他们所希望的对其北非政策的支持。"来自内华达州的共和党参议员乔治·马隆怒斥道："法国人正在北非运作一个警察国家。"他抨击美国因援助法国而"陷入了一场支持殖民地奴隶制的肮脏勾当"。事实上，美国还通过施压使得被法国驱逐的摩洛哥国王穆罕默德五世和突尼斯民族主义者哈比卜·布尔吉巴回国，并帮助他们的国家在1956年分别实现了独立。艾森豪威尔政府同样敦促法国在镇压阿尔及利亚民族主义者时表现出克制。总统说："到目前为止，我们一直在尽力维护阿拉伯国家的独立，我们不想支持法国的立场，因为它可能会毁掉我们做的一切好事。"

对美国在反摩萨台的政变中所扮演角色的不满情绪会在许多伊朗人中愈演愈烈，但对美国支持其他中东国家独立的怨恨却在英国与法国酝酿。一名英国高级官员嘲讽道，"某些美国人总是以为每次持不同政见或革命的运动中都会有一个崭露头角的乔治·华盛顿"，另一名官员则出言不逊，说美国"痴心妄想"着"从大西洋到印度洋建立一串感恩戴德地与美国解放者合作的独立穆斯林国家"。法国的阿方斯·朱安将军谴责了"中东的宗教狂热、仇外心理与美国的反殖民主

① 关于摩萨台和"阿贾克斯行动"的消息来源比比皆是，如：Rubin, *Paved with Good Intentions*, pp.54-61, 62 ("Whether it is in Indo-China"), 63-90, and Mark Hamilton Lytle, *The Origins of the Iranian-American Alliance, 1941-1953* (New York: Holmes & Meier, 1987), pp.192-209。See also Stephen Kinzer, All the Shah's Men: An American Coup and the Roots of Middle East Terror (Hoboken, N.J.: John Wiley, 2003)。

义结合在一起"意图将法国人逐出北非的"巨大阴谋"。①

对美国在中东摇摆不定的政策的失望情绪日益在欧洲扰乱人心，最终在埃及爆发了出来。在艾森豪威尔政府的领导下，美国和"自由军官"军政府之间的联系变得更加紧密。1953年5月，杜勒斯结束对开罗和中东其他国家首都的访问回国后，公开支持纳赛尔提出的让英国军队完全撤出埃及的要求。艾森豪威尔在给丘吉尔的信中写道："根据福斯特的个人观察，我得出的结论是：应该尽快采取一些措施，使我们最低限度的国防需求与埃及政府及其人民非常强烈的民族主义情绪相协调。"杜勒斯确信，一旦脱离英国，埃及就会自愿加入中东防御组织。但英国人认为纳赛尔骨子里就是反西方的，美国支持他只会削弱而不是强化中东防御组织。杜勒斯抱怨道："用旧的殖民主义态度对待当地人会将其推到共产党人的怀抱。"当英国士兵一再遭到埃及游击队的袭击时，杜勒斯加大了对伦敦的施压。最终，在1954年7月，丘吉尔做出让步，同意从埃及撤出所有英国军队。长达70年的占领因此结束了，而这一占领部分是由于美国内战期间以及内战后埃及棉花价格的涨跌所致。②

---

① *FRUS*, 1955 - 57, vol. 18: NSC 5436/1 United States Policy on French North Africa, June 1, 1955, pp. 92 - 93 ("we cannot give"). Matthew Connelly, *A Diplomatic Revolution: Algeria's Fight for Independence and the Origins of the Post-Cold War Era* (New York: Oxford Univ. Press, 2002), pp. 45, 50 ("The French are operating"), 52 - 58, 123 ("having gone so far"), 153 - 54. Matthew F. Holland, *America and Egypt: From Roosevelt to Eisenhower* (Westport, Conn.: Praeger, 1996), p. 30. Frederick Quinn, *The French Overseas Empire* (New York: Praeger, 2000), p. 227 ("a vast conspiracy").

② Dwight David Eisenhower Papers, White House Correspondence, box 3: Eisenhower to Dulles, June 16, 1953; Whitman File, International Series, box 15: Eisenhower to Churchill, April 7, 1953 ("From Foster's personal"). PRO, FO371/102732/14: Report of Lord Salisbury's Conversation with Mr. Dulles, July 11, 1953 ("The old colonial attitude"). Evelyn Shuckburgh, *Descent to Suez: Diaries, 1951 - 1956*, ed. John Charmley (New York: Norton 1986), p. 229. Hahn, *United States, Great Britain, and Egypt*, pp. 161 - 64.

但是埃及没有加入中东防御组织。纳赛尔现在给出的解释是埃及加入该组织的另一个障碍仍然存在，那就是与以色列的冲突。英国撤军之后，埃及和以色列军队之间的摩擦加剧，且有可能点燃整个地区的战火。纳赛尔告诉杜勒斯，管好以色列人，让他们交出领土作为和平的第一步保证，那么埃及肯定会加入中东防御组织。

这一提议深深吸引了杜勒斯。和许多身为传教士后裔的国务院官员一样，他对这个犹太国家恶言相向——他称之为“套在我们脖子上的磨盘”，对阿拉伯人则抱有普遍的同情。他同意国务院的评估，即以色列可以通过将大片领土割让给阿拉伯人来实现和平。但对杜勒斯来说，和平不仅是确保中东防务的手段，而且本身也是一个崇高的目标。他受宗教教育的影响，对巴勒斯坦有一种特殊的依恋，因此，他觉得，就算不是天命的话，他也有道义上的责任恢复圣地的安宁。

这些战略和神学的冲动结合在一起，使得杜勒斯在帮助埃及人将英国人逐出埃及几周之后，就邀请英国人参加对埃及和以色列之间关系的一次调解。到 1954 年底，一个英-美策划者组成的团队已制订出了“阿尔法计划”，在这个秘密计划中，以色列要将大片领土割让给埃及，而埃及要承诺对以色列表现出不穷兵黩武的姿态。不出所料，以色列总理本-古里安拒绝了这一提议，理由是埃及不应因其 1948 年的侵略行为而受到奖励，但在杜勒斯的施压下，他屈服了。一切就绪，只等纳赛尔点头了。

这位埃及领导人当时刚刚启动一项雄心勃勃的计划，以确立他在阿拉伯国家政治中的主导地位以及他与印度的尼赫鲁在不结盟运动中的突出地位。前一个目标排除了纳赛尔与阿拉伯人的终极敌人达成和平的可能性，后一个目标则否定了埃及加入中东防御组织的可能性。纳赛尔拒绝了“阿尔法计划”的条件，继而反对英国与土耳其、巴基斯坦、伊朗和伊拉克的军事联盟——所谓的“巴格达条约组织”——

并承认了新生的中华人民共和国。1955 年 9 月，他通过捷克斯洛伐克购买了大量苏联武器。尽管如此，杜勒斯还是发起了第二次和平倡议，其代号为“伽马”，一名总统特使将会穿梭于纳赛尔和本-古里安之间以安排双方会晤。这位特使是前国防部长罗伯特·B.安德森，他于 1956 年早春抵达该地区，却得知纳赛尔无意讨论和平问题，也没有兴趣接待他。

杜勒斯被这种冷遇激怒了，授权了另一项代号为“欧米伽”的行动，旨在通过除暗杀以外的一切手段实现埃及政权的更迭。该行动除了壮大约旦和黎巴嫩的友好政府以及在叙利亚发动亲西方政变之外，还试图将沙特国王提升为“伊斯兰教教皇”，以取代纳赛尔成为阿拉伯世界的领导人。然而，“欧米伽行动”中最苛刻的部分是暂停美国对建造阿斯旺大坝的援助。该大坝项目是美国军事探险家埃拉斯特斯·斯派洛·普迪 1874 年首次提出的，它是埃及统治者的骄傲。①

但纳赛尔拒绝对制裁屈服。1956 年 7 月 23 日，他宣布了一项震惊世界的决定：将苏伊士运河国有化。纳赛尔解释说，此举针对的是那些“剥削者、帝国主义者以及帝国主义的走狗”，这些人密谋通过

① 我写过大量关于阿尔法计划、伽马计划和 1950 年代寻求阿以和平的文章.例如 *The Origins of the Second Arab-Israel War: Egypt, Israel, and the Great Powers* (London: Frank Cass, 1992); “Escalation to Suez: The Egypt-Israel Border War, 1949 - 56,” *Journal of Contemporary History* 24, no. 3 (1989); “Secret Efforts to Achieve an Egypt-Israel Settlement prior to the Suez Campaign,” *Middle Eastern Studies* 26, no. 3 (1990); “The Diplomatic Struggle for the Negev,” *Studies in Zionism* 2, no. 1(1989)。关于“欧米伽行动”，参见：*FRUS*, 1955 - 1957, vol. 15: Memorandum from the Secretary of State to the President, March 28, 1956, p. 410; Diary Entry by the President, March 28, 1956, p. 425. Salim Yaqub, *Containing Arab Nationalism: The Eisenhower Doctrine and the Middle East* (Chapel Hill: Univ. of North Carolina, 2004), pp. 42 - 45。关于沙特国王访美，参见：Nathan J. Citino, *From Arab Nationalism to OPEC: Eisenhower, King Sa ʻ ūd, and the Making of U. S. - Saudi Relations* (Bloomington: Indiana Univ., 2002), pp. 122 - 23, 135, and Rachel Bronson, *Thicker Than Oil: America's Uneasy Partnership with Saudi Arabia* (Oxford: Oxford Univ., 2006), pp. 74 - 75。

限制埃及的影响力扩散和切断对阿斯旺大坝的资助来毁掉埃及。在苏伊士运河的主要股东英国人眼中，纳赛尔简直就是第二个希特勒，而将苏伊士运河充公不啻为另一个纳粹德国吞并奥地利事件。首相安东尼·艾登咬牙切齿道："我要干掉纳赛尔上校和他的政权。"纳赛尔还向阿尔及利亚游击队提供资金，这一举动让法国人也对他毫无好感。法国外交部长克里斯蒂安·皮诺在巴黎警告说，如果埃及这次的国有化计划得逞，法国将沦为三流国家，欧洲将"只能完全仰仗阿拉伯人的善心度日"。法英两国领导人立即着手起草了一项对埃及的军事进攻计划，并寻求美国的默许或做出明确的行动表示。①

苏伊士运河危机再次让美国面临两难选择：要么支持一个与莫斯科关系密切的不结盟民族主义者，要么支持最有能力保卫中东的两个大国。美国人曾通过与英国勾结罢黜了摩萨台而将对伊朗的战略考虑置于道德关切之上，但在埃及，他们的意识形态考量占了上风。杜勒斯声称，这场冲突不是纳赛尔和西方之间的冲突，而是中东民族主义和欧洲帝国主义之间的冲突。他表示："不要指望美国百分之百认同殖民大国，或者认同那些只想尽快、尽可能获得全面独立的国家。"尽管杜勒斯私下里向英国和法国保证他从未排除对埃及使用武力的可能性，但他又公开宣称反对任何诉诸武力的行为。

"这种对盟友的犬儒主义态度会破坏真正的伙伴关系。"艾登抗议道。皮诺实际上是在指责美国与克里姆林宫合作，让纳赛尔继续掌

① PRO, CAB 128/30, July 27, 1956. USNA, 974.7301/7 - 2756: Paris to Department, July 27, 1956; 974.7301/6 - 158: Suez Canal Problem, 1954 - 58, June 1, 1958. Philip Ziegler, *Mountbatten* (London: Collins, 1985), pp. 537 - 38. Anthony Gorst and Scott W. Lucas, "Suez 1956: Strategy and the Diplomatic Process," *Journal of Strategic Studies* 23, no. 1(1988): 399 - 400. Robert Rhodes James, *Anthony Eden* (London: Weidenfeld & Nicolson, 1986), p. 166 ("My object"). Bernard Ménager et al., eds., *Guy Mollet: Un camarade en république* (Lille: Presses Universitaires de Lille, 1987), p. 476 ("totally dependent").

权，阻止埃及成为一个真正的民主国家。被杜勒斯的两面三刀激怒的法国开始秘密武装以色列人，并鼓励他们对埃及先发制人。本-古里安对这一提议表示欢迎，认为纳赛尔被苏联武装的军队确实对犹太国家构成了致命威胁。对于以色列的存在，英国人从来都是不甘心的，他们起初犹豫不决，但到了 9 月，也加入了这场阴谋。以色列军队将在苏伊士运河附近发动袭击，为英法制造一个“保护”这条重要水路的借口以便出手干预。

1956 年 10 月 29 日，天刚破晓，距运河 25 英里的西奈的米特拉山口上空就有降落伞星星点点地落下。这些以色列伞兵着陆后，在山口与埃及部队展开了一场残酷的战斗，而在更远的北部，以色列装甲编队在前往苏伊士和加沙的途中冲破了埃及的防御工事。法国和英国随后威胁要进行军事干预，除非所有以色列和埃及军队撤出运河地区。不出所料，埃及拒绝了这一最后通牒，一支英法舰队随即准备起航。艾登向杜勒斯保证，这次大规模入侵并不是“回到旧的殖民主义和军事占领的老路上”，而是“强化反共战线上的最薄弱环节”的一次尝试。不过，杜勒斯怒不可遏。他指责这些前二战盟友的行为比当时正在用坦克镇压匈牙利反共叛乱的苏联还要野蛮。“美国的生死存亡系于殖民主义命运之上，”国务卿咆哮道，“无论输赢，我们将与英法同命运。”

当法国和英国飞机轰炸埃及机场时，美国和苏联双双通过了一项联合国大会决议，谴责对埃及的侵略，并授权在运河沿线部署联合国维和部队。英国和法国军队无视该决议，于 11 月 5 日登陆埃及，意图在一周内占领运河。然而，两天后，埃及仍在激烈抵抗，苏联威胁要对入侵者动武，美国则从经济上狠狠打压英国。在这些战术的威胁下，英法联军被迫撤军，颜面尽失，只能任由苏伊士运河在埃及一家控制之下。以色列也因美国威胁予以制裁而屈服，从西奈半岛和加沙撤军。尽管联合国部队还在这些地区安抚人心，而且以色列船只现在在蒂朗海峡畅行无阻，但阿拉伯人认为以色列的撤退就是他们的胜利。由于美国的一系列行动，纳赛尔从苏伊士运河危机中脱颖而出，成为该地区的主人，无人匹敌。[①]

在中东民族主义和反殖民主义信条等浪漫观念的刺激下，美国与其宿敌苏联联手对付其欧洲朋友，拯救了杜勒斯密谋推翻的埃及独裁者。美国走了这样一条曲折道路，换来的却是苏联的蔑视，英国和法国的尖酸刻薄，以及众多阿拉伯人的敌对。纳赛尔非但没有为美国拯救他的国家表示感谢，反而谴责美国是中东的新帝国主义列强。纳赛尔政府的年轻发言人安瓦尔·萨达特声称："美国正急不可耐地想取代破产而无能的英国和法国，并对中东施加影响。"苏伊士运河危机发生后不到一年，纳赛尔主义的煽动就开始侵蚀整个地区的亲西方政府。

然而，美国几乎无力抵抗这种讨伐。艾森豪威尔已经完成了自杜鲁门政府开始的铲除中东的欧洲帝国主义势力的工作，现在，他发现自己背负了盟友们的重担，却又无力承担。美国没有在中东维持显著的兵力，也没有在该地区强行干预的法律依据。"我们必须马上行动或者赶紧离开中东，"他对杜勒斯说，"由于［中东的］战略地位，因无所作为而失去这一地区将比失去中国还要糟糕。"与前任杜鲁门一样，艾森豪威尔也需要某种主义。因此，1957 年 1 月 5 日，总统要求国会拨款 4 亿美元帮助中东各国对抗任何"受国际共产主义控制"的国家，并允许派遣美国军队保卫这些国家。他断言："历史上很少

① DDE, Dulles Papers, Subject Series, Telephone Calls, box 5: Allen Dulles to Secretary Dulles, Oct. 30, 1956; Dulles to Eisenhower, Oct. 30, 1956; The Secretary to Allen Dulles, Oct. 30, 1956. PRO, PREM 11/1105: Washington to Foreign Office Oct. 30, 1956. DDF, III, 1956, 93 - 95.

有哪个国家对原则的献身精神受到像我们这样严峻的考验。”国会以压倒性优势同意了。

1958年夏，美国的奉献精神确实受到了考验，当时巴格达的暴民野蛮地推翻了伊拉克政府，公开肢解了其首相和国王。约旦和黎巴嫩的保守政权也面临着反西方叛乱的威胁。艾森豪威尔对埃及在前台执行、苏联在幕后支持继而接管整个中东的前景感到恐慌，于是按自己的主义行动了。美国空军飞机被派去约旦为前来调解的英国伞兵提供补给，美军部队被派去支援被围攻的黎巴嫩政府。在7月一个炎热的早晨，大约8500名美国大兵蹚水来到了贝鲁特附近的海滩上。与之前美国在该地区的两栖登陆不同，这次登陆没有遭遇任何抵抗。不过，成千上万的观光客确实见证了这个场面，还有数十名小贩，他们在争相向衣服湿透的士兵兜售他们的吃食和纪念品。

黎巴嫩行动标志着美国的中东政策的曲折时期有了个不祥的结局。美国先是与英国合作推翻了一位受欢迎的伊朗领导人，然后向英国施压要求其撤离埃及；它曾支持北非的民族主义者对抗法国，但又策划推翻了支持民族主义者的纳赛尔；它在英法入侵苏伊士运河时拯救了纳赛尔，但接下来又与英国一起进行干预，以保护阿拉伯政府免受纳赛尔的侵害。艾森豪威尔政府在原则和现实政治的对立中左右为难，在该地区实现了一连串令人困惑的逆转，令其盟友苦恼不堪，并进一步激怒了其敌人。然而，美国人普遍认为，他们的政府在伊朗、北非和埃及采取了恰当而谨慎的行动，维护了他们的关键利益，促进了他们的民主理想。正如马克·吐温曾经描述的那样，他们在中东仍是头脑简单的外国人，尽管有时举止像个“美国来的破坏者”。

1959年上映的《宾虚》是好莱坞一场极尽铺张的盛会，反映了美国人还是在以单纯的眼光看待日益复杂和道义上模糊的中东。这部电影根据美国驻土耳其宫廷大使卢·华莱士80年前写的小说改编，翻拍自一部无声电影，但这个新版本包含了一个令人渴望的政治信息。剧本中有位民族主义者、犹太王子犹大·宾虚，他与一个叫伊尔德瑞姆的阿拉伯酋长交上了朋友，一起反抗他们共同的敌人——罗马保民官梅萨拉。伊尔德瑞姆（由英国演员休·格里菲斯饰演）的台词带有通常的中东口音，而宾虚（查尔顿·赫斯顿饰演）说起话来却像个典型的美国中西部人——可以说是新美国人和古代犹太人的又一次合二为一。不过，片中的罗马人说起话来却像英国贵族。犹大和伊尔德瑞姆不出所料地取得了胜利，让复仇心切的梅萨拉蒙羞。[①] 然而，在真正的中东，以色列的犹太民族主义者和美国政府之间没什么亲近感，阿拉伯人则对这两者都没多少感情。此外，在该地区许多居民的耳中，帝国强权的保民官们的声音听起来不再像英国人，而是一听就像美国人。

然而，中东人民很快听到了来自美国的一种新的抑扬顿挫，一种将旧世界的优雅与现代贵族的义务结合起来的声音。这种声音描述了美国与该地区关系的不同愿景，那是一种伙伴关系，它基于平等而非一方对另一方的支配，基于和平解决冲突和领导人之间相互尊重。这一引起埃及人和约旦人以及巴勒斯坦人和以色列人共鸣的声音，是约翰·菲茨杰拉德·肯尼迪的波士顿婆罗门口音。

---

① *British Broadcasting Company: Summary of World Broadcasts,* pt. 4, *The Arab World, Israel, Greece, Turkey, Persia*: Voice of the Arabs, Jan. 9, 1957; Voice of the Arabs, Jan. 18, 1957. Yaqub, *Containing Arab Nationalism,* pp. 71 – 90, 205 – 12, 221 – 23, 224, 225 – 36. Alan Dowty, *Middle East Crisis: U. S. Decision-Making in 1958, 1970 and 1973* (Berkeley: Univ. of California Press, 1984), pp. 27 – 35, 56, 80. See also Michael B. Oren, "Israel, the Great Powers, and the Middle East Crisis of 1958," *Studies in Zionism* 12, no. 2(1992). 对于电影《宾虚》的深入了解，我要感谢我在哈佛的学生约翰·泰勒·赫布登。

卡米洛特来到中东

肯尼迪虽然是罗马天主教徒，但他信奉清教徒的理念，将美国视为“山上之城”，并信奉传教士所承诺的要在全世界传播美国价值观和促进本土独立。“今天美国外交政策面临的最重要考验是我们如何应对帝国主义的挑战。”当时尚是一名参议员的肯尼迪宣称，“在这场考验中，我们这个国家比任何其他国家都更应该接受亚洲和非洲数百万未得到承诺的人的批判性评价。”在中东，美国可以通过支持少数尚未成功摆脱欧洲统治的民族主义运动、与那些仍不与人结盟的新独立政权达成妥协来迎接这一考验。1961 年 1 月，肯尼迪就任总统，不仅赞同阿尔及利亚脱离法国寻求独立，还重新考虑了美国对纳赛尔的反感。

肯尼迪上任后的第一件事就是写信给埃及领导人，提议恢复两国自美国内战后建立起来的友谊。他提醒纳赛尔，美国曾经跟阿拉伯世界一样，是形形色色的殖民地，一直渴望合并为一个可独立发展的联邦。他向纳赛尔祝贺了阿拉伯联合共和国——埃及和叙利亚终归是短暂的合并——在 2 月 22 日的成立周年纪念日，而这一天正好是“我国第一任总统华盛顿的生日”。他的这一姿态得到了迅速而热烈的回应。纳赛尔对肯尼迪的几封来信表示了“极大的满意和赞赏”，并强调了他和他的同胞一直以来对美国人的“爱与钦佩”。

卡米洛特，传说中亚瑟王的宫廷，常被比作理想主义政府，它似乎为美国和中东的关系揭开了一个新的英勇篇章。骑士精神的一个具体表现是大规模的经济援助和源源不断运到的小麦；60％的埃及人很快就得到了美国提供的每日食粮。电影业在 1962 年的经典电影《阿拉伯的劳伦斯》中凭直觉捕捉到纳赛尔和美国恢复了和睦，以及美国对自由无羁的游牧民族持久的浪漫想象。在一个颇具启发性的场景中，莽撞的美国记者本特利——显然是以洛厄尔·托马斯为原型——宣称他支持费萨尔王子以及一战期间为争取阿拉伯独立的斗争。“殿下，”本特利对费萨尔说，“我们美国人曾经被殖民过，我们自然会同情任何地方的任何为自由而战的人。”由威严的亚历克·吉尼斯饰演的王子简洁地回答：“深为感佩。”

然而，就在这一年，随着肯尼迪在埃及的计划落空，好莱坞的神话与中东的现实再次分道扬镳。这次失败始于与纳赛尔关系密切的一伙“自由军官运动”成员推翻了亲西方的也门伊玛目。当沙特阿拉伯插手想恢复保皇派统治时，纳赛尔的回应是将数万军队调到了也门。埃及飞机也开始轰炸沙特阿拉伯的目标，其中一些飞机还投下了毒气弹。看到一支由苏联人提供装备和顾问的军队如此靠近美国经济赖以生存的石油储备，肯尼迪政府深感不安，因为它几乎还没有从古巴导弹危机中恢复过来。尽管肯尼迪从未对沙特人抱有好感，他觉得沙特人“某种程度上代表的是昨天而不是明天”，但他仍然不得不在与纳赛尔主义和解和保卫波斯湾之间做出抉择。最终，当纳赛尔违反了由美国斡旋达成的停火协议时，事实上已为他做出了选择。于是，1963年11月，也就是向开罗寄出第一封信的两年后，肯尼迪派出战机去保卫利雅得。①

在试图与纳赛尔修好却受阻后，肯尼迪将精力重新集中在以色列

① Warren Bass, *Support Any Friend: Kennedy's Middle East and the Making of the U.S.-Israel Alliance* (Oxford: Oxford Univ. Press, 2003), pp. 4, 73, 79 (“immense satisfaction”), 100, 111, 128. Douglas Little, “The New Frontier on the Nile: JFK, Nasser, and Arab Nationalism,” *Journal of American History* 75, no. 2 (1988): 500 (“somehow represented yesterday”), 502, 504, 510 - 13, 521 - 24. Robert Dallek, *An Unfinished Life: John F. Kennedy, 1917 - 1963* (Boston: Little, Brown, 2003), p. 222 (“The single most important”). Michael B. Oren, *Six Days of War: June 1967 and the Making of the Modern Middle East* (New York: Oxford Univ. Press, 2002), p. 14.

及其与阿拉伯国家的持续争端上。自 1950 年代“阿尔法计划”和“伽马计划”失败以来，美国的决策者得出结论，该地区不可能实现和平。既然如此，他们决心通过防止另一场战争的爆发将阿以冲突“冻结”起来。在 1960 年轰动一时的大片《出埃及记》中，高大魁梧的保罗·纽曼饰演的阿里·本·迦南是个带领英勇的以色列人对抗阿拉伯人的反英雄角色，许多美国人看得欣喜若狂，这场冲突在他们眼里成了浪漫传奇。然而，肯尼迪从未忘记他 1939 年在耶路撒冷目睹的暴力事件，他的看法更细致入微。作为解决争端的第一步，他提议将数千名巴勒斯坦难民重新安置在无水的约旦河谷，该河谷将由约旦河水灌溉。但本-古里安不愿与敌人分享以色列的主要水源，因此犹豫不决，而阿拉伯领导人则拒绝与以色列进行任何程度的合作。由于未能促成和平，心慌意乱的肯尼迪转而去阻止阿以新一轮流血冲突的爆发。他尤其关注以色列秘密制造核武器一事，担心这会在中东引发一场肆无忌惮的军备竞赛。

1961 年 5 月，肯尼迪在纽约的华尔道夫酒店对本-古里安说：“一个女人不仅要品德高尚，而且要有美德的外表。”总统与美国犹太社区关系良好，大家认为是他们的支持助他在 1960 年以微弱优势赢得选举胜利；不仅如此，他还公开对以色列展示友好。不过，肯尼迪在私下里拒绝接受以色列仅为和平目的开发核能的说法，并对本-古里安拒绝让美国检查人员核实以色列在迪莫纳的反应堆的“德行”表示了不满。“不让任何一个国家认为以色列在助长原子武器的扩散，这符合我们双方的共同利益。”肯尼迪向比他年长得多、个子矮得多、不那么英俊的本-古里安建议道。但是这位经验更丰富的以色列政治家对总统的担忧置若罔闻。他向他的东道主保证了以色列的和平意图，同时欲言又止道，如果纳赛尔胜利，“会像希特勒那样对待犹太人”。

尚未解决的以色列核能力问题，仍然是肯尼迪与以色列关系中发生摩擦的一个根源。为了缓解本-古里安对埃及的恐惧，总统提出向他供应霍克地对空导弹，这为美国向以色列出售武器开了先例。但本-古里安只把霍克导弹部署在迪莫纳周围，并继续阻止美国的检查。到1963年夏天，暴怒的肯尼迪警告以色列人，他们与美国的关系很可能因他们在核问题上的不妥协而“严重受损”。①

肯尼迪曾试图将自己的中东政策与前任们区分开来，结果却屡屡受挫。他努力与纳赛尔和解，与本-古里安达成核不扩散协议，但遭到双方的公然拒绝。阿以和解仍然是一个难以捉摸的美国梦。这种失望最终迫使肯尼迪放弃了他的正义政策，转而选择艾森豪威尔时代的措施，以保护该地区免受共产主义影响，并保证石油的出口。在中东，也许比在其他任何地方都一目了然，卡米洛特的魔法失败了。

1963年11月22日早上到达达拉斯爱田机场的肯尼迪总统，已然对在美国和中东关系的任何领域取得突破感到绝望。他于当天晚些时候遇刺身亡，这一事件按惯例将被视为美国历史上的一个转折点，开启了美国社会的一系列革命性变革，也是美国外交事务一连串灾难的祸根。不过，这场剧变对美国与中东的互动几乎没有产生任何影响。叙利亚、埃及和伊拉克的后殖民政权已经演变为压迫性的军事独裁政权，它们对西方抵触，也彼此敌对。纳赛尔等受苏联支持的统治者与亲西方的约旦和波斯湾君主政体之间的界线已经划定，无法抹去。在1960年代中期的情景喜剧《梦见珍妮》(*I Dream of Jeannie*)

---

① Bass, *Support Any Friend*, pp. 145 - 49, 158, 185 - 90. Avner Cohen, *Israel and the Bomb* (New York: Columbia Univ. Press, 1998), pp. 99 - 107, 108 (“A woman should not”), 155 (“seriously jeopardized”). Mordechai Gazit, *President Kennedy's Policy toward the Arab States and Israel: Analysis and Documents* (Tel Aviv: Tel Aviv Univ., 1983), pp. 18, 33, 42, 46 - 47. Spiegel, *Other Arab-Israeli Conflict*, pp. 110 - 12. Oren, *Six Days of War*, pp. 16 - 17. 肯尼迪与本-古里安在华尔道夫酒店的会面记录可在以下网址获得：http://www.jewishvirtuallibrary.org/jsource/US-Israel/FRUS05_30_61.html。

中，衣着暴露的芭芭拉·伊顿从阿拉丁风格的灯下飘然而出的场景或许仍会让大众着迷，但是美国的决策者在很大程度上已经厌倦了这样的神话。柏林墙还没被推倒，冷战的前线穿越了越南地狱般的丛林来到了中东的绿洲和貌似田园诗般沙丘。

从阿拉莫到阿拉曼

第 36 任美国总统并不是一位浪漫主义者。林登·贝恩斯·约翰逊雄心勃勃、精明冷酷，在国内为民权而战和在东南亚与共产主义做的不走运的斗争中一样坚定，没有表现出肯尼迪那样的对中东幻想的偏爱。而该地区发生的诸事也无法引人遐想。纳赛尔正在对美国的约旦和沙特盟友发动恶毒的宣传战，他公然与苏联勾结，并要求关闭美国在利比亚唯一的战略资产——惠勒斯空军基地。1964 年 11 月，开罗的暴徒烧毁了美国大使馆的图书馆。当美国大使抗议这一破坏行为时，纳赛尔叫他“去跳海吧”，并威胁要把任何说埃及坏话的人的“舌头割了”。“我们不会接受这些牛仔的强盗行径。”他发誓道，话里暗指来自得克萨斯的总统。作为回应，约翰逊暂停了接下来所有往埃及的小麦运送。①

约翰逊对该地区采取的强硬态度并不妨碍他对以色列表现出近乎无病呻吟的感伤。他在肯尼迪遇刺后不久对一名以色列外交官说：

---

① William J. Burns, *Economic Aid and American Policy toward Egypt, 1955 - 1981* (Albany: State Univ. Press of New York, 1985), p. 159 (“go drink”). Richard B. Parker, *The Politics of Miscalculation in the Middle East* (Bloomington: Indiana Univ., 1993), p. 105. P. J. Vatikiotis, *Nasser and His Generation* (New York: St. Martin's, 1978), pp. 202 - 12. Mahmoud Riad, *The Struggle for Peace in the Middle East* (New York: Quartet Books, 1981), pp. 15 - 17.

“你们失去了一位非常伟大的朋友，但你们现在有了个更好的。”在这位新总统最亲密的顾问中，包括副国务卿尤金·罗斯托和联合国大使阿瑟·戈德伯格在内，都是持明确的亲以色列观点的美国犹太人。在政治层面上，约翰逊对以色列的感情源于他对美国犹太人继续向民主党提供压倒性支持的感激之情；而且，尽管美国犹太人反对越南战争的呼声日益高涨，但这种感情还在。约翰逊亲以色列政策的深层原因在于宗教。“照顾好犹太人，他们是上帝的选民。”他那位严厉的浸信会教徒祖父如此告诫他，而他的姑姑提醒他：“如果以色列被摧毁，世界就会灭亡。”美国国务院则反过来继续警告说，美国与以色列的关系会疏远阿拉伯人，危及石油供应，但总统仍然不动声色。对他来说，以色列就相当于阿拉莫的翻版，四面都被无情的敌人包围着，而纳赛尔是转世的圣安纳，即围攻那座堡垒的墨西哥将军。①

这一类比在1967年5月15日显得出奇贴切，这一天，纳赛尔将其国家置于战备状态。叙利亚支持的法塔赫组织在一位名叫亚西尔·阿拉法特的留着胡楂、不屈不挠的前工程师领导下，策动巴勒斯坦游击队袭击了以色列，由此，该地区的紧张局势不可避免地升级了。为了应对这种对埃及在阿拉伯世界领导地位的挑战，纳赛尔建立了一个

---

① Lyndon Baines Johnson Presidential Library, National Security file, Middle East, Israel boxes 140, 141: Conflicting U. S. Attitudes toward Military Aid to Israel, April 20, 1967; U.S.-Israel Relations, Nov.3, 1967. USNA, Middle East Crisis files, 1967, Lot file 68D135, box 1: United States Statements on Israel: Johnson Statements, June 1, 1964. William B. Quandt, "The Conflict in American Foreign Policy," in Itamar Rabinovich and Haim Shaked, eds., *From June to October: The Middle East between 1967 and 1973* (New Brunswick: Transaction, 1978), pp.5-6. I.L. Kenen, *Israel's Defense Line: Her Friends and Foes in Washington* (Buffalo: Prometheus, 1981), p. 173 ("You have lost"). Douglas Little, "The Making of a Special Relationship: The United States and Israel, 1957-68," *International Journal of Middle East Studies* 25, no.4 (Nov.1993):274-75. Michael Karpin, *The Bomb in the Basement: How Israel Went Nuclear and What That Means for the World* (New York: Simon & Schuster, 2006), p.243 ("Take care of the Jews" and "If Israel is destroyed").

与之针锋相对的巴解组织（PLO），并指示其开展行动。作为对这些袭击的报复，以色列在俯瞰以色列北部的戈兰高地与叙利亚军队发生了大规模冲突，并最终导致苏联声称以色列即将入侵叙利亚。虽说纳赛尔迅速证实了这些预测是错误的，但他还是以此为借口要驱逐自苏伊士运河危机结束以来一直驻扎在西奈半岛和加沙地带的联合国维和部队。一周后，纳赛尔关闭了蒂朗海峡就为了不让以色列船只通过，并与约旦、叙利亚和伊拉克签下了军事协定。整个阿拉伯世界爆发了大规模示威活动，要求全面开战。伊拉克总统阿雷夫宣称：“我们的目标非常明确——那就是将以色列从地图上抹去。”

但谁会先动手呢？随着近50万阿拉伯士兵集结在以色列边境以及苏联鼓励他们发动袭击，以色列面临着潜在的生存困境。以色列医院疯狂地囤积绷带和血包，犹太教当局则预先挖了数千个坟墓留待安葬战争中的伤亡人员。而以色列昔日的盟友法国突然决定转向阿拉伯一方，这只会显得以色列更有必要立即压制住纳赛尔。不过，以色列温和而睿智的总理列维·艾希科尔和温文尔雅的外交部长阿巴·埃班对美国的反应坐立不安。他们担心：美国会像1956年那样拯救纳赛尔并迫使以色列撤退吗？

尽管约翰逊关心的许多东西跟以色列人是一样的，但事实上，他反对采取任何先发制人的打击，担心这可能会将整个中东乃至全世界拖入战争。5月26日，总统在白宫反复对埃班说：“只要以色列不打算单独行动，它就绝不会孤军奋战。”更高深莫测的是，美国国务卿迪安·腊斯克警告称：“如果以色列先开火，那它就别再指望美国了。”为了尽力避开一场危险的战争，约翰逊总统提议召集一支由20多个国家的船只组成的护航队，穿过封锁的蒂朗海峡前往埃拉特。他解释说，如果埃及人向船队开火，美国第六舰队的船只和飞机就会轰炸埃及的战略目标。这一被遮遮掩掩地称为“赛舟”（Regatta）的计划让以色列人眼前一亮，他们同意推迟进攻，以便给约翰逊留出时间去实施。然而，国会已经被美国陷在越南无从抽身弄得晕头转向，因此对任何可能导致另一场国外纷争的行动都很后怕。至于欧洲人，就像其祖先拒绝加入美国领导的反巴巴里海盗联盟一样，断然拒绝了约翰逊的这项提议。“我失败了。他们将自行其是。”关于以色列人，约翰逊向自己的助手坦承：“他们会动手的。对此我们无能为力。”

约翰逊唯一感到安慰的是，美国情报机构预测以色列将很快击败埃及或任何阿拉伯联军。而以色列的所作所为不只证实了这一预测。在6月5日上午8时开始的突然袭击中，以色列战机对埃及战机进行了扫射和轰炸，一下子摧毁了286架战机，其中大部分甚至都没来得及升空。随后，以色列坦克和机械化部队突破了埃及人在西奈半岛和加沙地带戒备森严的防线。约旦和叙利亚军队按照与纳赛尔签订的条约，也加入了战斗，结果被以色列的反攻击溃。被损毁的埃及车辆歪七扭八地一直排到了西奈半岛，而撤退的叙利亚和约旦军队在戈兰高地、整个约旦西岸以及东耶路撒冷沿途留下了一连串还在冒烟的坦克与倒下的战友。相比之下，犹太士兵则将以色列国旗插在了黑门山山顶，他们高举步枪涉水进入苏伊士运河，肩上挎着子弹带而非披着祈祷披巾在西墙前跳舞庆祝。

至少在私下里，约翰逊是为以色列的胜利是鼓掌庆贺的。总统在向苏联保证美国正尽一切努力阻止战争的同时，实际上却在设法推迟批准联合国的停火协议，直到阿拉伯人的战败板上钉钉。即使在6月8日以色列战机和导弹艇误向美国间谍船“自由号”开火，造成船员34人死、171人伤之后，总统的亲以色列立场仍然坚定不移。总统的忠诚在第二天受到了进一步考验，这一天，苏联宣布打算进行军事干预，这让人联想起1956年的危机。但约翰逊拒绝退缩。“弄清楚第六舰队的确切位置，”他指示自己的顾问道，“叫它掉头。”苏联打了退堂鼓，继续冷眼旁观以色列收拾残局。

这场六日战争，正如以色列和西方世界将会铭记的那样，代表了自25年前英国人在阿拉曼击败德国人以来在中东取得的最伟大的军事胜利。以色列一下子控制了三倍于原有面积的领土，并将至少200万巴勒斯坦阿拉伯人——东耶路撒冷、约旦河西岸以及加沙地带的居民——收入囊中。这场战争的地理后果、政治后果和人道主义后果在很大程度上要归因于约翰逊的决策，战后的和平努力也是如此。停火协议刚被接受，总统就要求副国务卿罗斯托起草一份全面的和平计划。“我们不要忘记，危机也是机遇。”罗斯托对自己的工作人员说，“很多模式已变得松散，很多门已打开。让你们的思想在地平线上好好打量。”①

美国的方案要求以色列从所占领的阿拉伯领土撤军，以换取阿拉伯国家承认该地区所有国家在“安全和公认的边界内”和平共存的权利。该提案还提到了有必要“公正解决”巴勒斯坦难民问题。这些指导方针是当年11月颁布的联合国第242号决议的基础，也是很快所称的和平进程的起点。然而，该倡议能否成功，前景似乎并不乐观。尽管以色列提出放弃西奈半岛全境和戈兰高地，以换取与埃及和叙利亚缔结正式的和平条约，但它也单方面吞并了东耶路撒冷。阿拉伯国家在喀土穆召开会议，制定了臭名昭著的“三不”原则——不与以色

① USNA, Middle East Crisis, Chronology June 4th - 7th, box 15: Memorandum for the Middle East Task Force, May 29, 1967 (“Let us not forget”). LBJ, National Security File, History of the Middle East Conflict, box 17: Memorandum for the Record, The Arab-Israeli Crisis, May 27, 1967 (“If Israel fires first”); box 20: United States Policy and Diplomacy in the Middle East Crisis, May 15 - June 10, 1967, pp. 56 - 59 (“Israel will not be alone” and “I failed”); History of the Middle East Conflict; box 19: Memorandum for the Record, Washington-Moscow “Hotline” Exchange, Oct. 22, 1968; Kosygin to Johnson, June 10, 1967(10:00 a.m.); Johnson to Kosygin (10:58 a.m.); Movements of Sixth Fleet, June 10, 1967; The President in the Middle East Crisis, Dec. 19, 1968; Richard Helms Oral History; Llewellyn Thompson Oral History. Oren, *Six Days of War*, pp. 102 - 16, 164 (“Our goal”), 262 - 71.

列谈判、不给以色列和平、对以色列不予承认。巴勒斯坦人对第 242 号决议未能解决他们的自决权问题深感愤怒，并决心继续进行武装斗争以消灭以色列。他们的行动将由巴解组织牵头，此时该组织已摆脱埃及的控制，接受法塔赫领导，由阿拉法特担任主席。

1967 年的战争是现代中东形成过程中的一个主要关头，其消极影响继续震撼着该地区。阿拉伯民族主义很大程度上属于世俗意识形态，它遭遇了重大挫折，从此再也没能复原，这加速了与它对立的伊斯兰极端主义的崛起。反过来，犹太复国主义又因以色列的胜利而得到加强，并经由犹太人重返他们在耶路撒冷和约旦河西岸的精神家园而被一种新的宗教狂热所激励。这场战争也是美国与该地区关系的关键点。对于一直将以色列视为《圣经》预言的实现的数百万福音派美国人来说，六日战争是神的干预，旨在加速弥赛亚时代的到来。但这场胜利也说服了美国的决策者——他们中的许多人此前曾建议不要与这个犹太国家走得过近——将以色列视为美国在冷战时期人数不多但实力强大的盟友。

以色列在美国人眼里从遥远的朋友转变为事实上的盟友，这一点阿拉伯人几乎没有忘记。尽管约翰逊努力想要实现和平，并让他们重新获得被占土地，但 6 个阿拉伯国家还是紧随埃及之后切断了与华盛顿的关系。纳赛尔接下来发动了一场消耗战，埃及和以色列军队在苏伊士运河两岸对峙，每天互射高爆炮弹、狙击手互相开火和向空中扫射。巴解组织的部队定期从约旦河对岸轰炸以色列边境城镇和定居点。如果这些袭击的目的是阻碍华盛顿和耶路撒冷之间日益密切的关系，那么其效果恰恰相反。约翰逊向以色列空军出售了 150 架战机，完成了美国取代法国成为以色列主要武器供应商的过程。

这些事态发展虽然不利于调解，但似乎只会坚定约翰逊的信心，要在 1968 年为中东发起一场重大的和平努力。已故总统的弟弟、总统竞选人罗伯特·F.肯尼迪被一名叫西尔汉·西尔汉的精神错乱的巴勒斯坦人刺杀，这似乎突显了约翰逊倡议的必要性。这起谋杀事件发生在六日战争一周年之际，但当时约翰逊已经退出了总统竞选，他是反越战浪潮回流美国国内的牺牲品。约翰逊时期是一段动荡的间歇，其间，冷战考虑与宗教刺激在美国中东政策的制定过程中争先恐后，如今，约翰逊时期已经结束。然而，信仰在塑造下届美国政府对中东地区的态度方面将几乎甚至根本没有发挥作用，幻想也同样如此。从1969年开始，宗教虔诚和浪漫幻想让位于对权力的执着到近乎盲目的关注。

美国的梅特涅们在中东

理查德·米尔豪斯·尼克松接手的中东是一个凄惨的地方，饱受战争蹂躏，意识形态四分五裂，但这位总统那阴郁、脱节的个性正好与之相称。尽管他在一个敬畏上帝的贵格会教徒家庭长大，但宗教在尼克松处理中东事务的过程中的作用几乎微不可察。相反，他的政策完全是由他感知到的该地区所面临的苏联威胁以及美国应对这一威胁所需的能力决定的。在尼克松阴郁的头脑中，所有其他目标——实现阿-以和平或扩大阿-美之间的理解——都要服从冷战的迫切需要。

尼克松的世界观在很大程度上与其才华横溢、高深莫测的国家安全顾问亨利·A.基辛格博士是一样的。作为一名从纳粹德国来的十几岁犹太难民，基辛格看到了政治混乱之害，反过来，也认识到了政治稳定的至高价值。他在哈佛大学的博士论文研究了梅特涅，这位狡猾的奥地利亲王在后拿破仑时代的欧洲成功地维护了他的帝国的利益，并在大国之间维持了一种高超的平衡。基辛格试图在全球范围内复制梅特涅的成就，加强美国在国际上的作用，并与莫斯科建立一种持久的平衡。

这一挑战绝非微不足道，尤其是在中东。尼克松解释说："在中东问题上，我们的目标和苏联的目标区别非常简单。我们想要和平，而他们想要中东。"因此，政府不仅试图防止再次爆发阿-以战争，以免阿拉伯人更加依赖苏联的武器和顾问，还想保护约旦、伊朗和沙特阿拉伯的友好政权。以色列的安全也让总统心事重重。他对犹太国家的依恋与他家的贵格会传统或他对选票支持率的渴望都没有什么关系，说起来只有不到8%的美国犹太人投了他的票，之所以依恋还是因为他需要击退俄国人。"以色列是目前阻止苏联在中东势力的最有效的力量。"他对一个由高级议员组成的代表团表示，"我支持以色列，因为这样做符合美国的利益。"但是尼克松也相信，一个在与美国结盟中感到安全的以色列将为实现和平承担必要的风险。上任不到一年，总统就授权他的国务卿威廉·P.罗杰斯进行斡旋，以结束埃及和以色列之间的战斗，并敦促以色列接受第242号决议的安排，用土地换和平。本着缓和关系的宗旨，尼克松邀请苏联共同发起这项倡议。

尼克松在中东走上了一条积极主动且精打细算的路线，但事态的发展却偏离了这一进程。在利比亚，风度翩翩、时常妄想的穆阿迈尔·卡扎菲上校把伊德里斯国王赶下台，关闭了惠勒斯空军基地，并兴高采烈地与克里姆林宫结了盟。苏联武器涌入阿尔及利亚和苏丹，数千名红军顾问部署在埃及、南也门、叙利亚和伊拉克。罗杰斯确保埃及和以色列之间达成了停火，但随后纳赛尔就违反了停火协议，将苏联制造的导弹送进了停战区。以色列总理果尔达·梅厄——就是密尔沃基的那个果尔达·迈耶森——很高兴得到罗杰斯帮助结束了消耗战，并热切地想接受尼克松关于增加武器销售的提议。但她拒绝放弃以色列在 1967 年占领的领土，除非获得全面和平。纳赛尔仍然回避与以色列对话的想法，更不用说与以色列和解了。①

政府甚至无法在中东实现其最低的政策目标，约旦的无法无天不断升级就是例证。巴解组织在该国之内建立了一个自成一体的根据地；它定期派遣游击队越过约旦河进入被占领的西岸，并向以色列边境定居点发射火箭弹。以色列对这些袭击进行了大规模报复，暴力就这样你来我往地持续下去。但紧张局势在 1970 年 9 月 6 日变得更加尖锐和国际化，这一天，巴勒斯坦游击队劫持了属于环球航空公司、瑞士航空公司和泛美航空公司的三架客机，并逼它们降落在约旦沙漠中。这伙人劫持了 54 名人质，其中 34 人是美国人，并将他们扣押在安曼的一个藏身之处。然后，他们在飞机下面放置了炸弹，将飞机炸成了碎片，还把这一切用摄像机拍了下来。

这一炸点燃了巴解组织和约旦之间酝酿已久的对抗，这段时间在巴勒斯坦人的记忆中成了“黑色九月”。巴勒斯坦民兵组织和忠于约旦国王侯赛因的部队之间爆发了惨烈的战斗。保皇派很快制服了叛军，但随后叙利亚人威胁要代表巴勒斯坦人进行干预。惊慌失措的侯赛因向美国求救，帮他摆脱数量占优势的叙利亚军队，但美国政府没有同意。尽管尼克松钦佩侯赛因，也对约旦在冷战中所做的贡献表示赞赏，但他担心任何军事援助约旦王国的企图都会激起苏联在叙利亚

① Craig A. Daigle, “The Russians Are Going: Sadat, Nixon and the Soviet Presence in Egypt, 1970 - 1971,” *Middle East Review of International Affairs* 8, no. 1 (March 2004):3 (“The difference between”). William B. Quandt, *Peace Process: American Diplomacy and the Arab-Israeli Conflict since 1967*, 3d ed. (Washington, D. C.: Brookings Institution Press, 2005), pp. 67 - 68. Nadav Safran, *Israel: The Embattled Ally* (Cambridge: Belknap Press, 1978), p. 441. Thomas Wheelock, “Arms for Israel: The Limit of Leverage,” *International Security* 3, no. 2 (1987): 124 - 26. *FRUS*, 1969 - 76, vol. E - 5, Documents on Africa, 1969 - 72: Buchanan to the President, Feb. 18, 1970 (“Israel is the current”), on http://www.state.gov/r/pa/ho/frus/nixon/e5/54756.htm.

进行调解，并引发超级大国之间的直接冲突。这样一来，只剩下一种选择了。基辛格通过白宫和以色列大使馆之间安装的一条秘密电话线，询问伊扎克·拉宾大使（六日战争期间的参谋长、一位纽约人之子）：以色列是否会向约旦北部派兵，以阻挠叙利亚人前进。这其实是叫犹太军人牺牲自己的生命去保护阿拉伯君主和美国的安全。拉宾向耶路撒冷的梅厄转达了这一请求，梅厄立即批准了。

事实证明，以色列的援助并无必要。在叙利亚坦克编队隆隆驶过边境时，约旦战机一举将它们击毁。阿拉法特和巴解组织被赶去了黎巴嫩，侯赛因作为未被征服的哈希姆国王继续自己的统治。然而，白宫将在很长一段时间铭记以色列随时准备应美国的要求而战。在接下来的3年里，美国对这个犹太国家的军事援助增加了10倍，要求以色列做出领土让步的压力也消停了。

以色列和世界头号超级大国之间正在形成的联盟给阿拉伯统治者留下了很深的印象。虽然苏联可能会为他们提供战争必需的财力物力，但只有美国才能提供从以色列手中撬走被占阿拉伯领土所需的外交手段。很少有阿拉伯领导人比安瓦尔·萨达特更能理解这种微妙但重大的不同。纳赛尔在试图解决“黑色九月”危机的过程中心力交瘁而死，随后掌权的又黑又瘦的萨达特被普遍视为一个无足轻重的跟班。他的反美言论不胜枚举。然而，萨达特很快就会显示出自己是一位精明而富有远见的政治家，一位预见到把美国人从以色列拉回阿拉伯世界的重要性的远见卓识者。萨达特意识到，通往西奈半岛的道路并不是经过大马士革或莫斯科，而是要经过美国首都。

萨达特不失时机地向华盛顿表明了他的开放态度。“如果你认为［埃及］在苏联的势力范围内，那你就错了。”他对尼克松这样说道，并向后者保证，如果美国“表明对我们的友好，我们将回报十倍的友好”。萨达特进一步表示，为了达成一项有助于重新开放自六日战争以来关闭的苏伊士运河，并让象征性数量的埃及军队返回西奈半岛的临时协议，他将投桃报李地把苏联顾问逐出埃及。“阿拉伯人没有理由必须与苏联黏在一起，”他说，“我的人民更喜欢西方。”萨达特称1971年是他的决断之年，并强调埃及是走向和平还是走向战争主要取决于美国。

尼克松急于探究萨达特的意图，但国际的、地区的以及国内的种种事件，再次不约而同阻碍着他。政府深入参与了结束越南战争的秘密谈判，并努力与苏联就限制核武器达成协议，尽力避开任何可能激怒莫斯科的政策。1971年5月，两个超级大国反而承诺要共同努力，实现阿-以问题的全面解决。一年后，萨达特突然将多达1.5万名苏联顾问逐出埃及，但这一出奇之举并未改变美国的政策。缓和与苏联的关系仍然优先于阿-以和平的实现。

取得外交突破的机会在1972年期间越发渺茫。和平的最大障碍之一，是巴解组织和其他巴勒斯坦组织因在1967年战败之后采取的行动而在阿拉伯人眼中获得了新的英雄地位。巴勒斯坦人迫不及待地想在这种人气之上再接再厉，将国际社会的注意力吸引到他们的事业上，于是对以色列的目标发动了一系列越来越肆无忌惮的血腥袭击。这些袭击在1972年9月达到了高潮，其间，巴解组织的分支“黑九月”（得名于前一年在约旦发生的战事）的成员蒙面潜入慕尼黑奥运会，杀害了11名以色列运动员。慕尼黑大屠杀是第一起被电视直播并由此被美国大部分人看到的重大恐怖行动。这也是更致命的暴力活动即将到来的先兆。尽管如此，尼克松对慕尼黑事件的反应还是敷衍了事，并拒绝谴责巴解组织背后的苏联和阿拉伯支持者，甚至拒绝让白宫降半旗致哀。对这位总统来说更紧迫的是要反击对白宫由来已久的腐败的指控，以及对他的工作人员闯入位于华盛顿水门酒店民主党全国委员会办公室行窃的指控。

只要美国还是致力于与苏联的联合外交，在中东大部分地区战火不断、总统在政治上举步维艰的情况下，萨达特就不可能指望通过谈判达成协议。基辛格于1973年9月接替罗杰斯出任美国国务卿，他提出了一个循序渐进的过程，即埃及对以色列做出安全承诺，而以色列承认埃及对西奈半岛的主权，但他的这番努力被证明成效缓慢。[①] 10月6日下午2点，也就是基辛格与萨达特政府的外交部长讨论这一计划的第二天，埃及开战了。

埃及的袭击，配上叙利亚对以色列占领的戈兰高地的袭击，让美国完全措手不及。当时，整个美国的注意力都集中在"水门事件"上，尼克松躲回佛罗里达的家中，把大部分决策权留给了基辛格。国务卿接受了情报部门的评估，认为中东战争根本不可能发生——"以色列人自己洗脑之后又来给我们洗脑。"一名美国官员抱怨道——他这是真的被萨达特误导了。以色列人也同样惊到了。当天，他们中的大多数人待在家里或在犹太教堂里庆祝犹太人最神圣的节日——赎罪日。梅厄总理早些时候曾接到警告以色列可能会被侵犯，也曾考虑像1967年那样对埃及先发制人，但被基辛格劝住了。基辛格解释说，那样一来国际社会将不再把以色列视为与阿拉伯这个歌利亚作战的大卫，而且还会谴责以色列人是侵略者。梅厄认可了他的观点，事实证明，她的这一决定代价高昂。在几乎密不透风的炮弹攻击和地对空导弹的掩护下，大约8万名埃及士兵冲过大桥并渡过苏伊士运河。相对于以色列人，埃及军队在人数、事前准备方面都具有压倒性优势，他们在西奈建立了一个永久性立足点。与此同时，数百辆叙利亚坦克穿

---

① Quandt, *Peace Process*, pp. 77, 89 - 102. Daigle, "Russians Are Going," pp. 4 ("You would be mistaken"), 7 ("There is no reason"). Henry A. Kissinger, *Diplomacy* (New York: Simon & Schuster, 1994), pp. 738 - 39. Henry A. Kissinger, *White House Years* (Boston: Little, Brown, 1979), pp. 596, 603, 622 - 23, 626.

过了戈兰高地的雷区和防御工事。人们再次看到了沙漠公路两旁布满了烧焦的坦克和焦黑的尸体的场景，只不过这一次大部分残骸是以色列人的。

赎罪日战争，或者阿拉伯人所称的“十月战争”，是基辛格对中东政治采取的现实主义策略的严峻考验。他在这场危机中的目标有三：尽快停止流血，防止苏联从中获得任何政治优势，为战后美国的调停奠定基础。因此，美国将在外交上支持联合国达成停火协议的努力，并展示自身军事实力以阻止苏联干预战争。尽管以色列有望团结起来并迅速击退阿拉伯入侵者，但美国政府认为，一旦战斗结束，它要在领土方面做出大幅让步。基辛格说：“我们不能让我们的政策受制于以色列人。”他强调说，阿拉伯世界的反美主义符合以色列的利益，但对美国来说是“一场灾难”。

然而，这块土地上发生的事再次未能符合美国的议程。预期的以色列反击没有成为现实，这个四面楚歌的犹太国家很快发现自己极度缺乏物资。相比之下，阿拉伯人则源源不断地从苏联那里获得枪支弹药。基辛格考虑是否要对苏联的举动做出回应；国防部却声称，向以色列补充军火将损害美国，毕竟美国还在越南作战。但是，用共产党人的武装取胜的前景是如此可怕，足以让理查德·尼克松幡然醒悟不再隐居。总统下令：“不惜一切代价拯救以色列。”随后，“银河”运输机和“运输星”起飞约 300 架次，飞行了 6000 英里，向特拉维夫运送了 2.2 万多吨物资，此即“五分钱救援行动”（Operation Nickel Grass）。满血复活的以色列军队顽强地扭转了局势，在一周内将叙利亚人赶回大马士革，并把埃及军队围在了西奈。

华盛顿最初对这一战场的转折持欢迎态度，但没想到它突然造成了两个意想不到的不祥后果。首先，阿拉伯石油生产商切断了对美国和其他工业化国家的石油供应，表面上是为了报复它们对以色列的支持，讽刺的是，这些生产商的家人曾接受过美国传教士的医疗服务，因美国石油公司而发家致富，并受到每一位美国总统的保护。美国各地的生产线和发电站几乎全部关闭，油箱空空的汽车在加油站前排起了长队。然而，比阿拉伯国家以石油来要挟更令人痛心的是，苏联决定让其陆军和海军处于最高警戒状态，这是在暗示不惜进行核攻击。

美国突然面临着经济因缺乏燃料而陷入瘫痪的威胁，更可怕的是，有可能会与苏联打响全球战争。“我们可能不得不跟［苏联］过招。”基辛格承认，“我们现在必须像钉子一样强硬。”为了证实这种坚韧不拔，在欧洲的美军和在地中海东部的第六舰队宣布进入三级戒备状态。与此同时，白宫向以色列人狠狠施压，要求他们停止对大马士革的进攻，并放松对埃及军队的压制。几次停火努力都失败了，美苏战舰几乎擦着船头而过。然而，到了 10 月 28 日，以色列士兵在给埃及士兵运送桶装水，并与他们合作采取缓和紧张局势的措施。联合国安理会通过了第 338 号决议，呼吁在第 242 号决议的基础上实现“公正持久的和平”，并要专门为此召开了一次国际会议。基辛格兴高采烈地向尼克松报告：“这是一场大胜。”①

这位国务卿的自夸也许过于慷慨了。由于几乎只盯着全球战略因素，美国未能防止地区冲突的发生，而且由于在外交努力方面拖延怠慢，甚至可能加速了冲突的爆发。多达 1.5 万名阿拉伯人丧

① George Washington University, National Security Archive, “The October War and U.S. Policy,” Document 63: Secretary's Staff Meeting, Oct. 23, 1973, p. 6 (“We could not make”), http://www.gwu.edu/~nsarchiv/NSAEBB/NSAEBB98/. Henry A. Kissinger, *Crisis: The Anatomy of Two Major Foreign Policy Crises* (New York: Simon & Schuster, 2003), pp. 43, 291, 317 (“It was a tremendous”), 340 (“We may have to take”). Alexander M. Haig Jr., with Charles McCarry, *Inner Circles: How America Changed the World: A Memoir* (New York: Warner, 1992), pp. 409, 411 (“Whatever it takes”), 412–17.

生，2500多名以色列人死亡。战争还暴露了西方联盟内部的严重分歧，因为许多北约国家对飞往以色列的美国飞机关闭了领空。基辛格后来评论说："欧洲人行事像豺狼一样。他们的行为完全是一种耻辱。"

仅靠现实主义就足以纠正这种灾难并为和平扫清路障吗？1973年12月在日内瓦召开了国际和平会议给出了令人沮丧的答案。阿拉伯代表拒绝在以色列完全撤出被领土之前讨论政治解决方案；叙利亚人则对抵制全部的议程。与此同时，受阿拉伯人禁运的推动，油价飙升了近400%，被排除在日内瓦会议之外的一些巴勒斯坦组织在以色列北部的两个城镇实施了大屠杀。基辛格就是在这样天翻地覆的环境下承担起了自己最微妙的外交任务。

50年前，美国国务院摒弃了任命像西蒙·沃尔夫、奥斯卡·斯特劳斯和亨利·摩根索这样来自德国的犹太移民为美国和穆斯林世界的中间人的传统，代之以传教士的后代。50年后，另一位出生于德国的美国犹太人正在中东展开斡旋。国务卿采用罗伯特·B.安德森在上世纪50年代开创的策略，穿梭于阿拉伯和以色列首都之间，一步步将交战双方的军队分开来。不过，基辛格不像安德森那样独往独来，而是在公众场合四处游荡。典型的一天从访问开罗开始，先与萨达特亲吻致意，中途在大马士革停留，接受叙利亚独裁者哈菲兹·阿萨德的亲吻问候，最后在特拉维夫结束行程，最终还拥抱了果尔达·梅厄。这位总理打趣道："哦，国务卿先生，我竟不知你也会亲吻女孩。"但是，和蔼可亲过后的谈判却非常紧张，尤其是与以色列人的谈判，基辛格经常不得不威逼他们服从。一番努力后最终埃及和叙利亚前线达成了两军分开兵力的协议，美国与阿拉伯世界也恢复了外交关系。

在这些成功的鼓舞下，基辛格准备向影响更为深远的阿以协议迈进，但在这条路上遇到了障碍。尼克松急于从“水门事件”中得到个喘息的机会，同时又以为自己定能以外交上的成功收场，于是在1974年6月飞到了中东。在埃及、叙利亚、约旦和沙特阿拉伯，喧闹的人群欢迎这位总统的到来，以色列人也对他毕恭毕敬。不过，这些奉承并没有能改善尼克松在国内的地位，他回国后不久就辞了职。接替他的是和蔼可亲但乏善可陈的杰拉德·福特，此人在治国方面几乎毫无经验，而且对中东也基本上一窍不通。尼克松辞职4个月后，果尔达·梅厄也卸任了，接替她的是伊扎克·拉宾，一位表面上沉默寡言的政客，但事实证明他在领土问题上也是态度强硬的鹰派。随着福特宣布要“重新评估”美国对这个犹太国家的支持，福特和拉宾这对不合时宜的组合造成了自苏伊士运河事件以来美以关系中最严重的危机。对福特之举，拉宾的回应是动员美国以色列公共事务委员会（AIPAC）这个亲以色列的游说团体跟总统作对。尽管成立于1953年，但美国以色列公共事务委员会直到1970年代中期才获得了足以左右国会意见的财政和政治影响力。面对国会两院的反对，福特打消了“重新评估”的念头。

尽管如此，留任福特的国务卿的基辛格还是通过调停成功地让以色列和埃及在1975年9月达成了第二份条约。以色列同意从西奈半岛进一步撤军，以换取埃及的不交战承诺和美国的安全保障。不过，这份协议与其说归功于基辛格的梅特涅式策略，倒不如说归功于埃及人和以色列人对和平的日益渴望。同一年，基辛格在中东实行的冷静外交还有一个更臭名昭著的例子，当时伊朗与伊拉克发生边界争端，这位国务卿秘密地鼓励伊拉克的库尔德人起来反抗伊拉克的统治。库尔德人爆发了叛乱，但是伊朗国王与萨达姆·侯赛因很快解决了彼此的分歧，伊拉克军队得以腾出手来镇压了叛乱。于是库尔德人向基辛格求助，但这位国务卿此时却无动于衷。他说：“秘密行动不应与传教工作混为一谈。”①

从尼克松到福特的7年任期里，美国经受住了中东的无情剧变。它挺过了战事、政变和联合抵制的激流旋，又避开了苏联的狂风骤雨。两位总统都力争恢复美国在阿拉伯世界的地位，并限制俄罗斯的地位，同时培养一种微妙的战略平衡。总体来说，他们的成就是令人印象深刻的。占主导地位的阿拉伯国家埃及已被劝诱回到了美国的轨道，苏联在该地区的影响力——尽管在叙利亚、伊拉克和利比亚仍然强大——最终也受到了遏制。自1949年停战以来，阿拉伯人和以色列人首次签署了外交协议，并宣布不再进一步诉诸战争。在冲突的各当事方看来，和平是可以实现的，但不是在联合国或苏联的监督下，而只能是在美国的主持下。

然而，和平这一目标对美国领导人来说仍然任重道远。以色列已经在其1967年占领的领土上建立了定居点，表明其对第242号决议所暗示的让步并不买账。哈菲兹·阿萨德派遣4万名叙利亚士兵进入饱受内战蹂躏的黎巴嫩，开始了长达30年的残酷占领。最初针对以色列人的恐怖袭击很快就大肆降临到美国人身上。1973年3月，美国驻苏丹大使小克莱奥·艾伦·诺埃尔及使团负责人乔治·柯蒂斯·摩尔被巴解组织绑架并枪杀，该组织的要求之一是释放西尔汉·西尔汉；3年后，巴勒斯坦枪手在贝鲁特杀害了弗朗西斯·梅洛伊大使和

① Anwar El Sadat, *In Search of Identity: An Autobiography* (New York: Harper & Row, 1977), pp. 292 - 95. Abba Eban, *Personal Witness: Israel through My Eyes* (New York: Putnam, 1992), pp. 570 - 72. Kenneth W. Stein, *Heroic Diplomacy: Sadat, Kissinger, Carter, Begin, and the Quest for Arab-Israeli Peace* (New York: Routledge, 1999), pp. 146 - 63, 175 - 79. George Washington University, National Security Archive, "The October War and U.S. Policy," Document 63: Secretary's Staff Meeting, Oct. 23, 1973, p. 7 ("The Europeans behaved"), http://www.gwu.edu/~nsarchiv/NSAEBB/NSAEBB98/. Rashid Khalidi, *Resurrecting Empire: Western Footprints and America's Perilous Path in the Middle East* (Boston: Beacon, 2005), pp. 43 ("covert action"), 131.

经济顾问罗伯特·韦林。1974年9月8日，一架从特拉维夫飞往纽约的环球航空公司客机在空中被安放在货舱内的炸弹炸毁，机上88名人全部遇难。由于阿拉伯人未能在军事上战胜以色列以及独裁政权（其中一些是美国在支持）的统治，伊斯兰激进主义将郁积的仇恨和怒火发泄到整个地区。要在这样一种环境中实现临时休战——更不用说实现“美式和平”了——不仅需要现实主义，还需要道德与想象力。正是这些品质使福特的继任者脱颖而出，他是迄今为止最受信仰指引、最怀揣幻想的总统了。

执事、老资格与伊朗国王

作为种花生的农民、在安纳波利斯受训的潜艇兵、乔治亚州州长，吉米·卡特在成为美国第39任总统之前，已经经历过好几种职业。不过，卡特自始至终都是一名虔诚的基督徒、浸礼会执事以及每天都要读《圣经》的人。他坦言：“相比其他任何东西，甚至政治，我更想要生命中达到基督的丰满。”这种虔诚在卡特1977年1月入主白宫后一直存在。与伍德罗·威尔逊一样，他也梦想在国际关系中建立“基于信仰的伙伴关系”，并在海外推行人道主义政策。他对待外交事务的使徒式态度往往被证明在世界各国领导人中是特有的，即使那些与他同样心存正义的领导人也做不到他这样。教皇约翰·保罗二世回忆说：“和卡特总统交谈几个小时后，我感觉那是两位宗教领袖在交谈。”

卡特对中东地区近乎痴迷的关注也体现了他的这种宗教热情。该地区包括了圣地和以色列国家，圣地一直是这位新总统的热情之源，对以色列国的支持则被他视为一项“重要的道德原则”。这种观点在福音派基督徒中仍然颇为盛行，他们的会众如今在规模和政治影响力方面都已超过主流的新教教会。复原主义再度流行，一度在殖民地时期的美国盛行的将伊斯兰教作为反基督教工具的观念也死灰复燃。但是，卡特对以色列在约旦河西岸和加沙的政策提出批评，对巴勒斯坦人的困境表示同情，表明了他对这些信条的不赞同。与尼克松和基辛格纯粹从权力角度来处理这场冲突不同，卡特寻求的是以双方对信仰的共同虔诚为基础上达成和调。他公开宣称："亚伯拉罕[①]的血……仍然在阿拉伯人、犹太人和基督徒的血管中流淌。洒在圣地的鲜血仍在向上帝呼喊——痛苦地呼唤着和平。"[②]

作为对这一哀叹的回应，卡特放弃了上届政府精心建立起来的对中东和平进程的垄断地位。他邀请苏联人和他一起主办了另一次国际和平会议，并宣布他打算寻求以色列从所有被占领土上撤出。最令人惊讶的是，卡特承诺要实现"巴勒斯坦人的合法权利"——这是建立巴勒斯坦国的委婉说法——并打算一旦巴解组织接受第 242 号决议就与之进行谈判。

这些措施很难讨得福音派领袖的欢心，他们在铺天盖地的广告上宣称："现在，福音派基督徒是时候去确认自己对《圣经》预言的信仰以及以色列对这片土地的天赐之权了。"总统的立场也惹恼了梅纳

---

① 《圣经》人物，据称是希伯来人的始祖。——译者

② Bill Adler, ed., *The Wit and Wisdom of Jimmy Carter* (Secaucus, N. J.: Citadel, 1977), pp. 68, 139 ("significant moral principle"). Jimmy Carter, *Living Faith* (New York: Three Rivers Press, 2001), pp. 22 – 24, 36 ("fellowship of faith"). Zbigniew Brzezinski, *Power and Principle: Memoirs of the National Security Adviser, 1977 – 1981* (New York: Farrar, Straus and Giroux, 1983), p. 27 ("After a couple of hours"). Douglas Brinkley, *The Unfinished Presidency: Jimmy Carter's Journey beyond the White House* (New York: Viking, 1998), p. 114. Seyom Brown, *The Faces of Power: Constancy and Change in United States Foreign Policy from Truman to Reagan* (New York: Columbia Univ., 1983), pp. 454 – 56. Jimmy Carter, *The Blood of Abraham: Insights into the Middle East*, new ed. (Fayetteville: Univ. of Arkansas Press, 1993), pp. 29, 193 ("The blood of Abraham").

赫姆·贝京，这位1948年伊尔贡民兵组织的指挥官、右翼利库德党的领导人，现在是以色列新当选的总理。但是，卡特在疏远福音派和许多以色列人的同时，却未能让萨达特眼前一亮。这位埃及统治者感到震惊的是，卡特居然再次心甘情愿地让和平进程受制于苏联、叙利亚和巴解组织的心血来潮，而且还明显不愿对以色列施压。萨达特并没有坐等华盛顿改变政策，而是通过秘密渠道直接找上了贝京。双方会谈的结果在1977年11月19日传遍了全世界，这一天，萨达特在数百个闪光灯的照射下踏上了特拉维夫机场的停机坪，成为第一位访问这个犹太国家的阿拉伯领导人。

美国几乎没有参与这一历史性事件，也没有参与随后贝京和萨达特对条约的讨论。然而，谈判很快陷入僵局，双方都认为，如果没有美国最高级别的斡旋，和平进程就不可能实现。卡特因此成为自1906年泰迪·罗斯福主持阿尔赫西拉斯会议以来首位亲自参与中东调解的总统，也是首位自命为阿拉伯人和以色列人的“全面伙伴”与之寻求共同立场的总统。

然而，事实证明，确定中间值的任务极为艰巨。萨达特要求以色列人撤出所有被占领土，并为巴勒斯坦人的自决提供条件。贝京却不肯让出西岸、加沙和戈兰高地，并坚持保留以色列在西奈半岛的阵地。卡特几乎毫无保留地接受了埃及的立场，并极力反对以色列的立场。尤其令卡特恼火的是，以色列人在被占领土上大肆建立定居点。卡特的国家安全顾问兹比格涅夫·布热津斯基回忆道：“我们都觉得，埃及领导人为促进该地区的和平正冒着风险爬上树枝，而贝京却忙着锯掉这根树枝。”而除了政策分歧，总统还对贝京的生硬粗鲁和以色列民主的混乱有着个人厌恶。他更喜欢恭敬有礼的萨达特，总能在95%以上的公民的支持下连任，在做决策时不受任何约束——这是高贵的、自由不羁的游牧民族的又一典范。“这种欣赏还带着点英雄崇拜。”布热津斯基补充道，他还记起了卡特对萨达特说的话：“你可能是在美国最受尊敬的政治家。”

卡特为和平奔走，是出于对和平的热爱而不是把和平作为排挤苏联的工具，他对萨达特的青睐在 1978 年 9 月的戴维营得到了集中展现。他招呼以色列和埃及的领导人来到美国总统的休养地，为他们双方达成妥协进行最后的、紧锣密鼓的努力。如今，卡特密集穿梭于两位领导人所住的独栋房屋而非两国首都之间，他以美国要切断对以色列的援助来威胁贝京，又以承诺加强支持来哄骗萨达特。他的恩威并施手腕被证明是卓有成效的，产生了两个相互关联的条约，统称为“戴维营协议”。第一项协议是在以色列与埃及之间建立和平，以色列同意完全撤出西奈半岛，以换取与埃及的正常关系，包括停止埃及媒体的反以色列宣传、煽动。美国作为该协议的担保人，在埃及和以色列边境派驻观察员，并每年向两国分别提供数十亿美元的援助。第二项协议为以色列和其他阿拉伯国家之间的和平以及巴勒斯坦问题的解决提供了框架。巴勒斯坦在约旦河西岸和加沙实行 5 年自治之后，将就这些领土的最终地位进行会谈，这有可能导向巴勒斯坦建国。

1979 年 3 月，贝京、萨达特和卡特在白宫草坪上三手相握，这一握代表它们三方达成的协议，标志着美国在中东和平进程中的卓越地位，也是后来几任总统渴望达到的最高水准。卡特评论道：“戴维营协议现在差不多就像《圣经》一样。”但似乎只有他一个人将这些文本视为圣典。以色列同意给予被占领土上的巴勒斯坦居民自治权，但拒绝放弃土地，还继续在上面建定居点。埃及人从未与以色列实现关系正常化，也从未停止在国家控制的媒体上煽动反对以色列乃至一切犹太人。与此同时，以叙利亚、伊拉克和利比亚为首的大多数阿拉伯国家谴责这样的条约是通敌，并宣布全面抵制埃及。阿拉法特也断然拒绝接受这样的自治计划，并呼吁暗杀萨达特。同样坚定谴责这些协议的还有伊斯兰激进分子，他们的影响力正在整个中东迅速扩大。1981年10月战争爆发八周年之际，萨达特在开罗观看阅兵式时被伊斯兰圣战组织的埃及成员枪杀，杀手们一边用子弹扫射着萨达特没了呼吸的身体，一边继续高喊“去死吧，法老!”①

卡特在中东问题上致力于实现基督教和美国的理想，但除了白宫草坪上那令人目眩神迷的一刻，这两者他一个都没实现。相反，该地区仍然是一个大旋涡，充斥着阿拉伯内部的紧张局势和冷战压力、阿拉伯人与以色列人之间的摩擦，而且原教旨主义对不牢靠的残暴统治的反抗也在日益高涨。1970年代中东的动荡局势可能已经驱散了人们对该地区的任何持久幻想，当然也消除了西方人长期以来赋予它的情欲氛围。但是神话再次被证明比现实更持久，尤其是在制造神话的好莱坞老资格电影人那里。

这些幻想中最持久的一个，即自由自在长大的阿拉伯人带着一个皮肤白皙的西方少女潜逃的故事，在1975年再次俘获了观众。《黑狮震雄风》(*The Wind and the Lion*)宣扬自己改编自一个真实的故事，即70年前柏柏尔部落首领赖苏利绑架伊翁·珀迪卡里斯的事。但是，永远浑身阳刚之气的肖恩·康纳利饰演的赖苏利与一名64岁的肥胖秃顶商人一起逃亡，显然无法提供足够的戏剧张力，于是片中的伊翁·珀迪卡里斯换成了伊甸·珀迪卡里斯，一个由坎迪斯·伯根饰演

---

① Brown, *Faces of Power*, pp. 482–83, 489, 502. Quandt, *Peace Process*, pp. 188–90, 198–203. Brzezinski, *Power and Principle*, pp. 83, 87, 100, 105, 110–11, 117, 237–38, 242, 254–71, 284 (“You are probably”). Jimmy Carter, *Keeping Faith: Memoirs of a President* (New York: Bantam, 1982), pp. 279, 293, 296–97, 496 (“The Camp David Accords”). Saadia Touval, *The Peace Brokers: Mediators in the Arab-Israeli Conflict, 1948–1979* (Princeton: Princeton Univ. Press, 1982), pp. 291–314. Moshe Dayan, *Breakthrough: A Personal Account of the Egypt-Israel Peace Negotiations* (New York: Knopf, 1981), pp. 17, 89–99, 117, 126. On Carter's relationship with evangelical Christians, see Donald Wagner, “Evangelicals and Israel: Theological Roots of a Political Alliance,” *Christian Century*, Nov. 4, 1998, p. 1024 (“The time has come”).

的迷人角色。这部电影被认为符合史实是因为它描述了泰迪·罗斯福派遣美国海军陆战队前往摩洛哥营救珀迪卡里斯的情节，不过这一段却不是在她和热血沸腾的赖苏利擦出爱情火花之前。

中东被认为是一个充斥着黑暗和无限情欲的国度，这一形象也启发了 1970 年代最受欢迎的美国歌曲之一《午夜绿洲》，演唱者是风情万种的玛利亚·马尔道。这首歌的主题和 50 年前《阿拉伯的酋长》的主题是一样的，只是这次的诱惑者变成了一个狐狸精。“亲爱的，当我在你身边的时候，你不需要妻妾。”她柔媚地说，“当我带你去兜风的时候，你也不需要骆驼，是的，不需要。”然而，即使是娱乐业也不可能不受到中东动荡局势的影响。1970 年代的美国人与他们 200 年前的祖先一样，不仅因该地区的种种幻象而兴奋，也对其威胁深感不安。在悬疑惊悚片《黑色星期天》（1977）中，好莱坞首次聚焦于巴勒斯坦恐怖主义主题。一个名为穆罕默德·法西尔（由波斯尼亚人贝基姆·费赫米乌扮演）的炸弹专家试图通过炸毁超级碗[①]上空的固特异飞艇来报复美-以联盟。尽管这一阴谋在最后一刻被以色列特工挫败，但中东极端分子在美国领土上实施大规模杀戮的想法已经在公众的想象中播下了种子。

这两种相互抵消的中东形象——一种浪漫、一种残酷而真实——再次共存于美国人的脑海。而大学校园里在对中东文化和政治的解读方面，也出现了根本性分歧。两位著名学者对该地区提出了截然相反的观点：一位激进且毫无例外地表示同情；另一位传统且挑剔。

爱德华·萨义德是一名阿拉伯基督徒，在开罗和耶路撒冷长大，曾先后就读于普林斯顿大学与哈佛大学，之后在哥伦比亚大学获得英语教授职位。他相貌英俊、善于表达、音乐天赋出众，作为文学

① 指美国职业橄榄球大联盟的年度冠军赛，一般在每年 1 月最后一个星期天或 2 月第一个星期天举行。——译者

评论家和巴勒斯坦权利的发言人声名鹊起。随后，在1978年，萨义德抛开文学和政治，出版了《东方主义》一书，以此抨击了对中东的传统学术解释。“找不出在欧洲或美国历史上有任何时期……伊斯兰教……是在被置于一个由激情、偏见和政治利益所创造的框架之外思考的。”他指责西方学者“发明”了一个他们称为中东的地方，一个在文化上低人一等、政治上充满敌意的“他者”。萨义德断言，通过对这一地区进行解剖和分析，这些专家使它更容易被西方征服。

作为历史，萨伊德的论述很难站得住脚——1841年美国的第一位阿拉伯语教授爱德华·索尔兹伯里很难说是一位帝国主义者——然而《东方主义》暴露了长期以来西方关于中东的著述中的偏见，梅尔维尔、马克·吐温和伊迪丝·沃顿的作品就是例证。这部宣言也吸引了一代美国学者，他们对美国在越南的惨败和西方对发展中国家的剥削做出了反应，对自己文明的美德产生了怀疑。他们赞成萨义德的观点：中东研究领域只不过是殖民主义的附属领域，货真价实的中东学者唯有那种“投身伊斯兰世界……并对其感同身受”的学者以及“全心全意认同……阿拉伯人”的学者。不符合这些标准的人都被斥为东方主义者，首当其冲的就是出类拔萃的东方学者伯纳德·刘易斯。

刘易斯是一名出生于英国的犹太人，后来移民美国，加入了普林斯顿大学近东研究学院，并在那里获得了一个以传教士慈善家克利夫兰·道奇的名字命名的讲席。他撰写了大量关于奥斯曼帝国历史和阿拉伯世界崛起的著作，成为美国研究中东事务最重要的权威之一。然而，与将中东地区的大部分缺陷归咎于西方的萨义德不同，温文尔雅、能言善辩的刘易斯指责是该地区造成了自身的问题，并将其归咎于欧洲和美国。他写道：“与千年来的对手基督教世界相比，伊斯兰世界已变得贫穷、软弱和无知。”刘易斯认为，美国对这些失败没有任何责任，尽管它可以通过用美国式的共和国取代中东的暴政来帮助纠正这些现象。

对萨义德来说，这样的指控恰恰是东方主义者轻蔑的缩影。他指责刘易斯“以学术辩论的形式故意抛出政治主张”，并“在学术尊严的保护伞下”掩藏自己作为“说客和鼓吹者”的真实身份。刘易斯直言不讳地支持以色列——按照萨义德的说法，这是西方帝国主义的神化——这一事实进一步使他的观点不可置信。刘易斯反唇相讥，将《东方主义》描述为一场悲剧，“让一个真正的问题……沦为政治论战和人身攻击。”①

一场关于如何看待中东的辩论在美国校园展开，并从那里辐射到整个社会。一种观点认为，修建诊所与大学以及阐释中东神话不过是征服的前奏，为了清除这些罪恶，美国人必须远离欧洲和以色列帝国主义的遗产，并避免展示实力。但另一派坚持认为，美国人曾用自己的愿景和信仰丰富了中东，也能够将其从专制统治中解放出来，用自己的力量进一步增强该地区的实力。

吉米·卡特试图在这些不同的道路之间走出一条中间道路。他表露出对中东人民的同情，并有意地避免使用武力。但他坚持认为，美国的原则可以纠正该地区的诸多缺点，而美国的外交和金融实力将会纠正那里一些最难以解决的冲突。然而，他的做法只在阿以调解中取

① 《午夜绿洲》的作词是大卫·尼切特恩，可以在以下网址看到：http://www.webfitz.com/lyrics/Lyrics/1974/131974.html。Said, *Orientalism*, pp. 27, 204, 59 - 60, 316, 319, 322. Edward W. Said, "Islam through Western Eyes," *Nation*, March 26, 1980. Meir Litvak and Joshua Teitelbaum, "Students, Teachers and Edward Said: Taking Stock of Orientalism," *Middle East Review of International Affairs* 10, no. 1 (March 2006): 3 ("to discover"). Bernard Lewis, *What Went Wrong: The Clash between Islam and Modernity in the Middle East* (New York: Perennial, 2003), pp. 151 ("Compared with its millennial"), 152 - 53. "Orientalism: An Exchange," *New York Review of Books*, Aug. 12, 1982, pp. 44 ("willful political assertions"), 46 ("beneath the umbrella"), 48 ("a genuine problem").

得了短暂的成功，在其他地方则是完全失败了。而论起失败，在哪个国家都没有在伊朗更明显。

虽然卡特宣称要在全世界促进自由和民主，但他忽略了埃及和沙特阿拉伯等友好的中东国家普遍存在的侵犯人权行为。然而，很少有哪个政权像伊朗那样系统性地压迫自己的人民并更狂热地与美国结盟了。自从伊朗国王 1953 年因中情局发动的反摩萨台政变得以重新掌权以来，他的所作所为不仅证明他是强烈反苏的，而且对任何他认为不忠的伊朗人也是极其冷酷无情。他的秘密警察组织萨瓦克（Savak）折磨并处决了数千人。尽管如此，卡特政府仍然延续了前任的政策，即在政治上支持国王，纵容他奢华的生活方式，并为他配备尖端武器。1977 年 12 月 31 日在德黑兰的欢迎宴会上，卡特举杯祝贺伊朗是中东的“稳定之岛”，并称赞了伊朗领导人的智慧、敏感和洞察力。

卡特对伊朗国王的支持在 1978 年全年都没有减弱，即使是一场民众叛乱发酵到反对他时。最终，在 1979 年 1 月 16 日，伊朗国王被迫出逃，两周后，流亡的阿亚图拉鲁霍拉·霍梅尼，也就是从国外煽动这场叛乱的面容冷峻的什叶派伊玛目，得意洋洋地回到德黑兰。霍梅尼宣称：“我们与美国的关系就是被压迫者与压迫者的关系，被掠夺者与掠夺者的关系。”他的话让他的无数支持者欣喜若狂，他们似乎都已不记得美国在确保伊朗在二战后独立方面所发挥的作用。他们涌上街头，高喊“让腐败的三个传播者——萨达特、卡特和贝京去死吧！”“去死吧，大撒旦！”这指的是美国。

和前几任总统一样，卡特也对一位广受欢迎的中东领导人的出现感到困惑，后者虽然从未迷恋苏联，但对西方也鲜有好感。像霍梅尼这样的宗教人士甚至拒绝尊重最基本的公民权利，这让卡特更加困惑。卡特写道：“和一个疯子打交道几乎是不可能的。”由于对与新宣布成立的伊斯兰共和国进行谈判的机会感到绝望，总统允许此时身患癌症的伊朗国王在美国接受治疗。对大多数美国人来说，这一姿态看起来是高尚的，这是卡特为一个流亡在外、健康堪忧的盟友所能做的最起码的事情，但伊朗人却被他对一个暴君、一个他们认为是逃亡的战犯表现出的好客所激怒了。

1979 年 11 月 4 日，数百名伊朗学生高呼着“真主至大”，挥舞着成打的霍梅尼照片，翻过了美国驻德黑兰大使馆的院墙。他们撞门闯进了使馆办公室和住宅楼，抓住了 66 名美国人——包括外交官、行政人员、海军陆战队警卫和中情局官员。“我们会教你们认识上帝，”一名学生咆哮道，“我们将教会中情局不要干涉我们国家的事。”作为释放囚犯的交换条件，绑架者要求引渡国王，并将他在美国的财产移交给伊朗。他们还坚持要求总统为美国对伊朗人民犯下的一长串罪行——从推翻摩萨台开始——道歉。

这一后来广为人知的伊朗人质危机，令卡特陷入了一个 200 年前托马斯·杰斐逊遭遇过的同样的两难困境。总统要么尝试与海盗政权讲道理，争取人质的获释；要么放弃谈判来场硬仗。卡特采用了一种杰斐逊式的方式，先试图与敌对的中东政府建立秘密联系渠道。“美国人民希望在平等、相互尊重和友谊的基础上与伊朗建交。”卡特郑重地说，继而赞成成立一个联合国委员会，调查美国对伊朗的罪行。但霍梅尼拒绝接受这些示好，夸耀伊朗革命是如何“破坏了美国在该地区的政治、经济和战略霸权”。总统厌倦了这种恶意，最终决定诉诸武力。他切断了与德黑兰的联系，冻结了其在美国的资产，并禁止伊朗石油进口美国。然而，对伊朗实施更广泛的抵制的提议未能获得国际社会的支持，甚至连欧洲人的支持也没得到。

与此同时，美国人质仍被伊朗关押着，环境极其简陋，经常受到审讯，有时还受到处决的威胁。似乎只有武力才能恢复他们的自由。从摧毁伊朗的炼油厂和在其港口埋雷到向德黑兰投下原子弹，卡特考虑了多种选择。他最终决定实施一次救援行动，其大胆程度不亚于威廉·伊顿1805年穿越沙漠长途奔袭的黎波里。直升机将载着突击队飞入德黑兰，夺回美国驻地，然后带着救出的俘虏一起逃离。

针对这一任务的相关高强度训练立即开始了，训练持续了数月，其间，美国在中东的地位继续恶化。1979年的最后几周，沙特阿拉伯爆发了激进的瓦哈比起义；数百人在试图占领麦加大清真寺时被杀。在伊拉克，一位信心十足的有苏联撑腰的独裁者萨达姆·侯赛因通过一场血腥的政变夺取了政权，并着手清算自己的对手。然而，对美国政府来说，最大的压力来自苏联对阿富汗的入侵。中东边境上大批苏联士兵和坦克的出现，唤起了杜鲁门的噩梦：当年他以为苏联红军要接管达兰和其他石油要地了。“任何外部势力试图控制波斯湾地区，都将被视为对美利坚合众国根本利益的侵犯。”卡特杀气腾腾地告知国会，并警告说对这种企图将“采取包括武力在内的任何必要手段予以击退”。一位美国总统再次宣布了一项关于中东的原则，但它对事件的影响现在几乎可以忽略不计。亲苏势力和激进伊斯兰势力如同一只钳子继续逼近美国在该地区的利益，而美国人质则在囚禁中苦苦煎熬。

改善这种状况的唯一希望寄托在1980年4月24日晚发动的“鹰爪行动”，这是一场旨在解救美国被囚人员的突袭行动。美国三角洲部队和游骑兵部队在伊朗沙漠着陆后，准备为飞往德黑兰的“海上种马”直升机加油。但突然遭逢沙尘暴，两架直升机发生故障，第三架撞上了一架C－130运输机，瞬间化为一团火焰，吞噬了这两架飞机。7架直升机被留在现场，其中几架带着高度机密文件，还有8名美国军人烧焦的尸体。① 伊朗当局在一个新闻发布会上展示了部分尸体，让人联想起巴巴里战争期间的一幅场景——的黎波里的帕夏将在“无畏号”爆炸中遇难的美国水兵遗骸拉出来展览。那次暴行促成了杰斐逊的第二个总统任期，他决心在斯蒂芬·德凯特和其他坚强勇士的帮助下打败海盗。但吉米·卡特没有德凯特，也不会有第二个任期了。

逃离伊朗的美国直升机和征服阿富汗的苏联坦克扬起的沙尘，掩盖了卡特对阿以和平所做贡献的微弱光芒。在1980年的总统大选中，选民们印象最深的不是他的以信仰为激励的政策，而是他在中东表现软弱所带来的危险。正当此时，卡特在任的最后一件事是通过谈判结束人质危机。但他的方法令人联想到的不再是杰斐逊，而是约翰·亚当斯。他以阿尔及利亚这个前海盗国家为中间人，提出解冻伊朗在美国的银行账户、对伊朗未来被囚犯起诉提供补偿，以此来支付现代形式的贡品。伊朗人暂时被安抚住了，结束了对俘虏444天的监禁——比班布里奇船长和“费城号”船员被监禁在的黎波里的时间少了约100天，但对美国人造成的创伤并没有少。

人质危机的结束标志着美国战后与中东关系的一个篇章的结束。在过去的30年里，美国一直在与苏联入侵和该地区民族主义煽动的双重威胁作斗争，危险地游走于这两者之间。历届政府都试图将美国塑造成反殖民主义的捍卫者，有时甚至在本土领导人与英国和法国的

① Mark Bowden, *Guests of the Ayatollah: The First Battle in America's War with Militant Islam* (New York: Atlantic Monthly, 2006), pp. 33, 38, 69 ("undermined the political"), 115 ("island of stability"), 125 ("The people of the United States"), 211, 218, 287, 313 ("Death to the Three"), 360, 479, 563, 564. Kenneth M. Pollack, *The Persian Puzzle: The Conflict between Iran and America* (New York: Random House, 2004), pp. 153–80. Brown, *Faces of Power*, pp. 515 ("Our relations with"), 524, 560 ("An attempt by"). Carter, *Keeping Faith*, pp. 458 ("It's almost impossible"), 466–67, 569.

斗争中站在本土领导人一边。但许多中东人却认为苏联和美国没有什么不同，在他们看来，美国已经取代欧洲成为终极帝国主义列强。美国对这个犹太国家的支持进一步疏远了阿拉伯人，尤其是在 1967 年之后，美国不再将以色列视为冷战中的累赘，而是开始将其视为某种资产。从杜鲁门开始，每位总统试图解决阿以争端的努力，都往往只会损害而非美化美国在该地区的形象。

尽管如此，华盛顿的决策者在 1980 年以后的整个时期仍在坚持他们缔造和平的努力，同时始终支持经常顽固不化的以色列。美国仍然在维持其中东霸权和维护其基本价值观之间寻求平衡。然而，对美国利益构成威胁的东西的本质正在发生变化。无论是复兴党式的独裁者还是传统的国王，都未能成功地让该地区的人民摆脱政治和经济困境。相反，在激进政权和保守政权的统治下，落后、压迫和军事无能的表现只会成倍增加。但是现在，一场复兴运动兴起，来发掘由西方 300 年来带给穆斯林的屈辱、中东专制政权所造成的苦难以及松散无礼的现代性造成的道德沦丧所产生的怨恨。从 1979 年开始，伊斯兰极端主义取代了社会主义民族主义和保守的君主制，成为中东最具活力的政治力量以及美国在该地区霸权的最大挑战者。与此同时，美国与欧洲的冷战联盟继续瓦解，导致美国在面对这个新的、不可调和的敌人时越来越孤立无援。的黎波里特使阿卜杜勒·拉赫曼曾向杰斐逊和亚当斯宣讲伊斯兰教要求与“所有不承认［穆斯林］权威的国家”做斗争的教令，而事隔 200 年后，美国将再次孤零零地与圣战分子作战。

第二十八章

三十年战争

从1981年开始的十年将作为一个灾难深重的时代被历史铭记，其间，从“挑战者号”航天飞机爆炸到艾滋病蔓延，可谓祸事连连。也许很少有人记得，这个时代的不同之处在于，美国与中东的关系几乎不间断地剧变。先发制人的袭击和地区冲突、革命、国际阴谋和恐怖袭击不时出现，引发了华盛顿方面一系列日益激烈的反应。在这十年中，中东的形象在美国逐渐生硬，从一个隐约具有威胁性的国家集团，变成一个专门针对美国人的嗜血政权方阵。

对卡特的继任者，一个几乎没有那么坚定的信念甚至更喜欢好莱坞营造的神话的男人来说，应对这种转变将是一项西西弗斯式的任务。罗纳德·里根是在被伊朗扣留的人质获释当天宣誓就职的，他当过加州州长，出演过超过25部电影和50部电视剧，如今他承担起了纠正美国在中东的失败的责任。这位新总统表示，他打算回到严厉的冷战策略上去，即遏制苏联对该地区的入侵，并恢复杰斐逊式的反恐模式。“我认为你不会想为被野蛮人绑架的人支付赎金。”他说。

失序的十年

里根刚刚入主白宫他的第一次中东较量就开始了。穆阿迈尔·卡扎菲是一位激进的社会主义者，其言论出现了一种新的宗教倾向，代表着从亲苏向伊斯兰方向的转变，而这种转变正在微妙地改变着阿拉伯的政治。这种转变在1981年5月凸显了出来，当时，这位利比亚领导人宣布支持伊朗与“大撒旦”斗争，并指示一群暴徒烧毁了美国驻的黎波里大使馆。里根说：“这个人不仅野蛮，而且行为乖张。”里根红润的面孔、温和的说话风格与肤色黝黑、说话大喊大叫的卡扎菲形成了鲜明对比。出于对大使馆被洗劫的报复，总统关闭了位于华盛顿的利比亚办事处，并禁止从这个北非国家进口石油。但随后，卡扎菲又一次嘲弄了美国，将利比亚领海推进20公里延伸至地中海。里根接受了他的挑战，命令一支海军特遣部队去毗邻利比亚海岸的锡德拉湾示威。一个由苏联提供的苏-22战斗机中队升空，冲这支舰队而去，但其中两架很快被海军飞行员击落。这是自麦迪逊政府以来，美国军人首次与阿拉伯对手直接交战。

锡德拉上空的混战在一段时间内成功地平息了美国与利比亚的矛盾。然而，不到一个月之后的6月7日，一支F-16编队再次投入行动，这次是针对伊拉克。但是这些飞机上原本应该画着美国五角星的地方，印的却是以色列空军的天蓝色六芒星。它们的目标是位于巴格达以南18英里处的奥西拉克核反应堆。在飞越敌方领空1100英里后，以色列飞行员在法国建造的设施上空释放了机上的有效载荷，在80秒内就将目标变成了一个冒烟的空壳。这就是“歌剧行动”，是历史上最大胆的空袭行动之一，但以色列用从美国购买的战斗机摧毁一座伊拉克工厂，将白宫也拖下了水。

里根与以色列的关系过去是复杂的，未来也是如此。他仍然认为石油是美国在中东的最高利益，并抵制任何可能危及这一利益的以色列行动。例如，1981年，他向沙特阿拉伯提供了机载预警与控制系统（AWACS）侦察机，挫败了美国以色列公共事务委员会对出售的百般阻挠；当阿拉伯石油生产商抗议以色列一步步吞并被占领的戈兰高地时，总统暂停了与以色列的战略合作协议。贝京总理抱怨美国把以色列当作“香蕉共和国”[①] 一样对待，但是，里根实际上很尊崇这个犹太国家。这种崇敬很大程度上源于他对冷战的二元论观点，因为在冷战中，以色列是与西方共同对抗苏联帝国的盟友。更根本的原因是，里根在信仰复原主义的基督教信徒中长大，与亲犹太复国主义的美国福音派关系密切，他在宗教上与以色列是一路的。他一向支持在军事上和经济上增强以色列的实力，并协助苏联（以及后来的埃塞俄比亚）的犹太人移民到他们祖先的家园。

以色列对奥西拉克反应堆的轰炸挑战了这一承诺。里根刚从与卡扎菲的冲突中缓过神来，他可能同情以色列人对萨达姆·侯赛因等苏联支持的阿拉伯独裁者的恐惧，但他也感激伊拉克人最近对伊朗发动了全面战争这一事实。美国在中东的敌人的敌人已经自动成了它的朋友。里根急于消除对美国新的事实盟友发动攻击的任何表面上的串通痕迹，于是推迟了向以色列交付更多的喷气式战斗机。他还准许为人固执的美国驻联合国大使珍妮·柯克帕特里克与伊拉克驻联合国大使协商起草一份安理会文件，谴责此次袭击。最终，奥西拉克袭击并没有损害美-以关系——后来的美国总统将会感谢以

① banana public，指主要关心的是经济利益而不是民主和社会福利的国家。具体来说，“香蕉国”或“香蕉共和国”一词被用来指称中美洲和南美洲的独裁政权，它们的建立是为了外国利用农作物之类的自然资源。该词通常带有贬义，可以追溯到1870年代美国参与香蕉进口的最初经历。——译者

色列否认伊拉克有核能力——但它确实揭开了美国和萨达姆·侯赛因之间的关系。①

美国再次将信任寄托在一位信奉民族主义的阿拉伯领导人身上，不过不再是将其视为反共堡垒，而是视为对抗伊斯兰激进主义的堡垒。然而，这种一面支持阿拉伯世俗主义者对抗穆斯林极端分子，一面又支持以色列对抗苏联代理人的政策，最终被证明是难以两全的。两者之间的相互排斥在奥西拉克反应堆遭袭一年后，随着以色列入侵黎巴嫩而悲惨地暴露了出来。

以色列人早就为这次出击做好了准备。将自己的根据地从约旦迁到黎巴嫩南部的巴解组织，定期袭击加利利的以色列定居点。但是在消除这一威胁之余，身材发福、滋事好斗的以色列国防部长阿里埃勒·沙龙还想消灭巴解组织，后者在与以色列争夺对约旦河西岸和加沙的控制权。沙龙是一名大胆的指挥官，曾在 1950 年代领导了以色列的多次报复性袭击，并在 1973 年策划了对埃及军队的包围。他主张发动闪电袭击，将阿拉法特和叙利亚人统统赶出黎巴嫩，并在贝鲁特建立一个听话的政府。这个打算在里根的白宫造成了严重的分裂。极端反共的国务卿亚历山大·黑格支持任何可能打击苏联及其阿拉伯世界代理人的举动。而国防部长卡斯帕·温伯格并不那么好战，他更务实，担心的是战争会对伤及美国在中东的地位。然而，1982 年 6 月 3 日，当巴勒斯坦枪手对以色列驻伦敦大使开枪并致其重伤，这场辩论变成了学术之争。3 天后，以色列入侵了黎巴嫩。

① Ronald Reagan, *Reagan, in His Own Hand*, ed. Kiron K. Skinner, Annelise Anderson, and Martin Anderson (New York: Simon & Schuster, 2001), p. 213. Ronald Reagan, *An American Life* (New York: Simon & Schuster, 1990), p. 518 ("He's not only a barbarian"). Alexander M. Haig Jr., *Caveat: Realism, Reagan, and Foreign Policy* (New York: Macmillan, 1984), pp. 182 - 84. "Israeli Jews Destroy Iraqi Atomic Reactor; Attack Condemned by U. S. and Arab Nations," *New York Times*, June 9, 1981, p. 1.

大约3万名以色列士兵对黎巴嫩发动了一次双管齐下的进攻，他们冲上海岸，冲进多山的内陆，摧毁了大约500辆叙利亚坦克和100架飞机，将6000名巴勒斯坦战斗人员向北驱赶到贝鲁特。在追击他们的过程中，以色列军队包围了贝鲁特，开始轰炸巴解组织的阵地和总部。浓密的阴霾笼罩在城市上空，可以看见照明弹形成的背光，只有燃烧弹才能穿透这层黑幕。此次的“加利利和平行动”最初被描述为旨在确保以色列北部边境安全的一次有限的入侵，现在迅速发展成对一个有数万平民的阿拉伯主要首都的大规模包围。

美国总统大骂贝京：“无论以色列驻伦敦外交官遇袭这事有多令人发指，都不是以色列对贝鲁特发动野蛮攻击的理由。”被炸毁的社区、四肢残缺的儿童、挤满道路的难民，这些画面正在抹去美国在阿拉伯世界仍在享受的尊敬。更危险的是，莫斯科在叙利亚和巴勒斯坦的代理人的失败使得苏联直接干预冲突的危险再度抬头。“我们正在走钢丝。”里根写道。他坚决要求以色列立即停止炮击，并从贝鲁特撤军。然而，除了把黑格逼得辞了职之外，这些要求基本上都被忽略了。以色列的轰炸更猛了。最后，迫不及待想化解危机的里根提出监督阿拉法特及其追随者转移到突尼斯。在泰迪·罗斯福派遣海军陆战队去贝鲁特保护在那里生活的美国人80年后，里根又将他们派回贝鲁特，以监督巴勒斯坦人的撤退。

在法国与意大利军队的协同行动下，海军陆战队疏散巴解组织的战斗与非战斗人员的行动取得了无可争辩的成功。里根公布了一项新的中东和平计划，以此来纪念这一事件。他宣布，以色列将撤出约旦河西岸和加沙地带，这些地区随即将与约旦结为联邦。总统接着派出了一名私人特使——和蔼可亲的阿拉伯裔美国外交官菲利普·哈比卜——尝试实施该计划。哈比卜是在看似有利的情况下登船出发的。黎巴嫩一场迫在眉睫的灾难得以避免，但和平的裂痕暴露无遗。伴着宣扬他们“干得很好”的横幅，海军陆战队涉水登上了他们的近海登陆艇。

不到三个星期，他们就回来了。在哈比卜调停期间，1982 年 9 月 14 日，叙利亚人暗杀了黎巴嫩总统巴希尔·杰马耶勒，这位领导人是马龙派教徒，以色列人曾希望与他签署协议。被这起谋杀激怒的以色列人占领了贝鲁特的大部分穆斯林地区，并允许马龙派民兵进入萨布拉和夏提拉的巴勒斯坦难民营，这些人在那里屠杀了至少 800 名平民。这一暴行引发了国际社会的强烈抗议——阿里埃勒·沙龙被迫辞职——并要求美国进行干预，以保护巴勒斯坦人免遭进一步攻击。里根无法抵挡这种压力，命令海军陆战队掉头返回饱受战争摧残的贝鲁特。

他们现在的目标不再是解救巴勒斯坦人，而是力挺巴希尔·杰马耶勒的兄弟阿明所领导的饱受批评的政府。海军陆战队再次变成了头脑简单的海外来客，他们以为自己是在捍卫民主，但在叙利亚人、什叶派和德鲁兹派看来，他们是好战的马龙派少数群体的代言人。像伊朗人一样，这些派别都忘记了美国对叙利亚和黎巴嫩独立的贡献，反而宣称美国是黎巴嫩没完没了的内战中的交战方。登陆后，海军陆战队遭遇了猛烈的炮火，被迫用大炮和坦克进行还击，并轰炸了许多最近刚遭到过以色列炮击的街区。自第二次世界大战以来，美国的地面部队从未如此积极地参与中东的战斗。但事实证明，即使是他们的火力也不够。只得派陆军部队去增援四面楚歌的海军陆战队和第六舰队的战舰，以便对离贝鲁特不远的乔福山区的敌军据点予以重击。

敌人进行了反击，炮火现在更加猛烈且有违常规。1983 年 4 月 13 日中午，伊朗支持的什叶派组织真主党的一名自杀式炸弹袭击者驾驶一辆满载炸药的卡车冲进了美国驻贝鲁特大使馆。17 名美国人遇害，其中许多是中情局官员，一起丧生的还有 40 多名黎巴嫩人。6

个月后的10月23日，真主党的另一名炸弹袭击者在守卫不严的海军陆战队司令部炸死了241名军人——这是二战后针对美国人发动的伤亡最惨重的一次袭击。美国人在自家客厅的电视上看着救援人员从废墟中挖出残缺不全的尸体，听着里根咬牙切齿说要“对那些试图把我们赶出那个地区的人还以颜色”，惊恐不已。起初，里根似乎决心要履行自己的誓言。从“肯尼迪号”和“独立号”航空母舰上起飞的战斗机袭击了叙利亚的目标——两架被击落，一名飞行员颜面尽失地被俘——战列舰“新泽西号”向乔福山区轰隆隆地连续发射了16英寸口径的炮弹。但是到了1984年2月，里根意识到黎巴嫩正在变成一个类似越南的泥潭，于是召回了全部美国军队。[①]

里根否认美国是从黎巴嫩“落荒而逃”，但无可辩驳的事实就摆在那里，美国未能完成遏制叙利亚及其盟友的任务，而且在伊朗问题上的溃败之后，美国似乎正在从中东撤出。黎巴嫩撕毁了在美国斡旋下与以色列缔结的和平条约，更令人侧目的是，一连串针对美国公民和机构的恐怖袭击凸显了美国在该地区的实力正在削弱。1983年12月12日，极有可能属于真主党的一群炸弹客袭击了美国驻科威特大使馆，次年9月，又炸毁了贝鲁特大使馆的附属设施，炸死了2名美国士兵。1984年4月，真主党的炸弹在西班牙托雷洪的一家餐馆炸死了18名美国军人；同年9月，贝鲁特大使馆又发生一起爆炸，22人死亡。

---

① Reagan, *American Life*, pp. 442, 423 (“We're walking a tightrope”), 424 (“No matter how villainous”), 425 - 28, 430. Haig, *Caveat*, pp. 180 - 81, 186. Quandt, *Peace Process,* pp. 251, 252, 253 - 59. Spiegel, *Other Arab-Israeli Conflict*, pp. 416 - 26. Fred Lawson, “The Reagan Administration in the Middle East,” *MERIP Reports*, no. 128 (Nov. 1984): 32. 关于阿拉法特的撤离，参见：Barry Rubin and Judith Colp Rubin, *Yasir Arafat: A Political Biography* (Oxford: Oxford Univ., 2003), pp. 77, 86 - 89。关于“新泽西号”军舰扮演的角色，请访问该舰的网站：http://www.battleshipnewjersey.org/history.html。

劫持人质和袭击机场的行为突然重新流行起来。1984 年 12 月，真主党恐怖分子在强迫一架科威特飞机在德黑兰降落时处决了两名美国人，6 个月后，他们劫持了一架环球航空公司的飞机飞往贝鲁特，在那里他们对美国海军潜水员罗伯特·迪安·斯特西姆施以酷刑并开枪打死了他，还将他的尸体扔在了停机坪上。1985 年 12 月，巴勒斯坦的“阿布·尼达尔”组织在罗马和维也纳机场用手榴弹和机关枪发动袭击，造成 5 名美国人死亡。同年 3 月，巴勒斯坦恐怖分子在一架飞往雅典的飞机上放置了一枚炸弹，又造成 4 名美国人死亡。

一个月里美国人不听说几个同胞被无名中东暴徒杀害就好像这个月过不去了似的。意大利游轮“阿奇·劳罗号”被劫持一事，就可怕地显示出了阿拉伯恐怖活动的无处不在以及美国人的脆弱不堪。巴勒斯坦解放阵线的成员效仿 201 年前登上“贝特西号”甲板的摩洛哥海盗，占领了“阿奇·劳罗号”，拿枪指着带走了船上的 12 名美国乘客。但是比起劫持“贝特西号”的人，巴勒斯坦解放阵线的武装分子不仅监禁了美国人，还决定以一儆百。他们选中了一名 69 岁的纽约残疾人，名叫莱昂·克林霍夫，是位犹太裔美国人。恐怖分子将克林霍夫的轮椅推到甲板边缘，从背后朝他开了一枪，并将尚在抽搐的他扔进了大海。

里根在日记中写道：“我们在中东再次面临一场危机，美国人的生命前途未卜。”美国因缺乏可信的威慑力、缺乏可靠的盟友而无力应对这一威胁。埃及没有逮捕“阿奇·劳罗号”的劫持者，反而给他们提供了前往突尼斯的巴解组织总部的安全通道。美国海军战机拦截了载有巴勒斯坦头目阿布·阿巴斯的埃及飞机，并令其迫降在西西里岛，但意大利当局立即释放了这名囚犯。在对抗中东恐怖活动时，美国似乎只能自己单打独斗。

1986 年 3 月，当美国再次与“阿布·尼达尔”组织的主要赞助者利比亚对峙时，它的确是孤军奋战。里根下令海军恢复在利比亚海岸附近的巡逻，想逼卡扎菲采取军事行动。“任何遭受恐怖主义侵害的国家都理应有权以武力做出回应，以遏止新的恐怖行为。”总统解释说，“我认为我们必须向卡扎菲表明……我们不会让他逍遥法外。”果不其然，卡扎菲一下子就上钩了。当利比亚导弹艇向舰队开火时，海军战斗机用导弹炸掉了这些船，还轰炸了利比亚的陆基雷达站。

里根为“阿布·尼达尔”犯下的暴行伸张了正义，但卡扎菲远未被吓倒。锡德拉冲突发生两周后，利比亚特工在柏林一家迪斯科舞厅放置了一枚炸弹，炸死两名美国军人，炸伤 50 人。作为报复，里根下令向的黎波里和班加西投掷了 60 多吨弹药。有些炸弹没有击中目标，反而造成了许多平民伤亡，据报道，其中就包括卡扎菲的养女。这一代号为“黄金峡谷”的行动，再次激怒了美国的盟友；法国和西班牙拒绝让美国战斗机经由其领空飞往利比亚。然而，欧洲对利比亚的同情没能阻止卡扎菲在欧洲发动下一次恐怖袭击，也是他下令的死亡人数最多的一次袭击。1988 年 12 月 21 日，泛美航空公司 103 航班上一枚据称是利比亚特工放置的炸弹在苏格兰洛克比上空爆炸，机上 259 名乘客全部遇难——其中包括 37 名美国大学生——地面上的 11 名村民也因此丧命。

美国再一次在没有欧洲援助的情况下，向这位好战的北非暴君展示了自己的力量。然而，与 19 世纪初的黎波里的统治者优素福·卡拉曼利不同，卡扎菲几乎可以在世界任何地方发起反击，且几乎不受惩罚。没有什么地方比在黎巴嫩更容易对美国实施报复了。作为对利比亚爆炸事件的进一步报复，卡扎菲要求处决贝鲁特美国大学的图书管理员彼得·基尔伯恩，他已被真主党关押了两年。真主党照办了。

对基尔伯恩的绑架与杀害，是 1980 年代萦绕于生活在黎巴嫩的美国人四周的人质劫持与暗杀灾难的前兆。在昏天黑地的内战中，美国公民被夹在交战派别之间，成为贝鲁特废墟中游荡着的数千名全副武装的蒙面民兵唾手可得的猎物。第一个被抓的是贝鲁特美国大学的校长大卫·道奇，也是该校创始人丹尼尔·布利斯的曾孙。道奇于1981年被真主党掳走，被囚禁一年后安然无恙地获释，但他的继任者马尔科姆·科尔就没这么幸运了。科尔也是中东传教士之子，还是研究阿拉伯内部事务的知名学者。1984年，他刚踏出他在贝鲁特美国大学的办公室，两名真主党枪手就走过来朝他头部开了枪。次年，真主党绑架、拷打并处决了美国中情局贝鲁特站站长威廉·巴克利，1988年又绑架并吊死了在黎巴嫩执行任务的联合国维和部队的美国上校威廉·希金斯。

在1981至1991年这10年间，黎巴嫩的派别还扣留了9名美国人，其中包括美联社记者特里·安德森，他被关押了将近7年。“不许出声！不许说话！”安德森在回忆他的痛苦经历时这样说道，“甚至是从一边滚到另一边……以缓解因几个小时一动不动而造成的肌肉抽筋，也会挨一巴掌或被枪捅一下。”① 比轰炸美国设施或刺杀美国公民更令人愤怒的人质危机，终于激怒了美国领导人。一个拥有数不清的坦克、攻击机、战舰和战备师的国家，在中东只有寥寥几件不像样的装备的绑架者面前，竟然看起来如此无力。

泰迪·罗斯福曾给摩洛哥政府下过最后通牒，“要么珀迪卡里斯活，要么赖苏利死。”但对里根来说，面对黎巴嫩这种霍布斯②所说的国家，根本就没有政府可以对话。唯一的选择是通过军事和经济手

---

① Reagan, *American Life*, pp. 496 (“Once again”), 497 - 507, 518 (“Any nation victimized”). Terry A. Anderson, *Den of Lions: Memoirs of Seven Years* (New York: Crown, 1993). 无数网站记录了1980年代对美国的恐怖袭击，如：“Target America,” http://www.pbs.org/wgbh/pages/frontline/shows/target/etc/cron.html, and “Lebanon: The Hostage Crisis,” http://www.country-data.com/cgi-bin/query/r-8105.html。

② 托马斯·霍布斯，英国政治哲学家。——译者

段去威慑赞助这些绑架者的国家，首当其冲的就是伊朗，但是这些措施无一成功。里根在第二任期的大部分时间里都被伊朗的难题搞得焦头烂额，对毛拉们不确定是该恐吓还是安抚。随后，在1985年夏天，以色列人给他提供了一个解决方案。他们声称，伊朗领导层中的温和分子将释放人质，以换取与伊拉克的战争中急需的反坦克导弹。在这一方案的诱惑下，里根批准了一项计划，即以色列暗地里将导弹运到德黑兰，然后美国再补充以色列的库存。“我们不会向伊朗人运送任何武器，”总统自我安慰道，“我不认为这次行动……是什么‘武器换人质’交易，因为事实不是这样。”

入夜，以色列开始用没有标记的箱子和悬挂中立旗帜的船只转移导弹。截至8月，已有600个箱子送到伊朗，到12月，又有1500个箱子抵达。然而，尽管这些货物在一定程度上恢复了特拉维夫和德黑兰之间的沟通，但也让华盛顿的决策者产生了分歧。中央情报局和国家安全局支持这一行动，但用武器换伊朗听话的想法令乔治·舒尔茨反感，他是美国前财政部长、柏克德公司董事，接替黑格出任里根的国务卿。尽管如此，总统还是继续批准武器转运，甚至在1986年11月媒体泄露行动消息之后仍然如此。里根起初否认他向支持恐怖主义的政权出售过导弹，但一周后，他改口承认了美国事实上向伊朗提供了一些“防御性武器”，尽管是出于一个光荣的缘由。“我们政府的政策是坚定不移的，绝不会屈从于恐怖分子的要求。”他坚称，“我们没有——再重复一遍，没有——用武器或其他任何东西交换过人质。将来也不会。”

里根的搪塞之词使他在美国人中的信誉严重受损，也没能为他在德黑兰赢得信任。伊朗人拒绝约束黎巴嫩的真主党，还在海湾地区对手无寸铁的科威特油轮发射导弹。里根忽略了巴巴里战争的重大教训：向中东海盗国家提供武器只会造就更多的海盗行为。为了保卫美国从科威特获得的石油供应，总统不得不派海军重新投入战斗。在1987年和1988年期间，美国军舰击沉了一些伊朗军舰，并为几乎绝迹的科威特船只提供武装护航。在这些行动中，美国军舰“文森号”意外击落了一架伊朗民航班机，机上290名乘客全部丧生。

正当美国军人在海湾与伊朗人作战之时，美国向伊斯兰政权运送武器的事在华盛顿引发了一场彻头彻尾的丑闻。据透露，导弹销售所得被输送给了尼加拉瓜反共的反政府游击队，这违反了国会法律。政府接受了一次大范围的全国电视调查，但这并不妨碍里根在中东推行有争议的——且互相矛盾的——政策。在美国用反坦克导弹武装伊朗的同时，它还向巴格达的伊朗死对头提供直升机、迫击炮和卫星情报。

尽管与利比亚一样，伊拉克也赞助过“阿布·尼达尔”和其他恐怖组织，但里根还是把伊拉克从支持恐怖主义国家的名单上划掉了。在1983年和1984年，他两次派遣总统特使唐纳德·拉姆斯菲尔德去与萨达姆·侯赛因会面，对这位伊拉克独裁者对数千名敌人使用毒气的证据视若无睹。“没人怀疑［伊拉克人］在继续从事恐怖主义活动。”国防部的一份文件证实，“真正的原因在于能帮助他们在对伊朗的战争中获胜。”拉姆斯菲尔德在毫不含糊地谴责伊拉克使用化学武器的同时，也向萨达姆保证，在他与阿亚图拉①们的斗争中，美国仍然支持他，并希望“以伊拉克选择的速度改善双边关系”。1987年3月，一架伊拉克“幻影”喷气式飞机误向在波斯湾巡逻的美国护卫舰“斯塔克号”发射了导弹，导致37名船员丧生，即使在这事发生后，华盛顿和巴格达仍在继续巩固关系。

美国政府在努力遏制伊朗在海湾地区的影响力的同时，也在开展

① 对伊朗等国伊斯兰教什叶派领袖的尊称。——译者

一项秘密行动，向与占领阿富汗的苏联人作战的阿拉伯非正规军提供武器、军事顾问和财政援助。美国政府官员倾向于将这种抵抗浪漫化，拒绝承认这些圣战者对美国的蔑视。美国人也不愿承认他们的文化在沙特阿拉伯激起的仇恨，不愿承认沙特当局将伊斯兰激进分子对其挥霍行为的批评转移到美国身上。一盒广为流传的沙特录音带宣称，美国是所有穆斯林的敌人，是一个“通奸和吃腐烂食物的野兽之国”。华盛顿的官员几乎无人察觉到他们的国家正在通过购买阿拉伯的石油以及资助一些最激进的伊斯兰主义者（其中包括一名沙特富商之子奥萨马·本·拉登）助长这种反美宣传的扩散。①

以对苏联政策的直截了当而闻名的里根政府，现在却因在中东原地转圈而声名狼藉。出于安全方面的考虑，它在纵容伊拉克的同时攻击利比亚，并同时为萨达姆和伊朗革命领导人提供武器。它沉浸于中东神话之中，为阿富汗的阿拉伯自由战士提供物资，为沙特的神权政体提供援助，同时又忽视了两者构成的威胁。白宫在安全考虑和信仰选择之间摇摆不定：对以色列入侵黎巴嫩，它先是支持继而又抗议；对向以色列运送武器，它先是加快然后又推迟；它先是与以色列情报部门就一项有争议的武器换人质计划进行合作，但在 1985 年起诉美国海军前情报分析员乔纳森·波拉德，称其是以色列间谍。里根帮助巴解组织从贝鲁特撤离，后来却又抵制该组织，接着又来了个最后的

① Lawrence E. Walsh, *Iran-Contra: The Final Report* (New York: Times Books, 1994), pp. 1-3, 10-24. Reagan, *American Life*, pp. 505-6 ("We wouldn't be shipping"), 516 ("I did not think"). Douglas A. Borer, "Inverse Engagement: Lessons from U.S.-Iraq Relations, 1982-1990," *Parameters* 33, no. 2 (2003): 52 ("No one had any doubts"), 53-56. Dana Priest, "Trip Followed Criticism of Chemical Arms' Use," *Washington Post*, Dec. 19, 2003, p. 42. Steve Coll, *Ghost Wars: The Secret History of the CIA, Afghanistan, and Bin Laden, from the Soviet Invasion to September 10, 2001* (New York: Penguin, 2005), p. 229 ("nation of beasts"). 网上有大量关于美国支持萨达姆的文件，如："Saddam's Iron Grip: Intelligence Reports on Saddam Hussein's Reign," http://www.gwu.edu/~nsarchiv/NSAEBB/NSAEBB167/。

180 度大转弯，与阿拉法特进行了外交对话。

与这位巴勒斯坦领导人的会谈代表着与美国以往政策的严重背离。尽管为了保护美国人免受巴勒斯坦人的暴力侵害，美国自尼克松政府以来的历届政府通常都与巴解组织保持着秘密沟通，但只要该组织继续从事恐怖活动并拒绝承认以色列的生存权，美国官方就拒绝承认该组织。里根坚决支持这一政策——“绝对不行，巴解组织！”舒尔茨曾带领美国以色列公共事务委员会的人高喊这样的口号——直到 1987 年 12 月，约旦河西岸和加沙地带爆发了大规模的巴勒斯坦人起义（intifada）。巴勒斯坦青年向以色列坦克投掷石块的场景让美国人和以色列人措手不及，而且也让阿拉法特感到震惊。如他所知，当地年轻的起义领导人们并没有自动接受这位身在突尼斯的老人的指示。然而，阿拉法特在次年 12 月突然宣布放弃恐怖活动并承认联合国第 242 号决议，从而重新获得了主动权。现在既然它已满足了美国接受其存在的先决条件，里根别无选择，只能承认巴解组织是巴勒斯坦人的代表，并与阿拉法特展开接触。国务院和巴勒斯坦官员展开磋商，双方的讨论涉及一系列问题，包括在这些领土上建立巴勒斯坦国的可能性。本以为成功地缔造和平会一洗总统在中东地区接二连三的败绩，但这一希望被“阿奇·劳罗号”袭击事件的指挥官阿布·阿巴斯领导的对以色列海滩的恐怖袭击击得粉碎。阿拉法特拒绝谴责这次袭击，于是华盛顿中止了会谈。①

美国没法就中东争端维持一种建设性的对话，更不用说解决这些争端了，这是一系列更长期的慢性疾病的症状。尽管人们普遍认为里根在壁垒分明的冷战中获得了胜利，但事实证明，他无法应对阿以冲

① Kathleen Christison, “The Arab-Israeli Policy of George Shultz,” *Journal of Palestine Studies* 18, no. 2(1989): 29 - 47. Quandt, *Peace Process*, pp. 367 - 80. David Ignatius, “The Secret History of the U.S.-PLO Terror Talks,” *Washington Post*, Dec. 4, 1988.

突、两伊战争以及世俗政权和伊斯兰政权之间的紧张关系等复杂问题。在该地区建立“美式和平”的愿景，似乎从未像这般转瞬即逝。

然而，美国人似乎普遍没有意识到局面之糟糕。他们的注意力被吸引到了东欧数百万人争取自由的示威游行以及推倒柏林墙的炫目场景上。当迈克尔·J.福克斯在《回到未来》(1985)中和汤姆·克鲁斯在《壮志凌云》(1986)中轻而易举地干掉了利比亚袭击者时，当印第安纳·琼斯（哈里森·福特饰）在1981年的大片《夺宝奇兵》中得意地笑着向挥舞弯刀的阿拉伯人开枪时，电影观众们欢呼雀跃。当迷人的波姬·小丝在电影《撒哈拉沙漠》中扮演的那位天真的美国少女被一位一身黑衣的阿拉伯骑士掠走，观众们都看得很高兴。而当1982年的喜剧《拆穿西洋镜》(*Wrong Is Right*)中的穆斯林恐怖分子试验自杀式炸弹并密谋炸毁纽约双子塔时，他们笨手笨脚的样子又让观众们哄堂大笑。

好莱坞又一次沉迷于东方的幻想，并将其与中东的事实混为一谈。里根本人似乎也很困惑。他表现出了阿尔茨海默症的早期症状，这个病后来夺去了他的生命；他偶尔会把他早期电影中的场景和现实世界中的事件混为一谈。不过，这种困惑很快变得让美国人望而却步。一个失序的十年在中东结束了，而下一个十年，正伴着战争缓缓而来。

沙漠中的军刀与盾牌

事实上，在1989年副总统乔治·布什把自己头衔前面那个“副”字去掉成为美国第41任总统的那一天，中东大规模冲突的前景实际上还很遥远。作为前战争英雄、耶鲁大学棒球队队长、中央情报局局长，身材修长的布什体现了美国处理该地区难题的活力与技巧。而这片土地似乎已经为他的成功铺平了道路。共产主义集团已经瓦解，这使得几个阿拉伯独裁者失去了苏联的政治庇护和可靠的军火来源。在波斯湾，伊朗和伊拉克的军队在经历了 10 年的战争和 100 多万人的伤亡后已经筋疲力尽，陷入了令人不安的僵局。巴勒斯坦起义似乎也耗尽了那里的力量，巴解组织也让自己变得无关紧要。尽管和平尚未实现，但中东局势至少已经缓和到了美国决策者可以考虑解决一些更易生变故的争端并为稳定扫清道路的地步。

然而，中东平静的外表很快被证明是一眼就能看破的。萨达姆·侯赛因被接近 1 万亿美元的战争债务弄得焦头烂额，他疯狂地寻找能弄到手的现金来源，最终在邻国科威特找到了。萨达姆声称，这个盛产石油的酋长国是被英帝国主义者人为地从伊拉克分离出去的，并宣称它是“伊拉克的第 19 个省”。为了与席卷阿拉伯世界的原教旨主义趋势分庭抗礼，世俗的复兴党人萨达姆将自己重塑为一名现代萨拉丁①，并宣布向不敬神的沙特人——他数十亿美元的债主——发动圣战。从 1990 年 7 月开始，数千辆伊拉克坦克和无数部队开始在科威特边境集结。全世界都以为伊拉克这下要征服科威特甚至整个阿拉伯半岛了，布什政府也迎来了本届政府的首次中东危机。

总统也面临着一个两难困境。如果说约翰·昆西·亚当斯当年是必须在通过帮助希腊争取独立来维护美国理想还是保护美国在土耳其的商业投资之间做出选择，那么与他不同的是，布什必须在两种战略资产之间做出选择。诚然，科威特为美国提供了石油，但伊拉克对美国福利的贡献同样重要。1990 年发布的一项国家安全指示宣称：“美国和伊拉克之间关系的正常化……能促进海湾和中东地区的稳定。”

① 埃及阿尤布王朝的创建者。——译者

白宫认为伊拉克对伊朗施加了关键的约束，甚至对巴勒斯坦施加了温和的影响，因而继续珍视与伊拉克的关系。由于无法确定在伊拉克和科威特的对峙中支持哪一方盟友，华盛顿努力保持中立。“我们对两个阿拉伯国家之间的冲突不发表意见。”美国驻伊拉克代表、首位驻中东女大使艾普丽尔·格拉斯皮据称如此向萨达姆保证，“我们只希望这些问题能得到尽快解决。”

过去，美国人曾试图置身于中东争端——例如 1948 年以前的巴勒斯坦——之外，结果却被粗暴地拖入其中，这次的海湾冲突也概莫能外。8 月 2 日，当萨达姆的军队入侵并开始掠夺科威特时，布什和平解决危机的希望破灭了，而伊拉克主导海湾地区的阴霾却浓重起来。中立不再是一个选项。布什呼吁联合国安理会开会，要求采取行动将科威特从所有外国军队手中解放出来，并命令海军向中东派遣一支舰队，这就是“沙漠盾牌行动”。他斩钉截铁地表示：“我们不能允许，也绝不会允许如此重要的资源落到一个如此残酷无情的人手上。”

布什耐心而认真地着手就军事干预科威特寻求达成国际共识。获得的回应意外地积极。不同于之前不愿与美国共同反恐，欧洲人这次急于加入任何保护自己那份中东石油的努力。更令人惊讶的是，许多阿拉伯统治者由于担心伊拉克危及他们的政权，也准备加入反萨达姆联盟。他们唯一的条件是要美国承诺为他们提供数百万美元的战后援助，并将以色列排除在联盟之外。在这种国际团结的支持下，布什提出了一系列联合国决议，授权使用“一切必要手段”将伊拉克人赶出科威特。

与 48 年前的“火炬行动”相比，这次军事集结的规模扩大了近 10 倍，50 多万美军以及大量坦克、飞机、大炮和支援车辆驻扎在科威特周围。来自 34 个国家的特遣队加入其中，共同构成了中东有史以来最大规模的军事装备展示。然而，布什没有急于释放这一神威，他给了萨达姆最后一次撤军的机会。在几次广受公众关注的会议上，来自得克萨斯州的沉默寡言的国务卿詹姆斯·贝克向他的同行——喋喋不休的伊拉克外长塔里克·阿齐兹力陈撤离科威特的必要性。但事实证明，贝克的努力是徒劳的。萨达姆仍然拒绝召回他的部队；相反，他将他的圣战范围扩大到了以色列和美国，并发誓要发动“史无前例的地面大战”来保住这“第 19 个省”。联合国随后将 1991 年 1 月 15 日定为最后期限——萨达姆要么遵从其决定，要么等着被联军收拾。

布什在其首次中东审判中的表现堪称典范，但最可怕的障碍仍然摆在他面前。总统必须说服他的美国同胞相信发动战争的必要性，这比维持住一个国际联盟和让一整支军队能在阿拉伯沙漠里待得住更为费力。许多人确实仍未被说服，他们怀疑美国年轻人不是在为科威特的自由而战，而是在为安全而便宜的石油而战。因此，布什在讲话中删除了任何提及石油的内容，转而大力强调伊拉克对世界各地独立民族构成的威胁。总统警告说：“过去的每一天都使萨达姆离实现他的核武库目标又近了一步。从没有哪件武器他是放着不用的。”英国领导人曾将纳赛尔比作希特勒，但在布什的描述中，萨达姆的野蛮程度已经超过了这位元首。即便此时，国会在是否授权总统赶走科威特的伊拉克人这一问题上仍存在分歧。最终，凭借参议院仅 5 票的优势，美国发动了战争。

“沙漠风暴行动”于 1 月 17 日晚揭幕，对巴格达和其他伊拉克指挥中心进行了猛烈的空中轰炸。在精确制导导弹和粉碎性集束炸弹的威力下，机场、雷达设施和通信网络化为冲天的火焰和四散的碎片。伊拉克人似乎已经为闪电战做好了准备。全世界的观众都看着密集的伊拉克防空炮火在夜视摄像机的镜头里变成绿色的球状物在他们的电视屏幕上跳动。但事实证明，这种连射对击落联军战机没用，伊拉克战机没有与敌军交战，而是集体向德黑兰逃窜。更要命的是，萨达姆向沙特阿拉伯的联军营地发射了飞毛腿导弹，其中一次炸死了 28 名美军士兵。

飞毛腿导弹的主要目标不是美国人，而是以色列人。萨达姆急于将这个犹太国家拖入战争，从而将埃及、沙特阿拉伯和叙利亚赶出美国的联盟。他向特拉维夫和海法发射了 39 枚苏联制造的导弹，摧毁了当地人的家园，使该国经济陷入瘫痪。以色列人坚忍地戴上防毒面具，躲在专门为抵御生化武器袭击而密封的房间里，但即便如此，他们的忍耐也是有限度的。尽管布什恳求以色列领导人不要对萨达姆的挑衅做出回应，但以色列军队还是准备对伊拉克西部的火箭发射器进行搜索和摧毁。当总统终于想出一个解决方案时，以色列伞兵正在跑道上待命。美国的爱国者反弹道导弹炮台及其专业团队将被紧急送往以色列，以对付即将来袭的飞毛腿导弹。尽管大多数爱国者都没有击中目标，但是首次看到美国士兵出现在他们的土地上，这大大鼓舞了以色列人的士气。“我从军 16 年了，告诉你，我去过的国家从没有哪个像这样热烈欢迎我。”团队指挥官迈克尔·伍兹说，“那场面，你知道，简直叫人应接不暇。”

然而，比飞毛腿导弹更具破坏性的是萨达姆使用的石油武器。阿拉伯统治者在 1973 年试图通过剥夺对西方至关重要的石油资源来让西方在政治上低声下气，与之相反，现在这位伊拉克领导人试图通过让西方浸在石油里来阻碍联军的前进。伊拉克军队向海湾倾倒了 100 多万吨原油，并烧毁了科威特的钻井平台，造成了历史上最大的石油泄漏和无法扑灭的火焰。海水被染黑，天空也被浓烟熏黑，导致无数鱼类和水禽死亡，也伤及了联军。150 年前环保运动的创始人乔治·珀金斯·马什曾希望避免的中东生态灾难正在肆虐。

在这些残暴之举最严重的时候，哪怕萨达姆采取了拖延战术，联军还是于2月24日开始了地面作战，即“沙漠军刀行动”。事实证明，这次攻势比任何计划者预想的都要快得多，威力也更强。装甲兵和步兵编队冲进科威特和伊拉克南部，包抄萨达姆所谓的精编共和国卫队使其全军覆没，还摧毁了他的坦克师。“沙漠风暴行动”的指挥官诺曼·施瓦茨科普夫将军，即曾在伊朗协助推翻一位早期的中东领导人那位上校之子，解释说，“萨达姆是军事理论家所说的敌人的重心。[如果]毁掉他，就会使敌人失去斗志。”不到100小时，科威特城就安全了，而伊拉克军队的一大部分在撤退到一条名为死亡公路的路上时被困住了，真的送了命，化为灰烬。据说，行进中的海军陆战队队员和士兵唱了一首因摇滚乐队The Clash而出名的歌，这首歌讲述了炸弹是如何在宣礼塔之间爆炸、宣礼员如何挑衅地高喊“加油”的。当美国大兵扼杀了伊拉克的最后一次抵抗时，他们高呼：“让城堡摇滚起来！摇摆吧，城堡！”

为了推翻萨达姆政权，美国领导人现在不得不决定此次进攻是否要在伊拉克领土深入推进。负责监督这场战役的参谋长联席会议主席科林·鲍威尔将军反对继续打下去。鲍威尔举止温和，出生在纽约布朗克斯区一个普通的牙买加家庭，他的反对主要是出于人道主义考虑。他说，这场战斗已经变成了一场一边倒的战争（turkey-shoot），美国继续屠杀伊拉克人只会在道德上玷污自己。但鲍威尔也是一位精明的战略家，他把受过惩戒但军事上仍有存续能力的伊拉克视为美国的资产。他解释说：“我们的实际意图是给巴格达留下足够的力量，让它作为伊朗的威胁生存下来，毕竟伊朗对美国一直怀有敌意。”布什政府对此表示赞同。就这样，萨达姆军队的残余获准一瘸一拐、没人阻拦地回到伊拉克。然而一回去，他们就把枪口对准了北部的库尔德人和南部的什叶派——后者在美国的暗中鼓励下起来反对复兴党的统治。一如基辛格早些时候抛弃库尔德人时所表现出的那种冷静，布什就这样看着这两大族群的人成批成批地被杀死，同样无动于衷。

3月10日开始的“沙漠告别行动”使得美国军队迅速撤出了战区。在他们身后，是一个虽被掠夺但已解放的科威特，成千上万的库尔德人和什叶派教徒成为复兴党野蛮行径的受害者，多达40万的巴勒斯坦人因涉嫌支持萨达姆而被科威特驱逐，此外，还有一个虽丧失了民用基础设施但军队基本完好无损的伊拉克。波斯湾的许多领导人现在视美国为他们的救星。然而，在伊拉克，萨达姆行为的无数受害者却视美国为叛徒。更刻毒的要算在阿拉伯圣战者中激起的怨恨，包括当时仍默默无闻的奥萨马·本·拉登，在他终于将苏联异教徒赶出阿富汗之后，却发现美国异教徒在麦加和麦地那附近露营。“不是这个世界反对伊拉克，而是西方反对伊斯兰。”他们争辩道，把西方等同于美国。

这场后来被称为第一次海湾战争的冲突的长期后果，大多数美国人似乎并不太关心。由于伤亡率相对较低（147名美军士兵阵亡），加上联军成员愿意帮忙支付这场战争610亿美元的账单，军事审查人员没有看到战争更为残酷的一面，他们大大松了口气，陶醉于自己的国家实力。“总统在海湾地区的所作所为都是正确的。”国务卿贝克坚定地说，“乔治·布什做出的艰难选择正是全世界期待美国领导人做的。”然而，不仅在国内，就连在国外，美国的威望都已经达到了战后的巅峰，这多亏了布什的中东政策。全世界大部分地区都承认了美国在该地区的霸权，并与美国的目标保持一致。伍德罗·威尔逊当年拒绝向奥斯曼帝国开战以致削弱了美国在巴黎和会上的地位，与其相反，现在的总统已将其大部分军队投入海湾地区，并随时准备主宰那里的未来。他宣称：“美国人是地球上最虔诚的人。我们总是本能地感觉到，上帝的旨意与自由事业息息相关。”在挥舞着武器展示了美国的实力之后，布什现在要让美国的理想繁荣兴旺。

“我们可以看到一个新世界迎面而来，在这个世界里，所有国家都享有自由、人权都被尊重。”布什用这些话揭示了他对新世界秩序的憧憬，这是一个始于中东的和平且各国亲如兄弟的千禧年时代。总统接着概述了他的计划，即在海湾地区维持美国海军的永久存在，为中东发展提供资金，以及为防范非常规武器扩散设立安全保障。不过，其计划的核心是在土地换和平原则和实现巴勒斯坦人权利的基础上达成一项阿以条约。①

作为实现这一崇高目标的第一步，布什宣布他打算重新召开国际和平会议，这一次将在马德里举行。贝克国务卿走遍了阿拉伯世界，以争取对峰会的支持，并对以色列施压，要求其交出土地并拆除定居点。他的所做所为引起了伊扎克·沙米尔的愤怒，这位身材矮小但不屈不挠的前地下组织领导人已经取代贝京成为总理。沙米尔加快了在约旦河西岸和加沙的定居点建设，并断然拒绝了一切与阿拉法特谈判的建议。“很难相信沙米尔政府不是在表达对美国利益的蔑视。”贝克国务卿苦涩地写道。这位国务卿拒绝为将苏联犹太移民重新安置到以色列提供贷款担保，他告诉国会，沙米尔如果对和平感兴趣可以给他

① 关于布什把萨达姆比作希特勒，以及他们从犹太团体挑起的抗议活动，参见：Allison Kaplan, “U.S Apologizes for Hitler Remark,” *Jerusalem Post*, Nov. 7, 1991. Michael Kelly, *Martyrs' Day: Chronicle of a Small War* (New York: Vintage, 1993), pp. 120-21 (“I've been in the army”). H. Norman Schwarzkopf, with Peter Petre, *It Doesn't Take a Hero: The Autobiography* (New York: Bantam, 1992), p. 319 (“Saddam was what”). Colin Powell, with Joseph E. Persico, *My American Journey* (New York: Random House, 1995), pp. 461-71, 511-13. James Mann, *The Rise of the Vulcans: The History of Bush's War Cabinet* (New York: Penguin, 2004), pp. 185-91, 193 (“Our practical intention”). Coll, *Ghost Wars*, p. 229 (“It is not the world”). James A. Baker III and Thomas M. Defrank, *The Politics of Diplomacy: Revolution, War and Peace, 1989-1992* (New York: Putnam, 1995), pp. 262-63, 272-73, 277 (“What the President did”). “The Religion of George H. W. Bush,” http://www.adherents.com/people/pb/George_HW_Bush.html (“Americans are the most religious”). 布什题为“世界新秩序”的讲话可在网上找到，参见：“Bab — An Open Door to the Arab World,” http://www.al-bab.com/arab/docs/pal/pa110.htm。

打电话，他甚至还留下了自己在白宫的电话号码（202－456－1414）。受到威逼的以色列人最终同意参加会议，但条件是不邀请阿拉法特。布什欣然接受了这一要求；在阿拉伯领导人中，只有巴解组织主席在战争期间站在了萨达姆一边。

1991年10月30日，和平会议在西班牙首都开幕，一时盛况空前、媒体云集。全世界数百万人欣喜地看到，以色列和阿拉伯领导人聚集在洛可可风格的皇宫里（一幅查理五世屠杀摩尔人的画像已被匆忙摘掉了），围坐在同一张华丽的桌子旁。"就像杰利科的城墙一样，半个世纪的心理障碍轰然倒塌留下掷地有声的结局。"贝克欣喜若狂地说。然而，表面上的突破通向的只是死胡同。脾气暴躁的叙利亚外交部长法鲁克·沙雷整篇发言都在诋毁沙米尔，而沙米尔给来自巴勒斯坦的代表们提供了微不足道的激励。尽管如此，美国代表团还是成功地就水资源、军备控制和难民安置等问题敲定了双边和谈和多边讨论的双层框架。但是双边谈判破裂了，因为以色列人拒绝考虑就约旦河西岸和加沙地带做出领土让步，而巴勒斯坦人拒绝在这两个地区建立一个非巴解组织管理的国家。沙米尔反对将整个戈兰高地归还给叙利亚，而叙利亚人也不愿意提供真正的和平。由于在双边层面上没有进展，许多阿拉伯代表团对多边议题甚至连考虑一下都不愿意。

贝克总结说，马德里和会"有大量关于决心、错误开端、个人和政治勇气、死胡同、坚持不懈、误判、暴脾气、无休止的谈判、大量创造性的妥协以及善意和恶意的故事"。这也是一个不可能成功的想法。到1991年底，和平进程再次陷入僵局。面对艰难的总统竞选，布什将僵局的大部分责任归于以色列。他宣称，美国"为每个以色列男人、女人和孩子提供了近1000美元［的援助］"，但只得到了寸步不让的回报。然而，这番指责并不能掩盖这样一个事实，即政府为了弥合阿拉伯人与以色列人之间的鸿沟已经动用了全部威望和影响力，却几乎没能成功地缩小两者的分歧。①

美国军队在中东击败了一个残暴的侵略者、解放了一个忠诚的盟友。但美国在科威特恢复的是部落统治，而不是建立了代议制政府，还使萨达姆得以保留了他的杀人政权。它召开了一次高调的和平会议，结果连最初步的协议也未能达成。尽管布什避免了威尔逊那种不愿向中东派兵的做法，但他还是与威尔逊一样，对试图按照美国式的民主路线改造该地区感到沮丧。总统所承诺的“美式和平”似乎和战前一样遥不可及；新的世界秩序几乎与旧的世界秩序毫无区别。可以说，最重大的变化不是发生在中东，而是在白宫。1993 年 1 月，布什家族搬出白宫，为比尔和希拉里·克林顿夫妇让路。

理想与现实的冲突

哦，我来自这样一片土地，那是个遥远的地方
那里有成群的骆驼徜徉
那里的人会割掉你的耳朵
假若他们不喜欢你的脸庞
那里确实野蛮，但那里，是我的家乡

沃尔特·迪士尼电影公司的喜剧动画片《阿拉丁》(1992) 一上来就是这些不敬的歌词，这部片子是《一千零一夜》的又一衍生品。对推定的中东文化的残酷性轻描淡写，在美国一度是可以接受的甚至是大受称赞的，但《东方主义》的出版和政治正确的出现使这种非难

① Dennis Ross, *The Missing Peace: The Inside Story of the Fight for Middle East Peace* (New York: Farrar, Straus and Giroux, 2004), pp. 68, 71 - 81. Baker and Defrank, *Politics of Diplomacy*, pp. 488 (“a rich tale”), 512 (“Like the walls”). David Horovitz, “Blunt Baker Urges Israel to Talk Peace,” *Jerusalem Post*, June 14, 1990.

显得不得体。阿拉伯裔美国人团体将这首歌视为好莱坞贬低他们传统文化的新手法，因此大为愤怒，提出强烈抗议。这一次，迪士尼让步了。词曲作者很快就把带有冒犯性的对仗句“那里的人会割掉你的耳朵，假若他们不喜欢你的脸庞”，换成了滑稽可笑的“那里平坦广阔，酷热难耐”。然而，电影业继续通过延续中东人民的负面刻板形象来侮辱具有阿拉伯、伊朗和土耳其血统的美国人。1994 年阿诺德·施瓦辛格的喜剧片《真实的谎言》中的那种试图炸毁一座美国城市的愤怒的阿拉伯恐怖分子，已经成为主角。

电影银幕上对中东的描绘不断加深的分歧，也在图书馆和演讲厅里扩大。1990 年代，中东研究在美国蓬勃发展。100 多所大学和学院开设了相关课程，成立于 1966 年的中东研究协会（MESA）号称有 2600 多名会员。在多元文化主义和后殖民主义理论的滋养下，许多学者表达了对美国中东政策——特别是其对以色列和阿拉伯的专制统治者的支持——的强烈不满。他们要求巴解组织和该地区的民主反对派力量给出明确的支持，还就某些具体情况赞扬了大马士革和德黑兰的反美领导人。不过，这种情绪不再局限于中东研究各院系，而是扩散到了整个人文学科，甚至科学分支。“事实上，美国一直在支持压迫、独裁、严酷的政权，并阻挠各种民主倡议。”麻省理工学院备受尊敬的语言学家、世界知名的自由社会主义者、1928 年出生于费城的一个犹太复国主义者家庭的诺姆·乔姆斯基说，“美国正在发出一个非常明确的声明：美国将以武力运作世界上的这个地区，所以都给我让开。”

伯纳德·刘易斯的观点则不那么普遍，他继续提倡美国和以色列之间建立牢固的关系，并将美国视为中东地区民主变革的主要希望，如果不是唯一希望的话。在为数不多的公开支持刘易斯对中东的悲观评价的学者中，哈佛大学政府问题专家塞缪尔·P. 亨廷顿就是其中之一。在他 1993 年的开创性著作《文明的冲突》中，看似温顺、即将退休的亨廷顿描述了一个这样的世界：那里不再分成对立的共产主义和资本主义意识形态，而是被西方国家（主要是基督教国家）和伊斯兰教之间的内在冲突撕成两半。“西方的根本问题不是伊斯兰原教旨主义，”他写道，“而是伊斯兰教，这是一种不同的文明，其人民坚信自己文化的优越性，又为其实力低下而苦恼。”然而，与刘易斯不同的是，亨廷顿并没有预见到美国在避免这一冲突中扮演的主要角色。不过，美国将是冲突的主要受害者。①

亨廷顿的观点似乎在 1993 年 2 月 26 日早上得到了验证，这一天，一辆装满炸药的货车驶入了曼哈顿世贸中心的地下停车场。开车的是一名叫拉姆齐·优素福的科威特人，车上的炸弹却是由伊拉克人阿卜杜勒·拉赫曼·亚辛制造的。他们俩都是在执行埃及盲人奥马尔·阿卜杜勒-拉赫曼的指示，此人是一名神职人员，在布鲁克林的清真寺领导着一个伊斯兰极端组织，与奥萨马·本·拉登的基地组织有来往。阿卜杜勒-拉赫曼希望通过炸毁世贸中心的双子塔——纽约最高的建筑和美国统治的杰出象征之一——开启一场针对西方的全面圣战。拉姆齐点燃了一枚 1310 磅重的炸弹的导火索，徒步逃离了停车场。爆炸发生在中午刚过的时候，在四层混凝土的建筑中炸开了一个 90 英尺宽的缺口，造成 6 人死亡，1000 多人受伤。6 名同谋最终被逮捕，并被判入狱 240 年。

双子塔爆炸事件是美国大陆遭受的第一次重大恐怖袭击，但是，

① 《阿拉丁》歌词的最初版和修改版，可见于 http://www.angelfire.com/movies/disneybroadway/aladdin.html. Martin Kramer, *Ivory Towers on Sand: The Failure of Middle Eastern Studies in America* (Washington, D.C.: Washington Institute of Near East Policy, 2001), pp. 1, 5. Samuel P. Huntington, *The Clash of Civilizations and the Remarking of World Order* (New York: Simon & Schuster, 1996), pp. 217 - 18 (“The underlying problem”)。

尽管美国显然面临着前所未有的来自中东的威胁，联邦政府还是没有动用所有军事和情报部门。刚刚执政一个月的比尔·克林顿政府决定将恐怖主义定为犯罪，而非对国家安全的威胁。1993 年 10 月，18 名美国军人在抓捕索马里军阀穆罕默德·法拉·艾迪德的一次失败行动中丧生，即“黑鹰坠落”事件，此事让总统更加不愿意与穆斯林恐怖分子发生军事冲突。18 个月后，白人至上主义者在俄克拉何马城的联邦大楼制造了一起爆炸案，导致 168 名平民丧生，这进一步坚定了克林顿倾向于动用警察而不是士兵来反恐的想法。他写道：“我对我们执法工作的效率感到满意，但对我们的开放社会如此易受恐怖袭击深感不安。”

尽管克林顿曾是罗得奖学金获得者、法学教授和阿肯色州州长，但他在外交事务方面的经验却少之又少，对中东地区的了解也只是一时。但他明白，布什在 1992 年大选中失利，部分原因在于他专注于伊拉克和阿-以争端的调停，未能专注于国内问题。而正沉浸在一段看似无限繁荣时期的美国人，普遍欢迎总统把目光转向国内。他们和克林顿一样坚信，通过消除滋生恐怖主义的贫困和无知，并孤立资助恐怖主义的国家，恐怖主义是可以打败的。摆脱了军事打击基地组织和其他极端组织的负担后，美国人民就可以尽情享用本世纪最后的太平十年的成果了。

在中东，克林顿的做法意味着在保持波斯湾现状的同时，避免采取任何重大的军事或外交举措。通过“双重遏制”政策，美国将对伊朗和伊拉克实施经济制裁，并继续对萨达姆施压。除了开辟“禁飞区”，禁止伊拉克飞机在库尔德和什叶派地区上空飞行之外，克林顿还两次下令对伊拉克设施进行导弹袭击——第一次是为了报复萨达姆 1993 年企图暗杀前总统布什，第二次是在 5 年后，作为对其干扰联合国武器核查人员的惩罚。克林顿尤其支持核查人员在伊拉克努力搜寻大规模杀伤性武器的行动。他认为，复兴党政权是“恐怖分子、毒贩和有组织国际罪犯的邪恶轴心”集大成者，“如果我们允许他们建立核武器、化学武器和生物武器库，这一政权会让更多的人丧命”。①

不过，总的来说，克林顿是克制的，没有诉诸武力来确保美国在中东的利益。似乎也没什么必要。苏联的挑战已成褪色的记忆，本土民族主义基本已经消亡。克林顿认为，恐怖分子的炸弹袭击确实在美国造成了许多伤亡，但伊斯兰威胁可以通过小心戒备而不是武力来应对。他也不觉得有任何在以色列人和阿拉伯人之间进行调解的必要。虽然克林顿是浸礼会教徒，少年时期，他的牧师曾告诫他：“如果你不站在以色列一边，上帝永远不会原谅你。”但克林顿满足于与这个犹太国家建立友好关系，而不是把宝贵的任期浪费在劳而无功的和平进程上。如果不是 1993 年 9 月 9 日以色列总理伊扎克·拉宾的一个电话，他的这种怡然自得可能还将持续下去。拉宾告诉他，在经历了数十年流血冲突后，以色列和巴解组织达成了一项秘密协议。

尽管美国尚未恢复与巴勒斯坦组织的对话，但新当选的拉宾政府的代表一直在挪威首都奥斯陆与阿拉法特的副手进行秘密谈判。现在，协议大纲已经拟定，拉宾和阿拉法特期望盖上总统大印将事情定下来。就算克林顿对双方都不认为有必要就谈判与他进行协商感到不快的话，他也还是很乐意充当他们协议的监护人。接下来是热火朝天的准备工作，因为 4 天后白宫将举行一场公开的签字仪式。总统的作用被简化为确保两位领导人都将出席，还有阿拉法特不会试图亲吻沉默寡言的以色列总理的脸颊。在仪式前一晚，没有睡意的克林顿阅读

① Coll, *Ghost Wars*, pp. 249 - 56. “Text of Clinton Statement on Iraq, Feb. 17, 1998,” http://www.cnn.com/ALLPOLITICS/1998/02/17/transcripts/clinton.iraq/ (“unholy axis”). Bill Clinton, *My Life: The Presidential Years* (Westminster, Md.: Knopf, 2005), p. 40 (“I was pleased”). Laurie Mylroie, “U.S. Policy toward Iraq,” *Middle East Intelligence Bulletin* 3, no. 1 (Jan. 2001).

了《约书亚记》——与当时情形很不搭的是，这本书讲的是犹太人的征服史——第二天早上，他戴了一条饰有金色号角的领带，提醒他约书亚就是吹着这号角推倒杰利科城墙的。他心想："现在，这些号角预示着和平的到来，杰利科将还到巴勒斯坦人手中。"第二天，在现场数千名阿拉伯人、以色列人和美国人的祝福下，容光焕发的克林顿再现了卡特那次历史性的三方握手。"你好！你们好！和平！"他向协议的双方签署人致意，"去行动吧，你们这些和平的缔造者。"

与萨达特和贝京一样，阿拉法特和拉宾也将获得诺贝尔和平奖，但他们那天在白宫草坪上草签的《原则声明》远非一份具体的条约。除了规定以色列和巴解组织相互承认、放弃恐怖和煽动活动以及逐步实现巴勒斯坦民族权利之外，这一俗称为《奥斯陆协议》的进程并没有具体说明以色列何时撤离约旦河西岸和加沙地带，也没有解释这些领土将如何恢复阿拉伯统治。双方都称耶路撒冷为自己的首都，有关耶路撒冷以及分散在世界各地的数百万巴勒斯坦难民及其后裔的最终地位的决定，都被推迟到一个不知猴年马月的未来。以色列人利用这种含糊不清扩大了他们在这些领土上的定居点，而阿拉法特和《奥斯陆协议》建立的巴勒斯坦权力机构也只是断断续续地管束一下恐怖活动或教育巴勒斯坦人实现和平。

阿拉伯和以色列谈判代表没能从一般原则转向具体的和平安排，面对这种情况，克林顿不得不像卡特那样，在双方之间进行斡旋。总统的大量日程安排都耗在了上面，为的是让双方达成临时协议。白宫如此频繁地接待身着战斗服装的阿拉法特，以至于克林顿的批评者重提他激进的学生时代，指责他在重温 60 年代对第三世界游击队领导人的幻想。但事实上，总统从未与阿拉法特建立牢固的关系。他和约旦国王侯赛因及其身形健美的美国妻子——普林斯顿大学毕业的努尔王后——之间的关系倒是更近些。然而，克林顿最深切的情感留给了拉宾，他把这位安静的战士和无畏的政治家视为他从未真正拥有过的父亲[①]。“当人们在一场他们认为伟大而正义的战争中时，我们以一种独特的方式成为了朋友。”克林顿回忆道，“每次见面，我对他的尊重与关心都会增加一分。”1994 年 10 月，数千名宾客和国际媒体聚集在朱迪亚沙漠，克林顿与约旦国王和以色列总理共同主持了以色列-约旦和平条约的签署。随着克林顿开始探索用以色列控制的戈兰高地换取叙利亚与以色列和解的可能性，仪式上放飞的蓝色、白色和绿色气球标志着另一场和平努力的开端。

但是，牺牲戈兰高地、加沙地带和约旦河西岸的前景，激怒了认为这些领土是神圣之地、对其国防至关重要的以色列人。他们举行了大规模集会，谴责拉宾的政策，痛斥他是叛徒。而 1995 年 8 月在耶路撒冷发生的第一起公共汽车爆炸事件则证明，阿拉法特没能控制住恐怖组织，这进一步激励了反对派。11 月 4 日，拉宾在特拉维夫参加完和平集会后，被一名单枪匹马的犹太枪手的子弹打中，不久去世。脸色苍白、神情沮丧的克林顿出现在白宫记者面前，成为第一位用希伯来语念墓志铭的总统——“别了，朋友”（shalom，chaver）。[②]

《奥斯陆协议》的主要设计师、常年担任以色列外交部长的西蒙·佩雷斯接替了拉宾，并试图恢复这一进程的势头。但接二连三的爆炸事件破坏了他的努力，并导致他在 1996 年的选举中输给了曾就读于麻省理工学院的利库德集团好斗的领导人本杰明·内塔尼亚胡。

---

① 克林顿是遗腹子。——译者

② Clinton, *My Life: The Presidential Years*, pp. 78 - 79, 100 - 1 (“Now the horns”), 102 - 3, 104 (“Shalom, salaam, peace”), 244 - 45, 281 (“We had become friends”). Bill Clinton, *My Life: The Early Years* (Westminster, Md.: Knopf, 2005), p. 466 (“God will never”). David Horovitz, ed., *Yitzhak Rabin: Solider of Peace* (London: Peter Halban, 1996), pp. 115 - 22. Shimon Peres, *Battling for Peace: Memoirs*, ed. David Landau (London: Weidenfeld & Nicolson, 1995), pp. 335 - 37, 343 - 44. Dennis Ross, *Missing Peace*, pp. 101 - 21. Quandt, *Peace Process*, pp. 327 - 31. Connie Bruck, “The Wounds of Peace,” *New Yorker*, Oct. 14, 1996.

一个右的以色列政府，再加上充斥着腐败和派系分裂的巴勒斯坦权力机构，搁在一起需要克林顿投入更多的精力。这使得另一项临时协议1998年10月在马里兰州怀伊河种植园产生了，据此，以色列要放弃更多的领土，也可以得到巴勒斯坦方面进一步的和平保证。然而，此时，由于要保护美国人免受又一轮的中东恐怖袭击，达成巴以协议的努力不由得偏离了方向。

最新的一轮袭击始于1996年6月25日晚上10点，一辆载有5000磅炸药的油料车炸毁了霍巴塔（Khobar Towers），这座建筑一向被用作在沙特阿拉伯达兰市的美军士兵的临时营舍。在这起被认为是真主党和基地组织所为的爆炸案中，19名美国人丧生，372人受伤。两年后，在1998年8月7日，基地组织在美国驻肯尼亚和坦桑尼亚的大使馆同时制造了两起爆炸事件，造成244人死亡，4000多人受伤。晕头转向的救援人员在废墟中搜寻尸体——这一幕首次出现在1980年代的贝鲁特——以及一排排裹着国旗的棺材被送上美国货机的场景，再次变得司空见惯。本·拉登欣喜若狂地宣布了一个新组织——“世界伊斯兰反犹太人和十字军圣战阵线”——的诞生，并向美国公开宣战。他宣布：“不管哪个国家的……每个穆斯林”，都有义务“与美国人及其盟友战斗、杀掉他们，无论其是平民还是军人”。

美国情报机构确信基地组织最终会在美国境内发动一次重大袭击，然而克林顿的反应仍然很小。受制于福特政府发布的政治暗杀禁令，总统更倾向于抓捕而不是杀掉本·拉登，或者干脆怂恿埃及或阿富汗特工干掉他。与此同时，美国军队已在科索沃承诺要保护阿尔巴尼亚人不为塞族人所害并轰炸贝尔格莱德——克林顿认为，公众不会支持在中东的大行动。此时，总统正因试图掩盖他与一名白宫实习生的风流韵事而遭到国会的攻击。由于法律上和政治上受限，克林顿下令对大使馆爆炸事件稍稍进行报复，对阿富汗的基地组织训练营和苏丹一家涉嫌制造化学武器的制药厂发射了巡航导弹。他强调，美国这场战役针对的是“狂热分子和杀手”，而不是伊斯兰教，而且这将是“一场旷日持久的战争”。然而，即便回应得如此低调，还是被克林顿的批评者谴责为企图转移公众对他被弹劾的注意力，并被恐怖分子解读为软弱的表现。本·拉登毫发无损地逃脱了袭击，而且尽管导弹摧毁了苏丹的营地，但在其废墟中并没有发现任何有毒物质的痕迹。

比尔·克林顿在其8年任期结束时，已是一名经验丰富——也是累累伤痕——的中东事务老手。他曾尽可能克制自己不动用美国的军事力量对付伊斯兰极端分子，后来却发现极端分子决意要把战火烧到美国。他秉持美国的最高美德，努力实现以色列人和巴勒斯坦人之间的和平，却屡屡受挫。美国和阿拉伯专制政权之间的联盟，尤其是在波斯湾地区，比以往任何时候都更加紧密，而中东地区的贫富差距则越来越大。克林顿最初的设想是美国人与该地区人民一起寻求以非暴力方式解决争端，寻求公平发展，但这到1999年年底已经破灭，反而成为棘手的冲突和冷酷的经济算计的受害者。正巧，在信仰与权力的双重失败中，克林顿在中东的经历以进一步的失望和痛苦告终。

作为挽救奥斯陆和平进程的最后一搏，克林顿同意了以色列新总理、左倾的前突击队员埃胡德·巴拉克的请求，允许其与阿拉法特就最终的和平协议举行会谈。2000年7月，就在其总统任期即将结束的6个月前，克林顿召集两位领导人到戴维营，花了近两周时间努力缩小他们之间的差距。据美国和以色列的与会者称，巴勒斯坦人获准在约旦河西岸90％的地区（后来扩大到95％以上）、整个加沙地带和耶路撒冷东半部建立一个独立国家。以色列还将把内盖夫沙漠的一小部分割让给加沙。以色列定居点将被合并成毗邻1967年边界的街区，巴勒斯坦难民将获得巨额金钱补偿。然而，阿拉法特坚持认为，克林顿和巴拉克拿给他的只是约旦河西岸几块互不相连的地区——“班图斯坦”[1]，而且还拒绝同意他拥有对耶路撒冷的谢里夫圣地（即犹太人所说的圣殿山）——包括西墙——的主权。克林顿的过渡方案也未能将巴勒斯坦难民全部遣返以色列。阿拉法特离开了戴维营，其间短暂驻足称赞克林顿的伟大。“我不是什么伟人。”克林顿长叹，“我是个失败者，你让我成了个失败者。”

当年9月，在现任以色列反对派领袖阿里埃勒·沙龙访问圣殿山之后，巴勒斯坦人指责以色列试图摧毁那里的阿克萨清真寺[2]，于是发动了第二次起义。然而，与大体上非暴力的第一次起义相比，第二次起义充斥着自杀式炸弹袭击和伏击，很快就夺去了数百名以色列人的生命。以色列人则以摧毁巴勒斯坦权力机构的建筑、孤立西岸城市、暗杀武装分子领导人进行反击。流血事件断送了一度光明的巴以和平愿景，预示着冲突将很快席卷该地区的大部分地方。克林顿在其总统任期的最后几周里，倾尽全力想促成停火、重启谈判。当阿拉法特冲出正在举行停战谈判的美国驻巴黎大使馆时，国务卿马德琳·奥尔布赖特踩着高跟鞋踉踉跄跄地追了上去。“关门！”她对海军陆战队卫兵大喊，仿佛封锁出入口不仅能把阿拉法特留在场内，还能阻止中东骚乱的蔓延。“把大门关上！”她喊道，但只是徒劳。

美国人都盯着一场势均力敌的总统大选，几乎没有什么心思关注这些事。10月12日，一名基地组织自杀式炸弹袭击者将一艘由发动机驱动的充气船撞向了停靠在也门港口的美国驱逐舰“科尔号”，这让美国人分出了一点注意力关注此事。船上的足量炸药炸死了17名船员，炸伤了34人。“我们在打仗，”中情局局长乔治·特尼特惊呼

---

① 又称黑人家园制度，是南非政权为推行种族隔离政策对南非班图人实行政治上彻底“分离”的制度。——译者

② 位于耶路撒冷老城东部，对穆斯林来说，是仅次于麦加圣寺和麦地那先知寺的第三圣寺。——译者

道，“我希望不遗余力地将资源或人力投入其中。”[①] 然而，他的同胞中似乎很少有人对政府没有向恐怖主义宣战或加强国防感到不安。“科尔号”的船体上被撕开的那个40×60英尺的大洞，似乎象征着美国在中东战略思想上存在的缺口。按照威尔逊、肯尼迪和卡特的传统，克林顿在处理该地区问题时更倾向于完美的想法而不是动武，并且还表现出了对神话的强烈偏好。但是，这些政策在实现和平或防止恐怖方面没有一项证明是有效的。美国从未对“科尔号”遇袭事件展开报复——这一点在阿富汗（此时正处于清教徒式的塔利班政权控制之下）和基地组织总部都得到了应有的注意。

熊熊大火

21世纪的曙光洒在了一个对未来充满希望，也被一系列当代辩题深深撕裂的美国身上，这些争论包括：自由市场资本主义与福利国家、能源需求与保护环境的愿望、政府与教会之间的关系。在美国对中东的介入、美国与以色列的结盟，以及大企业与阿拉伯石油的关系等问题上，也出现了分歧。相比之下，很少有人讨论伊斯兰极端主义带来的危险以及美国应如何自卫。美国人似乎更担心千禧年对计算机的潜在破坏，也就是千年虫，而不是担心国内可能发生的恐怖袭击。

---

① Clinton, *My Life: The Presidential Years*, pp. 448 - 49 ("fanatics and killers"), 634 - 35 ("I am not a great man"), 642 - 46. Madeleine Albright, with Bill Woodward, *Madam Secretary* (New York: Miramax, 2003), pp. 289, 291, 294 - 95, 317, 490 - 91, 497. Douglas Waller, "A Frantic Hunt for Peace," http://www.cnn.com/ALLPOLITICS/time/2000/10/16/peace.html ("Close the gate!"). See also Robert Malley and Hussein Agha, "Camp David: The Tragedy of Errors," *New York Review of Books*, Aug. 9, 2001. Coll, *Ghost Wars*, pp. 329, 376 - 77, 379, 380 ("Every Muslim"), 395 - 96, 405 - 15, 436 ("We are at war").

早在1789年，对中东海盗袭击这个新成立国家的海岸的恐惧，促使美国人批准了自己的宪法并团结起来。但到了2000年，美国国内发生重大恐怖袭击的威胁在很大程度上并没有引起美国公民的注意，他们正忙于争论一些基本问题。

不过，在奥萨马·本·拉登心目中，针对美国的恐怖主义是第一要务。他已经授权了一项行动，基地组织特工的潜伏小组将被唤醒，然后劫持美国航班，开着去撞重要的商业大楼和政府大楼。至少有19名恐怖分子在沙特阿拉伯和波斯湾的伊斯兰慈善机构的大力资助下，成功地渗透到了美国城市，做了新身份，其中某些人还参加了飞行训练项目。

中情局和其他情报机构收到了许多关于基地组织活动的警告。特尼特回忆说："整个系统都在报警。"但是，美国官员似乎在掌舵时睡着了。乔治·布什上任时曾宣称自己打算严厉打击恐怖主义，但这位新总统实际上几乎没有采取任何措施来加强国家的防御。白宫没能说服也门与其合作追捕"科尔号"袭击事件的元凶，也不愿向沙特施压，要求其打击资助恐怖主义的慈善机构。2001年8月，一名摩洛哥裔法国公民扎卡里亚斯·穆萨维在明尼苏达州的一所飞行员学校被捕，并被发现持有波音747飞机的飞行手册，即便如此，政府仍然反应迟钝。布什提高了美国大使馆的警戒级别，并批准了一项用无人机向阿富汗的本·拉登发射导弹的计划，却没有提升国内的安全级别。"最失败的地方是缺乏想象力，"一个政府委员会后来认定道，"我们认为领导人并不了解这一威胁的严重性。"

美国人民本来也应该意识到这种危险。从1970年代初的劫持与暗杀，到"科尔号"事件，恐怖分子袭击已经成为美国生活的现实。这一事实也反映在流行文化中，比如像《全面围攻》（1998）和《夺金三王》（1999）这样的电影，前一部里纽约差点被伊斯兰炸弹客和戒严令下的进退两难夷为平地；后一部里天真的美国大兵受到了伊拉克虐待狂的折磨。刘易斯与亨廷顿所描绘的那些来势汹汹的中东形象，无处不在。然而，美国人对自己的军队满怀信心，仍然难以想象一群来自埃及、沙特阿拉伯和黎巴嫩的没受过训练的人是如何渗透到他们的国家，袭击他们最著名的城市和首都的。一些人受了萨义德和乔姆斯基理论的影响，认为阿拉伯人和伊朗人对美国人的恐惧远远超过美国人对他们的恐惧。其他人则仍然被神话抚慰了身心。2000 年，数百万美国人为获得艾美奖的电视电影《阿拉伯之夜》激动不已，里面有讲故事的山鲁佐德、神气活现的阿里巴巴和水手辛巴达。看了这部电影的许多人可能会疑惑，为什么住在如此神秘的土地上的居民会开着飞机而不是乘着飞毯来袭击从未伤害过他们的美国。

然而，这些挥之不去的中东幻想在 2001 年 9 月 11 日早上 8：46 突然破灭。就在那一刻，一架被基地组织恐怖分子劫持的飞往洛杉矶的美国航空公司客机，连同机上 92 人和 1 万加仑燃油，撞上了世贸中心北塔。大楼两侧冒出的朱红色火焰，成吨无生命的碎片和人类的残骸砸到下面的街道上，这一幕将永远烙进美国人的记忆里。同样被铭记的，还有被劫持的联合航空公司 175 航班 17 分钟后撞上南塔的恐怖场面。“请享受生活，尽你所能过得最好。”机上一名叫布莱恩·斯威尼的乘客在撞机前给妻子留言说，“你知道我爱你，无论发生什么，我们都会再次相见。”不到半个小时，第三架民用客机撞上了华盛顿五角大楼的西侧，而第四架显然是要撞向白宫或国会大厦的，但被无畏的乘客迫降，最终栽进了宾夕法尼亚州的一块农田。到 10：30 分，双子塔已轰然倒塌，周围的建筑也摇摇欲坠。一团黏滞的死白色烟雾笼罩着曼哈顿的南端，两百年前，“埃塞克斯号”军舰正是从这里出发去打美国的第一次中东之战。

近 3000 名美国人遇难，这是美国历史上最严重的一次针对平民的大屠杀。人们的第一反应是震惊。劫机者的身份、动机和作案手法都是一团乱麻，叫人看不清。人们发了疯似的追问，还有其他恐怖组织存在吗？如果有，他们的下一个目标是什么？安全部队好像是在模仿电影《全面围攻》似的，停飞了所有航班，封锁了隧道和桥梁，还拘留了数百名阿拉伯裔美国人和美国穆斯林。国家纪念场所被置于严密的保护之下，其中包括停泊在波士顿湾的美国"宪法号"军舰，政府担心它会由于在打赢巴巴里战争中所起的作用而成为攻击目标。

早年间的美国人可能会对这样的袭击做出反应，要求所有穆斯林对此负责，并向伊斯兰教宣战。亨廷顿所预言的文明冲突的最可怕例子，莫过于被劫持飞机的坠毁了。然而，美国人普遍不愿将安分守己的多数穆斯林和大开杀戒的9·11元凶混为一谈。"[如果] 这些是伊斯兰恐怖分子……那他们就玷污了自己的宗教。"曾有先见之明地描写过一起恐怖分子企图用飞机去撞国会大厦的阴谋的小说家汤姆·克兰西，在当天上午晚些时候告诉CNN，"伊斯兰教不允许自杀。它说如果你做这样的事，就会下地狱。"[①] 写虚构作品的克兰西曾作为恐怖主义问题专家接受过咨询，这一事实表明，在美国对中东的认知中，幻想和事实的界限仍然模糊不清。但白宫也强调，美国的敌人是伊斯兰狂热分子，而不是穆斯林或伊斯兰信仰。

但无可辩驳的一点是，美国在战争状态。最紧迫的问题是：美国将向谁、在哪里，以及如何反击？答案只能由总统提供，他与中东有着密切的和多方面的联系，中东也是民众表达强烈忠诚和激烈反对的焦点。他在竞争激烈的总统选举中获胜，因捍卫家庭价值观和保守的

① Richard Bernstein et al., *Out of the Blue: The Story of September 11, 2001, from Jihad to Ground Zero* (New York: Times Books, 2002), pp.7, 25 - 26, 120 - 21, 131 - 39, 184 ("Please have fun"). CNN Breaking News, Sept. 11, 2001, Transcript # 091174CN, p.4 ("these are Islamic terrorists").

社会经济政策而受到一些美国人的尊敬，但他也因天真、对福利和生态问题的漠不关心以及过分简单化的虔诚而受到其他人的斥责。然而，在 9·11 事件后的恐慌中，美国人团结在了乔治·W. 布什的周围，期待他发挥领导作用。总统立即答应了。与战后任何一位总统相比，布什都更清楚地描绘了美国与中东曲折关系的发展历程。

他身上囊括了美国在该地区的各种不同经历，他是乔治·白求恩·英格里希那样的战士式外交家，也是威廉·弗朗西斯·林奇那样的战士式福音传道者，总之是个混合体。布什照杰斐逊和西奥多·罗斯福的方式行事，对在该地区向美国的对手耀武扬威或改换敌对政权并没有什么良心不安。“美国将追捕并惩罚那些应为这些懦夫行为负责的人。”他在 9·11 事件后发誓，“不管是犯下这些罪行的恐怖分子还是窝藏他们的人，一概惩罚”。然而，与泰迪·罗斯福的第五个堂兄弟富兰克林·罗斯福一样，布什深谙石油的价值，不愿疏远石油供应商，尤其是沙特阿拉伯的供应商。他和安德鲁·杰克逊一样关心美国与中东的贸易，并像其父那样与在中东做生意的美国公司保持着关系。然而，与老布什这个刻板的圣公会教徒相比，小布什倾向于更受欢迎、更有政治影响力的福音派教会。这使他成为在 1840 年代倡导建立一个犹太国家的乔治·布什教授和警示伊斯兰好战分子的危险的殖民时代神学研究者们精神上的继承人，而不仅仅是其遗传学上的后代。布什将打击伊斯兰恐怖主义的斗争描述为“铲除世上为恶者的十字军东征”，并非随口一说。不过，除了这种宗教热情，总统也赞成新保守派的世俗热情，这些人鼓吹通过民主拯救中东，他们中的许多人曾是自由派，对左派抛弃以色列并对共产主义罪行宽容不满。布什心头那种神圣使命和公民使命的结合，让他坚定地奉行了威尔逊的传统。但这种使威尔逊放弃在中东参与敌对行动的信念，却促使布什决定支持战争。

美国报复行动的地点9月15日在戴维营选定了。著名的新保守主义者、国防部副部长保罗·沃尔福威茨游说对伊拉克实施报复，他认为伊拉克几乎肯定与基地组织有关。但是，现任国务卿科林·鲍威尔却跟副总统迪克·切尼和国家安全顾问康多莉扎·赖斯一起建议报复阿富汗，认为那里的塔利班政权仍在窝藏本·拉登。布什同意鲍威尔的意见，并着手复制十年前他父亲组建的多国联盟。消除阿富汗的暴政与恐怖活动将是一场全球性的战役，而不是一场狭隘的美国复仇战。

对阿富汗塔利班据点的空袭，9·11事件后不到一个月就开始了。当地反塔利班武装——“北方联盟”——向喀布尔、贾拉拉巴德和坎大哈等主要城市进发时，美国战斗机还为其提供了地面支援。到11月底，海军陆战队也在阿富汗展开了行动，扑灭了塔利班的零星抵抗，并在多山的巴基斯坦边境追捕本·拉登。布什设法说服了包括英国、俄罗斯、德国和法国在内的18个国家为这场战役提供军力，并参与了该国的战后重建。尽管本·拉登最终逃脱了抓捕，塔利班游击队继续在人迹罕至的据点活动，但“持久自由行动”被认为是成功的。现在，随着战争的军事阶段基本完成，美国得以再次把注意力放在信仰问题上。美国人协助颁布了阿富汗宪法，并帮忙举行了有史以来第一次阿富汗议会妇女代表选举。

阿富汗的解放也许足以为9·11的暴行报仇雪恨，但布什确信美国已卷入一场与恐怖主义的长期战争，在这场战争中，美国只是稍稍重获主动权，但尚未拿稳。他认为，最初在中东用来对付苏联、后来用来对付伊朗和伊拉克的那些老的威慑和遏制政策，已不足以对付在美国境内活动并有可能使用大规模杀伤性武器的恐怖分子。杜鲁门、艾森豪威尔和卡特都采取了应对该地区安全威胁的新措施，以他们为榜样，布什也想出了一套学说。美国不会干等着恐怖袭击发生再做出反应，而是会对任何从事或推动恐怖活动的组织或国家出击。以色列使用时遭到了约翰逊和尼克松反对的先发制人策略，现在是美国的政策。美国还将致力于推动中东的民主化，这既是一个原则问题，也是消除恐怖主义赖以滋生的仇恨与落后的最佳手段。“美国没有帝国要扩张，也没有乌托邦要建立。”布什 2002 年 6 月在西点军校对即将毕业的学员们说，“我们只希望他人也能得到我们希望自己得到的东西——远离暴力、得到自由的回报、希望过上更好的生活。”美国人将再次努力按照自己的形象重塑中东，从复兴党控制的伊拉克开始。

尽管有关萨达姆和本·拉登之间联系的证据不足，但布什已打定主意将伊拉克作为他新学说的试验案例。他并不缺少开战的理由。萨达姆曾在 1993 年试图暗杀布什的父亲，并一贯侵入禁飞区。然而，对布什来说，最让他深恶痛绝的是伊拉克不断地试图生产大规模杀伤性武器，还对联合国核查人员隐瞒。这些行动暴露了他对美国实力的蔑视，就像基地组织表现的那样，并且使得伊拉克与伊朗和朝鲜一道被列为“邪恶轴心”。布什称萨达姆为威胁世界和平的一个“严重且日益强大的危险”，于是再次准备开战。

在 2002 年期间，美国军队加强了对伊拉克雷达和防御设施的空袭，并在海湾地区大幅扩充它们的存在。科威特的沙漠中出现了大量的燃料和弹药仓库，还有一些由装有空调的军用帐篷构成的名副其实的城市。在外交层面上，政府鼓励流亡海外的反萨达姆的伊拉克人组建一个亲西方的民主流亡政府，这些人中有麻省理工学院的校友、什叶派的艾哈迈德·沙拉比。布什还在国内忙着说服美国人打这场战争的必要性。为此，白宫泄露了中情局关于伊拉克存在大规模杀伤性武器计划的机密报告，并暗示萨达姆还密谋获取核能力。一些美国人对这些说法持异议，但在 9·11 事件后迫不及待支持总统的公众却基本无需说服。国会也是如此。10 月，参众两院都以压倒性多数通过了对伊拉克大规模使用军事力量的决议。“伊拉克藐视世界的意志、残酷对待本国人民、恐吓邻国的日子必须结束，而且也将会结束。”布什宣称，“伊拉克要么遵守联合国的所有决议，销毁大规模杀伤性武器，结束对恐怖分子的支持；要么我们来迫使它这么做。”①

第一次海湾战争遭到了许多美国人反对，国会也只是勉强授权，与此不同，对伊拉克的第二次进攻在美国国内赢得了广泛支持。但是，国际社会虽说曾在 1991 年与美国联手去打败萨达姆，但许多国家现在都不愿加入布什最新的“自愿联盟”。尽管科威特和沙特阿拉伯不情不愿地允许将它们的沙漠用作发动袭击的集结地，但没有一个阿拉伯国家愿意派兵加入侵部队或积极参与推翻萨达姆政权的行动。对于布什建立联盟的努力，更严重的打击是俄罗斯和几个西欧国家的反对，最突出的是德国和法国。这两个国家虽说在 1991 年解放科威特和 10 年后阿富汗的行动中与美国并肩作战，但很多欧洲人现在对所谓的伊拉克突然袭击持强烈的保留意见。他们反对美国企图通过国际制裁来限制他们与伊拉克的商业往来，对布什的单边主义经济和环境政策表示不满。随着双子塔倒塌的画面逐渐淡去，法国和德国政府恢复了长期以来的努力，使自己与美国在中东的反恐战略保持距离，并在一个独立、非对抗性的基础上与该地区进行接触。

因为布什支持以色列和 2001 年当选以色列总理的阿里埃勒·沙

---

① Bob Woodward, *Plan of Attack* (New York: Simon & Schuster, 2004), pp. 26, 89, 112, 132, 154, 293, 317. Michael R. Gordon and Bernard E. Trainor, *Cobra II: The Inside Story of the Invasion and Occupation of Iraq* (New York: Pantheon, 2006), pp. 14-19, 36-40, 50-53, 93-94, 104, 108, 160-65. “Bush Delivers Graduation Speech at West Point,” http://www.whitehouse.gov/news/releases/2002/06/20020601-3.html. 布什关于参议院和众议院投票授权伊拉克战争的声明，可在白宫网站上找到：http://www.whitehouse.gov/news/releases/2002/10/20021016-11.html。鲍威尔 2 月 5 日在安理会的证词，可在美国国务院网站上找到：http://www.state.gov/secretary/former/powell/remarks/2003/17300.htm。

龙，进一步加深了美国和欧洲在中东问题上的分歧。尽管外界普遍预测沙龙会立即对巴勒斯坦自杀式炸弹袭击者展开报复，但他却等了一年多，待加强了与布什的关系之后才在约旦河西岸发动了一次大规模反攻。以色列军队杀掉了数百名哈马斯、伊斯兰圣战组织和阿克萨烈士旅成员，并逮捕了数千人。阿拉法特被限制在其位于拉马拉的半损毁的总部里，他一直待在那里，直到两年后去世。布什对这些行动的回应是承认以色列有自卫的权利，并阻止联合国安理会进行干预。他的亲以色列立场取悦了包括福音派在内的大多数继续支持犹太国家的美国人，却激怒了许多西欧人。欧盟成员一方面致力于维护巴勒斯坦民族权力机构的生存，另一方面对本国穆斯林人口中日益增长的不满情绪感到担忧，因此开始与美国-以色列阵线保持距离。布什成为有史以来第一位公开支持巴勒斯坦建国的总统，还提出与欧盟合作制定解决冲突的“路线图”，希望一步步缓和这种愤怒。但是欧洲人不会就此善罢甘休。抗议者举着谴责布什和沙龙是“邪恶轴心”、堪比希特勒的海报，挤满了布鲁塞尔、安特卫普和巴黎的街头。

随着 2003 年 2 月联合国安理会就伊拉克问题进行关键投票的日期临近，布什只能指望英国支持他的入侵伊拉克计划。在争取国际社会支持该决议的最后努力中，布什强调了伊拉克生化武器的威胁。国务卿鲍威尔在对安理会的一次多媒体演讲中说：“不能让萨达姆・侯赛因继续拥有大规模杀伤性武器几个月或几年，在后 9・11 的世界里不能有这个选项。”国务卿出示了截获的录音和卫星照片，据推测这些东西记录了伊拉克大规模毁灭性武器的存在。鲍威尔声称，萨达姆还与基地组织合作，密谋获取原子弹。

然而安理会仍然持怀疑态度。问题不在于萨达姆是否拥有大规模杀伤性武器——甚至联合国首席检查员汉斯・布利克斯也认为它的确拥有——而在于这种威胁是否被国际监督和制裁有效地限制了。安理会多数成员同意布利克斯的观点，即目前的措施正在取得成效，战争既无必要也无正当理由。一筹莫展的布什决定不顾联合国的立场继续行动，还在3月18日发出最后通牒，要求萨达姆在48小时内离开他的国家，否则将对其全面入侵。

两天后，25万士兵——其中90%以上是美国人——冲进伊拉克。由于军队被禁止通过邻国土耳其进入伊拉克北部，于是从最东南的科威特出发。为了与敌人交战，现代海军陆战队打破了伊顿及其海军陆战队队员在西部沙漠创下的纪录，在荒无人烟和几乎无法通行的地形上行进了500多英里。他们毫不留情地消灭了萨达姆的装甲部队及其虚有其表的精锐师。一支为纪念巴巴里战争而取名为“的黎波里特遣队”的海军陆战队特别小分队占领了萨达姆的家乡提克里特。与此同时，联军战机和巡航导弹在代号为“震慑与敬畏”的行动中，重复了1991年对巴格达和其他战略要地的密集攻击。世界各地的电视屏幕上，再次闪烁着伊拉克防空炮火徒劳地扫过夜空的绿色小点。但是，由于英美军队迅速行动，占领了伊拉克的油田和炼油厂，昔日那幕让人难忘的钻井平台熊熊燃烧、海水变黑的场景将不会重现。其他小队则保障了战略桥梁和机场的安全，为地面部队的推进提供了便利条件。

胜利会很快到来，但不会像第一次海湾战争那样轻而易举或毫无阻力。猛烈的沙尘暴袭击了联军纵队，伊拉克狙击手则在他们艰难地穿越纳杰夫、库法和纳西里亚等城镇时骚扰了他们。但是，无论是沙砾，还是子弹和火箭弹的夹击，都阻挡不了这场势不可当的进攻。尽管被媒体称为“巴格达鲍勃”的滑稽的伊拉克新闻部长穆罕默德·赛义德·萨哈夫继续坚称，美国人是“在沙漠中的蛇”，“城市里并没有异教徒”，但入侵者还是汇聚到首都。4月9日，当海军下士爱德华·钦将一根钢缆绕在一座覆盖着星条旗的萨达姆·侯赛因雕像上时，一群伊拉克人拥在他周围。19 世纪晚期，美国人在中央公园竖起了一座古埃及方尖碑，以此庆祝他们至高无上的地位，还在贝德罗岛上建了一座原本是为苏伊士运河准备的擎火炬的巨像，以此宣示他们的原则。但现在，在刚刚进入 21 世纪之际，美国人通过拆除伊拉克的一个雕像来炫耀他们的力量，宣扬他们的理想主义。在伊拉克人的欢呼雀跃中，钦将钢缆的一头挂到他的 M88 坦克牵引车上，将萨达姆雕像从基座上拉了下来。

有那么一个激动人心的时刻，美国似乎已经调和了其介入中东的各种相抵的主题。凯旋的士兵如今在这个《一千零一夜》传说中的城市里巡逻，准备将自由献予渴望自由的人民。在对不结盟的摩萨台和纳赛尔、专横的萨达特和拿枪的阿拉法特的失望之后，美国已经准备好实现其梦想，即建立一个致力于民主、非暴力和西方化的中东世俗领导层。有史以来第一次，一个从伊拉克辐射开去、照亮整个地区的“美式和平”愿景似乎可以实现。5 月 1 日，布什驾驶一架维京战斗机，像天外救星一般降落在“亚伯拉罕·林肯号”甲板上，宣布“伊拉克自由行动”结束。

事实上，战斗才刚刚开始。巴格达才解放不久，掠夺者就洗劫了那里的建筑，重要服务设施——水、电和医疗——都瘫痪了。尽管萨达姆被抓获，他臭名昭著的儿子乌代和库塞被杀，但反抗占领者的行动不断升级。数千名前伊拉克士兵在一项不明智的去复兴党化政策下被遣散，这扩大了叛乱分子的队伍，而力量已穷尽的美国军队则艰难地维护一个面积是爱达荷州两倍、人口 2600 万的国家的治安。每一天，美国部队都会遭遇简易爆炸装置，或被路边的埋伏打成筛子，死亡人数不断增加。几名美国平民——大多参与过对伊拉克的重建——被绑架，遭持刀的伊斯兰主义者斩首时还被拍摄了下来。美国政府和伊拉克反对派之间的关系恶化了；艾哈迈德·沙拉比转而效忠伊拉克什叶派领袖赛义德·阿里·侯赛尼·西斯塔尼。尽管在伊拉克全国范围内进行了密集搜查，但没有发现任何令人信服的存在大规模毁灭性武器的实物证据。

尽管如此，美国对伊拉克的干预还是产生了几个积极的后果，其中一些具有纪念碑式意义。伊拉克人民不顾叛乱分子的死亡威胁，成功地制定了宪法并举行了自由选举。历届美国总统最讨厌的穆阿迈尔·卡扎菲自愿放弃寻求核武器的努力，并请求与美国恢复关系。由伊拉克这一先例引发的民主化浪潮似乎席卷了整个中东——在埃及和沙特阿拉伯，反对派团体开始萌芽；在黎巴嫩，这个国家最终成功摆脱了叙利亚的直接占领。“我们相信自由能够促进和改变大中东地区的生活，”布什在赞扬这些成就时宣称，“只要人们在这个问题上可以选择，他们就肯定宁愿过自由的生活，而不是恐惧的生活。”

然而，埃及和沙特政权很快就压抑了这些民主骚动，黎巴嫩则暗中仍处于叙利亚的掌控之下。像哈马斯这样在2006年巴勒斯坦民主选举中占据主导地位的伊斯兰极端主义政党，以损害世俗运动现代化换取了整个地区的支持。利比亚放弃了核计划，但伊朗启动了一个规模更大、防御更好、对该地区威胁更甚的核计划。伊拉克人在国家宪法和领导层的领导下团结起来，但是这个国家很快就在什叶派和逊尼派之间以及什叶派、逊尼派和库尔德人之间的宗派流血冲突中垮掉了。突然之间，除了民主化之外，美国还卷入了在中东建国这一更为艰巨的任务。前来推翻暴君的美国军队现在正努力维系一个国家的统一，他们冒着弹片横飞的危险，穿行在被炸毁的市场和清真寺的废墟之间。

“我们不是为了改变伊拉克人而参战的。”二战期间美国陆军部发的一份手册向驻扎在伊拉克的大兵们保证道，“恰恰相反。我们打这场仗是为了维护‘活下去并且也让他人活下去’的原则。”手册中列出了一些常见的注意事项，该做的，不该做的——“远离清真寺，避免任何宗教或政治讨论，不要喝酒、不要吃猪肉，不要袭击伊拉克人，不要向穆斯林女性示好或试图吸引她们的注意”。60 年后，派往伊拉克的美国男女军人的使命发生了巨大变化，但给他们的警告仍然惊人地相似。发给驻伊美军的伊拉克文化智能卡建议他们：“只用右手握手，永远不要向穆斯林提供酒或猪肉，也不要参与宗教讨论。”然而，与第二次世界大战时期的小册子不同的是，该智能卡还详细描述了伊拉克的许多相互敌对的派别，并包含了如何区分这些派别的救命提示。然而，在就伊拉克的种族雷区进行谈判和保护美国人的生命方面，即使是这样丰富的信息也常常被证明是不够的。曾在伊拉克担任过步兵军官的诗人布赖恩·特纳提供了一个更实用的指南：

> 如果你在周四下午听到枪声，
> 可能是为婚礼助兴，也可能是冲你而来。
> “因沙拉”的意思是真主愿意。
> 别人说到这时要认真听。
> 你会听到冲你来的火箭榴弹声。
> 路边炸弹却是悄无声息的。
> 立交桥下有炸弹，
> 垃圾堆、砖块、汽车里也有……
> 穿着炸药背心的男人
> 走过来，举起双臂，说“真主保佑”
> 一些人会为了八十美元

攻击你，会为了五千美元杀你
和你一起玩耍的小孩子，
跟你谈话的老人，给你端茶的女人——
他们中的任何一人
明天都可能在你的尸体旁起舞。

美国军队努力维持伊拉克内部的团结，而在美国国内，关于这场战争的共识却正迅速瓦解。美国士兵伤亡人数的不断增加，以及美军屠杀伊拉克平民和在阿布格莱布虐待伊拉克囚犯的证据，都激起了日益强烈的反战呼声。总统的批评者指责他夸大甚至伪造了萨达姆大规模杀伤性武器的证据，并打着国土安全的旗号侵犯了公民自由。作为回应，力挺布什的人一致宣称，美国事实上正在赢得这场战争，伊拉克军队已经重建，叛乱正在减弱。这个经受了南北的痛苦分裂幸存下来的国家再次分裂，这次两党对峙。此次分裂是如此彻底，以至于两方的评论员在谈到伊拉克的时候，似乎描述的是完全不同的国家。“我们给了阿拉伯世界的继子们以自由。”中东学者福阿德·阿贾米坚定地说，“我们已经推翻了一座有着几百年历史的物质与道德力量的大厦。”但前新保守派哲学家弗朗西斯·福山对布什在伊拉克创造的“自我实现的预言”怅然长叹，在伊拉克这块土地上，“圣战枪手可以针对真实的美国目标进行训练”。公共知识分子克里斯托弗·希钦斯称赞了“形成联邦的和民主的伊拉克”，说它“可以削弱沙特和伊朗的双头垄断地位”，为“一个饱受三十年战争与法西斯主义蹂躏的民族”带来尊严。但《纽约时报》专栏作家托马斯·弗里德曼，即这场战争的早期支持者和战争行为的尖刻批评者，痛斥“基于信仰”的布什“根据基于信仰的情报，在伊拉克发动了一场基于信仰的战争，提出了一项基于信仰的伊拉克重建计划”。[①]

公众在伊拉克问题上意见的分歧，与公众对中东的认知日益加深的分歧是并行的。大学教师越来越两极分化，有些教授还在指责美国造成了该地区的各种问题，有些教授则指责大学美化伊斯兰主义威胁。与此同时，电影工业继续全力解决如何最贴切地描绘中东及其居民的问题。2006 年上映的电影《慕尼黑》将一些巴勒斯坦恐怖分子描绘成能言善道、富有同情心的人，同年上映的《93 号航班》中的基地组织劫机者则无一例外地全是杀人不眨眼的恶魔。《辛瑞那》(2005) 讲了阿拉伯人中好人与坏人、人肉炸弹和盲目乐观的美国人，但最终将中东的困境归咎于贪婪的石油公司和中情局刺客。与此同时，古老神话的魅力依然存在，即使是在 9・11 事件之后。《沙漠骑兵》(2004) 讲了弗兰克・霍普金斯（维果・莫特森饰）的故事，这位“驿马快递”的骑手一直为旧西部的消失而郁郁寡欢，却在阿拉伯的绿洲、沙丘和梦幻般的营地之中发现了一个清新的未被污染的边疆。

关于中东本质及其与美国关系的争论，没有减弱的迹象。传统上

---

① Gordon and Trainor, *Cobra II*, pp. 436 - 37. John Keegan, *Iraq War: The Military Offensive, from Victory in 21 Days to the Insurgent Aftermath* (Westminster, Md.: Knopf, 2005), pp. 204 - 10, 428, 448 - 50, 457 - 61, 475, 484 - 85, 493. L. Paul Bremer III, *My Year in Iraq: The Struggle to Build a Future of Hope* (New York: Simon & Schuster, 2006), pp. 14, 39 - 42, 57. “President Outlines Steps to Help Iraq Achieve Democracy and Freedom,” http://www.whitehouse.gov/news/releases/2004/05/20040524-10.html. “Iraqi Smart Culture Card,” http://cryptome.org/iraq-culture.htm. *A Short Guide to Iraq* (Washington, D.C.: War and Navy Departments, 1943), p. 5. Brian Turner, “What Every Soldier Should Know,” *Here, Bullet* (Farmington, Me.: Alice James Books, 2005), 经 Alice James Books 同意转载。Fouad Ajami, “Heart of Darkness,” *Wall Street Journal*, Sept. 28, 2005. Francis Fukuyama, *America at the Crossroads: Democracy, Power, and the Neoconservative Legacy* (New Haven: Yale Univ. Press, 2006), p. 181 (“a self-fulfilling prophecy”). Christopher Hitchens, “The Perils of Withdrawal,” *Slate*, Nov. 29, 2005. Thomas L. Friedman, “Budgets of Mass Destruction,” *New York Times*, Feb. 1, 2004。

试图将这一地区变成美国的一面镜子的美国人民，如今可以在伊拉克支离破碎的镜面上照见自己的裂痕。而且这些裂痕很可能会扩大。未来也许会与伊朗和大量伊斯兰激进组织发生大规模冲突。美国人可能再次被拖入阿-以暴力冲突的爆发。石油这种能源，全世界尚未找到替代品，而且每年都变得越来越稀缺和昂贵，它可能会继续助燃一场场将会消耗美国财富和人力的大火。尽管美国国内关于伊拉克的争论已经从胜败转变为是立即撤军还是分阶段撤军，但美军预计至少2008年结束前仍将留在伊拉克。如果是这样，那么美国将在中东结束长达30年几乎不间断的冲突。但是，三十年战争的结束可能仅仅预示着其他可能更具破坏性的、将持续到21世纪的冲突的爆发。

然而，尽管会有这些灾难，美国预计仍继续其介入中东事务的传统模式。决策者们将继续履行他们作为该地区的调停者和解放者的公民使命，并努力实现“美式和平”。美国的教会和福音派团体仍将致力于在精神上拯救该地区。而制作那些神秘、险恶的东方电影的人永远不会缺少观众。在美国与中东两个多世纪的互动过程中演变出来的主题，将继续区分这些关系，还会在几代人中将它们结合起来并激发它们的活力。

结语

发自肺腑的深切感激

纳撒尼尔·菲克循着约翰·利雅德在美国独立之时建立的传统，离开达特茅斯学院前往中东。他身材高大、肩膀宽阔、金发碧眼，外形上很像利雅德，有着男子汉的自信和潇洒不羁。然而，与利雅德不同的是，菲克并不是逃离达特茅斯的，而是以优异的成绩毕业的。他离开时乘坐的也不是康涅狄格河上的独木舟，而是开往弗吉尼亚州匡蒂科的公共汽车。他也加入了海军——不是像利雅德那样参加英国皇家海军，而是美国的海军陆战队。在利雅德登陆埃及约225年后，纳撒尼尔·菲克前往伊拉克。

"我彻底晕头转向了，完全云里雾里。"菲克回忆起他对该地区的最初印象时说，他将那里比作"一座满是镜子的大厅"。2003年3月20日，菲克上尉作为一支特种作战排的指挥官，驾驶着一辆装有50口径机枪的悍马军车，在海军陆战队第一师之前越过科威特边境，侦察伊拉克的防御工事。"当你连路标都看不懂时，怎么知道自己在哪儿呢?"这名26岁的巴尔的摩人看着村里的老人又跺脚又吐痰，而当地的翻译却跟他说，伊拉克人民感激美国，很高兴从萨达姆·侯赛因手下解放出来。

事实上，很多伊拉克人在2003年都对先行到来的美国人心怀感激，并设宴款待。"我想1944年在法国登陆时就是这种感觉。"菲克手下的一名海军陆战队员说。一位好客的牧民甚至送了海军陆战队一只山羊。然而，这种迎候在纳西里亚停止了，美国人遭遇了顽强的抵抗，在巴格达以外的每个城镇则遭到了炮火的攻击。后来，在首都陷落后，菲克和他的手下成为火箭弹和简易爆炸袭击的目标——这是伊拉克乱起来的标志。“朝觐，这个对于阿拉伯人来说的敬语，成了我们对所有伊拉克人使用的贬义词。”菲克伤感地回忆道，“我们这一代所谓的‘傻瓜’。”纳撒尼尔·菲克和他的13万名战友对美军在冲突中扮演的角色越来越困惑，随着国内对这场战争的合法性产生分歧以及伊拉克在民主和无政府状态之间的摇摆不定，他们只想活着，并尽可能让伊拉克人活得好一些。

驻伊美军在中东诸多威胁中保护自身，同时努力帮助当地人民，这其实是在重温美国最早介入该地区的历史。美国刚获得独立，巴巴里诸国就开始劫掠美国商船，危及美国的生存。为了长治久安，这个刚起步的国家不得不在一个强大的中央政府领导下团结起来，组建一支强大的海军力量，并在离海岸数千英里的地方发起了一场殊死搏斗。巴巴里战争后，美国军舰继续在中东水域巡逻，使商人们能够用新英格兰的朗姆酒和工业成品交换鸦片、地毯和无花果。《圣经》也随同一队传教士抵达。尽管他们最初的目标是让当地居民皈依基督教，将巴勒斯坦归还给犹太人，但这些福音传道者最终还修建了学校，印刷了教科书，对学生进行西式教育。传教士们后来建立了该地区的第一批大学，并引入了美式民主和民族主义的概念。

除了寻求国家安全、经济发展机会和精神回报之外，美国人驾船到中东也想寻求冒险刺激。从共和国成立之初，为色情的谣言所诱惑并被阴暗的危险所吸引的前殖民地的居民们就开始探索这一传说中的王国。最初涓涓细流般的拓荒者和亡命之徒很快被潮水般的观光客和文物掠夺者所取代。另一些人则在鲁莽冲动和宗教使命的混合刺激下，在圣地建立了殖民地，横渡了约旦河，开创了圣经考古学。回国后的美国人，以诗歌和游记的形式写下了自己的经历；他们创建了一个兄弟会、一个自然资源保护运动和一个骆驼军团。在独立后的美国第一位公民探索尼罗河流域不到一个世纪后，美国人几乎渗透到了中东地区的每一个区域，并在各地派驻了外交使团。

但是，就在美国和中东之间的纽带巩固的时候，美国自己却开始分崩离析。最终拯救了共和国的内战对中东政治产生了深远的影响。来自南北双方的曾经的敌人重新团结了起来，使埃及军队成为现代化的催化剂和爱国运动的先锋。与此同时，由战争引起的棉花市场波动导致埃及经济的急剧转变，助英国占领了埃及，加速了欧洲对中东的征服。战争推动的工业化使美国在中东获得了世界级大国的地位。美国公民们虽然因南北战争的恐怖而失去了单纯，但仍然渴望能上金字塔，下死海。然而，当他们的祖国享受自由的新生时，大西洋和苏伊士运河之间的土地却在外国统治下日渐萎靡。无力偿债的埃及人没法造完的自由女神像矗立在了纽约港，象征了通往自由——中东人民可能唯一渴求的东西——的大门。

战前美国在中东面临着严峻的两难境地——比如是支持希腊人反抗奥斯曼占领的正义斗争，还是与土耳其宫廷一起追求切实的经济利益——诸如此类的窘境只有在帝国主义时代才会加剧。美国是应该站在它也曾与之斗争过的殖民主义的受害者一边，还是应该与拥有进步文明的人们站在一起对抗据说已停滞不前的伊斯兰教？大多数美国人同情该地区的殖民者，为那些通过炮舰进行外交的总统鼓掌。然而，一个由精英人士组成的少数派谴责了美国在中东的军国主义行径，并为该地区的独立而努力。其他人仍然为特定民族寻求在特定土地上的主权，不管他们是巴勒斯坦的犹太人还是叙利亚和美索不达米亚的阿拉伯人。不过，美国人整体上还是一边满足于把以上问题交给他们的教会或报纸，一边为波斯人古装大游行和“真正的”埃及展览叹为观止。但这些幻想的奇妙之处很快就被中东现实的凄凉黯淡所打破。数十万亚美尼亚人的尸体，躺在通往该地区更可怕的屠杀和更棘手的美国困境的道路上。

当美国人加入第一次世界大战时，他们不得不做出选择：是对土耳其人发动敌对行动，还是在中东的决定性斗争中保持中立。这一次的问题不再是道德与利益之争，而在于哪一种选择更道德：是击败一个具有种族灭绝倾向的帝国，还是保护美国慈善事业在过去百年间精心建立的各种机构？美国传教士及其支持者在那个世纪积累的影响力最终被证明起了决定性的作用。美国未向中东派遣军队，将巨大的好处拱手让给了法国和英国，二者果然毫不客气。结果，美国领导人未能保障中东人民的自决权（如果这确实可行的话），而是支持了一种实际上延续了欧洲统治的托管制度。尽管许多美国人实现了他们在巴勒斯坦为犹太人家园奠定基础的梦想，但另外很多人的实现阿拉伯民族权利的愿望仍未得到满足。

美国人对第一次世界大战的惨烈伤亡和战后解决方案的肮脏感到厌恶，因此对进一步干涉世界事务，尤其是中东的，有些后怕。对大多数美国人来说，中东地区日益沦为好莱坞的浪漫影像或淫秽的杂耍歌曲，这些取代书籍成为中东神话的主要传播者。然而，美国社会的重要阶层仍然积极参与该地区事务。一些人动员了起来以壮大巴勒斯坦的犹太复国主义事业，让美国政府在该地区日益升温的争端中失去中立立场。由传教士、冒险家和商人组成的规模虽小但影响力较大的团体与阿拉伯的沙特部落建立了一种具有历史意义的友好关系，并垄断了其独有的地下资产。

到 1939 年，阿拉伯石油已经成为美国经济的重要组成部分，但是美国仍然没有对该地区进行外交干预，更不用说军事干预了。甚至在第二次世界大战爆发和日本偷袭珍珠港之后，这一政策仍在延续。直到德国征服了地中海盆地的大部分地区，轴心国向苏伊士运河进军，才促使美国人入侵。美国军人再次在“的黎波里海岸”登陆，打败了敌人，将兵力部署在整个战区，东边远至伊朗。与第一次世界大战后退回到孤立主义状态相反，美国在第二次世界大战中崛起，一跃成为中东的主导性力量，成为其发展的倡导者和自由的捍卫者。

然而，伴随权力而来的是责任。由于没能将欧洲犹太人从纳粹主义手中拯救出来，美国背负着安排数十万大屠杀幸存者的重任，这些人坚持要重回巴勒斯坦。但是，对这些要求的满足使美国与巴勒斯坦的英国托管者发生了冲突，后者反对进一步向巴勒斯坦移民并将其重建为一个犹太国家。尽管美国政府需要英国的协助以保护中东免受苏联日益激增的威胁，但美国人民长期以来对犹太复国主义也有承诺。美国最终站在了犹太人一边，于 1948 年 5 月成为第一个承认以色列国的国家。这样做加速了英国从该地区撤退的进程，同时也激起了许多阿拉伯人的愤怒。阿拉伯人虽然对帝国主义的受挫心存感激，但对犹太复国主义的憎恨远甚于对苏联共产主义的恐惧。冷战的到来、阿以冲突的升级以及美国对阿拉伯石油依赖的加深，带来了诸多棘手问题。美国能否在保持与阿拉伯人友谊的同时，继续维持对以色列及其与英法的联盟的支持？它怎样才能将一个暴躁易怒的中东集结起来，强悍地对抗苏联的入侵？

为了绕开这些难题，美国暂时在该地区走上了一条有说服力的路线。总统的信条——与中东安全有关的几项声明中的第一项——把至关重要的军事援助扩展到了希腊和土耳其，促使美国在联合国采取果断行动禁止苏联进入北非和北层国家联盟。在支持欧洲盟友对抗共产主义的同时，华盛顿还与本土民族主义者共同对抗帝国主义。利比亚、叙利亚和伊朗等国家的独立部分或者主要归功于美国。然而，事实很快证明，冷战和反殖民主义这两大互抵的需要是不可调和的。

1953年，美国与英国联手推翻了一位受欢迎的伊朗领导人，但三年后，它与苏联联手阻止英国、法国和以色列推翻一位埃及统治者，而后者恰是美国曾想秘密废黜的。美国领导人向以色列施压，要求其放弃核计划，但后来又支持以色列，将其作为抵御苏联侵略的堡垒。这一决定使美国被阿拉伯实行石油禁运，并成了巴勒斯坦人的攻击目标，后者由于对征服以色列的常规努力的失败感到失望，越来越多地转向恐怖活动。美国急于化解这些敌对行动，于是主动担当调停，敦促以色列放弃所占领的领土，以换取阿拉伯的和平承诺。

在中东占据主导地位30年后，美国人可以指出他们取得的一些值得骄傲的成就和痛苦的挫折。他们与以色列结成了坚定的联盟，并通过谈判达成了开罗和耶路撒冷之间的和平协议。他们削弱了苏联在阿拉伯世界的影响力，还捍卫了人权。然而，在该地区许多民族眼中，美国仍然是专制独裁者的圣骑士，是约旦河西岸和加沙地带以色列定居点的守护者，也正是它推动了波斯湾因石油而起的挥霍行为。美国在中东的政策为其赢得了一系列诺贝尔奖，也使其被列入恐怖袭击名单。事实上，随着该地区从东西方关系紧张的时代向西方和伊斯兰激进分子之间冲突加剧的时代转变，受到攻击而非赞扬成为美国人生活的常态。

从1979年美国驻德黑兰大使馆被夺取开始，美国人一再受到来自中东的攻击。他们在客机上被劫持被炸，在机场和海上被枪杀，在欧洲的迪斯科舞厅被炸成碎片，被埋在贝鲁特的瓦砾之下。美国进行了反击，向利比亚和黎巴嫩派遣了军队，但除了让恐怖分子胆子更大之外，几乎没有效果。美国对从冷战到圣战的转变感到困惑，在支持伊拉克独裁政权反对伊朗神权统治的同时，又秘密武装德黑兰对抗巴格达。它支持反美伊斯兰分子在阿富汗与苏联作战，又与宣扬伊斯兰极端主义的沙特人合作。美国起初支持后又反对以色列入侵黎巴嫩；

起初谴责后来又赞赏以色列轰炸伊拉克的反应堆；与以色列合作悄悄实施武器换人质计划，结果却以为以色列从事间谍活动的罪名判处一名美国人终身监禁。当政府推行这些变化无常的政策时，公众对中东的认知也在东方梦境和由绑架者和暴徒构成的悲惨世界之间摇摆不定。学者们一直在思考中东是否会再次对美国人构成致命威胁，美国是不是中东弊病的根源。

这些问题似乎已经在美国攻打伊拉克暴君和解放科威特的战役中得到了回答，尽管很简洁。美国为这一胜利欢欣鼓舞，承诺建立一个新的世界秩序，赋予中东安全与和平。事实上，该地区这两者都未得到。尽管美国决策者努力促成巴勒斯坦人和以色列人之间达成协议，以非暴力方式对抗伊斯兰主义者，但协议最终演变成流血冲突，恐怖活动又一次夺走数百人的生命。美国人不愿从源头上直面危险，对自己的军队过于自信，再加上仍被中东神话所迷惑，因此对圣战分子的最终进攻准备不足。然而，双子塔一倒塌，浪漫幻想随之破灭，美国的克制也随之崩溃。

先是喀布尔落入美军手中，继而是巴格达、法鲁贾和提克里特。但是，美国战胜原教旨主义的塔利班和世俗的复兴党的热度，似乎将伊拉克的宗教因素与民族主义因素焊接在一起，成了一场难以平息的动乱。美国实现了几个世纪以来向中东灌输美式民主的强烈愿望，但随之而来的却是迅速解体。起初，美国军队被决心将他们赶出伊拉克的逊尼派和什叶派民兵的联合袭击，但很快又被困在了逊尼派与什叶派游击队之间你死我活的交火中。在国际上，美国发现自己被那些没有加入伊拉克联军的西欧国家孤立了，就像 200 年前它们拒绝加入对抗巴巴里诸国的联盟时一样。随着军人和平民的伤亡率飙升，美国人中间也出现了分歧，对战争的理由、行为以及造成的牺牲意见不一。在 18 世纪末曾经帮助美国人团结起来的中东，在 21 世纪初却正在将其撕裂。

“我们犯了可怕的错误，”纳撒尼尔·菲克说，“我们未能阻止抢劫，未能封锁边境，而且还解散了伊拉克军队。”这位经验丰富的海军陆战队上校刚刚出版了一本广受好评的书《一弹之遥》（*One Bullet Away*），这是他军事经历的回忆录，此时他正在哈佛大学攻读商业和政府管理的高级学位。“我们都瞎了眼，”他补充说，“我们很强大，但并不聪明。”在剑桥大学校园附近的一家咖啡店里，他向我讲述了他对伊拉克、中东以及美国在其中角色的看法。咖啡馆外面，衣着整洁的学生们正忙着去上课，迎着2月的冷风，它们将书本紧抱怀中好让自己暖和一点。此时的我们离阳光普照的纳西里亚很远，远得不可思议。就在那里，菲克和他的战友们遭到了狙击手密集的射击，不得不拼了命地飞快跑过他们的枪口。然而战争依然在附近勾留，不仅在菲克的记忆中，也在几乎所有美国人的日常恐惧和希望中。

“我去过四个中东国家，但没在其中任何一个国家用过护照。”菲克打趣道，但只是半开玩笑。尽管他很久以前就把自己的军服换成了灰色的西装，但当他描述自己的部队进行的激烈枪战，他对战争的执行感到失望以及对几名战友的死亡感到悲伤时，他又变成了一名军人。然而，他仍然为自己在伊拉克履职感到自豪——“我相信战争，现在也依然如此。”他坚称，并对中东持乐观态度。菲克解释说，美国确实能够帮助该地区实现民主化，但最终决定权掌握在当地居民手中。“他们可以走现代化的道路，也可以走撒哈拉以南非洲的道路。”他说，“选择权在他们。”

他这么说着，有那么一刻我真的以为自己是在听约翰·利雅德讲话。普林尼·菲斯克、查尔斯·波默罗伊·斯通、克拉拉·巴顿以及无数曾在中东服务的美国人的声音，似乎都在他的话语中回荡。我提醒自己，美国和中东的关系史并不是一部无条件的友好和利他主义的历史。美国石油公司开采了数十亿桶阿拉伯石油，不是为了改善当地居民的生活，而是为了它们自己发财。历届政府都曾经支持过那些提升美国利益、密谋推翻人民领袖的压迫性政权。然而，尽管存在着种种缺点，在美国与中东互动的记录中，善意与正当行为仍然无处不在。在向该地区引进现代教育和医疗保健、扩大紧急救援和建设基础设施、帮助殖民地国家获得自由以及努力实现安全与和平方面，美国的贡献都是无与伦比的。总的来说，美国人在历史上对中东的助益远远大于对它的贪婪，对中东造成的伤害也远远少于带给它的好处。

现在，美国面临的挑战是如何实现并加强这一遗产。美国参与中东事务也许不限于在伊拉克发动战争或调停阿以冲突。在不久的将来，美国人将不得不应对伊朗扩张主义的威胁以及基地组织分离出来的团体的危险。他们必须与伊斯兰国家达成新的谅解，并投资可行的石油替代品。最重要的是，他们必须进行勇敢的反省，重新审视自己与中东的关系，并通过中东来审视他们与世界的关系。

纳撒尼尔·菲克已经踏上了这条路。约翰·利雅德将自己的中东之旅浪漫化，称为“通往荣耀之路”。与利雅德不同，菲克将自己在该地区的经历视为加深对美国了解的场所，在正视美国缺点的同时也承认美国的优点。他说：“我对我成长的国家怀有一种深切的、发自肺腑的感激之情。”要说服中东人民也产生这种尊重，就需要坚定而审慎地展示美国的力量，坚定而宽容地使用其信仰。通过负责任地运用自己的力量，始终如一地坚持自己的原则，美国仍有可能将其与中东建立起和平而富有成效的关系的愿景从幻想变为现实。

新版后记

圣奥古斯丁说，现在仅仅是过去和未来之间的一片利刃。那么，世界上没有几个地方的刃像中东这般锋利了。尽管在南美、非洲和东亚的大部分地区，也会有事发生，但这些事通常进展缓慢，有时甚至难以察觉，而中东的危机却是普遍存在且时常是残酷无情的。因此，以“现在”中东的感觉来结束一本书是有问题的，而且可以说是不可能的。例如，在2007年《权力、信仰与幻想》出版后的几年里，中东地区发生的战争、剧变、争议、突破和戏剧性事件够多的了，足以据此写出好几本书。

典型的中东动荡始于2006年7月12日，这一天，真主党武装分子伏击了一支以色列边境巡逻队，杀死了10名士兵。以色列以一轮轰炸还击，也造成了大量平民伤亡，真主党继而向以色列发射了数千枚火箭弹。美国领导人在中东经常面临艰难抉择——1820年代是要在奥斯曼帝国和希腊叛军之间站队，1940年代初在北非则要在英国和法国维希政府之间抉择。而现在，布什政府不得不在两个盟友——以色列和黎巴嫩——之间做出选择，是支持中东民主化还是打击恐怖活动。最终，战争破坏程度之严重促使联合国下令停火，并组建一支国际部队来监督停火。尽管真主党及其叙利亚和伊朗的支持者遭到了血腥镇压，但他们被中东大部分地区的人视为胜利者，认为美国支持的以色列人被打怕了。

加沙也是长年遭受暴力和美国要做出痛苦选择的地方。哈马斯在2006年的巴勒斯坦选举中获胜，于2007年6月颠覆了法塔赫在这一狭长地带的统治。数百名法塔赫官员遭到殴打、枪击或从高楼上被抛下。哈马斯还向以色列发射了数千枚火箭弹和迫击炮弹，并绑架了以色列下士吉拉德·沙利特。作为回报，以色列从陆路和水路封锁了加沙。紧张局势升级，直到2008年12月哈马斯拒绝延长停火协议，以色列部队自1948年以来第三次开进了加沙地带。连续几周的战斗随即在人口稠密的街区展开，国际社会的谴责再次高涨。是支持他们的以色列盟友，还是顺应喧嚣的世界舆论，美国的决策者不得不在两者之间做出决定。这次战斗于1月18日结束，哈马斯与之前的真主党一样遭受重创，不敢发动进一步攻击，但阿拉伯人对以色列——当然还有美国——的愤怒进一步加剧。

尽管黎巴嫩和加沙地带的暴力事件层出不穷，但中东没有哪个地方的流血事件比伊拉克更多也更能左右美国的注意力了。到2006年，平均每天就有100名伊拉克人死亡，而美国的死亡人数已超过3000人。被炸弹袭击的市场以及妈妈对着孩子的尸体恸哭的画面变得司空见惯，停机坪上覆盖着国旗的棺材的场景也是如此。即便是2006年底对萨达姆·侯赛因的绞刑，本来意在安抚伊拉克人民，没想到也随着刽子手们在这位前独裁者急速下坠时说了句“去死吧”而适得其反。

很快，伊拉克战争成为自越战以来美国政治中分歧最大的问题之一，令人回想起一战期间有关美国是否应该对土耳其宣战的激烈争论。民主党众议员詹姆斯·克莱伯恩宣称，“我们寻求的胜利是……恢复美国作为和平缔造者而不是战争贩子的角色”；甚至连共和党参议员查克·黑格也对他所称的“用美国人生命进行的乒乓球比赛”喟然长叹。由前国务卿詹姆斯·贝克和前国会议员李·汉密尔顿领导的一个跨党派伊拉克研究小组警告说，如果美国不能迫使伊拉克领导人履行其民主和国防承诺，伊拉克内战将永无休止，基地组织的恐怖活动也将会扩大。

与此同时，其他官员仍然继续为美国在伊拉克的政策辩护，在这一点上没有人比乔治·W.布什总统更顽固了。“有些人可能会说，我们从越南撤军对美国的信誉没有任何损害，但恐怖分子并不这么想。”他说，“我们必须在海外击败他们，这样我们才不会在美国面对他们。”[①] 在认可研究小组建议的同时，布什还是下令向伊拉克增派2万名美军士兵，这就是所谓的增兵行动。在那里，通过将城市作战策略与微妙的部族间外交相结合，他们重新控制了该国一些叛乱最猖獗的地区。

美国使伊拉克的叛乱有所减弱，但是，就像堪称传奇的荷兰大坝一样，其他地方又出现了新的缺口。基地组织在黎巴嫩、也门和阿富汗死灰复燃，恐怖分子试图袭击新泽西的迪克斯堡、纽约肯尼迪机场。国务卿康多莉扎·赖斯为了帮助巴勒斯坦建国在美国和中东间穿梭不下25次；以色列总理埃胡德·奥尔默特给出了一个赖斯认为天真的提议，眼睁睁地看着它被巴勒斯坦权力机构主席马哈茂德·阿巴斯断然拒绝。赖斯的受挫却是伊朗领导人马哈茂德·艾哈迈迪·内贾德乐见的，后者公开宣称自己毕生致力于建立一个“没有美国和犹太复国主义的世界”，一个“古兰经的箴言”取代了自由和民主的世界。与此同时，伊朗的核计划仍在不受控制地继续推进。土耳其现在由一个奉行伊斯兰教的政府统治，其反美情绪在中东地区是最高的。土耳

① “Republican War Veterans Lead Defense of Bush,” *New York Times*, Feb. 15, 2007. 查克·黑格2007年1月24日在参议院外交关系委员会的讲话。乔治·W.布什2007年8月22日在密苏里州堪萨斯城举行的海外作战退伍军人全国代表大会上的致辞。

其问题专家约书亚·沃克指出，这种敌意“不可能随着2009年1月美国新总统的当选或向穆斯林世界派遣一位特使而轻易抹去”。[①]

新总统——美国第44任总统巴拉克·奥巴马于当月宣誓就职。奥巴马以“变革”作为竞选纲领，承诺将改造美国与中东的关系作为其外交政策的基石。他誓言要迅速从伊拉克撤军，宣布“是时候结束这场战争”并将注意力集中到阿富汗了。同样，他承诺关闭关塔那摩湾海军基地设施——那里关押着许多与基地组织或塔利班有牵连的中东人——并在民事法庭而非军事法庭审判那里的囚犯。他还强调，他决心寻求一项以-巴协议，并为此任命了一名特别调解人。他说，这一协议的缺位是一个“久久不愈的创伤”。为了保护美国公民免受来自中东的袭击，奥巴马还表示他定要与叙利亚和伊朗政权接触，以劝阻它们放弃支持恐怖主义和发展大规模毁灭性武器。

奥巴马在就职演说中向穆斯林世界表示：“[我们]要寻求一条基于共同利益和相互尊重的前进之路。”奥巴马指出，他在“三大洲”都遇到过伊斯兰教信徒，他的教名和中间名都是阿拉伯语的。他坚称美国与伊斯兰教及其信徒没有任何争执，并寻求与中东对手和解。他提出：“如果你们愿意松开拳头，我们就会伸出手。”

奥巴马一点也没耽搁地开始履行承诺。他的第一项行政命令是关闭关塔那摩监狱，并将那里的囚犯转移到民事监狱。同一天，这位总统任命前参议院多数党领袖乔治·J.米切尔——一位经验丰富的调解人——为其中东和平特使。在接受迪拜的阿拉伯电视台的第一次电视采访中，奥巴马向听众们保证：“美国人不是你们的敌人。”在首次海外之行中，他对土耳其大国民议会说，包括他自己在内的“许多美国人家中都有穆斯林，或者就生活在穆斯林占多数的地区”。而且，在

---

① Joshua W. Walker, “Reexamining the U. S. - Turkish Alliance,” *Washington Quarterly* 31, no. 1(Jan. 2008): 102.

另一个具有开创性的决定中，奥巴马任命美国穆斯林法拉·潘迪思为美国首位驻穆斯林社区特别代表。

奥巴马总统对穆斯林世界的接触在开罗最富有戏剧性。2009 年 6 月 4 日，他在那里发表了题为《新的开始》的重要演讲。演讲强调了伊斯兰教徒和美国人原则的共同性以及他们之间的历史联系——包括巴巴里时代的条约和托马斯·杰斐逊的《古兰经》。他重申了美国对以色列的支持，回顾了犹太人在大屠杀期间遭受的苦难，与此同时，要求以色列停止在约旦河西岸修建定居点，并提出通过建国解决巴勒斯坦人的苦难。奥巴马旗帜鲜明地谴责对美国平民发动了 9·11 袭击和其他袭击事件的“暴力极端分子”，但他也毫不含糊地将激进分子和绝大多数温和派作了区分。“十几亿人的持久信仰远远大于少数人的狭隘仇恨，”他宣称，“伊斯兰教是……促进和平的一个重要组成部分。”[①] 一个世纪以前，西奥多·罗斯福的反民族主义言论曾激怒了埃及听众，而这位新上任的美国总统在听众中唤起的大多是热情，甚至是兴奋。

信仰，尤其是对伊斯兰教的明显尊重，在奥巴马重建美国和中东关系的愿景中发挥了突出作用。不过，该地区随后发生的事件迫使这位总统诉诸实力的更传统形式，比如外交、经济、军事等。

以色列总理本杰明·内塔尼亚胡同意奥巴马提出的以两国方案（two-state solution）来解决以巴冲突的呼吁，但他拒绝了奥巴马要求西岸和东耶路撒冷的定民点建设全面停工的主张。2010 年 3 月，美

① Barack Obama, “My Plan for Iraq,” *New York Times*, July 14, 2008. 2008 年 5 月 12 日杰弗瑞·戈登伯格对奥巴马的采访，http://www.theatlantic.com/interna-tional/archive/2008/05/obama-on-zionism-and-hamas/8318/。2009 年 1 月 20 日，奥巴马的就职演说。2009 年 1 月 27 日阿拉伯电视台的梅勒姆（Hisham Melhem）对奥巴马的采访。奥巴马 2009 年 4 月 6 日在安卡拉对土耳其大国民议会发表的讲话。Barack Obama, “A New Beginning,” address at Cairo University, Cairo, Egypt, June 4, 2009。

国副总统约瑟夫·拜登访问以色列期间，美国宣布计划在耶路撒冷一个有争议的犹太社区建数百个单位，这给两个盟国的关系带来了舆论压力。尽管内塔尼亚胡最终史无前例地同意定居点新建筑的施工暂停10个月，但巴勒斯坦人仍然拒绝直接谈判。同时，敌对国家及其恐怖主义代理人对以色列的安全威胁不断升级，迫使美国政府将其对以色列防务的支持扩大到前所未有的级别。除了联合军事演习和情报共享，美国和以色列的国防机构还开发了世界上最先进的反弹道导弹防御系统——“箭-3”（Arrow-3）和“大卫的投石器”（David's Sling）——资金大部分是美国出的。在敦促内塔尼亚胡重新开放进入加沙的过境点的同时，美国政府支持以色列继续从海上封锁哈马斯，即使有哈马斯的同情者以船队发动袭击也不动摇。

权力的作用，在美国与伊朗的交往中也得到了凸显。美国特使适时地尝试与伊朗领导人接触，结果却得知德黑兰无意考虑暂停其核计划——而且，伊朗已经建成了秘密的铀浓缩设施。由于对早日达成妥协感到绝望，美国政府一马当先地开始了一项国际制裁，以此对伊朗实施惩罚。与此同时，奥巴马向沙特阿拉伯和其他海湾国家大规模出售武器，以加强它们对伊朗的防御措施，而且还试图通过向大马士革派遣高级特使以及召回美国大使等举措，让叙利亚脱离德黑兰的轨道。奥巴马最初不愿支持因2009年6月的选举引发的伊朗反对派运动，一年后却对抗议者予以赞扬，并公开畅想终有一日“伊朗政府将代表……其人民的期望，而不再是人民的恐惧”。

与此同时，美国在该地区的军事活动升级了。正如奥巴马所承诺的那样，他收缩了驻伊美军规模，但大大增加了驻阿富汗的美军数量，塔利班——庇护基地组织的伊斯兰激进组织——已经在那里集结。出动携带导弹的无人机攻击恐怖分子目标的范围扩大了，不仅到了巴基斯坦，还到了索马里和也门。尽管奥巴马承诺2011年开始从阿富汗撤军，但他也承认："打击暴力极端主义的斗争不会很快结束，而且其范围也会超出阿富汗。"① 他说，美国人需要在未来一段难以预知的时间里在中东"展示自己的实力"。

奥巴马开始了解其前任们从美国与中东错综复杂的关系中学到的东西。与肯尼迪一样，他也曾试图与敌对政权接触，却遭到了断然拒绝。与艾森豪威尔一样，他也试图让他治下的美国与前几届政府以权力为基础的政策划清界限，却找不到其他办法阻止中东的威胁。奥巴马也跟许多前任美国总统一样，卖力地促成全面的阿以和平，却发现实现这一目标的障碍重重。

然而，美国在制定其中东政策方面遇到的最大挑战并非存在于遥远的未来，而是就发生在2011年的头几个月。一名突尼斯失业者以自焚抗议腐败和独裁统治，引发了该国各地激烈的示威活动。随着突尼斯独裁者扎因·阿比丁·本·阿里倒台，这样的剧变蔓延到了也门，然后是埃及，无数埃及民众涌向了开罗的解放广场。面对默默旁观的埃及士兵和他们的枪口，埃及人民要求埃及总统胡斯尼·穆巴拉克辞职，这位在位30年的埃及统治者——是美国的长期盟友。

约翰·昆西·亚当斯曾不得不在支持希腊独立战争还是谋求美国在土耳其的商业和军事利益之间做出决定，自那以后，还没有哪位美国总统面临过如此绝望的信仰与权力的两难抉择。美国是应该坚持其为所有人争取民主的建国原则，还是应该支持一个尽管有专制声誉却有助于维护地区稳定的政权呢？美国能在与穆巴拉克撇清关系的同时，又支持中东其他那些虽然同样友好却丝毫不比穆巴拉克政权更民

① 奥巴马在2010年6月11日全国民主基金会颁奖晚宴上的发言，由国家安全委员会多边关系高级主管萨曼莎·鲍威尔代读。Barack Obama, "Address to Nation on the Way Forward in Afghanistan and Pakistan," speech at the United States Military Academy, West Point, New York, Dec. 1, 2009。

主的统治者吗？如果事实证明埃及新当选的领导人对美国、对与以色列的和平以及对反对宗教极端主义的斗争有害——华盛顿还会尊重埃及人民的选择吗？

“埃及人民已经开口了。”奥巴马宣布，并以此表明他的决定：“人们已经发出了他们的声音，埃及将不再是以前的埃及。”最终，美国政府支持建立一个逐步过渡到民主政权的临时政府。但是，就在埃及危机似乎到顶的时候，别的国家也出事了，一个是长期与美国结盟、战略地位极其重要的巴林，一个是被暴君卡扎菲折磨了40多年的利比亚。抗议活动也波及了约旦和摩洛哥，大有包围整个海湾地区之势。

写这篇后记时，中东就像一口正在翻滚沸腾的大锅。二战后的那个将地区稳定和无限量的石油供应置于优先地位的“美式和平”，正在摇摇欲坠。数百万中东人民走上街头，在谴责美国支持独裁者的同时又将美国推崇为自由的典范。黎巴嫩已经落入伊朗人和叙利亚人的控制之下，甚至自1793年星条旗在伊斯坦布尔首次飘扬以来一直是美国之友的土耳其，也转身离西方而去，要求重新过上它过去统治中东的那种日子。当所有这些改变历史的事件一一发生时，伊朗无视美国领导的国际制裁，其离心机仍在继续生产浓缩铀。而其他中东国家表示，它们也将很快寻求获得核能力。

从始至终，美国人都将继续参与中东事务——无论是从战略上、财政上、文化上还是宿命上讲。美国军队可能会从该地区撤出，但麻烦也会随之而来，要么以“本土”恐怖分子的形式——被中东伊玛目煽动变成激进分子的美国人，要么是自共和国建立以来就存在的对伊斯兰教的恐惧。很多美国人对按照自己国家的样子重塑中东已经绝望，而另一些人面对从中东这面镜子中看到的自己踌躇不前。还有一部分人仍在继续乔治·华盛顿的梦想，希望能将中东改造为拥有自由与尊严的民主国家的联盟。

两个多世纪以来美国参与中东事务的模式无疑将持续下去。权力将继续是这种互动关系的一个关键组成部分；而信仰，无论是宗教的还是世俗民主的，都将推动美国的政策。《一千零一夜》在殖民地读者中唤起的对中东的想象，至今还在牢牢吸引着现代观众对《波斯王子：时之刃》的兴趣，那是一部以中世纪伊朗为背景的迪士尼科幻片。正如圣奥古斯丁所说的那样，现在可能只是过去与未来之间的一片刀刃，尤其对这样一个烫手的地区而言。事实上，哪怕以上这些想法才刚付印，其中很多也已经过时了。然而，不管未来会产生何种结果——也许是持续的冲突、危机和考验，甚至是和平——美国人都可以反思中东的过往，回忆那段富有启迪意义、引人入胜、发人深省、熠熠生辉的历史。

致 谢

我要表达谢意的人的名单像美国人想象中的约旦河一样又宽又长。20 年前，普林斯顿大学的教授 L. Carl Brown 在一门关于现代中东历史的课程中提到，美国内战老兵帮助埃及军队实现了现代化并建立了识字学校。这让我得以接触美国在中东这一令人入迷却文献资料匮乏的课题。9·11 事件后不久，当我的好友兼编辑 Robert Weil 问我是否还有什么没写过但必须一写的关于中东的书时，我毫不费力地做出了回答。

从那以后，我的美国中东史研究得到了许多朋友、同事和学生的帮助。首先，我要感谢耶路撒冷的沙勒姆中心（the Shalem Center），感谢该中心的主席丹·波利萨 Dan Polisar 和创始人 Yoram Hazony，还要感谢由 Roger Hertog（我视其为良师益友）领导的沙勒姆理事会。感谢耶路撒冷杂志 *Azure* 一丝不苟的编辑 David Hazony，感谢沙勒姆无与伦比的发言人 Stefanie Pearson。我几乎无法表达我对我在沙勒姆的私人员工 Meira Zoloff、Leora Peters、Noa Harnik 和我长期以来的助手 Noa Bismuth 的感激——与爱。为这本书贡献了自己的时间和才能的沙勒姆杰出人士中，包括 Yishai Haetzni、Rachel Cavits、Marina Pilipodi、Galina Tocker、Anat Altman、Karen Brunwasser 和 Aharon Horwitz。此外，我还要感谢沙勒姆的好朋友 Michael Moskowitz 为纪念他的父亲 Zeide Yoel Moskowitz 而慷慨提供的研究经费。

经由沙勒姆学院的实习项目，我很荣幸地与一批年轻而热心的研究人员一起工作，他们帮助我查找图书资源、筛选相关的段落和引述。衷心感谢 Sarah Ronis，Rachel Isaacs，Frederick Meiton，Ben Green，Bari Weiss，Ariel Beery，Jonah Fruchter，Allison Gordon，Jennifer Feinberg，Cecile Zweibach，Sol Adelsky，Jason Silberman，Rafi Feingold，Shaun Hoffman，Rebecca Bornstein，Joe Grant，Michele Margolis，Avigail Sugarman，Jeffrey Yoskowitz，Rebecca Harris，Jacob Victor，Aaron Rothstein，Mordechai Levy-Eichel，Ayalon Eliach，Noam Kutler，David Feith，Matthew Louchheim，Batya Nadler，Paul Kandel，Rebecca Rohr 和 Zvika Krieger。尤其要感谢那些为我的手稿奉献了非凡编辑才能的年轻人，他们是 William Feldman，Jeremy Ershow，Andrew Steinberg，Gabe Scheinmann，Adelia Malmuth，Ariana Kroshinsky 和 Alieza Salzberg。

我要感谢 Yael Hartman，Evelyn Emers，Eleanor Burgess，Ali Yaycioglu 和 Seth Robinson，他们做过我在美国的研究助理。特别要感谢我的首席助理 Eitan Goldstein，他孜孜不倦、足智多谋、才气横溢，注定要成为美国外交领域的一名伟大的学者。

在整个项目中，我有幸得到很多朋友的支持，他们对文本提供了非常宝贵的意见。感谢 Matthew Miller，Marty Peretz，Ruth Yudekovitz，Anne Louise Antonoff，Rose Schwartz，Stuart Hershkowitz，Sharon Friedman，Naomi and Jonathan Price，Tova Hartman，Marshall Huebner，Helen Katz，John Krivine，Mark Gerson，Dan Klionsky，Jerome 和 Ellen Stern，Michael 和 Susan Ashner，以及我的岳父 Burt Edelstein。

特别要感谢 John Gaddis 教授，他是耶鲁大学外交史 Robert A.

Lovett讲席教授，感谢他在探索约翰·昆西·亚当斯的中东政策方面给予的帮助；还要感谢美国外交关系委员会亨利·基辛格高级研究员Walter Russell Mead，感谢他在中东如何影响了美国宪法的制定以及美国传教士运动方面的见解。非常感谢耶鲁大学和哈佛大学的同学们，他们为源于本研究的讲座和阅读材料提供了新鲜的反馈。

向诺顿出版社的出版总监Jeannie Luciano以及她的团队致以诚挚的谢意！其中包括Tom Mayer，Louise Brockett，Rachel Salzman，Nancy Palmquist，Julia Druskin，Otto Sonntag，Bill Rusin，和Eleen Cheung。最重要的是，要感谢Bob Weil，他的智慧和洞察力贯穿全书。

在整个项目过程中，我的父母、妻子和孩子们一直在给予我爱和鼓励，我对此感激不尽。特别要感谢你们。

参考文献

档案馆和图书馆档案

Amin Rihani Papers, Library of Congress

Andrew Jackson Papers (microfilm) (Wilmington, Del.: Scholarly Resources, 1986)

Central Zionist Archives (CZA), Jerusalem

Cleveland Plain Dealer Archive

Cornelius Van H. Engert Papers, Georgetown Univ.

Cornell Univ. Library, Making of America Collection (MOA)

Franklin Delano Roosevelt Papers, Library of Congress

Harry S. Truman Presidential Museum and Library (online)

Henry Morgenthau Papers, Library of Congress

James M. Landis Papers, Library of Congress

Joel Barlow Papers, New York Public Library

John Fitzgerald Kennedy Presidential Library, Boston

John Jay Papers, Columbia Univ., New York

Karl S. Twitchell Papers, Princeton Univ.

Mariners' Museum Library, Washington, D.C.

New Hampshire Historical Society, Tuck Library

Oscar Straus Papers, Library of Congress

Papers of the American Board of Commissions for Foreign Missions (PABCFM), Bilkent Univ., Turkey

Public Record Office (PRO — British Foreign Office Documents), copies located at the Israel National Archives, Jerusalem

Thomas Jefferson Papers, American Memory Project, Library of Congress

Thomas Jefferson Papers, Princeton Univ.

United States National Archives (USNA)

William Blackstone Papers, Wheaton Univ.

William Eaton Papers (WEP), Huntington Library, San Marino, Calif.
William H. Seward Papers, Univ. of Rochester
William L. Westermann Paris Peace Conference Diaries, Columbia Univ.
William Tecumseh Sherman Papers, Notre Dame Univ.
William Yale Oral History, Columbia Univ.

已发表文件

The Adams-Jefferson Letters: The Complete Correspondence between Thomas Jefferson and Abigail and John Adams. Edited by Lester J. Cappon. Chapel Hill: Univ. of North Carolina Press, 1959.

Annals of the Congress of the United States: Third Congress. Washington, D. C.: Gales and Seaton, 1849.

Circular Letters of Congressmen to Their Constituents, 1789 – 1829. Edited by Noble Cunningham. Chapel Hill: Univ. of North Carolina Press, 1978.

The Conferences at Washington, 1941 –1942, and Casablanca, 1943. Washington, D. C.: GPO, 1968.

The Debate on the Constitution. Edited by Bernard Bailyn. Washington, D.C.: Library of America, 1993.

Defending the West: The Truman-Churchill Correspondence, 1945 – 1960. Edited by G.W. Sand. Westport, Conn.: Praeger, 2004.

Diary and Autobiography of John Adams. Vol.3, *Diary 1782 – 1804*. Cambridge: Harvard Univ. Press, Belknap Press, 1961.

The Documentary History of the Ratification of the Constitution. Edited by John Kaminksi and Gaspare Saladino. Madison: State Historical Society of Wisconsin, 2001.

Documents on British Foreign Policy, 1919 – 1939. Edited by Rohan Butler and J. P. T. Bury. London: Her Majesty's Stationery Office, 1963.

The Emerging Nation: A Documentary History of the Foreign Relations of the United States under the Articles of Confederation, 1780 – 1789. Edited by Mary Giunta. Washington, D. C.: National Historical Publications and Records Commission, 1996.

The Family Letters of Thomas Jefferson. Edited by Edwin Bettis and James Bear Jr. Columbia: Univ. of Missouri Press, 1966.

Foreign Relations of the United States (FRUS). Vols. from 1861 to 1948. Washington, D.C.: GPO.

The Intimate Papers of Colonel House. Edited by Charles Seymour. 4 vols. Boston:

Houghton Mifflin, 1926 - 28.

Lafayette in the Age of the American Revolution. Edited by Stanley Idzerda and Robert Crout. Ithaca: Cornell Univ. Press, 1983.

Letters of Delegates to Congress, 1774 - 1789. Edited by Paul Smith. Washington, D. C.: Library of Congress, 1995.

The Letters of Louis D. Brandeis. Edited by Melvin I. Urofsky and David M. Levy. Albany: State Univ. of New York, 1973.

The Letters of Richard Henry Lee. Edited by James Ballagh. New York: Macmillan, 1914.

The Letters of Theodore Roosevelt. Edited by Elting Morison. Cambridge: Harvard Univ. Press, 1954.

The Life and Correspondence of Rufus King. Edited by Charles King. New York: Putnam, 1894.

Life and Letters of George Perkins Marsh. New York: Scribner, 1888.

Messages and Papers of the Presidents, 1789 - 1897. Edited by James D. Richardson. New York: Bureau of National Literature, 1917.

The Missionary Herald: Reports from Ottoman Syria, 1819 - 1870. Edited by Kamal Salibi and Yusuf Khoury. Amman: Royal Institute for Inter-faith Studies, 1995.

Naval Documents Related to the United States Wars with the Barbary Powers. 6 vols. edited by Dudley Knox. Washington, D.C.: GPO, 1939 - 44.

New England Merchants in Africa: A History through Documents, 1802 - 1865. edited by Norman Bennett and George Brooks. Boston: Boston Univ. Press, 1965.

Ninth Annual Report of the Smithsonian Institution. Washington, D. C.: Beverley Tucker, 1855.

Official Records of the Union and Confederate Navies in the War of the Rebellion. Washington, D.C.: GPO, 1894.

The Papers of Alexander Hamilton. Edited by Harold C. Syrett. 27 vols. New York: Columbia Univ. Press, 1961 - 87.

The Papers of Daniel Webster. Ser. 3, *Diplomatic Papers.* Vol. 1. Hanover: Univ. Press of New England, 1983.

The Papers of Dwight David Eisenhower. Edited by Alfred Chandler. Baltimore: Johns Hopkins Univ. Press, 1970.

The Papers of George Mason, 1725 - 1792. Edited by Robert Rutland. Chapel Hill: Univ. of North Carolina Press, 1970.

The Papers of George Washington. Edited by W. W. Abbit. Charlottesville: Univ. Press of Virginia, 1995.

The Papers of James Madison: Secretary of State Series 1801. Charlottesville: Univ. Press of Virginia, 1986.

The Papers of Jefferson Davis. Vol. 6, *1856 - 1860*. Edited by Lynda Crist and Mary Dix. Baton Rouge: Louisiana State Univ. Press, 1989.

The Papers of Josiah Bartlett. Edited by Frank Mevers. Hanover: Univ. Press of New England, 1979.

The Papers of Julia Dent Grant. Edited by John Simon. New York: Putnam, 1975.

The Papers of Woodrow Wilson. Edited by Arthur Link. 69 vols. Princeton: Princeton Univ. Press, 1966 - 94.

The Republic of Letters: The Correspondence between Thomas Jefferson and James Madison, 1776 - 1826. Edited by James Morton Smith. New York: Norton, 1995.

The Revolutionary War Diplomatic Correspondences of the United States. Edited by Francis Wharton. Washington, D. C. : GPO, 1889.

Selections from the Correspondence of Theodore Roosevelt and Henry Cabot Lodge, 1884 - 1918. New York: Scribner's, 1925.

Treaties and Other International Acts of the United States of America. Edited by Hunter Miller. Vol. 3. Washington, D. C. : GPO, 1933.

The White House Papers of Harry Hopkins. Edited by Robert Sherwood. London: Eyre and Spottiswoode, 1949.

The Writings of Albert Gallatin. Edited by Henry Adams. Vol. 1. New York: Antiquarian Press, 1960.

The Writings of Benjamin Franklin, 1789 - 1790. Edited by Albert Henry Smyth. New York: Macmillan, 1904. Reprint, New York: Haskell House, 1970.

The Writings of George Washington from the Original Manuscript Sources, 1745 - 1799. Edited by John C. Fitzpatrick. 39 vols. Washington, D. C. : GPO, 1931 - 44.

The Writings of Thomas Jefferson. Edited by Andrew A. Lipscomb. Washington, D. C. : Thomas Jefferson Memorial Association, 1905.

The Writings of Thomas Jefferson. Edited by Paul Ford. New York: Putnam, 1970.

报刊

Century Illustrated Monthly Magazine

Harper's New Monthly Magazine

Ladies' Magazine

Littell's Living Age

London Daily Mail

Los Angeles Times
New Englander and Yale Review
New York Daily Tribune
New York Times
Niles' Weekly Register
Princeton Review
Scribner's Monthly
Stars and Stripes (Cairo edition)
United States Democratic Review
Whig Review

图书

Aaronsohn, Alexander. *With the Turks in Palestine*. Boston: Houghton Mifflin, 1916.

Abraham, Sameer, ed. *Arabs in the New World: Studies in Arab-American Communities*. Detroit: Wayne State Univ., 1983.

Abu-Ghazaleh, Adnan. *American Missions in Syria: A Study of American Missionary Contributions to Arab Nationalism in 19th Century Syria*. Brattleboro, Vt.: Amana Books, 1990.

Acheson, Dean. *Present at the Creation: My Years in the State Department*. Toronto: George-McLeod, 1969.

Adler, Bill, ed. *The Wit and Wisdom of Jimmy Carter*. Secaucus, N. J.: Citadel, 1977.

Adler, Cyrus. *Jacob H. Schiff: His Life and Letters*. London: William Heinemann, 1929.

———. *Jews in the Diplomatic Correspondence of the United States*. Baltimore: Friedenwald, 1906.

Ahmad, Feroz. *The Making of Modern Turkey*. New York: Routledge, 1993.

Ahmed, Sayed. *Nasser and American Foreign Policy, 1752 - 1756*. London: LAAM, 1987.

Akçam, Taner. *A Shameful Act: The Armenian Genocide and the Question of Turkish Responsibility*. New York: Metropolitan Books, 2006.

Albright, Madeleine, with Bill Woodward. *Madam Secretary*. New York: Miramax, 2003.

Allen, Felicity. *Jefferson Davis: Unconquerable Heart*. Columbia: Univ. of Missouri Press, 1999.

Allen, Gardner W. *Our Navy and the Barbary Corsairs*. Boston: Houghton

Mifflin, 1905.

Allibone, Samuel Austin. *A Critical Dictionary of English Literature, and British and American Authors*. Philadelphia: Lippincott, 1871.

Allison, Mary B. *Doctor Mary in Arabia: Memoirs.* Edited by Sandra Shaw. Austin: Univ. of Texas Press, 1994.

Allison, Robert J. *The Crescent Obscured: The United States and the Muslim World, 1776 -1815*. New York: Oxford Univ. Press, 1995.

Amanat, Abbas, and Magnus T. Bernhardsson, eds. *The United States and the Middle East: Cultural Encounters*. New Haven: Yale Center for International and Area Studies, 2002.

Ambrosius, Lloyd E. *Woodrow Wilson and the American Diplomatic Tradition*. Cambridge: Cambridge Univ. Press, 1987.

The American Annual Register, 1827 -1829. New York: Blunt, 1830.

American Geographical and Statistical Society. *Report and Memorial on Syrian Exploration*. New York: New York Univ., 1857.

The American in Algiers; or, The Patriot of Seventy-six in Captivity. New York: J. Buel, 1797.

Ammon, Harry. *James Monroe: The Quest for National Identity*. New York: McGraw-Hill, 1971.

Anderson, Irvine. *Aramco, the United States, and Saudi Arabia: A Study of the Dynamics of Foreign Oil Policy, 1933 - 1950*. Princeton: Princeton Univ. Press, 1981.

Anderson, R.C. *Naval Wars in the Levant, 1559 -1853*. Princeton: Princeton Univ. Press, 1952.

Anderson, Terry A. *A Den of Lions: Memoirs of Seven Years*. New York: Crown, 1993.

Ani, Moukhtar. *Saudi Arabia: Its People, Its Society, Its Culture.* New Haven: HRAF Press, 1959.

Antonius, George. *The Arab Awakening*. London: Hamish Hamilton, 1938.

The Arabian Nights Entertainment: Consisting of One Thousand and One Stories, the First American Edition, Freely Transcribed from the Original Translation by Galland. Baltimore: H. & P. Rice and J. Rice, 1794.

Arberry, Arthur J. *The Koran Interpreted*. New York: Macmillan, 1955.

Ariel, Yaakov. *On Behalf of Israel: American Fundamentalist Attitudes toward Jews, Judaism, and Zionism, 1865 -1945*. Brooklyn: Carlson, 1991.

Armerding, Paul L. *Doctors for the Kingdom: The Work of the American Mission*

Hospitals in the Kingdom of Saudi Arabia, 1913 – 1955. Grand Rapids, Mich.: Eerdmans, 2003.

Armstrong, H.C. *Grey Steel: J.C. Smuts: A Study in Arrogance*. London: Arthur Barker, 1937.

Atkinson, Rick. *An Army at Dawn: The War in North Africa, 1942 – 1943*. New York: Henry Holt, 2002.

Auchincloss, Louis. *Woodrow Wilson*. New York: Penguin, 2000.

Augur, Helen. *Passage to Glory: John Ledyard's America*. Garden City, N. Y.: Doubleday, 1946.

Baepler, Paul, ed. *White Slaves, African Masters: An Anthology of American Barbary Captivity Narratives*. Chicago: Univ. of Chicago Press, 1999.

Baer, Gabriel, and Amnon Cohen, eds. *Egypt and Palestine: A Millennium of Association (868 – 1948)*. New York: St. Martin's. 1984.

Bailey, Thomas A. *A Diplomatic History of the American People*. Englewood Cliffs, N.J.: Prentice-Hall, 1980.

———. *Woodrow Wilson and the Great Betrayal*. New York: Macmillan, 1947.

Baker, George E., ed. *The Life of William H. Seward, with Selections from His Works*. New York: J.S. Redfield, 1855.

Baker, James A., III, with Thomas M. DeFrank. *The Politics of Diplomacy: Revolution, War, and Peace, 1989 – 1992*. New York: Putnam, 1995.

Baker, John Martin. *A View of the Commerce of the Mediterranean*. Washington, D. C.: Davis and Force, 1819.

Baker, Ray Stannard. *Woodrow Wilson: Life and Letters, 1856 – 1890*. Garden City, N.Y.: Doubleday, 1927.

———. *Woodrow Wilson and World Settlement*. Garden City, N. Y.: Doubleday, Page, 1923.

Balakian, Peter. *The Burning Tigris: The Armenian Genocide and America's Response*. New York: HarperCollins, 2003.

Ballaster, Ros. *Fabulous Orients: Fictions of the East in England, 1662 – 1785*. Oxford: Oxford Univ. Press, 2005.

Bancroft, Frederic. *The Life of William H. Seward*. New York: Harper, 1899.

Baram, Phillip J. *The Department of State in the Middle East, 1919 – 1945*. Philadelphia: Univ. of Pennsylvania Press, 1978.

Barbour, Philip L. *The Three Worlds of Captain John Smith*. Boston: Houghton Mifflin, 1964.

Barclay, James Turner. *The City of the Great King; or, Jerusalem as It Was, as It*

Is, and as It Is to Be. Philadelphia: James Challen, 1857.

Barnby, H. G. *The Prisoners of Algiers: An Account of the Forgotten American-Algerian War, 1785 –1797*. New York: Oxford Univ. Press, 1966.

Barrell, George. *Letters from Asia: Written by a Gentleman of Boston, to His Friend in That Place*. New York: A. T. Goodrich, 1819.

Barrows, John D. *In the Land of Ararat*. New York: Revell, 1916.

Bartlett, Irving H. *Daniel Webster*. New York: Norton, 1978.

Bartlett, William H. *The Nile Boat; or, Glimpses of the Land of Egypt*. London: Arthur Hall, Virtue, 1850.

Barton, James. *Story of Near East Relief (1915 – 1930)*. New York: Macmillan, 1930.

———, ed. *"Turkish Atrocities": Statements of American Missionaries on the Destruction of Christian Communities in Ottoman Turkey, 1915 –1917*. Ann Arbor: Gomidas Institute, 1998.

Bar-Zohar, Michael. *Ben-Gurion: A Biography*. Translated by Peretz Kidron. New York: Adama Books, 1977.

Bass, Warren. *Support Any Friend: Kennedy's Middle East and the Making of the U. S. -Israel Alliance*. Oxford: Oxford Univ. Press, 2003.

Beale, Howard K. *Theodore Roosevelt and the Rise of America to World Power*. Baltimore: Johns Hopkins Univ. Press, 1986.

Beaumont, Daniel. *Slave of Desire: Sex, Love, and Death in The 1, 001 Nights*. Madison, N.J.: Fairleigh Dickinson Univ. Press, 2002.

Bellows, Henry W. *The Old World in Its New Face*. New York: Harper, 1869.

———. *Restatement of Christian Doctrines in 25 Sermons*. Boston: American Unitarian Association, 1869.

Belohlavek, John M. *Let the Eagle Soar!: The Foreign Policy of Andrew Jackson*. Lincoln: Univ. of Nebraska Press, 1985.

Bemis, Samuel Flagg. *John Quincy Adams and the Foundations of American Foreign Policy*. New York: Knopf, 1956.

Ben-Arieh, Yehoshua. *Painting the Holy Land in the 19th Century*. Jerusalem: Yad Izhak Ben-Zvi, 1997.

Benét, Stephen Vincent. *The Devil and Daniel Webster and Other Writings*. New York: Penguin, 2000.

Benson, Michael T. *Harry S. Truman and the Founding of Israel*. Westport, Conn.: Praeger, 1997.

Bernard, Stephane. *The Franco-Moroccan Conflict, 1943 –1953*. New Haven: Yale

Univ. Press, 1968.

Bernstein, Richard, et al. *Out of the Blue: The Story of September 11, 2001, from Jihad to Ground Zero*. New York: Times Books, 2002.

Beston, Henry. *The Book of Gallant Vagabonds*. New York: George H. Doran, 1925.

Bill, James. *The Eagle and the Lion: The Tragedy of American-Iranian Relations*. New Haven: Yale Univ. Press, 1988.

Bills, Scott L. *The Libyan Arena: The United States, Britain, and the Council of Foreign Ministers, 1945 -1948*. Kent, Ohio: Kent State Univ. Press, 1995.

Bird, Isaac. *Bible Work in Bible Lands*. Philadelphia: Presbyterian Board of Publication, 1872.

Bishop, Jim. *FDR's Last Year*. New York: Morrow: 1974.

Black, Conrad. *Franklin Delano Roosevelt: Champion of Freedom*. London: Weidenfeld & Nicolson, 2003.

Blackstone, William E. *Jesus Is Coming*. Chicago: Revell, 1908.

Bliss, Daniel. *Letters from a New Campus: Written to His Wife Abby and Their Four Children during Their Visit to Amherst, Massachusetts, 1873 - 1874*. Beirut: American Univ. of Beirut, 1994.

———. *The Reminiscences of Daniel Bliss*. New York: Revell, 1920.

Bloom, Sol. *The Autobiography of Sol Bloom*. New York: Putnam, 1948.

Blyden, Edward Wilmot. *Christianity, Islam and the Negro Race.* Edinburgh: Edinburgh Univ. Press, 1967.

Bolotin, Norman, and Christine Laing. *The World's Columbian Exposition.* Urbana: Univ. of Illinois Press, 2002.

Bond, Alvan. *Memoir of the Rev. Pliny Fisk*. New York: Arno Press, 1977.

Bookin-Weiner, Jerome, and Mohamed El Mansour, eds. *The Atlantic Connection: 200 Years of Moroccan-American Relations.* Rabat: Edino Press, 1990.

Boorstin, Daniel. *The Americans: The National Experience*. New York: Random House, 1965.

Boot, Max. *The Savage Wars of Peace: Small Wars and the Rise of American Power*. New York: Basic Books, 2002.

Boudinot, Elias. *A Star in the West; or, A Humble Attempt to Discover the Long Lost Ten Tribes of Israel, Preparatory to Their Return to Their Beloved City, Jerusalem*. Trenton, N.J: Fenton, Hutchinson, and Dunham, 1816.

Bowden, Mark, *Guest of the Ayatollah: The First Battle in America's War with Militant Islam*. New York: Atlantic Monthly, 2006.

Bowen, Norman. *Lowell Thomas: The Stranger Everyone Knows*. Garden City, N.Y.: Doubleday, 1968.

Brackenridge, Hugh Henry, and Philip Freneau. *Father Bimbo's Pilgrimage to Mecca in Arabia, 1770*. Edited by Michael Davitt Bell. Princeton: Princeton Univ. Library, 1975.

Brandeis, Louis D. *The Jewish Problem: How to Solve It*. New York: Zionist Organization of America, 1919.

Brands, H. W. *Inside the Cold War: Loy Henderson and the Rise of the American Empire, 1918 – 1961*. New York: Oxford Univ. Press, 1991.

Brant, Irving. *James Madison*. Vol. 6. New York: Bobbs-Merrill, 1961.

Brecher, Frank W. *Reluctant Ally: United States Foreign Policy toward the Jews from Wilson to Roosevelt*. New York: Greenwood, 1991.

Brekus, Catherine A. *Strangers and Pilgrims: Female Preaching in America, 1740 – 1845*. Chapel Hill: Univ. of North Carolina Press, 1998.

Bremer, L. Paul, with Malcolm McConnell. *My Year in Iraq: The Struggle to Build a Future of Hope*. New York: Simon & Schuster, 2006.

Brewer, Josiah. *A Residence at Constantinople in the Year* 1827, *with Notes to the Present Time*. New Haven: Durrie and Peck, 1830.

Brinkley, Douglas. *The Unfinished Presidency: Jimmy Carter's Journey beyond the White House*. New York: Viking, 1998.

Brinton, Jasper Yeates. *The American Effort in Egypt: A Chapter in Diplomatic History in the Nineteenth Century*. Alexandria, Va.: Private printing, 1972.

Bronson, Rachel. *Thicker than Oil: America's Uneasy Partnership with Saudi Arabia*. Oxford: Oxford Univ. Press, 2006.

Brown, Anthony C. *Oil, God, and Gold: The Story of Aramco and the Saudi Kings*. Boston: Houghton Mifflin, 1999.

Brown, Cecil. *Suez to Singapore*. New York: Random House, 1942.

Brown, John. T., ed. *Churches of Christ*. Louisville: John P. Morton, 1904.

Brown, Michael. *The Israeli-American Connection: Its Roots in the Yishuv, 1914 – 1945*. Detroit: Wayne State Univ. Press, 1996.

Brown, Seyom. *The Faces of Power: Constancy and Change in United States Foreign Policy from Truman to Reagan*. New York: Columbia Univ. Press, 1983.

Browne, J. Ross. *Yusef, or, The Journey of the Frangi: A Crusade in the West*. New York: Harper, 1853.

Browne, Walter L. *The Political History of Lebanon, 1920 – 1950*. Vol. 2. Salisbury, N.C.: Documentary Publications, 1977.

Bruce, Michael. *The Nun of Lebanon*. London: Collins, 1951.

Bryson, Thomas A. *An American Consular Officer in the Middle East in the Jacksonian Era: A Biography of William Brown Hodgson, 1801 –1871*. Atlanta: Resurgens Publications, 1979.

———. *American Diplomatic Relations with the Middle East, 1784 – 1975*. Metuchen, N.J.: Scarecrow Press, 1977.

———. *Seeds of the Mideast Crisis: The United States Diplomatic Role in the Middle East during World War II*. Jefferson, N.C.: McFarland, 1981.

———. *Tars, Turks, and Tankers: The Role of the United States Navy in the Middle East, 1800 –1979*. London: Scarecrow, 1980.

———. *United States/Middle East Diplomatic Relations, 1784 –1978: An Annotated Bibliography*. Metuchen, N.J.: Scarecrow, 1979.

Brzezinski, Zbigniew. *Power and Principle: Memoirs of the National Security Adviser, 1977 –1981*. New York: Farrar, Straus and Giroux, 1983.

Buckingham, Clyde E. *Clara Barton: A Broad Humanity.* Alexandria, Va.: Mount Vernon Publishing, 1977.

Buhite, Russell. *Patrick J. Hurley and American Foreign Policy.* Ithaca: Cornell Univ. Press, 1973.

Burg, David. *Chicago's White City of 1893.* Lexington: Univ. Press of Kentucky, 1976.

Burnham, Daniel, ed. *Final Official Report of the Director of Works of the World's Columbian Exposition*. New York: Garland Publishing, 1989.

Burns, Edward McNall. *The American Idea of Mission: Concepts of National Purpose and Destiny*. New Brunswick: Rutgers Univ. Press, 1957.

Burns, James MacGregor. *Roosevelt: The Soldier of Freedom.* New York: Harcourt Brace Jovanovich, 1970.

Burns, James MacGregor, and Susan Dunn. *The Three Roosevelts: Patrician Leaders Who Transformed America*. New York: Grove Press, 2001.

Burns, William J. *Economic Aid and American Policy toward Egypt, 1955 –1981*. Albany: State Univ. Press of New York, 1985.

Burton, David H. *Clara Barton: In the Service of Humanity.* Westport, Conn.: Greenwood, 1995.

———. *Theodore Roosevelt: Confident Imperialist*. Philadelphia: Univ. of Pennsylvania Press, 1968.

Bush, George. *The Life of Mohammed; Founder of the Religion of Islam, and of the Empire of the Saracens*. New York: Harper & Brothers, 1837.

———. *The Valley of Vision.* New York: Saxton and Miles, 1844.

Bush, George, and Brent Snowcroft. *A World Transformed*. New York: Knopf, 1998.

Calverley, Eleanor. *My Arabian Days and Nights*. New York: Crowell, 1958.

Caplan, Neil. *Futile Diplomacy*. Vol.1. London: Frank Cass, 1983.

Carlton, Donna. *Looking for Little Egypt*. Bloomington, Ind.: IDD Books, 1994.

Carpenter, Teresa. *The Miss Stone Affair: America's First Modern Hostage Crisis.* New York: Simon & Schuster, 2003.

Carter, Jimmy. *The Blood of Abraham: Insights into the Middle East*. New ed. Fayetteville: Univ. of Arkansas Press, 1993.

———. *Keeping Faith: Memoirs of a President.* New York: Bantam, 1982.

———. *Living Faith*. New York: Three Rivers Press, 2001.

Casillas, Rex J. *Oil and Diplomacy: The Evolution of American Foreign Policy in Saudi Arabia, 1933 –1945*. New York: Garland, 1987.

Cathcart, James Leander. *Tripoli*. LaPorte, Ind.: Herald Print, 1901.

Celleni, Joseph, ed. *Christian Protagonists for Jewish Restoration.* New York: Arno Press, 1977.

Chaillé-Long, Charles. *My Life in Four Continents.* Vol.1. London: Hutchinson, 1912.

———. *The Three Prophets: Chinese Gordon, Mohammed-Ahmed (El Maahdi), Arabi Pasha*. New York: Appleton, 1884.

Charny, Israel, ed. *Encyclopedia of Genocide*. Santa Barbara: ABC-CLIO, 1999.

Chernow, Ron. *Alexander Hamilton*. New York: Penguin Press, 2004.

Cherry, Conrad, ed. *God's New Israel: Religious Interpretations of American Destiny*. Chapel Hill: Univ. of North Carolina Press, 1998.

Chidsey, Donald Barr. *The Wars in Barbary: Arab Piracy and the Birth of the United States Navy.* New York: Crown, 1971.

Chireau, Yvonne, and Nathaniel Deutsch. *Black Zion: African American Religious Encounters with Judaism*. New York: Oxford Univ. Press, 2000.

Christy, David. *King Cotton*. Cincinnati: Moore, Wilstach, Keys, 1855.

Citino, Nathan J. *From Arab Nationalism to OPEC: Eisenhower, King Sa'ūd, and the Making of U.S.-Saudi Relations*. Bloomington: Indiana Univ. Press, 2002.

Clark, Mark W. *Calculated Risk*. New York: Harper, 1950.

Cline, Myrtle. *American Attitude toward the Greek War of Independence, 1821 – 1828*. Atlanta: Higgins-McArthur, 1930.

Clinton, Bill. *My Life: The Early Years*. Westminster, Md.: Knopf, 2005.

———. *My Life: The Presidential Years*. Westminster, Md.: Knopf, 2005.

Clissold, Stephen. *The Barbary Slaves*. London: Paul Elek, 1977.

Cohen, Avner. *Israel and the Bomb*. New York: Columbia Univ. Press, 1998.

Cohen, Michael J. *Palestine and the Great Powers, 1945 -1948*. Princeton: Princeton Univ. Press, 1982.

———, ed. *The Anglo-American Committee on Palestine, 1945 - 1946*. Vol. 35 of *The Rise of Israel: A Documentary Record from the Nineteenth Century to 1948*. Part 1. New York: Garland, 1987.

Cohen, Naomi Wiener. *A Dual Heritage: The Public Career of Oscar S. Straus*. Philadelphia: Jewish Publication Society of America, 1969.

———. *The Year after the Riots: American Responses to the Palestine Crisis of 1929 - 30*. Detroit: Wayne State Univ., 1988.

Cohen, Roger, and Claudio Gatti. *In the Eye of the Storm: The Life of General H. Norman Schwarzkopf*. New York: Farrar, Straus and Giroux, 1991.

Cole, Donald B. *The Presidency of Andrew Jackson*. Lawrence: Univ. Press of Kansas, 1993.

Coll, Steve. *Ghost Wars: The Secret History of the CIA, Afghanistan, and bin Laden, from the Soviet Invasion to September 10, 2001*. New York: Penguin, 2005.

Collins, Larry, and Dominique Lapierre. *O Jerusalem*. New York: Simon & Schuster, 1972.

Colton, Walter. *Visit to Constantinople and Athens.* New York: Leavitt, Lord, 1836.

Connelly, Matthew. *A Diplomatic Revolution: Algeria's Fight for Independence and the Origins of the Post-Cold War Era*. New York: Oxford Univ. Press, 2002.

Conrad, Lawrence I., ed. *The Formation and Perception of the Modern Arab World*. Princeton, N.J.: Darwin Press, 1990.

Cooley, James Ewing. *The American in Egypt, with Rambles through Arabia Petra and the Holy Land during the Years 1839 -1840*. New York: Appleton, 1842.

Coon, Carleton. *A North Africa Story: The Anthropologist as OSS Agent*. Ipswich, Mass.: Gambit Press, 1980.

———, ed. *Daniel Bliss and the Founding of the American Univ. of Beirut*. Washington, D.C: Middle East Institute, 1989.

Cooper, John Milton. *The Warrior and the Priest: Woodrow Wilson and Theodore Roosevelt*. Cambridge: Harvard Univ. Press, 1983.

Copeland, Miles. *The Game of Nations: The Amorality of Power Politics*. London: Weidenfeld & Nicolson, 1969.

Cowdery, Jonathan. *American Captives in Tripoli*. Boston: Belcher & Armstrong, 1806.

Crabitès, Pierre. *Americans in the Egyptian Army*. London: Routledge, 1938.

Crafford, F.S. *Jan Smuts: A Biography*. Garden City, N.Y.: Doubleday, Doran, 1943.

Crawford, Kenneth G. *Report on North Africa*. New York: Farrar and Rinehart, 1943.

Cresson, Warder. *Jerusalem: The Center and Joy of the Universe*. Philadelphia: Selfpublished, 1844.

———. *The Key of David*. Philadelphia: Self-published, 1852.

———. *King Solomon's Two Women and the Living and Dead Child or Messiah*. Philadelphia: Self-published, 1852.

Cronon, David E., ed. *The Cabinet Diaries of Josephus Daniels, 1913 – 1921*. Lincoln: Univ. of Nebraska Press, 1963.

Curti, Merle. *American Philanthropy Abroad: A History.* New Brunswick: Rutgers Univ. Press, 1963.

Curtis, Jane, Will Curtis, and Frank Lieberman. *The World of George Perkins Marsh.* Woodstock: Countryman Press, 1982.

Dallek, Robert. *Franklin D. Roosevelt and American Foreign Policy, 1932 – 1945.* New York: Oxford Univ. Press, 1979.

———. *An Unfinished Life: John F. Kennedy, 1917 –1963*. Boston: Little, Brown, 2003.

D'Alton, Martina. *The New York Obelisk*. New York: Metropolitan Museum of Art, 1993.

Davis, John. *The Landscape of Belief: Encountering the Holy Land in Nineteenth-Century American Art and Culture*. Princeton: Princeton Univ. Press, 1996.

Davis, Leslie A. *The Slaughterhouse Province: An American Diplomat's Report on the Armenian Genocide, 1915 – 1917*. New Rochelle, N.Y.: Aristide D. Caratzas, 1989.

Davis, Moshe, ed. *With Eyes toward Zion*. Vol. 2, *Themes and Sources in the Archives of the United States, Great Britain, Turkey and Israel*. New York: Praeger, 1986. Vol.3 (with Yehoshua Ben-Arieh), *Western Societies and the Holy Land* (1991). Vol.4, *America and the Holy Land* (1995). Vol.5 (with Yehoshua Ben-Arieh), *Jerusalem in the Mind of the Western World, 1800 –1948* (1997).

Davis, Robert. *Christian Slaves, Muslim Masters*. New York: Palgrave Macmillan, 2003.

Dawisha, Adeed. *Arab Nationalism in the Twentieth Century: From Triumph to Despair*. Princeton: Princeton Univ. Press, 2003.

Dawn, Ernest C. *From Ottomanism to Arabism: Essays on the Origins of Arab Nationalism.* Urbana: Univ. of Illinois Press, 1973.

Dawson, Nelson, ed. *Brandeis and America*. Lexington: Univ. Press of Kentucky, 1989.

Dayan, Moshe, *Breakthrough: A Personal Account of the Egypt-Israel Peace Negotiations*. New York: Knopf, 1981.

Dearborn, Henry A. S. *The Life of William Bainbridge, Esq., of the United States Navy*. Princeton: Princeton Univ. Press, 1931.

Dearden, Seton. *A Nest of Corsairs*. London: Butler and Tanner, 1976.

DeConde, Alexander. *A History of American Foreign Policy.* New York: Scribner, 1971.

De Kay, James Tertius. *A Rage for Glory: The Life of Commodore Stephen Decatur*. New York: Free Press, 2004.

De Leon, Edwin. *Thirty Years of My Life on Three Continents*. London: Ward and Downey, 1890.

DeNovo, John A. *American Interests and Policies in the Middle East, 1900 – 1939*. Minneapolis: Univ. of Minnesota Press, 1963.

D'Este, Carlo. *Eisenhower: A Soldier's Life.* New York: Henry Holt, 2002.

Diebels, Mary Chrysostom. *Peter Markoe (1752 – 1792): A Philadelphia Writer.* Washington, D. C.: Catholic Univ. of America Press, 1944.

Dillman, Richard, ed. *The Major Essays of Henry David Thoreau*. Albany: Whitston, 2001.

Dobkin, Marjorie Housepian. *Smyrna 1922: The Destruction of a City.* Kent, Ohio: Kent State Univ. Press, 1988.

Dobson, John M. *America's Ascent: United States Becomes a Great Power, 1880 – 1914*. DeKalb: Northern Illinois Univ. Press, 1978.

Dockrill, Michael, ed. *The Paris Peace Conference,* 1919*: Peace without Victory.* New York: Palgrave, 2001.

Dodwell, Henry H. *The Founder of Modern Egypt: A Study of Muhammad 'Ali*. Cambridge: Cambridge Univ. Press, 1931. Reprint, New York: AMS Press, 1977.

Dolmetsch, Carl. *"Our Famous Guest" — Mark Twain in Vienna*. Athens: Univ. of Georgia Press, 1992.

Donovan, Robert J. *Conflict and Crisis: The Presidency of Harry S. Truman, 1945 – 1948*. New York: Norton, 1977.

Dorr, David F. *A Colored Man round the World by a Quadroon*. Printed for the author, 1858.

Douglass, Frederick. *Autobiographies*. New York: Library of America, 1994.

Doumato, Eleanor A. *Getting God's Ear: Women, Islam, and Healing in Saudi Arabia and the Gulf*. New York: Columbia Univ. Press, 2000.

Dowty, Alan. *Middle East Crisis: U. S. Decision-making in 1958, 1970 and 1973*. Berkeley: Univ. of California Press, 1984.

Duncan, Dayton, and Geoffrey C. Ward. *Mark Twain: An Illustrated Biography*. New York: Knopf, 2001.

Dupuy, E. *Américains et Barbaresques*. Paris: R. Roger et F. Chernoviz, 1910.

Dye, William. *Moslem Egypt and Christian Abyssinia*. New York: Negro Universities Press, 1969.

Dyer, Brainerd. *The Public Career of William M. Evarts*. Berkeley: Univ. of California Press, 1933.

Eaton, William. *Interesting Detail of the Operations of the American Fleet in the Mediterranean, Communicated in a Letter from W. E. Esq. to His Friend in the County of Hampshire*. Springfield, Mass.: Bliss & Brewer, 1804.

Eban, Abba. *Personal Witness: Israel through My Eyes*. New York: Putnam, 1992.

Eddy, William A. *F. D. R. Meets Ibn Saud*. New York: American Friends of the Middle East, 1954.

Einstein, Lewis. *Inside Constantinople*. London: John Murray, 1917.

Elliot, Charles. *Remarkable Characters and Places in the Holy Land*. Hartford: J. B. Burr, 1867.

Ellis, Joseph J. *American Sphinx. The Character of Thomas Jefferson*. New York: Vintage, 1998.

———. *Founding Brothers: The Revolutionary Generation*. New York: Vintage, 2002.

Ellison, James. *The American Captive; or, The Siege of Tripoli: A Drama in Five Acts*. Boston: Joshua Belcher, 1812.

Elon, Amos. *Herzl*. New York: Holt, Rinehart and Winston, 1975.

Elsbree, Oliver Wendell. *The Rise of the Missionary Spirit in America, 1790 –1815*. Williamsport, Pa.: Williamsport Printing and Binding Co., 1928.

Elton, Godfrey. *Gordon of Khartoum*. New York: Knopf, 1955.

Emerson, Everett. *Puritanism in America, 1620 –1750*. Boston: Twayne, 1977.

English, George Bethune. *The Grounds of Christianity Examined by Comparing the New Testament with the Old*. Boston: A. M., 1813.

———. *A Narrative of the Expedition to Dongola and Sennaar under the Command of His Excellence Ismael Pasha Undertaken by Order of His Highness Mehemmed*

Ali Pasha, Viceroy of Egypt. Boston: Wells and Lilly, 1823.

Esthus, Raymond A. *Theodore Roosevelt and the International Rivalries*. Claremont: Regina Books, 1970.

Evans, Laurence. *United States Policy and the Partition of Turkey, 1914 - 1924*. Baltimore: Johns Hopkins Press, 1965.

Eveland, Wilbur Crane. *Ropes of Sand: America's Failure in the Middle East*. New York: Norton, 1980.

Eytan, Walter. *The First Ten Years: A Diplomatic History of Israel*. London: Weidenfeld & Nicolson, 1958.

Eytinge, Rose. *The Memoirs of Rose Eytinge*. New York: Frederick A. Stoker, 1905.

Fairbank, John, ed. *The Missionary Enterprise in China and America*. Cambridge: Harvard Univ. Press, 1974.

Farman, Elbert. *Along the Nile with General Grant*. New York: Grafton Press, 1904.

———. *Egypt and Its Betrayal*. New York: Grafton Press, 1908.

Faulk, Odie B. *The U. S. Camel Corps*. New York: Oxford Univ. Press, 1976.

Fawcett, Louise L. *Iran and the Cold War: The Azerbaijan Crisis of 1946*. Cambridge: Cambridge Univ. Press, 1992.

Fein, Isaac M. *The Making of an American Jewish Community: The History of Baltimore Jewry from 1773 to 1920*. Philadelphia: Jewish Publication Society, 1971.

Feingold, Henry L. *The Politics of Rescue: The Roosevelt Administration and the Holocaust, 1938 - 1945*. New Brunswick: Rutgers Univ. Press, 1970.

———. *Zion in America: The Jewish Experience from Colonial Times to the Present*. New York: Twayne, 1974.

Feinstein, Martin. *American Zionism, 1884 - 1904*. New York: Herzl Press, 1965.

Fellman, Michael. *Citizen Sherman: A Life of William Tecumseh Sherman*. New York: Random House, 1995.

Felton, Harold W. *Uriah Phillips Levy*. New York: Dodd, Mead, 1978.

Fick, Nathaniel. *One Bullet Away: The Making of a Marine Officer*. Boston: Houghton Mifflin, 2005.

Field, Henry M. *From Egypt to Japan*. 19th ed. New York: Scribner, 1905.

Field, James A., Jr. *America and the Mediterranean World, 1776 - 1882*. Princeton: Princeton Univ. Press, 1969.

Finkelstein, Dorothee Metiltsky. *Melville's Orienda*. New Haven: Yale Univ.

Press, 1961.

Finley, John H. *A Pilgrim in Palestine.* New York: Scribner, 1919.

Finnie, David H. *Pioneers East: The Early American Experience in the Middle East.* Cambridge: Harvard Univ. Press, 1967.

Fisher, Sir Godfrey. *Barbary Legend: War, Trade and Policy in North Africa, 1415 - 1830.* Oxford: Oxford Univ. Press, 1957.

Fitzpatrick, Donovan, and Saul Saphire. *Navy Maverick: Uriah Phillips Levy.* Garden City, N.Y.: Doubleday, 1963.

Forrestal, James. *The Forrestal Diaries.* New York: Viking, 1951.

Foss, John. *A Journal of the Captivity and Sufferings of John Foss.* Newburyport, Mass.: Angier March, 1798.

Fowler, William M. *Jack Tars and Commodores: The American Navy, 1783 - 1815.* Boston: Houghton Mifflin, 1984.

Frankel, Jonathan. *The Damascus Affair: "Ritual Murder," Politics, and the Jews in 1840.* Cambridge: Cambridge Univ. Press, 1997.

Frankfurter, Felix. *Felix Frankfurter Reminisces: Recorded in Talks with Harlan B. Phillips.* New York: Reynal, 1960.

Freely, John. *A History of Robert College.* Istanbul: Y.K.Y., 2000.

Freeman, John. *Herman Melville.* New York: Macmillan, 1926.

Friedman, Isaiah. *The Question of Palestine: British-Jewish-Arab Relations, 1914 - 1918.* New Brunswick: Transaction, 1992.

Fromkin, David. *A Peace to End All Peace: The Fall of the Ottoman Empire and the Creation of the Modern Middle East.* New York: Avon, 1989.

Fukuyama, Francis. *America at the Crossraods: Democracy, Power, and the Neoconservative Legacy.* New Haven: Yale Univ. Pres, 2006.

Gaddis, John Lewis. *The Cold War: A New History.* New York: Penguin, 2005.

———. *Surprise, Security, and the American Experience.* Cambridge: Harvard Univ. Press, 2004.

———. *The United States and the Origins of the Cold War.* New York: Columbia Univ. Press, 1992.

Gal, Allon. *David Ben-Gurion and the American Alignment for the Jewish State.* Bloomington: Indiana Univ. Press, 1991.

Gale, Robert L. *A Herman Melville Encyclopedia.* Westport, Conn.: Greenwood, 1995.

Ganin, Zvi. *Truman, American Jewry, and Israel, 1945 - 1948.* New York: Holmes & Meier, 1979.

Gazit, Mordechai. *President Kennedy's Policy toward the Arab States and Israel: Analysis and Documents*. Tel Aviv: Tel Aviv Univ., 1983.

Gelfand, Lawrence E. *The Inquiry: American Preparations for Peace, 1917 – 1919*. New Haven: Yale Univ. Press, 1963.

Gendzier, Irene L. *Notes from the Minefield: United States Intervention in Lebanon and the Middle East, 1945 – 1958*. Boulder: Westview Press, 1999.

Gibbons, Helen Davenport. *The Red Rugs of Tarsus: A Woman's Record of the Armenian Massacre of 1909*. New York: Century, 1917.

Gibbons, Herbert A. *The Blackest Page of Modern History*. New York: Putnam, 1916.

Gibran, Gibran Khalil. *The Prophet*. New York: Knopf, 1952.

Gidney, James B. *A Mandate for Armenia*. Kent, Ohio: Kent State Univ. Press, 1967.

Gilbert, Martin. *Israel: A History*. London: Black Swan, 1998.

Gilner, Elias. *War and Hope: A History of the Jewish Legion*. New York: Herzl Press, 1969.

Godfried, Nathan. *Bridging the Gap between Rich and Poor: American Economic Development Policy toward the Arab East, 1942 – 1949*. New York: Greenwood, 1987.

Goetzmann, William. *New Lands, New Men*. New York: Viking, 1986.

———. *When the Eagle Screamed: America and the Second Great Age of Discovery*. Norman: Univ. of Oklahoma Press, 2000.

Goldberg, Isaac. *Major Noah: American-Jewish Frontier*. Philadelphia: Jewish Publication Society of America, 1936.

Goldman, Shalom. *God's Sacred Tongue: Hebrew and the American Imagination*. Chapel Hill: Univ. of North Carolina Press, 2004.

———, ed. *Hebrew and the Bible in America: The First Two Centuries*. Hanover: Brandeis Univ. Press and Dartmouth College, 1993.

Goodell, William. *Forty Years in the Turkish Empire*. New York: Robert Carter, 1883.

Goodwin, Charles. A. *Narrative of Joshua Gee of Boston, Mass., While He Was Captive in Algeria of the Barbary Pirates, 1680 – 1687*. Hartford: Wadsworth Atheneum, 1943.

Gordon, Leland James. *American Relations with Turkey, 1830 – 1930: An Economic Interpretation*. Philadelphia: Univ. of Pennsylvania Press, 1932.

Gordon, Michael R., and Bernard E. Trainor. *Cobra II: The Inside Story of the*

Invasion and Occupation of Iraq. New York: Pantheon, 2006.

Goren, Arthur, ed. *Dissenter in Zion: From the Writings of Judah L. Magnes*. Cambridge: Harvard Univ. Press, 1982.

Gowing, Lawrence. *Paintings of the Louvre*. London: Stewart, Tabori, & Chang, 1987.

Grabill, Joseph L. *Protestant Diplomacy and the Near East: Missionary Influence on American Policy, 1810 – 1927*. Minneapolis: Univ. of Minnesota Press, 1969.

Grant, Ulysses S. *Personal Memoirs of U. S. Grant*. New York: C. L. Webster, 1885.

Grayson, Benson Lee. *Saudi-American Relations*. Washington, D. C. : Univ. Press of America, 1982.

Greene, Frederick Davis. *Armenian Massacres, or, The Sword of Mohammed*. Philadelphia: National Publishers Co. , 1896.

Greenville, John A. S. , and George B. Young. *Politics, Strategy, and American Diplomacy: Studies in Foreign Policy, 1873 – 1917*. New Haven: Yale Univ. Press, 1966.

Grenville, Vernon. *Yankee Doodle-Doo: A Collection of Songs of the Early American Stage*. New York: Payson & Clarke, 1927.

Grose, Peter. *Israel in the Mind of America*. New York: Knopf, 1983.

Grosrichard, Alain. *The Sultan's Court: European Fantasies of the East*. Translated by Liz Heron. London: Verso, 1998.

Guelzo, Allen C. *Abraham Lincoln: Redeemer President*. Grand Rapids, Mich. : Eerdmans, 1999.

Gurock, Jeffrey S. , ed. *American Jewish History: The Colonial and Early National Periods, 1654 – 1840*. New York: Routledge, 1998.

Guthrie, Grace D. *Legacy to Lebanon*. Richmond, Va. : Self-published, 1984.

Habachi, Labib. *The Obelisks of Egypt*. Cairo: American Univ. in Cairo Press, 1984.

Haddawy, Husain, trans. *The Arabian Nights*. New York: Norton, 1990.

Hagan, Kenneth J. *This People's Navy: The Making of American Sea Power*. New York: Free Press, 1991.

Hahn, Peter L. *Caught in the Middle East: U. S. Policy toward the Arab-Israeli Conflict, 1945 – 1961*. Chapel Hill: Univ. of North Carolina Press, 2004.

———. *The United States, Great Britain, and Egypt, 1945 – 1956: Strategy and Diplomacy in the Early Cold War*. Chapel Hill: Univ. of North Carolina Press, 1991.

Haig, Alexander M. , Jr. *Caveat: Realism, Reagan, and Foreign Policy*. New York:

Macmillan, 1984.

Haig, Alexander M., Jr., with Charles McCarry. *Inner Circles: How America Changed the World: A Memoir*. New York: Warner, 1992.

Haight, Sarah Rogers. *Letters from the Old World by a Lady of New York*. New York: Harper, 1840.

Hall, Luella J. *The United States and Morocco, 1776 - 1956*. Metuchen, N.J.: Scarecrow Press, 1971.

Halperin, Samuel. *The Political World of American Zionism*. Detroit: Wayne State Univ. Press, 1961.

Halpern, Ben. *A Clash of Heroes: Brandeis, Weizmann, and American Zionism.* New York: Oxford Univ. Press, 1987.

Halpern, Ben, and Jehuda Reinharz. *Zionism and the Creation of a New Society*. New York: Oxford Univ. Press, 1998.

Hamby, Alonzo L. *Man of the People: A Life of Harry S. Truman*. New York: Oxford Univ. Press, 1995.

Hamilton, Alexander, John Jay, and James Madison. *The Federalist Papers*. Cutchogue, N.Y.: Buccaneer Books, 1992.

Hamlin, Cyrus. *Among the Turks*. New York: Robert Carter, 1878.

———. *My Life and Times*. Boston: Pilgrim Press, 1893.

Handy, Robert T. *The Holy Land in American Protestant Life, 1800 - 1948*. New York: Arno Press, 1981.

Hanson, Joseph. *The Musselmen Humbled; or, A Heroic Poem in Celebration of the Bravery Displayed by the American Tars, in the Contest with Tripoli*. New York: Southwick and Hardcastle, 1806.

Harbord, James G. *Conditions in the Near East: American Military Mission to Armenia*. Washington, D.C.: GPO, 1920.

Hargreaves, Mary W.M. *The Presidency of John Quincy Adams*. Lawrence: Univ. Press of Kansas, 1985.

Harris, David. *Britain and the Bulgarian Horrors of 1876*. Chicago: Univ. of Chicago Press, 1939.

Harris, Thomas. *The Life and Services of Commodore William Bainbridge, United States Navy*. Philadelphia: Carey Lea and Blanchard, 1837.

Harrison, Paul W. *Doctor in Arabia*. London: Robert Hale, 1943.

Harrison, Thomas Skelton. *The Homely Diary of a Diplomat in the East, 1897 - 1899*. Boston: Houghton Mifflin, 1917.

Hart, Parker T. *Saudi Arabia and the United States: Birth of a Security Partnership*.

Bloomington: Indiana Univ. Press, 1998.

Hart, Robert A. *The Great White Fleet*. Boston: Little, Brown, 1965.

Hattis, Susan L. *The Bi-national Idea in Palestine during Mandatory Times*. Haifa: Shikmona, 1970.

Hawes, Louisa. *Memoir of Mrs. M. E. Van Lemep, by Her Mother*. Hartford: Belknap and Hamersley, 1849.

Heckscher, August. *Woodrow Wilson.* New York: Scribner, 1991.

Hedges, William H. *The Old and New World Romanticism of Washington Irving*. New York: Greenwood, 1986.

Hellman, George S. *Washington Irving, Esquire: Ambassador at Large from the New World to the Old*. New York: Knopf, 1925.

Helmreich, Paul C. *From Paris to Sèvres: The Partition of the Ottoman Empire at the Peace Conference of 1919 -1920*. Columbus: Ohio State Univ. Press, 1974.

Henry, Charles P. *Ralph Bunche: Model Negro or American Other?* New York: New York Univ. Press, 1999.

Hertzberg, Arthur, ed. *The Zionist Idea: A Historical Analysis and Reader*. New York: Atheneum, 1972.

Hesseltine, William B., and Hazel Wolf. *The Blue and the Gray on the Nile*. Chicago: Univ. of Chicago Press, 1961.

Hietala, Thomas. *Manifest Design: Anxious Aggrandizement in Late Jacksonian America*. Ithaca: Cornell Univ. Press, 1985.

Hillman, William, and Harry Truman. *Mr. President: The First Publication from the Personal Diaries, Private Letters, Papers, and Revealing Interviews of Harry S. Truman, Thirty-second President of the United States of America.* New York: Farrar, Straus and Young, 1952.

Hirsch, H.N. *The Enigma of Felix Frankfurter*. New York: Basic Books, 1981.

Hirshson, Stanley. *The White Tecumseh: A Biography of General William T. Sherman*. New York: John Wiley, 1997.

Hitti, Philip. *Lebanon in History from the Earliest Times to the Present*. London: Macmillan, 1962.

Hobsbawm, E.J. *The Age of Empire, 1875 -1914*. New York: Pantheon, 1987.

Hodson, Joel. *Lawrence of Arabia and American Culture.* Westport, Conn.: Greenwood, 1995.

Holden, Edith. *Blyden of Liberia*. New York: Vantage Press, 1966.

Holland, Matthew F. *America and Egypt: From Roosevelt to Eisenhower*. Westport, Conn.: Praeger, 1996.

Holmes, Oliver Wendell. *Ralph Waldo Emerson*. Boston: Houghton Mifflin, 1885.

Holmes, Reed M. *The Forerunners*. Independence, Mo.: Herald, 1981.

Hoover, Herbert. *The Memoirs of Herbert Hoover*. New York: Macmillan, 1957.

Hopwood, Derek. *The Russian Presence in Syria and Palestine, 1843 -1914: Church and Politics in the Near East*. Oxford: Clarendon Press, 1969.

Horovitz, David, ed. *Yitzhak Rabin: Soldier of Peace*. London: Peter Halban, 1996.

Horton, George. *The Blight of Asia: An Account of the Systematic Extermination of Christian Populations by Mohammedans* .... 1926. Reprint, Indianapolis: Bobbs-Merrill, 1953.

Hourani, Albert. *Arabic Thought in the Liberal Age, 1798 - 1939*. Cambridge: Cambridge Univ. Press, 1962.

House, Edward, ed. *What Really Happened at Paris*. New York: Scribner, 1921.

Howard, Harry N. *The King-Crane Commission: An American Inquiry in the Middle East*. Beirut: Khayats, 1963.

Howe, George F. *Northwest Africa: Seizing the Initiative in the West*. Washington, D.C.: Center of Military History, 1991.

Howe, Samuel G. *An Historical Sketch of the Greek Revolution*. New York: n. p., 1828.

Hull, Cordell. *The Memoirs of Cordell Hull*. 2 vols. New York: Macmillan, 1948.

Huntington. Samuel P. *The Clash of Civilizations and the Remaking the World Order*. New York: Simon & Schuster, 1996.

Hurewitz, J. C., ed. *The Middle East and North Africa in World Politics: A Documentary Record*. Vol. 1, *European Expansion, 1535 - 1914*. 2d ed. New Haven: Yale Univ. Press, 1975.

———. *The Struggle for Palestine*. New York: Greenwood, 1968.

Iriye, Akira. *From Nationalism to Internationalism: U. S. Foreign Policy to 1914*. London: Routledge and Kegan Paul, 1977.

Irving, Washington. *Alhambra*. Boston: Ginn, 1902.

———. *The Conquest of Granada*. New York: Putnam, 1850.

———. *Mahomet and His Successors*. Chicago: Belford, Clarke, 1973.

Irving, Washington, William Irving, and James Paulding. *Salmagundi*. Chicago: Belford, Clarke, 1807.

Irwin, Ray. *The Diplomatic Relations of the United States with the Barbary Powers, 1776 -1816*. New York: Russell & Russell, 1970.

Irwin, Robert. *For Lust of Knowing: The Orientalists and their Enemies*. London: Penguin, 2007.

Isaacson, Walter, and Evan Thomas. *The Wise Men: Six Friends and the World They Made.* New York: Touchstone, 1986.

Israel, John, and Henry Lundt. *Journal of a Cruize in the U. S. Ship* Delaware *74 in the Mediterranean in the Years 1833 & 34*. 1835. Reprint, New York: Arno Press, 1977.

James, Lawrence. *The Golden Warrior.* New York: Paragon, 1993.

James, Robert Rhodes. *Anthony Eden*. London: Weidenfeld & Nicolson, 1986.

Jampoler, Andrew C. A. *Sailors in the Holy Land: The* 1848 *American Expedition to the Dead Sea and the Search for Sodom and Gomorrah*. Annapolis: Naval Institute Press, 2005.

Jefferson, Thomas. *Autobiography*. New York: Capricorn, 1959.

Jessup, Henry Harris. *Fifty-three Years in Syria*. Vol. 2. New York: Revell, 1910.

———. *The Setting of the Crescent and the Rising of the Cross: or, Kamil Abdul Messiah, a Syrian Convert from Islam to Christianity*. Philadelphia: Westminster Press, 1898.

Johannsen, Robert W., et al. *Manifest Destiny and Empire: American Antebellum Expansionism*. Edited by Sam Haynes and Christopher Morris. Arlington: Univ. of Texas Press, 1997.

Johnson, Sarah Barclay. *Hadji in Syria.* New York: Arno Press, 1977.

Jones, George, A. M. *Excursions to Cairo, Jerusalem, Damascus, and Balbec from the United States Ship* Delaware, *during Her Recent Cruise: With an Attempt to Discriminate between Truth and Error in Regard to the Sacred Places of the Holy City*. New York: Van Nostrand and Dwight, 1836.

Jones, Kenneth V., ed. *Adams, John Quincy, 1767 – 1848: Chronology, Documents, Bibliographical Aids*. New York: Oceana Publications, 1970.

Joyce, Miriam. *Kuwait,* 1945 – 1956*: An Anglo-American Perspective*. London: Frank Cass, 1998.

Kaplan, Justin. *Mr. Clemens and Mr. Twain.* New York: Simon & Schuster, 1966.

Kaplan, Robert D. *The Arabists: The Romance of an American Elite*. New York: Free Press, 1993.

Karabell, Zachary. *Parting the Desert: The Creation of the Suez Canal*. New York: Knopf, 2003.

Kark, Ruth. *American Consuls in the Holy Land, 1832 – 1914*. Jerusalem: Magnes Press, Hebrew Univ., 1994.

Karpin, Michael. *The Bomb in the Basement: How Israel Went Nuclear and What That Means for the World*. New York: Simon & Schuster, 2006.

Kaufman, Menahem. *The Magnes-Philby Negotiations, 1929: The Historical Record*. Jerusalem: Magnes Press, 1998.

Kaufman, Menahem, and Mira Levine, eds. *Guide to America-Holy Land Studies, 1620–1948*. Vol. 4, *Resource Material in British, Israeli and Turkish Repositories*. New York: Praeger, 1984.

Keegan, John. *Iraq War: The Military Offensive, from Victory in 21 Days to the Insurgent Aftermath*. Westminster, Md.: Knopf, 2005.

Kelly, Michael. *Martyrs' Day: Chronicle of a Small War*. New York: Vintage, 1993.

Kenen, I. L. *Israel's Defense Line: Her Friends and Foes in Washington*. Buffalo: Prometheus, 1981.

Kennedy, Charles Stuart. *The American Consul: A History of the United States Consular Service, 1776–1914*. New York: Greenwood, 1990.

Keyal, Philip, and Joseph Keyal. *The Syrian-Lebanese in America*. Boston: Twayne, 1975.

Khalaf, Samir. *Persistence and Change in 19th Century Lebanon*. Beirut: American Univ. of Beirut, 1979.

Khalidi, Rashid, ed. *The Origins of Arab Nationalism*. New York: Columbia Univ. Press, 1991.

———. *Western Footprints and America's Perilous Path in the Middle East*. Boston: Beacon Press, 2005.

Kheirallah, George. *Arabia Reborn*. Albuquerque: Univ. of New Mexico Press, 1952.

Kinross, Lord. *The Ottoman Centuries: The Rise and Fall of the Turkish Empire*. New York: Morrow Quill, 1977.

Kinzer, Stephen. *All the Shah's Men: An American Coup and the Roots of Middle East Terror*. Hoboken, N.J.: Wiley, 2003.

Kirakossian, Arman, ed. *The Armenian Massacres, 1894–1896: U. S. Media Testimony*. Detroit: Wayne State Univ. Press, 2004.

Kirk, George. *The Middle East in the War*. Survey of International Affairs, 1939–1946, Royal Institute of International Affairs. London: Oxford Univ. Press, 1952.

Kirkland, Elizabeth Cabot. *Letters*. Cambridge: Massachusetts Historical Society, 1905.

Kirshner, Ralph. *The Class of 1861: Custer, Ames, and Their Classmates after West Point*. Carbondale: Southern Illinois Univ. Press, 1999.

Kissinger, Henry A. *Crisis: The Anatomy of Two Major Foreign Policy Crises*. New York: Simon & Schuster, 2003.

———. *Diplomacy*. New York: Simon & Schuster, 1994.

———. *White House Years*. Boston: Little, Brown, 1979.

Kitzen, Michael L. S. *Tripoli and the United States at War: A History of America's Relations with the Barbary States, 1785 – 1805*. Jefferson, N. C.: McFarland, 1962.

Kloian, Richard. *The Armenian Genocide: News Accounts from the American Press.* Berkeley: Anto Press, 1985.

Kloman, Erasmus. *Assignment Algiers: With the OSS in the Mediterranean Theater*. Annapolis: Naval Institute Press, 2005.

Knightley, Phillip, and Colin Simpson. *The Secret Lives of Lawrence of Arabia*. London: Thomas Nelson, 1969.

Knock, Thomas J. *To End All Wars: Woodrow Wilson and the Quest for a New World Order*. Princeton: Princeton Univ. Press, 1992.

Korn, Bertram. *American Jewry and the Civil War*. New York: Jewish Publication Society of America, 1951.

Kramer, Martin. *Ivory Towers on Sand: The Failure of Middle Eastern Studies in America*. Washington, D. C.: Washington Institute of Near East Policy, 2001.

Krieger, Barbara. *Divine Expectations: An American Woman in 19th Century Palestine*. Athens: Ohio Univ. Press, 1999.

Krout, Marty H., ed. *Lew Wallace, An Autobiography*. New York: Harper, 1906.

Kruger, James R. *Turning On Water with a Shovel: The Career of Elwood Mead.* Albuquerque: Univ. of New Mexico Press, 1992.

Kuklick, Bruce. *Puritans in Babylon: The Ancient Near East and American Intellectual Life, 1880 – 1930*. Princeton: Princeton Univ. Press, 1996.

Kuniholm, Bruce R. *The Origins of the Cold War in the Near East: Great Power Conflict and Diplomacy in Iran, Turkey, and Greece*. Princeton: Princeton Univ. Press, 1980.

Kurzer, Dan. *Ben-Gurion: Prophet of Fire.* New York: Simon & Schuster, 1983.

Kurzman, Dan. *Genesis 1948: The First Arab-Israeli War*. New York: Da Capo Press, 1970.

Lacroix-Riz, Annie. *Les Protectorats d'Afrique du Nord entre la France et Washington: Du débarquement à l'indépendance, Maroc et Tunisie, 1942 – 1956*. Paris: L'Harmattan, 1988.

LaFeber, Walter. *The Cambridge History of American Foreign Relations*. Vol. 2, *The American Search for Opportunity, 1865 – 1913*. Cambridge: Cambridge Univ. Press, 1993.

———. *The New Empire: An Interpretation of American Expansion, 1860 – 1898*. Ithaca: Cornell Univ. Press, 1998.

Lane, Edward, and Edward Stanely Poole, eds. *The Thousand and One Nights: Commonly Called, in England, the Arabian Nights' Entertainments*. London: Bell Press, 1883.

Langer, William L., and S. Everett Gleason. *The Undeclared War, 1940 – 1941*. Gloucester: P. Smith, 1968.

Lansing, Robert. *The Big Four and Others of the Peace Conference*. Boston: Houghton Mifflin, 1921.

Laqueur, Walter. *A History of Zionism*. New York: Simon & Schuster, 1989.

Larsen, Peter. *Theodore Roosevelt and the Moroccan Crisis, 1904 – 1906*. Princeton: Princeton Univ. Press, 1984.

Larson, Deborah Welch. *Origins of Containment: A Psychological Explanation*. Princeton: Princeton Univ. Press, 1985.

Larson, Erik. *The Devil in the White City: Murder, Magic, and Madness at the Fair That Changed America*. New York: Vintage, 2003.

Lash, Joseph P. *From the Diaries of Felix Frankfurter*. New York: Norton, 1975.

Latourette, Kenneth. *Missions and the American Mind*. Indianapolis: National Foundation Press, 1949.

Laurie, Thomas. *The Ely Volume; or, The Contributions of Our Foreign Missions to Science and Human Well-Being*. Boston: American Board of Commissioners for Foreign Missions, 1881.

Lavsky, Hagit. *Before Catastrophe: The Distinctive Path of German Zionism*. Detroit: Wayne State Univ. Press, 1996.

Lawlor, Laurie. *Magnificent Voyage: An American Adventurer on Captain James Cook's Final Expedition*. New York: Holiday House, 2002.

Ledyard, John. *A Journal of Captain Cook's Last Voyage to the Pacific Ocean*. Hartford: Nathaniel Patten, 1783.

Leeson, Marc. *Saving Monticello: The Levy Family's Epic Quest to Rescue the House That Jefferson Built*. New York: Free Press, 2001.

Leff, Laurel. *Buried by the Times: The Holocaust and America's Most Important Newspaper*. New York: Cambridge Univ. Press, 2005.

Leiner, Frederick C. *The End of Barbary Terror: American's 1815 War against the Pirates of North Africa*. Oxford: Oxford Univ. Press, 2006.

Lenczowksi, George. *The Middle East in World Affairs*. Ithaca: Cornell Univ. Press, 1980.

Leo, Africanus. *The History and Description of Africa, and of All the Notable Things Therein Contained*. London: Hakluyt Society, 1896.

Lesch, David. *Syria and the United States: Eisenhower's Cold War in the Middle East*. Boulder: Westview Press, 1992.

———, ed. *The Middle East and the United States*. Boulder: Westview Press, 1999.

Lewis, Bernard. *The Arabs in History*. London: Hutchinson's Univ. Library, 1950.

———. *The Crisis of Islam: Holy War and Unholy Terror*. New York: Modern Library, 2003.

———. *The Emergence of Modern Turkey*. London: Oxford Univ. Press, 1968.

———. *What Went Wrong: The Clash between Islam and Modernity in the Middle East*. New York: Perennial, 2003.

Liebling, A. J. *The Road Back to Paris*. Garden City, N. Y.: Doubleday, Doran, 1944.

Life of Mohammad. Bombay: American Mission Press, 1851.

Lindsay, Rao H. *Nineteenth-Century American Schools in the Levant: A Study of Purposes*. Ann Arbor: Univ. of Michigan School of Education, 1965.

Link, Arthur S. *Wilson: The Struggle for Neutrality*. Princeton: Princeton Univ. Press, 1960.

Lippman, Thomas W. *Inside the Mirage: America's Fragile Partnership with Saudi Arabia*. Boulder: Westview Press, 2004.

Little, Douglas. *American Orientalism: The United States and the Middle East since 1945*. Chapel Hill: Univ. of North Carolina Press, 2002.

Lodge, Henry Cabot. *The Senate and the League of Nations*. New York: Scribner, 1925.

Lohbeck, Don. *Patrick J. Hurley*. Chicago: H. Regnery, 1956.

Long, David. *Nothing Too Daring: A Biography of Commodore David Porter, 1780 - 1843*. Annapolis: U. S. Naval Institute, 1970.

———. *The United States and Saudi Arabia*. Boulder: Westview Press, 1985.

Longrigg, Stephen Hemsley. *Oil in the Middle East: Its Discovery and Development*. London: Oxford Univ. Press, 1954.

Loring, William. *A Confederate Soldier in Egypt*. New York: Dodd, Mead, 1884.

Lothrop, Thornton Kirkland. *William Henry Seward*. Boston: Houghton Mifflin, 1896.

Louis, William R. *The British Empire in the Middle East, 1945 - 1951*. New York: Oxford Univ. Press, 1984.

———. *Imperialism at Bay, 1941 - 1945: The United States and the Decolonization*

McCullough, David. *John Adams.* New York: Simon & Schuster, 2001.

———. *Truman*. New York: Simon & Schuster, 1992.

McDaniel, Robert A. *The Shuster Mission and the Persian Constitutional Revolution*. Minneapolis: Bibliotheca Islamica, 1974.

McDougall, Walter A. *Promised Land, Crusader State: The American Encounter with the World since 1776*. New York: Mariner Books, 1997.

McFeely, William. *Grant: A Biography*. New York: Norton, 1981.

McGilvary, Margaret. *The Dawn of a New Era in Syria*. New York: Revell, 1920.

Mckee, Christopher. *Edward Preble: A Naval Biography, 1761 – 1807*. Annapolis: Naval Institute Press, 1972.

Meacham, Jon. *American Gospel: God, the Founding Fathers, and the Making of a Nation*. New York: Random House, 2006.

Mead, Walter Russell. *Special Providence: American Foreign Policy and How It Changed the World*. New York: Routledge, 2002.

Medoff, Rafael. *Baksheesh Diplomacy: Secret Negotiations between American Jewish Leaders and Arab Officials on the Eve of World War II.* Lanham, Md.: Lexington Books, 2001.

———. *Zionism and the Arabs: An American Jewish Dilemma, 1898 – 1948*. Westport, Conn.: Praeger, 1997.

Meir, Golda. *My Life*. New York: Putnam, 1975.

Melman, Yossi, and Dan Raviv. *Friends in Deed: Inside the U. S.-Israel Alliance*. New York: Hyperion, 1994.

Melton, Jeffrey Alan. *Mark Twain, Travel Books, and Tourism: The Tide of a Great Popular Movement*. Tuscaloosa: Univ. of Alabama Press, 2002.

Melville, Herman. *Clarel: A Poem and Pilgrimage to the Holy Land*. Chicago: Northwestern Univ. Press, 1991.

———. *Journals.* Edited by Howard C. Horsford and Lynn Horth. Chicago: Northwestern Univ. Press, 1989.

———. *Moby Dick*. New York: Hendrick's House, 1952.

———. *Redburn*. New York: Literary Classics of the United States Inc., 1983.

———. *White-Jacket; or, The World in a Man-of-War*. Oxford: Oxford Univ. Press, 1990.

Ménager, Bernard, et al., eds. *Guy Mollet: Un camarade en république*. Lille: Presses Universitaires de Lille, 1987.

Merk, Frederick. *Manifest Destiny and Mission in American History.* New York: Knopf, 1963.

Merkley, Paul Charles. *The Politics of Christian Zionism, 1891 – 1948*. London: Frank Cass, 1998.

Merriam, Eve. *The Voice of Liberty: The Story of Emma Lazarus*. New York: Farrar, Straus and Cudahy, 1959.

Meryon, Charles Lewis, and Hester Lucy Stanhope. *The Travels of Lady Hester Stanhope*. London: H. Colburn, 1846.

Meyer, Isadore, ed. *Early Zionism in America*. Philadelphia: American Jewish Historical Society, 1958.

Miller, Aaron. *Search for Security: Saudi Arabian Oil and American Foreign Policy, 1939 – 1949*. Chapel Hill: Univ. of North Carolina Press, 1980.

Miller, Ellen Clare. *Eastern Sketches*. New York: Arno Press, 1977.

Miller, H., ed. *Treaties and Other International Acts of the United States of America* Washington, D.C.: GPO, 1933.

Miller, Merle. *Plain Speaking: An Oral Biography of Harry S. Truman*. New York: Putnam, 1974.

Miller, Nathan. *Theodore Roosevelt: A Life*. New York: Morrow Quill, 1992.

Miller, Roman J. *Around the World with the Battleships*. Chicago: A. C. McClurg, 1909.

Millspaugh, Arthur C. *Americans in Persia*. Washington, D.C.: Brookings Institution, 1946.

Minor, Clorinda. *Meshullam!; or, Tidings from Jerusalem: From the Journal of a Believer Recently Returned from the Holy Land*. Philadelphia: Self-published, 1851.

Mitchell, Timothy. *Colonising Egypt*. Berkeley: Univ. of California Press, 1988.

Monaghan, Jay. *Diplomat in Carpet Slippers: Abraham Lincoln Deals with Foreign Affairs*. Indianapolis: Bobbs-Merrill, 1945.

Monroe, Elizabeth. *Britain's Moment in the Middle East, 1914 – 1956*. Baltimore: Johns Hopkins Univ. Press, 1963.

Montague, Edward P. *Narrative of the Late Expedition to the Dead Sea*. Philadelphia: Carey and Hart, 1849.

Morgan, James Morris. *Recollections of a Rebel Reefer*. Boston: Houghton Mifflin, 1917.

Morgenthau, Henry. *All in a Life-Time*. Garden City, N. Y.: Doubleday, Page, 1922.

———. *Ambassador Morgenthau's Story*. Garden City, N. Y.: Doubleday, 1918.

———. *The Murder of a Nation*. New York: Armenian General Benevolent Union of America, 1974.

Morgenthau, Henry, III. *Mostly Morgenthau: A Family History*. New York: Ticknor & Fields, 1991.

Morley, Bertha B. *Marsovan 1915: The Diaries of Bertha B. Morley*. Ann Arbor: Gomidas Institute, 2000.

Morris, Edmund. *The Rise of Theodore Roosevelt*. New York: Modern Library, 2001.

———. *Theodore Rex*. New York: HarperCollins, 2003.

Morris, Edward Joy. *Notes of a Tour through Turkey, Greece, Egypt, Arabia Petrea, to the Holy Land*. Philadelphia: Carey and Hart, 1842.

Morse, Arthur D. *While Six Million Died*. London: Martin Secker and Warburg, 1968.

Mott, Thomas Bentley. *Twenty Years as Military Attaché*. 1937. Reprint, New York: Arno Press, 1979.

Mott, Valentine. *Travels in Europe and the East*. New York: Harper and Brothers, 1842.

Motter, T. H. Vail. *The Persian Corridor and Aid to Russia*. Washington, D. C.: Office of the Chief of Military History, 1952.

Muccigrosso, Robert. *Celebrating the New World: Chicago's Columbian Exposition of 1893*. Chicago: Ivan R. Dee, 1993.

Munford, Kenneth. *John Ledyard: An American Marco Polo*. Portland: Binfords and Mort, 1939.

Munro, John M. *A Mutual Concern: The Story of the American University of Beirut*. Delmar, N. Y.: Caravan Books, 1977.

Murphy, Robert. *Diplomat among Warriors*. Garden City, N. Y.: Doubleday, 1964.

Muslih, Muhammad Y. *The Origins of Palestinian Nationalism*. New York: Columbia Univ. Press, 1988.

Naff, Alixa. *The Arab Americans*. Philadelphia: Chelsea House, 1999.

Naguib, Mohammad. *Egypt's Destiny: A Personal Statement*. London: Gollancz, 1955.

Neider, Charles, ed. *The Complete Essays of Mark Twain*. Garden City, N. Y.: Doubleday, 1963.

Newcomb, Harvey. *Cyclopedia of Missions*. New York: Scribner, 1854.

Nicholson, Thomas. *An Affecting Narrative of the Captivity and Suffering of Thomas Nicholson Who Has Been Six Years a Prisoner among the Algerines*. Boston: N. Coverly, 1818.

Noah, Mordecai Manuel. *Correspondence and Documents Relative to the Attempt to*

Negotiate for the Release of the American Captives at Algiers, including Remarks on Our Relations with that Regency. Washington, D.C.: n.p., 1816.

Nolte, Richard H., ed. *The Modern Middle East*. New York: Atherton Press, 1963.

North, Michael. *Reading 1922: A Return to the Scene of the Modern.* New York: Oxford Univ. Press, 1999.

Notter, Harley. *The Origins of the Foreign Policy of Woodrow Wilson*. Baltimore: Johns Hopkins Univ. Press, 1937.

Noveck, Simon, ed. *Great Jewish Personalities in Modern Times*. Washington, D.C.: B'nai B'rith Department of Adult Jewish Education, 1960.

Obenzinger, Hilton. *American Palestine: Melville, Twain, and the Holy Land Mania*. Princeton: Princeton Univ. Press, 1999.

Offner, Arnold. *Another Such Victory: President Truman and the Cold War, 1945–1953*. Palo Alto: Stanford Univ. Press, 2002.

Oldroyd, Osborn. *The Assassination of Abraham Lincoln.* Union, N.J.: Lawbook Exchange, 2001.

Olin, Stephen. *Travels in Egypt, Arabia Petra and the Holy Land*. New York: Harper, 1844.

Oren, Michael B. *The Origins of the Second Arab-Israel War: Egypt, Israel, and the Great Powers, 1952–56*. London: Frank Cass, 1992.

———. *Six Days of War: June* 1967 *and the Making of the Modern Middle East*. New York: Oxford Univ. Press, 2002.

Orfalea, Gregory, ed. *Grape Leaves: A Century of Arab American Poetry*. Salt Lake City: Univ. of Utah Press, 1988.

Osborn, Henry S. *Palestine, Past and Present*. Philadelphia: James Challen and Son, 1859.

Owen, E. R. J. *Cotton and the Egyptian Economy: 1820–1914*. London: Oxford Univ. Press, 1969.

Packer, George. *The Assassin's Gate: America in Iraq*. New York: Farrar, Straus and Giroux, 2005.

Paine, Albert Bigelow. *Mark Twain: A Biography: The Personal and Literary Life of Samuel Langhorne Clemens*. New York: Harper, 1912.

Palmer, Frederick. *Bliss, Peacemaker*. New York: Dodd, Mead, 1934.

Palmer, Michael A. *Guardians of the Gulf: A History of America's Expanding Role in the Persian Gulf, 1833–1992*. New York: Free Press, 1992.

Paludan, Phillip Shaw. *The Presidency of Abraham Lincoln*. Lawrence: Univ. Press of Kansas, 1994.

Panitz, Esther L. *Simon Wolf: Private Conscience and Public Image*. Rutherford: Fairleigh Dickinson Univ. Press, 1987.

Parker, Richard B. *The Politics of Miscalculation in the Middle East*. Bloomington: Indiana Univ. Press, 1993.

Parrish, Michael E. *Felix Frankfurter and His Times: The Reform Years*. New York: Free Press, 1982.

Parker, Richard B. *Uncle Sam in Barbary: A Diplomatic History*. Gainesville: Univ. Press of Florida, 2004.

Parsons, Levi. *The Dereliction and Restoration of the Jews: A Sermon, Preached in Park-Street Church Boston, Sabbath, Oct.* 31, 1819, *Just before the Departure of the Palestine Mission*. Boston: Samuel T. Armstrong, 1819.

———. *The Memoir of Rev. Levi Parsons*. Compiled by Daniel Oliver Morton. New York: Arno Press, 1977.

Patai, Raphael, ed. *Herzl Year Book* 7. New York: Herzl Press, 1971.

Patton, George S. *War as I Knew It*. Boston: Houghton Mifflin, 1995.

Paullin, Charles Oscar. *Diplomatic Negotiations of American Naval Officers, 1778–1883*. Baltimore: Johns Hopkins Univ. Press, 1912.

Pears, Sir Edwin. *Forty Years in Constantinople, 1873–1915*. New York: Appleton, 1916.

Pellew, George. *American Statesmen: John Jay*. Cambridge, Mass: Riverside Press, 1890.

Peltier, Jean G. *World War II Diary of Jean Gordon Peltier*. Groveland: Perfect Art, 2000.

Pendar, Kenneth. *Adventures in Diplomacy: The Emergence of General de Gaulle in North Africa*. London: Cassell, 1966.

Penrose, Stephen. *That They May Have Life: The Story of the American University of Beirut, 1866–1941*. Princeton: Princeton Univ. Press, 1941.

Peres, Shimon. *Battling for Peace: Memoirs*. Edited by David Landau. London: Weidenfeld & Nicolson, 1995.

Perkins, Bradford. *The Cambridge History of American Foreign Relations*. Vol. 1, *The Creation of a Republican Empire, 1776–1865*. Cambridge: Cambridge Univ. Press, 1993.

Perret, Geoffrey. *Ulysses S. Grant*. New York: Random House, 1997.

Peterson, Merrill D. *"Starving Armenians": America and the Armenian Genocide, 1915–1930 and After*. Charlottesville: Univ. of Virginia Press, 2004.

Philby, H. St. John. *Arabian Oil Ventures*. Washington, D. C.: Middle East

Institute, 1964.

———. *Saudi Arabia*. London: Ernest Benn, 1955.

Philipson, David. *My Life as an American Jew.* Cincinnati: John G. Kidd, 1941.

Phillips, Clifton Jackson. *Protestant America and the Pagan World: The First Half Century of the American Board of Commissioners for Foreign Missions, 1810 - 1860*. Cambridge: Harvard Univ. Press, 1969.

Pletcher, David M. *The Awkward Years: American Foreign Relations under Garfield and Arthur*. Columbia: Univ. of Missouri Press, 1962.

A Pocket Guide to North Africa. Washington, D. C. : War and Navy Department, 1942.

Poe, Edgar Allan. *The Works of the Late Edgar Allan Poe.* Vol. 4. New York: Arthur Gordon Pym, 1856.

Pollack, Kenneth M. *The Persian Puzzle: The Conflict between Iran and America*. New York: Random House, 2004.

Porch, Douglas. *The Path to Victory: The Mediterranean Theater in World War II*. New York: Farrar, Straus and Giroux, 2004.

Powell, Colin L., with Joseph E. Persico. *My American Journey*. New York: Random House, 1995.

Power, Samantha. *A Problem from Hell: America and the Age of Genocide*. New York: Basic Books, 2002.

Price, Willadene. *Bartholdi and the Statue of Liberty*. Chicago: Rand McNally, 1959.

Prideaux, Humphrey. *The True Nature of Imposture Fully Displayed in the Life of Mahomet*. Fairhaven, Vt. : James Lyon, 1798.

Prime, William C. *Tent Life in the Holy Land*. New York: Harper, 1857.

Pulson, W. D. *The Life and Work of Captain Alfred Thayer Mahan*. New Haven: Yale Univ. Press, 1939.

Pyle, Ernie. *Here Is Your War.* New York: Henry Holt, 1943.

Quandt, William B. *Peace Process: American Diplomacy and the Arab-Israeli Conflict since 1967*. 3d ed. Washington, D. C. : Brookings Institution Press, 2005.

Quinn, Frederick. *The French Overseas Empire*. New York: Praeger, 2000.

Raab, James. *W. W. Loring*. Manhattan, Kan. : Sunflower Univ. Press, 1997.

Rabinowitz, Ezekiel. *Justice Louis D. Brandeis: The Zionist Chapter of His Life*. New York: Philosophical Library, 1968.

Raider, Mark A. *The Emergence of American Zionism*. New York: New York Univ. Press, 1998.

Rame, David. *Road to Tunis*. New York: Macmillan, 1944.

Randall, Willard Sterne. *Alexander Hamilton: A Life*. New York: Perennial, 2003.

Range, Willard. *Franklin D. Roosevelt's World Order*. Athens: Univ. of Georgia Press, 1959.

Rapoport, Louis. *Shake Heaven and Earth: Peter Bergson and the Struggle to Rescue the Jews of Europe*. Jerusalem: Gefen, 1999.

Ratzabi, Shalom. *Between Zionism and Judaism: The Radical Circle in Brith Shalom, 1925 – 1933*. Leiden: Brill, 2002.

Reagan, Ronald. *An American Life*. New York: Simon & Schuster, 1990.

———. *Reagan, in His Own Hand*. Edited by Kiron K. Skinner, Annelise Anderson, and Martin Anderson. New York: Free Press, 2001.

Reckner, James A. *Teddy Roosevelt's Great White Fleet*. Annapolis: Naval Institute Press, 1988.

Reinharz, Jehuda. *Chaim Weizman: The Making of a Statesman*. New York: Oxford Univ. Press, 1993.

Reinharz, Shulamit, and Mark A. Raider, eds. *American Jewish Women and the Zionist Enterprise*. Waltham, Mass.: Brandeis Univ. Press, 2004.

Remini, Robert V. *Andrew Jackson and the Course of American Freedom, 1822 – 1832*. Vol.2. New York: Harper & Row, 1981.

Riad, Mahmoud. *The Struggle for Peace in the Middle East*. New York: Quartet Books, 1981.

Richter, Julius. *History of Protestant Missions in the Near East*. 1910. Reprint, New York: AMS Press, 1970.

Riggs, Henry H. *Days of Tragedy in Armenia*. Ann Arbor: Gomidas Institute, 1917.

Rihani, Ameen. *The Fate of Palestine*. Beirut: Rihan House, 1967.

———. *The Path of Vision*. Beirut: Rihani House, 1970.

Riley, James. *Sufferings in Africa: Captain Riley's Narrative*. New York: Potter, 1965.

Riley, Henry A. *The Restoration at the Second Coming of Christ: A Summary of Millenarian Doctrines*. Philadelphia: Lippincott, 1868.

Rippy, J. Fred. *Joel R. Poinsett: Versatile American*. Durham: Duke Univ. Press, 1935.

Ritchie, Donald A. *James M. Landis: Dean of the Regulators*. Cambridge: Harvard Univ. Press, 1980.

Rizk, Salom. *Syrian Yankee*. Garden City. N.Y.: Doubleday, Doran, 1943.

Robbins, Thomas. *Diaries, 1796 - 1854*. Boston: Thomas Todd, 1886.

Roberts, Edmund. *Embassy to the Eastern Courts of Cochin-China, Siam, and Muscat, in the U. S. Sloop-of-War* Peacock, *during the Years 1832 - 3 - 4*. New York: Harper, 1837.

Robinson, Edward. *Biblical Researches in Palestine, Mount Sinai and Arabia Petraea: A Journal of Travels in the Year 1838 by E. Robinson and E. Smith, Undertaken in Reference to Biblical Geography.* 3 vols. Boston: Crocker & Brewster, 1841.

———. *Later Biblical Researches in Palestine and Adjacent Regions: A Journal of Travels in the Year 1852*. London: John Murray, 1856.

Robotti, Frances Diane, and James Vescovi. *The USS* Essex *and the Birth of the American Navy*. Holbrook, Mass.: Adams Media Corp., 1999.

Roosevelt, Elliott. *As He Saw It.* New York: Duell, Sloan and Pierce, 1946.

Roosevelt, Theodore. *An Autobiography*. New York: Da Capo Press, 1985.

———. *Theodore Roosevelt's Diaries of Boyhood and Youth*. New York: Scribner, 1928.

Ross, Dennis. *The Missing Peace: The Inside Story of the Fight for Middle East Peace*. New York: Farrar, Straus and Giroux, 2004.

Roth, Philip. *The Plot Against America.* Boston and New York: Houghton Mifflin, 2004.

Rowson, Susanna. *Slaves in Algiers; or, The Struggle for Freedom*. Philadelphia: Wrigley and Berriman, 1794.

Rubin, Barry. *Paved with Good Intentions: The American Experience and Iran*. New York: Viking, 1981.

———. *The Great Powers in the Middle East, 1941 - 1947.* London: Cass, 1980.

Rubin, Barry, and Judith Colp Rubin. *Yasir Arafat: A Political Biography*. Oxford: Oxford Univ. Press, 2003.

Rubinger, Naphtali J. *Abraham Lincoln and the Jews*. New York: Jonathan David, 1962.

Rusk, John. *The Authentic Life of T. DeWitt Talmage.* New York: L. G. Stahl, 1902.

Rutland, Robert A. *The Presidency of James Madison*. Lawrence: Univ. Press of Kansas, 1990.

Sachar, Howard M. *The Emergence of the Middle East, 1914 - 1924*. New York: Knopf, 1969.

———. *A History of Israel: From the Rise of Zionism to Our Time*. New York: Knopf, 1970.

Sadat, Anwar el-. *In Search of Identity: An Autobiography*. New York: Harper &Row, 1977.

———. *Revolt on the Nile*. Translated by Thomas Graham. London: A. Wingate, 1957.

Safran, Nadav. *Israel: The Embattled Ally*. Cambridge: Belknap Press, 1978.

Said, Edward. *Orientalism*. New York: Vintage, 1979.

Saikal, Amin. *The Rise and Fall of the Shah*. Princeton: Princeton Univ. Press, 1980.

Sampson, Anthony. *The Seven Sisters: The Great Oil Companies and the World They Shaped*. New York: Bantam, 1991.

Sandys, George. *Description of the Ottoman Empire*. Amsterdam: Theatrum Orbis Terrarum, 1973.

Sarna, Jonathan D. *Jacksonian Jew: The Two Worlds of Mordecai Noah*. New York: Holmes & Meier, 1981.

Savary, Claude Etienne. *Letters on Egypt, Containing a Parallel between the Manners of Its Ancient and Modern Inhabitants*. London: G. G. J. and J. Robinson, 1787.

Schachner, Nathan. *Thomas Jefferson: A Biography*. New York: Thomas Yoseloff, 1951.

Schaff, Philip. *Through Bible Lands: Notes of Travel in Egypt, the Desert, and Palestine*. New York: American Tract Society, 1878.

Scherer, George H. *Mediterranean Missions, 1808-1870*. Beirut: Bible Lands Union for Christian Education, n.d.

Schlesinger, Arthur M., Jr. *The Age of Jackson*. Boston: Little, Brown, 1950.

Scholes, Walter, and Marie Scholes. *The Foreign Policies of the Taft Administration*. Columbia: Univ. of Missouri Press, 1970.

Schroeder, Seaton. *Fifty Years of Naval Service*. New York: Appleton, 1922.

Schueller, Malini Johar. *U. S. Orientalisms*. Ann Arbor: Univ. of Michigan Press, 1998.

———, ed. *David F. Dorr: A Colored Man round the World*. Ann Arbor: Univ. of Michigan Press, 1999.

Schuldiner, Michael, and Daniel J. Kleinfeld. *The Selected Writings of Mordecai Noah*. London: Greenwood, 1999.

Schwarzkopf, H. Norman, with Peter Petre. *It Doesn't Take a Hero: The Autobiography*. New York: Bantam, 1992.

Seeger, Robert. *And Tyler Too: A Biography of John and Julia Gardiner Tyler*. New York: McGraw-Hill, 1963.

Seward, Olive Risley. *Around the World Stories*. Boston: D. Lothrop, 1889.
———, ed. *William H. Seward's Travels around the World*. New York: Appleton, 1873.
Shaban, Fuad. *Islam and Arabs in Early American Thought: Roots of Orientalism in America*. Durham, N.C.: Acorn Press, 1991.
Shaler, William. *Sketches of Algiers*. Boston: Cummings, Hillard, 1826.
Sharafuddin, Mohammed. *Islam and Romantic Orientalism: Literary Encounters with the Orient*. London: I.B. Tauris, 1994.
Sharif, Regina S. *Non-Jewish Zionism: Its Roots in Western History*. London: Zed Press, 1983.
Shaw, George Bernard. *The Complete Plays of Bernard Shaw*. London: Constable Press, 1931.
Shaw, Stanford. *History of the Ottoman Empire and Modern Turkey*. Vol. 1, *Empire of the Gazis: The Rise and Decline of the Ottoman Empire, 1280 – 1808*. Cambridge: Cambridge Univ. Press, 1976.
Sheehan, Michael K. *Iran: The Impact of United States Interests and Policies, 1941 – 1943*. Brooklyn: Theo Gaus' Sons, 1968.
Shepherd, Naomi. *The Zealous Intruders: The Western Rediscovery of Palestine*. London: Collins, 1987.
Shimoni, Gideon. *The Zionist Ideology*. Hanover: Univ. Press of New England, Brandeis Univ. Press, 1995.
Shire, Michael. *The Jewish Prophet: Visionary Words from Moses to Heschel*. London: Frances Lincoln, 2002.
Schoenbaum, David. *The United States and the State of Israel*. New York: Oxford Univ. Press, 1993.
Shotwell, James. *At the Paris Peace Conference*. New York: Macmillan, 1937.
Shpiro, David. *From Philanthropy to Activism: The Political Transformation of American Zionism in the Holocaust Years, 1933 – 1945*. Oxford: Pergamon Press, 1994.
Shuckburgh, Evelyn. *Descent to Suez: Diaries, 1951 – 1956*. Edited by John Charmley. New York: Norton, 1986.
Shwadran, Benjamin. *The Middle East, Oil, and the Great Powers*. Jerusalem: Israel Univ. Press, 1973.
Silberman, Neal Asher. *Digging for God and Country: Archeology and the Secret Struggle for the Holy Land, 1799 – 1917*. New York: Knopf, 1982.
Silverberg, Robert. *If I Forget Thee, O Jerusalem: American Jews and the State of*

Israel. New York: Morrow, 1970.

Silverstein, Gordon. *Imbalance of Powers: Constitutional Interpretation and the Making of American Foreign Policy*. Oxford: Oxford Univ. Press, 1997.

Simmes, Raphael. *Memoirs of a Service Afloat*. Baltimore: Baltimore Publishing Co., 1887.

Simons, Geoff. *Libya and the West: From Independence to Lockerbie*. Oxford: Centre for Libyan Studies, 2003.

Smelser, Marshall. *The Democratic Republic*. New York: Harper & Row, 1968.

Smith, Gaddis. *American Diplomacy during the Second World War, 1941 –1945*. New York: Knopf, 1985.

Sobel, Samuel. *Intrepid Soldier*. Philadelphia: Cresset, 1980.

Southgate, Horatio. *Narrative of a Tour through Armenia, Kurdistan, Persia, and Mesopotamia*. London: Appleton, 1840.

Sparks, Jared. *The Life of John Ledyard, the American Traveller*. Cambridge: Hillard and Brown, 1828.

Spiegel, Steven L. *The Other Arab-Israeli Conflict: Making America's Middle East Policy, from Truman to Reagan*. Chicago: Univ. of Chicago Press, 1985.

Stagg, J.C.A. *Mr. Madison's War: Politics, Diplomacy, and Warfare in the Early American Republic, 1783 –1830*. Princeton: Princeton Univ. Press, 1983.

Steers, Edward. *Blood on the Moon: The Assassination of Abraham Lincoln*. Lexington: Univ. Press of Kentucky, 2001.

Stegner, Wallace. *Discovery: The Search for Arabian Oil*. Beirut: Export Press, 1971.

Stein, Kenneth W. *Heroic Diplomacy: Sadat, Kissinger, Carter, Begin, and the Quest for Arab-Israeli Peace*. New York: Routledge, 1999.

Stein, Leonard. *The Balfour Declaration*. London: Vallentine, Mitchell, 1961.

Steiner, Franklin. *The Religious Beliefs of Our Presidents: From Washington to F. D. R*. New York: Prometheus, 1995.

Stephens, John Lloyd. *Incidents of Travel in Egypt, Arabia Petraea, and the Holy Land*. New York: Harper, 1855.

Sternlicht, Sanford V. *Uriah Phillips Levy: The Blue Star Commodore*. Norfolk, Va.: Norfolk Jewish Community Council, 1961.

Stevens, James. *An Historical and Geographical Account of Algiers*. Philadelphia: Hogan and McElroy, 1797.

Stevens, Marcia, and Malcolm Stevens. *Against the Devil's Current: The Life and Times of Cyrus Hamlin*. Lanham, Md.: Univ. Press of America, 1988.

Stevens, Mark. *Six Months at the World's Fair*. Detroit: Detroit Free Press, 1895.

Stevens, Mrs. Mark. *A Lecture on What You Missed in Not Visiting the World's Fair*. Flint: n.p., 1895.

Still, William N. *American Sea Power in the Old World: The United States Navy in European and Near Eastern Waters, 1865 - 1917*. Westport, Conn.: Greenwood, 1980.

St. John, Ronald Bruce. *Libya and the United States: Two Centuries of Strife*. Philadelphia: Univ. of Pennsylvania Press, 2002.

Strong, Douglas H. *Dreamers and Defenders: American Conservationists*. Lincoln: Univ. of Nebraska Press, 1988.

Strong, Josiah. *Our Country: Its Possible Future and Its Present Crisis*. New York: American Home Mission Society, 1885.

Strout, Cushing. *The American Image of the Old World*. New York: Harper & Row, 1963.

Studies in the National Military Victories of Egypt [Arabic]. Cairo: Ministry of Information, 1984.

Sumner, Charles. *White Slavery in the Barbary States*. Boston: J. P. Jewett, 1853.

Swift, John. *Going to Jericho*. New York: A. Roman, 1868.

Sykes, Christopher. *Crossroads to Israel, 1917 - 1948*. Bloomington: Indiana Univ. Press, 1973.

Symonds, Craig L. *Navalist and Antinavalists: The Naval Policy Debate in the United States, 1785 - 1827*. Newark: Univ. of Delaware Press, 1980.

Talmage, T. DeWitt. *New Tabernacle Sermons*. New York: George Munro, 1886.

———. *Talmage on Palestine: A Series of Sermons*. New York: W. D. Rowland, 1890.

Tauber, Eliezer. *The Emergence of the Arab Movements*. London: Frank Cass, 1993.

Taylor, Baynard. *The Lands of the Saracen; or, Pictures of Palestine, Asia Minor, Sicily, and Spain*. New York: Putnam, 1855.

Teveth, Shabtai. *Ben Gurion: The Burning Ground, 1886 - 1948*. Boston: Houghton Mifflin, 1987.

Thackery, William Makepeace. *From Cornhill to Grand Cairo*. London: George Routledge, 1888.

Thomas, Benjamin P. *Abraham Lincoln: A Biography*. New York: Random House, 1968.

Thomas, Evan. *John Paul Jones: Sailor, Hero, Father of the American Navy*. New York: Simon & Schuster, 2003.

Thomas, Lowell. *Good Evening Everybody*. New York: Morrow, 1976.

———. *With Lawrence in Arabia*. London: Hutchinson, n. d.

Thomas, Nancy, ed. *The American Discovery of Ancient Egypt*. New York: Abrams, 1995.

Thomson, William. *The Land and the Book; or, Biblical Illustrations Drawn from the Manners and Customs, the Scenes and Scenery, of the Holy Land*. Vol. 1. New York: Harper, 1886.

Tibawi, A. L. *American Interests in Syria, 1800 - 1901*. Oxford: Clarendon Press, 1966.

Tibi, Bassam. *Arab Nationalism: Between Islam and the Nation-State*. New York: St. Martin's, 1997.

Tocqueville, Alexis de. *Democracy in America*. New York: Appleton, 1901.

Touval, Saadia. *The Peace Brokers: Mediators in the Arab-Israeli Conflict, 1948 - 1979*. Princeton: Princeton Univ. Press, 1982.

Trachtenberg, Marvin. *The Statue of Liberty*. New York: Penguin, 1986.

Trask, Robert. *The United States Response to Turkish Nationalism and Reform, 1914 - 1939*. Minneapolis: Univ. of Minnesota, 1971.

Truman, Harry S. *Memoirs*. Vol. 2, *Years of Trial and Hope*. Garden City, N. Y.: Doubleday, 1956.

Tuchman, Barbara W. *Bible and Sword: England and Palestine from the Bronze Age to Balfour*. New York: Ballantine, 1956.

Tucker, Glenn. *Dawn like Thunder: The Barbary Wars and the Birth of the U. S. Navy*. New York: Bobbs-Merrill, 1963.

Turnbull, Archibald Douglas. *Commodore David Porter, 1780 - 1843*. New York: Century, 1929.

Turner, Brian. *Here, Bullet*. Farmington, Me.: Alice James Books, 2005.

Turner, Frederick Jackson. *The Frontier in American History*. 1920. Reprint, New York: Henry Holt, 1947.

Twain, Mark. *The Innocents Abroad; or, The New Pilgrims' Progress Being Some Account of the Steamwhip Quaker City's Pleasure Excursion to Europe and the Holy Land*. Pleasantville, N. Y.: Reader's Digest, 1990.

Tyler, Royall. *The Algerine Captive; or, The Life and Adventures of Doctor Updike Underhill, Six Years a Prisoner among the Algerines*. Hartford: Peter B. Gleason, 1816.

Urofsky, Melvin I. *American Zionism from Herzl to the Holocaust*. Garden City, N. Y.: Anchor, 1975.

———. *The Levy Family and Monticello*. Monticello: Thomas Jefferson Foundation, 2001.

———. *A Voice That Spoke for Justice: The Life and Times of Stephen S. Wise*. Albany: State Univ. of New York Press, 1982.

Urquhart, Brian. *Ralph Bunche: An American Life*. New York: Norton, 1993.

U. S. Department of the Army, the United States Army in World War II: The Middle East Theater. Washington, D.C.: GPO, 1953.

Ussher, Clarence, and Grace Knapp. *An American Physician in Turkey*. Boston: Houghton Mifflin, 1917.

Van der Meulen, D. *The Wells of Ibn Saud*. New York: Praeger, 1957.

Van Deusen, Glyndon. *William Henry Seward*. New York: Oxford Univ. Press, 1967.

Vandewalle, Dirk. *A History of Modern Libya*. Cambridge: Cambridge Univ. Press, 2006.

Van Dyke, Henry. *Out-of-Doors in the Holy Land: Impressions of Travel in Body and Spirit*. New York: Scribner, 1908.

Vatikiotis, P.J. *The History of Egypt: From Muhammad Ali to Sadat*. Baltimore: Johns Hopkins Univ. Press, 1980.

———. *Nasser and His Generation*. New York: St. Martin's, 1978.

Vester, Bertha Spafford. *Our Jerusalem: an American Family in the Holy City, 1881–1949*. 1950. Reprint, New York: Arno Press, 1977.

Vogel, Dan. *Mark Twain's Jews*. Jersey City, N. J.: KTAV Publishing House, 2006.

Vogel, Lester I. *To See a Promised Land: Americans and the Holy Land in the Nineteenth Century*. University Park: Pennsylvania State Univ. Press, 1993.

Volney, Constantin-François. *Voyage en Syrie et en Egypte, pendant les années 1783, 1784, et 1785*. Paris: Desenne et Volland, 1787.

Wagenknecht, Edward. *Daughters of the Covenant: Portraits of Six Jewish Women*. Amherst: Univ. of Massachusetts Press, 1983.

Walker, Charles T. *A Colored Man around the World: What He Saw and Heard in the Holy Land and Europe*. Augusta, Ga.: John M. Weigle, 1892.

Wallace, Edwin S. *Jerusalem the Holy: A Brief History of Ancient Jerusalem, with an Account of the Modern City and Its Conditions, Political, Religious and Social*. New York: Revell, 1898.

Walsh, Lawrence E. *Iran Contra: The Final Report*. New York: Times Books, 1994.

Walworth, Arthur. *Woodrow Wilson.* New York: Norton, 1978.

Warner, Charles Dudley. *Mummies and Moslems.* Toronto: Belford Brothers, 1876.

———. *My Winter on the Nile*. Hartford: American Publishing Co., 1876.

Warren, Henry White. *Sights and Insights; or, Knowledge by Travel*. New York: Nelson and Phillips, 1874.

Washburn, George. *Fifty Years in Constantinople*. Boston: Houghton Mifflin, 1909.

Washington, Joseph, ed. *Jews in Black Perspective*. Rutherford: Fairleigh Dickinson Univ. Press, 1984.

Watrous, Stephen D., ed. *John Ledyard's Journey through Russia and Siberia 1787 - 1788: The Journal and Selected Letters*. Madison: Univ. of Wisconsin Press, 1966.

Watts, Martin. *The Jewish Legion and the First World War*. London: Palgrave Macmillan, 2004,

Weinberg, Albert K. *Manifest Destiny: A Study of Nationalist Expansionism in American History*. 1935. Reprint, Chicago: Quadrangle, 1963.

Weisberger, Bernard A. *Statue of Liberty: The First Hundred Years*. Boston: Houghton Mifflin, 1985.

Weizmann, Chaim. *Trial and Error: The Autobiography of Chaim Weizmann.* Philadelphia: Jewish Publication Society of America, 1949.

Wert, Jeffrey D. *General James Longstreet*. New York: Simon and Schuster, 1993.

Wessels, William. *Born to Be a Soldier: The Military Career of William Wing Loring*. Fort Worth: Texas Christian Univ. Press, 1971.

Wharton, Edith. *In Morocco*. New York: Scribner, 1920.

Wheelan, Joseph. *Jefferson's War: America's First War on Terror, 1801 - 1805*. New York: Carroll & Graf, 2003.

Whipple, A. B. C. *To the Shores of Tripoli: The Birth of the U. S. Navy and Marines*. New York: Morrow, 1991.

Whitehead, Ernest D. *World War II: An Ex-Sergeant Remembers*. Kearney, N.J.: Morris Publishing, 1996.

Williams, Stanley T., ed. *Journal of Washington Irving, 1828 and Miscellaneous Notes on Moorish Legend and History*. New York: American Book Co., 1937.

Williams, William Appleman. *The Shaping of American Diplomacy: Readings and Documents in American Foreign Policy, 1750 - 1955*. Chicago: Rand McNally, 1956.

Willis, Nathaniel Parker. *Summer Cruise in the Mediterranean on an American Frigate*. New York: Scribner, 1853.

Wilmington, Martin W. *The Middle East Supply Centre*. Albany: State Univ. of New

York Press, 1971.

Wilson, J. Christy. *Apostle to Islam: A Biography of Samuel M. Zwemer*. Grand Rapids, Mich.: Baker Book House, 1952.

Winter, Jay, ed. *America and the Armenian Genocide of 1915*. Cambridge: Cambridge Univ. Press, 2003.

Wissa, Hanna F. *Assiout: The Saga of an Egyptian Family*. Sussex: Book Guild, 1994.

Wolf, Simon. *The Presidents I Have Known from 1860 – 1918*. Washington, D.C.: Byron S. Adams, 1918.

———. *Selected Addresses and Papers of Simon Wolf*. New York: Bloch, 1926.

Woodruff, Samuel. *Journal of a Tour to Malta, Greece, Asia Minor, Carthage, Algiers, Port Mahon, and Spain*. Hartford: Cooke, 1831.

Woodward, Bob. *Plan of Attack*. New York: Simon & Schuster, 2004.

Wortham, H.E. *Chinese Gordon*. Boston: Little, Brown, 1933.

Wriggins, Howard. *Picking Up the Pieces from Portugal to Palestine: Quaker Refugee Relief in World War II*. Lanham, Md.: Univ. Press of America, 2004.

Wright, L.C. *United States Policy toward Egypt, 1830 – 1914*. New York: Exposition Press, 1969.

Wright, Louis B., and Julia H. Macleod. *The First Americans in North Africa: William Eaton's Struggle for a Vigorous Policy against the Barbary Pirates, 1799 – 1805*. New York: Greenwood, 1945.

Wyman, David S., and Rafael Medoff. *A Race against Death: Peter Bergson, America, and the Holocaust*. New York: New Press, 2004.

Wynn, Humphrey. *Desert Eagles*. Osceola, Wis.: Motorbooks International, 1993.

Yale, William. *The Near East: A Modern History*. Ann Arbor: Univ. of Michigan Press, 1958.

Yaqub, Salim. *Containing Arab Nationalism: The Eisenhower Doctrine and the Middle East*. Chapel Hill: Univ. of North Carolina Press, 2004.

Yeselson, Abraham. *United States-Persia Diplomatic Relations, 1883 – 1921*. New Brunswick: Rutgers Univ. Press, 1956.

Young, John Russell. *Around the World with General Grant: A Narrative of the Visit of General U.S. Grant, Ex-President of the United States, to Various Countries in Europe, Asia and Africa, in 1877, 1878, 1879*. New York: American News Co., 1879.

Zacks, Richard. *The Pirate Coast: Thomas Jefferson, the First Marines, and the Secret Mission of 1805*. New York: Hyperion, 2005.

Zakaria, Fareed. *From Wealth to Power: The Unusual Origins of America's World Role*. Princeton: Princeton Univ. Press, 1996.

Zeine, Zeine N. *The Emergence of Arab Nationalism*. 3d ed. Delmar, N. Y.: Caravan Books, 1973.

Ziegler, Philip. *Mountbatten*. London: Collins, 1985.

Ziff, Larzer. *Return Passages: Great American Travel Writing, 1780 – 1910*. New Haven: Yale Univ. Press, 2000.

Zilversmit, Arthur. *The First Emancipation: The Abolition of Slavery in the North*. Chicago: Univ. of Chicago Press, 1967.

Zimmerman, Walter. *First Great Triumph: How Five Americans Made Their Country a World Power*. New York: Farrar, Straus and Giroux, 2002.

Zug, James. *American Traveler*. New York: Basic Books, 2005.

Zwemer, A. E., and S. M. Zwemer. *Zigzag Journeys in the Camel Country: Arabia in Picture and Story*. New York: Revell, 1911.

Zwemer, Samuel, and James Cantine. *The Golden Milestone: Reminiscences of Pioneer Days Fifty Years Ago in Arabia*. New York: Revell, 1938.

论文

Adler, Selig. "The Palestine Question in the Wilson Era." *Jewish Social Studies* 10, no. 4 (Oct. 1948).

Allen, John. "Inventing the Middle East." *On Wisconsin* (Winter 2004).

Almond, Philip. "Western Images of Islam, 1700 – 1900." *Australian Journal of Politics and History* 49, no. 3(2003).

Amann, Peter. "Prophet in Zion: The Saga of George J. Adams." *New England Quarterly* 37 (Dec. 1964).

An American. "An Audience with Sultan Abdul Mejud." *Knickerbocker* 19 (June 1842).

Audenreid, J. C. "General Sherman in Europe and the East." *Harper's New Monthly Magazine* 47, no. 280 (Sept. 1873).

Baram, Phillip. "Undermining the British: Department of State Policies in Egypt and the Suez Canal before and during World War II." *Historian* 40, no. 4 (Aug. 1978).

Ben Rejeb, Lotfi. "America's Captive Freemen in North Africa: The Comparative Method in Abolitionist Persuasion." *Slavery and Abolition* 9(1988).

Berge, William H. "Voices for Imperialism: Josiah Strong and the Protestant Clergy." *Border States*, no. 1(1973).

Biger, Gideon. "The American View of the Tel Hai Affair." *Journal of Israeli*

History 19, no. 1(1998).

Blumberg, Arnold. "William Seward and Egyptian Intervention in Mexico." *Smithsonian Journal of History* 1 (Winter 1966 - 67).

Borer, Douglas A. "Inverse Engagement: Lessons from U. S. - Iraq Relations, 1982 - 1990." *Parameters* 33, no. 2(2003).

Bornstein, George. "A Forgotten Alliance: Africans, Americans, Zionists and Irish." *Times Literary Supplement*, March 4, 2005.

Breitman, Richard. "The Allied War Effort and the Jews, 1942 - 1943," *Journal of Contemporary History* 20, no. 1 (Jan. 1985).

Brekus, Catherine A. "Harriet Livermore, the Pilgrim Stranger: Female Preaching and Biblical Feminism in Early Nineteenth-Century America." *Journal of the Early Republic* 65 (Sept. 1996).

Brier, Bob. "Saga of Cleopatra's Needles," *Archaeology* 55, no. 6 (Nov.-Dec. 2002).

Bruck, Connie. "The Wounds of Peace." *New Yorker*, Oct. 14, 1996.

Buel, Clarence Clough. "Preliminary Glimpses of the Fair." *Century* 45, no. 4 (Feb. 1893).

"Bush on Ezekiel's Vision." *Princeton Review* 16, no. 3(1844).

Cantor, Milton. "Joel Barlow's Mission to Algiers." *Historian* 25(1963).

Caplan, Dennis. "John Adams, Thomas Jefferson, and the Barbary Pirates: An Illustration of Relevant Costs for Decision Making." *Issues in Accounting Education* 18, no. 3(2003).

Christison, Kathleen. "The Arab-Israeli Policy of George Schultz." *Journal of Palestine Studies* 18, no. 2(1989).

Cohen, Michael J. "American Influence on British Policy in the Middle East during World War Two: First Attempts at Coordinating Allied Policy on Palestine." *American Jewish Historical Quarterly* 67, no. 1 (Sept. 1977).

———. "Secret Diplomacy and Rebellion in Palestine, 1936 - 1939." *International Journal of Middle East Studies* 8, no. 3 (July 1977).

Cox, Frederick J. "Arabi and Stone: Egypt's Military Rebellion, 1882." *Cahiers d'Histoire Egyptienne* 8 (April 1956).

———. "The American Naval Mission in Egypt." *Journal of Modern History* 26, no. 2 (June 1954).

Daigle, Craig A. "The Russians Are Going: Sadat, Nixon and the Soviet Presence in Egypt, 1970 - 1971." *Middle East Review of International Affairs* 8, no. 1 (March 2004).

Daniel, Robert L. "The Armenian Question and American-Turkish Relations, 1914 -

1927." *Mississippi Valley Historical Review* 46 (Sept. 1959).

DeMott, Robert. "Steinbeck's Other Family: New Light on East of Eden?" *Steinbeck Newsletter* 7, no. 1 (Winter 1994).

Dunn, John, "Egypt's Nineteenth-Century Armaments Industry." *Journal of Military History* 61 (April 1997).

Earle, Edward M. "American Interest in the Greek Cause, 1821 – 1827," *American Historical Review* 33, no. 1 (Oct. 1927).

———. "Early American Policy concerning Ottoman Minorities." *Political Science Quarterly* 42, no. 3 (Sept. 1927).

———. "Egyptian Cotton and the American Civil War." *Political Science Quarterly* 41, no. 4 (Dec. 1926).

Efimenco, Marbury N. "American Impact upon Middle East Leadership." *Political Science Quarterly* 69, no. 2 (June 1954).

Eidelberg, Shlomo. "The Adams Colony in Jaffa (1866 – 1868)." *Midstream* 3 (Autumn 1957).

Eiselein, Gregory. "Emotion and the Jewish Historical Poems of Emma Lazarus." *Mosaic* 37(2004).

Farman, Elbert Eli. "Negotiating for the Obelisk." *Century Illustrated Monthly Magazine* 24 (Oct. 1882).

Ford, Alexander Fume. "Our American Colony at Jerusalem." *Appleton's Magazine* 8 (1906).

Fox, Frank. "Quaker, Shaker, Rabbi: Warder Cresson: The Story of a Philadelphia Mystic." *Pennsylvania Magazine of History and Biography* 95(1971).

Frazier, Robert. "Acheson and Formulation of the Truman Doctrine." *Journal of Modern Greek Studies* 17, no. 2(1999).

Fromkin, David. "The Importance of T. E. Lawrence." *New Criterion* 10, no. 1 (Sept. 1995).

Funk, Arthur L. "Negotiating the 'Deal with Darlan.'" *Journal of Contemporary History* 8, no. 2 (April 1973).

Gelvin, James L. "Zionism and the Representation of Jewish Palestine at the New York World's Fair, 1939 – 40." *International History Review* 22, no. 1(2000).

Gillespie, Joanna. "Mary Briscoe Baldwin (1811 – 1877), Single Woman Missionary and 'Very Much My Own Mistress.'" *Anglican and Episcopal History* 57 (March 1988).

Goldman, Shalom. "Professor George Bush: American Hebraist and Proto-Zionist." *American Jewish Archives* 43, no. 1(1991).

Gorst, Anthony, and Scott W. Lucas. "Suez 1956: Strategy and the Diplomatic Process." *Journal of Strategic Studies* 23, no. 1(1988).

Grabill, Joseph. "Cleveland H. Dodge, Woodrow Wilson, and the Near East." *Journal of Presbyterian History* 48 (Winter 1970).

Grant, Jonathan. "The Sword of the Sultan: Ottoman Arms Imports, 1854 - 1914." *Journal of Military History* 66 (Jan. 2002).

Hale, William Harlan. "'General' Eaton and His Improbable Legion." *American Heritage* 11, no. 2 (Feb. 1960).

Halpern, Ben. "The Americanization of Zionism." *American Jewish History* 69, no. 1 (1979).

Hamdani, Abbas. "Columbus and the Recovery of Jerusalem." *Journal of the American Oriental Society* 99, no. 1(1979).

Hamlin, Cyrus. "American Educatin in the Ottoman Empire." *Arena* 22, no. 1(Dec. 1899).

Herbert, T. Walter. "The Force of Prejudice: Melville's Attack on Missions in Typee." *Border States*, no. 1(1973).

Herzl, Theodore. "Mark Twain and the British Ladies: A Feuilleton." *Commentary* 28, no. 3 (Sept. 1959).

Hogan, Matthew. "The 1948 Massacre at Deir Yassin Revisited." *Historian* 63, no. 2 (Winter 2001).

"The Holy Land Appropriated: The Careers of Selah Merrill, Nineteenth Century Christian Hebraist, Palestine Explorer, and U. S. Consul in Jerusalem." *American Jewish History* 85, no. 2 (June 1997).

Howard, Harry N. "President Lincoln's Minister Resident to the Sublime Porte." *Balkan Studies* 5(1964).

Hoxie, Elizabeth F. "Harriet Livermore: Vixen and Devotee." *New England Quarterly* 18 (March 1945).

Isaacs, Abram S. "Will the Jews Return to Palestine." *Century Illustrated Monthly Magazine* 26, no. 1 (May 1883).

J. L. C. "Trade to the Black Sea." *National Register* 5, no. 12 (May 23, 1818).

Kaplan, Lawrence S. "The Monroe Doctrine and the Truman Doctrine: The Case of Greece." *Journal of the Early Republic* 13, no. 1 (Spring 1993).

Keating, John S. "Cruise of the USS *Flying Carpet*." *True* 33, no. 199 (Dec. 1953).

Kedourie, Elie. "The American University of Beirut." *Middle Eastern Studies* 3 (1966).

Kennedy, David M. "What 'W' Owes to 'WW.'" *Atlantic Monthly*, March 2005.

Kirkland, John Thornton. "Letter on the Holy Land." *Christian Examiner and General Review* 23, no. 2(1842).

Klingelhofer, Herbert E. "Abolish the Navy!" *Manuscripts* 33, no. 4 (Fall 1981).

Knee, Stuart. "Anglo-American Relations in Palestine, 1919 – 1925: An Experiment in Realpolitik." *Journal of American Studies of Turkey* 5(1997).

Kobbe, Gustav. "Sights at the Fair." *Century Illustrated Monthly Magazine* 46, no. 6 (Sept. 1893).

Kotzin, Daniel P. "An Attempt to Americanize the Yishuv: Judah L. Magnes in Mandatory Palestine." *Israel Studies* 5, no. 1(2000).

Langley, Lester D. "Jacksonian America and the Ottoman Empire." *Muslim World* (Duncan Black Macdonald Center, Hartford Seminary Foundation), 1978.

Lawson, Fred. "The Reagan Administration in the Middle East." *MERIP Reports*, no. 128 (Nov. 1984).

Lazarus, Emma. "Epistle to the Hebrews." *American Hebrew* 13 (Feb. 2, 1883).

———. "The Jewish Problem." *Century Illustrated Monthly Magazine* 36, no. 6 (Feb. 1883).

Lebow, Richard. "The Morgenthau Peace Mission of 1917." *Jewish Social Studies* 32, no. 4 (Oct. 1970).

———. "Woodrow Wilson and the Balfour Declaration." *Journal of Modern History* 40, no. 4 (Dec. 1968).

Lewis, James R. "Savages of the Seas: Barbary Captivity Tales and Images of Muslims in the Early Republic." *Journal of American Culture* 13, no. 2 (Summer 1990).

Little, Douglas. "The Making of a Special Relationship: The United States and Israel, 1957 – 68." *International Journal of Middle East Studies* 25, no. 4 (Nov. 1993).

———. "The New Frontier on the Nile: JFK, Nasser, and Arab Natinalism." *Journal of American History* 75, no. 2 (Sept. 1988).

Litvak, Meir, and Joshua Teitelbaum. "Students, Teachers and Edward Said: Taking Stock of Orientalism." *Middle East Review of International Affairs* 10, no. 1 (March 2006).

Louis, William Roger. "American Anti-colonialism and the Dissolution of the British Empire." *International Affairs* 61, no. 3 (Summer 1985).

Macleod, Julia H. "Jefferson and the Navy: A Defense." *Huntington Library Quarterly* 8 (Feb. 1945).

Malley, Robert, and Hussein Agha. "Camp David: The Tragedy of Errors." *New York Review of Books*, Aug. 9, 2001.

Malone, Joseph J. "America and the Arabian Peninsula: The First Two Hundred

Years." *Middle East Journal* 30, no.3 (Summer 1976).

Manela, Erez. "Friction from the Sidelines: Diplomacy, Religion and Culture in American-Egyptian Relations, 1919 - 1939." *The United States and the Middle East: Diplomatic and Economic Relations in Historical Perspective.* New Haven: Yale Center for International and Area Studies (2000).

Marom, Daniel. "Who Is the 'Mother of Exiles'?: Jewish Aspects of Emma Lazarus's *The New Colossus.*" *Prooftexts* 20, no.3(2000).

Mayer, David N. "By the Chains of the Constitution: Separation of Powers Theory and Jefferson's Conception of the Presidency." *Perspectives on Political Science* 26 (1997).

McCarthy, W. Barry. "Ibn Saud's Voyage." *Life*, March 19, 1945.

McClellan, George B. "The Bombardment of Alexandria." *North American Review* 142, no.355 (June 1886).

———. "The War in Egypt." *Century Illustrated Monthly Magazine* 24, no.5 (Sept. 1882).

———. "A Winter on the Nile." *Scribner's Monthly* 13, nos. 3 - 4 (Jan.-March 1877).

McMurty, Gerald. "Influences of Riley's *Narrative* upon Abraham Lincoln." *Indiana Magazine of History* 30, no.2 (June 1934).

Mead, Elwood. "The New Palestine." *American Review of Reviews* 70, no.6 (Dec. 1924).

Milani, Abbas. "Hurley's Dream." *Hoover Digest*, no.3(2003).

Miller, Rory. "Bible and Soil: Walter Clay Lowdermilk, the Jordan Valley Project and the Palestine Debate." *Middle Eastern Studies* 39, no.2 (April 2003).

Mylroie, Laurie. "U.S. Policy toward Iraq." *Middle East Intelligence Bulletin* 3, no. 1 (Jan.2001).

Novelists Magazine. Vol. 18 (Containing The Arabian Nights Entertainment). London: Harrison, 1785.

Omer-Sherman, Ranen. "Emma Lazarus, Jewish American Poetics, and the Challenge of Modernity." *Journal of American Women Writers* 19(2003).

Oren, Michael B. "The Diplomatic Struggle for the Negev." *Studies in Zionism* 2, no. 1(1989).

———. "Escalation to Suez: The Egypt-Israel Border War, 1949 - 56." *Journal of Contemporary History* 24, no.3 (July 1989).

———. "Israel, the Great Powers, and the Middle East Crisis of 1958." *Studies in Zionism* 12, no.2(1992).

———. "Secret Efforts to Achieve an Egypt-Israel Settlement prior to the Suez

Campaign." *Middle Eastern Studies* 26, no.3(1990).

Ozick, Cynthia. "Mark Twain and the Jews." *Commentary* 99, no.5 (May 1995).

Quandt, William B. "The Conflict in American Foreign Policy." In *From June to October: The Middle East between 1967 and 1973*, edited by Itamar Rabinovich and Haim Shaked. New Brunswick: Transaction, 1978.

Perry, Yaron. "John Steinbeck's Roots in Nineteenth-Century Palestine," *Steinbeck Studies* 15, no.1 (Spring 2002).

Peskin, Lawrence A. "The Lessons of Independence: How the Algerian Crisis Shaped Early American Identity." *Diplomatic History* 28, no.3 (June 2004).

Pollack, Josh. "Saudi Arabia and the United States, 1931 – 2002." *Middle East Review of International Affairs* 6, no.3 (Sept. 2002).

Priest, Dana. "Trip Followed Criticism of Chemical Arms' Use." *Washington Post*, Dec.19,2003.

Prince, Elaine B. "The Patrilineal Descent of Vice-President Bush." *NEXUS: The Bimonthly Newsletter of the New England Genealogical Society* 3(1986).

Rihani, Ameen. "Palestine and the Proposed Arab Federation." *Annals of the American Academy of Political and Social Science* 164 (Nov.1932).

Rivlin, Benjamin. "The United States and Moroccan International Status, 1943 – 1956: A Contributory Factor in Morocco's Reassertion of Independence from France." *International Journal of African Historical Studies* 15, no.1(1982).

Rook, Robert E. "An American in Palestine: Elwood Mead and Zionist Water Resource Planning, 1923 – 1936." *Arab Studies Quarterly* 22, no.1 (Winter 2000).

Rosenne, Shabtai. "Bunche at Rhodes: Diplomatic Negotiator." In *Ralph Bunche: The Man and His Times*, edited by Benjamin Rivlin. New York: Holmes & Meier, 1990.

Said, Edward. "Islam through Western Eyes." *Nation*, March 26,1980.

———. "Orientalism: An Exchange." *New York Review of Books*, Aug.12,1982.

———. "Taking Stock of Orientalism." *Middle East Review of International Affairs* 10, no.1 (March 2006).

Sangmuah, Egya N. "Sultan Mohammed ben Youssef's American Strategy and the Diplomacy of North African Liberation, 1943 – 61." *Journal of Contemporary History* 27, no.1 (Jan.1992).

Satloff, Robert. "In Search of 'Righteous Arabs.'" *Commentary* 118, no.1 (July 2004).

Satterthwaite, Joseph C. "The Truman Doctrine: Turkey." *Annals of the American Academy of Political and Social and Science* 401 (May 1972).

Schueller, Malini Johar. "Performing Whiteness, Performing Blackness: Dorr's Cultural Capital and the Critique of Slavery." *Criticism* 41, no.2(1999).

Shargel, Baila Round. "American Jewish Women in Palestine: Bessie Gotsfeld, Henrietta Szold, and the Zionist Enterprise." *American Jewish History* 90, no. 2 (June 2002).

Smith, Simon. "Piracy in Early British America." *History Today* 46 (May 1996).

Stone, Charles P. "Stone Pacha and the Secret Dispatch." *Journal of the Military Service Institution of the United States* 8, no.29 (March 1887).

Stone, Fanny. "The Diary of an American Girl in Cairo during the War of 1882." *Century Illustrated Monthly Magazine* 28, no.2 (June 1883).

Tichi, Cecelia. "The Puritan Historians and Their New Jerusalem." *Early American Literature* 6(1971).

Tuchman, Barbara. "The Assimilationist Dilemma: Ambassador Morgenthau's Story." *Commentary* 63, no.5 (May 1977).

Turgay, A. Uner. "Ottoman-American Trade during the Nineteenth Century." *Journal of Ottoman Studies* 3, no.1(1982).

Turner, Robert F. "The War on Terrorism and the Modern Relevance of the Congressional Power to 'Declare War.'" *Harvard Journal of Law & Public Policy* 25(2002).

Vitalis, Robert. "The New Deal in Egypt: The Rise of Anglo-American Commercial Competition in World War II and the Fall of Neocolonialism." *Diplomatic History* 20, no.2 (Spring 1996).

Wagner, Donald. "Evangelicals and Israel: Theological Roots of a Political Alliance." *Christian Century*, Nov.4,1998.

Weiner, Jerome B. "Foundations of U. S. Relations with Morocco and the Barbary States." *Hespris-Tamuda* [Morocco] 20 - 21(1982 - 83).

Wheelock, Thomas. "Arms for Israel: The Limit of Leverage." *International Security* 3, no.2(1987).

Yale, William. "Ambassador Henry Morgenthau's Special Mission of 1917." *World Politics* 1, no.3 (April 1949).

Young, Bette Roth. "Emma Lazarus and Her Jewish Problem." *American Jewish History* 84 (Dec.1996).

Younis, Adele L. "The Arabs Who Followed Columbus." *Arab World* 12, no. 3 (March 1966).

Yousuff, Sheikh Ali. "Egypt's Reply to Colonel Roosevelt." *North American Review* 191 (June 1910).

Zirinsky, Michael. "American Presbyterian Missionaries at Urmia during the Great War." *Journal of Assyrian Academic Studies* 12, no.1 (April 1998).

未发表的学位论文

Antakly, George. "American Protestant Educational Missions: Their Influence on Syria and Arab Nationalism, 1820 - 1923." American Univ., 1976.

Bartur, Ron. "American Consular Assistance to the Jewish Community of the Land of Israel at the End of the Ottoman Period to the Outbreak of World War I, 1856 - 1914." [Hebrew]. Hebrew Univ., 1984.

Conn, Cary Corwin. "John Porter Brown, Father of Turkish-American Relations: An Ohioan at the Sublime Porte, 1832 - 1872." Ohio State Univ., 1973.

Cook, Ralph Elliot. "The United States and the Armenian Question, 1894 - 1924." Tufts Univ., 1957.

Hourihan, William James. "Roosevelt and the Sultans: The United States Navy in the Mediterranean, 1904." Univ. of Massachusetts, 1975.

Kerner, Howard. "Turko-American Diplomatic Relations, 1860 - 1880." Georgetown Univ., 1948.

Laffey, Robert. "United States Policy toward and Relations with Syria, 1941 - 1947." Univ. of Notre Dame, 1981.

Larsen, Peter. "Theodore Roosevelt and the Moroccan Crisis, 1904 - 1906." Princeton Univ., 1984.

Marr, Timothy Worthington. "Imagining Ishmael: Studies of Islamic Orientalism from the Puritans to Melville." Yale Univ., 1997.

Metwalli, Ahmed Mohamed. "The Lure of the Levant: The American Literary Experience in Egypt and the Holy Land, 1800 - 1865." State Univ. of New York at Albany, 1971.

Najjar, Nada. "The Space In-between: The Ambivalence of Early Arab-American Writers." Univ. of Toledo, 1999.

Nance, Susan. "Crossing Over: A Cultural History of American Engagement with the Muslim World, 1830 - 1940." Univ. of California, Berkeley, 2003.

Oder, Irwin. "The United States and the Palestine Mandate, 1920 - 1948: A Study of the Impact of Interest Groups on Foreign Policy." Columbia Univ., 1956.

Rook, Robert Edward. "Blueprints and Prophets: Americans and Water Resource Planning for the Jordan River Valley, 1860 - 1970." Kansas State Univ., 1996.

Walt, Joseph W. "Saudi Arabia and the Americans: 1928 - 1951." Northwestern Univ., 1960.

Wright, Walter Livingston. "American Relations with Turkey to 1831." Princeton Univ., 1928.

网站

Adams, Roger C. "Meet Lew Wallace: American Minister to Turkey, 1881 - 1885." http://www.ben-hur.com/meet_ambassador.html (accessed Sept. 8, 2005).

Anderson, Amy. "Thy Kingdom Come: Jonathan Edwards and the Millennium." Department of Philosophy and Religion Pages. Aug. 26, 2003. Hillsdale College. http://www.hillsdale.edu/oldacademics/phil&rel/JE/Papers/98/AndersonA.html (accessed July 8, 2004).

Autry, Jaxon B. "Lynch's Holy Expedition to the Dead Sea and the Surrounding Area." Biography of William Francis Lynch. Dec. 2001. Colorado State Univ., Pueblo. http://chass.colostate-pueblo.edu/history/seminar/lynch/autry.htm (accessed July 8, 2004).

"Beth Aram — The Aramean homepage in Germany." http://www.beth-aram.de/dokumente3.html.

Blyden, Eluemuno-Chukuemeka. "Edward Wilmot Blyden and Africanism in America." Edward Wilmot Blyden Virtual Museum. 1992. Columbia Univ. http://www.columbia.edu/~hcb8/EWB_Museum/EWB1.html (accessed July 11, 2004).

Bushrui, Suheil B. "The Thoughts and Works of Ameen Rihani." http://www.alhewar.com/Bushrui_Rihani.html (accessed March 25, 2005).

Chryssis, George C. "American Philhellenes and the War for Independence." AHEPA Family Websites. March 20, 2002. Order of AHEPA. http://www.ahepafamily.org/d5/Grk%20Inde-mar02.htm (accessed July 11, 2004).

Crocker, John. "The Book of the Thousand and One Nights." Arabian Nights Resource Center. n.d. Arabian Nights Entertainments. http://www.crock11.freeserve.co.uk/arabian.htm (accessed July 8, 2004).

"Declaration of War against Germany, 1917." http://www.classbrain.com/artteenst/publish/article_86.shtml (accessed May 18, 2004).

"Defining the Common Good: Oman as a Model for Global Citizenship." History of Oman. 2001. Maryland Center for the Study of History. http://www.geocities.com/CollegePark/Union/8191/mcsh/Omanncss.html (accessed July 11, 2004).

"Documenting the American South." http://docsouth.unc.edu/nc/helper/helper.html.

Egyptian State Information Service. "Orabi Pasha." Aug. 2004. http://216.239.41.104/search?q=cache:O8sDNNWobzsJ:www.sis.gov.eg/calendar/html/

c1310397.htm+orabi&hl=en&start=2.

The First Farmers of Oregon. http://www.gesswhoto.com/centennial-farmers.html.

Friedman, S. Morgan. "The Inflation Calculator." Dec. 11, 2000. Morgan S. Friedman. http://www.westegg.com/inflation/infl.cgi (accessed July 11, 2004).

Gawalt, Gerard W. "America and the Barbary Pirates: An International Battle Against an Unconventional Foe." Thomas Jefferson Papers. Oct. 29, 2001. Library of Congress. http://memory.loc.gov/ammem/mtjhtml/mtjprece.html (accessed July 8, 2004).

Gibran Khalil Gibran Homepage. http://leb.net/gibran (accessed March 24, 2005).

"Henry Eckford." Virtual American Biographies. 2000. Virtualogy. http://www.famousamericans.net/henryeckford/ (accessed July 11, 2004).

Howell, Karen E. Smith. "Down East Tales IX." A Maine Family's History. June 6, 2004. Calais Alumni. http://www.calaisalumni.org/Maine/tales9.htm (accessed July 12, 2004).

Icenogle, David. "Americans in the Egyptian Army." http://www.home.earthlink.net/~atomic_rom/officers.htm.

———. "The Expeditions of Chaille-Long." http://www.saudiaramcoworld.com/issue/197806/the.expeditions.of.chaille-long.htm.

"John Ledyard." Meeting of Frontiers: Mutual Perceptions-Travel Accounts-John Ledyard. n.d. Meeting of Frontiers. Library of Congress. http://memory.loc.gov/intldl/mtfhtml/mfpercep/perceptledyard.html (accessed July 8, 2004).

"Judah Magnes." http://www.wzo.org.il/en/resources/view.asp?id=1349&subject=70.

"JWA-Henrietta Szold — Building the Yishuv." Jewish Women's Archive, http://www.jwa.org/exhibits/wov/szold/yishuv.html.

Karp, Abraham J. "Judaic Treasures of the Library of Congress: Mordecai Manuel Noah." 1991. Jewish Virtual Library. American-Israeli Cooperative Enterprise. http://www.us-israel.org/jsource/loc/noah.html (accessed July 8, 2004).

Kidwai, A.R. "Translating the Untranslatable: A Survey of English Translations of the Quran." July 12, 2003. Quranic Studies. http://www.quranicstudies.com/article32.html (accessed July 11, 2004).

"Mark Twain and His Times." http://etext.lib.virginia.edu/railton/about/srchmtf.html.

Papazian, Dennis R. "Misplaced Credulity: Contemporary Turkish Attempts to Refute the Armenian Genocide." http://www.umd.umich.edu/dept/armenian/papazian/misplace.html.

"Profiles in Caring: Clara Barton." http://www.nahc.org/NAHC/Val/Columns/SC10-1.html (accessed Nov. 30, 2004).

Railton, Stephen. "Search MT's Works." Mark Twain in His Times and in His Texts. 2004. Univ. of Virginia Library. http://etext.lib.virginia.edu/railton/about/srchmtf.html (accessed July 12, 2004).

Robert College. "The History of Robert College." n. d. http://www.robcol.k12.tr/admin/headmaster/history.htm (accessed July 12, 2004).

Said, Edward. "Thoughts about America." *Counterpunch*, March 5, 2002. http://www.counterpunch.org/saidamerica.html.

"Senate Salaries since 1789." http://www.senate.gov/artandhistory/history/common/briefing/senate _ salaries.htm.

Shrine of North America. "A Short History of the Shrine." http://www.shrinershq.org/shrine/shorthistory.html (accessed Sept. 8, 2005).

"Sir Joseph Banks Biography, Bt, KCB, FRS." Australian National Botanic Gardens. n. d. Australian Government Department of the Environment and Heritage. http://www.anbg.gov.au/biography/banks.biography.html (accessed July 8, 2004).

Strong, Josiah. "Anglo-Saxon Predominance (1891)." http://xroads.virginia.edu/~DRBR/strong.html (accessed Jan. 15, 2005).

"Warder Cresson (1798 - 1860)." Jewish Virtual Library. 2004. American-Israeli Cooperative Enterprise. http://www.us-israel.org/jsource/biography/Cresson.html (accessed July 11, 2004).

Wood, Dr. Clanance Ashton. "John Ledyard the Traveler." Long Island Genealogy. Dec. 6, 2003. Long Island Historical and Genealogical Research Resource. http://longislandgenealogy.com/Ledyard/two.htm (accessed July 8, 2004).

———. "Southhold's John Ledyard." Long Island Genealogy. Dec. 6, 2003. Long Island Historical and Genealogical Research Resource. http://longislandgenealogy.com/Ledyard/one.htm (accessed July 8, 2004).

Woodbury, Chuck. "U. S. Camel Corps Remembered in Quartzite Arizona." The Army's Bold Experiment with the U. S. Camel Corps. 2003. Out West Newspaper. http://www.outwestnew spaper.com/camels.htm (accessed July 12, 2004).

"The World's Columbian Exposition: Idea, Experience, Aftermath." Aug. 1, 1996. http://xroads.virginia.edu/~MA96/WCE/title.html.